SCHÄFFER
POESCHEL

Grundkurs des Steuerrechts

Band 10

Bürgerliches Recht und Steuerrecht

von

Walter Maier

Rechtsanwalt und Steuerberater
em. Professor an der Hochschule
für öffentliche Verwaltung und Finanzen Ludwigsburg

Dr. Simone Grimm

Professorin an der Hochschule
für öffentliche Verwaltung und Finanzen Ludwigsburg

14., aktualisierte und neu bearbeitete Auflage

2017
Schäffer-Poeschel Verlag Stuttgart

Bearbeiterübersicht:
Maier: A, D, F, G, H
Grimm: B, C, E, H, I, J

MIX
Papier aus verantwortungsvollen Quellen
FSC® C103849
FSC www.fsc.org

Gedruckt auf säure- und chlorfreiem
alterungsbeständigem Papier

Bibliografische Information Der Deutschen Nationalbibliothek
Die Deutsche Nationalbibliothek verzeichnet diese Publikation in der Deutschen Nationalbiografie; detaillierte bibliografische Daten sind im Internet über http://dnb.d-nb.de abrufbar.

Print	ISBN 978-3-7910-3694-6	Bestell-Nr. 20241–0003
EPDF	ISBN 978-3-7910-3695-3	Bestell-Nr. 20241–0152

www.schaeffer-poeschel.de
service@schaeffer-poeschel.de

Umschlagentwurf: Goldener Westen, Berlin
Umschlaggestaltung: Kienle gestaltet, Stuttgart
Satz: primustype Hurler, Notzingen
Druck und Bindung: Schätzl Druck & Medien GmbH & Co. KG, Donauwörth

Printed in Germany
Oktober 2017

Schäffer-Poeschel Verlag Stuttgart
Ein Tochterunternehmen der Haufe Gruppe

Vorwort zur 14. Auflage

Dieses Buch bietet eine klar strukturierte und an der Systematik des Bürgerlichen Gesetzbuches angelehnte Einführung in die Grundzüge des bürgerlichen Rechts. Es wendet sich vor allem an Studierende der Finanzverwaltung und der steuerberatenden Berufe, die sich insbesondere zu Beginn ihrer Ausbildung sowohl mit den Steuerfächern als auch mit den Regelungen des BGB beschäftigen.

Im Unterschied zu rein zivilrechtlich orientierten Lehrbüchern werden im Rahmen dieses Lehrbuchs neben der originär zivilrechtlichen Materie auch die Bezugs- und Berührungspunkte des Zivilrechts zu den einzelnen Steuerarten dargestellt. Das Ertragsteuerrecht, das Bewertungsrecht sowie das Recht der Verkehrssteuern (insbesondere Umsatzsteuer) können ohne gründliche Kenntnisse des Zivilrechts nur unzureichend verstanden werden. Die steuerlichen Hinweise werden sich dem Anfänger zum Teil erst im Laufe der weiteren Ausbildung voll erschließen. Das Buch ist deshalb auch als zivilrechtliches Begleitmaterial für die gesamte Steuerausbildung geeignet.

Mit Hilfe dieses Buches können die Grundzüge des bürgerlichen Rechts durch zahlreiche leicht verständliche Fälle erarbeitet werden. Der Leser kann exemplarisch lernen, indem er in den Einzelfällen die abstrakte, für alle Fälle geltende Regelung erkennt und die Technik ihrer Anwendung durchdringt. Die Übungsfälle in jedem Kapitel bieten darüber hinaus eine effektive Möglichkeit zur Lernzielkontrolle.

Die komplexen Übungsfälle in den Teilen I und J dienen der Prüfungsvorbereitung. Die Fälle entstammen Originalprüfungsklausuren an der Hochschule für Verwaltung und Finanzen Ludwigsburg.

Das Lehrbuch wurde in allen Teilen überarbeitet und auf den aktuellen Stand in Gesetzgebung und Rechtsprechung gebracht. Neue Entwicklungen im Privatrecht und im Steuerrecht wurden berücksichtigt. Eingearbeitet wurden unter anderem verbraucherschützende Vorschriften und Neuerungen im Mietrecht und Dienstvertrags-/Arbeitsrecht. Ergänzt wurde im Familienrecht die Darstellung des Unterhaltsrechts, der nichtehelichen Lebensgemeinschaft und der eingetragenen Lebenspartnerschaft sowie der Leih- und Ersatzmutterschaft.

Wir haben wiederum Vorschläge und Ideen unserer Studierenden und Leser aufgegriffen und umgesetzt. Das bewährte Konzept einer auf das Wesentliche beschränkten Einführung in die Grundbegriffe des BGB anhand der Fallmethode, die zugleich die steuerlichen Bezugspunkte hervorhebt, wurde beibehalten und vertieft.

Wir wünschen dem Leser beim Studium viel Erfolg und sind für Kritik und Anregungen weiterhin stets dankbar.

Ludwigsburg, im August 2017

Walter Maier
Dr. Simone Grimm

Inhaltsverzeichnis

Teil C Schuldrecht – Allgemeiner Teil

Teil D Schuldrecht – Besonderer Teil

Teil E Sachenrecht

Teil F Familienrecht

Teil G Erbrecht

Teil H Lösungshinweise zu den Fällen

Teil I Komplexe Übungsfälle

Teil J Lösungshinweise zu den komplexen Übungsfällen

Abkürzungsverzeichnis

a. A.	anderer Ansicht
ABl EU	Amtsblatt der Europäischen Union
AblH	Ablaufhemmung
Abs.	Absatz
AEAO	Anwendungserlass AO
a. F.	alte Fassung
AfA	Absetzung für Abnutzung
AG	Aktiengesellschaft
AGB	Allgemeine Geschäftsbedingungen
AGBG	Gesetz zur Regelung des Rechts der Allgemeinen Geschäftsbedingungen
AO	Abgabenordnung
AK	Anschaffungskosten
AK-BGB	Alternativ-Kommentar zum BGB
AktG	Aktiengesetz
Alt.	Alternative
AWR	Anwartschaftsrecht
BAG	Bundesarbeitsgericht
BB	Betriebsberater
Bd.	Band
BeurkG	Beurkundungsgesetz
BewG	Bewertungsgesetz
BFH	Bundesfinanzhof
BGB	Bürgerliches Gesetzbuch
BGBl	Bundesgesetzblatt
BGH	Bundesgerichtshof
BGHZ	Entscheidungen des BGH in Zivilsachen
BilMoG	Bilanzrechtsmodernisierungsgesetz
BImSchG	Bundesimmissionsschutzgesetz
BiRiLiG	Bilanzrichtliniengesetz
BMF	Bundesministerium der Finanzen
BMJV	Bundesministerium der Justiz und für Verbraucherschutz
BSHG	Bundessozialhilfegesetz
BStBl	Bundessteuerblatt
BVerfG	Bundesverfassungsgericht
BVerfGE	Entscheidungen des Bundesverfassungsgerichts (Sammlung)
BVerwG	Bundesverwaltungsgericht
DB	Der Betrieb
EG	Europäische Gemeinschaft
EGBGB	Einführungsgesetz zum BGB
EGMR	Europäischer Gerichtshof für Menschenrechte
EheG	Ehegesetz
EMRK	Europäische Menschenrechtskonvention
ErbGleichG	Erbrechtsgleichstellungsgesetz
ESt	Einkommensteuer
EStDV	Einkommensteuerdurchführungsverordnung
EStG	Einkommensteuergesetz
EStR	Einkommensteuerrichtlinien
e.V.	eingetragener Verein

EVB	Eigentumsvorbehalt
FA	Finanzamt
FamFG	Gesetz über das Verfahren in Familiensachen
FamRZ	Zeitschrift für das gesamte Familienrecht
FG	Finanzgericht
FGG	Gesetz über die Angelegenheiten der freiwilligen Gerichtsbarkeit
FGO	Finanzgerichtsordnung
FVG	Gesetz über die Finanzverwaltung
GB	Grundbuch
GBO	Grundbuchordnung
GdbR	Gesellschaft des bürgerlichen Rechts
GenG	Gesetz betreffend die Erwerbs- und Wirtschaftsgenossenschaften
GewStG	Gewerbesteuergesetz
GG	Grundgesetz
GmbH	Gesellschaft mit beschränkter Haftung
GmbHG	Gesetz betreffend die Gesellschaft mit beschränkter Haftung
GoB	Grundsätze ordnungsmäßiger Buchführung
GrESt	Grunderwerbsteuer
GrS	Großer Senat
GVG	Gerichtsverfassungsgesetz
HGB	Handelsgesetzbuch
HK	Herstellungskosten
h. M.	herrschende/r Meinung
HS	Halbsatz
i. d. R.	in der Regel
i. e. S.	im engeren Sinne
i. H. v.	in Höhe von
InsO	Insolvenzordnung
i. R. d.	im Rahmen der
JuS	Juristische Schulung
KG	Kommanditgesellschaft
KindRG	Kindschaftsrechtsreformgesetz
LBO	Landesbauordnung Baden-Württemberg
LFGG	Landesgesetz über die freiwillige Gerichtsbarkeit Baden-Württemberg
LG	Leasinggeber/Landgericht
LN	Leasingnehmer
LPartG	Lebenspartnerschaftsgesetz
LSt	Lohnsteuer
MHbeG	Minderjährigenhaftungsbeschränkungsgesetz
NEhceG	Gesetz über die Stellung der nichtehelichen Kinder
NJW	Neue Juristische Wochenschrift
NWB	Neue Wirtschaftsbriefe
o. Ä.	oder Ähnliches
OHG	offene Handelsgesellschaft
PartGG	Partnerschaftsgesellschaftsgesetz
ProdHaftG	Produkthaftungsgesetz
RdNr.	Randnummer
RFH	Reichsfinanzhof
RG	Reichsgericht
rkr.	rechtskräftig
Rspr.	Rechtsprechung

Rz.	Randziffer
ScheckG	Scheckgesetz
SG	Sicherungsgeber
SGB	Sozialgesetzbuch
SigG	Gesetz über Rahmenbedingungen für elektronische Signaturen
SN	Sicherungsnehmer
sog.	sogenannte
StAnpG	Steueranpassungsgesetz
StBJB	Steuerberater-Jahrbuch
SteuerStud	Steuer und Studium (Zeitschrift)
StGB	Strafgesetzbuch
Stpfl.	Steuerpflichtiger
st. Rspr.	ständige Rechtsprechung
SÜ	Sicherungsübereignung
Tz.	Teilziffer, Textziffer
UHG	Umwelthaftungsgesetz
UKlaG	Unterlassungsklagengesetz
USt	Umsatzsteuer
UStG	Umsatzsteuergesetz
u. U.	unter Umständen
VA	Verwaltungsakt
VerbrKrG	Verbraucherkreditgesetz
VersAusglG	Gesetz zur Strukturreform des Versorgungsausgleichs
VOB	Verdingungsordnung für das Baugewerbe
WE	Willenserklärung
WEG	Wohnungseigentumsgesetz
WG	Wirtschaftsgut; mit §§-Angabe: Wechselgesetz
WK	Werbungskosten
ZEV	Zeitschrift für Erbrecht und Vermögensnachfolge
ZPO	Zivilprozessordnung

Teil A Einführung

1 Geschichtliches

Das BGB trat am 01.01.1900 als Abschluss einer langen rechtsgeschichtlichen Entwicklung in Kraft. Seine Wurzeln reichen zurück bis in das römische Recht (vor allem im Ersten Buch: Allgemeiner Teil des BGB und im Zweiten Buch: Recht der Schuldverhältnisse) und in das altdeutsche Recht (vor allem im Dritten Buch: Sachenrecht, im Vierten Buch: Familienrecht und im Fünften Buch: Erbrecht). Durch die Zusammenfassung des gültigen Rechts zu einem Gesetzeswerk setzte das liberale Bürgertum als der damalige Träger des politischen und wirtschaftlichen Fortschritts seine auf den drei Säulen »Vertragsfreiheit«, »Privateigentum« und »privates Erbrecht« ruhende Konzeption durch, die ihm den bestimmenden Einfluss auf Produktion und Güterverkehr sicherte. Stimmen, die schon zur Jahrhundertwende die Zurückhaltung des BGB gegenüber modernen sozialen Fragestellungen – z. B. gegenüber den Rechtsproblemen der abhängigen Arbeit – und die einseitige Bevorzugung des Warenverkehrs zu Lasten des Persönlichkeitsschutzes der sozial Schwächeren kritisierten (u. a. Otto von Gierke, Anton Menger), fanden bei der Ausgestaltung des BGB kein Gehör.

Der Regelungsgehalt des BGB hat sich im demokratischen und sozialen Rechtsstaat ganz erheblich gewandelt. Da die Annahme sich als falsch erwiesen hat, Vertragsfreiheit und Wettbewerb verhinderten die einseitige Machtentfaltung Einzelner, mussten Inhalt und Schranken des Eigentumsbegriffs und der Vertragsfreiheit neu interpretiert werden. Einige Rechtsgebiete des BGB, die zum Teil nicht mit dem Grundgesetz in Einklang standen, wurden neu gefasst, so z. B. das Familienrecht durch das Gleichberechtigungsgesetz von 1957, durch das Gesetz über die rechtliche Stellung der nichtehelichen Kinder von 1969 und durch das Erste Gesetz zur Reform des Ehe- und Familienrechts von 1976.

Auf bestimmten Rechtsgebieten kam es zu Sonderentwicklungen, die zu eigenständigen Rechtsmaterien des Privatrechts außerhalb des BGB führten, so z. B. im Arbeitsrecht und im Haftpflichtrecht. Einige dieser Materien wurden später in das BGB eingegliedert und dort fortentwickelt, so z. B. das Mieterschutzrecht, das Eheschließungsrecht und das Reisevertragsrecht.

Im Jahr 2001 ordnete der Gesetzgeber mit dem Schuldrechtsreformgesetz einen Kernbereich der Privatrechtsordnung neu, der seit über 100 Jahren im Wesentlichen unverändert geblieben war. Es handelt sich um die größte Reform des Privatrechts seit dem Bestehen des BGB. Die Reform war seit langem gefordert worden. Die Kritik der Rechtswissenschaft am alten BGB war berechtigt, weil der Text des BGB den aktuellen Rechtszustand nicht mehr richtig wiedergab. Rechtsinstitute wie z. B. die positive Vertragsverletzung, die culpa in contrahendo und die Lehre vom Wegfall der Geschäftsgrundlage waren nicht im BGB selbst geregelt, sondern dem Richterrecht überlassen. Wichtige Rechtsgebiete waren zuvor immer noch außerhalb des BGB in Sondergesetzen enthalten. Außerdem waren erhebliche strukturelle Defizite festzustellen. Die Regelungen zur Unmöglichkeit der Leistung, zum Rücktritt vom Vertrag, zu Schadenersatzansprüchen und zum Sach- und Rechtsmängelrecht waren nicht praxisgerecht.

Auch mussten zwingende Vorgaben im europäischen Gemeinschaftsrecht zum Verbraucherschutz in nationales Recht transformiert werden:

- Die Richtlinie 1999/44/EG vom 25.05.1999 über den Verbrauchsgüterkauf (ABl EG Nr. L 171, 12) war die Ursache für die Neuregelung des Kaufrechts zwischen Verbrauchern und gewerblichen Verkäufern über bewegliche Sachen.

- Die Richtlinie 2000/35/EG vom 29.06.2000 zur Bekämpfung von Zahlungsverzug im Geschäftsverkehr (ABl EG Nr. L 200, 35) hatte bereits zu einer Neuregelung in dem Gesetz zur Beschleunigung fälliger Zahlungen vom 30.03.2000 geführt, die allgemein als missglückt galt. Im Reformgesetz wurde die Richtlinie neu umgesetzt.
- Die Richtlinie 2000/31/EG vom 08.06.2000 über den elektronischen Geschäftsverkehr (ABl EG Nr. L 178, 1).

Das Gesetz zur Modernisierung des Schuldrechts vom 26.11.2001 (BGBl I 2001, 3138) trat am 01.01.2002 in Kraft. In den fünf Büchern des BGB, insbesondere im 2. Buch (Schuldrecht) wurden über 200 Paragraphen abgeändert oder neu eingefügt.

Im **Allgemeinen Teil** wurde das Verjährungsrecht neu gefasst und vereinheitlicht. Die regelmäßige Verjährungsfrist wurde für gesetzliche und vertragliche Ansprüche auf drei Jahre verkürzt (§ 195). Bei Mängelansprüchen aus einem Kaufvertrag gilt je nach Fallgestaltung eine Frist von 30, 10, 5, 3 oder 2 Jahren (§ 438), bei Werkverträgen von 3 oder 2 Jahren (§ 634a).

Im **Allgemeinen Schuldrecht** wurde das Leistungsstörungsrecht völlig neu geregelt. Zum Leitbegriff wurde die Pflichtverletzung, an die das System der Leistungsstörungen anknüpft (§ 280). Die Zusammenfassung in einem Paragraphen und der Wegfall der Unterscheidung der verschiedenen Pflichtverletzungen machen die Arbeit mit dem Schuldrecht einfacher. Es kommt nicht mehr darauf an, ob eine Haupt- oder eine Nebenpflicht verletzt wird. Die Unterscheidung zwischen anfänglicher/nachträglicher und subjektiver/objektiver Unmöglichkeit ist entbehrlich geworden. Die Nichtigkeit bei anfänglicher Unmöglichkeit und die daraus folgende Garantiehaftung sind aufgegeben und durch eine Haftung wegen zu vertretender Pflichtverletzung aus Vertrag ersetzt (§ 311a). Die Schadenersatzansprüche sind neu strukturiert. Rücktritt und Schadenersatz schließen sich nicht mehr aus. Das gesetzliche Rücktrittsrecht des Gläubigers ist nicht mehr davon abhängig, ob der Schuldner die Pflichtverletzung zu vertreten hat (§ 323). Die Rechtsinstitute der positiven Vertragsverletzung (§ 280), der culpa in contrahendo (§§ 311 Abs. 2, 280), des Wegfalls der Geschäftsgrundlage (§ 313) und der Kündigung aus wichtigem Grund (§ 314) sind nunmehr gesetzlich geregelt. Spezialgesetze, die vorher außerhalb des BGB standen, wie z. B. das AGB-Gesetz, das Verbraucherkreditgesetz, das Haustürwiderrufsgesetz, das Fernabsatzgesetz und das Teilzeit-Wohnrechtegesetz wurden in das BGB eingegliedert.

Im **Besonderen Schuldrecht** wurde aufgrund der gesetzlichen Neuregelungen das Kaufrecht überarbeitet. Insbesondere wurden die Mängelhaftung, der Verbrauchsgüterkauf, die Vorschriften über den Verbraucherkredit, die das bisherige Verbraucherkreditgesetz ersetzen, sowie das Darlehensrecht neu gestaltet. Auch das Werkvertragsrecht wurde überarbeitet und in weiten Teilen an das Kaufrecht, insbesondere im Recht der Mängelhaftung, angeglichen. Im Kaufvertrags- und im Werkvertragsrecht wurden die bisher eigenständigen Gewährleistungsrechte der Wandelung und des Schadenersatzes beseitigt und in das allgemeine Leistungsstörungsrecht eingegliedert. Bei Mängeln gibt es vier Rechte des Käufers (Nacherfüllung, Rücktritt, Minderung, Schadenersatz), wobei zunächst vorrangig die Nacherfüllung geltend zu machen ist. Für Sachmängel und für Rechtsmängel gelten nach neuem Recht dieselben Rechtsfolgen (zur Synopse der alten und neuen Vorschriften vgl. die Vorauflage).

2 Die Stellung des »Bürgerlichen Rechts« im Rechtssystem

Das »Bürgerliche Recht« ist Teil des Privatrechts. Die am Privatrechtsverkehr teilnehmenden Personen treten einander nach der liberalen Grundidee im Verhältnis der Gleichordnung gegenüber und gestalten ihre Rechtsverhältnisse weitgehend nach ihrem Willen. Das Privatrecht steht im Gegensatz zum öffentlichen Recht. Das öffentliche Recht ist Recht, das Hoheitsträgern (Bund, Länder, Gemeinden und andere juristische Personen des öffentlichen Rechts) zugeordnet ist. Diese handeln grundsätzlich kraft gesetzlich gewährter hoheitlicher Gewalt mit Befehl und Zwang und stehen zum Bürger in einem Über-Unterordnungs-Verhältnis. Die Hauptbedeutung dieser Zweiteilung des Rechts liegt in der Zuweisung der Rechtswege, also in der Frage, welches Gericht für die Entscheidung eines Rechtsstreits zuständig ist.

Das Privatrecht regelt die Beziehungen der einzelnen Bürger auf der Grundlage der Gleichberechtigung und Selbstbestimmung (**Privatautonomie**).

Der konservativ-liberalen Leitvorstellung des BGB von 1900, im Austausch gleichwertiger Leistungen durch gleichstarke Wettbewerbsteilnehmer entfalte der Markt Selbstreinigungskräfte gegen ungleiche Machtpositionen in der Gesellschaft, widersprachen seit jeher die Tatsachen. Das Grundgesetz der Bundesrepublik Deutschland verpflichtet deshalb in den Grundrechten und im Sozialstaatsprinzip den Gesetzgeber bei der Rechtssetzung, die Verwaltung bei der Rechtsanwendung und die Rechtsprechung bei der Streitschlichtung und Rechtsfortbildung, den Bedürfnissen aller Bürger nach sozialer Gerechtigkeit und nach sozialer Sicherheit Rechnung zu tragen, sei es im Verhältnis Arbeitgeber/Arbeitnehmer oder in den Beziehungen zwischen Produzent und Konsument, zwischen Bank und Kreditnehmer, zwischen Vermieter und Mieter, zwischen Arzt und Patient usw. Ein solches »materielles« (verfassungskonformes) Zivilrecht steht im Gegensatz zu dem »formalen« Zivilrecht des Kaiserreiches (zur Vertiefung vgl. AK-BGB-Dubischar, vor §§ 241 ff. m. w. N.). Zum Spannungsverhältnis zwischen Privatautonomie und grundgesetzwidriger Fremdbestimmung des schwächeren Partners vgl. BVerfG vom 19. 10. 1993 NJW 1994, 36).

Die grundgesetzlichen Wertentscheidungen, die gegen den Missbrauch wirtschaftlicher Macht und auf den Abbau von Machtgefällen gerichtet sind, wirken in das Zivilrecht hinein und begrenzen die Privatautonomie.

FALL 1

Der Gastwirt G hat an der Tür seines Lokals ein Schild angebracht: »Ausländern ist das Betreten des Lokals verboten!«. Ausländer A fragt, ob er gegen diese Maßnahme etwas unternehmen kann.

Das »Bürgerliche Recht« besteht aus den Rechtssätzen, die im »Bürgerlichen Gesetzbuch« (BGB) stehen. Der weitere Begriff des Privatrechts umfasst neben dem BGB zahlreiche Sondergebiete.

Alle Gebiete des Privatrechts schließen sich mehr oder weniger an die Grundregeln des BGB an. Auch wer sich mit den privatrechtlichen Sondergesetzen beschäftigen will, muss die Grundzüge des BGB kennen. Zwar enthalten die übrigen privatrechtlichen Gesetze i. d. R. ergänzende, zum Teil auch abändernde Vorschriften, sie bauen aber grundsätzlich auf dem BGB auf.

BEISPIEL

Die Vorschriften über den Abschluss von Verträgen und über die Geschäftsfähigkeit gelten auch für das Recht der Personenhandelsgesellschaften (vgl. §§ 105 ff. HGB), das Wertpapierrecht (vgl. Scheckgesetz, Wechselgesetz) und das Arbeitsrecht (vgl. aber das Kündigungsschutzgesetz als Sondervorschrift zum BGB).

Fast der gesamte Wirtschaftsverkehr geht auf private Rechtsgeschäfte zurück, die mit den Regeln des BGB und der privatrechtlichen Gesetze geordnet sind. Das BGB ist ein wesentliches

Element unserer Wirtschaftsverfassung und hat damit auch zentrale Bedeutung für das Steuerrecht.

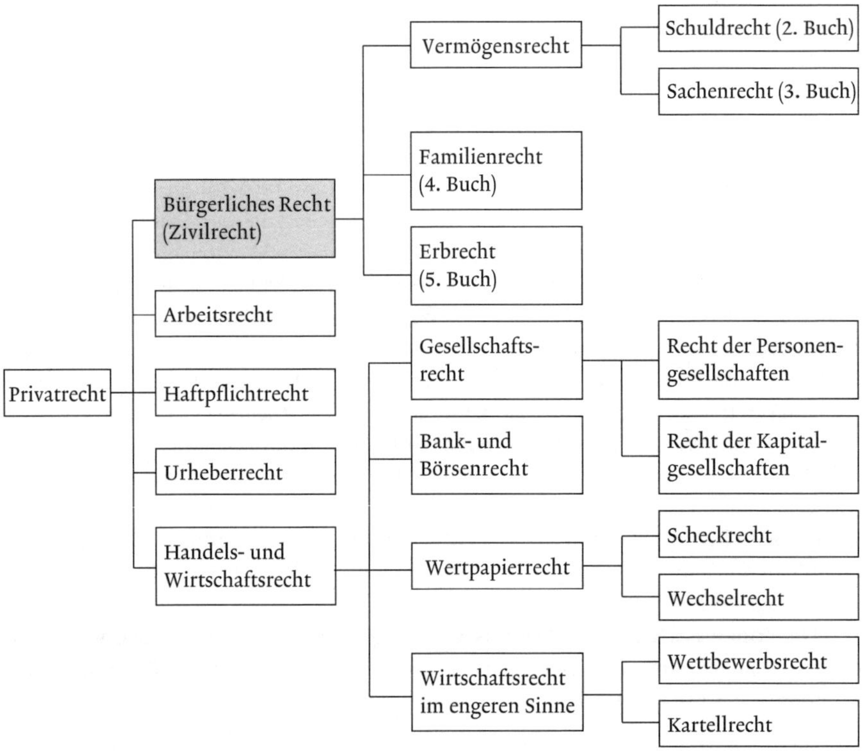

3 Bedeutung des Zivilrechts für das Steuerrecht

3.1 Anknüpfung des Steuerrechts an das Zivilrecht

Die Besteuerung knüpft an Vorgänge an, die ihre rechtliche Gestaltung nach den Vorschriften des Bürgerlichen Rechts erhalten haben. Es gibt praktisch keinen steuerlich bedeutsamen Sachverhalt, der nicht eine Grundlage im Bereich des Privatrechts findet.

BEISPIELE

a) Wer ein Grundstück kauft oder verkauft (zum Grundstückskaufvertrag s. D 2), kann damit eine Besteuerung nach dem Einkommensteuergesetz, nach dem Umsatzsteuergesetz oder nach dem Grunderwerbsteuergesetz auslösen.

b) Der Unternehmer, der Waren verkauft, unterliegt mit seinen Umsätzen der Umsatzsteuer, seine Erträge unterliegen der Einkommensteuer und der Gewerbesteuer.

c) Die Einkünfte eines nichtselbständig Tätigen aus einem Dienst- oder Arbeitsverhältnis sind lohnsteuerpflichtig (§§ 19, 38 ff. EStG).

d) Ein Hauseigentümer schließt einen Mietvertrag ab (s. D 3.2). Die Einkünfte aus der Vermietung unterliegen der Einkommensteuer (§ 21 EStG), für die Umsatzsteuer stellt sich die Frage steuerfreier Vermietung (§ 1 Abs. 1, § 4 Nr. 12 UStG).

e) Der Tod eines Menschen (Erbfall, vgl. G) bewirkt den Übergang des Vermögens auf den oder die Erben. Dieser Vorgang ist der Anknüpfungspunkt für die Erbschaftsteuer.

Bei der Besteuerung der in aller Regel privatrechtlich strukturierten Sachverhalte muss derjenige, der das Steuerrecht anwenden will, häufig zunächst über privatrechtliche Vorfragen entscheiden.

BEISPIELE

a) Aus der Bestellung eines Nießbrauchsrechts zugunsten naher Angehöriger können steuerliche Folgerungen nur gezogen werden, wenn ein bürgerlich-rechtlich wirksames Nutzungsrecht begründet worden ist und die Beteiligten die zwischen ihnen getroffenen Vereinbarungen auch tatsächlich durchführen (vgl. E 9.5.3.4).

b) Die Verlustausgleichsbeschränkung bei einem negativen Kapitalkonto des Kommanditisten (§ 15a EStG) wird nur wirksam, wenn der Kommanditist handelsrechtlich beschränkt mit seiner Einlage haftet, nicht aber, wenn er den Gläubigern der Gesellschaft aufgrund von Ausnahmebestimmungen unbeschränkt haftet (vgl. § 15a Abs. 1 Satz 2 EStG).

3.2 Verweisung des Steuerrechts auf Begriffe des Zivilrechts

Das Steuerrecht ist öffentliches Recht; der Steuergläubiger (Bund, Länder, Gemeinden) setzt den Besteuerungsanspruch mit Hoheitsgewalt gegen den privaten Steuerschuldner durch. Trotz des grundsätzlichen Gegensatzes zum Zivilrecht verweisen Steuergesetze in einer Reihe von Vorschriften auf Normen des BGB.

BEISPIELE

a) § 79 AO verweist hinsichtlich der Handlungsfähigkeit natürlicher Personen auf das Bürgerliche Recht (s. B1.6).
b) § 3 Abs. 3 UstG benutzt den Begriff der Kommission aus § 383 HGB.
c) Die gesetzliche Vertretung gem. § 34 Abs. 1 AO beruht auf den bürgerlich-rechtlichen Vorschriften.

3.3 Grundsätze der Gesamtrechtsordnung

Im BGB sind bestimmte Regeln normiert, die allgemeine Grundsätze der Gesamtrechtsordnung darstellen und damit unmittelbar auch im Steuerrecht gelten. Man spricht daher von der Einheit der Rechtsordnung.

BEISPIELE

a) Grundsatz von Treu und Glauben (§ 242).
b) Auslegung von Willenserklärungen (§§ 133, 157).

Von der Einheit der Rechtsordnung werden nur einige Grundsätze erfasst. Aus ihr lässt sich keine Regel ableiten, dass bestimmte Rechtsbegriffe, die im BGB und im Steuerrecht gleichlauten, aber verschiedene Zielrichtungen haben, denselben Inhalt haben müssen.

3.4 Bedeutung der zivilrechtlichen Begriffe im Steuerrecht

Im Regelfall werden die privatrechtlichen Begriffe im Steuerrecht vorausgesetzt und haben grundsätzlich dieselbe Bedeutung.

BEISPIELE

a) Nach § 34 Abs. 1 AO haben die gesetzlichen Vertreter der natürlichen und der juristischen Personen deren steuerlichen Pflichten zu erfüllen. Wer gesetzlicher Vertreter ist, bestimmt sich nach dem Privatrecht (s. B1.4).

b) Das Privatrecht ist dafür maßgeblich, ob eine Mehrheit von Personen (Personenvereinigung) eine Personengesellschaft ist (deren Gewinn einheitlich und gesondert festzustellen und den einzelnen Gesellschaftern einkommensteuerlich mit ihrem Anteil zuzurechnen ist) oder ob es sich um eine Kapitalgesellschaft handelt (deren Gewinn körperschaftsteuerpflichtig ist und deren Ausschüttungen bei den Anteilseignern als Einkünfte aus Kapitalvermögen zu erfassen sind). Das Steuerrecht baut hier auf den privatrechtlichen Begriffen auf: § 15 Abs. 1 Nr. 2 EstG spricht von der OHG und der KG, § 20 Abs. 1 Nr. 1 EstG von Gewinnanteilen aus Aktien und Anteilen an GmbHs.

Andererseits gibt es steuerliche Begriffe, die im Privatrecht keine Entsprechung haben, sondern ganz aus den wirtschaftlichen Bedürfnissen und der Eigenart des Steuerrechts heraus entwickelt worden sind.

BEISPIELE

a) Einkommensteuer: Einnahmen, Werbungskosten, Einkünfte, Sonderausgaben, außergewöhnliche Belastungen usw.
b) Umsatzsteuerrecht: Lieferung, sonstige Leistung, Umsatz.
c) Abgabenordnung: Steuerpflichtiger, Steuerschuldverhältnis usw.

Aber auch gleich oder ähnlich lautende Begriffe aus dem Gebiet des Zivil- und des Steuerrechts können mit verschiedenen Begriffsinhalten versehen sein. Das Steuerrecht ist nicht Folgerecht des Zivilrechts i. S. einer strengen Bindung an die zivilrechtlichen Begriffe. Denn das Steuerrecht als öffentliches Recht mit i. d. R. zwingendem Charakter hat ganz andere Zielsetzungen als das vom Grundsatz der Vertragsfreiheit beherrschte Zivilrecht. Das hat zwangsläufig in vielen Fällen eine Durchbrechung der zivilrechtlichen Ordnungsstrukturen zur Folge.

BEISPIELE

a) Das BGB versteht unter »Grundstück« (vgl. §§ 94, 873 ff.) sowohl den Grund und Boden als auch aufstehende Gebäude. Nach dem Bilanzsteuerrecht sind nach dem Grundsatz der Einzelbewertung der Grund und Boden und die Gebäude getrennt zu aktivieren und zu bewerten. Dies ist auch deshalb wichtig, weil Gebäude der Absetzung für Abnutzung unterliegen (§ 7 Abs. 4 EstG), der Grund und Boden dagegen nicht abschreibungsfähig ist.

b) Der Begriff des »Dienstverhältnisses« (§ 1 Abs. 2 LStDV) bei den Einkünften aus nichtselbständiger Arbeit (§ 19 EstG) ist nicht den bürgerlich-rechtlichen Vorschriften über den Dienstvertrag (§ 611) entlehnt. Da das Lohnsteuerrecht an die tatsächlichen Verhältnisse anknüpft, ist es steuerlich unerheblich, ob überhaupt ein zivilrechtlicher Dienstvertrag geschlossen worden ist.

c) Für den einkommensteuerlichen Begriff der »Vermietung und Verpachtung« kommt es nicht darauf an, ob ein Vertrag nach BGB als Miet- oder Pachtvertrag anzusehen ist, sondern der steuerliche Begriff umfasst alle Vergütungen, die für die Nutzung und Verwertung der in § 21 EstG aufgeführten Vermögensteile und Rechte geleistet werden.

Es kann hier nur angedeutet werden, dass das Verhältnis von Privatrecht und Steuerrecht in der Rechtsprechung und in der Literatur äußerst umstritten und dogmatisch ungeklärt ist.

Der BFH ging in einer Reihe von Entscheidungen von einem »Primat des Zivilrechts vor dem Steuerrecht« aus und legte Begriffe im Zweifel im zivilrechtlichen Sinne aus (vgl. BFH vom 12.07.1967 BStBl III 1967, 781 und die dort zitierten weiteren Entscheidungen; vgl. ebenso BverfGE 13, 313, 340 und BverfGE 29, 104, 117).

Dem ist in der Literatur entgegengehalten worden, die dem Steuerrecht innewohnenden Eigengesetzlichkeiten schlössen einen Grundsatz aus, wonach zivilrechtlichen Begriffen im Steuerrecht ihre ursprüngliche Bedeutung beizumessen sei.

Von einer Maßgeblichkeit des Zivilrechts für das Steuerrecht könne nicht gesprochen werden. Beide Rechtsgebiete stünden nicht in einem Verhältnis der Über- und Unterordnung, sondern der Gleichordnung (grundlegend Ruppe, Möglichkeiten und Grenzen der Übertragung von Einkunftsquellen, in: Tipke (Hrsg.), Übertragung von Einkunftsquellen im Steuerrecht, 7 ff.; Locher, Grenzen der Rechtsfindung im Steuerrecht, 152 ff.; Tipke/Lang, Steuerrecht, 6 ff.; Walz, Steuergerechtigkeit und Rechtsanwendung, 208 ff.).

Die h. M. sieht heute im Steuerrecht zu Recht ein eigenständiges Rechtsgebiet im Rahmen der Gesamtrechtsordnung. Das Steuerrecht ist nur dem Verfassungsrecht untergeordnet, im Übrigen aber autonom und dem Zivilrecht nebengeordnet. Die Gegenmeinung, die das Steuerrecht zum Annexrecht des Zivilrechts herabzudrücken versucht, nimmt für sich in Anspruch, der Privatautonomie im Steuerrecht mehr Geltung zu verschaffen; in Wirklichkeit sind die Versuche, das Steuerrecht zwingend an formale zivilrechtliche Gestaltungen zu binden, gegen die Gleichmäßigkeit der Besteuerung (Art.3 Abs. 1 GG) gerichtet und begünstigen einseitig die Handlungsfreiheit (Art.2 Abs. 1 GG) der Begüterten.

Es widerspricht einer gerechten Besteuerung, wenn nur derjenige Steuern zahlt, der die »Schlupflöcher« nicht kennt oder der sie als Lohnabhängiger nicht nutzen kann.

3.5 Wirtschaftliche Betrachtungsweise

Das Steuerrecht kann den Gestaltungen des Zivilrechts dann nicht folgen, wenn besondere steuerrechtliche Vorschriften ausdrücklich oder die wirtschaftliche Betrachtungsweise dem Sinngehalt nach eine Abweichung gebieten.

Die **wirtschaftliche Betrachtungsweise** – eine ungeschriebene Rechtsregel zur Auslegung von Steuergesetzen – schreibt vor, dass Vorgänge, die in den gesetzlichen Steuertatbeständen mit Begriffen des bürgerlichen Rechts umschrieben sind, unabhängig von ihrem bürgerlichrechtlichen Gehalt auszulegen sind. Die AO enthält keine dem früheren § 1 Abs. 2, 3 StAnpG entsprechende Vorschrift (danach waren die Volksanschauung, der Zweck und die wirtschaftliche Bedeutung der Gesetze sowie die Entwicklung der Verhältnisse zu berücksichtigen), sondern regelt in den §§ 39 Abs. 2, 41, 42 AO lediglich Unterfälle der wirtschaftlichen Betrachtungsweise. An der bereits vor dem In-Kraft-Treten der AO 77 geltenden Lehre von der wirtschaftlichen Betrachtungsweise hat sich indes nichts geändert. Sie soll vor allem sicherstellen, dass unabhängig von der rechtlichen Gestaltung wirtschaftlich gleiche Sachverhalte auch steuerlich gleich behandelt werden. Den vom Steuerpflichtigen willkürlich geschaffenen, aber wirtschaftlich bedeutungslosen Tatsachen darf kein entscheidender Einfluss auf die Höhe der Steuer eingeräumt werden.

BEISPIELE

a) Mietzahlungen eines Gewerbetreibenden an Familienangehörige können dann nicht als Betriebsausgaben abgezogen werden, sondern sind als Versorgungsrenten zu behandeln, wenn das zugrundeliegende, als Miete bezeichnete Rechtsverhältnis alle Merkmale einer Versorgungsabrede enthält.

b) Bezüge aus einem zivilrechtlichen Dienstvertrag können Einkünfte aus Gewerbebetrieb nach § 15 Abs. 1 Nr. 2 EstG sein, wenn der Bezügeempfänger in dem Betrieb Unternehmerrisiko trägt und Unternehmerinitiative entfalten kann, so dass er als Mitunternehmer anzusehen ist.

c) Ein Einzelunternehmer U erhält von seinem Bruder B ein Darlehen, wobei B erkennen lässt, dass er keine Rückzahlung erwartet. U darf das Darlehen nicht passivieren. Zivilrechtliche Schuldverhältnisse sind nur dann zu passivieren, wenn mit einer Inanspruchnahme durch den Gläubiger tatsächlich zu rechnen ist.

Die wirtschaftliche Betrachtungsweise hat ihre eigentliche Bedeutung da, wo das Steuerrecht zivilrechtliche Begriffe verwendet. Sie ist damit eine der wichtigsten Gesetzesanwendungsregeln im Steuerrecht (zur Rechtsanwendung und Gesetzesauslegung im Steuerrecht vgl. Tipke/Lang, Steuerrecht, § 8; Hartmann/Walter, Auslegung und Anwendung von Steuergesetzen; Urbas, Die wirtschaftliche Betrachtungsweise im Steuerrecht).

Für den Anfänger sei aber betont: Die wirtschaftliche Betrachtungsweise ist nicht »Mädchen für alles«. Sie kann auf keinen Fall zu dem Zweck verwendet werden, sich über das Gesetz hinwegzusetzen oder fingierte Sachverhalte zu besteuern.

Ein gesetzlich normierter Unterfall der wirtschaftlichen Betrachtungsweise ist das **wirtschaftliche Eigentum**(Definition in § 39 Abs. 2 Nr. 1 Satz 1 AO, vgl. dazu in diesem Band E 6, und Band 1, Helmschrott/Schaeberle/Scheel, Abgabenordnung, B 3.1).

BEISPIELE

a) K kauft von V im Jahr 01 ein Einfamilienhaus mit Auflassungsvormerkung und zieht ein. Erst im Jahr 02 wird K als Eigentümer im Grundbuch eingetragen. Kann K bereits im Jahr 01 die Förderung nach dem Eigenheimzulagegesetz erhalten?

LÖSUNG Das Eigenheimzulagegesetz setzt die Selbstnutzung durch den Eigentümer voraus. Das zivilrechtliche Eigentum erlangt K erst mit der Grundbucheintragung. K ist aber, da Nutzen und Lasten bereits auf ihn übergegangen sind, bereits als wirtschaftlicher Eigentümer anzusehen und kann die Grundförderung erhalten.

b) Ein Unternehmer verkauft eine Maschine gegen Ratenzahlung. Bis zur vollständigen Bezahlung des Kaufpreises behält er sich das Eigentum vor (§ 449, s. E 7).

LÖSUNG Die Lieferung des Gegenstandes ist – obwohl zivilrechtlich das Eigentum noch nicht auf den Käufer übergegangen ist – nach § 3 Abs. 1 UStG zu versteuern, weil bereits das wirtschaftliche Eigentum verschafft ist.

3.6 Gesetz- und sittenwidriges Handeln (§ 40 AO)

§ 40 AO verhindert, dass gesetz- oder sittenwidriges Handeln vor legalem und anständigem Handeln privilegiert wird. Ein Rechtsgeschäft, das zivilrechtlich nichtig ist (§§ 134, 138), aber unter ein Steuergesetz fällt, ist steuerlich dennoch zu beachten. Es kommt auf das wirtschaftliche »Ist« an. Dies ist z. B. zu bedenken bei Einnahmen aus Schwarzarbeit oder Einkünften aufgrund von Erpressungen.

3.7 Zivilrechtlich unwirksame Rechtsgeschäfte (§ 41 AO)

Noch deutlicher kommt der Grundsatz, dass es nicht auf die zivilrechtliche Wirksamkeit eines Rechtsgeschäfts, sondern auf seinen tatsächlichen wirtschaftlichen Gehalt ankommt, in § 41 Abs. 1 AO zum Ausdruck (vgl. dazu Heuermann, DB 2007, 1267 m. w. N.).

BEISPIELE

a) Der unverheiratete A hat durch eigenhändiges Testament seinen Bruder B zum Erben seines Privathauses und seine Schwester C zur Erbin seines Betriebes eingesetzt. B und C setzen sich über dieses Testament hinweg und befolgen eine von A kurz vor seinem Tod mündlich getroffene Verfügung, wonach B den Betrieb und C das Grundstück erben soll. Wer hat nach dem Tod des A welche Einkünfte zu versteuern?

LÖSUNG Die mündliche Verfügung von Todes wegen erfüllt nicht die zivilrechtlichen Formerfordernisse und ist damit nichtig (§§ 2247, 2258, 125). Sie ist aber von den Erbbeteiligten erfüllt worden und deshalb nach § 41 AO der Besteuerung zugrunde zu legen: B erhält den Betrieb (Fortführung der Buchwerte nach § 6 Abs. 3 EStG) und hat gewerbliche Einkünfte, C erhält das Haus (Fortführung des AfA-Satzes und der AfA-Bemessungsgrundlage nach § 11d EStDV). Vgl. BFH vom 12. 12. 1973 BStBl II 1974, 340.

b) Ein sechsjähriges Kind »kauft« beim Spielzeughändler einen Ball.

LÖSUNG Das Kind kann selbst nicht zivilrechtlich wirksam handeln (zur Geschäftsfähigkeit s. unten B1.4.3). Dennoch muss der Unternehmer diesen Verkauf als Lieferung nach § 3 Abs. 1 UStG der Umsatzsteuer unterwerfen.

Dagegen lösen Scheingeschäfte und Scheinhandlungen – wenn es also den Parteien an einem ernsthaften Geschäftswillen fehlt – keinen wirtschaftlichen Effekt aus (§ 41 Abs. 2 AO).

BEISPIEL

A hat B einen Gewerbebetrieb zur Sicherung übereignet. Außerdem haben A und B vertraglich vereinbart, dass A im Betrieb nichts mehr zu bestimmen hat und kein geschäftliches Risiko mehr trägt, aber nach außen noch als Betriebsinhaber auftritt. Wem sind die Erträge zuzurechnen?

LÖSUNG A und B haben nur zum Schein eine Sicherungsübertragung, in Wirklichkeit aber eine Vollübertragung des Betriebes vereinbart. A ist Strohmann für B. Betrieb und Einkünfte sind damit B zuzurechnen.

3.8 Missbrauch von rechtlichen Gestaltungsmöglichkeiten (§ 42 AO)

Zwar ist es erlaubt, seine Rechtsverhältnisse steuerlich möglichst günstig zu gestalten. Vereinbarungen können aber im Steuerrecht nur anerkannt werden, wenn sie eindeutig und ernstlich gewollt und auch tatsächlich durchgeführt sind.

BEISPIELE

Verträge zwischen nahen Angehörigen werden von der Finanzverwaltung nur unter ganz bestimmten Voraussetzungen anerkannt (vgl. R 4.8 EStR und R 15.9 EStR für die Anerkennung von Familienpersonengesellschaften):

a) Der Vertrag muss zivilrechtlich wirksam und ernsthaft und eindeutig abgeschlossen sein.

b) Der Vertrag muss auch tatsächlich durchgeführt sein. Denn Papier ist geduldig.

c) Die Leistungen müssen angemessen sein.

Liegt der Fehler bei a) oder b), wird der Vertrag steuerlich nicht anerkannt, und die Lohn- oder Gewinnzahlungen werden nicht gewinnmindernd als Betriebsausgaben, sondern gewinnneutral als Privatentnahmen behandelt. Liegt der Fehler bei c), wird der Vertrag zwar steuerlich anerkannt, aber die Zahlung an den Familienangehörigen darf den Gewinn nur in angemessener Höhe mindern.

Die Rechtsprechung leitet solche Rechtsfolgen i. d. R. aus der wirtschaftlichen Betrachtungsweise ab. Die Vorschrift des § 42 AO wird selten angewendet. Sie setzt voraus, dass der Steuerpflichtige außersteuerliche Rechtsverhältnisse in der Absicht der Steuerumgehung den wirtschaftlichen Vorgängen gegenüber unangemessen gestaltet. Eine Gestaltung ist dann unangemessen, wenn verständige Parteien sie zur Erreichung des erstrebten wirtschaftlichen Ziels nicht gewählt hätten (vgl. Band 1, Helmschrott/Schaeberle/Scheel, Abgabenordnung, B 3.3).

MERKSATZ

Aufgrund der wirtschaftlichen Betrachtungsweise sind zivilrechtliche Begriffe und Rechtsgeschäfte im Steuerrecht nach ihrem wirtschaftlichen Gehalt auszulegen. Ein Rechtsgeschäft, das zivilrechtlich unwirksam ist, kann dennoch steuerliche Folgen haben, wenn es einen Besteuerungstatbestand erfüllt. Ein Rechtsgeschäft, das zivilrechtlich wirksam ist, kann dennoch ohne die gewünschten steuerlichen Folgen bleiben, wenn es nicht tatsächlich durchgeführt ist oder zur missbräuchlichen Umgehung von Steuergesetzen dienen soll.

3.9 Der sogenannte Maßgeblichkeitsgrundsatz

Eine besondere Verknüpfung des Privatrechts – und zwar des Handelsrechts – mit dem Steuerrecht ist der **Maßgeblichkeitsgrundsatz**. Nach dem Grundsatz der **materiellen Maßgeblichkeit** ist bei buchführenden Gewerbetreibenden in der Bilanz das Betriebsvermögen anzusetzen, das nach den Grundsätzen ordnungsmäßiger Buchführung (GoB) auszuweisen ist (§ 5 Abs. 1 Satz 1 EStG). Die Handelsbilanz ist grundsätzlich für die Steuerbilanz maßgeblich. Die Steuerbilanz kann als abgeleitete Handelsbilanz angesehen werden. Mit der Ausübung von Bilanzierungs- und Bewertungswahlrechten in der Handelsbilanz legt sich der Steuerpflichtige grundsätzlich auch für die Steuerbilanz fest. In der Praxis ist es i. d. R. umgekehrt; wegen der rechtlichen Abhängigkeit der Steuerbilanz von der Handelsbilanz ist der Unternehmer gezwungen, die steuerlich zweckmäßigen Ansätze in die Handelsbilanz aufzunehmen (faktische Dominanz der Steuerbilanz). Ein von der Handelsbilanz abweichender Posten erscheint in der Steuerbilanz nur dann, wenn die handelsrechtlich zulässigen Ansätze zwingenden steuerlichen Vorschriften widersprechen (z. B. § 5 Abs. 1a, 2–4a EStG steuerrechtlicher Bewertungsvorbehalt des § 5 Abs. 6 EStG). Nach Auffassung des Bundesverfassungsgerichts ist eine steuergesetzliche Abweichung von der Maßgeblichkeit nur dann verfassungswidrig, wenn sie willkürlich ist (BVerfG vom 12.05.2009, 2 BvL 1/00 BStBl II 2009, 685).

Nach dem Grundsatz der **konkreten Maßgeblichkeit** sind die Ergebnisse der in der handelsrechtlichen Rechnungslegung zur Absicherung finanzwirtschaftlicher Risiken gebildeten Bewertungseinheiten auch für die steuerliche Gewinnermittlung maßgeblich (§ 5 Abs. 1a Satz 2 EStG).

Mit dem Maßgeblichkeitsgrundsatz werden bestimmte Normen des Handelsrechts in das Einkommensteuerrecht transformiert:

a) geschriebene und ungeschriebene formelle Anforderungen an die laufende Buchführung und an den Jahresabschluss;

b) gesetzliche Bilanzierungsvorschriften (Ansatz von Aktiv- und Passivposten dem Grunde nach), Gliederungsvorschriften und Bewertungsvorschriften (Ansatz von Aktiv- und Passivposten der Höhe nach) im Dritten Buch des HGB (§§ 238 ff. HGB);
c) (auch nach dem Inkrafttreten des BiRiLiG ungeschrieben gebliebene) Grundsätze ordnungsmäßiger Buchführung (GoB, vgl. § 238 Abs. 1, § 243 Abs. 1 HGB).

Ob der Maßgeblichkeitsgrundsatz der Vereinfachung oder dem Schutz vor dem Fiskus dienen soll, ist nicht eindeutig bestimmbar. Der Maßgeblichkeitsgrundsatz birgt die Gefahr in sich, dass die teilweise unterschiedliche Zwecksetzung der handelsrechtlichen und steuerlichen Gewinnermittlung vernachlässigt und das Handelsrecht zur Erlangung steuerlicher Gruppenvorteile missbraucht wird.

Ob es einen **Grundsatz der »umgekehrten Maßgeblichkeit«** gibt, also einen Grundsatz der Maßgeblichkeit der Steuerbilanz für die Handelsbilanz, war lange Zeit umstritten. In § 5 Abs. 1 Satz 2 EStG a. F. war geregelt, dass steuerrechtliche Wahlrechte bei der Gewinnermittlung in Übereinstimmung mit der handelsrechtlichen Jahresbilanz auszuüben sind. Die Befürworter machten geltend, steuerliche Bilanzierungs- und Bewertungswahlrechte könnten generell nicht dazu führen, dass die steuerpflichtigen Einkünfte geringer seien als die handelsrechtlichen Gewinne. In der höchstrichterlichen Rechtsprechung wurde klargestellt, dass sich Inhalt und Grenzen der Maßgeblichkeit des Steuerrechts für das Handelsrecht nur aus den Normen des Steuerrechts ergeben können (BFH vom 24.04.1985 BStBl II 1986, 324). Im Bilanzrechtsmodernisierungsgesetz 2010 (BilMoG) wurde die umgekehrte Maßgeblichkeit beseitigt. Steuerrechtliche Wahlrechte sind bei der Gewinnermittlung nach geltendem Recht unabhängig von der Behandlung der Sachverhalte in der Handelsbilanz auszuüben. Der Gesetzgeber wollte damit die handelsrechtliche Rechnungslegung vereinfachen und den Informationsgehalt des handelsrechtlichen Jahresabschlusses verbessern (vgl. Band 3, Fanck/Guschl, Buchführungstechnik und Bilanzsteuerrecht, D 3.5)

4 Rechtsanwendung

Die Arbeit mit dem BGB fällt dem Anfänger schwer. Ihm fehlt – anders als in schon in der Schule unterrichteten Studienfächern (z. B. Sprachen, Naturwissenschaften, Mathematik) – das notwendige Basiswissen für die Gesetzesanwendung. Der Einstieg wird durch einen Überblick über den Aufbau und über die typischen Strukturen des BGB erleichtert. Außerdem gilt es, die für die Gewinnung juristischer Ergebnisse maßgeblichen Regeln kennenzulernen, die der Bearbeiter eines Rechtsfalles regelmäßig zu beachten und anzuwenden hat.

4.1 Aufbau des BGB

Die rund 2 400 Paragraphen des BGB sind so gegliedert, dass zumindest der »Suchbereich« mancher Fragestellungen auf einige hundert Vorschriften eingeengt wird. Wenn man das Inhaltsverzeichnis liest, so ist eine Einteilung erkennbar, die bestimmte Themen den »Büchern« des BGB zuordnet. Im 2. Buch (Recht der Schuldverhältnisse) sind Verträge geregelt, im 3. Buch (Sachenrecht) die Rechtsbeziehungen zwischen Person und Sache, im 4. Buch familienrechtliche Fragen und im 5. Buch alles, was im weitesten Sinne zum Erbrecht gehört. Der Inhalt des 1. Buches (Allgemeiner Teil) beruht auf einer für das BGB typischen Struktur. Der Gesetzgeber hat darin solche Aussagen, Vorschriften und Definitionen zusammengefasst, die für die Bücher

2 bis 5 in gleicher Weise gelten. Er hat also Gemeinsames – wie in der Mathematik – »vor die Klammer gezogen«.

BEISPIELE

a) Einen Kaufvertrag zu schließen (2. Buch: § 433), das Eigentum an einer Sache zu erwerben (3. Buch: § 929), einen Ehevertrag zu vereinbaren (4. Buch: § 1408) oder ein Testament zu errichten (5. Buch: § 1937) setzt immer eine gleich lautende Eigenschaft voraus: Die Fähigkeit, Träger von Rechten und Pflichten zu sein (Rechtsfähigkeit, s. B1.2). Sie ist deshalb als gemeinsam geltende Vorschrift im Allgemeinen Teil des BGB (AT) vor die Klammer gezogen (vgl. § 1!).

b) Ein Kaufvertrag über eine Sache (z. B. ein Auto), der Eigentumserwerb an diesem Auto und eine testamentarische Verfügung über dieses Auto setzen jeweils gleichermaßen eine »Sache« (= Auto) voraus. Diese findet sich folglich im AT (vgl. § 90!).

Das BGB regelt nicht jede Rechtsbeziehung geschlossen für sich. In den seltensten Fällen ist eine Norm in sich vollständig. Vielmehr geht das BGB vom Allgemeinen zum Besonderen. Allgemeine Vorschriften werden vor die Klammer gezogen und bei den besonderen Vorschriften vorausgesetzt und nicht mehr wiederholt. Die Vorschriften des AT des BGB (1. Buch) werden in den Büchern 2 bis 5, die des Allgemeinen Schuldrechts (2. Buch, 1. bis 6. Abschnitt) im Besonderen Schuldrecht (2. Buch, 7. Abschnitt) vorausgesetzt.

Technik des Vor-die-Klammer-Ziehens

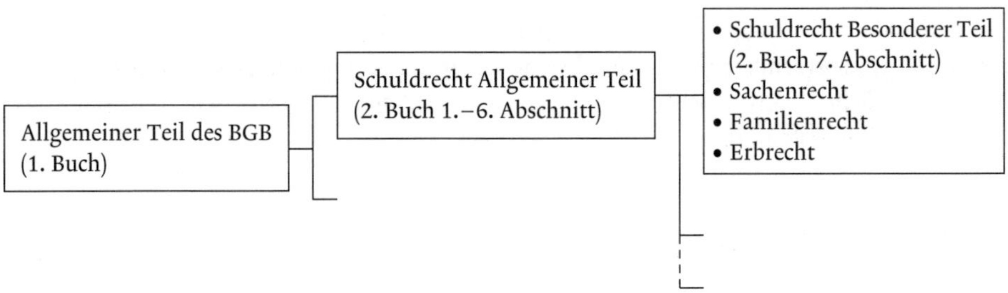

Diese für das BGB typische Struktur hat den Vorteil, dass das BGB auf kasuistische Aufzählungen verzichten kann. Auch eine noch so umfangreiche Auflistung dessen, was z. B. als Sache gelten kann, müsste unvollständig bleiben. Der Aufbau des BGB hat aber auch zur Folge, dass der Rechtsanwender häufig zugleich mehrere Vorschriften zu prüfen hat.

BEISPIEL

A kauft von B ein Buch für 20 €.
Bei der rechtlichen Beurteilung dieses einfachen Sachverhalts muss man im BGB weit verstreute Vorschriften anwenden:

- §§ 104 ff. für die Frage, ob sich die beiden rechtlich binden können,
- §§ 116 ff. für die Frage, ob die Willenserklärungen wirksam sind,
- §§ 145 ff. für die Frage, ob und wie ein Vertrag geschlossen wird,
- §§ 433 ff. für die Frage, welche Rechte und Pflichten den Käufer und den Verkäufer treffen,
- §§ 854 ff. für die Frage, ob und wie der Käufer Besitz an der Sache erlangt,
- §§ 929 ff. für die Frage, ob das Eigentum an der Sache übergegangen ist.

4.2 Technik der Rechtsanwendung

Hat man eine oder mehrere Vorschriften gefunden, die für die Lösung eines Problems (»Kann A von B Geld, eine Sache usw. verlangen?«) brauchbar erscheinen, beginnt die Arbeit mit dieser konkreten Norm.

4.2.1 Aufbau von Rechtsnormen

Alle vollständigen Rechtsnormen haben den gleichen inneren Aufbau: Zunächst beschreibt der Gesetzgeber mit abstrakten Begriffen (=Tatbestandsmerkmalen) einen konkreten Vorgang (=Sachverhalt) und zieht dann für diesen zu entscheidenden Fall die Rechtsfolge. Wenn der Sachverhalt alle Tatbestandsmerkmale der Norm erfüllt, tritt die Rechtsfolge ein.

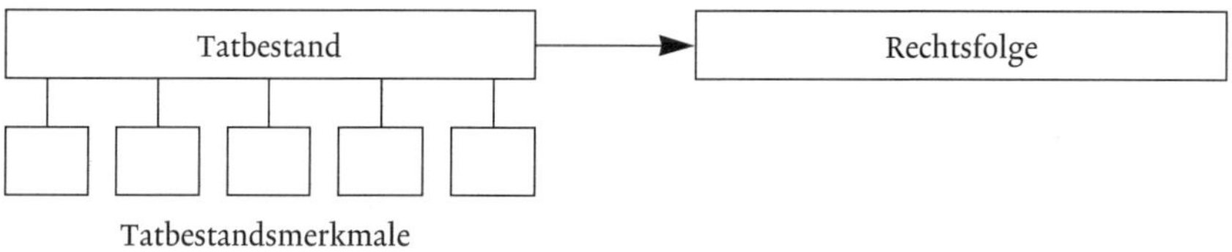

Es gibt auch in den Büchern 3 bis 5 Schuldverhältnisse, z. B. im Familienrecht Unterhalt (§§ 1360, 1601), im Erbrecht Vermächtnis (§ 2167), Pflichtteil (§ 2303).

BEISPIEL

Adam hat Bertram für 14 Tage ein Buch geliehen. Adam will das Buch nach diesen 14 Tagen wiederhaben (Sachverhalt). Kann er es herausverlangen (Fallfrage)?

LÖSUNG Nach § 604 ist der Entleiher verpflichtet, die geliehene Sache nach dem Ablauf der für die Leihe bestimmten Zeit zurückzugeben. Da Bertram das Buch geliehen hat und die Leihfrist abgelaufen ist, muss er das Buch zurückgeben. Oder: Adam kann das Buch von Bertram herausverlangen.

4.2.2 Reihenfolge bei der Fallbearbeitung

Man nennt den Denkvorgang, bei dem ein Lebenssachverhalt mit den abstrakten Tatbestandsmerkmalen einer Norm verglichen wird, um festzustellen, welche bestimmten Rechtsfolgen hieraus abzuleiten sind, **Subsumtion**. Diesem Denkvorgang liegt die Lehre des deduktiven Schlusses (Syllogismus) zugrunde. Aus zwei Urteilen (Prämissen) wird ein Schlusssatz (Konklusion) gefolgert. Den beiden Urteilen ist ein Begriff gemeinsam, der die Verknüpfung der beiden Urteile (Obersatz und Untersatz) in einem neuen Schlusssatz ermöglicht. Das klassische Beispiel hierfür lautet:

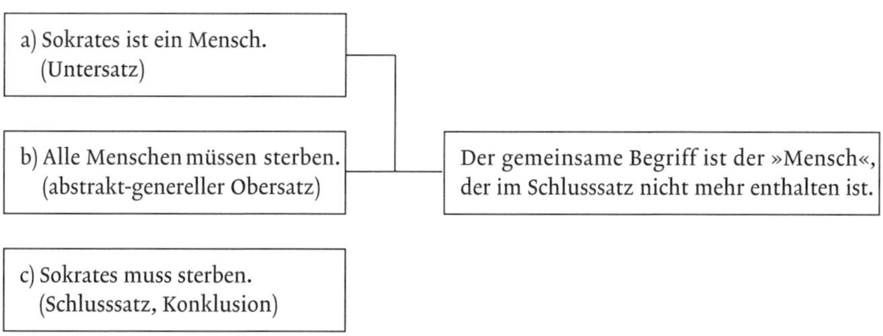

Wenn auch die Rechtsanwendung außer von logischen wesentlich von anderen Momenten geprägt ist (z. B. Auslegung, Lückenfüllung durch Analogie, Rechtsfortbildung), so bildet doch der Syllogismus die Grundlage jeder juristischen Tätigkeit.

BEISPIEL

Die Anwendung des Syllogismus auf das obige Beispiel sieht wie folgt aus:
a) A hat von B für 14 Tage ein Buch entliehen (Untersatz, Sachverhalt).
b) Der Entleiher muss die Sache nach Ablauf der Leihfrist zurückgeben (Obersatz, Tatbestand des § 604).
c) B muss das Buch A nach Ablauf der 14 Tage zurückgeben (Schlusssatz, Rechtsfolge).

Der typische Dreischritt des Syllogismus ist nur eine grobe Gliederung für die juristische Arbeitsweise. Für den Anfänger ist es hilfreich, sich bei der Lösung von Rechtsfällen an eine bestimmte, im Folgenden beschriebene Arbeitstechnik zu halten. Sofern nicht die Besonderheit des zu entscheidenden Falles ausnahmsweise ein anderes Vorgehen erfordert, empfiehlt sich eine Prüfungsreihenfolge, die sechs Schritte umfasst:

1. Schritt: Was ist eigentlich geschehen (Sachverhalt)?

Der Fallbearbeiter muss sich zunächst den vorgegebenen Lebenssachverhalt einprägen, nichts weglassen und nichts unterstellen. Erörterungen darüber, welche Folgerungen zu ziehen wären, wenn im Sachverhalt etwas anderes stünde, sind fehl am Platz.

Im Ausgangsbeispiel: A hat B für 14 Tage ein Buch geliehen. A will es nach Ablauf der 14 Tage wiederhaben.

2. Schritt: Was soll ich mit diesem Sachverhalt tun (Fallfrage)?

Nun muss geklärt werden, zu welcher Frage Stellung zu nehmen ist. Dies ergibt sich i. d. R. aus den Sätzen am Ende des Sachverhalts, etwa: »Kann A von B Zahlung des Kaufpreises verlangen?« oder »Kann C von D Herausgabe verlangen?« Die Frage lautet häufig: »Wer (Anspruchsteller) will was (Anspruchsziel) von wem (Anspruchsgegner) woraus (Anspruchsgrundlage)?« Der Bearbeiter muss sich auf die Beantwortung der Fallfrage beschränken. Nur wenn allgemein gefragt ist: »Wie ist die Rechtslage?«, müssen sämtliche Probleme erörtert werden, die der Fall aufwerfen könnte.

Im Ausgangsbeispiel: In unserem Ausgangsfall lautet die Fallfrage: Kann A von B die Herausgabe des Buches verlangen?

3. Schritt: Welche Vorschriften kommen in Frage (Suche nach der Anspruchsgrundlage)?

Wenn festgestellt ist, welche Rechtsfrage zu beantworten ist, muss man im Gesetz eine Norm – eine Anspruchsgrundlage – suchen, aus der sich die Antwort auf die Fallfrage ergibt. Die Antwort muss auf der Rechtsfolgeseite der Norm abgelesen werden können. Grundsätzlich sind alle in Betracht kommenden Anspruchsgrundlagen zu prüfen.

Im Ausgangsbeispiel: Es handelt sich um einen Leihvertrag; demnach sind die §§ 598 ff. (hier § 604) zu prüfen. Außerdem ist das Buch eine Sache, deren Eigentümer A ist. Also kommt auch eine Norm des Sachenrechts (hier § 985) als Anspruchsgrundlage in Betracht (vgl. Fall 2).

4. Schritt: Welche Tatbestandsmerkmale verlangt der Gesetzgeber?

Jede Rechtsnorm enthält mehrere Tatbestandsmerkmale. Jeder Rechtsbegriff – und zwar einer nach dem andern – muss mit den entsprechenden Tatsachen des Lebenssachverhalts zur Deckung gebracht werden. Es ist deshalb wichtig, alle Tatbestandsmerkmale herauszufinden.

Im Ausgangsbeispiel: § 604 verlangt einen Leihvertrag (1), eine geliehene Sache (2) und den Ablauf der Leihfrist (3).

5. Schritt: Vergleich der abstrakten Tatbestandsmerkmale mit dem Lebenssachverhalt (Subsumtion)

Bei jedem einzelnen Tatbestandsmerkmal ist zu prüfen, ob es eine Entsprechung im Sachverhalt findet, d. h. **ob die Tatbestandsmerkmale durch den Sachverhalt erfüllt sind**. Wenn auch nur ein Tatbestandsmerkmal fehlt, ist damit die Prüfung dieser Anspruchsgrundlage zu Ende. Die Subsumtion kann zum Ergebnis haben, dass

a) der Sachverhalt den Tatbestand **eindeutig erfüllt** (so im Ausgangsfall) oder **eindeutig nicht erfüllt,**
b) der Sachverhalt den Tatbestand **weder eindeutig erfüllt noch eindeutig nicht erfüllt**, so dass durch Auslegung der Wortsinn, der Bedeutungszusammenhang, die Entstehungsgeschichte und der Zweck der Norm oder des einzelnen Tatbestandsmerkmals festgestellt werden muss,
c) der Sachverhalt **von keinem Tatbestand überhaupt erfasst wird**, so dass eine Regelungslücke im Wege der **Analogie,** des **Umkehrschlusses** oder der **sonstigen Rechtsfortbildung** geschlossen werden muss.

6. Schritt: Ziehen der Rechtsfolge

Nachdem die Tatbestandsvoraussetzungen auf ihre Übereinstimmung mit dem Sachverhalt hin überprüft sind, kann die Schlussfolgerung gezogen werden, ob die Rechtsfolge eintritt (oder nicht eintritt, weil eine oder mehrere Voraussetzungen nicht gegeben sind).

Im Ausgangsbeispiel: Es liegen alle (hier: drei) Tatbestandsmerkmale vor. Die Rechtsfolge lautet: Der Entleiher ist verpflichtet, die Sache zurückzugeben. Oder: A kann von B das Buch herausverlangen.

FÄLLE 2–3

FALL 2 Prüfen Sie, ob im Ausgangsfall (s. Beispiel in 4.2.1) auch noch die weitere Anspruchsgrundlage (§ 985) erfüllt ist!

FALL 3 K hat mit dem Fachhändler H einen Kaufvertrag über eine Waschmaschine abgeschlossen und bereits bezahlt. Kann K die Waschmaschine herausverlangen? Verfahren Sie bei der Lösung des Falles in der angegebenen Reihenfolge!

Das BGB enthält folgende Regelungsarten:

- **Anspruchsnormen** bilden die Anspruchsgrundlage, aus denen sich ein Anspruch ergibt (z. B. §§ 433, 535, 985);
- **Hilfsnormen** werden zur Auslegung der Tatbestandsmerkmale einer Anspruchsnorm herangezogen (z. B. §§ 104 ff., 145 ff., 164 ff., 929 Satz 1);
- **Einwendungsnormen** hindern die Wirksamkeit einer Anspruchsnorm.

4.2.3 Anspruchshindernde Einwendungen

Anspruchsnormen dürfen nicht isoliert geprüft werden. Auch wenn die gesetzlichen Tatbestandsmerkmale einer Anspruchsnorm erfüllt sind, kann die Entstehung des Anspruchs durch ergänzende Rechtsregeln gehindert sein.

BEISPIEL

Ergänzung zum Ausgangsbeispiel:
B hält dem Herausgabeverlangen des A entgegen, er (B)
- habe das Buch von A noch gar nicht bekommen (Einrede des noch nicht erfüllten Vertrages),
- habe das Buch schon zurückgegeben (Einwendung der Erfüllung des Leihvertrages durch B, §§ 362 ff., s. C2),
- habe das Buch verloren (der Eigentumsherausgabeanspruch geht ins Leere, stattdessen sind die Rechtsregeln über Leistungsstörungen zu prüfen, §§ 275 ff., s. C4).

Die juristische Falllösung erschöpft sich also nicht in der Frage, ob ein Anspruch entstanden ist. Es muss anschließend geprüft werden, ob der entstandene Anspruch noch besteht oder inzwischen untergegangen ist. Es ist zu unterscheiden zwischen (anspruchshindernden und anspruchsvernichtenden) Einwendungen und Einreden.

Einwendungen werden im Zivilprozess vom Richter von Amts wegen berücksichtigt, ohne dass sie durch den Vortrag der Parteien in den Prozess eingeführt werden müssen. Anspruchshindernde Einwendungen stehen der Entstehung des Anspruchs entgegen. Anspruchsvernichtende Einwendungen lassen einen bereits entstandenen Anspruch untergehen.

BEISPIELE

Anspruchshindernde Einwendungen im Vertrag:
a) Rechts- und Geschäftsfähigkeit,
b) Willensmängel (§§ 116–118),
c) Formnichtigkeit (§§ 125 ff., 311b, 518, 766),
d) Vertragsinhalt verstößt gegen gesetzliches Verbot (§ 134) oder gegen die guten Sitten (§ 138).

Anspruchsvernichtende Einwendungen im Vertrag:
a) Gestaltungsrechte:
- Anfechtung (§§ 119 ff.),
- Rücktritt (§§ 346 ff.), Nacherfüllung, Minderung, Schadenersatz (§§ 437),
- Störung der Geschäftsgrundlage § 313,
- Widerruf (z. B. §§ 168 Satz 2, 671),
- Kündigung (z. B. §§ 621, 626).

b) Bedingungen und Befristungen (§§ 158 ff., 186 ff.),
c) Erfüllungsgeschäfte:
- Erfüllung (§§ 362 ff.),
- Hinterlegung (§ 378),
- Aufrechnung (§ 389 ff.),
- Erlassvertrag (§§ 397 ff.).

d) Personenwechsel:
- Abtretung (§§ 398 ff.),
- Schuldübernahme (§§ 414 ff.).

e) Unzulässige Rechtsausübung:
- Schikaneverbot (§ 226),

- Verstoß gegen Treu und Glauben (§ 242),
- widersprüchliches Verhalten (lat.: venire contra factum proprium=Verstoß gegen früheres Verhalten),
- kein berechtigtes Interesse (lat.: dolo facit, qui petit, quod statim redditurus est=arglistig handelt, wer verlangt, was sofort zurückzugeben wäre),
- Verwirkung,
- Störung der Geschäftsgrundlage § 313 (s. o.).

Wenn der Anspruch wirksam entstanden und nicht durch Einwendungen vernichtet ist, sind anspruchshemmende **Einreden** zu prüfen. Einreden müssen, um wirksam zu werden, von der Partei erhoben werden, der sie günstig sind. Einreden werden also nicht von Amts wegen berücksichtigt.

BEISPIELE

Rechtsvernichtende (peremptorische) Einreden:
Verjährung (§§ 194 ff., 214 ff.)

Rechtshemmende (dilatorische) Einreden:
a) Zurückbehaltungsrecht (§§ 273 ff.),
b) Nichterfüllung des Vertrages (§ 320),
c) Stundungsvereinbarung.

4.3 Weitere Regeln der Gesetzestechnik

Das BGB greift auf Regeln der Gesetzgebungstechnik zurück, die mehr oder weniger für alle Gesetze gelten. Wer sie kennt, hat es leichter, die einschlägigen Vorschriften zu finden, ihren Sinn und ihren Zusammenhang mit den übrigen Vorschriften zu erfassen und sie damit richtig auszulegen und anzuwenden.

4.3.1 Anwendung abstrakter Normen

Das BGB regelt auf verhältnismäßig engem Raum eine ungeheure Vielfalt von Lebenssachverhalten. Dies ist möglich, weil das BGB weitgehend auf Einzelfallregelungen (Kasuistik) verzichtet (Ausnahme z. B. § 98). Es verwendet abstrakte Begriffe, die für eine Vielzahl von Sachverhalten gelten. Das BGB war niemals ein volksnahes Gesetz. In seiner scharfen und einheitlichen Begriffsbildung entspricht es häufig nicht dem Sprachgebrauch des täglichen Lebens.

BEISPIEL

Die Begriffe »Eigentum« und »Besitz« werden von Nichtjuristen oft gleichbedeutend (synonym) verwendet. Das BGB sieht darin zwei völlig verschiedene Begriffe (s. E2.1 und 2.2).

Infolge des abstrakten Gesetzesstils des BGB ist der Fall verhältnismäßig selten, dass das Gesetz unmittelbar auf einen Lebenssachverhalt passt. In den meisten Fällen eröffnet das Gesetz mehrere Möglichkeiten der Beurteilung und bedarf deshalb der Auslegung.

BEISPIELE

a) Oft haben auch scheinbar scharf abgrenzbare Begriffe Zonen der Unschärfe. § 823 Abs. 1 gewährt einen Schadensersatzanspruch wegen der Verletzung des **Eigentums**. Darunter fallen unstreitig

Beeinträchtigungen der Substanz von Sachen durch Beschädigen oder Zerstören. Deshalb musste z. B. an einen Geflügelzuchtbetrieb Schadensersatz geleistet werden, dessen Eier in den Brutapparaten durch eine Unterbrechung der Stromzufuhr verdarben (Küken-Fall, BGHZ 41, 123). Dagegen wurde eine Eigentumsverletzung verneint, als die Produktion einer Fabrik infolge eines Kabelbruchs auf dem Nachbargrundstück zeitweise stillstand, weil lediglich das Vermögen beeinträchtigt war (Kabelbruch-Fall, BGHZ 29, 65; kritisch Möschel, JuS 77, 1, 4).

b) Viele Begriffe müssen erst mit Inhalt gefüllt werden. Das **»sonstige Recht«** in § 823 Abs. 1 z. B. umfasst nicht alle rechtlich geschützten Interessen, sondern nur solche Rechte, die wie Eigentum, Leben, Gesundheit und Freiheit von jedermann zu beachten sind (u. a. dingliche Rechte, Besitz, Name, Ehre, Urheberrecht). Auch das »Recht am eingerichteten und ausgeübten Gewerbebetrieb« ist ein sonstiges Recht i. S. d. § 823 Abs. 1; im Kabelbruch-Fall (s. o.) wurde aber eine Verletzung dieses Rechts ebenfalls verneint, weil es an der Unmittelbarkeit (Betriebsbezogenheit) des Eingriffs fehlte (BGH vom 12.07.1977 BB 1977, 1419; BGHZ 86, 152).

c) Obwohl die Bestimmtheit des Rechts zu den Rechtsstaatsgeboten zählt, kommt keine Rechtsordnung ohne **unbestimmte Rechtsbegriffe** (z. B. »unzumutbare Härte«, §§ 1565 Abs. 2, 1568) und **Generalklauseln** (z. B. »gute Sitten« § 138, »Treu und Glauben« § 242) aus. Wo der Gesetzgeber die Regelung einer Sachfrage nur der Tendenz nach festgelegt hat und die Lösung des konkreten Einzelfalles dem Rechtsanwender überlässt, fällt der Rechtsprechung die Aufgabe zu, die ausfüllungsbedürftigen Begriffe durch Fallgruppen (»case law«) zu konkretisieren.

Nach § 133 ist bei der Auslegung einer Willenserklärung der wirkliche Wille zu erforschen und nicht an dem buchstäblichen Sinne des Ausdrucks zu haften. § 133 gilt auch für die Auslegung von Gesetzen, also für Willensäußerungen des Gesetzgebers. Aufgrund seiner mangelnden Konkretheit gilt § 133 aber nur als eine Leitidee der Auslegung.

Die Vorgehensweise bei der Auslegung von Gesetzen gehört zu den schwierigsten Fragen der Rechtswissenschaft. Hierzu bedarf es bestimmter **Auslegungsmethoden**, um willkürliche Einzelfallentscheidungen zu vermeiden und die Grenzen zulässiger Auslegung nicht zu überschreiten. Die Anwendung solcher Methoden setzt viel Erfahrung und die Arbeit am Einzelfall voraus, weshalb sie hier zunächst nur aufgezählt werden sollen (grundlegend Larenz, Methodenlehre der Rechtswissenschaft, 6. Aufl., 1991; Esser, Vorverständnis und Methodenwahl in der Rechtsfindung, 1970):

a) Die **grammatische Auslegung (Wortlautinterpretation)** stellt auf den juristischen Sprachgebrauch und, wenn ein solcher nicht feststellbar ist, auf den allgemeinen Sprachgebrauch ab. Der Wortlaut einer Norm ist grundsätzlich eine nicht überschreitbare Grenze der Auslegung.
b) Die **logisch-systematische Auslegung** zieht Schlüsse aus der Stellung einer Norm im Gesetz und im Gesamtgefüge des Rechts.
c) Die **teleologische Auslegung** (vom griechischen telos = Ziel, Zweck) zielt auf den Gesetzeszweck und den Grundgedanken der Norm ab. Eine besondere Ausprägung der teleologischen Auslegung im Steuerrecht ist die so genannte wirtschaftliche Betrachtungsweise s. 3.5.
d) Die **historische (genetische) Auslegung,** also die Auslegung nach der Entstehungsgeschichte der Norm, wird lediglich hilfsweise zur Bestätigung und Ergänzung der übrigen Auslegungsmethoden herangezogen. Der Streit, ob bei der Norminterpretation vom subjektiven Willen des Gesetzgebers (subjektive Theorie) oder von einem vom historischen Gesetzgeber losgelösten, objektiven Willen des Gesetzes (objektive Theorie) auszugehen ist, wurde zugunsten der objektiven Theorie entschieden (BVerfGE 1, 299, 312; BVerfGE 11, 126, 130). Man sagt auch: »Das Gesetz ist klüger als der Gesetzgeber«, wenn Probleme zu lösen sind, die der Gesetzgeber nicht geregelt oder übersehen hat.

4.3.2 Schließung von Gesetzeslücken

Durch die bei jeder Rechtsanwendung erforderliche Auslegung verdeutlicht der Gesetzesanwender den im Gesetzestext enthaltenen Sinn (Rechtsfindung intra legem). Die Rechtserweiterung gegen das bestehende Recht (Rechtsfindung contra legem) ist dem Gesetzgeber vorbehalten; sie ist dem Gesetzesanwender nicht erlaubt. Zwischen diesen beiden Fällen liegt die **zulässige Schließung von Gesetzeslücken (Rechtsfindung praeter legem)**; sie wird in Art. 20 Abs. 3 GG durch die Formulierung »(geschriebenes) Gesetz und (ungeschriebenes) Recht« anerkannt und ist grundsätzlich erlaubt. Dem Rechtsanwender ist damit in begrenztem Umfang die Möglichkeit zur Schaffung neuen Rechts gegeben.

Gesetzeslücken können durch Analogie oder durch Umkehrschluss geschlossen werden. Die **Analogie** ist ein Rechtsgewinnungsverfahren, bei dem ein zwar regelungsbedürftiger, aber nicht geregelter Fall nach einer Gesetzesnorm behandelt wird, die einen anderen, aber ähnlichen Fall betrifft. Der Analogieschluss setzt also eine Gesetzeslücke und die Gleichheit der Interessenlage zwischen dem regelungsbedürftigen und dem ähnlich geregelten Fall voraus.

BEISPIELE

a) Bei der **Einzelanalogie** (Gesetzesanalogie) wird die Rechtsfolge **einer** Norm auf einen ähnlichen Fall übertragen (z. B. Sachmangel liegt nicht nur vor, wenn die Sache fehlerhaft ist (vgl. § 434 Abs. 1), sondern auch, wenn z. B. die vereinbarte Montage »unsachgemäß« ist (Abs. 2 Satz 1), und sogar, wenn die Montageanleitung mangelhaft ist (Abs. 2 Satz 2)).

b) Bei der **Rechtsanalogie** wird aus **mehreren** Rechtssätzen ein übergeordnetes Prinzip herausgearbeitet und auf ähnlich gelagerte Fälle übertragen (z. B. die analoge Übertragung der Grundsätze über den Kauf einer »Sache« (§§ 433 ff.) auf Kaufverträge über Rechte und »sonstige Gegenstände« (§ 453)).

Die Trennlinie zwischen der Auslegung und der zulässigen Schließung von Gesetzeslücken wird wie folgt gezogen: Auslegung liegt vor, wenn die Rechtsfindung noch vom »möglichen Wortsinn« oder vom »äußersten Wortsinn« einer Norm gedeckt ist, die Schließung einer Gesetzeslücke wird angenommen, wenn das geltende Recht über den Wortsinn hinaus ausgeweitet wird.

4.3.3 Grenzen der Schließung von Gesetzeslücken

Die Trennlinie zwischen zulässiger Schließung einer Gesetzeslücke und unerlaubter Gesetzeserweiterung ist schwerer zu finden. Durch eine Gesetzeserweiterung wird nicht eine Gesetzeslücke geschlossen, sondern im gesetzesfreien Raum eine neue Norm geschaffen. Dies ist aus rechtsstaatlichen Gründen dem Gesetzgeber vorbehalten. Der Gesetzesanwender muss entscheiden, ob ein Fall vorliegt, den der Gesetzgeber geregelt hätte, wenn er an ihn gedacht hätte (zulässige Schließung einer planwidrigen Lücke), oder ob ein Fall vorliegt, den der Gesetzgeber bewusst nicht regeln wollte, obwohl er ihm bekannt war (unzulässige Gesetzeserweiterung, da gesetzesfreier Raum). Wo diese Grenze genau verläuft und inwieweit der Richter selbst Recht schaffen darf, ist auch heute noch weitgehend ungeklärt (vgl. Canaris, Die Feststellung von Lücken im Gesetz, 2. Aufl.; Hartmann/Walter, Auslegung und Anwendung von Steuergesetzen, 217 ff.; Larenz, Methodenlehre der Rechtswissenschaft. 6. Aufl., 354 ff.; Tipke, Grenzen der Rechtsfortbildung durch Rechtsprechung und Verwaltungsvorschriften im Steuerrecht).

Schema der Rechtsfindung

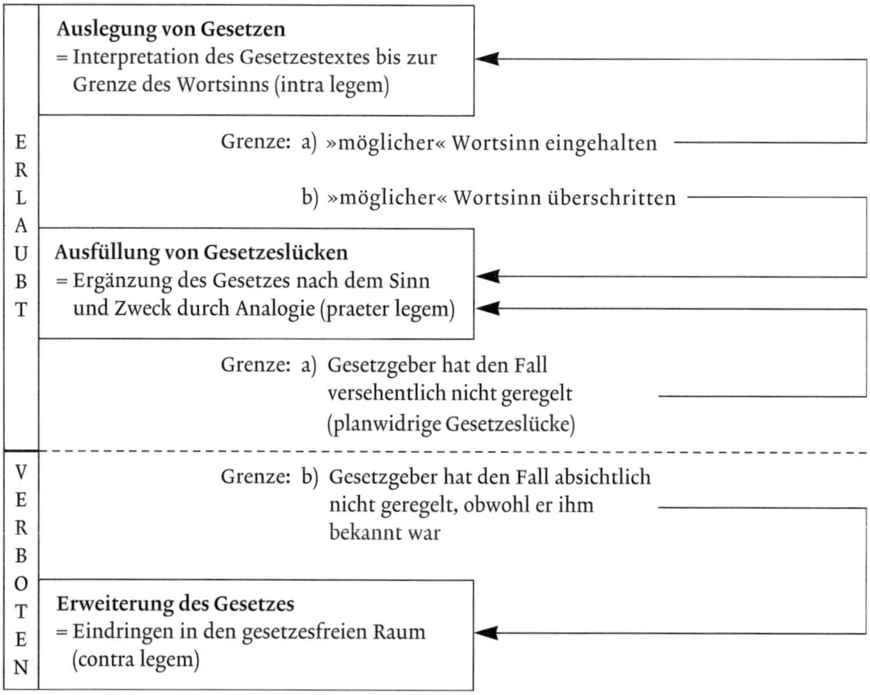

Eine Gesetzeslücke berechtigt dann nicht zur Analogie, wenn der Gesetzgeber eine Frage absichtlich (»in beredtem Schweigen«) nicht geregelt hat. Auch hat der Gesetzgeber in manchen Fällen einen Sachverhalt bewusst in einer ganz bestimmten Weise geregelt. Ein solcher Gesetzeszweck berechtigt zu einem **Umkehrschluss** (argumentum e contrario). Er ist das Gegenstück zur Analogie und besagt: Weil das Gesetz die Rechtsfolge an einen bestimmten Tatbestand geknüpft hat, gilt die Rechtsfolge für andere Tatbestände auch dann nicht, wenn diese ähnlich liegen.

BEISPIEL

Die Rechtsfolge der Schadenersatzpflicht nach § 823 tritt nur ein, wenn der Schaden schuldhaft verursacht ist. Daraus folgt im Umkehrschluss, dass eine Schadenverursachung ohne Verschulden nicht zu einer Haftung nach § 823 führen kann.

4.3.4 Legaldefinitionen

Der Gesetzgeber definiert oft selbst, was unter einem bestimmten Begriff zu verstehen ist. Solche Legaldefinitionen führen zu einer »Festschreibung« des Begriffs und schließen andere – ohne die Definition mögliche – Interpretationen aus.

BEISPIELE

- Sachen (§ 90),
- wesentliche Bestandteile (§ 93),
- Zubehör (§ 98),
- Nutzung (§ 100),
- unverzüglich (§ 121 Abs. 1),
- kennen müssen (§ 122 Abs. 2),
- Vollmacht (§ 166 Abs. 2),
- Einwilligung (§ 183),
- Genehmigung (§ 184),
- Fahrlässigkeit (§ 276 Abs. 2),
- Gesamtschuldner (§ 421),
- guter Glaube (§ 932 Abs. 2),
- Hypothek (§ 1113),
- Pfandrecht (§ 1204),
- Zugewinn (§ 1373),
- Ehevertrag (§ 1408),
- Gesamtgut (§ 1416),
- Erbfall (§ 1922).

4.3.5 Regel-Ausnahme-Verhältnis

Die einzelnen Paragraphen enthalten zumeist nicht nur einen, sondern mehrere Rechtssätze. Die Rechtssätze stehen oft zueinander in einem Regel-Ausnahme-Verhältnis. Der Fallbearbeiter sollte deshalb eine Vorschrift und möglichst auch die benachbarten Vorschriften zu Ende lesen, bevor er zur Rechtsanwendung kommt.

BEISPIELE

a) Eine Willenserklärung wird nach § 130 Abs. 1 Satz 1 mit ihrem Zugang beim Erklärungsempfänger wirksam (**Grundsatz**).
Das gilt nicht, wenn vorher oder zugleich ein Widerruf zugeht (§ 130 Abs. 1 Satz 2 = 1. **Ausnahme**). Ist der Empfänger geschäftsunfähig, muss die Willenserklärung dem gesetzlichen Vertreter zugehen (§ 131 Abs. 1 = 2. **Ausnahme**). Dasselbe gilt im Grundsatz bei beschränkt Geschäftsfähigen (§ 131 Abs. 2 Satz 1 = 3. **Ausnahme**). In § 131 Abs. 2 Satz 2 folgen zwei Einschränkungen dieser 3. Ausnahme.

b) Ausnahmen zur regelmäßigen Verjährungsfrist von 3 Jahren (§ 195) finden sich in §§ 196, 197, 479, 558, 606, 634a, 852, 1057, 1226, 1378, 1934b, 1934d, 2332 u. a.

c) Der Eigentümer hat gegen den Besitzer einen Herausgabeanspruch (§ 985). Ein solcher Anspruch besteht aber nicht, wenn der Besitzer ein Recht zum Besitz nach § 986 hat.

d) Nach § 929 ist zur Eigentumsübertragung an einer Sache erforderlich, dass der Übertragende Eigentümer ist (§ 929, Grundsatz). Der Empfänger kann aber die Sache auch von einem Nichtberechtigten erwerben, wenn er den guten Glauben an dessen vermeintliches Eigentum hat (§ 932 =Ausnahme). Dies gilt aber nicht, wenn die Sache dem wirklichen Eigentümer abhanden gekommen ist (§ 935 Abs. 1 = 1. Unterausnahme), wohl aber, wenn es sich bei den abhanden gekommenen Sachen um Geld oder Inhaberpapiere handelt (§ 935 Abs. 2 = 2. Unterausnahme).

4.3.6 Verweisungen

Oft regelt eine Norm einen Sachverhalt nicht oder nicht vollständig, sondern erklärt eine andere Norm für entsprechend anwendbar. Bei einer Rechtsgrundverweisung bezieht sich die Verweisung auf den Tatbestand und auf die Rechtsfolge einer anderen Norm, bei der Rechtsfolgenverweisung dagegen nur auf die durch die andere Norm angeordnete Rechtsfolge.

BEISPIELE

Das BGB verweist
- beim nichtrechtsfähigen Verein (§ 54) auf die GdbR (§§ 705 ff.),
- beim Rechtskauf (§ 453) auf den Sachkauf (§ 433 ff.),
- beim Verbrauchsgüterkauf (§§ 475) auf den (allgemeinen) Kauf (§§ 433 ff.),

- beim Tausch (§ 480) auf den Kauf (§§ 433 ff.),
- bei der Pacht (§ 581) auf die Miete (§§ 535 ff.),
- bei der Grundschuld (§ 1192) auf die Hypothek usw.

4.3.7 Vermutungen und Fiktionen

Wenn der Gesetzgeber an bestimmte Tatsachen oder Rechtspositionen anknüpft und daraus weitere Tatsachen oder Rechtspositionen ableitet, spricht man von Vermutungen.

BEISPIELE

Der Besitz an einer Sache (§ 1006), die Eintragung im Grundbuch (§ 891) oder die Ausweisung durch einen Erbschein (§ 2365) erzeugen eine Vermutung für die Berechtigung des durch den Rechtsschein Ausgewiesenen. Weitere Vermutungen finden sich in §§ 271 Abs. 2, 613, 938, 1565, 1591 Abs. 2, 1600 m, 1600o.

Meist sind solche Vermutungen widerlegbar. In manchen Fällen wird aber eine bestimmte Tatsache oder Rechtslage unwiderleglich vermutet (z. B. in §§ 612, 632). Wenn der Gesetzgeber eine der Wirklichkeit zuwiderlaufende Tatsache unterstellt, die so mit Sicherheit nicht eintreten kann, liegt eine gesetzgeberische Fiktion vor.

BEISPIELE

a) Wer zur Zeit des Erbfalls noch nicht lebte, aber bereits gezeugt war (Nasciturus, § 1923 Abs. 2), gilt als vor dem Erbfall geboren, kann also bei seiner Geburt Erbe sein.

b) Auch das Steuerrecht arbeitet mit Fiktionen, etwa bei den fiktiven Anschaffungskosten des unentgeltlichen Erwerbers (§ 6 EStG) oder bei den kraft Fiktion gewerblichen Einkünften infolge der Veräußerung einer wesentlichen Beteiligung an einer Kapitalgesellschaft im Privatvermögen (§ 17 EStG).

Teil B BGB – Allgemeiner Teil

1 Natürliche Personen, juristische Personen, nichtrechtsfähige Personenvereinigungen des Privatrechts

1.1 Objektives Recht, subjektives Recht und Rechtssubjekt

Die Rechtsordnung (= das objektive Recht = die Summe der Rechtsnormen) räumt den Teilnehmern am Rechtsleben subjektive Rechte ein.

Ein subjektives Recht ist die Berechtigung einer Person von anderen Personen ein Handeln, Dulden oder Unterlassen verlangen zu können.

1.1.1 Relative Rechte

Die zivilrechtliche Fallbearbeitung geht i. d. R. von einer **Anspruchsgrundlage**aus. Der Anspruch ist das Hauptbeispiel für ein relatives/subjektives Recht. Das BGB versteht unter einem Anspruch »das Recht, von einem andern ein Tun oder Unterlassen zu verlangen«.

Der Anspruch regelt nach der Legaldefinition des § 194 Abs. 1 die Beziehung (Relation) zu einer bestimmten Person oder zu einem bestimmten Personenkreis.

BEISPIELE

Typische Anspruchsgrundlagen:
- Anspruch des Käufers auf Übergabe der Sache und Eigentumsverschaffung (§ 433 Abs. 1 Satz 1),
- Anspruch des Verkäufers auf Kaufpreiszahlung (§ 433, Abs. 2),
- Anspruch des Verleihers auf Rückgabe der verliehenen Sache nach Ablauf der Leihzeit (§ 604 Abs. 1),
- Herausgabeanspruch des Eigentümers gegen den unrechtmäßigen Besitzer (§ 985, § 986),
- Unterhaltsanspruch unter Verwandten in gerader Linie (§ 1601),
- Herausgabeanspruch des Erben (§ 2018).

1.1.2 Absolute Rechte (Herrschaftsrechte)

Daneben gibt es Rechte, die von jedermann zu beachten sind. Der Rechtsinhaber kann eine unbestimmte Vielzahl von Personen von der Einwirkung auf sein Recht abhalten. Diese absoluten Rechte gewähren für sich allein noch keinen Anspruch, sondern ein Anspruch entsteht erst dann, wenn ein anderer das absolute Recht verletzt hat. Beispiele sind: Namensrecht, Eigentum.

BEISPIELE

a) X ist Eigentümer eines Pkw. Das Eigentum an dem Pkw für sich allein gibt X noch keinen Anspruch, wohl aber das Recht, alle andern von dessen Gebrauch auszuschließen (absolutes Recht gem. § 903).

b) D nimmt X das Auto unbefugt weg. D steht dann der Herausgabeanspruch nach § 985 gegen X zu, wenn er der Eigentümer und X der unrechtmäßige Besitzer ist.

c) U beschädigt den Pkw von X schuldhaft bei einem Verkehrsunfall. X steht dann ggf. ein Anspruch auf Schadenersatz nach § 823 gegen U zu (relatives Recht).

1.1.3 Gestaltungsrechte

Gestaltungsrechte verleihen ihrem Träger die Befugnis, durch einseitige Erklärung auf die Rechtslage eines andern einzuwirken, z. B. das Recht einseitig den vereinbarten Kaufpreis zu mindern oder vom Vertrag zurückzutreten (§ 437 Nr. 2 i. V. m. §§ 440, 323, 326 Abs. 5 bzw. § 441).

BEISPIELE

- Anfechtung eines Rechtsgeschäfts (vgl. §§ 119 ff.),
- Rücktritt vom Vertrag (vgl. §§ 346 ff.),
- Kündigung eines Leihvertrages (vgl. z. B. § 605).

1.1.4 Rechtssubjekte

Die Personen, die durch subjektive Rechte begünstigt oder verpflichtet werden, werden auch als **Rechtssubjekte** bezeichnet. Da nur Rechtssubjekte die Rechtsfähigkeit besitzen, können nur sie Anspruchsberechtigte oder -verpflichtete, Inhaber von Herrschaftsrechten oder Gestaltungsbefugte sein.

Nur sie können also z. B. eine rechtliche erhebliche Erklärung (Willenserklärung) abgeben und somit beispielsweise

- einen Kaufvertrag schließen,
- einen Anspruch auf Schadenersatz erheben,
- ein Testament errichten.

Auch die prozessuale Fähigkeit, Partei in einem Zivilprozess zu sein, ist grundsätzlich mit der Rechtsfähigkeit verknüpft (Parteifähigkeit, § 50 Abs. 1 ZPO).

MERKSATZ

Die Rechtsfähigkeit ist die Fähigkeit der Rechtssubjekte, Träger von Rechten und Pflichten, von Ansprüchen und Verpflichtungen zu sein.

a) **Träger von Rechten** kann z. B. bedeuten:
- Inhaber einer Darlehensforderung sein,
- Anspruchsberechtigter aus einem Kaufvertrag (auf Zahlung, auf Lieferung) zu sein,
- Eigentümer eines Buches oder eines Grundstücks zu sein.

b) **Träger von Pflichten** kann z. B. bedeuten:
- den Kaufpreis zahlen oder das Darlehen zurückzahlen zu müssen,
- einem andern gegenüber zu einem Tun oder Unterlassen verpflichtet zu sein.

1.2 Rechtsfähigkeit natürlicher und juristischer Personen

Als Träger von Rechten und Pflichten kennt das BGB nur

- die natürlichen Personen,
- die juristischen Personen und
- die Gesellschaft des bürgerlichen Rechts (GbR), soweit sie nach außen auftritt (vgl. 1.7.1).

1.2.1 Natürliche Personen

Rechtsfähig ist jeder lebende Mensch ohne Rücksicht auf Alter, Geschlecht, Rasse, Religion, Staatsangehörigkeit usw. (Art.1 und Art.3 GG).

Die Rechtsfähigkeit des Menschen beginnt mit der Vollendung der Geburt (§ 1 BGB), d. h. mit der vollständigen Trennung vom Mutterleib. Das BGB räumt auch schon dem Embryo oder Fötus (= Nasciturus) unter der Voraussetzung, dass das Kind lebend geboren wird, gewisse Rechte ein (vgl. § 844 Abs. 2 und § 1923 Abs. 2 [Fiktion der Rechtsfähigkeit]). Nach § 1923 Abs. 2 werden dem noch nicht Geborenen aber bereits Gezeugtem Rechte eingeräumt. Unter Umständen sind sogar dem noch nicht Gezeugten für den Fall seiner Geburt Rechte eingeräumt (vgl. §§ 2101, 2178).

Die Rechtsfähigkeit endet mit dem Eintritt des Todes. Die dem Lebenden zustehenden Vermögensrechte gehen bei seinem Tod im Rahmen der gesetzlichen Erbfolge auf den oder die Erben über (Gesamtrechtsnachfolge § 1922). Andere Rechte, die höchstpersönlicher Natur sind, z. B. Mitgliedschaftsrechte, erlöschen.

1.2.2 Juristische Personen

1.2.2.1 Begriff

Das soziale Leben wird nicht nur durch einzelne Menschen geprägt, sondern auch durch eine Vielzahl von Organisationen, z. B. Staat, Kirche, Aktiengesellschaft, Sportverein.

Die Rechtsordnung erkennt neben den natürlichen Personen auch diese Organisationen als rechtsfähig an und bezeichnet sie als juristische Personen.

Juristische Personen sind bestimmte Zusammenschlüsse von Menschen oder bestimmte Vermögensmassen, denen die Rechtsordnung die Fähigkeit zuweist, selbständig Träger von Rechten und Pflichten zu sein.

Die juristischen Personen sind künstliche (juristische) Rechtsgebilde, d. h. Zweckschöpfungen des Rechts, um Konflikte zwischen den Mitgliedern der juristischen Personen untereinander oder zu Dritten regeln zu können.

Allerdings erfüllen nicht alle Zusammenschlüsse von natürlichen Personen die Eigenschaften einer juristischen Person:

- Für rein soziale Personenzusammenkünfte stellt das Recht keine Regeln auf (Freundschaften, Festgesellschaften usw.).
- Für die Personengesellschaften (GbR, OHG, KG) gelten hingegen andere Rechtsvorschriften als für die juristischen Personen (s. 1.7).

Ein Zusammenschluss von Personen muss bestimmte Voraussetzungen erfüllen, um als juristische Person selbständiger Träger von Rechten und Pflichten sein zu können:

a) Aus Gründen der Rechtssicherheit müssen juristische Personen **ohne Schwierigkeiten identifizierbar** sein. Der eingetragene Verein z. B. muss einen Namen führen und einen Sitz im Inland haben (§ 57).
b) Juristische Personen sind **vom Bestand und Wechsel ihrer Mitglieder unabhängig.** Sie existieren gewissermaßen neben und losgelöst von ihren Mitgliedern.

BEISPIELE

a) Die Existenz des eingetragenen Sportvereins ist unabhängig davon, ob Vereinsmitglieder eintreten, austreten oder sterben.
b) Die Aktiengesellschaft wird nicht davon berührt, dass einzelne Aktionäre ihre Aktien verkaufen.
c) Die juristische Person muss auf eine **gewisse Dauer** angelegt sein:
Unternehmen A und Unternehmen B erstellen gemeinsam ein Bauvorhaben. Eine solche nur für einen vorübergehenden Zweck gegründete Gelegenheitsgesellschaft (Arbeitsgemeinschaft=Arge) kann keine juristische Person sein, sondern ist u. U. eine GbR.

c) Die juristische Person muss eine **körperschaftliche Verfassung**haben. Dazu ist erforderlich:
- Die Rechtsbeziehungen der juristischen Person müssen durch eine Satzung geregelt werden.
- Die juristische Person muss Organe, d. h. insbesondere einen Vorstand und eine Mitgliederversammlung haben, durch die sie ihren Willen bildet und vollzieht.

d) Bestimmte juristische Personen müssen eine gewisse Summe an **Kapitalausstattung** haben, z. B.
- die Aktiengesellschaft 50 000 € (§ 7 AktG),
- die GmbH25 000 €; (vgl. § 5 GmbHG).

1.2.2.2 Arten der juristischen Personen

Bei der Gründung von juristischen Personen herrscht **Typenzwang, d. h.** sie dürfen nur in den vom Gesetz zur Verfügung gestellten Rechtsformen errichtet werden. Eine von diesen Formen abweichende Gestaltung ist nicht möglich.

Das Privatrecht kennt folgende **Arten von juristischen Personen:**

a) **Nach dem BGB:**
- eingetragener Verein (§§ 21 ff.),
- Stiftung (§ 80 ff.).

b) **Nach dem Handelsrecht u. a.:**
- Aktiengesellschaft (im AktG),
- Gesellschaft mit beschränkter Haftung (im GmbHG); hier ist auch nach § 5a GmbHG die so genannte Unternehmergesellschaft zu erwähnen. Die durch das MoMiG eingeführte »Unterform« der GmbH kann mit einem Mindestkapital gegründet werden, das 25 000 € unterschreitet und muss in der Firma (Name § 17 HGB) die Bezeichnung »Unternehmergesellschaft (haftungsbeschränkt)« oder UG (haftungsbeschränkt) führen.
- Genossenschaft (im GenG).
- Die S. E. (Societas Europaea), die Europäische Gesellschaft (geregelt im S. E.-Ausführungsgesetz – SEAG).

Davon zu unterscheiden sind die juristischen Personen des öffentlichen Rechts:
- Gebietskörperschaften (Bund, Länder, Gemeinden),
- Personalkörperschaften (Körperschaften i. e. S., Anstalten und Stiftungen).

1.2.3 Inhalt der Rechtsfähigkeit juristischer Personen

Die juristische Person kann Träger von Rechten und Pflichten sein. Sie ist selbst zwar rechtsfähig, aber nicht handlungsfähig. Sie wird berechtigt und verpflichtet durch das Handeln ihrer Organe. Sie kann also Rechte erwerben und Verträge schließen. Ihre Rechtspersönlichkeit ist von der ihrer Mitglieder streng zu trennen. Die Rechte und Pflichten der juristischen Person treffen nur sie selbst, nicht die Mitglieder.

Der juristischen Person steht das Namensrecht zu (§ 12), sie ist im Prozess parteifähig (§ 50 ZPO) und über sie kann das Insolvenzverfahren eröffnet werden (§ 11 InsO).

BEISPIEL

Der X-AG gehört ein Grundstück. Kann sie als Eigentümer im Grundbuch eingetragen werden?
LÖSUNG Ja, nur sie und nicht etwa ein Organ oder die Anteilseigner werden als Eigentümer eingetragen, da ihr als Rechtssubjekt das Eigentumsrecht zusteht.

Für die Schulden der juristischen Person haftet nur ihr Vermögen. Die Mitglieder haften mit ihrem Privatvermögen grundsätzlich nicht für Verbindlichkeiten der juristischen Person. Die Konstruktion der juristischen Person kann somit als ein Mittel der Haftungsbeschränkung genutzt werden.

BEISPIEL

Der Kegelclub »Alle Neune e. V.« macht einen Ausflug mit einem Busunternehmen, zahlt aber dem Busunternehmer U das Beförderungsentgelt nicht, weil die Vereinskasse leer ist. U möchte wissen, ob er von dem Vereinsvorstand oder von dem millionenschweren Vereinsmitglied M Bezahlung verlangen kann.
LÖSUNG Zur Zahlung des Beförderungsentgelts ist der Vertragspartner des Beförderungsvertrages (Werkvertrag § 631) verpflichtet. Vertragspartner ist nur der eingetragene Verein.
Der Vorstand haftet nicht, wenn er im Namen des Vereins den Vertrag mit U geschlossen hat. Der Vorstand hat auch nicht für alle Mitglieder in dem Sinne gehandelt, dass nun die Mitglieder in ihrer Gesamtheit oder nach der Wahl des U ein oder mehrere Vereinsmitglieder mit ihrem Privatvermögen haften.
U kann lediglich den Verein verklagen und in dessen Vermögen vollstrecken. Ist dort nichts zu holen, geht er ggf. leer aus.

1.2.3.1 Entstehung von juristischen Personen

Der Rechtssicherheit und Kontrolle wegen wirkt bei der Entstehung juristischer Personen der Staat mit. Die juristischen Personen können auf zweierlei Weise errichtet werden:

1. Durch staatliche Genehmigung, deren Erteilung i. d. R. im Ermessen der zuständigen Behörde steht (sogenanntes **Konzessionssystem**), z. B. wirtschaftlicher Verein § 22 oder Stiftung § 80.
2. Durch die Eintragung in ein öffentliches Register. Hier besteht i. d. R. ein Anspruch auf Eintragung, sofern die gesetzlichen Voraussetzungen erfüllt sind (so genanntes **Normativsystem**), z. B. Idealverein (§ 21), Aktiengesellschaft (§§ 16–34 AktG), GmbH oder UG (haftungsbeschränkt) (§§ 1–11 GmbHG), eingetragene Genossenschaft (§§ 1–13 GenG).

1.2.3.2 Übersicht über die Rechtssubjekte

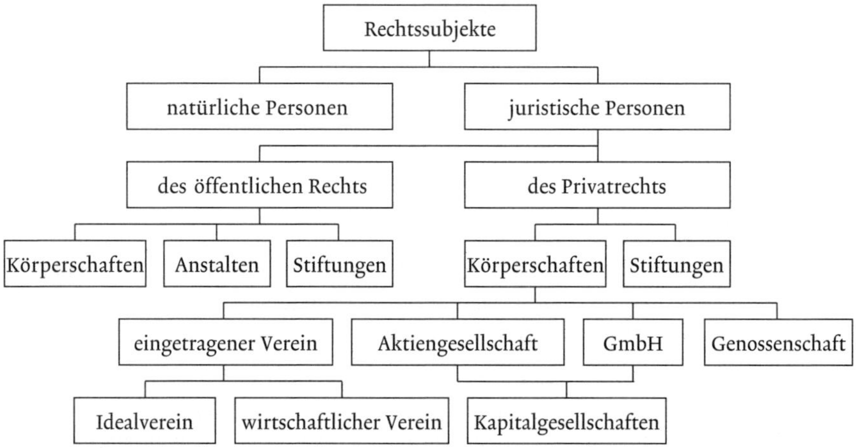

1.2.3.3 »Verbraucher« und »Unternehmer«

Nach § 13 ist **Verbraucher** jede natürliche Person, die ein Rechtsgeschäft zu privaten Zwecken (»der überwiegend weder ihrer gewerblichen noch ihrer selbständigen beruflichen Tätigkeit zugerechnet werden kann«) abschließt.

Unternehmer i. S. d. § 14 ist »eine natürliche oder juristische Person, die bei Abschluss eines Rechtsgeschäfts in Ausübung ihrer gewerblichen oder selbständigen beruflichen Tätigkeit handelt«.

Die Begriffe sind nicht neu: Bereits im früher gültigen AGB-Gesetz (Gesetz zur Regelung des Rechts der Allgemeinen Geschäftsbedingungen), im Handelsgesetzbuch (§ 414 HGB), aber auch in Steuergesetzen (vgl. u. a. § 2 UStG) fanden sich ähnliche Definitionen, wobei die steuerlichen Begriffsbestimmungen anders akzentuieren.

1.3 Steuerliche Rechtsfähigkeit (Steuerfähigkeit)

Auch in den einzelnen Steuergesetzen werden Einzelpersonen oder Personenzusammenschlüssen Rechte und Pflichten auferlegt. Es gibt also auch eine steuerliche Rechtsfähigkeit.

Zur zivilrechtlichen Rechtsfähigkeit besteht aber ein wesentlicher Unterschied: Während im Zivilrecht natürliche und juristische Personen generell rechtsfähig sind, bestimmt sich die Steuerfähigkeit nach dem einzelnen Steuergesetz. Eine Person kann nach dem einen Steuergesetz steuerfähig sein, nach dem anderen Steuergesetz dagegen nicht. Man spricht deshalb auch von der **steuerlichen Teilrechtsfähigkeit**.

Zivilrechtliche und steuerliche Rechtsfähigkeit können sich decken, sie können aber auch voneinander abweichen (vgl. Band 1, Helmschrott/Schaeberle/Scheel, Abgabenordnung, C 2).

Die steuerliche Rechtsfähigkeit (Steuerfähigkeit) ist eine Teilrechtsfähigkeit. Ob eine Person oder ein Personenzusammenschluss steuerlich rechtsfähig ist, bestimmt sich nicht nach dem Zivilrecht, sondern nach dem einzelnen Steuergesetz.

FALL 4

Kennzeichnen Sie bitte mit + oder –, ob im Zivilrecht Rechtsfähigkeit und auf dem betreffenden Steuergebiet **Steuerfähigkeit**besteht.

	Zivilrecht	**Steuerrecht**	
Natürliche Person		Einkommensteuer	
		Körperschaftsteuer	
		Umsatzsteuer	
Gesellschaft des bürgerlichen Rechts, OHG, KG		Einkommensteuer	
		Körperschaftsteuer	
		Umsatzsteuer	
Eingetragener Verein, Aktiengesellschaft, GmbH		Einkommensteuer	
		Körperschaftsteuer	
		Umsatzsteuer	

Die **natürlichen Personen** unterliegen mit ihrem zu versteuernden Einkommen der Einkommensteuer. Die Einkommensteuer wird entweder als Veranlagungssteuer (§ 25 EStG) oder als Abzugssteuer (Quellensteuer), z. B. als so genannte Lohnsteuer nach §§ 38 ff. EStG erhoben. Abzugssteuern werden bei der Veranlagung angerechnet (§ 36 Abs. 2 Nr. 2 EStG).

Die **juristischen Personen** unterliegen der Körperschaftsteuer, es sei denn, sie sind kraft Gesetzes persönlich steuerbefreit. Körperschaften, die gemeinnützigen, mildtätigen oder kirchlichen Zwecken dienen, sind steuerlich begünstigt (§ 5 Abs. 1 Nr. 9 KStG). In der Praxis sind vor allem die gemeinnützigen Vereine betroffen. Das Gemeinnützigkeitsrecht selbst ist in der Abgabenordnung geregelt (§§ 51–68 AO).

Anteilseigner einer juristischen Person, die körperschaftsteuerpflichtig ist (z. B. GmbH, AG), haben keine Ertragsteuern zu entrichten, solange die Gesellschaft nicht z. B. aufgrund eines Beschlusses eine Gewinnausschüttung vorgenommen hat. Erst wenn die juristische Person ihren Gewinn an die Anteilseigner ausschüttet, haben diese, sofern sie natürliche Personen sind, Einkommensteuer zu zahlen. Die Ausschüttung kann beim Anteilseigner zu Einkünften aus Kapitalvermögen führen, insbesondere wenn die Beteiligung im Privatvermögen gehalten wird (§ 20 Abs. 1 Nr. 1 EStG), oder zu Einkünften aus Gewerbebetrieb, selbständiger Arbeit oder Landwirtschaft, wenn die Beteiligung zum Betriebsvermögen gehört.

1.4 Handlungsfähigkeit der natürlichen Personen

1.4.1 Begriff der Geschäftsfähigkeit

Die Rechtsfolgen einer Willenserklärung können zunächst nur eintreten, wenn der Erklärende zu verantwortlichem rechtsgeschäftlichem Handeln fähig ist. Die Rechtsordnung verlangt ein Mindestmaß an Urteilsvermögen. Diese Fähigkeit kann gemindert sein oder fehlen. Ursache kann sein, dass der Mensch sich noch in der Jugendentwicklung befindet oder – bei Erwachsenen – in einem geistigen Zustand, in dem die Selbstverantwortlichkeit nicht oder nicht vollständig zugesprochen werden kann.

Das BGB spricht hier von der **Geschäftsfähigkeit**.

Unter Geschäftsfähigkeit ist die Fähigkeit zu verstehen, selbständig durch eigenes Handeln rechtsgeschäftliche Folgen herbeizuführen, d. h. Willenserklärungen abgeben und entgegennehmen zu können.

Das prozessuale Gegenstück zum materiell-rechtlichen Begriff der Geschäftsfähigkeit ist die Prozessfähigkeit, also die Fähigkeit, Prozesshandlungen (z. B. Klageerhebung, Behaupten, Bestreiten, Beweisantritt) selbst oder durch selbst gewählte Vertreter wirksam vorzunehmen und entgegenzunehmen. Wer voll geschäftsfähig ist, ist grundsätzlich auch prozessfähig.

1.4.2 Voraussetzungen der Geschäftsfähigkeit

Das Gesetz definiert nicht, was unter Geschäftsfähigkeit zu verstehen ist. Es geht davon aus, dass grundsätzlich jede natürliche Person geschäftsfähig ist. Es regelt aber die **Ausnahmen von der Geschäftsfähigkeit**, nämlich die **Geschäftsunfähigkeit** und die **beschränkte Geschäftsfähigkeit**.

1.4.3 Geschäftsunfähigkeit (§ 104 BGB)

Geschäftsunfähig ist:

a) wer das 7. Lebensjahr nicht vollendet hat (§ 104 Nr. 1), d. h., das Kind ist bis zum Beginn des Geburtstages (0 Uhr) geschäftsunfähig, an dem es 7 Jahre alt wird;
b) wer sich in einem nicht nur vorübergehenden, die freie Willensbestimmung ausschließenden Zustand krankhafter Störung der Geistestätigkeit befindet (§ 104 Nr. 2).

Die Geschäftsunfähigkeit wegen Entmündigung infolge Geisteskrankheit (§ 104 Nr. 3 a. F.) wurde durch das Betreuungsgesetz ab 01. 01. 1992 abgeschafft. Die Betreuung gem. § 1896 ff. BGB schränkt die rechtliche Handlungsfähigkeit (Geschäftsfähigkeit) des Betroffenen selbst nicht ein (§§ 1896–1908k, s. F 5.2). Er bekommt einen gesetzlichen Vertreter an die Seite gestellt, den Betreuer (§ 1896). Das Risiko, dass der Betroffene trotz Geschäftsunfähigkeit handelt, trägt der Rechtsverkehr.

Geschäftsunfähige sind nicht fähig, in irgendeiner Weise rechtsgeschäftlich zu handeln. Dem Schutz des Geschäftsunfähigen wird der Vorrang gegenüber dem Vertrauen des Rechtsverkehrs in die Wirksamkeit der abgegebenen Erklärungen gegeben.

Rechtsfolge der Handlungen Geschäftsunfähiger:

a) Nach § 105 Abs. 1 ist die von einem Geschäftsunfähigen abgegebene Willenserklärung nichtig. Nichtigkeit einer Willenserklärung bedeutet: Die Rechtsfolge tritt nicht ein, die Willenserklärung ist rechtlich nicht existent.

BEISPIEL

Der sechsjährige K tauscht seinen Tretroller gegen eine Tafel Schokolade. Muss der Tauschpartner den Tretroller herausgeben?

LÖSUNG K hat einen Herausgabeanspruch nach § 985, wenn er trotz des Tauschgeschäfts Eigentümer des Tretrollers geblieben ist. Dies ist der Fall: Da K geschäftsunfähig ist, sind die von ihm geschlossenen Geschäfte, der Tauschvertrag (§ 515) und die Übereignung (§ 929 Satz 1) hinsichtlich des Tretrollers, nichtig (§ 105 Abs. 1).

b) Auch die **Entgegennahme einer Willenserklärung** durch einen Geschäftsunfähigen ist nicht möglich. Die Willenserklärung wird nicht wirksam, ehe sie dem gesetzlichen Vertreter zugeht.

Da das Gesetz Geschäfte des Geschäftsunfähigen für nichtig erklärt, ist es nicht geschlossen. Damit er als rechtsfähige Person am Rechtsverkehr teilnehmen kann, kann er sich gesetzlicher Vertreter bedienen.

BEISPIEL
Der sechsjährige K hat von seinem Onkel eine wertvolle Briefmarke geerbt. Die Eltern von K wollen die Briefmarke verkaufen, um ihrem Sohn von dem Erlös ein Fahrrad zu kaufen. Geht das?
LÖSUNG Ja, die Eltern können im Namen von K die Marke verkaufen, da sie die gesetzlichen Vertreter sind.

Gesetzliche Vertreter natürlicher Personen sind (z. B.):
- für Kinder vor Volljährigkeit der Inhaber der elterlichen Sorge, also i. d. R. die Eltern entweder gemeinsam oder ein Elternteil (§§ 1626 ff.),
- für Kinder, die nicht unter elterlicher Sorge stehen, oder wenn die Eltern zur Vertretung nicht (mehr) berechtigt sind, der Vormund (§§ 1773 ff.),
- für Betreuungspersonen i. S. d. §§ 1896 ff. der Betreuer (vgl. § 1902),
- in besonderen Fällen ein Pfleger (vgl. §§ 1909 ff.).

Die gesetzlichen Vertreter sind in ihrer Vertretungsmacht aber nicht unbeschränkt, sondern bedürfen zur Vornahme bestimmter Geschäfte der Genehmigung des Vormundschaftsgerichts:
- vgl. für die Eltern §§ 1643 ff.,
- vgl. für den Vormund §§ 1821 ff.

Durch diese Regelungen soll ein Schutz des Vertretenen vor seinem gesetzlichen Vertreter gewährleistet werden.

Nach § 105a wird ein Vertrag, der ein Geschäft des täglichen Lebens, das ein Volljähriger tätigt und das mit geringwertigen Mitteln bewirkt werden kann, wirksam, sobald die Leistungen ausgetauscht sind, auch wenn der Volljährige der gehandelt hat zu diesem Zeitpunkt nicht geschäftsfähig war. Es ist allerdings zu beachten, dass diese Rechtsfolge nicht eintritt, wenn durch die Wirksamkeit des Vertrages eine erhebliche Gefahr für die Person oder das Vermögen des volljährigen Geschäftsunfähigen eintritt.

1.4.4 Beschränkte Geschäftsfähigkeit

Beschränkt geschäftsfähig sind Personen, die bereits das 7.Lebensjahr vollendet haben, aber noch minderjährig (noch nicht 18 Jahre alt) sind (§ 106 i. V. m. § 2). Der betroffene Personenkreis darf sich zwar am Rechtsverkehr beteiligen, muss aber gegen Leichtsinn und Unerfahrenheit geschützt werden. Es gilt deshalb der **Grundsatz**, dass **Rechtsgeschäfte** beschränkt Geschäftsfähiger **unwirksam** sind (§ 107). Von diesem Grundsatz gibt es **sechs Ausnahmen** (§§ 107–113). Durch §§ 107–111 wird die Geschäftsfähigkeit nur für die dort genannten Rechtsgeschäfte beschränkt. Gemäß §§ 112, 113 erlangt der Minderjährige partiell volle Geschäftsfähigkeit für bestimmte, nicht lediglich rechtlich vorteilhafte Rechtsgeschäfte.

1. Ausnahme: Die Einwilligung des gesetzlichen Vertreters (§ 107, 1. Alternative)
Willenserklärungen, durch die der Minderjährige nicht lediglich einen **rechtlichen** Vorteil erlangt, bedürfen der Zustimmung des gesetzlichen Vertreters. Liegt die Zustimmung schon vor Abschluss des Rechtsgeschäfts vor, spricht man von der Einwilligung. Wenn der gesetzliche Vertreter seine Einwilligung erteilt hat, ist das nachfolgende Rechtsgeschäft des Minderjährigen von Anfang an voll wirksam.

2. Ausnahme: Die Genehmigung des gesetzlichen Vertreters (§ 108 Abs. 1)

Hat der gesetzliche Vertreter seine Einwilligung zu dem Geschäft nicht erteilt, ist es schwebend unwirksam (§ 108 Abs. 1). Es liegt in der Hand des gesetzlichen Vertreters, den Schwebezustand entweder durch die nachträgliche Erteilung der Genehmigung zu beenden und so das Geschäft von Anfang an wirksam werden zu lassen oder die Genehmigung zu verweigern und damit das Geschäft endgültig unwirksam (nichtig) zu machen.

Es gibt zwei Arten, des gesetzlichen Vertreters seine Zustimmung zu einem Geschäft des Minderjährigen zu erteilen:

1. vor Abgabe der Willenserklärung durch den Minderjährigen: **Einwilligung** (§§ 107, 183),
2. nach Abgabe der Willenserklärung durch den Minderjährigen: **Genehmigung** (§§ 108, 109, 184).

3. Ausnahme: Der lediglich rechtliche Vorteil (§ 107, 2. Alternative)

Rechtsgeschäfte beschränkt Geschäftsfähiger sind von Anfang an wirksam, wenn der Minderjährige durch das Geschäft lediglich (= nur) einen **rechtlichen** Vorteil erlangt (§ 107), d. h. wenn die **rechtliche** Stellung des Minderjährigen verbessert wird und wenn er weder einen **Recht**sverlust erleidet noch eine **rechtliche** Verpflichtung eingeht. Lediglich wirtschaftliche Vorteile bleiben außer Betracht. Es kommt nur auf die Rechtsfolgen an.

BEISPIEL

Der 14-jährige M nimmt seinem Vater 30 € aus dem Geldbeutel und kauft sich dafür einen iPod, der mindestens 168 € wert ist. Der erboste Vater will von dem Geschäft nichts wissen. Ist es dennoch wirksam?

LÖSUNG Der Kaufvertrag ist ohne die Genehmigung des gesetzlichen Vertreters schwebend unwirksam (§ 108) und nach der Verweigerung der Genehmigung endgültig unwirksam. Für M ist ein rechtlicher Nachteil entstanden, da er sich zur Kaufpreiszahlung verpflichtet hat. Auch wenn der Abschluss des Kaufvertrages wirtschaftlich günstig ist, bringt dies dem Minderjährigen nicht lediglich rechtliche Vorteile. Alle den Minderjährigen verpflichtenden Verträge sind seiner Alleinzuständigkeit entzogen.

Lediglich ein rechtlicher Vorteil des Minderjährigen liegt vor bei:

- bloßem Erwerb von Rechten, z. B. dem Eigentumserwerb nach § 929 Satz 1 oder § 873, 925,
- Annahme einer Schenkung (§ 518).

BEISPIELE

a) Im vorigen Beispiel verlangt der Verkäufer V nach Rückgabe des Geldes an den Vater von M den iPod wieder heraus.

LÖSUNG V hätte nur dann einen Eigentumsherausgabeanspruch nach § 985 gegen M, wenn er der Eigentümer des iPod geblieben wäre. Durch die Übereignung des iPod durch V nach § 929 Satz 1 hat M jedoch wirksam das Eigentum erlangt. Der Eigentumserwerb bedeutet lediglich einen rechtlichen Vorteil. V hat also keinen Herausgabeanspruch aus § 985.
Das bedeutet aber natürlich nicht, dass M den iPod behalten darf. Er hat das Eigentum am iPod ohne rechtlichen Grund, nämlich aufgrund eines unwirksamen Kaufvertrages erlangt und muss ihn deshalb nach den Vorschriften über die ungerechtfertigte Bereicherung (§ 812) herausgeben.

b) O schenkt seinem Neffen N ein Mietwohngrundstück. Die Eltern sind mit der Schenkung nicht einverstanden, weil

- das Grundstück zur Hälfte seines Werts mit einer Grundschuld belastet ist,
- N durch die Schenkung des Hauses in bestehende Mietverträge eintritt (§ 566),

- die Mieteinkünfte des N der Einkommensteuer unterliegen,
- N außerdem zukünftig Grundsteuer zahlen muss.

LÖSUNG Die Schenkungsannahme ist ohne die Mitwirkung der Eltern wirksam. Auch die Schenkung einer belasteten Sache bedarf keiner Einwilligung, sofern durch die Belastung der wirtschaftliche Wert der Sache lediglich vermindert, aber nicht aufgezehrt wird.

4. Ausnahme: Bewirken der Leistung mit eigenen Mitteln (früher missverständlich »Taschengeldparagraf« § 110)

Die **Zustimmung** zu Vertragsschlüssen in einem begrenzten Umfang kann der gesetzliche Vertreter auch **stillschweigend** dadurch **erteilen**, dass er dem Minderjährigen bestimmte Geldbeträge zur freien Verfügung überlässt. Zu den Mitteln, über die der Minderjährige allein wirksam verfügen kann, zählt aber nicht nur das Taschengeld, sondern jedes Einkommen, das die Eltern zur freien Verfügung überlassen, so z. B. auch Unterhaltszuschüsse und Lohn aus Ferienarbeit. § 110 deckt nicht Kreditgeschäfte und Ratenzahlungskäufe des Minderjährigen, selbst wenn die einzelnen Raten aus »freien« Mitteln des Minderjährigen bezahlt werden; da nach § 110 der Minderjährige die Leistung »bewirken« muss, wird dann das Geschäft erst mit der vollen Erfüllung seitens des Minderjährigen wirksam.

BEISPIEL

Der 14-jährige M kauft von seinem zusammengesparten Taschengeld für 30 € eine Armbanduhr. Als er nach Hause kommt, erklären seine Eltern, er müsse die Uhr zurückbringen.

LÖSUNG M ist beschränkt geschäftsfähig (§ 106). Da der Kauf nicht lediglich rechtlich vorteilhaft ist, wäre eigentlich die Zustimmung des gesetzlichen Vertreters erforderlich (§ 107).
Es greift aber die Ausnahme nach § 110: Der Kaufvertrag ist von Anfang an wirksam, da M die Uhr mit Mitteln gekauft hat, die ihm zur freien Verfügung überlassen worden sind.

5. Ausnahme: Selbständiger Betrieb eines Erwerbsgeschäfts (§ 112)

Durch § 112 wird die Geschäftsfähigkeit Minderjähriger partiell erweitert (Teilgeschäftsfähigkeit). Durch die Ermächtigung des gesetzlichen Vertreters und die vormundschaftsgerichtliche Genehmigung wird der Minderjährige in dem durch den Betrieb des selbständigen Erwerbsgeschäfts abgesteckten Rahmen voll geschäftsfähig.

BEISPIEL

Der 17-jährige M ist mit dem Einverständnis seiner Eltern und mit familiengerichtlicher Genehmigung als selbständiger An- und Verkäufer von Gebrauchtmöbeln tätig. Seine Eltern reden ihm jedoch dauernd in das Geschäft hinein und verbieten ihm in mehreren Fällen An- und Verkäufe.

LÖSUNG M ist für alle Geschäfte voll geschäftsfähig, die mit dem »erlaubten« Geschäftskreis des Gebrauchtmöbelhandels eng zusammenhängen (§ 112 Abs. 1). Die Eltern können die Ermächtigung nur noch mit Genehmigung des Familiengerichts zurücknehmen (§ 112 Abs. 2).

Der Umfang der Geschäfte ist nach der Verkehrsauffassung und nach dem Rahmen zu bestimmen, den der erlaubte Geschäftsbetrieb mit sich bringt. Die Ermächtigung kann solche Geschäfte nicht umfassen, bei denen der gesetzliche Vertreter selbst nicht ohne Genehmigung des Vormundschaftsgerichts im Namen des Minderjährigen handeln könnte (§§ 112 Abs. 1 Satz 2, 1643, 1821 f.).

BEISPIEL

Im vorigen Beispiel nimmt M einen betrieblich notwendigen Kredit auf.

LÖSUNG Die Aufnahme eines betriebsnotwendigen Kredits gehört zwar zum normalen Geschäftsbetrieb (§ 112 Abs. 1 Satz 1). Die Geschäftsfähigkeit des M ist jedoch eingeschränkt, weil auch die Kreditaufnahme durch die Eltern für ein Kind vormundschaftsgerichtlich genehmigt werden muss (§ 112 Abs. 1 Satz 2, § 1643 Abs. 1, § 1822 Nr. 8). Der Kreditvertrag ist also schwebend unwirksam bis zur Genehmigung durch die Eltern, die ihrerseits zur Wirksamkeit der vormundschaftsgerichtlichen Genehmigung bedarf.

6. Ausnahme: Eingehung eines Dienst- oder Arbeitsverhältnisses (§ 113)

Mit der Erlaubnis des gesetzlichen Vertreters zur Eingehung eines Dienst- oder Arbeitsverhältnisses wird der Minderjährige für solche Rechtsgeschäfte voll geschäftsfähig, die damit eng zusammenhängen (**Teilgeschäftsfähigkeit**). Eine familiengerichtliche Genehmigung ist nicht erforderlich. Dagegen fallen Berufsausbildungsverträge nicht unter § 113.

BEISPIEL

Der 17-jährige M tritt mit dem Einverständnis seiner Eltern in die Baufirma X als Arbeiter ein. Braucht er ihre Genehmigung, wenn er

- den Arbeitsvertrag wieder kündigen will,
- ein Gehaltskonto eröffnen will,
- von seinem Lohn ein Segelboot auf Abzahlung kaufen will?

LÖSUNG Die Kündigung und die Kontoeröffnung sind durch die Teilgeschäftsfähigkeit des § 113 gedeckt. Über den ausgezahlten Lohn kann M aber grundsätzlich nicht allein verfügen, sondern es kommt darauf an, mit welcher Zweckbestimmung dem M der Lohn i. R. d. so genannten beschränkten Generalkonsenses oder des § 110 »Taschengeldparagrafen« zur Verfügung überlassen worden ist. Aber § 110 deckt Ratenkäufe nicht.

FÄLLE 5–6

FALL 5 Der 17-jährige K kauft ohne Wissen seiner Eltern von V 10 Aktien der X-Erdgas-AG zum Kurswert von je 50 € pro Aktie. Kurz vor Abschluss des Kaufvertrags hat die AG bei Bohrungen Erdöl gefunden, und der Wert der Aktien betrug inzwischen das 10fache. Dies wussten K und V bei Vertragsschluss aber nicht.

V verweigert die Übereignung der Aktien und meint, der Kaufvertrag sei wegen der Minderjährigkeit des K unwirksam. Wie ist die Rechtslage?

FALL 6 Der 17-jährige Steueranwärter S, der zur Ausbildung an der Hochschule für öffentliche Verwaltung und Finanzen in Ludwigsburg weilt,

- mietet ein Zimmer an,
- trinkt abends ein paar Gläser Bier,
- bestellt Ausbildungsliteratur für 30 €, die er nicht sogleich bezahlt,
- kauft ein Moped für 1 500 €, wobei er mit der Verkäuferin Zahlung des Kaufpreises in 30 Raten vereinbart.

Sind die Verträge wirksam geschlossen?

Geschäftsfähigkeit natürlicher Personen

	Geschäftsfähigkeit	**Beschränkte Geschäftsfähigkeit**			**Geschäftsunfähigkeit**
Tatbestandsvoraussetzungen	Personen über 18 Jahren (§ 2)	Minderjährige über 7 Jahre (§ 106)			a) Kinder unter 7 Jahren (§ 104 Nr. 1) b) in ihrer Geistestätigkeit vorübergehend (§ 105 Abs. 2) oder dauernd krankhaft Gestörte (§ 104 Nr. 2)
Rechtsfolgen	Willenserklärungen sind	Willenserklärungen sind			Willenserklärungen sind
	wirksam	**wirksam**	**schwebend wirksam**	**unwirksam**	**nichtig**
		a) wenn lediglich rechtlicher Vorteil (§ 107) b) mit Einwilligung des gesetzlichen Vertreters (§§ 107, 108, Ausnahme § 111 Satz 2) c) im Rahmen des § 110 d) im Rahmen der §§ 112, 113 e) Genehmigung § 108	ohne Einwilligung des gesetzlichen Vertreters, Genehmigung wird erteilt / nicht erteilt	a) einseitige Rechtsgeschäfte ohne Einwilligung b) Genehmigung des gesetzlichen Vertreters wird nicht erteilt: endgültig unwirksam (§ 108 Abs. 1, Abs. 2 Satz 2)	§ 105 Abs. 1

1.5 Handlungsfähigkeit juristischer Personen

Allein die Verleihung der Rechtsfähigkeit befähigt die juristische Person noch nicht, am Rechtsverkehr teilzunehmen. Sie können mangels natürlicher Handlungsfähigkeit selbst nicht tätig werden, sondern werden durch ihre gesetzlichen Vertreter tätig. Gesetzliche Vertreter der juristischen Person sind die natürlichen Personen, die kraft Gesetzes oder nach der Satzung der juristischen Person allgemein für sie zu handeln bestimmt sind.

Dies sind:

- beim Verein der Vorstand (§ 26 Abs. 2 BGB),
- bei der GmbH ein oder mehrere Geschäftsführer (§ 35 GmbHG),
- bei der AG der Vorstand (§ 76 ff. AktG).

Wichtige »Organe« im weiteren Sinne sind die Versammlungen der Mitglieder der juristischen Personen,

- beim Verein die Mitgliederversammlung (§ 32 BGB),
- bei der GmbH die Gesellschafterversammlung (§§ 48 ff. GmbHG),
- bei der AG die Hauptversammlung (§§ 118 ff. AktG).

Diese »Organe« im weiteren Sinne treten aber nicht für die juristischen Personen im Rechtsverkehr nach außen auf, sondern dienen lediglich der internen Willensbildung.

FALL 7

Der Fußballverein 1980 e. V. will von der Stadt München die städtische Stadionanlage kaufen. Die Mitgliederversammlung stimmt dem Kauf zu.

a) Können die Stadt München und der Verein einen entsprechenden Vertrag schließen?
b) Wer muss für die Stadt München und wer für den Verein auftreten?
c) Wer wird, wenn der Erwerb zustande kommt, als neuer Eigentümer im Grundbuch eingetragen?

1.6 Handlungsfähigkeit im Steuerrecht

1.6.1 Begriff

Die steuerrechtliche Handlungsfähigkeit wird in § 79 AO als die **Fähigkeit zur Vornahme von Verfahrenshandlungen** definiert. § 79 AO verwendet nicht einen materiell-rechtlichen, sondern einen verfahrensrechtlichen Begriff der Handlungsfähigkeit, der dem zivilprozessualen Begriff der Prozessfähigkeit (s. 1.4.1) verwandt ist. Es gibt allerdings einen Unterschied: Während die Prozessfähigkeit nur die Fähigkeit betrifft, Prozesshandlungen i. e. S. (im Prozess vor Gericht, vgl. §§ 52 ZPO, 58 FGO) selbständig vorzunehmen, umfasst die steuerliche Handlungsfähigkeit darüber hinaus die Fähigkeit, im Besteuerungsverfahren vor dem Finanzamt selbständig auftreten zu können, z. B.

- durch Abgabe einer Steuererklärung,
- als Empfänger eines Steuerbescheids,
- als Antragsteller einer Steuerstundung,
- zur Duldung einer Vollstreckungshandlung.

Einen materiell-rechtlichen Begriff der Handlungsfähigkeit verwendet § 34 AO, wonach bei handlungsunfähigen Personen deren gesetzliche Vertreter die Pflichten aus dem Steuerschuldverhältnis zu erfüllen haben.

1.6.2 Handlungsfähigkeit bei Minderjährigen

Steuerlich handlungsfähig sind die nach bürgerlichem Recht Geschäftsfähigen (§ 79 Abs. 1 Nr. 1 AO). Minderjährige können, soweit sie nach bürgerlichem Recht nicht selbständig Willenserklärungen abgeben und entgegennehmen können, auch im Steuerrecht nicht selbständig auftreten (§ 79 Abs. 1 Nr. 2 AO). Das Steuerrecht folgt also bei der Handlungsfähigkeit (anders als bei der Rechtsfähigkeit) dem zivilrechtlichen Begriff der Geschäftsfähigkeit.

1.6.3 Partielle Handlungsfähigkeit (§ 79 Abs. 1 Nr. 2 AO)

Auch in den Fällen der §§ 112, 113 reicht die steuerliche Handlungsfähigkeit nur so weit wie die zivilrechtliche Geschäftsfähigkeit.

BEISPEIEL

Der 17-jährige M betreibt mit Erlaubnis seiner Eltern und mit Genehmigung des Familiengerichts eine Boutique. Er möchte seine Einkommensteuer-, Umsatzsteuer- und Gewerbesteuererklärung selbständig abgeben. Das Finanzamt möchte die Bescheide unmittelbar an ihn richten.

LÖSUNG Inwieweit M steuerlich handlungsfähig ist, richtet sich kraft der Verweisung in § 79 AO nach bürgerlichem Recht. Da M nach § 112 Abs. 1 für alle Rechtsgeschäfte unbeschränkt geschäftsfähig ist, die der Geschäftsbetrieb mit sich bringt, kann er nur hinsichtlich der Betriebssteuern (USt, GewSt) Steuererklärungen abgeben und direkter Adressat von Steuerbescheiden sein. Die ESt ist keine Betriebssteuer (auch dann nicht, wenn sie nur durch den Gewinn aus Gewerbebetrieb veranlasst wird). Die ESt-Erklärung muss also nach § 34 Abs. 1 AO von dem gesetzlichen Vertreter des M abgegeben und an diesen auch der Bescheid bekanntgegeben werden.

FALL 8

Der 17-jährige M arbeitet mit dem Einverständnis seiner Eltern bei einer Baufirma. M hat sonst keine Einkünfte. Kann er selbständig den Antrag auf Arbeitnehmer-Veranlagung stellen und anschließend gegen den ergangenen Bescheid Einspruch einlegen?

1.7 Besonderheiten der nichtrechtsfähigen Personenvereinigungen des Privatrechts

Von den natürlichen und den juristischen Personen, die jeweils die Rechtsfähigkeit besitzen, sind die nicht rechtsfähigen Personenvereinigungen des Privatrechts streng zu unterscheiden. Sie kommen i. d. R. zustande, wenn sich mehrere Personen zu einer der im Gesetz vorgesehenen **Gesamthandsgemeinschaften** zusammenschließen.

BEISPIELE

- Personengesellschaften, z. B. GbR (§ 705 ff.),
- Gesamtgut der Gütergemeinschaft (§§ 1408, 1415 ff.),
- Nachlass bei Miterbengemeinschaft (§ 2032 Abs. 1),
- Partnerschaft (§§ 1 ff. PartGG).

Gesamthandsgemeinschaften haben keine eigene Rechtspersönlichkeit, sie stellen aber dennoch mehr dar als die Summe der ihr angehörenden Personen. Sie werden als Gesamthandsgemeinschaften bezeichnet, weil die Mitglieder an dem gemeinsamen Vermögen nicht mehr gegenständlich, sondern nur noch ziffernmäßig zur gesamten Hand beteiligt sind. Das gemeinschaftliche Vermögen ist Sondervermögen, das grundsätzlich von allen gemeinschaftlich verwaltet und über das grundsätzlich auch nur gemeinsam verfügt werden kann. Diese Grundsätze können allerdings durch das Gesetz (vgl. zur Miterbengemeinschaft § 2033) oder durch Vertrag (z. B. durch den Gesellschaftsvertrag) durchbrochen sein.

1.7.1 Die Personengesellschaften

a) BGB-Gesellschaft

Die Grundform der Personengesellschaften ist die **BGB-Gesellschaft** (GbR §§ 705 ff.). Sie hat lediglich zur Voraussetzung, dass sich mehrere Personen zur Erreichung eines beliebigen legalen Gesellschaftszwecks zusammenschließen.

Der Grundsatz des gemeinschaftlichen Vermögens (§ 718) und der gesamthänderischen Bindung dieses Vermögens (§ 719 Abs. 1) gilt uneingeschränkt.

Für Schulden der Personengesellschaft haftet nicht nur das Gesellschaftsvermögen, sondern – jedenfalls bei der Grundform der GbR – auch jeder Gesellschafter mit seinem Privatvermögen.

BEISPIEL

Die GbR ist selbst Steuerschuldner der USt, da sie Unternehmer ist. Für die USt-Schulden haften aber neben dem Gesellschaftsvermögen auch die einzelnen Gesellschafter mit ihrem gesamten Privatvermögen. Das Finanzamt kann also unter Umständen den Privatwagen des Gesellschafters X pfänden.

Nach der Rechtsprechung des BGH besitzt die BGB-Gesellschaft Rechtsfähigkeit wie eine Handelsgesellschaft, soweit sie nach außen auftritt und durch Teilnahme am Rechtsverkehr eigene Rechte und Pflichten begründet. In diesem Rahmen ist die BGB-Gesellschaft zugleich im Zivilprozess aktiv und passiv parteifähig (BGH vom 29. 01. 2001 BB 2001, 374).

b) Handelsgesellschaft

Ist der Gesellschaftszweck auf den Betrieb eines Handelsgewerbes (§§ 1–3 HGB) gerichtet, kann eine **Handelsgesellschaft** errichtet werden.

BEISPIELE

- OHG (§§ 105 ff. HGB),
- KG (§§ 161 ff. HGB),
- stille Gesellschaft (§§ 230 ff. HGB).

Da die OHG und die KG häufig am Rechtsverkehr teilnehmen, werden sie aus Vereinfachungsgründen von der Rechtsordnung teilweise so behandelt, als ob sie rechtsfähig wären. Sie können unter ihrer Firma (vgl. dazu § 17 HGB) Rechte erwerben, Verbindlichkeiten eingehen, Eigentum und andere dingliche Rechte an Grundstücken erwerben und vor Gericht Klägerin oder Beklagte sein (§ 124 Abs. 1, § 161 Abs. 2 HGB).

c) Partnerschaftsgesellschaft

Eine Sonderform stellt die **Partnerschaftsgesellschaft** dar (Partnerschaftsgesellschaftsgesetz – PartGG – vom 25. 07. 1994 BGBl I 1994, 1744). Sie besteht aus Angehörigen »Freier Berufe« (z. B. Ärzte, Rechtsanwälte, § 1 Abs. 2 PartGG) und ist ihrem Typus nach nichtrechtsfähige Gesellschaft des bürgerlichen Rechts, obwohl die partielle Rechtsfähigkeit des § 124 HGB entsprechend gilt (§ 7 Abs. 2 PartGG).

1.7.2 Der nichtrechtsfähige Verein (§ 54 BGB)

Besonders deutlich wird das Problem der Rechtsfähigkeit beim nichtrechtsfähigen Verein: Er ist ein körperschaftlicher Zusammenschluss. Der einzige wesentliche Unterschied zum rechtsfähigen Verein besteht darin, dass die Rechtsordnung ihm die Rechtsfähigkeit nicht zuerkennt. Der historische Grund für die Schaffung des nichtrechtsfähigen Vereins liegt im Kulturkampf und im Kampf des Kaiserreichs gegen Sozialdemokratie und Gewerkschaften, die bis heute überwiegend als nichtrechtsfähige Vereine strukturiert sind. Sie sollten durch die ungünstige Gestaltung der Rechtsform gezwungen werden, sich im Vereinsregister einzutragen und somit staatlich kontrollieren zu lassen.

Der nichtrechtsfähige Verein kann selbst keine Rechte und Pflichten haben, sondern nur die einzelnen Mitglieder als Gesamthand. Nach § 54 Satz 1 sollen die Vorschriften des Gesellschaftsrechts entsprechend anwendbar sein. Diese Verweisung ist jedoch rechtspolitisch verfehlt. Die Rechtsprechung wendet die Regeln des eingetragenen Vereins weitgehend analog an. Allerdings haftet der im Namen des Vereins Handelnde nach § 54 Satz 2 persönlich.

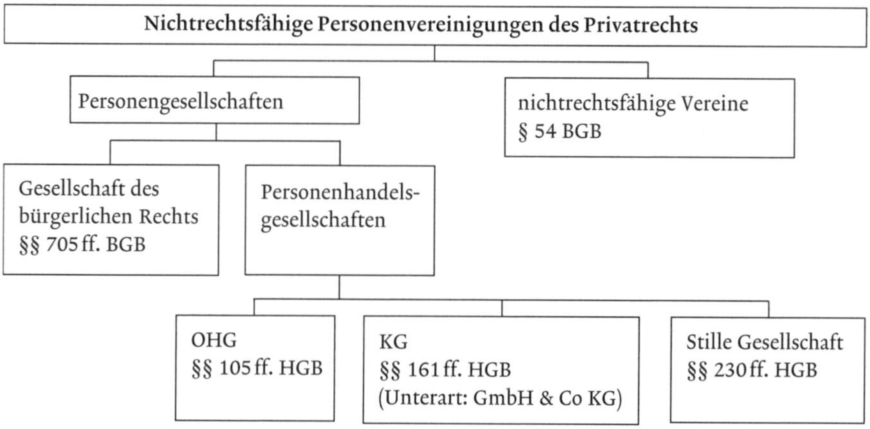

1.7.3 Auswahl der »richtigen« Rechtsform

Bei Zusammenschlüssen von Rechtssubjekten im Wirtschaftsleben stellt sich für die Beteiligten die Frage, welche Rechtsform den Interessen am besten gerecht wird. Die richtige Entscheidung setzt voraus, dass man sich über die Voraussetzungen und Rechtsfolgen der verschiedenen Rechtsformen sowie über die individuellen Verhältnisse und Absichten der Beteiligten im Klaren ist.

Bei der Wahl der richtigen Rechtsform spielen regelmäßig folgende Punkte eine Rolle:

- Besteuerung der juristischen Person oder der nichtrechtsfähigen Personenvereinigung,
- Haftung der Beteiligten (nur Gesellschaftsvermögen oder auch persönliche Haftung der Gesellschafter mit ihrem Privatvermögen),
- Kreditfähigkeit (ist desto größer, je mehr die Gesellschafter auch persönlich haften),
- Einflussmöglichkeiten des einzelnen Gesellschafters auf die Gesellschaft,
- Gründungskosten,
- Publizitätsvorschriften.

Während die OHG und die KG Außengesellschaften sind, ist die stille Gesellschaft eine Innengesellschaft und damit selbst keine Handelsgesellschaft. Stiller Gesellschafter ist, wer sich an dem Handelsgewerbe, das ein anderer betreibt, mit einer Vermögenseinlage in der Weise beteiligt, dass seine Einlage in das Vermögen des Inhabers des Handelsgewerbes übergeht und nur dieser nach außen in Erscheinung tritt (§ 230 HGB).

2 Rechtsgeschäfte

Die natürlichen und juristischen Personen **(Rechtssubjekte)** regeln ihre Beziehungen untereinander und ihre Stellung zu den Rechtsobjekten dadurch, dass sie sich **gegenüber anderen rechtserheblich äußern,** z. B. Verträge abschließen oder Erklärungen abgeben. Sie tun dies in Form von Rechtsgeschäften.

BEISPIELE

a) A kauft im Kaufhaus einen Kühlschrank.
b) Der Erblasser E verfasst ein handschriftliches Testament.
c) Ein Fahrgast steigt in die Straßenbahn.

LÖSUNG In allen Fällen liegen Rechtsgeschäfte vor, mit denen jemand seinen rechtlichen Willen nach außen ausdrückt.

Inhalt jedes Rechtsgeschäfts ist, dass zumindest ein Rechtssubjekt einen rechtlich erheblichen Willen äußert (»**Willenserklärung**«), was als einseitiges Rechtsgeschäft bezeichnet wird. In vielen Fällen reicht jedoch das Tätigwerden nur einer Person nicht aus, ein Zweiter muss diesen Willen erkennen und seinerseits einen rechtlich erheblichen Willen zum Ausdruck bringen (»Ablehnung oder Zustimmung«), auch zweiseitiges Rechtsgeschäft genannt. Je nachdem, ob nur eine Vertragspartei verpflichtet wird oder mehrere, liegt ein einseitig verpflichtender oder zweiseitig verpflichtender Vertrag vor. Stehen im letzteren Fall die Pflichten einander gleichwertig gegenüber, spricht man vom gegenseitigen Vertrag.

Ein Rechtsgeschäft ist somit der aus einer oder mehreren Willenserklärungen allein oder in Verbindung mit anderen Tatsachen bestehende Vorgang, der rechtserhebliche Folgerungen (»den Rechtserfolg«) nach sich zieht.

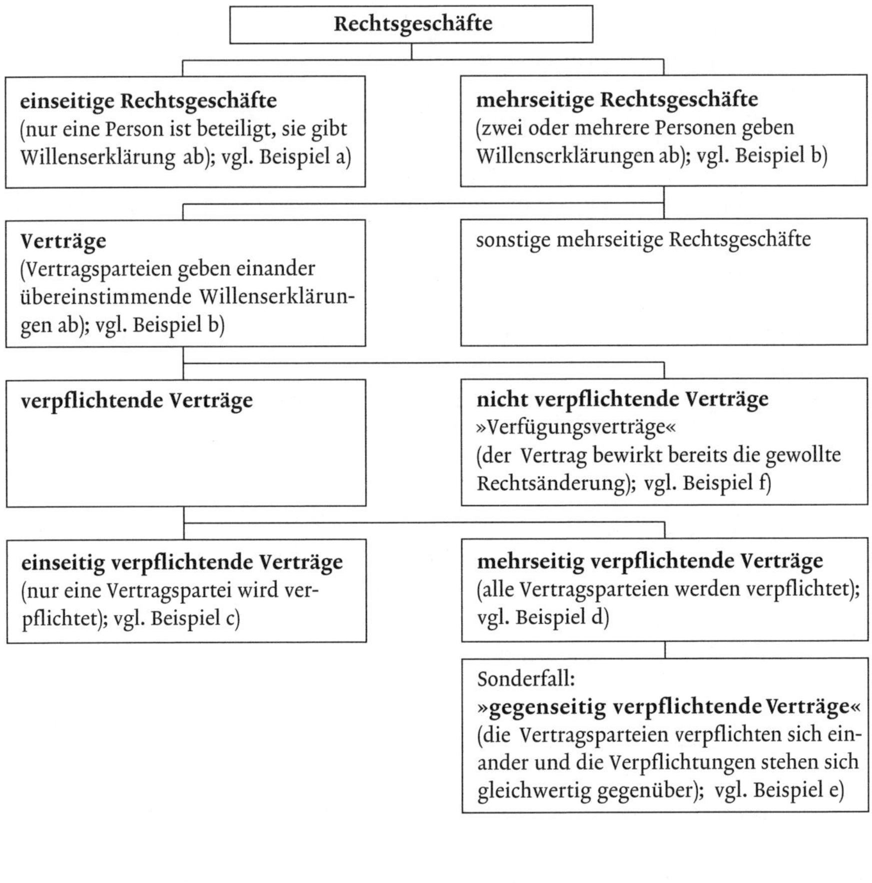

BEISPIELE

a) Der Erblasser E verfasst sein privatschriftliches Testament und legt es in die Schublade seines Schreibtisches.
LÖSUNG Es liegt ein einseitiges Rechtsgeschäft vor.

b) Die Eheleute A und B vereinbaren mit ihrer erwachsenen Tochter die Hingabe eines unverzinslichen Darlehens.
LÖSUNG Es liegt ein Vertrag vor, der ein mehrseitiges Rechtsgeschäft zwischen drei Personen begründet. A und B sind Darlehensgeber, T ist Darlehensnehmerin (vgl. § 488).

c) Großmutter G verspricht ihrem 17-jährigen Enkel E (unter Beachtung der Regelung des § 518 Abs. 1) zum 20. Geburtstag die Kosten eines Pkw-Führerscheins zu bezahlen.
LÖSUNG Es handelt sich um einen einseitig verpflichtenden Vertrag, da nur G sich verpflichtet (vgl. § 516).

d) B gibt durch Vertrag seinem Freund F ein unverzinsliches Darlehen.
LÖSUNG Es liegt ein zweiseitig verpflichtender Vertrag vor, denn Verpflichtungen stehen sich nicht gleichwertig gegenüber (vgl. § 488).

e) Verkäufer V und Käufer K schließen einen Kaufvertrag über einen demnächst zu liefernden Kühlschrank.
LÖSUNG Es liegt ein gegenseitiger Vertrag vor, da Verpflichtungen einander gleichwertig gegenüberstehen (vgl. §§ 433 Abs. 1 Satz 1 und Abs. 2).

f) Gläubiger X und Schuldner Y vereinbaren durch Vertrag den Erlass einer Geldforderung des X.
LÖSUNG Es handelt sich um einen Verfügungsvertrag, die Forderung erlischt durch den Vertrag, Verpflichtungen entstehen keine (vgl. § 397).

FALL 9

Prüfen Sie, welche Art von Rechtsgeschäft vorliegt!
a) Miete (§ 535),
b) Dienstvertrag (§ 611),
c) Bürgschaft (§ 765),
d) Eigentumserwerb (§ 929 Satz 1),
e) Auslobung (§ 657).

2.1 Willenserklärung

Eine Willenserklärung setzt voraus:

- einen auf einen Rechtserfolg gerichteten Willen (subjektives Willenselement),
- eine Kundgebung dieses Willens (objektives Handlungselement).

Die Willenserklärung ist also die bewusste und nach außen erkennbare Erklärung des auf einen Rechtserfolg gerichteten Willens.

2.1.1 Wille als subjektiver Bestandteil der Willenserklärung

Der rechtsgeschäftliche Willen besteht aus drei Elementen, an deren Vorhandensein bzw. Fehlen unterschiedliche Rechtsfolgen geknüpft sind:

1. **Handlungswille** ist der Wille, überhaupt zu handeln. (»Das Rechtssubjekt muss handeln wollen«.) Fehlt bereits dieser Handlungswille, so kann kein rechtsgeschäftlicher Wille und damit auch keine Willenserklärung vorliegen, z. B. liegt bei Reflexhandlungen kein Handlungswille vor.

2. **Erklärungsbewusstsein** ist ein über den bloßen Handlungswillen hinausgehendes Willenselement: Der Handelnde muss sich der rechtlichen Bedeutung seines Handelns bewusst sein. (»Der Handelnde muss etwas rechtlich Bedeutsames wollen.«)
   Wer z. B. einem Freund zuwinkt, will zwar handeln (hat Handlungswillen), will aber meist nichts rechtlich Bedeutsames damit sagen.
   Fehlt es am Bewusstsein rechtlich bedeutsamen Handelns, liegt trotzdem eine Willenserklärung vor, so die h. M. (BGH vom 07.06.1984 NJW 1984, 2279; Palandt, 76. Aufl., Einf. v. § 116 Rn. 17 m. w. N.). Die Erklärung kann jedoch angefochten werden.
3. **Geschäftswille**: Der Wille, rechtlich Bedeutsames zu wollen, konkretisiert sich im Geschäftswillen: Ein bestimmter rechtlicher Erfolg soll herbeigeführt werden.
   Fehlt es an diesem Willen oder hat sich der Erklärende unter dem rechtlichen Erfolg etwas anderes vorgestellt, als er nach außen hin zu erkennen gegeben hat, so hat dies zunächst keine Auswirkung: Der anderen gegenüber geäußerte Wille ist maßgebend, die so entstandene Willenserklärung kann aber unter bestimmten Voraussetzungen beseitigt werden (vgl. 2.6.4).

BEISPIEL

A trägt sich in Gedanken in eine Bestellliste ein. Er glaubt, es handele sich um eine Buchbestellung, in Wirklichkeit ist es eine verbindliche Spendenzusage.
LÖSUNG Handlungswille, Erklärungsbewusstsein und Geschäftswille sind vorhanden, die damit vorliegende Willenserklärung sagt aber etwas anderes, als der Erklärende wollte.
Folge: Die Willenserklärung ist zwar wirksam, aber anfechtbar (s. 2.6).

2.1.2 Erklärung als objektiver Bestandteil der Willenserklärung

Der im subjektiven Bereich gefasste Wille muss kundgetan (=erklärt) werden. Dies wird häufig einem anderen gegenüber erforderlich sein, kann aber sich auch bereits durch sonstiges Entäußern in irgendeiner Weise dokumentieren.

Wie dies geschieht, ist i. d. R. gleichgültig; Sprechen, Schreiben, bestimmte Körperbewegungen und anderes mehr können den Tatbestand einer Erklärung erfüllen. Notwendig ist allein, dass der »in« der Person gefasste Wille nach außen zutage tritt.

BEISPIELE

a) Der Kunde füllt einen Bestellschein aus.
b) Ein Kaufinteressent beantwortet ein Angebot mit ablehnendem Kopfschütteln.
c) Der Gast zeigt dem Ober sein leeres Bierglas. Der Ober bringt wortlos ein volles Glas.
d) Bei einer Auktion erteilt der Auktionator den Zuschlag auf ein leichtes Kopfnicken eines Bieters.
LÖSUNG In allen Fällen wird ein (rechtsgeschäftlicher) Wille erklärt.

Schweigen als Erklärungshandlung reicht i. d. R. nicht aus. Zwar kann Schweigen in bestimmten Situationen einen objektiven Erklärungswert haben, dies ist aber die Ausnahme (vgl. dazu 2.5).

Ein besonderer Fall der Erklärungshandlung, der nicht mit dem bloßen Schweigen zu verwechseln ist, ist die Willenserklärung durch schlüssiges Verhalten (**»konkludentes Verhalten«**). Das rechtliche Wollen findet nicht in einer ausdrücklichen Erklärung Niederschlag, sondern der Erklärende nimmt Handlungen vor, die mittelbar einen Schluss auf einen bestimmten Folgewillen zulassen (der Erklärende zeigt ein besonderes typisches Verhalten, das für einen Dritten als Ausdruck des Willens erkennbar ist). Einsteigen in die Straßenbahn lässt z. B. (zumindest) auf den Willen schließen, befördert zu werden (einen Beförderungsvertrag abschließen zu wollen).

Vom Vorliegen der bisher besprochenen Tatbestandsmerkmale geht das BGB als selbstverständlich aus. Es fehlen daher ausdrückliche Regelungen über diese Bestandteile.

Liegen die Elemente einer Willenserklärung vor, so ist sie »entstanden«, d. h. rechtlich existent.

2.2 Abgabe der Willenserklärung

Die Äußerung eines Willens bedeutet aber noch nicht, dass die damit entstandene Willenserklärung bereits Rechtswirkungen auslöst (wirksam ist).

Der Erklärende hat sich unter Umständen noch nicht entschlossen, von dieser Willenserklärung »Gebrauch zu machen«. Um der Erklärung Rechtsfolgewirkung zu verleihen, bedarf es der **Abgabe** der Willenserklärung.

Abgabe bedeutet, der Erklärende hat nach seiner Ansicht alles getan, um die Willenserklärung wirksam werden zu lassen.

Naturgemäß sind die Voraussetzungen dazu je nach Sachlage und Art des Geschäfts unterschiedlich. Häufig wird mit der Erklärung auch bereits alles Erforderliche getan sein. In vielen Fällen bedarf es aber eines weiteren Willens- oder tatsächlichen Akts, um die entstandene Willenserklärung in Verkehr zu bringen.

BEISPIELE

a) Der Wille, mit der Straßenbahn zu fahren, wird durch das Einsteigen erklärt.
b) Das Ausfüllen und Unterzeichnen einer Bestellkarte stellt eine Willenserklärung dar. Die Willenserklärung muss jedoch noch den Bereich des Erklärenden verlassen: Übergabe an Empfänger oder Absendung per Post o. Ä.

Eine Abgabe bedeutet also das **willentliche Entäußern** der Willenserklärung in Richtung auf den Empfänger, so dass der Erklärende nichts mehr weiter zu tun hat.

FÄLLE 10–11

FALL 10 A überlegt schon lange den Kauf einer Geschirrspülmaschine. Eines Tages füllt er bereits die Bestellkarte aus und legt sie auf den Schreibtisch, um den Kauf mit seiner Frau zu besprechen. Der im gleichen Haus lebende Großvater sieht die ausgefüllte Karte und wirft sie in den Postkasten, um seinem Sohn einen Gefallen zu tun. A fragt nach der Rechtslage.

FALL 11 Erblasser E entwirft sein Testament. Ohne seine Überlegungen abgeschlossen zu haben, lässt er den Entwurf auf seinem Schreibtisch liegen.

2.3 Wirksamkeit der Willenserklärung

Nach § 130 Abs. 1 Satz 1 wird eine Willenserklärung, die einem anderen gegenüber abzugeben ist, wenn sie in dessen Abwesenheit abgegeben wird, in dem Zeitpunkt wirksam, in welchem sie ihm zugeht.

Aus dieser Vorschrift ergibt sich somit Folgendes:

- Eine Willenserklärung ist abzugeben; es besteht das Erfordernis des willentlichen Entäußerns.
- Willenserklärungen, die einem anderen gegenüber abzugeben sind, werden erst im Zeitpunkt des Zugangs wirksam.

- Als Umkehrschluss dazu werden Willenserklärungen, die nicht einem anderen gegenüber abzugeben sind, bereits mit der Abgabe wirksam.

Das Gesetz unterscheidet also zwischen zwei Typen von Willenserklärungen: solche, die einem anderen gegenüber abzugeben sind (»**empfangsbedürftige Willenserklärungen**«), und nicht empfangsbedürftige Willenserklärungen.

Willenserklärung (WE)

empfangsbedürftige WE	**nicht empfangsbedürftige WE**
Entstehen: mit Abgabe der Erklärung Wirksamkeit: mit Zugang	Entstehen und Wirksamkeit: mit Abgabe der Erklärung

BEISPIELE

a) Die Kündigung eines Mietvertrags wird erst wirksam, wenn die Erklärung dem Vermieter zugeht.
b) Ein Testament ist bereits wirksam mit Erklärungstatbestand (handschriftliche Abfassung im Regelfall). Ein Zugang ist nicht erforderlich.

Folge der Wirksamkeit ist, dass der Erklärende **an den rechtlichen Inhalt der Erklärung gebunden** ist.

Die Willenserklärung ist grundsätzlich nicht mehr widerruflich (vgl. § 130 Abs. 1 Satz 2), es sei denn, vorher oder gleichzeitig geht dem Empfänger ein Widerruf (also eine zweite – widerrufende – Willenserklärung) zu.

Es ist ohne Bedeutung, wenn der Erklärende, der bislang geschäftsfähig war, nach der Abgabe der Willenserklärung geschäftsunfähig wird oder stirbt (§ 130 Abs. 2).

BEISPIEL

Der Erblasser stirbt kurze Zeit nach Abfassung seines Testaments.
LÖSUNG Das Testament bleibt – selbstverständlich – wirksam.

FALL 12

Die Eltern haben dem 14-jährigen Kind erlaubt, ein Fahrrad zu kaufen. Nachdem das Kind das Fahrrad erworben hat, bereuen sie die Erlaubnis und erklären dem Fahrradverkäufer, das Kind sei beschränkt geschäftsfähig und habe daher ein Fahrrad nicht kaufen können.

Hinweis zur Bindungswirkung: Widerrufsmöglichkeiten gibt es allerdings in einzelnen Verbraucherschutzvorschriften (z. B. § 495 Verbraucherdarlehensvertrag, § 355 Widerrufsrecht für Verbrauchervertrag u. a.).

»Wird einem Verbraucher [§ 13] durch Gesetz ein Widerrufsrecht nach dieser Vorschrift eingeräumt, so ist er an seine auf den Abschluss eines Vertrags mit einem Unternehmer [§ 14] gerichtete Willenserklärung nicht mehr gebunden, wenn er sie fristgerecht widerrufen hat«, d. h. zunächst Wirksamkeit, dann – durch Widerruf – keine Bindung mehr (auflösende Bedingung i. S. d. § 158 Abs. 2).

2.4 Zugang der Willenserklärung

Die Wirksamkeit einer empfangsbedürftigen Willenserklärung kann nicht davon abhängen, dass der Empfänger sie **tatsächlich zur Kenntnis nimmt**. Es läge sonst in seiner Hand, ob und wann eine Willenserklärung wirksam wird.

Maßgebend für den Zugang sind vielmehr **objektive Gesichtspunkte**.

Eine Willenserklärung ist dann zugegangen, wenn sie so in den Machtbereich des Empfängers gelangt ist, dass unter gewöhnlichen Umständen mit der Kenntnisnahme zu rechnen ist.

Machtbereich ist die Sphäre des Empfängers, in der er ungehindert Kenntnis nehmen kann (ob er es tatsächlich tut, spielt keine Rolle).

BEISPIELE

a) Der Hausbriefkasten ist i. d. R. Machtbereich des Empfängers. Das Einwerfen in den Briefkasten bewirkt also Zugang, wenn und sobald mit Leerung zu rechnen ist.
b) Gleiches gilt für das Einlegen einer Mitteilung in das Postschließfach.
c) Das persönliche Aushändigen eines Briefs stellt stets Zugang dar, auch wenn der Empfänger den verschlossenen Umschlag nicht öffnet.
d) Die mündliche Übermittlung an den Empfänger (ohne Einschaltung Dritter) bewirkt Zugang, wenn der Empfänger sie vernehmen konnte.
e) Die mündliche Übermittlung an geeignete Vertretungspersonen bewirkt Zugang bereits mit dem Eintritt in deren Machtbereich.
f) Die per E-Mail abgegebene Willenserklärung ist mit Speichern im Postfach des Providers in den Machtbereich gelangt. Der Zugang erfolgt bei Möglichkeit der Kenntnisnahme zu gewöhnlichen Geschäftszeiten.

Bezüglich des Zugangs unterscheidet das Gesetz zwischen **Anwesenden** und **Abwesenden.** § 130 Abs. 1 Satz 1 erfasst ausdrücklich nur den Fall der Abgabe einer Willenserklärung an einen Abwesenden.

BEISPIELE

a) Der Kaufmann A bietet der anwesenden Kundin ein einmaliges »Angebot« mündlich an. Zugang und damit Wirksamkeit des Angebots sofort (mit akustischem Vernehmen).
b) Der Versandhändler teilt dem Kunden brieflich ein »Angebot« mit. Zugang mit Einwurf des Briefes durch den Postboten.
c) Die Bestellung des B geht per E-Mail im Versandhandel des O ein.

Sonderfälle des Zugangs sind in §§ 131, 132 geregelt.

2.5 Form der Willenserklärung

Eine Willenserklärung ist nur wirksam, wenn sie in der vorgeschriebenen Form abgegeben ist. Das BGB wie auch andere Zivilgesetze verlangen für bestimmte Willenserklärungen oder Rechtsgeschäfte eine bestimmte Form.

BEISPIELE

a) Ein Mietvertrag, der für bestimmte Zeit und länger als für ein Jahr geschlossen wird, bedarf grundsätzlich der Schriftform (§ 550, ansonsten gilt er für unbestimmte Zeit).
b) Die Bürgschaftserklärung des Bürgen muss schriftlich abgegeben werden, § 766 Satz 1. (Beachte aber § 350 HGB.)
c) Das Schenkungsversprechen ist nur wirksam, wenn es notariell beurkundet ist, § 518 Abs. 1; wobei hier natürlich § 518 Abs. 2 zu beachten ist.

Aus diesen Formerfordernissen ist zunächst ein Umkehrschluss zu ziehen: Wenn der Gesetzgeber für einzelne Rechtsgeschäfte ausdrücklich eine bestimmte Form verlangt, so bedeutet dies, dass alle anderen Rechtsgeschäfte einer Form nicht bedürfen (**Grundsatz der Formfreiheit**).

Willenserklärungen können demnach grundsätzlich in beliebiger Form abgegeben werden, z. B. mündlich, schriftlich, in elektronischer Form, durch Zeichen oder konkludent.

Das Formbedürfnis kann sich auch aus vertraglicher Vereinbarung ergeben und hat dann dieselben Rechtsfolgen wie das jeweilige gesetzliche Formerfordernis (§ 127 Satz 1).

Das Zivilrecht kennt drei (Haupt-)Gruppen von Formerfordernissen.

2.5.1 Einfache Schriftform

Die Willenserklärung muss in ihren wesentlichen Aussagen schriftlich abgefasst sein, d. h. es muss zunächst ein **Schriftstück** (Urkunde) vorliegen, das das gesamte formbedürftige Rechtsgeschäft enthält. Erforderlich ist i. d. R. die **eigenhändige Unterzeichnung** (oder ein notariell beglaubigtes Handzeichen), so dass mechanische, faksimilierte oder gedruckte Unterschriften i. d. R. nicht ausreichen. Dies gilt jedoch nur für das Erfordernis gesetzlicher Schriftform (§ 126 Abs. 1).

Bei einem formbedürftigen Vertrag muss die Unterzeichnung beider Vertragsparteien auf derselben Urkunde erfolgen, es sei denn, es werden mehrere gleichlautende Urkunden aufgenommen (erstellt). Dann genügt es, wenn jede Partei das Exemplar des Vertragspartners unterzeichnet (§ 126 Abs. 2).

BEISPIELE

a) Die Willenserklärung des Bürgen (nicht die des Vertragspartners) muss schriftlich erfolgen (§ 766), sofern nicht die Voraussetzungen des § 350 HGB vorliegen.
b) Ein Scheck ist durch Namensunterschrift zu zeichnen (vgl. Art.1 Nr. 6 ScheckG).

Seit 01.09.2001 (Gesetz zur Anpassung der Formvorschriften des Privatrechts und anderer Vorschriften an den modernen Rechtsgeschäftsverkehr vom 13.07.2001 BGBl I 2001, 1542 ff.) kann allerdings die schriftliche Form durch die **elektronische Form ersetzt** werden, wenn das Gesetz dies nicht ausdrücklich verbietet (§ 126 Abs. 3).

BEISPIELE

(für Verbot elektronischer Form):
- § 623 (Beendigung von Arbeitsverhältnissen durch Kündigung),
- § 630 (Zeugniserteilung), § 761 (Leibrentenversprechen),
- § 766 (Bürgschaft), § 780 (abstraktes Schuldversprechen),
- § 781 (Schuldanerkenntnis).

Dazu ist nach § 126a erforderlich, dass der Aussteller der Erklärung seinen Namen hinzufügt und das elektronische Dokument mit einer »**qualifizierten elektronischen Signatur**«, also einer Art elektronischem Siegel, nach dem Signaturgesetz (Gesetz über Rahmenbedingungen für elektronische Signaturen – SigG – vom 16.05.2001 BGBl I 2001, 876 ff.) versehen wird.

Bei einem formbedürftigen Vertrag muss jeweils ein gleichlautendes Dokument elektronisch signiert werden (§ 126a Abs. 2).

Bei gesetzlich vorgeschriebener »Textform« muss die Erklärung in einer Urkunde oder auf andere Weise so abgegeben werden, dass die **dauerhafte Wiedergabe** in Schriftzeichen gewährleistet ist. Zusätzlich müssen die Person des Erklärenden genannt und der Abschluss der Erklärung durch Nachbildung (!) der Namensunterschrift oder anders erkennbar gemacht werden (§ 126b).

Wie schon bisher, gelten die Vorschriften über die gesetzliche Schriftform (also auch §§ 126, 126a, 126b) »im Zweifel« auch für die **vertraglich vereinbarte** (»durch Rechtsgeschäft bestimmte«) **Schriftform** (§ 127 Abs. 1), allerdings – wenn nicht anders gewollt – reicht die telekommunikative Übermittlung, bzw. bei einem Vertrag der Briefwechsel, aus. Es kann jedoch nachträglich jeder der Beteiligten eine dem § 126 entsprechende Beurkundung verlangen (§ 127 Abs. 2). Eine qualifizierte elektronische Signatur i. S. d. § 126a ist grundsätzlich nicht erforderlich.

Das Signaturgesetz – SigG – will »Rahmenbedingungen für elektronische Signaturen« schaffen (§ 1 SigG), die dann maßgebend sind, wenn elektronische Signaturen durch Rechtsvorschrift vorgeschrieben sind (z. B. in §§ 126a, 126b), ansonsten ist ihre Verwendung freigestellt.

In § 2 sind alle wesentlichen Begriffsbestimmungen enthalten, z. B.

- Nr. 1 »elektronische Signatur«: Daten, die »zur Authentifizierung« dienen, also den Urheber eindeutig identifizieren und die Richtigkeit der Wiedergabe gewährleisten sollen.
- Nr. 3 »qualifizierte elektronische Signaturen«: Daten, w. o., die auf einem »qualifizierten Zertifikat« beruhen. Dies wiederum ist laut Nr. 6 eine elektronische Bescheinigung, mit der ein Signaturprüfschlüssel (Nr. 5) einer Person zugeordnet werden kann, die Identität dieser Person bestätigt und (Nr. 7) von Zertifizierungsdiensteanbietern (Nr. 8) ausgestellt wird.

2.5.2 Öffentliche Beglaubigung (§ 129 BGB)

Eine schriftliche Erklärung wird in Anwesenheit eines Notars unterzeichnet und die Unterschrift als persönlich abgegeben vom Notar beglaubigt (Einzelheiten in §§ 39 ff. des Beurkundungsgesetzes vom 28. 08. 1969 BGBl I 1969, 1513).

BEISPIEL

Die Abtretung der Gehaltsansprüche von Beamten bedarf dieser Handhabung. Ein Sonderfall liegt vor bei Abtretung zugunsten von Bausparkassen. Die Beglaubigung kann nach § 411 und Vorschriften des Reichsheimstätten-Gesetzes amtlich (d. h. von einer Behörde) erfolgen.

2.5.3 Notarielle Beurkundung (§ 128 BGB)

Die notarielle Beurkundung ist die »strengste« Formvorschrift. Die Vertragsparteien müssen den gesamten Inhalt des Vertrags von einem Notar beurkunden lassen. Die umfangreichen förmlichen Vorschriften über die Beurkundung ergeben sich aus dem BeurkG (z. B.: Niederschrift der Erklärungen, Feststellungspflicht des Notars über Beteiligte und deren Geschäftsfähigkeit, Prüfungs- und Belehrungspflichten des Notars, etc.).

BEISPIEL

A verpflichtet sich dem B gegenüber, sein Grundstück zu verkaufen und zu übereignen. Der Vertrag bedarf gem. § 311b der notariellen Beurkundung. Der Notar hat u. a. gem. § 19 BeurkG die Beteiligten auf das Erfordernis einer Unbedenklichkeitsbescheinigung nach dem GrEStG hinzuweisen.

Gegenüber diesen Grundtypen gibt es noch Sonderformen. Abweichend von der in § 128 ausreichenden notariellen Beurkundung zunächst des Antrags und dann der Annahme eines

Vertrags wird z. B. in bestimmten Fällen **gleichzeitige Anwesenheit** beider Vertragsparteien verlangt.

BEISPIELE

a) § 925 Satz 1: Eigentumsübertragung an einem Grundstück.
b) § 1410: Ehevertrag zur vertraglichen Regelung des ehelichen Güterstands.
c) § 1310: Eheschließung vor einem Standesbeamten.

2.5.4 Folgen von Formfehlern

Fehlt es an der gesetzlich vorgeschriebenen Form der Willenserklärung oder des Rechtsgeschäfts, so ist das Rechtsgeschäft **nichtig** (unwirksam) (§ 125 Satz 1). Gleiches gilt im Zweifel, wenn nicht ausdrücklich anderes vereinbart ist, für vertraglich bestimmte Formerfordernisse (§ 125 Satz 2).

BEISPIEL

Die mündliche Bürgschaftserklärung eines Privatmanns (vgl. obige Beispiele unter 2.5.1 und D 5.2.2) führt grundsätzlich zur Nichtigkeit des Bürgschaftsvertrags. Gleiches gilt, wenn nicht die wesentlichen Vertragsbestandteile in der schriftlichen Willenserklärung enthalten sind (BGH vom 02.02.1989, IX ZR99/88).

Der Mangel der Form ist in bestimmten Fällen **heilbar** durch tatsächliche Vornahme des Rechtsgeschäfts.

BEISPIELE

a) § 313 Satz 2: Gültiger Grundstückskaufvertrag ohne notarielle Beurkundung, wenn in der Folge Eigentum übergegangen ist.
b) § 518 Abs. 2: Der Schenkungsversprechensvertrag, der nach § 518 Abs. 1 der notariellen Beurkundung bedarf, wird dennoch durch Vollzug der Schenkung gültig.

Diese Heilungsmöglichkeit stellt aber **keinen allgemein gültigen Grundsatz** des Zivilrechts dar (§ 125).

FÄLLE 13–14

FALL 13 Können die folgenden Willenserklärungen/Rechtsgeschäfte formlos abgegeben werden? (Lesen Sie jeweils die genannten Vorschriften!)
a) Erteilung einer Vollmacht (§ 167 Abs. 1 und 2),
b) Autokaufvertrag (§ 433),
c) Mietvertrag über Ferienhaus (§§ 535, 550, 549 Abs. 2 Nr. 1),
d) Bürgschaftsvertrag unter Privatleuten (§§ 765, 766).

FALL 14 A und B sind Grundstücksnachbarn. Um das gutnachbarliche Verhältnis auf möglichst lange Zeit zu sichern, schließen A und B am 15.02.02 einen Vertrag, worin sich beide verpflichten, ihre Grundstücke nur mit Zustimmung des anderen zu verkaufen. Um Geld zu sparen, schließen sie den Vertrag privatschriftlich, ziehen aber ihre Ehefrauen als Zeugen zu. Ist der Vertrag formell wirksam?

Rechtsgeschäfte, die wegen eines Formmangels oder wegen Fehlens der Geschäftsfähigkeit oder der Rechtsfähigkeit nichtig sind, werden (vorbehaltlich abweichender Regelungen in Einzelsteuergesetzen, z. B. § 5 Abs. 2 BewG und § 17 UStG) als wirksam behandelt, solange die Beteiligten das wirtschaftliche Ergebnis eintreten und bestehen lassen (§ 41 AO).

2.6 Willensmängel bei Willenserklärungen

Unter Willensmängeln versteht man das bewusste oder unbewusste **Abweichen von Wille und Erklärung.** Was der Erklärende sich subjektiv vorgestellt hat, ist nur ihm bekannt. Der Empfänger muss davon ausgehen, was ihm als erklärter Wille bekannt geworden ist (vgl. »Zugang«, 2.4).

2.6.1 Bewusste Willensmängel

Die Rechtsfolgen von Willensmängeln, soweit sie durch **bewusstes** Abweichen des Erklärenden zustande kommen, sind in den §§ 116 ff. geregelt.

Ein **geheimer Vorbehalt,** den der Erklärungsgegner nicht kennt, ist unbeachtlich für die Wirksamkeit der Willenserklärung (§ 116). Der Erklärende muss sich also die rechtliche Aussage seiner Willenserklärung zurechnen lassen, auch wenn er dies »insgeheim« nicht will. Eine einverständlich nur **zum Schein abgegebene** empfangsbedürftige Willenserklärung ist dann nichtig, wenn der Erklärungsgegner eingeweiht ist (§ 117 Abs. 1).

Eine nach Meinung des Erklärenden **nicht ernstlich gewollte** Erklärung ist gem. § 118 dann rechtlich unbeachtlich, wenn der Erklärende die » Scherzerklärung« in der Erwartung abgegeben hat, dass der Empfänger den fehlenden rechtlichen Bindungswillen bemerken werde. Diese vorweg aufgezählten Tatbestände sind in der zivilrechtlichen Praxis von untergeordneter Bedeutung.

Von weitaus größerer Bedeutung, da insbesondere zur Umgehung von Steuertatbeständen (und zur Steuerhinterziehung) verwendet, ist die Vorschrift des § 117 Abs. 2: Ein tatsächlich nicht gewolltes Rechtsgeschäft wird einverständlich abgeschlossen, um **ein gewolltes Rechtsgeschäft** damit zu **verdecken.**

BEISPIEL

A und B sind die Parteien eines Grundstückskaufvertrags. Um Rückfragen und Folgerungen wegen der Besteuerungsgrundlagen für die Grunderwerbsteuer zu vermeiden, verkaufen sie das Grundstück in der notariellen Urkunde (§ 311b) zum Preis von 100 000 €, wobei sich beide einig sind, dass der tatsächliche Kaufpreis 200 000 € betragen solle. Dies vereinbaren sie noch durch einen schriftlichen Vertrag, den sie schon zeitlich vor dem notariellen Vertrag im Schlafzimmer von A schließen.

Die Rechtsfolge formuliert § 117 Abs. 2. Das nach außen hin abgeschlossene Rechtsgeschäft (also der notarielle Vertrag) ist unwirksam gem. § 117 Abs. 1, das tatsächlich gewollte wäre wirksam, wenn dessen Voraussetzungen gegeben wären.

In obigem Beispiel ist zwar der notarielle Kaufvertrag abgeschlossen, dieser ist aber wie dargelegt nach § 117 BGB unwirksam. Gem. § 311b muss aber der Vertrag, der im Schlafzimmer von A geschlossen wurde, in seiner Gesamtheit notariell beurkundet werden. Dieser Vertrag (200 000 €) wäre daher wegen Formmangels nichtig (§ 125 Satz 1). Da § 311b Abs. 1 Satz 2 eine Heilungsmöglichkeit vorsieht, wird der Vertrag bei Vollziehung (Auflassung und Eintragung ins Grundbuch, vgl. später) »seinem ganzen Inhalt nach gültig«. Er ist daher auch Basis für die Ermittlung der Besteuerungsgrundlagen bei den einzelnen Steuerarten.

2.6.2 Unbewusste Willensmängel

Willensmängel können **unbewusst** zu einer Abweichung zwischen Wille und Erklärung führen, wenn der Erklärende inhaltlich etwas anderes sagen wollte, als er mit der Erklärung für

Dritte ausgesagt hat oder wenn der Erklärende eine solche Erklärung gar nicht abgeben wollte. Unbewusste Willensmängel der beschriebenen Art können das Entstehen und die Wirksamkeit der abgegebenen Willenserklärungen nicht verhindern, unter bestimmten Umständen sind diese Willenserklärungen aber nachträglich zu beseitigen: Der Erklärende kann seine Willenserklärung **anfechten**.

Voraussetzung für die Anfechtung ist immer das Vorliegen einer gesetzlichen Rechtsgrundlage.

Die erste Gruppe solcher Anfechtungsgründe wird durch den Begriff **»Irrtum«** charakterisiert. Sie umfasst die drei Rechtsgrundlagen des § 119:

1. **Inhaltsirrtum** (der Erklärende war bei der Abgabe »über den Inhalt im Irrtum«), Abs. 1, 1.Alternative,
2. **Erklärungsirrtum** (der Erklärende wollte »eine Erklärung dieses Inhalts überhaupt nicht abgeben«), Abs. 1, 2.Alternative,
3. **Eigenschaftsirrtum** (Irrtum über verkehrswesentliche Eigenschaften von Personen oder Sachen), Abs. 2.

Unter Irrtum ist das dem Erklärenden nicht bewusste Auseinanderfallen von gefasstem Willen und nach außen abgegebener Erklärung (kürzer: unbewusste Abweichung zwischen Wille und Erklärung) zu verstehen.

BEISPIELE

a) Der Käufer eines Bildes denkt, er kaufe einen echten Matisse. Nach Kaufvertragsabschluss stellt sich im Rahmen einer Echtheitsprüfung heraus, dass das Bild eine Fälschung ist.

LÖSUNG Bei der Urheberschaft eines Bildes handelt es sich um eine verkehrswesentliche Eigenschaft einer Sache. Hier irrt der Käufer darüber, so dass eine Anfechtung gem. § 119 Abs. 2 möglich ist.

b) Der Geschäftsführer will 100 kg Äpfel der Sorte Braeburn zum Preis von 2 € pro Kilo bestellen. Er verspricht sich am Telefon und bestellt 1 000 kg beim Obsthändler H, der das Angebot sofort annimmt.

LÖSUNG Der Geschäftsführer verspricht sich. Es fallen Wille und tatsächlich Erklärtes auseinander. Er ist zur Anfechtung wegen Erklärungsirrtums berechtigt (§ 119 Abs. 1 1. Alt).

c) K bestellt am Kölner Karneval in einem Restaurant einen halven Hahn in der Annahme, es sei ein knuspriges Hähnchen. Als der Kellner mit der Bestellung kommt, stellt sich heraus, dass er ein Roggenbrötchen mit Käse und Senf bestellt hat.

LÖSUNG K befindet sich im Irrtum über den Inhalt seiner Erklärung und kann gem. § 119 Abs. 1 2. Alt. anfechten.

Anm.: In allen Fällen ist zu beachten, dass die Anfechtung gem. § 143 Abs. 1 gegenüber dem Anfechtungsgegner innerhalb der Anfechtungsfrist (§ 121 Abs. 1 ohne schuldhaftes Zögern) erklärt werden muss. Sie wirkt auf den Abschluss des Vertrages zurück (§ 142 Abs. 1)

2.6.3 Sonderfälle

Sonderfälle der Willensmängel stellen § 120 (Anfechtung wegen **falsche versehentliche Übermittlung durch Dritte**) und Anfechtbarkeit wegen **Täuschung** oder **Drohung** (§ 123 Abs. 1 und 2 BGB) dar. Es liegt in diesen Fällen zwar kein Irrtum im o. a. Sinne vor, aber aus Gründen, die nicht in der Person des Erklärenden liegen, lautet die abgegebene Erklärung anders als der Wille des Erklärenden. Auch hier ist eine Abweichung zwischen Wille und Erklärung gegeben.

2.6.4 Anfechtung von Willenserklärungen

Allen Anfechtungsgründen ist gemeinsam, dass sie nur engumgrenzte **Ausnahmefälle** darstellen. Anfechtung soll der Sonderfall bleiben. Eine Beseitigung der wirksamen Willenserklärung aus sonstigen Gründen (z. B. der Irrtum über den Beweggrund, Irrtum über Fehler in der Kalkulation oder Irrtum über die gesetzliche Rechtsfolge) ist nicht möglich.

Das bloße Vorliegen eines Anfechtungsgrundes hat auf den Bestand der Willenserklärung zunächst keine Auswirkung. Das bestehende Anfechtungsrecht muss ausgeübt werden, um die Rechtslage zu verändern (**Gestaltungsrecht**). Es ist deshalb zwischen der Innehabung des Rechts (»kann anfechten«) und der Ausübung des Rechts zu unterscheiden. Das Recht kann jedoch nur ausgeübt werden, wenn weitere Voraussetzungen vorliegen:

- **Bei §§ 119, 120 muss die Annahme begründet sein, dass der Anfechtende eine solche Erklärung bei Kenntnis der Sachlage nicht abgegeben hätte (»wesentliche Abweichung«).**
- Es ist die **Anfechtungsfrist** zu wahren (§ 121 für §§ 119, 120; § 124 für § 123).
- Die **Anfechtungserklärung** (selbst wiederum eine anfechtbare empfangsbedürftige Willenserklärung) muss dem Anfechtungsgegner gegenüber abgegeben sein, § 143 Abs. 1–4.

Wirkung der zulässigen Anfechtung: Das angefochtene Rechtsgeschäft ist von Anfang an (ex tunc) **nichtig** (§ 142 Abs. 1), aber kann zu Schadenersatzforderungen des Anfechtungsgegners führen (§ 122).

2.6.5 Praxisfragen bei der Anfechtung

Die erfolgreiche Durchführung der Anfechtung macht in der Praxis erhebliche Schwierigkeiten. Der Anfechtende muss nach zivilprozessualen Grundsätzen **Beweise** für das Vorliegen der Anfechtungsgründe erbringen können. Dies wird in aller Regel kaum möglich sein, bedeutet dies doch, das Abweichen eines gefassten Willens von der daraufhin abgegebenen Erklärung darzulegen und ggf. auch zu beweisen.

2.7 Die »Willenserklärung« im Steuerrecht

Im öffentlichen Recht entspricht der Willenserklärung der **Verwaltungsakt** als Mittel der Behörde, rechtliche Entwicklungen herbeizuführen (§ 118 AO): Der VA ist Regelung eines Einzelfalls, die unmittelbar Recht setzt, eine Rechtsstellung einräumt oder sonst rechtsgestaltend wirkt (zu den Einzelheiten vgl. Band 1, Helmschrott/Schaeberle/Scheel, Abgabenordnung, D).

Es bedarf dazu eines Willens, der in einer Erklärung Niederschlag findet. Durch abschließende Zeichnung eines befugten Amtsträgers entsteht der VA (vgl. AEAO zu § 124 Nr.4).

Der VA ist seiner Natur nach **einseitige** (hoheitliche) **Maßnahme,** der Abschluss öffentlich-rechtlicher Verträge stellt im Steuerrecht eine seltene Ausnahme dar (vgl. z. B. § 78 Nr. 3 AO).

Wirksam wird der VA durch **Bekanntgabe** an den Betroffenen (§§ 122 Abs. 1, 124 Abs. 1 AO), die grundsätzlich in jeder zweckmäßigen Form erfolgen kann. Regelfall der Bekanntgabe bei schriftlichen Verwaltungsakten (insbesondere bei Steuerbescheiden und gleichgestellten VA) ist jedoch die Bekanntgabe durch die Post (§ 122 Abs. 2 AO, AEAO zu § 122 Nr. 1.8), die wegen des Massenverfahrens stark formalisiert ist (typischer Geschehensablauf, widerlegbare Vermutung der Bekanntgabe »am dritten Tag nach Aufgabe zur Post«), aber bei atypischen

Geschehensabläufen eine Widerlegung zulässt und dann auf § 130 BGB (Zugangsbegriff) zumindest inhaltlich zurückgreift.

Wirkung der Bekanntgabe ist – wie im Zivilrecht – eine Bindung von Behörde und Steuerpflichtigem an die getroffene Regelung, die nur noch ausnahmsweise durchbrochen werden kann (vgl. § 124 AO).

Die VA ergehen grundsätzlich formfrei, in Einzelvorschriften wird jedoch häufig Schriftform verlangt (z. B. § 157 AO für Steuerbescheide, § 191 AO für Haftungsbescheide etc.). Dennoch ist aus Beweisgründen Schriftlichkeit des VA Regelform. Allerdings verlangt die AO für die Wahrung der Schriftform nicht die Unterschrift des Erklärenden unter dem Text. Ein schriftlicher Verwaltungsakt muss lediglich die erlassende Behörde erkennen lassen (§ 119 Abs. 3 Satz 1 AO).

Das Problem der Anfechtung durch die erlassende Behörde stellt sich im Steuerrecht nicht. Der VA wird mit dem Inhalt wirksam, mit der er bekanntgegeben wird (§ 124 Abs. 1 Satz 2 AO). Bei Fehlern im Verwaltungsakt kann die Behörde nach Maßgabe der **Korrekturvorschriften** (§§ 129 ff. AO bei VA, §§ 172 ff. AO bei Steuerbescheiden) sowie nach Sonderregelungen (§§ 164, 165 AO) und – auf Antrag des Steuerpflichtigen – im **Rechtsbehelfsverfahren** (Einspruch bei der Behörde, Klage zum Finanzgericht) den Verwaltungsakt aufheben oder ändern, allerdings auch hier nur innerhalb bestimmter Fristen (§§ 169 ff. AO Festsetzungsverjährung).

2.8 Willenserklärungen durch Dritte (Vertretung)

Die Willenserklärung wird i. d. R. von dem abgegeben, der etwas rechtlich Bedeutsames zu sagen hat. Häufig ist jedoch ein Rechtssubjekt **gehindert**, in eigener Person tätig zu werden.

BEISPIELE

a) Ein 6-jähriges (geschäftsunfähiges) Kind möchte etwas kaufen.
b) Die A-GmbH möchte eine Maschine veräußern.
c) Der Kaufmann C liegt im Gipsverband im Krankenhaus, möchte aber ein Sonderangebot eines Großhändlers besichtigen und eventuell kaufen.

Gemeinsam ist diesen Personen, dass sie aus verschiedenen Gründen nicht selbst rechtlich handeln können; bei Geschäftsunfähigen, beschränkt Geschäftsfähigen und juristischen Personen liegt dies in rechtlichen Gründen (vgl. §§ 104 ff.; 1.4 und 1.5), im Falle des Kaufmanns an einer tatsächlichen Verhinderung. Dennoch können diese Personen Rechtsgeschäfte abschließen. Sie bedienen sich dazu eines Vertreters.

Kann jemand **aus rechtlichen Gründen** nicht selbst rechtsgeschäftlich handeln, so stellt ihm das Gesetz einen **gesetzlichen Vertreter** zur Seite.

BEISPIELE

a) Die Eltern sind gesetzliche Vertreter des Kindes (§§ 1626 Abs. 1, 1629).
b) Juristische Personen sind selbst nicht geschäftsfähig. Sie bedürfen laut Gesetz eines Vertreters (GmbH: Geschäftsführer; AG: Vorstand; Verein: Vorstand etc.).

Kann oder will jemand **aus tatsächlichen Gründen** nicht selbst handeln, so kann er einen Vertreter bestellen und ihm Vollmacht erteilen (**rechtsgeschäftliche** oder gewillkürte **Vertretung**). Dies stellt die erste Voraussetzung der Stellvertretung dar, die Vertretungsmacht.

Vertretungsmacht

- **rechtsgeschäftlich** erteilte Vertretungsmacht = »**Vollmacht**«
- **kraft Gesetzes** zustehende Vertretungsmacht

Außerdem muss nach dem so genannten Offenkundigkeitsprinzip der Stellvertreter **in fremdem Namen** auftreten **(Offenkundigkeitsgrundsatz).** Wenn er dies nicht deutlich macht, wird er – selbst gegen seinen Willen – in eigener Person verpflichtet (§ 164 Abs. 2).

BEISPIEL

V ist von S zum Kauf eines Pkw bevollmächtigt. Bei den Kaufverhandlungen erwähnt er die Person des S nicht. Wer muss den Wagen bezahlen?

LÖSUNG Da V nicht »in fremdem Namen« aufgetreten ist, kommt es nicht auf den fehlenden eigenen Willen zum Kauf an. V muss bezahlen (§ 433 Abs. 2, § 164 Abs. 2).

2.8.1 Rechtsgeschäftliche Vertretung

Die gewillkürte Vertretung beruht auf **Rechtsgeschäft, d. h.**, es ist lediglich erforderlich, dass der Vertretene den Vertreter durch Willenserklärung ermächtigt.

Erteilung der Vollmacht

- **»Innenvollmacht«** durch Erklärung gegenüber dem zu Bevollmächtigenden § 167 Abs. 1, 1. Alt.
- **»Außenvollmacht«** durch Erklärung gegenüber dem Geschäftspartner (Dritter) § 167 Abs. 1, 2. Alt.

Die Erteilung der Vertretungsmacht **(Vollmacht)** erfolgt durch **formlose Erklärung** gegenüber einem anderen (einseitige, empfangsbedürftige Willenserklärung, vgl. im Übrigen §§ 171, 172).

Vollmacht ist die rechtsgeschäftlich erteilte Erlaubnis, für einen anderen (in dessen Namen) Willenserklärungen abgeben zu dürfen.

Die Vollmacht kann an jede natürliche Person erteilt werden, einzige Voraussetzung ist, dass diese Person zumindest beschränkt geschäftsfähig ist (§ 165).

2.8.2 Folgen wirksamer Vollmacht

Gibt ein bevollmächtigter Vertreter im Namen eines anderen eine Willenserklärung ab, so hat dies mehrere Wirkungen: Die Willenserklärung wirkt unmittelbar **für und gegen den Vertretenen.** Nur dieser wird aus den Willenserklärungen und Rechtsgeschäften berechtigt und verpflichtet (§ 164 Abs. 1).

BEISPIEL

Der Bevollmächtigte von A erwirbt im Namen von A ein Auto.

LÖSUNG Die Voraussetzungen der Stellvertretung liegen vor. A hatte Vertretungsmacht und hat diese bei Abgabe der auf den Kaufvertrag gerichteten Willenserklärung offengelegt. Nur A ist Vertragspartner des Verkäufers. Nur A erwirbt Eigentum am Auto, schließlich muss auch nur A das Auto bezahlen (§ 433 Abs. 2, § 164 Abs. 1 und 2).

Diese Rechtsfolge kann aber nur dann eintreten, wenn der Vertreter den Rahmen der Vollmacht nicht überschreitet (vgl. § 164 Abs. 1 »innerhalb der ihm zustehenden Vertretungsmacht«) und dem Dritten gegenüber deutlich macht, dass er als Vertreter (»im Namen des Vertretenen«, vgl. auch § 164 Abs. 1 Satz 2) tätig wird.

Bezüglich der Willensmängel oder des Wissens um Tatsachen oder sonstige Umstände kommt es nur auf die Person des Vertreters an, es sei denn, der Vertreter hat nach bestimmten Weisungen des Vertretenen gehandelt (§ 166 Abs. 2).

BEISPIELE

a) Der Vertreter kennt den Mangel einer Kaufsache, der Vertretene nicht.

LÖSUNG Der Vertretene hat keine Ansprüche wegen des Mangels (§§ 434 Abs. 1, 437, § 166 Abs. 1).

b) Der Vertreter soll nach ganz bestimmten Weisungen des Vertretenen eine Sache kaufen, von der der Vertretene weiß, dass sie beschädigt ist. Der Vertreter bemerkt den Fehler nicht.

LÖSUNG Es bestehen keine Ansprüche des Vertretenen (§§ 434 Abs. 1, § 437, 166 Abs. 2 Satz 1).

2.8.3 Auftragserteilung und Vollmacht

Neben der Vollmachtserteilung wird in aller Regel ein weiteres Rechtsgeschäft abgeschlossen.

Kaum jemand aber wird grundlos für einen anderen Geschäfte abschließen oder rechtsgeschäftliche Handlungen vornehmen. Dazu wird es meist einen **(Rechts-)Grund** geben. Nur wer verpflichtet ist zu handeln oder wer dem Vertretenen einen Dienst erweisen will, wird für ihn tätig werden (vgl. auch den Wortlaut des § 168 Satz 1). Dieser Rechtsgrund ist ein **rechtlich selbständiger Vertrag,** den Vertreter und Vertretener neben der Vollmachtserteilung vereinbaren, z. B. Auftragsvertrag (§§ 662 ff.) oder bei Entgeltlichkeit Geschäftsbesorgungsvertrag (§ 675).

BEISPIELE

a) A bittet seinen Bekannten B, für ihn ein Buch zu kaufen.

LÖSUNG Dies wird i. d. R. ein Auftragsvertrag nach § 662 und die Erteilung der Vollmacht gem. § 167 Abs. 1 sein.

b) X schließt als Zeitschriftenwerber gegen eine Prämie von 10 € pro Werbung im Namen des Z-Verlags Zeitschriftenabonnements ab.

LÖSUNG Es liegt ein Geschäftsbesorgungsvertrag gem. § 675 und eine Vollmacht vor.

Beide Rechtsgeschäfte sind **getrennt** zu betrachten. Die Vollmacht betrifft das **Vertretungsverhältnis gegenüber Dritten,** der Auftrags- (o. ä.) Vertrag regelt die Frage, ob jemand etwas tun soll, ob er dafür eine Gegenleistung oder z. B. Ersatz für Aufwendungen bekommt **(Innenverhältnis** zwischen Beauftragtem und Auftraggeber).

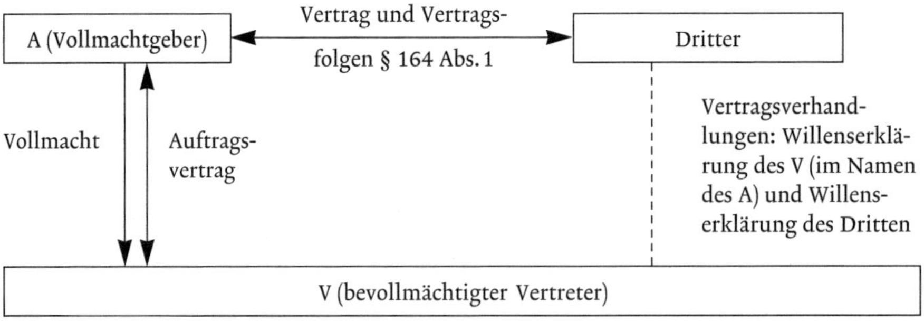

Vertreter kann sein, wer für einen anderen Willenserklärungen abgibt **(Aktivvertreter)**, aber auch, wer für einen anderen Willenserklärungen annehmen darf (**Passivvertreter),** § 164 Abs. 3.

BEISPIEL

Der Arbeitnehmer A erklärt dem Geschäftsführer des Unternehmers U die Kündigung.
LÖSUNG Ist der Geschäftsführer (wie i. d. R.) zur Entgegennahme bevollmächtigt, so ist er insoweit Passivvertreter. Die Kündigung wirkt gegenüber U (§ 164 Abs. 1).

FÄLLE 15–16

FALL 15 Der Unternehmer hat dem Angestellten A am 01.03.01 Auftrag erteilt, eine Maschine für das Unternehmen zu kaufen. A solle aber abwarten, bis die Marktverhältnisse sich besserten. Eine Vollmacht werde U dem A dann nachreichen.
Am 01.05.01 kauft A ohne weitere Rücksprache mit seinem Chef die Maschine, um sich zu profilieren. Konnte A die Maschine für U kaufen?

FALL 16 A möchte seinen fast 18-jährigen Sohn S bevollmächtigen, für ihn ein Auto zu kaufen. Er verspricht ihm für die Erledigung ein »Honorar« von 500 €. Ist die Vollmacht wirksam? Welches Rechtsgeschäft wird noch vereinbart? Ist es wirksam?

2.8.4 Vertreter ohne Vertretungsmacht (falsus procurator)

Wer ohne Vollmacht handelt oder den Rahmen der Vollmacht überschreitet, handelt nicht mit Wirkung für den Vertretenen (vgl. nochmals § 164 Abs. 1). Er ist **Vertreter ohne Vertretungsmacht**. Es kann also zunächst zwischen dem Vertretenen und dem Dritten auch kein wirksames Rechtsgeschäft zustande gekommen sein.

Problematisch ist jedoch, dass der Vertragspartner nicht in jedem Einzelfall beim Abschluss eines Rechtsgeschäfts erst das Bestehen einer Vollmacht nachprüfen kann, wenn ein »Vertreter« behauptet, im Namen eines anderen zu handeln. (Für einen »Geschäftsmann« wäre eine kritische Nachfrage oder gar das Verlangen der Vorlage einer – schriftlichen – Vollmacht ggf. sogar geschäftsschädigend.)

BEISPIEL

Ist die Vollmacht nur mündlich gegenüber dem Bevollmächtigten erteilt, könnte nur eine Rückfrage beim Vollmachtgeber klarstellen, ob und in welchem Rahmen Vollmacht erteilt wurde.

Behauptet also ein »Vertreter«, für einen anderen im Rahmen einer Vollmacht tätig zu sein, so wird dem Vertragspartner i. d. R. nichts anderes übrigbleiben, als auf den Bestand der behaupteten Vertretungsberechtigung zu vertrauen. Bei besonders »gefährlichen« Geschäften ist es aber immer ratsam, die Vollmacht nachzuprüfen.

Besteht die Vollmacht nicht oder hat der Vertreter den Rahmen seiner Befugnis überschritten, so kommt **kein Geschäft mit dem Vertretenen** zustande. Da der vollmachtlose Vertreter selbst aber nicht im eigenen, sondern in fremdem Namen aufgetreten ist, kommt grundsätzlich auch kein Rechtsgeschäft mit dem Vertreter zustande. Ein Vertragspartner ist also nur dann geschützt, wenn er das Bestehen der Vollmacht selbst nachprüft. Oder anders: **Das Gesetz schützt nicht den (guten) Glauben an das Bestehen einer Vollmacht.**

Dennoch bleibt der Vertragspartner nicht ohne gesetzlichen Schutz.

BEISPIEL

X tritt dem Verkäufer V gegenüber als Vertreter des K auf und schließt einen Kaufvertrag über eine Maschine. Die Maschine wird sofort übereignet, die Bezahlung soll erst in drei Wochen erfolgen.
Es stellt sich heraus, dass X keine Vollmacht von K hatte. An wen kann sich der Verkäufer V wegen der Bezahlung wenden?

Der Vertragspartner (hier: der Verkäufer V) hat drei Möglichkeiten:

1. Er kann den »Vertretenen« **auffordern,** den Vertrag **zu genehmigen** (§ 184 Abs. 1, § 182 Abs. 1). Genehmigt der Aufgeforderte, so wird das bis dahin »schwebend unwirksame« Rechtsgeschäft wirksam, verweigert dieser die Genehmigung, so wird es endgültig unwirksam (§ 177).
2. Er kann sodann – nach seiner Wahl – den Vertreter ohne Vertretungsmacht auf **Erfüllung** in Anspruch nehmen, dieser muss dann alle Leistungen aus dem Rechtsgeschäft erbringen.
3. Er kann vom »Vertreter« **Schadenersatz** verlangen (§ 179 Abs. 1).

BEISPIEL

Sachverhalt wie voriges Beispiel. Verweigert K die Genehmigung, so kann V entweder von X Bezahlung des Kaufpreises für die Maschine oder statt der Bezahlung Ersatz des erlittenen Schadens (entgangener Gewinn, Versandkosten etc.) verlangen.

Folgen rechtsgeschäftlichen Handelns in fremdem Namen

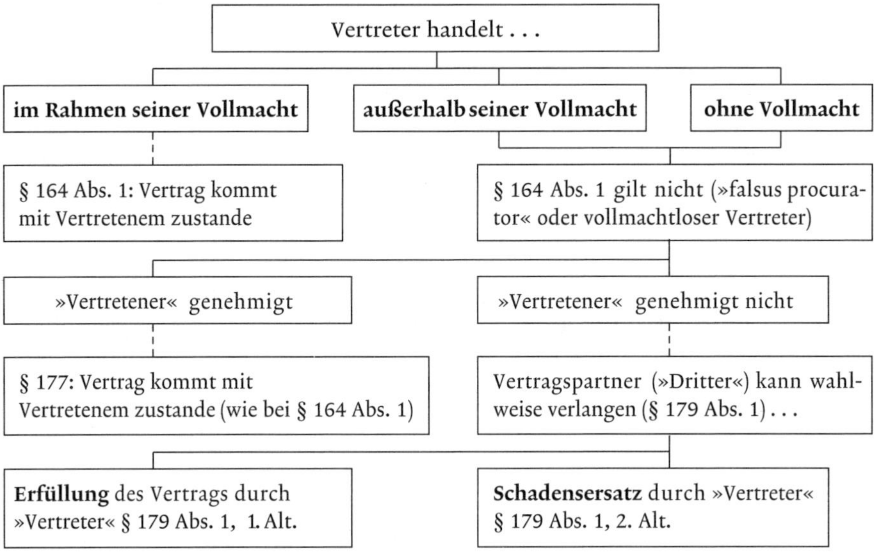

2.8.5 Beendigung der Vollmacht

Die Vollmacht erlischt durch Widerruf oder wenn das zugrunde liegende Rechtsverhältnis endet (§ 168 Satz 1). Grundsätzlich muss der Widerruf ebenso wie die Erteilung der Vollmacht erfolgen (evtl. also gegenüber dem Dritten §§ 167 Abs. 1, 170).

2.9 Sonderfälle im Bereich der rechtsgeschäftlichen Vertretung

2.9.1 Verdeckte Stellvertretung

Der Vertreter tritt – so § 164 Abs. 1 – **offen** im Namen des Vertretenen auf (er gibt sich als Vertreter zu erkennen). Es mag in Einzelfällen jedoch zweckmäßig sein, den Namen des Vertretenen zu verschweigen.

BEISPIEL

Ein Millionär will ein Gemälde kaufen. Er fürchtet Preiserhöhungen, beauftragt und bevollmächtigt daher den V, für ihn zu kaufen, aber nicht den Hintermann zu verraten.

Tritt der wirksam bevollmächtigte Vertreter nicht erkennbar »für« einen anderen auf, so können die Rechtsfolgen des § 164 Abs. 1 nicht eintreten. Es handelt sich dann um eine so genannte **verdeckte** (mittelbare, indirekte) **Stellvertretung,** aus der nur der Vertreter berechtigt und verpflichtet wird. Er handelt – nach außen hin – also nicht in fremdem, sondern in eigenem Namen.

Dass er im Innenverhältnis bestimmten Weisungen zu folgen hat, das Erlangte an den Auftraggeber herausgeben und Rechnung legen muss, ändert daran nichts.

2.9.2 Treuhänder

Treuhänder ist, wer durch Rechtsgeschäft oder Gesetz befugt ist, im eigenen Namen aber fremdem Interesse Rechtsgeschäfte zu schließen. Es handelt sich hierbei um eine Sonderform der verdeckten Stellvertretung, die ebenfalls nur den Treuhänder berechtigt und verpflichtet, den Hintermann (Treugeber) also im Dunkeln lässt.

2.9.3 Handelsvertreter

Agent (Handelsvertreter) ist, wer als selbständig Gewerbetreibender ständig damit betraut ist, für einen anderen Unternehmer Geschäfte zu vermitteln oder in dessen Namen abzuschließen (§ 84 Abs. 1 HGB). Soweit der Handelsvertreter also Geschäfte abschließt (nicht bei bloßer Vermittlung), ist er – offener – Vertreter nach § 164.

2.9.4 Kommissionär

Der Kommissionär schließt gewerbsmäßig Geschäfte bestimmten Rahmens in eigenem Namen, aber auf fremde Rechnung (des Kommittenten) ab (§ 383 HGB). Er ist kein Vertreter i. S. d. § 164. Geschäfte mit Dritten (Einkaufskommissionär, Verkaufskommissionär) machen also den Kommissionär zum Vertragspartner, er ist Käufer oder Verkäufer. Dass er im Interesse des Kommittenten handeln muss (vgl. § 384 HGB), dessen Weisungen zu befolgen hat (§ 385 HGB), ja sogar Mehrerlöse herauszugeben hat (§ 387 HGB), betrifft lediglich das Innenverhältnis zwischen Kommittenten und Kommissionär und wird nach außen i. d. R. gar nicht erkennbar.

2.9.5 Bote

Bote ist, wer für einen anderen dessen Willenserklärung überbringt (Erklärungsbote) oder eine Willenserklärung für einen anderen lediglich in Empfang nimmt (Empfangsbote). Der Bote gibt keine eigene Willenserklärung ab, sondern ist lediglich »Werkzeug« des Erklärenden. Die Überbringung (bzw. Inempfangnahme) ist rechtlich Realakt und setzt daher weder volle noch beschränkte Geschäftsfähigkeit voraus, sondern lediglich »natürliche Eignung zur Übermittlung«. Ein geschäftsunfähiges Kind kann daher Bote sein. Bei unbewussten Fehlern in der Übermittlung durch den Erklärungsboten ist die Vorschrift des § 120 zu beachten.

2.9.6 Handelsrechtliche Vertretung

Im Handelsrecht gelten grundsätzlich die oben gemachten Aussagen entsprechend. Dennoch sind zwei Sonderfälle zu erwähnen, die von der bürgerlich-rechtlichen Regelung teilweise abweichen.

2.9.6.1 Prokura

Inhaber von Handelsgeschäften können eine oder mehrere natürliche Personen derart mit Vollmacht ausstatten, dass diese alle gerichtlichen und außergerichtlichen Geschäfte und Rechtshandlungen für den Vertretenen ausführen dürfen, die der Betrieb **»eines Handelsgeschäftes«** überhaupt mit sich bringt. Diese Sonderform einer Vollmacht, bei der – abweichend vom BGB – der Umfang der Vollmacht gesetzlich bestimmt ist, wird Prokura genannt und ist in §§ 48, 49 HGB geregelt. Die Erteilung der Prokura unterliegt bestimmten Einschränkungen, die sich aus der »Gefährlichkeit« dieser umfassenden Vollmacht erklären (§ 49 Abs. 2, § 52 HGB). Unter anderem ist die Prokura im Handelsregister einzutragen, § 53 HGB (dieser Eintragung kommt allerdings nur deklaratorische Bedeutung zu), der Prokurist hat immer mit einem die Prokura andeutenden Zusatz zu unterzeichnen (z. B. ppa.=per procura, § 51 HGB). Dies ist zugleich ein besonders deutlicher Hinweis auf das Offenkundigkeitsprinzip (vgl. 2.8).

2.9.6.2 Handlungsvollmacht

Der Handlungsbevollmächtigte darf – ohne Prokurist zu sein – im Rahmen seiner ebenfalls gesetzlich umschriebenen Vollmacht alle Geschäfte und Rechtshandlungen vornehmen, die der Betrieb **»eines derartigen Handelsgewerbes gewöhnlich«** mit sich bringt, anders als der Prokurist also nur typische Geschäfte (vereinfacht). Auch bei ihm ist das Offenkundigkeitsprinzip gewahrt (vgl. §§ 54, 57 HGB).

FALL 17

Lösen Sie Fall 15 zu Ende, wenn
a) U die Maschine für das Unternehmen erwerben möchte;
b) U sich weigert, die Maschine abzunehmen!

2.10 Gesetzliche Vertretung

Da der Entstehungsgrund der gesetzlichen Vertretung nicht rechtsgeschäftlicher Art ist, können die Vorschriften über Erteilung, Erlöschen etc. der Vollmacht insoweit keine Anwendung finden.

2.11 Verbot des Selbstkontrahierens (§ 181 BGB)

Nach den Vorschriften der §§ 164 ff. stünde einem Vertreter nichts im Wege, gleichzeitig Vertragspartner und Vertreter der anderen Seite zu sein (**»Insichgeschäft«** oder **»Vertragsschluss mit sich selbst«).** Das Problem stellt sich in erster Linie für gewillkürte Vertreter (vgl. 2.8 ff.), aber auch für gesetzliche Vertreter und Organe juristischer Personen.

BEISPIEL

V ist Vertreter des A. Er soll für A ein Auto kaufen. Da V sein eigenes Auto gerade verkaufen will, kauft er es im Namen und in Vollmacht des A.

Es wäre sogar rechtlich denkbar, auf beiden Seiten eines Rechtsgeschäfts als Vertreter mitzuwirken (Mehrfachvertretung).

BEISPIEL

V ist Vertreter des A. Auch B hat dem V Vollmacht zu seiner Vertretung erteilt. Bei einem lukrativen Geschäft, das A mit B schließen will, handelt V als Vertreter beider Parteien.

Um den Interessenkonflikten, die durch solche Gestaltungsweisen entstehen können, von vornherein aus dem Weg zu gehen, verbietet § 181 grundsätzlich das Vertragschließen »mit sich selbst« (Selbstkontrahieren, von lat. contrahere=Vertrag schließen). Rechtsfolge eines Verstoßes gegen das Verbot des Selbstkontrahierens ist grundsätzlich die schwebende Unwirksamkeit des Geschäfts (§ 177). Nur in Fällen, in denen Interessenkonflikte ausgeschlossen sind, berührt das Selbstkontrahieren die Wirksamkeit des Rechtsgeschäfts nicht, wenn nämlich

- das Gesetz oder der Vertretene dem Vertreter das Selbstkontrahieren gestatten (§ 183),
- das Rechtsgeschäft ausschließlich in der Erfüllung einer Verbindlichkeit besteht,
- das Rechtsgeschäft dem Vertretenen lediglich einen rechtlichen Vorteil bringt (z. B. Erlassvertrag oder die Schenkung eines unbelasteten Grundstücks),
- oder eine Interessenkollision nicht vorliegen kann (Rspr.), z. B. bei Geschäften der Einmann-GmbH mit ihrem Geschäftsführer.

FALL 18

Überprüfen Sie nochmals Ihre Lösung zu Fall 16! Ändert sich das Ergebnis?

2.12 Vertretung im Steuerrecht

Die Gründe, die im Zivilrecht eine Vertretung durch andere erfordern (gesetzliche Vertretung) oder ermöglichen (rechtsgeschäftliche Vertretung), sind ebenso im Bereich des Steuerrechts maßgebend.

Auch im öffentlichen Recht sind Geschäftsunfähige oder beschränkt Geschäftsfähige nicht oder nur in Teilbereichen in der Lage, selbst wirksame verfahrensrechtliche Erklärungen abzugeben. Sie bedürfen hierzu eines gesetzlichen Vertreters, der für sie handelt.

Aber auch die Möglichkeit, sich bei der Erfüllung seiner steuerlichen Pflichten eines frei gewählten Vertreters zu bedienen, ist im Steuerrecht gegeben.

2.12.1 Gesetzliche Vertretung

Mangels eigener Handlungsfähigkeit bedürfen Geschäftsunfähige, beschränkt Geschäftsfähige, soweit sie nicht partiell handlungsfähig sind (§ 79 Abs. 1 Nr. 2 AO), und juristische Personen eines gesetzlichen Vertreters (vgl. dazu oben 1.6).

2.12.2 Gewillkürte (rechtsgeschäftliche) Vertretung

Jeder Stpfl. kann sich von einem gewillkürten Vertreter bei allen Verfahrenshandlungen vertreten lassen, § 80 Abs. 1 AO. Maßgebend für den Umfang der Vertretung ist – davon geht die AO bereits aus – das zivilrechtliche Vertretungsverhältnis.

Von dieser allgemeinen Vollmacht ausgenommen sind zwei Gruppen von Handlungen

- die **höchstpersönlichen Handlungen** (z. B. eigenhändige Unterzeichnung der Steuererklärung § 25 Abs. 3 Satz 4 EStG, § 60 Abs. 1 EStDV),
- die **Empfangnahme von Erstattungen und Vergütungen** § 80 Abs. 1 Satz 2 AO. Es bedarf dazu einer ausdrücklichen Vollmacht (aus Sicherheitsgründen).

Folge der wirksamen Vertretung: Auch im Steuerrecht wirken die Rechtshandlungen des Vertreters (z. B. Steuerberater, Lohnsteuerhilfeverein o. Ä.) für und gegen den Vertretenen. Die Behörde soll sich in erster Linie an den Bevollmächtigten wenden (§ 80 Abs. 3 AO), an ihn kann auch der erlassene Verwaltungsakt bekanntgegeben werden (§ 122 Abs. 1 Satz 3 AO; vgl. dazu auch AEAO zu § 80). Schließlich – vergleichbar der zivilrechtlichen Lösung – wird auch das Verschulden des Vertreters dem Vertretenen zugerechnet (vgl. § 110 Abs. 1 Satz 2, § 152 Abs. 1 Satz 3 AO). Die Vollmacht ist nur auf besonderes Verlangen des Finanzamts nachzuweisen (§ 80 Abs. 1 Satz 3).

2.13 Besonderheiten im Umsatzsteuerrecht

2.13.1 Umsatzsteuerliche Behandlung der Agentur (Vertretung)

Der Handelsvertreter (Agent) ist offener Stellvertreter. Die umsatzsteuerliche Behandlung folgt damit der zivilrechtlichen Rechtslage, was an der folgenden Skizze verdeutlicht werden soll:

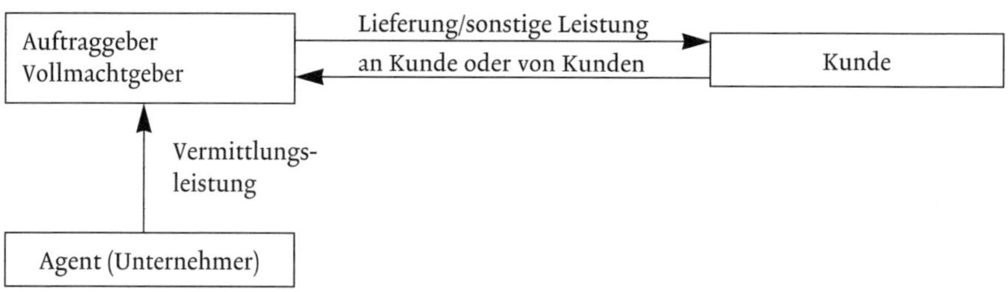

Die Folgen des § 164 Abs. 1 treten nur im Verhältnis Vollmachtgeber/Kunde auf. Der Agent, der nach der Definition des § 84 HGB immer Unternehmer i. S. d. UStG ist, erbringt lediglich eine Vermittlungsleistung an den Vollmachtgeber (sonstige Leistung, § 3 Abs. 9 UStG).

Ob die Leistung zwischen Auftraggeber und Kunde steuerbar ist, richtet sich nach § 1 Abs. 1 UStG, insbesondere danach, ob der Auftraggeber (oder bei einem vermittelten Einkauf: der Kunde) Unternehmer i. S. d. § 2 UStG ist.

Die Bemessungsgrundlage bei der Lieferung/sonstigen Leistung zwischen Auftraggeber und Kunde richtet sich nach § 10 Abs. 1 UStG: Entgelt ist alles, was der Leistungsempfänger aufwendet, um die Leistung zu erhalten, abzüglich der USt. Bemessungsgrundlage für die Leistung des Agenten ist nur die vereinbarte Provision, ebenfalls abzüglich der USt (§ 10 Abs. 1 UStG).

Agenturfälle sind besonders häufig im Tankstellengewerbe, bei Handels- und Versicherungsvertretern sowie im Gebrauchtwagenhandel.

2.13.2 Umsatzsteuerliche Behandlung der Kommission

Der Kommissionär ist kein Vertreter nach § 164 BGB. Er handelt im eigenen Namen. Da bei der Kommission bereits nach dem HGB Kommittent und Kommissionär Unternehmer i. S. d. § 2 UStG sind, ergibt sich umsatzsteuerlich folgende Situation:

Das Verhältnis zwischen Kommittent und Kommissionär ist in § 3 Abs. 3 UStG ausdrücklich als Lieferung bezeichnet. Die umsatzsteuerliche Behandlung entspricht nicht vollständig der zivilrechtlichen: Bei der Verkaufskommission wird kein Eigentum an den

Verkaufskommission

Einkaufskommission

Kommissionär übertragen, sondern nur die Erlaubnis, »wie ein Eigentümer« zu verfügen. Ob § 3 Abs. 3 UStG daher eine Fiktion darstellt oder eine lediglich deklaratorische Wiederholung des § 3 Abs. 1 UStG, ist str., kann aber hier dahingestellt bleiben.

Bemessungsgrundlage ist jeweils das Gesamtentgelt, nicht etwa nur die Provision.

Kommissionsfälle sind häufig im Buch-, Möbel- und Tierhandel, kommen aber im gesamten Einzelhandel vor. (Weiteres zur umsatzsteuerlichen Behandlung von Agentur und Kommission vgl. Band 4, Meissner/Neeser, Umsatzsteuer, O 4)

2.14 Bedingung und Befristung

2.14.1 Bedingung

Rechtsgeschäfte können unter einer **Bedingung** abgeschlossen werden. Das Rechtsgeschäft ist nach den oben entwickelten Grundsätzen wirksam, seine Wirkung aber ist abhängig vom Eintritt der Bedingung.

a) **Aufschiebende Bedingung:** Die Wirkung des Rechtsgeschäfts soll erst dann eintreten, wenn die Bedingung erfüllt ist (§ 158 Abs. 1).

BEISPIELE

a) A sagt: Ich leihe B mein Auto, wenn er es vorher reinigt.

LÖSUNG Die Willenserklärung (in Richtung auf einen Leihvertrag) ist bereits wirksam abgegeben, sie wird jedoch erst bindend für A, wenn die Bedingung eingetreten ist.

b) »Die Ware bleibt bis zur vollständigen Bezahlung im Eigentum des Verkäufers.«
LÖSUNG Alle erforderlichen Willenserklärungen in Richtung Eigentumserwerb sind bereits abgegeben, bedingt aber durch vollständige Zahlung des Kaufpreises (Fall des so genannten Eigentumsvorbehalts, vgl. dazu später Sachenrecht, Teil E).

b) **Auflösende Bedingung:** Die Bedingung löst nicht wie oben die Wirkung aus, sondern beendet sie. Mit dem Eintritt der Bedingung tritt der frühere, vor Abschluss des Rechtsgeschäfts bestehende Zustand wieder ein (§ 158 Abs. 2).

BEISPIELE

a) A erklärt B: Du kannst mein Auto benutzen, bis dein bestellter Wagen geliefert worden ist.
b) Ein Auto wird (zur Sicherheit) übereignet, bis das Darlehen zurückbezahlt wird.

Aus den oben genannten Beispielen lässt sich unschwer eine Abgrenzung des Begriffs Bedingung entwickeln. In allen Fällen stellt die Bedingung ein Ereignis dar, das erst zukünftig eintreten wird und auf das zumindest der Erklärende (Verleiher, Verkäufer etc.) keinen Einfluss hat.

Bedingung ist jedes zukünftige, ungewisse Ereignis, auf dessen Eintreten zumindest der Erklärende keinen Einfluss hat.

Der Partner des Rechtsgeschäfts kann (muss aber nicht) den Eintritt der Bedingung beeinflussen.

BEISPIEL

Wenn im obigen Beispiel a) (aufschiebende Bedingung) B das Auto reinigt, bekommt er es geliehen. Er, B, kann also die Bedingung herbeiführen, A hat keine Möglichkeit, die Bedingung herbeizuführen oder sie zu verhindern.

2.14.2 Befristung

Befristung ist das Abhängigmachen der Wirkung einer Willenserklärung (eines Rechtsgeschäfts) von einer **Zeitbestimmung.** Im Gegensatz zur Bedingung ist naturgemäß hier ein Einfluss des Erklärenden gegeben, er kann Anfangs- oder Endtermin bestimmen.

Gem. § 163 werden für die Bestimmung eines Anfangstermins die Vorschriften über die aufschiebende Bedingung, für den Endtermin die Vorschriften über die auflösende Bedingung entsprechend angewendet.

BEISPIELE

a) X zahlt ab 01.03.20 14 für seinen Sohn die Prämie einer Ausbildungsversicherung.
b) A verpflichtet sich, bis zum Jahresende eine Leistung zu erbringen (Endtermin).

2.14.3 Bedingung und Befristung im Steuerrecht

Die Bedingung spielt im **Steuerrecht** eine vielfältige Rolle.

Nach § 120 Abs. 1, Abs. 2 Nr. 2 AO darf ein Verwaltungsakt (eine öffentlich-rechtliche Willenserklärung der Behörde) mit einer Bedingung versehen sein. Dies gilt uneingeschränkt für Ermessensakte, nur unter bestimmten Voraussetzungen jedoch für Verwaltungsakte, die nicht im Ermessen der Behörde stehen (so genannte gebundene Verwaltungsakte), vgl. dazu § 120 Abs. 1 AO.

Die danach mögliche aufschiebend oder auflösend bedingte Wirkung eines Verwaltungsakts ermöglicht der Behörde, bestimmte Nebenwirkungen mit dem VA zu erreichen, die - wie im Zivilrecht - i. d. R. allein von der Willensentschließung des Stpfl. abhängig sind.

BEISPIEL

Das FA gewährt eine Stundung (§ 222 AO) unter der aufschiebenden Bedingung, dass der Stpfl. eine Aufstellung seiner Außenstände vorlegt.

Im Gegensatz zum unbedingt erlassenen Verwaltungsakt braucht das FA den Verwaltungsakt bei Nichteintritt der aufschiebenden Bedingung oder bei Eintritt der auflösenden Bedingung nicht nach den eingeschränkten Voraussetzungen einer Korrekturvorschrift zu ändern, aufzuheben oder sonst zu korrigieren, sondern die Rechtsfolge tritt automatisch ein.

BEISPIEL

Erfüllt der Stpfl. aus dem vorigen Beispiel die Bedingung, wird die Stundung wirksam, erfüllt er sie nicht, so tritt die Stundung nicht ein, der Anspruch bleibt fällig (§ 220 AO).

Zur Befristung vgl. § 120 Abs. 1, Abs. 2 Nr. 1 AO.

Die Bedingung im **USt-Recht** ist unter zwei Aspekten zu sehen: Bei Verpflichtungsgeschäften (Rechtsgeschäfte, bei denen lediglich rechtliche Pflichten und Ansprüche auf - spätere - Leistung entstehen) ergeben sich umsatzsteuerlich keine Auswirkungen. Bei Verfügungsgeschäften (die zivilrechtlich die Rechtsänderung bewirken) liegt i. d. R. auch dann bereits eine umsatzsteuerbare Leistung vor, wenn die aufschiebende Bedingung noch nicht eingetreten ist, da wirtschaftlich bereits Verfügungsmacht verschafft worden ist. Bei auflösender Bedingung ist die USt mit Erbringung der Leistung entstanden, tritt die Bedingung ein, entfällt die Leistung mit der Folge einer USt-Berichtigung gem. § 17 UStG.

3 Zustandekommen von Verträgen

3.1 Das Angebot

Bereits oben (vgl. B2) wurde dargelegt, wie Verträge zustande kommen und welche verschiedenen Arten von Verträgen das BGB kennt. Dabei spielten Fragen im Zusammenhang mit (der Wirksamkeit von) Willenserklärungen eine entscheidende Rolle.

Unter einem Vertrag ist die von zwei oder mehr Personen erklärte Willensübereinstimmung über die Herbeiführung eines bestimmten rechtlichen Erfolgs zu verstehen.

Es bedarf hierbei also nicht nur der Willenserklärung einer Person, um eine Rechtsfolge zu erzeugen, vielmehr stellt diese Willenserklärung lediglich den ersten Teilakt in Richtung auf einen Vertrag dar: Der Erklärende macht ein Angebot (Antrag) gegenüber einem anderen, z. B. erklärt A dem B, er wolle sein Auto zum Preis von 5 000 € verkaufen.

Rechtsfolge dieser Willenserklärung ist, dass der Antragende damit eine bindende (annahmefähige) Erklärung abgegeben hat. Der Erklärende (Anbieter) muss dieses Angebot als verbindlich bezüglich des Inhalts, des Umfangs und der einzelnen vorgesehenen Ausgestaltungen gegen sich gelten lassen. Eine Ausnahme dazu ist der **erkennbare Wille,** sich **nicht binden** zu wollen (§ 145).

Es ist genau zu untersuchen, ob sich aus der als »Angebot« erscheinenden Willenserklärung eine Bindungswirkung ergibt. In vielen Fällen, insbesondere bei Katalogen, Schaufensterauslagen u. Ä., liegt kein Bindungswille vor, sondern lediglich die **Aufforderung** an den Käufer, **Angebote abzugeben** (invitatio offerendum).

BEISPIELE

a) Das Versandhaus V offeriert in seinem Katalog ein Sonderangebot mit dem Zusatz, dass von der Ware nur eine beschränkte Stückzahl zur Verfügung stehe.

b) Ein Discounthändler bietet in der Schaufensterablage Tücher zum Preis von 8 € an.

LÖSUNG Es liegt nun am Käufer, ein Angebot auf den Kauf zu dem genannten Preis abzugeben, welches der Verkäufer ablehnen kann, falls sein Vorrat erschöpft ist. Dies entspricht dem Interesse des Verkäufers. Würde man ein verbindliches Angebot an alle in Betracht kommenden Käufer annehmen, müsste er alle Verträge erfüllen und würde sich schadenersatzpflichtig machen, wenn er den Vertrag nicht an alle erfüllen könnte.

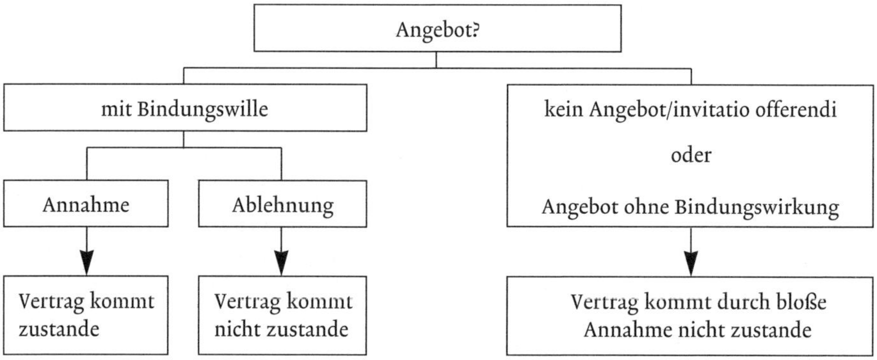

3.2 Zeitliche Grenzen des Angebots

Ein Antrag formuliert also den Willen einer Partei, einen Kaufvertrag abzuschließen. Er muss daher bereits **konkret ausgeformt und inhaltlich so hinreichend bestimmt** sein, dass ein Kaufinteressent grundsätzlich diesen Antrag nur noch (durch ein schlichtes »Ja«) anzunehmen braucht.

BEISPIELE

a) Der Buchhändler sagt zum Interessenten: Hier habe ich ein wichtiges Lehrbuch, es behandelt das bürgerliche Recht und kostet in seiner neuesten Auflage 15 €. Der Interessent: Ich nehme dieses Buch.
b) F bietet seinem Freund G eine Uhr zum Kauf an. G erklärt sein Einverständnis.

LÖSUNG Im Fall b) sind noch nicht alle wesentlichen Vertragsinhalte bestimmt, z. B. fehlt der Preis. Ein Kaufvertrag ist i. d. R. nicht zustande gekommen.

Unter anderem wegen der sich ständig ändernden Marktverhältnisse (Angebot und Nachfrage bestimmen bei vielen Gegenständen den Tagespreis) kann allerdings das Angebot keine unbegrenzte Bindungswirkung beinhalten. Es muss eine **zeitliche Komponente** in sich tragen, die das Angebot irgendwann zum Erlöschen bringt.

BEISPIEL

Die Bank bietet am 01.02.01 Barrengold zum Stückpreis von 500 € an. Am 03.02.steigt der Bezugspreis um 20 %.

Das bürgerliche Recht sieht daher zwei Möglichkeiten zur zeitlichen Begrenzung vor:

1. Der Antragende kann eine **Frist** für die Annahme bestimmen. Nach Ablauf der Frist ist eine Annahme nicht mehr möglich (§ 148, vgl. auch 2.14.2).
2. Ist eine Frist nicht bestimmt, so erlischt der Antrag, wenn er **abgelehnt** wird (§ 146, 1.Alt.) oder wenn er **nicht rechtzeitig angenommen** wird (§ 146, 2.Alt.).

»**Rechtzeitig**« bedeutet:

Unter Anwesenden oder bei telefonischen Angeboten muss das Angebot **sofort** angenommen werden, andernfalls erlischt es (§ 147 Abs. 1)

Bei Abwesenden bleibt der Antrag solange bestehen und bindend, bis eine **angemessene Frist** (»bis zum Zeitpunkt..., in welchem der Antragende den Eingang der Antwort unter regelmäßigen Umständen erwarten darf«) verstrichen ist (§ 147 Abs. 2). Die angemessene Frist bemisst sich i. d. R. nach dem Beförderungsverlauf des Angebots zum Interessenten, einer nach den jeweiligen Umständen erforderlichen Überlegungsfrist und der Rücksendung der Annahmeerklärung.

BEISPIELE

a) Angebot an einen in derselben Stadt wohnenden Kaufinteressenten wird am 15.03. in dessen Geschäft durch einen Boten abgegeben. Annahme wird bis etwa zum 17.03. erfolgen müssen.
b) Postalisch versendetes Angebot an in Österreich wohnenden Kunden: Postlaufzeit i. d. R. etwa 4 Tage, Überlegungsfrist und Rücksendung dürften etwa 7 Tage insgesamt in Anspruch nehmen.

Für die Bestimmung der Annahmefrist kann keine allgemein gültige Berechnungsweise angeboten werden, es sind die Umstände des jeweiligen Einzelfalls entscheidend.

3.3 Die Annahme

Die Annahme ist eine empfangsbedürftige Willenserklärung, die den allgemeinen Grundsätzen über Willenserklärungen folgt. Sie kann in jeder beliebigen Form erklärt werden und wird häufig konkludent vorliegen. Eine Sonderregelung findet sich in § 151: Bei entsprechender Verkehrssitte oder bei Verzicht des Antragenden bedarf es keiner Annahme**erklärung**; die Annahme muss erfolgen, sie braucht jedoch nicht dem Antragenden gegenüber erklärt zu werden, d. h. ein Zugang der Annahmeerklärung ist nicht erforderlich.

BEISPIEL

H bestellt beim Outdoorversandhandel neue Wanderschuhe. Der Versandhandel packt die bestellte Ware ein und versendet diese an H.

LÖSUNG Die Annahme des Angebots durch den Versandhandel ist nicht ausdrücklich erklärt worden. Es ist wegen des Verzichts des Antragenden dennoch ein Vertrag zustande gekommen (§ 151 Satz 1).

Nimmt der Kunde das Angebot verspätet an oder ändert er die im Angebot gemachten Kaufbedingungen, kann der vom Antragenden beabsichtigte Vertrag nicht zustande kommen. Eine **verspätete Annahme** stellt ein **neues Angebot (§ 150 Abs. 1)**, eine Annahme unter Änderung eine Ablehnung, verbunden mit einem neuen Angebot dar (§ 150 Abs. 2), für das wiederum die Bestimmungen über Anträge (§§ 145 ff.) gelten.

BEISPIEL

D bietet K eine Schrankwand zu einem Preis i. H. v. 125 € an. K möchte jedoch nur 100 € zahlen.

LÖSUNG Der von D gewollte Vertrag ist durch die Änderung des Preises abgelehnt, ein neuer Vertrag könnte durch Annahme D zustande kommen.

Es ist deshalb genau zu untersuchen, ob sich aus der als »Angebot« erscheinenden Willenserklärung eine Bindungswirkung ergibt. In vielen Fällen, insbesondere bei Katalogen, Schaufensterauslagen u. Ä. liegt gar kein Bindungswille vor, sondern lediglich die Aufforderung an den Käufer, Angebote abzugeben (invitatio ad offerendum). Die Rolle des Anbieters liegt in diesen Fällen also nicht beim Verkäufer, sondern beim Kunden des Kaufvertrags!

FALL 19

Sachverhalt wie im ersten Beispiel unter 3.3, aber H bezahlt in drei Ratenbeträgen.

3.4 Übersicht über das Zustandekommen von Verträgen

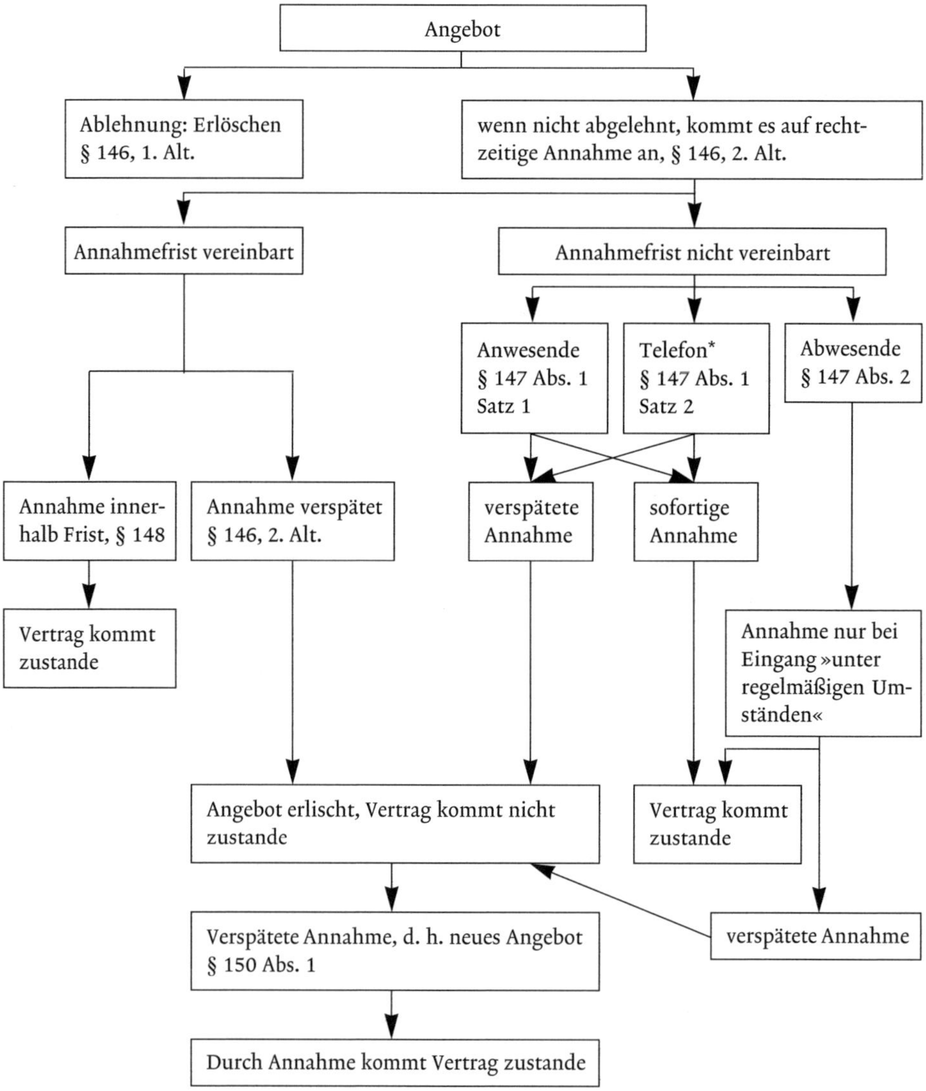

* »oder sonstige technische Einrichtungen«

3.5 Unbestellte Lieferungen und Leistungen

Durch das so genannte »**Fernabsatzgesetz**«, dessen Regelungsgehalt Rechtsgeschäfte zwischen **Unternehmer** (vgl. den neuen § 13 BGB) und **Verbraucher** (vgl. § 12 BGB) betrifft, die durch **Fernkommunikationsmittel** (Brief, Telefon, Fax, E-Mail etc.) geschlossen worden sind, ist in den allgemeinen Teil des Schuldrechts die Vorschrift des § 241a eingefügt worden. Nach ihr wird (verkürzt dargestellt) durch die Lieferung beweglicher Sachen ein Anspruch auf Leistung nicht begründet, wenn der Verbraucher die Ware nicht bestellt hat.

Beispiele: Unaufgeforderte Zusendungen von Künstlerpostkarten, Küchengeräten etc. mit der »Bitte«, zu zahlen oder zurückzusenden.

Der Abs. 1 der Vorschrift kann nach dem in 1.1 ff. Besprochenen nur als Bestätigung aufgefasst werden: Verträge kommen durch wirksame übereinstimmende Willenserklärungen – Angebot und Annahme – zustande. Aufgedrängte, nicht gewollte Leistungen führen nicht zum Vertragsabschluss, auch das Stillhalten auf ungewollte Zusendung oder ungewollte Erbringung von Leistungen (»Schweigen«) ist i. d. R. keine Zustimmung des Verbrauchers und führt daher nicht zu einem Vertragsschluss.

Der wahre Inhalt des § 241a erschließt sich durch den oben zunächst nicht wiedergegebenen Abs. 2: »Gesetzliche Ansprüche sind nicht ausgeschlossen, wenn die Leistung nicht für den Empfänger bestimmt war oder in der irrigen Vorstellung einer Bestellung erfolgte und der Empfänger dies erkannt hat oder bei Anwendung der im Verkehr erforderlichen Sorgfalt hätte erkennen können.«

Der »unaufgeforderte« Versender verliert also grundsätzlich (Umkehrschluss) seine gesetzlichen Ansprüche (auf Rückgabe, Herausgabe, wegen schuldhafter Beschädigung; Bereicherung etc.), es sei denn, er beweist (Beweislast und damit Prozessrisiko beim Versender!), dass er (der Versender) die Zusendung irrtümlich veranlasst hat und dass der Empfänger dies erkannt hat oder hätte erkennen können.

3.6 Der Vertrag im Steuerrecht

Maßnahmen der Behörde werden durch Verwaltungsakt (VA) (§ 118 AO) angeordnet (vgl. B 2.7). Nur in Ausnahmefällen sieht das Steuerrecht ein Zusammenwirken zwischen Behörde und Stpfl. im Sinne eines Vertrages vor, bei dem sich die Beteiligten auf Gleichordnungsebene gegenüberstehen (z. B. »Verrechnungsvertrag« bei fehlenden Voraussetzungen der steuerlichen Aufrechnung, § 226 AO). Im Normalfall ergehen einseitige hoheitliche Regelungen der Behörde, und zwar auch dann, wenn ein VA »auf Antrag« ergeht (vgl. z. B. §§ 222, 172 AO u. a.).

4 Inhalt des Vertrags

4.1 Verpflichtungs- und Verfügungsverträge

Das BGB unterscheidet streng zwischen dem schuldrechtlichen Verpflichtungsgeschäft und dem sachenrechtlichen Verfügungsgeschäft.

4.1.1 Verpflichtungsgeschäft

Aus dem Verpflichtungsgeschäft (z. B. Kaufvertrag oder Schenkung) erwachsen den Vertragsparteien Rechte und Pflichten. Zweck des Vertrages ist es, einem oder mehreren Beteiligten ein rechtliches Tun aufzuerlegen, das erst anschließend (evtl. durch einen späteren Erfüllungsvertrag) zu erbringen ist. Das Ergebnis eines wirksamen Verpflichtungsvertrags ist damit das **Begründen einer Leistungspflicht.**

Wie, wann und wo diese Leistungspflicht zu erfüllen ist, wird durch besondere Vorschriften geregelt (s. unten).

BEISPIEL

Der Kaufinteressent eines Autos schließt mit dem Autohändler am 02.01.01 einen Kaufvertrag ab. Wegen der bestehenden Lieferfristen kann das Auto voraussichtlich erst im Jahr 03 geliefert werden.

LÖSUNG Ein Kaufvertrag ist unzweifelhaft geschlossen worden. Die Rechtsfolgen ergeben sich aus § 433: Durch den Kaufvertrag wird der Verkäufer verpflichtet, die Sache zu übergeben und zu übereignen (§ 433 Abs. 1 Satz 1), der Käufer ist verpflichtet, die Kaufsache abzunehmen und den Kaufpreis zu bezahlen (§ 433 Abs. 2). Der Käufer hat also jetzt weder das Auto noch der Verkäufer das Geld. Beide sind nur – neben anderen Verpflichtungen aus dem Kaufvertrag – verpflichtet, diese Leistungen einander zu erbringen.

Der verpflichtende Vertrag bewirkt noch keine Rechtsänderung in Bezug auf die Eigentumsverhältnisse an der Sache.

4.1.2 Verfügungsgeschäft

Die durch Verpflichtungsgeschäft begründeten Ansprüche werden durch das Verfügungsgeschäft erfüllt. Es beendet den **Vertragszweck**. Weitere Leistungen sind nicht mehr zu erbringen. Das Verfügungsgeschäft besteht in der sachenrechtlichen Übereignung.

BEISPIEL

Das verkaufte Auto wird am darauffolgenden Tag übergeben und übereignet (§ 929 Satz 1). Das verschenkte Grundstück wird aufgelassen und die Übereignung im Grundbuch eingetragen (§§ 873, 925).

4.2 Abstraktionsprinzip

Das Abstraktionsprinzip, auch Trennungsprinzip genannt, ist der Grundsatz der rechtlich getrennten Betrachtungsweise. Die Wirksamkeit von Verpflichtungsgeschäft (z. B. Kaufvertrag) und (späterem) Erfüllungsgeschäft (§§ 929 ff., §§ 873, 925) ist **getrennt** voneinander zu betrachten. Das Zustandekommen eines wirksam verpflichtenden Vertrags enthält damit nur eine Aussage über die Begründung einer Rechtspflicht. Ob diese Rechtspflicht **erfüllt** wird, bleibt einer weiteren Betrachtung überlassen, die dem Erfüllungsgeschäft gilt.

Dabei hat die Wirksamkeit des Verpflichtungsgeschäfts (also z. B. des Kaufvertrages) keinen Einfluss auf die Wirksamkeit des Erfüllungsgeschäfts (also der Übereignung z. B nach § 929 Satz 1).

Da diese Verträge nicht nur zeitlich auseinanderfallen können (vgl. obiges Beispiel), sondern jeweils getrennt abgeschlossen werden müssen, sind die Voraussetzungen wie z. B. Geschäftsfähigkeit, wirksame Willenserklärung, Angebot, Annahme etc. **gesondert für jedes Rechtsgeschäft** zu überprüfen (Trennungsprinzip). Es kann daher vorkommen, dass einer dieser Verträge wirksam ist, ein anderer mangels Vorliegens der Voraussetzungen nicht. Sollte die Erfüllung der Zahlungspflicht durch Übereignung von Geld zu erfüllen sein, kommt ein drittes Übereignungsgeschäft, nämlich die Übereignung des Geldes gem. § 929 Satz 1, hinzu.

BEISPIEL

Ein Kaufvertrag (Verpflichtungsgeschäft) ist wirksam gem. § 433 zustande gekommen. Zum Zeitpunkt der Übereignung ist der Käufer jedoch nicht mehr geschäftsfähig, kann also gem. §§ 104, 105 keine wirksamen Willenserklärungen mehr abgeben.

LÖSUNG Die kaufrechtliche Verpflichtung ist wirksam entstanden durch Vertragsschluss. Es liegen zwei wirksame Willenserklärungen vor. Die sachenrechtliche Übereignung kann aber vom Käufer nicht wirksam erfüllt werden, da er als Geschäftsunfähiger die zur Übereignung nötige Willenserklärung (die Einigung ist als dinglicher Vertrag gem. § 929 Satz 1 erforderlich) nicht mehr abgeben kann. Sie ist gem. § 105 Nr. 2, § 105 Abs. 1 nichtig.

Dieser Grundsatz gilt auch dann, wenn Verpflichtungsgeschäft und Verfügungsgeschäft nicht – wie in den Beispielen oben – zeitlich auseinanderfallen, sondern nach außen hin scheinbar **zeitgleich** abgeschlossen werden, z. B. beim Kauf einer Schachtel Zigaretten am Kiosk.

Tauschen die Vertragspartner die Leistungen aus, obwohl der Kaufvertrag nichtig ist, z. B. durch Anfechtung wegen Erklärungsirrtum gem. § 119, sind diese Leistungen gem. § 812 (Leistungskondiktion) herauszugeben, da jeder etwas erlangt hat, ohne den dazu erforderlichen Rechtsgrund. Die Anfechtung bewirkt die rückwirkende Nichtigkeit des Kaufvertrages gem. § 142.

Ist nur das Verfügungsgeschäft (die sachenrechtliche Übereignung) nicht wirksam vorgenommen worden, regelt § 985 den Anspruch des Eigentümers auf Herausgabe gegenüber dem unrechtmäßigen Besitzer.

Sind beide Geschäfte unwirksam (Verpflichtungs- und Verfügungsgeschäft), z. B. wegen Anfechtung aufgrund arglistiger Täuschung gem. § 123, stehen die Ansprüche des § 812 und § 985 nebeneinander.

Wichtig in diesem Bereich sind auch die Fälle der Vertragsabschlüsse bei Minderjährigen.

FÄLLE 20–22

FALL 20 Der 17-jährige R vereinbart mit seinem volljährigen Freund F ohne Wissen seiner Eltern im Mai 01 einen Kaufvertrag über sein Moped. Zeitpunkt der Übereignung des Mopeds soll nach den Ferien im September 2013 sein. Am 15.08.2013 feiert R seinen 18.Geburtstag.
a) Beurteilen Sie getrennt die Wirksamkeit von Kaufvertrag und Übereignung!
b) Lesen Sie anschließend § 108 Abs. 3. Was verändert sich?

FALL 21 Die 16-jährige M hat von ihrem Großvater einen Ring geschenkt bekommen. Sie möchte diesen Ring an den Juwelier J verkaufen, um sich vom Erlös Kleider zu kaufen. Der Juwelier kauft den Ring für 400 €, beide übergeben und übereignen Ring und Geld. Welche der abgeschlossenen Rechtsgeschäfte sind wirksam?

FALL 22 Paul hat am 15.02.2013 ohne Zustimmung seiner Eltern ein Motorrad gekauft (Abschluss des Kaufvertrags). Am 20.02. feiert er seinen 18.Geburtstag (Volljährigkeit). Das Motorrad wird Mitte März 2013 geliefert. Paul bezahlt den Kaufpreis Ende März.
Welche Rechtsgeschäfte des Paul sind wirksam?

4.3 Bedeutung der Unterscheidung Verpflichtungs-/Verfügungsgeschäft für das Steuerrecht

4.3.1 Umsatzsteuerrecht

Das **Verpflichtungsgeschäft** ist maßgebend für den **Umfang** der Leistung, die einzelnen **Vertragsarten** sind von Bedeutung für die umsatzsteuerliche Einteilung in **Lieferungen** und **sonstige Leistungen** (vgl. Band 4, Meissner/Neeser, Umsatzsteuer, C 2).

BEISPIEL

- Kaufvertrag: Gegenstand ist i. d. R. eine Lieferung (§ 3 Abs. 1 UStG)
- Dienstvertrag: Sonstige Leistung, da Dienste geschuldet werden (§§ 611 ff. BGB, § 3 Abs. 9 UStG).

Das **Verfügungs-(Erfüllungs-)geschäft** ist der eigentliche **Gegenstand der Besteuerung.** Es ist daher Grundlage für die Entstehung der USt-Pflicht und für die Fälligkeit der USt (vgl. §§ 13, 18 UStG).

4.3.2 Bewertungsrecht

Bei den **betrieblichen Forderungen** (Kapitalforderungen und Sachleistungsforderungen) gilt folgendes: Sie sind nur anzusetzen, wenn sie am Bewertungsstichtag bereits entstanden (**Verpflichtungsgeschäft**), noch nicht getilgt sind (**Erfüllungsgeschäft**) und kein gleichwertiger Gegenanspruch besteht. Bei gegenseitigen Verträgen wird eine Forderung nur angesetzt, wenn eine Seite ihre Verpflichtungen zumindest teilweise erfüllt hat. Kapitalforderungen sind mit den Werten der Steuerbilanz zu übernehmen (§ 109 Abs. 4 BewG), die Sachleistungsforderungen sind mit dem Teilwert anzusetzen.

4.3.3 Einkommensteuer und Buchführung

Schwebende Geschäfte sind solche Geschäfte, bei denen der **obligatorische Vertrag** schon abgeschlossen, aber mit der **Erfüllung** noch von keiner Seite begonnen worden ist.

BEISPIELE

a) Im Dezember 2010 vereinbaren V und K einen Kaufvertrag über die Lieferung einer Maschine (Einkaufspreis des V 4 000 €, Verkaufspreis 5 000 €). Bis zum Bilanzstichtag 31. 12. 2010 ist weder die Maschine geliefert noch eine Zahlung geleistet worden.

LÖSUNG Obwohl aus dem Vertrag zivilrechtlich bereits Forderungen und Schulden entstanden sind, werden schwebende Geschäfte in der Buchführung grundsätzlich nicht erfasst. Eine Buchung erfolgt erst, wenn eine Seite ihre Leistung erbringt, also die Maschine geliefert oder der Kaufpreis gezahlt wird.

b) Die obige Maschine wird am 02. 01. 2011 geliefert.

V bucht:

Sonstige Forderungen	5 800 €	
an Fertigerzeugnisse		4 000 €
an Verkaufserlöse		1 000 €
an USt 19 %		950 €

K bucht:

Maschinen	5 000 €	
Vorsteuer	950 €	
an sonstige Verbindlichkeiten		5 950 €

c) K zahlt im Beispiel a) am 31. 12. 2010 den Kaufpreis im Voraus.
Anzahlungen sind jedoch in der Buchführung zu erfassen.
K bucht: Geleistete Anzahlungen an Bank 5 000 €.
V bucht: Bank an erhaltene Anzahlungen 5 000 €.

d) V liefert darauf am 02. 01. 2011.

K bucht:

Maschine	5 000 €	
an geleistete Anzahlungen		5 000 €
Vorsteuer	950 €	
an Bank		950 €
(USt ist bei Lieferung fällig.)		

V bucht:

Erhaltene Anzahlungen	5 000 €	
an Fertigerzeugnisse		4 000 €
Bank	950 €	
an Verkaufserlöse		1 000 €
an USt		950 €

Der Nichtausweis des schwebenden Geschäfts in der Buchführung und der Bilanz beruht auf der Annahme, dass sich Forderung und Schulden vor der Erfüllung i. d. R. ausgleichen. Wenn aber aus der Abwicklung des schwebenden Geschäfts ein Verlust zu erwarten ist, muss dies in einer Rückstellung für drohende Verluste aus schwebenden Geschäften zum Ausdruck kommen (§ 249 Abs. 1 HGB, Vorsichtsprinzip). Ein Verlust aus einem schwebenden Geschäft droht immer dann, wenn Erträge und Aufwendungen aus demselben noch nicht abgewickelten Geschäft sich nicht ausgleichen, sondern per Saldo ein Verpflichtungsüberschuss besteht.

BEISPIEL

Der Teilwert der von K im obigen Beispiel a) angeschafften Maschine ist am Bilanzstichtag 31. 12. 2010 auf 4 000 € gesunken.

LÖSUNG Dann ist der Teilwert niedriger als die Kaufpreisschuld, so dass K zum Bilanzstichtag buchen muss: Außerordentlicher Aufwand an Rückstellungen 1 000 €.

4.3.4 Grunderwerbsteuer

Im Grunderwerbsteuergesetz wird für das Entstehen der Grunderwerbsteuer primär an das Verpflichtungsgeschäft angeknüpft (§ 1 Abs. 1 Nr. 1 GrEStG). Erst in den Fällen, in denen es kein Verpflichtungsgeschäft gibt, ist die Auflassung eines Grundstücks als Erfüllungsgeschäft maßgebend.

Teil C Schuldrecht – Allgemeiner Teil

Das allgemeine Schuldrecht wird durch das Bestehen eines Schuldverhältnisses und seiner Leistungspflichten als Bündel von Rechten und Pflichten der Beteiligten bestimmt. Diese können vielfältig gestört sein (Verzug, Unmöglichkeit, Schlechtleistung). Hier gilt es, einen Ausgleich zwischen den Vertragsparteien zu finden. Zunächst folgt Allgemeines zu den Leistungspflichten aus dem Schuldverhältnis.

1 Leistungspflichten

Die sich aus den Verträgen ergebenden Verpflichtungen sind zu erfüllen. Wie, wo und wann das zu geschehen hat, ist häufig bereits im Vertrag geregelt, anderenfalls gelten gesetzliche Regelungen.

1.1 Gegenstand der Leistung

Gegenstand vertraglicher Regelung ist i. d. R. das Recht, von einem anderen eine Leistung zu fordern, wobei die zu erbringende Leistung auch in einem **Unterlassen** bestehen kann (§ 241). Soweit die geschuldete Leistung im Vertrag genau bezeichnet ist, wird sie für den Schuldner der Leistung ebenso wie für den juristischen Betrachter unproblematisch bestimmbar sein.

Der Verkäufer hat **die geschuldete Leistung** zu erbringen. Handelt es sich um einen bestimmten individuellen Gegenstand (»Sache«), so kommt er dieser Leistungspflicht nur nach, wenn er das im Vertrag bestimmte Stück leistet (**»Stückschuld«**).

BEISPIELE

a) Der Verkäufer verpflichtet sich, das in seinem Ausstellungsraum stehende Gebrauchtfahrzeug X zu liefern.
b) Gegenstand des Kaufvertrags ist das Original »Blaue Pferde« von Franz Marc.

Ist eine Ware nur der **Gattung** nach bestimmt, so hat der Verkäufer (Schuldner) eine Sache **mittlerer Art und Güte** zu liefern (**Gattungsschuld**, § 243). Beschaffenheitsmerkmale können Typ, Sorte und Preis sein.

BEISPIELE

a) Kaufvertrag über 500 Liter Heizöl.
b) Lieferung von 3 Zentnern Äpfel, Sorte … Der Verkäufer liefert überwiegend faules Obst.
LÖSUNG Der Verkäufer hat die geschuldete Leistung – Äpfel mittlerer Qualität – noch nicht erbracht, die Leistungsverpflichtung besteht weiter.

Die Unterscheidung Stückschuld/Gattungsschuld regelt also in erster Linie, **was** zu leisten ist. Wird bei Stückschuld nicht die geschuldete Sache, bei Gattungsschuld nicht mindestens eine Sache mittlerer Art und Güte geleistet, so hat der Schuldner nicht ordnungsgemäß geleistet, es tritt keine Erfüllung ein.

Die Frage, ob eine Stückschuld oder eine Gattungsschuld vorliegt, entscheidet auch darüber, ob der Verkäufer (allgemein: der Schuldner einer Leistung) **bei unverschuldetem Unter-**

gang der Sache nochmals leisten muss. Der Schuldner einer Stückschuld wird frei (braucht nicht mehr zu leisten, § 275 Abs. 1). Der Schuldner einer Gattungsschuld muss leisten, solange noch Leistung aus der Gattung möglich ist, es sei denn, er hat bereits alles Erforderliche zur Leistung getan. Diese so genannte **Konkretisierung** der Gattungsschuld als Beschränkung der Leistungspflicht liegt vor, wenn der Schuldner die für den Gläubiger bestimmte Ware ausgesondert und dem Abnehmer angeboten hat. Die Einzelheiten ergeben sich aus vertraglichen Bestimmungen oder aus gesetzlichen Regelungen über den Ort der Leistung (s. 1.3).

Für **Geldschulden** (Gattungsschuld [str.]) vgl. Sondervorschriften §§ 244, 245.

Teilleistungen darf der Schuldner grundsätzlich nicht erbringen (§ 266), er darf in bestimmten Fällen die Leistung nur selbst erbringen (»in Person«) (§ 267).

1.2 Regelungen zur Leistungszeit

1.2.1 Leistungszeit

Wann der Schuldner zu leisten hat, ergibt sich aus § 271 **(Begriff der Fälligkeit)**.

Wird über die Fälligkeit nicht primär im Vertrag eine Abrede getroffen und ergibt sie sich auch nicht aus den Umständen, so ist die Leistung sofort fällig (§ 271 Abs. 1).

Ist eine Zeit bestimmt, so darf der Schuldner aber im Zweifel vorher leisten (§ 271 Abs. 2), wenn dies nicht ausdrücklich untersagt ist **(Erfüllbarkeit der Leistung)**.

BEISPIELE

a) Kaufvertrag über Christbäume ohne vertragliche Zeitbestimmung.

LÖSUNG Liefertermin (Fälligkeit) Dezember (aber wohl vor dem 22.) ergibt sich aus den Umständen.

b) Liefertermin für ein Auto ist vertraglich bestimmt auf 01.07.2013.

LÖSUNG Die Leistung ist spätestens am 01.07. zu erbringen, der Verkäufer darf aber auch vorher schon leisten.

1.2.2 Leistungszeit im Steuerrecht

Die Zeit der Leistung von Ansprüchen aus dem Steuerschuldverhältnis (Fälligkeit) ergibt sich für die meisten Ansprüche aus den Einzelsteuergesetzen (§ 220 Abs. 1 AO), vgl. Band 1, Helmschrott/Schaeberle/Scheel, Abgabenordnung, H 2).

BEISPIELE

a) § 36 Abs. 4 EStG für die ESt-Abschlusszahlung,
b) § 37 Abs. 1 EStG für die ESt-Vorauszahlungen,
c) § 18 Abs. 2 UStG für die USt-Anmeldungen und Vorauszahlung,
d) § 18 Abs. 4 UStG für die USt-Abschlusszahlung.

Ergibt sich die Bestimmung der Fälligkeit nicht aus einzelgesetzlichen Regelungen, wird der Anspruch mit seiner Entstehung, frühestens aber mit Bekanntgabe der Festsetzung fällig (§ 220 Abs. 2 AO).

BEISPIEL

Wann tritt die Fälligkeit eines Haftungsanspruchs ein?

LÖSUNG Es ist keine steuergesetzliche Regelung vorhanden. Es greift § 220 Abs. 2 AO: Die Fälligkeit tritt ein mit Bekanntgabe der Festsetzung des Haftungsanspruchs.

1.3 Ort der Leistung

1.3.1 Holschuld – Bringschuld – Schickschuld

Wo der Schuldner/Verkäufer zu liefern hat, ergibt sich zunächst aus vertraglichen Abreden. Daneben ist auch hier eine Bestimmung aus den Umständen denkbar. Gibt es keinen anderen Anhaltspunkt, so ist der Wohnsitz des Schuldners (§§ 7 ff.) zur Zeit der Entstehung des Schuldverhältnisses maßgebend (§ 269 Abs. 1) (gesetzlicher Leistungsort). Der Schuldner erbringt seine Leistung an diesem so bezeichneten Ort, der Gläubiger hat sie von dort zu holen (Holschuld).

BEISPIELE

a) Die Leistung (Lieferung und Montage einer Einbauküche) soll nach dem Vertragsinhalt in ... (genauer Ort, Straße, Wohnung) erbracht werden.

b) Der Vertrag enthält keinen ausdrücklichen Leistungsort. Nach dem Vertragsinhalt (Lieferung eines »Fertighauses«) lässt sich der Leistungsort im Regelfall »aus den Umständen« bestimmen, nämlich auf dem Baugrundstück des Bauherrn/Käufers.

c) Reparatur des defekten (fahruntüchtigen) Baggers: Ort der Leistung ist – auch wenn nicht ausdrücklich geregelt – der Standort des Baggers. Möglich wäre auch ein Transport der Maschine in die Werkstatt, dann wäre der Leistungsort »aus den Umständen« die Werkstatt.

Ist nach Vereinbarung der Leistungsort Wohnsitz des Gläubigers, so spricht man von Bringschuld: Der Schuldner hat in diesem Falle die geschuldete Leistung beim Gläubiger zu erbringen. Allerdings – dies stellt § 269 Abs. 3 klar – macht allein die Kostentragung der Versendung durch den Schuldner die geschuldete Leistung noch nicht zur Bringschuld.

Wenn dies besonders vereinbart wird und für Geldschulden gilt eine Sonderregelung: Nach § 270 sind Geldschulden im Zweifel – d. h. wenn nichts anderes aus den Vereinbarungen zu entnehmen ist – vom Schuldner an den Wohnsitz des Gläubigers zu übermitteln (so genannte qualifizierte Schickschuld). Der Schuldner hat in diesem Fall – wie bei der Holschuld – i. d. R. an seinem Wohnort zu leisten, Erfüllung (d. h. Befriedigung des Gläubigers) tritt jedoch erst ein, wenn die Zahlung an den Gläubiger erfolgt (vgl. Wortlaut des § 270 Abs. 1 und 4).

Diese Regelungen haben zwei wichtige Elemente:

1. Die Regelung der Frage, ob der Schuldner bereits geleistet hat oder ob er das Risiko eines Untergangs der Kaufsache zu tragen hat.

BEISPIEL

- Bei der Holschuld hat er seine geschuldeten Leistungen durch Bereitstellung der Kaufsache an seinem Wohnort erbracht. Geht die Ware beim Transport zu einem vom Käufer gewählten Ort unter, so betrifft das nicht mehr die Risikosphäre des Schuldners (Verkäufer).
- Bei der Bringschuld trägt der Schuldner während des Transports allein das Risiko von Beschädigung und Untergang. Also der Verkäufer trägt so lange das Risiko des Untergangs bis die Ware am vereinbarten Ort angekommen ist.
- Bei der Schickschuld ist er nur für das vereinbarungsgemäße Bereitstellen und Absenden verantwortlich, das Transportrisiko liegt i. d. R. (bereits) beim Gläubiger (Käufer) (vgl. § 447 und 1.4)

2. Das zweite Element ist die Frage, was der Schuldner bei Fälligkeit getan haben muss.

BEISPIEL

- Bei Holschuld und Bringschuld ist die Leistung spätestens zum Ablauf der Fälligkeit am jeweiligen Leistungsort (Wohnsitz des Schuldners bzw. des Gläubigers) zu erbringen.
- Bei der Schickschuld ist die Leistung rechtzeitig erfolgt, wenn der Käufer (Schuldner) das Geld am Fälligkeitstag übermittelt, d. h. bei Post, Bank etc. eingezahlt hat. Entscheidend ist die Leistungshandlung, nicht der Leistungserfolg (Gutschrift auf Konto des Gläubigers, Auszahlung etc.), der naturgemäß erst später eintreten kann.

Leistungsort ist der Ort, an dem der Schuldner die geschuldete Leistung vornehmen muss. Erfüllungsort ist der Ort, an dem der Leistungserfolg (Erfüllung) eintritt.

Es ergibt sich daher folgendes Schema:

	Holschuld	**Bringschuld**	**Schickschuld**
Leistungsort	Wohnsitz des Schuldners	Wohnsitz des Gläubigers	Wohnsitz des Schuldners
Erfüllungsort	Wohnsitz des Schuldners	Wohnsitz des Gläubigers	Wohnsitz des Gläubigers

1.3.2 Leistungsort im Steuerrecht

Bei der steuerlichen Betrachtung des Leistungsorts sind zwei Problemkreise zu unterscheiden:

a) Abgabenordnung

Die Abgabenordnung bestimmt den Leistungsort für Geldleistungen an das Finanzamt (d. h. wenn der Stpfl. als Schuldner eine Leistung zu erbringen hat). § 224 AO fordert das Erbringen der Zahlungen »an« die zuständige Kasse.

§ 224 AO stellt also einen Fall der Bringschuld dar. Verspätete Leistung führt zum Entstehen von Säumniszuschlägen. Allerdings trifft § 240 Abs. 3 AO eine Billigkeitsregelung: Bei geringfügiger Verspätung (»bis zu fünf Tagen«) wird ein Säumniszuschlag nicht erhoben.

b) Umsatzsteuerrecht

Das Umsatzsteuerrecht misst dem Leistungsort erhebliche Bedeutung zu. Eine Leistung im Inland ist steuerbar (soweit die anderen Tatbestandsmerkmale des § 1 Abs. 1 UStG vorliegen), eine Leistung im Ausland (vgl. § 1 Abs. 2 UStG Legaldefinition) unterliegt von vornherein nicht der – deutschen – Umsatzsteuer.

Der Leistungsort wird nach Lieferungen und sonstigen Leistungen unterschieden:

- Bei Lieferungen (§ 3 Abs. 1 UStG) ist grundsätzlich maßgebend, wo sich der Liefergegenstand zur Zeit der Verschaffung der Verfügungsmacht befindet (§ 3 Abs. 7 UStG). Bei Beförderungs- oder Versendungslieferungen (Definition § 3 Abs. 6 Satz 2 und 3 UStG) gilt die Lieferung als ausgeführt, wo die Beförderung/Versendung an den Abnehmer beginnt (§ 3 Abs. 8 UStG stellt einen weiteren Sonderfall dar).
- Bei sonstigen Leistungen enthält § 3a UStG eine Vielzahl von Einzelregelungen, die hier nicht aufgezählt zu werden brauchen (vgl. Band 4, Meissner/Neeser, Umsatzsteuer, E und G). Grundsätzlich ist der Leistungsort dort, wo der Leistungsgeber sein Unternehmen betreibt, dieser Grundsatz wird aber in zahlreichen Fällen durchbrochen.

Die Leistungsorte des Umsatzsteuerrechts können vom zivilrechtlichen Leistungsort verschieden sein.

1.4 Gefahrtragung beim Kaufvertrag

Im Zusammenhang mit den Leistungspflichten stehen die Regeln der §§ 446, 447:

- § 446: Die Vorschrift regelt für den Bereich des Kaufvertrags die Preisgefahr. Hat der Verkäufer die gekaufte Sache dem Käufer übergeben, so hat er damit seine vertraglich geschuldete Leistung im Wesentlichen erbracht. Der Käufer trägt von nun an alle Risiken des zufälligen Untergangs oder einer zufälligen Verschlechterung der Kaufsache (d. h. wenn weder Käufer noch Verkäufer den Schaden zu vertreten haben). Er muss den Kaufpreis (»Preisgefahr«) auch dann bezahlen, wenn die Sache untergeht.
- § 447: Versendet der Verkäufer auf Verlangen des Käufers die Sache nach einem anderen Ort als dem Erfüllungsort (so genannter Versendungskauf), so geht die Gefahr auf den Käufer in dem Zeitpunkt über, in dem der Verkäufer die Sache an einen Dritten zur Ausführung der Versendung ausgeliefert hat (z. B. Spediteur, Frachtführer). Dem Verkäufer sollen durch die Beförderungswünsche des Käufers damit keine zusätzlichen Risiken entstehen. Es kann sich daher beim Versendungskauf nur um solche Verträge handeln, bei denen die Lieferung an den Wohnort des Käufers nicht bereits ohnedies vertragliche Pflicht des Verkäufers ist (Bringschuld).

Bei der Frage, wer beim Kaufvertrag die Gefahr trägt, ist zu unterscheiden:

a) Leistungsgefahr(Lieferungsgefahr)

Der Verkäufer trägt grundsätzlich die Leistungsgefahr, bis er das seinerseits Erforderliche getan hat, d. h. den rechten Gegenstand am rechten Ort zur rechten Zeit und auf die rechte Art und Weise geleistet hat.

BEISPIEL

Ware wird bereitgestellt und soll abgeholt werden, wird aber gestohlen.

LÖSUNG Der Verkäufer muss nicht mehr liefern, weil er mit der Bereitstellung der Ware das Erforderliche getan hat und damit die Leistungsgefahr auf den Käufer übergegangen ist.

b) Gegenleistungsgefahr (Preisgefahr, d. h. Gefahr, den Kaufpreis zu erhalten oder nicht)

Der Verkäufer trägt grundsätzlich bis zu seiner Vertragserfüllung die Preisgefahr. Solange er selbst nicht erfüllt hat, läuft er Gefahr, den Kaufpreis nicht zu erhalten.

Ausnahmen: In drei Fällen wird der Zeitpunkt des Gefahrübergangs vorverlegt. In diesen Fällen erfolgt der Übergang der Preisgefahr vom Verkäufer auf den Käufer schon vor der endgültigen Erfüllung des Kaufvertrages:

aa) Übergabe der Kaufsache an den Käufer

Hat der Verkäufer die gekaufte Sache dem Käufer übergeben (Verschaffung des unmittelbaren Besitzes gem. § 446 Satz 1), so hat der Verkäufer damit seine vertraglich geschuldete Leistung im Wesentlichen erbracht. Der Käufer trägt von nun an alle Risiken des zufälligen Untergangs und der zufälligen Verschlechterung der Kaufsache. »Zufällig« bedeutet hier, dass weder Verkäufer noch Käufer den Schaden zu vertreten haben. Der Käufer muss den Kaufpreis auch dann bezahlen, wenn die Sache untergeht.

bb) Versendungskauf (§ 447)

Der Versendungskauf erfolgt durch Auslieferung der Kaufsache vom Verkäufer an die Transportperson. Ein Versendungskauf setzt voraus:

- Versendung an einen andern Ort als den Erfüllungsort (Fall der Schickschuld, Versendungskauf bei Bringschuld nicht möglich),
- Versendung auf Verlangen des Käufers, d. h. kraft besonderer Vereinbarung, die dem Verkäufer die Nebenpflicht der Versendung auferlegt,
- Auslieferung an die Transportperson (Spediteur, Frachtführer, Post, Bahn, auch eigene Leute des Verkäufers, sofern keine Bringschuld vereinbart ist),
- zufälliger Transportschaden (bei Verschulden §§ 280 ff.).

BEISPIELE

a) K in Stuttgart kauft bei V in Ulm Waren. Erfüllungsort ist Ulm. Auf Bitte des K schickt V die Ware durch eine Spedition S nach Stuttgart. Bei einem durch S verschuldeten Unfall wird die Ware zerstört.
LÖSUNG Es liegt ein Versendungskauf vor (§ 447). Es handelt sich um einen Transportschaden, der nicht von V zu vertreten ist. Der Übergang der Preisgefahr wird daher auf den Zeitpunkt der Übergabe der Waren an die Transportperson vorverlegt. Der Verkäufer hat die von ihm geschuldete Erfüllungshandlung vollständig erbracht. Beim Gattungskauf ist durch den Gefahrübergang Konkretisierung eingetreten (§ 243 Abs. 2). Der Käufer muss den Kaufpreis zahlen, obwohl das Eigentum mangels tatsächlicher Übergabe nicht auf ihn übergegangen ist und bei vollständigem Untergang auch nicht mehr auf ihn übergehen kann.

b) Wie ist die Lösung, wenn K ebenfalls in Ulm wohnt?
LÖSUNG Gleiche Lösung wie a). Versendung »nach einem andern Ort« liegt auch vor, wenn diese innerhalb desselben Ortes stattfindet (Platzgeschäft).

c) Wie ist die Lösung, wenn S bei V als Fahrer angestellt ist?
LÖSUNG Zunächst ist zu prüfen, ob eine Bringschuld des Verkäufers vorliegt (Wohnsitz des Käufers Erfüllungsort, so dass noch nicht erfüllt ist). Dies scheidet aus, da als Erfüllungsort Ulm (der Wohnsitz des Verkäufers) vereinbart ist.
Es liegt ein Versendungskauf vor, wobei der Transportschaden jedoch nicht zufällig eingetreten ist, sondern von den Transportpersonen des V aus dem eigenen Betrieb zu vertreten ist. V haftet daher. Hier ist die Vorschrift des § 278 BGB zu beachten.

2 Beendigung der Schuldverhältnisse

2.1 Beendigung durch Erfüllung

Der häufigste Fall des Erlöschens ist die Erfüllung: Erbringt der Schuldner die geschuldete Leistung am richtigen Ort (Erfüllungs-/Leistungsort) zur richtigen Zeit (Erfüllbarkeit/Fälligkeit) an den Gläubiger, so erlischt der Anspruch durch Erfüllung (§ 362 Abs. 1).

BEISPIELE

a) A bezahlt den geschuldeten Kaufpreis bar an B.
Der Kaufpreisanspruch des Verkäufers B (§ 433 Abs. 1) erlischt.
b) Der Lieferant liefert an den Kunden die bestellten 1 000 Liter Heizöl mittlerer Qualität.
c) Der Entleiher gibt die geliehene Sache nach Ablauf der Leihfrist zurück.

Durch andere Leistungen als die geschuldeten tritt grundsätzlich keine Erfüllung ein.

BEISPIEL

Der Käufer hat Schrauben von 5 mm Durchmesser bestellt. Der Verkäufer liefert Schrauben von 6 mm.

LÖSUNG Der Anspruch auf Lieferung besteht weiter.

2.2 Annahme an Erfüllungs statt

Ist der Gläubiger einer Leistung einverstanden, dass der Schuldner eine andere als die geschuldete Leistung erbringt, so geht der Anspruch durch die Bewirkung dieser anderen Leistung unter. Er erlischt durch die akzeptierte Ersatzleistung, § 364 Abs. 1 (Annahme an Erfüllungs statt). Vgl. nochmals § 241a Abs. 3.

BEISPIELE

a) Entschließt sich der Käufer aus dem vorigen Beispiel, die 6 mm-Schrauben anstatt der vertraglich geschuldeten 5 mm-Schrauben zu verwenden, so ist sein Anspruch aus dem zugrundeliegenden Rechtsgeschäft durch Annahme an Erfüllungs statt erloschen.
b) Der Käufer zahlt vereinbarungsgemäß mit Banküberweisung anstelle der Barzahlung.

2.3 Leistung erfüllungshalber

Hat der Gläubiger einen Anspruch auf eine bestimmte Leistung, so muss der Schuldner diese Leistung erbringen. Bietet der Schuldner an, statt der geschuldeten Leistung eine andere dadurch zu erbringen, dass er eine neue Verbindlichkeit übernimmt, stellt dies im Zweifel weder Erfüllung noch Leistung an Erfüllungs statt dar (§ 364 Abs. 2).

BEISPIEL

Der Schuldner hat sich vertraglich verpflichtet, an den Gläubiger 1 000 € zu bezahlen. Er bietet nun dem Gläubiger an, stattdessen das Auto des Gläubigers zu reparieren.

LÖSUNG Der Anspruch auf Zahlung besteht weiter. Daneben tritt der Anspruch des Gläubigers auf Reparatur (§ 364 Abs. 2).Erbringt der Schuldner nunmehr die Autoreparatur, so erfüllt er diesen Anspruch (§ 362 Abs. 1).Gleichzeitig geht der Anspruch auf die 1 000 € gem. § 364 Abs. 1 unter.

Eine wichtige Fallgruppe des § 364 Abs. 2 stellt die Hingabe von Schecks, Wechseln oder anderer Wertpapiere zur Begleichung einer Schuld dar.

Die Hingabe eines Wechsels oder eines Schecks gilt im Zweifel nach § 364 Abs. 2 nicht als Erfüllung i. S. d. § 362 Abs. 1.Der Gläubiger erwirbt vielmehr durch den Wechsel oder Scheck einen weiteren Anspruch (Leistung erfüllungshalber). Erst wenn der Wechsel oder Scheck eingelöst ist, erlöschen beide Ansprüche – der ursprüngliche schuldrechtliche und der wertpapierrechtliche Anspruch.

2.4 Erlöschen von Ansprüchen aus dem Steuerrechtsverhältnis

Ansprüche des Staates aus einem Verwaltungsakt erlöschen durch Bewirken der geschuldeten Leistung (»Erfüllung«).

BEISPIEL

Die Aufforderung, eine Steuererklärung abzugeben, erlischt durch die Abgabe der geforderten Erklärung (vgl. § 149 AO).

Die (Geld-)Ansprüche aus dem Steuerschuldverhältnis (vgl. Definition in § 37 AO) erlöschen u. a. durch Zahlung (vgl. § 47 AO). Die Zahlung kann an die Finanzkasse (s. 2.1) durch Übergabe oder Übersendung von Zahlungsmitteln erfolgen – darunter versteht die AO Geld oder gedeckte Schecks – das Erlöschen des Anspruchs tritt dann am Tage des Eingangs ein, § 224 Abs. 2 Nr. 1 AO. Zahlung kann auch durch Überweisung oder Einzahlung auf ein Konto des Steuergläubigers erfolgen: Erlöschen mit Gutschrift, § 224 Abs. 2 Nr. 2 oder schließlich durch Abbuchungs- oder Einzugsermächtigung. In diesem Fall gilt (Fiktion!) die Zahlung als am Fälligkeitstag erbracht, auch wenn die Finanzbehörde erst später abbuchen sollte (§ 224 Abs. 2 Nr. 3 AO).

Weitere Erlöschensgründe des Steuerrechts werden im Folgenden bei den entsprechenden zivilrechtlichen Themenbereichen angesprochen.

2.5 Aufrechnung

2.5.1 Aufrechnungslage

Die Aufrechnung führt nach der Regelung des § 398 ebenfalls zum Erlöschen der Forderungen. Die Voraussetzungen einer Aufrechnung sind in § 387 geregelt:

a) Zwei Personen schulden einander Leistungen (**Gegenseitigkeit**). Jeder der Beteiligten ist zugleich Gläubiger und Schuldner des anderen.
b) Die Leistungen sind ihrem Gegenstand nach identisch (**Gleichartigkeit**). Dies ist nur bei Gattungsschulden der Fall.
c) Jede der beiden Parteien kann dann aufrechnen, wenn sie die ihr gebührende Leistung fordern kann (**Fälligkeit des eigenen Anspruchs, Aktivforderung oder Gegenforderung**) und
d) die ihr obliegende Leistung erbringen kann (**Erfüllbarkeit des fremden Anspruchs, Passivforderung oder Hauptforderung**).

BEISPIEL

A schuldet dem B 1 000 €, B schuldet dem A 1 000 €; beide Forderungen sind fällig.

LÖSUNG Jeder von beiden kann aufrechnen.

Erfüllbarkeit bedeutet, dass die Forderung noch nicht fällig sein muss; sie muss aber bereits entstanden sein und Leistung vor Fälligkeit darf nicht ausgeschlossen sein (vgl. § 271 Abs. 2 und vorstehendB 3.2 zum Begriff der Fälligkeit).

Liegen diese vier Voraussetzungen vor, so **kann** die Aufrechnung erklärt werden (so genannte **Aufrechnungslage**). Ob aufgerechnet werden soll, bleibt der Gestaltungsfreiheit des Aufrechnungsberechtigten überlassen (Wortlaut des § 387).

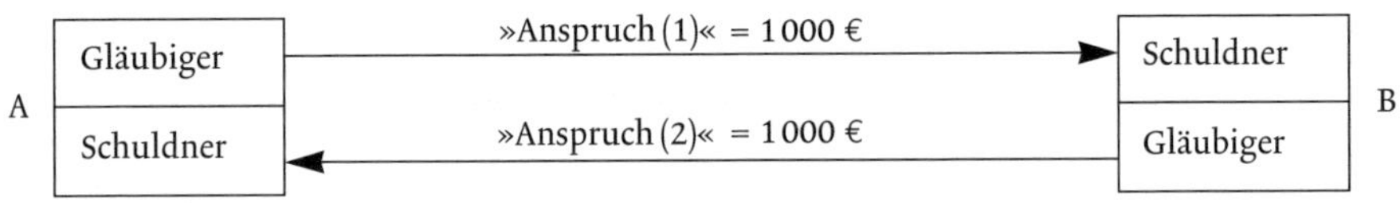

A **kann** aufrechnen, wenn Anspruch (1) fällig, Anspruch (2) mindestens erfüllbar ist. Die Aufrechnung erfolgt, wenn dem B eine Aufrechnungserklärung des A zugeht.

B **kann** aufrechnen, wenn sein Anspruch (2) fällig, Anspruch (1) mindestens erfüllbar ist und B dem A die Aufrechnung erklärt (Zugang maßgebend). Folge in beiden Fällen: Die gegenseitigen Ansprüche – soweit deckungsgleich – erlöschen zu dem Zeitpunkt, in dem sie sich aufrechenbar gegenüberstanden.

2.5.2 Aufrechnungserklärung

Um ein Erlöschen durch Aufrechnung zu erreichen, bedarf es einer **Aufrechnungserklärung** (§ 388). Sie ist eine einseitige, empfangsbedürftige Willenserklärung, setzt aber nicht die Zustimmung des anderen Teils voraus.

Rechtsfolge der wirksamen Aufrechnung: Die Forderungen, **soweit sie sich decken**, erlöschen (§ 389).

BEISPIEL

Die Forderung des Auto-Verkäufers auf den Kaufpreis beträgt 5 000 €. Der Käufer hat aus einer anderen vertraglichen Beziehung noch einen Anspruch auf 3 500 €.

LÖSUNG Nach Aufrechnung erlöschen die gegenseitigen Forderungen i. H. v. 3 500 €, die Restforderung des Autoverkäufers bleibt i. H. v. 1 500 € bestehen.

Maßgeblicher Erlöschenszeitpunkt ist nicht der Termin der Aufrechnungserklärung, sondern der **Zeitpunkt, in dem die Aufrechnungslage erstmals bestand** (»zur Aufrechnung geeignet«), § 389.

2.5.3 Aufrechnung im Steuerrecht

Aufrechnung ist auch im steuerlichen Bereich ein Erlöschenstatbestand (vgl. § 47 AO). Nach § 226 Abs. 1 AO gelten grundsätzlich die bürgerlich-rechtlichen Regelungen (vgl. AEAO § 226 Nr.2), allerdings sieht das Steuerrecht einige Einschränkungen vor:

a) Aufrechnen kann der Steuerpflichtige ebenso wie die Behörde; die Aufrechnung des Stpfl. ist aber nur wirksam, wenn der eigene Anspruch (die Aktiv- oder Gegenforderung) unbestritten oder rechtskräftig festgestellt ist (§ 226 Abs. 3 AO).
b) Da Verjährung im Steuerrecht (anders als im BGB!) ein weiterer Erlöschenstatbestand ist (vgl. ebenfalls § 47 AO), kann mit Ansprüchen aus dem Steuerschuldverhältnis nach Eintritt der Verjährung nicht aufgerechnet werden (§ 226 Abs. 2 AO).

Eine Aufrechnung gegen Ansprüche aus dem Steuerschuldverhältnis ist nach § 395 (!) nur möglich, wenn die Gegenansprüche »an dieselbe Kasse« bestehen (vgl. dazu auch AEAO § 226 Nr. 1). Die Aufrechnung durch die Behörde ist durch § 226 AO, AEAO § 226 Nr. 1 neu formuliert; als Gläubiger oder Schuldner ist anzunehmen die Körperschaft, der die Abgabe zusteht oder die sie verwaltet (Ertrags- **oder** Verwaltungshoheit, vgl. dazu Art. 106, 108 GG).

FÄLLE 23–24

FALL 23 Der Maschinenfabrikant M schuldet dem Besteller B-AG Lieferung und Einbau einer Werkzeugmaschine. Die Bestellung hat einen Umfang von 70 000 €. Nachdem die Maschine eingebaut und in Betrieb genommen ist, ist B gerade nicht liquide. Die selbständige Tochtergesellschaft der B-AG, die Firma Y-GmbH, hat noch eine Kaufpreisforderung i. H. v. 80 000 € gegen M. B rechnet M gegenüber i. H. v. 70 000 € auf. Ist dies zulässig?

FALL 24 Der Büromaschinenverkäufer A hat am 12. 12. 2012 eine Schreibmaschine zum Preis von 320 € an B verkauft und sofort geliefert. Wegen des bevorstehenden Weihnachtsfestes soll B erst am 03. 01. 2013 zahlen. B seinerseits hatte bereits im November Heizöl an A zum Preis von 1 000 € geliefert und mit A vereinbart, dass dieser in zwei gleichen Raten, fällig am 15.12.und 15.01., bezahlen solle.

Beide Parteien haben im Januar 2013 noch nicht bezahlt.
a) Wann kann A frühestens aufrechnen?
b) Wie ist die Rechtslage, wenn B am 31. 12. 2012 die Aufrechnung erklärt?

2.6 Erlass

2.6.1 Erlass im Zivilrecht

Erlass ist der zwischen Gläubiger und Schuldner eines Anspruchs geschlossene **Vertrag**, durch den der Gläubiger die Schuld erlässt. Rechtsfolge: Der Anspruch erlischt (§ 397 Abs. 1). Im Gegensatz zur Aufrechnung bedarf es zum Erlass der beiderseitigen Willenserklärungen (häufig jedoch: konkludente Willenserklärung des Schuldners!).

2.6.2 Erlass im Steuerrecht

Der **steuerliche Erlass** ist ein Verwaltungsakt und kein Vertrag und führt ebenfalls zum Erlöschen des Steueranspruchs. Er beinhaltet zwei Erlöschenstatbestände: Erlass wegen sachlicher oder persönlicher Unbilligkeit. Beide Fallgruppen sind in § 227 Abs. 1 AO zusammengefasst.

Unbilligkeit bedeutet, die Einziehung einer Forderung ist mit dem Rechtsempfinden unvereinbar. Der Gesetzgeber versucht über die Billigkeitsregelung besondere Härten im **Einzelfall** auszugleichen.

Bei der **sachlichen Unbilligkeit** muss eine Fallgestaltung vorliegen, die den Schluss rechtfertigt, der Gesetzgeber hätte diesen (Einzel-)Fall von der Besteuerung ausgenommen oder zumindest anders geregelt, wenn er ihn gesehen hätte. Auf persönliche Umstände und Verhältnisse kommt es insoweit nicht an.

Die **persönliche Unbilligkeit** setzt voraus, dass ein Steuerpflichtiger in seiner Person Gründe vorweist, die ihn als erlassbedürftig und erlasswürdig erscheinen lassen.

Erlassbedürftigkeit liegt insbesondere vor, wenn die Zahlung die wirtschaftliche Existenz des Stpfl. gefährden würde und andere steuerliche Maßnahmen (z. B. Stundung) zur Abwendung nicht ausreichen.

Erlasswürdigkeit ist dann gegeben, wenn der Stpfl. seine mangelnde Leistungsfähigkeit (die Erlassbedürftigkeit) nicht selbst (schuldhaft) herbeigeführt hat. Sie liegt dann nicht vor, wenn der Stpfl. durch sein Verhalten in eindeutiger Weise gegen die Interessen der Allgemeinheit verstößt (sinngemäß BFH vom 14. 11. 1957 BStBl III 1958, 153).

Rechtsfolge des gewährten Erlasses (Ermessensentscheidung der Finanzbehörde): Der Anspruch aus dem Steuerschuldverhältnis geht unter. Bereits erbrachte Zahlungen oder später gezahlte Beträge müssen erstattet oder verrechnet werden (§ 227 Abs. 1 letzter HS AO).

3 Verjährung

3.1 Zivilrechtliche Verjährung

3.1.1 Grundsätze

Die zivilrechtliche Verjährung umfasst generell nur Ansprüche (vgl. die Definition in § 194 Abs. 1), d. h. das Recht eines Rechtssubjekts (vgl. B 1.1.4) gegenüber einem anderen Rechtssubjekt, ein bestimmtes Tun (Handeln) oder Unterlassen (Nichthandeln) zu verlangen (vgl. B 1.1.1).

Dies gilt nach § 194 Abs. 2 nur eingeschränkt für familienrechtliche Ansprüche.

BEISPIELE

a) Der Anspruch auf Herausgabe des Eigentums an einer beweglichen Sache (vgl. § 985) unterliegt der Verjährung.

b) Das Eigentum an einer Sache (dingliches/absolutes Recht, vgl. § 903) unterliegt nicht der Verjährung, da kein Anspruch i. S. d. § 194 besteht.

Nach Ablauf eines bestimmten Zeitraums (**»Verjährungsfrist«**) tritt eine Änderung der Rechtslage ein.

Anders als im Steuerrecht (vgl. 3.2) hat sich der BGB-Gesetzgeber für ein **Leistungsverweigerungsrecht** entschieden. Nach § 214 Abs. 1 ist der Schuldner einer Leistung berechtigt, die geschuldete Leistung zu verweigern. Der Anspruch auf Leistung bleibt bestehen (kein Erlöschensgrund!) d. h. der Schuldner darf und kann leisten, wenn er dies aus welchem Grund auch immer will (z. B. Handelsbrauch, sich nicht auf Verjährung zu berufen; »moralische« Gründe etc), er kann jedoch auch die Verjährung geltend machen (**Einrede der Verjährung**) und braucht dann nicht mehr zu leisten.

Zu den Sonderfällen vgl. §§ 215–218

Bereits Geleistetes kann nicht zurückgefordert werden, selbst dann nicht, wenn der Schuldner von der Verjährung nichts wusste (§ 214 Abs. 2) (ebenso bei vertragsmäßiger Anerkenntnis oder Sicherheitsleistung, Abs. 2 Satz 2).

BEISPIEL

B hat gegen A einen Zahlungsanspruch (aus Vertrag) i. H. v. 2 000 €. A zahlt nach Ablauf der Verjährungsfrist, weil er von seinem Leistungsverweigerungsrecht nichts wusste. Wenige Wochen später bemerkt A sein »Versehen«. (Lesen Sie zunächst §§ 812 Abs. 1 Satz 1 und 813 als mögliche Rechtsgrundlage für das Zahlungsverlangen!)

LÖSUNG A kann nichts zurückverlangen (§ 214 Abs. 2 Satz 1).

3.1.2 Exkurs: Einrede

Die Einrede der Verjährung ist neben anderen Einreden (z. B. § 322) ein weiterer Fall eines Gestaltungsrechts, eines Rechts also, mit dessen Ausübung der Berechtigte ein Rechtsverhältnis – ohne Mitwirkung eines anderen – gestalten d. h. verändern kann.

Die Einrede ist generell ein Leistungsverweigerungsrecht, mit dem der Schuldner eines Anspruchs dem Gläubiger gegenüber vorübergehend oder endgültig die Verwirklichung des Anspruchs verhindern kann. Zwei Voraussetzungen müssen allerdings erfüllt sein: Das Recht muss auf einer wirksamen Rechtsgrundlage beruhen (d. h. im Regelfall auf einer Gesetzesnorm oder Vertragsbestimmung) und der Berechtigte muss sich ausdrücklich darauf berufen (einseitige empfangsbedürftige Willenserklärung).

3.1.3 Berechnung der Verjährungsfrist

Wie bei allen Fristen stellen sich vier Problembereiche: Beginn der Frist, Dauer, reguläres Ende und Besonderheiten.

a) **Beginn**: Die »regelmäßige Verjährungsfrist« (von drei Jahren) beginnt mit dem Schluss des Kalenderjahrs, in dem der Anspruch entstanden ist und der Gläubiger von seinem Anspruch weiß (anspruchsbegründende Umstände, Person des Schuldners) oder – ohne grobe Fahrlässigkeit – dies hätte in Erfahrung bringen können (§ 199 Abs. 1) (Grundsatz Kalenderjahrprinzip).

Ausnahmen:

- Bei Ansprüchen, die nicht der »regelmäßigen Verjährungsfrist« unterliegen, beginnt die Frist abweichend nicht nach dem Kalenderjahrprinzip, sondern grundsätzlich mit der Entstehung des Anspruchs (§ 200 Satz 1).
  »Entstehung« wird i. d. R. mit »Fälligkeit« gleichgesetzt.

BEISPIEL

Der Anspruch auf Übertragung des Eigentums an einem Grundstück verjährt nach § 196 in zehn Jahren. Die Frist beginnt z. B. mit dem wirksamen Abschluss des anspruchsbegründenden Vertrags.

- Bei Ansprüchen, die – durch Urteil, Vergleich oder sonstige vollstreckbare Urkunden oder durch im Insolvenzverfahren erfolgte Feststellung – vollstreckbar sind, beginnt die Verjährung (erst) mit der Rechtskraft der Entscheidung …, soweit diese später als die Entstehung eintritt (vgl. § 201), andernfalls bleibt es bei der späteren Entstehung.

b) Die **Dauer** der Verjährung ist gegenüber dem bisherigen Recht stark verkürzt. Die **»regelmäßige Verjährungsfrist«** beträgt nach § 195 (nur) drei Jahre.
   In **Sonderfällen verlängert** sich diese Frist auf ein Vielfaches:

- bei **Grundstücken**: Ansprüche auf Übertragung des Eigentums an einem Grundstück sowie auf Begründung, Übertragung, Aufhebung oder inhaltliche Änderung von Rechten an einem Grundstück verjähren in zehn Jahren (§ 196);
- bei **dinglichen Rechten**: In 30 Jahren verjähren Herausgabeansprüche aus Eigentum oder anderen dinglichen Rechten (§ 197 Abs. 1 Nr. 1);
- bei **familienrechtlichen Ansprüchen**, soweit sie überhaupt der Verjährung unterliegen (vgl. § 194 Abs. 2): 30 Jahre (§ 197 Abs. 1 Nr. 2);
- bei **erbrechtlichen Ansprüchen**: 30 Jahre (§ 197 Abs. 1 Nr. 2);
- bei **rechtskräftig festgestellten Ansprüchen** (z. B. durch Urteil), bei Ansprüchen aus vollstreckbaren Vergleichen oder vollstreckbaren Urkunden oder bei vollstreckbaren Feststellungen im Insolvenzverfahren: 30 Jahre (§ 197 Abs. 1 Nr. 3, 4, 5).
  Verkürzt ist die Verjährungsfrist z. B. im Gewährleistungsrecht (§ 438 beim Kaufvertrag, § 634a beim Werkvertrag, § 651 g beim Reisevertrag usw.).

c) Das **Ende** der Verjährungsfrist errechnet sich aus Fristbeginn und Dauer. Allerdings gibt es hierbei einige Besonderheiten.

3.1.4 Höchstfristen

Die »regelmäßige Verjährungsfrist« beginnt mit Ablauf des Kalenderjahrs, in dem der Anspruch entstanden **und** der Gläubiger … Kenntnis erlangt hat …

Es ist vorstellbar, dass beide (Beginn-)Voraussetzungen nicht im gleichen Kalenderjahr vorliegen, im Extremfall sogar weit auseinander liegen.

BEISPIEL

Die Körperverletzung des Gläubigers A findet im Jahr 01 statt.
Genaue Kenntnis des Täters erlangt A erst im Jahr 08 nach jahrelangen Ermittlungen und einem langwierigen Strafprozess, in dem als Täter B festgestellt und verurteilt wird. Die Verjährung des Schadenersatzanspruchs beginnt nach § 199 Abs. 1 mit Ablauf des Jahrs 08.

Um die Dauer der Verjährung zu begrenzen (»Rechtssicherheit«), beschreibt § 199 Abs. 2–4 so genannte **Höchstfristen**, die nach der »Schwere des Anspruchs« abgestuft sind:

a) **Schadenersatzansprüche wegen Verletzung von Leben, Körper, Gesundheit oder Freiheit** (vgl. die Aufzählung in § 823 Abs. 1, zu beachten sind aber auch die Unterschiede!) unterliegen der kurzen, regelmäßigen Verjährungsfrist, Beginn nach § 199 Abs. 1, sind aber zeitlich begrenzt nach § 199 Abs. 2: absolutes Ende (Eintritt der Verjährung) unabhängig von Entstehungszeitpunkt und Kenntnis in 30 Jahren seit **Begehung** des Schaden auslösenden Ereignisses (Handlung, Pflichtverletzung/Unterlassung oder sonstige Ereignisse).

b) **andere** (sonstige, nicht in a) aufgeführte) **Schadenersatzansprüche** verjähren spätestens (Höchstfrist)
   - in 10 Jahren seit »**Entstehung**« (ohne Rücksicht auf **Kenntnis**)
   - in 30 Jahren seit »**Begehung**« (ohne Rücksicht auf **Entstehung und Kenntnis**) § 199 Abs. 3.

   Es gilt die jeweils kürzere Verjährungsfrist.

c) **alle anderen Ansprüche** (soweit sie der regelmäßigen Verjährung unterliegen, §§ 195, 199 Abs. 1, 199 Abs. 4) verjähren in 10 Jahren seit **Entstehung** (ohne Rücksicht auf Kenntnis …, vgl. § 199 Abs. 4).

3.1.5 Hemmung der Verjährung

Die Hemmung der Verjährung soll verhindern, dass begonnene »Verfahren« durch die Verjährung beendet/abgebrochen werden oder unter »zeitlichen Druck« geraten. Daher wird der Zeitraum, während dessen die Verjährung gehemmt ist, nicht in die Fristberechnung einbezogen (er verlängert also die Frist; § 209).

Solche Verfahren sind z. B.:

- **Verhandlungen über Inhalt und Entstehung des Anspruchs** (§ 203). Die Verjährung wird bis mindestens drei Monate nach der »Verweigerung der Fortsetzung der Verhandlungen« durch einen der Verhandlungspartner gehemmt;
- **Rechtsverfolgung** (§ 204). Kein Eintritt der Verjährung bei Klageerhebung z. B. auf Leistung oder Feststellung (Abs. 1 Nr. 1), durch Zustellung des Mahnbescheids (Nr. 3) und weitere gerichtliche oder behördliche Anträge: Hemmung um mindestens 6 Monate ab rechtskräftiger Entscheidung oder anderweitiger Beendigung des eingeleiteten Verfahrens (Abs. 2);

- Hemmung bei **Leistungsverweigerungsrecht** (§ 205). Gilt für alle vereinbarten, vorübergehenden Leistungsverweigerungsrechte (natürlich nicht für Einrede der Verjährung), **solange** der Schuldner zur Leistungsverweigerung berechtigt ist;
- bei **höherer Gewalt** (§ 206; solange &idot;);
- aus **familiären Gründen** (§ 207; Umfang Abs. 1) oder bei Verletzung der sexuellen Selbstbestimmung (§ 208; Hinweis auf Umfang!).

3.1.6 Ablaufhemmung (AblH)

Im Gegensatz zur Hemmung der Verjährung, die Maßnahmen innerhalb der regulären Verjährungsfrist betrifft, schiebt die AblH das regulär berechnete Ende hinaus.

Solche AblH sind gegeben bei:

- **Geschäftsunfähigen oder beschränkt Geschäftsfähigen ohne gesetzlichen Vertreter**: AblH bis zum Zeitpunkt des unbeschränkt Geschäftsfähigwerdens oder bis ein gesetzlicher Vertreter vorhanden ist zuzüglich sechs Monate (»nicht vor«; § 210). (Bei Verjährungsfrist unter sechs Monaten: zuzüglich dieser kürzeren Frist.)
- **Nachlassfällen** (§ 211): AblH bis sechs Monate nach Annahme der Erbschaft (oder andere Ereignisse).

3.1.7 Neubeginn der Verjährung (§ 212 BGB)

Die Verjährungsfrist beginnt erneut (bisher: »Unterbrechung«), wenn

- der Schuldner dem Gläubiger gegenüber seine Verpflichtung **anerkennt**, z. B. durch Teil- oder Abschlagszahlung, Zinszahlung oder in anderer Weise;
- die **gerichtliche oder behördliche Vollstreckung** erfolgreich (Abs. 2, 3) beantragt oder durchgeführt wird.

FALL 25

Der Anspruch des Kaufmanns K auf Zahlung von 200 € gem. § 433 ist verjährt (§ 195). Der Schuldner S zahlt – ohne das Vorliegen der Verjährung zu bemerken – die geschuldeten 200 €. Wenige Wochen später bemerkt S sein Versehen. Muss K die 200 € wieder herausgeben (mögliche Rechtsgrundlage § 812 Abs. 1 Satz 1 und § 813 Abs. 1)?

3.2 Steuerliche Verjährung

Die **steuerliche Verjährung** ist in der Abgabenordnung an zwei Stellen geregelt. Im Gegensatz zur zivilrechtlichen Verjährung führt der Eintritt der steuerlichen Verjährung zum Erlöschen des Steueranspruchs. Man unterscheidet zwischen der Festsetzungs- und der Zahlungsverjährung.

Die **Festsetzungsverjährung** (§§ 169 ff. AO) erfasst solche Ansprüche aus dem Steuerschuldverhältnis, die der Festsetzung durch Verwaltungsakt, Bescheid oder Steueranmeldung bedürfen. Nach Ablauf der Festsetzungsfrist (Regelfall für Zölle etc.: 1 Jahr, für Steuern: 4 Jahre § 169 Abs. 2 AO) ist der Finanzverwaltung das Recht entzogen, noch nicht festgesetzte Ansprüche erstmals festzusetzen oder bereits festgesetzte Ansprüche zu ändern oder aufzuheben: Das »Recht auf Festsetzung« ist erloschen. Insoweit stellt § 169 AO einen Erlöschenstatbestand dar (vgl. § 47 AO).

Sind jedoch die Ansprüche bereits festgesetzt, so bedeutet das – im Gegensatz zu der missverständlichen Formulierung des § 47 AO – nicht, dass der festgesetzte Anspruch erloschen wäre. Wie lange aus Festsetzungen noch Zahlung verlangt werden kann, regelt die Zahlungsverjährung (§§ 228 ff. AO).

Nach Ablauf der **Zahlungsverjährungsfrist (§ 228 ff. AO)** ist der Anspruch endgültig untergegangen (§ 47 AO). Danach erbrachte Zahlungen auf diese Ansprüche erfolgen ohne rechtlichen Grund und sind zu erstatten (§ 37 AO).

FALL 26

Wie wäre Fall 25 zu behandeln, wenn es um einen Anspruch des Finanzamts (z. B. auf Zahlung der Einkommensteuer) ginge, der zahlungsverjährt ist (§§ 228 ff. AO)?

4 Leistungsstörungen

Unter **Leistungsstörungen** versteht das BGB alle Fälle, in denen eine vertraglich (oder gesetzlich) geschuldete Leistung aus einem Schuldverhältnis

- nicht oder zu spät erbracht wird oder
- überhaupt nicht erbracht werden kann oder
- für den Schuldner wirtschaftlich nicht sinnvoll erbracht werden kann.

Die Pflichtverletzung im Rahmen eines Schuldverhältnisses hat im Schuldrecht eine

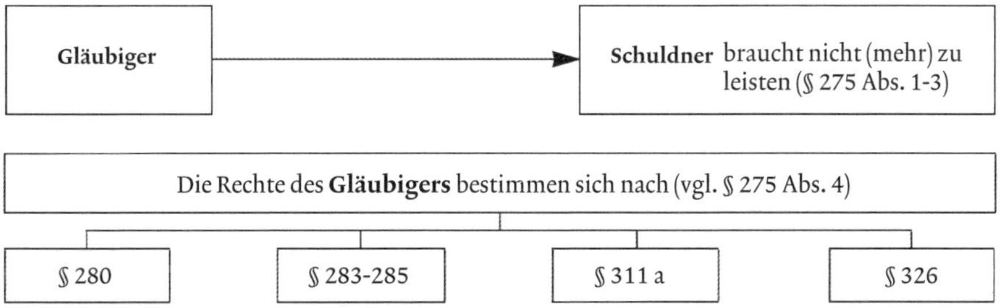

zentrale Bedeutung. § 280 Abs. 1 ist Ausgangsnorm für alle Schadenersatzansprüche bei Leistungsstörungen. § 280 Abs. 2 und 3 regeln Schadenersatz wegen Verzögerung der Leistung und Schadenersatz statt der Leistung verbunden mit weiteren Normen. Daneben gibt es noch den Schadenersatzanspruch wegen Nebenpflichtverletzung gem. § 280 Abs. 1 i. V. m. § 241 Abs. 2. Zunächst folgen Anmerkungen zu den allgemeinen Voraussetzungen des § 280 Abs. 1.

4.1 Allgemeine Voraussetzungen (§ 280)

4.1.1 Schuldverhältnis

Nach § 311 Abs. 1 entsteht ein Schuldverhältnis grundsätzlich durch Rechtsgeschäft (soweit das Gesetz nicht ein anderes vorsieht), ebenso geschieht die inhaltliche Änderung eines bereits bestehenden Rechtsgeschäfts. Dieses Rechtsgeschäft ist ein Vertrag zwischen den Beteiligten (Vertragspartner). Zum Zustandekommen von Verträgen vgl. B 3, zum Inhalt B 4 ff.

BEISPIEL

A und B schließen durch einander korrespondierende Willenserklärungen einen (Kauf-)Vertrag (nach §§ 433 ff.).

Ein Schuldverhältnis kann aber auch ohne ausdrücklichen Vertragsschluss (bereits) entstanden sein, z. B.

- durch die **Aufnahme von Vertragsverhandlungen** (§ 311 Abs. 2 Nr. 1) – früher »culpa in contrahendo« –, vorvertragliche Beziehungen, Verschulden vor/bei Vertragsschluss. Dies setzt ein vertragsähnliches Vertrauensverhältnis voraus. Es entsteht durch den Beginn von Vertragsverhandlungen und endet, wenn diese nicht zum Erfolg führen, mit dem Ende der – vorvertraglichen – Verhandlungen oder – idealer Weise –, wenn der Vertrag tatsächlich zustande kommt. Primäre Leistungspflichten werden zwar noch nicht begründet, wohl aber Fürsorge-, Rücksichts- und Loyalitätspflichten, je nach den Umständen des Einzelfalls. Die bisherige Rechtsprechung soll nach dem Willen des Gesetzgebers weiter anwendbar bleiben.

BEISPIELE

a) Der überraschende und grundlose Abbruch von Vertragsverhandlungen kann zu Ansprüchen des Vertragspartners führen, der im Vertrauen auf das Zustandekommen Aufwendungen gemacht hat.
b) Ein Automatenverkäufer muss erkennbar unerfahrene Kunden auf die Risiken des Vertrags aufmerksam machen.
c) Ein potentieller Autokäufer kann für Schäden eintreten müssen, die bei einer Probefahrt – vor Vertragsschluss – entstehen.

- durch die **Anbahnung eines Vertrags**, die einem Vertragspartner (bereits jetzt) im Hinblick auf den späteren Vertrag Rechtspositionen einräumt, mit denen er die Möglichkeit zur Einwirkung auf Rechte, Rechtsgüter oder Interessen des anderen hat (§ 311 Abs. 2 Nr. 2);
- durch alle **ähnlichen, geschäftlichen Kontakte** (§ 311 Abs. 2 Nr. 3).

Selbst zu Personen, zu denen ein Schuldverhältnis weder besteht noch begründet werden soll, kann sich eine Rechtsposition i. S. d. § 311 ergeben, wenn zu ihnen »insbesondere« ein Vertrauensverhältnis besteht, das der Dritte zu Vertragsverhandlungen oder Vertragsschluss benutzt (§ 311 Abs. 3). Es handelt sich um Personen, die selbst kein eigenes Interesse am Vertragsschluss haben, aber entscheidend zum Vertragsabschluss anderer beitragen.

BEISPIEL

Der Käufer eines Hauses vertraut auf die Sachkompetenz eines »Sachverständigen«, eines »Gutachters« oder anderer Auskunftspersonen.

Das abgeschlossene Rechtsgeschäft **berechtigt den jeweiligen Gläubiger, von dem Schuldner eine Leistung zu fordern** (Hauptleistungspflichten), die in einer Handlung oder einem Unterlassen bestehen kann (§ 241 Abs. 1; vgl. zusätzlich § 194: Legaldefinition des »Anspruchs«).

Daneben kann es nach § 241 Abs. 2 beide Teile auch zu besonderer Rücksichtnahme verpflichten, z. B. auf die Rechte, Rechtsgüter und Interessen des jeweils anderen (Nebenpflichten).

4.1.2 Pflichtverletzung

Eine Pflichtverletzung liegt vor, wenn eine Leistung nicht oder nur unzureichend erbracht wird. Als Verletzung der Hauptpflichten kommen die Unmöglichkeit, der Verzug des Schuldners, der Verzug des Gläubigers und die Schlechtleistung in Betracht.

BEISPIEL

Die Lieferung wird nicht/nicht pünktlich/schlecht erbracht. Der Gläubiger hat hierdurch einen Schaden: Es besteht ein Schadenersatzanspruch des Gläubigers.

Wenn die Hauptleistung erbracht wurde, kann eine Pflichtverletzung von Nebenpflichten bzw. Nebenleistungspflichten (§ 241 Abs. 2) noch in Betracht kommen, wenn mit der Leistung anderweitige Schäden oder Nachteile verbunden sind.

BEISPIELE

a) Die Bedienungsanleitung wird bei Lieferung einer Maschine vergessen (= vertragliche Nebenpflicht).
b) Vgl. § 241 Abs. 2: Die Kassiererin der Warenhauskette … hat einen Kassenfehlbestand, allerdings liegt die Beweislast für die Pflichtverletzung beim Arbeitgeber.

4.1.3 Vertretenmüssen

Voraussetzung eines jeden Schadenersatzanspruchs ist das Vertretenmüssen. Nach § 276 hat der Schuldner grundsätzlich Vorsatz und Fahrlässigkeit zu vertreten. Das Vertretenmüssen wird in § 280 Abs. 1 Satz 2 vermutet. Der Schuldner muss im Prozess das Nichtvertretenmüssen beweisen.

Strengere oder mildere Haftung gegenüber dieser allgemeinen Aussage kann sich aus dem Gesetz oder aus dem Inhalt des Schuldverhältnisses ergeben, z. B. bei Garantieübernahme (u. a. §§ 442, 443, 444) oder Übernahme eines Beschaffungsrisikos (z. B. Haftung für jede – auch unverschuldete – Unmöglichkeit).

Der Haftungsausschluss oder die Haftungsbegrenzung nach §§ 827, 828 wird entsprechend angewendet.

4.1.3.1 Vorsatz

Unter Vorsatz versteht man das Wissen und Wollen des rechtswidrigen Erfolgs.

Er besteht aus einem Wissenselement und einem Willenselement. Der Schuldner muss den Erfolg vorausgesehen haben und zumindest billigend in Kauf nehmen. Die Beweggründe dafür sind unbeachtlich. Eine Vereinbarung, wonach Haftung wegen Vorsatzes ausgeschlossen ist, kann nicht im Voraus getroffen werden (§ 276 Abs. 3).

4.1.3.2 Fahrlässigkeit

§ 276 Abs. 2 definiert die Fahrlässigkeit als das Außerachtlassen der im Verkehr erforderlichen Sorgfalt.

Die Rechtsprechung und Rechtslehre haben – mit unveränderter Gültigkeit – nach bewusster/unbewusster Fahrlässigkeit unterschieden, verschiedene Abstufungen der Fahrlässigkeit entwickelt:

- einfache/gewöhnliche Fahrlässigkeit als Regelfall des haftungsbegründenden Verschuldens,
- grobe Fahrlässigkeit: Verletzung der verkehrsüblichen Sorgfalt in besonders ungewöhnlichem Maße (wer nicht das einhält, was im gegebenen Falle jedem einleuchten muss),
- konkrete Fahrlässigkeit (diligentia quam in suis): Sorgfalt wie in eigenen Angelegenheiten (vgl. z. B. §§ 277, 690, 708).

Entscheidend ist jedoch zunächst nur, dass (anders als im Strafrecht) nicht ein individueller, persönlicher Maßstab gilt, sondern vielmehr ein allgemeiner, objektiver: Das Verhalten jedes Vertragspartners muss so sein, dass Schaden für den anderen möglichst vermieden wird. Fahrlässig handelt danach, wer die erforderliche (= übliche) Sorgfalt außer Acht lässt.

BEISPIEL

Ein Rechtsanwalt ist bei einem Ratsuchenden zu allgemeiner, umfassender und möglichst erschöpfender Beratung verpflichtet, erforderlich sind Hinweise auf Risiken, Prüfung des Anspruchs »in jeder Richtung«, Unterrichtung über ergangene gerichtliche Entscheidungen unverzüglich und vollständig, Beachtung der Verjährung, Maßnahmen zur Unterbrechung einer drohenden Verjährung und anderes mehr.

4.1.3.3 Verschulden Dritter

Der Schuldner ist nicht nur für eigenes Verschulden verantwortlich. Er hat nach § 278 in gleichem Umfang auch das Verschulden anderer zu vertreten, nämlich seiner

- gesetzlichen Vertreter (vgl. B 1.4.3) und
- seiner Erfüllungsgehilfen (Personen, derer er sich zur Erfüllung seiner Verbindlichkeiten bedient).

Insbesondere der Begriff des Erfüllungsgehilfen beschreibt einen weiten Personenkreis: Wer nach den tatsächlichen Gegebenheiten des Falles mit dem Willen des Schuldners (in Auftrag/in Vertretung) in der Erfüllung (nicht nur bei Gelegenheit) einer diesem obliegenden Verbindlichkeit als seine Hilfsperson tätig wird, ist Erfüllungsgehilfe (vor allem Arbeitnehmer: Verkäufer des Geschäftsmanns, Büroangestellte des Rechtsanwalts, Monteur des Installateurs, Busfahrer des Busunternehmers usw., aber auch selbständige Unternehmer, die vom Schuldner in seinem Pflichtenkreis eingesetzt werden, z. B. der Subunternehmer des Werkunternehmers beim Bau eines schlüsselfertigen Hauses).

4.2 Unmöglichkeit

4.2.1 Unmöglichkeit der Leistungspflicht

Verträge sind grundsätzlich zu erfüllen (pacta sunt servanda – Grundsatz der Vertragstreue), es sei denn, gesetzliche Regelungen erlauben Ausnahmen. Eine davon ist die Unmöglichkeit der Leistungspflicht. Sie ist als Einwendung ausgestaltet, d. h. im Prozess vom Richter von Amts wegen zu beachten.

Kann der Schuldner nicht leisten (**subjektive Unmöglichkeit**) oder ist die geschuldete Leistung für jedermann unmöglich (**objektive Unmöglichkeit**), so hat der Gläubiger keinen Anspruch mehr auf die Leistung (§ 275 Abs. 1). **Der Schuldner wird von seiner Leistungspflicht entbunden**.

BEISPIELE

a) A schuldet aufgrund eines Kaufvertrages mit B die Übereignung eines bestimmten Kunstwerks. Dieses Kunstwerk ist zerstört. Objektive Unmöglichkeit: Keine Leistungspflicht des Schuldners (A) (mehr) nach § 275 Abs. 1. Der Anspruch von B auf Übereignung nach § 433 Abs. 1 ist nach § 275 Abs. 1 untergegangen. Grundsätzlich erlischt der Anspruch auf die Gegenleistung, also der Anspruch auf Zahlung beim Kaufvertrag (§ 433 Abs. 2, vgl. § 326 Abs. 1).

b) X schuldet Y die Übereignung einer bestimmten (gebrauchten) Maschine. Diese wurde bereits vorher an einen Dritten D verkauft und wirksam übereignet. Der Dritte ist nicht bereit, sie herauszugeben. Subjektive Unmöglichkeit des X: X braucht nicht mehr zu leisten, seine Leistungspflicht entfällt, § 275 Abs. 1. Der Anspruch von Y auf Übereignung der Maschine ist nach § 275 Abs. 1 untergegangen.

Dies gilt auch dann, wenn das Leistungshindernis schon bei Vertragsschluss vorliegt. Es wird nicht unterschieden zwischen **anfänglicher** (d. h. schon bei Vertragsschluss bestehender) Unmöglichkeit und **nachträglicher** Unmöglichkeit (die erst nach Vertragsschluss eintritt; § 311a Abs. 1). Die Rechtsfolgen bestimmen sich in allen Fällen nach § 275.

BEISPIELE

a) Das Kunstwerk war schon bei Vertragsschluss zerstört.
b) Die Maschine war schon bei Vertragsschluss mit Y an D verkauft und übereignet.

Es ist zunächst für die Anwendung des § 275 ohne Bedeutung, ob der Schuldner die Leistungsstörung zu vertreten (= verschuldet) hat oder nicht (also **keine Differenzierung in zu vertretende/nicht zu vertretende Unmöglichkeit**). Dies spielt erst bei möglichen Schadenersatzansprüchen (Sekundäransprüchen) eine Rolle.

BEISPIELE

a) A wusste bei Vertragsschluss (oder hätte wissen können), dass das Kunstwerk zerstört ist.
b) X hat die Maschine selbst an D verkauft und übereignet. Er wusste also von der Unmöglichkeit.
c) Die geschuldete Sache wird dem Schuldner gestohlen.

Der Grund für diese Rechtslage ist einleuchtend: Es ist sinnlos, dem Gläubiger einen Anspruch (auf die bisherige Leistung) zu geben, den der Schuldner nicht erfüllen kann.

4.2.2 Leistungsverweigerungsrecht (§ 275 Abs. 2, 3 BGB)

Der Schuldner **kann die Leistung verweigern** (Einrede/Gestaltungsrecht), wenn die geschuldete Leistung zwar (noch) möglich ist, aber nur unter unverhältnismäßigem Aufwand (grobes Missverhältnis zwischen Aufwand bei der Leistung und Leistungsinteresse des Gläubigers unter Beachtung des jeweiligen Schuldverhältnisses und des Gebots von Treu und Glauben; § 275 Abs. 2).

BEISPIEL

Ein Ring soll auf dem Meeresgrund geliefert werden.
Die Lieferung ist zwar möglich, aber wirtschaftlich nicht sinnvoll.

An dieser Stelle kommt es insbesondere auch nicht darauf an, ob der Schuldner die Leistungsstörung zu vertreten hat. Für andere Fälle sieht § 275 ein Leistungsverweigerungsrecht vor.

Der Schuldner kann ebenfalls eine Einrede geltend machen, wenn die ihm **persönlich** obliegende Leistung für ihn nicht zumutbar ist (obwohl er sie erbringen könnte; § 275 Abs. 3).

Auch hier findet eine Abwägung zwischen dem Hindernis (auf Seiten des Schuldners) und dem Interesse des Gläubigers an der Leistung statt (typisch bei Arbeits- und Dienstverträgen, Werk- oder Geschäftsbesorgungsverträgen).

BEISPIELE

a) Eine Opernsängerin weigert sich aufzutreten, weil ihr Kind lebensgefährlich erkrankt ist.
b) Ein türkischer Arbeitnehmer, der in Deutschland arbeitet, wird in die Türkei zum Wehrdienst einberufen. Bei einer Weigerung (»Fahnenflucht«) droht ihm evtl. sogar die Todesstrafe. Das Bestehen auf Erfüllung seines deutschen Arbeitsvertrags ist nicht zumutbar (BAG vom 22. 12. 1982 NJW 1983, 2782 (2784)).

4.2.3 Ausnahmen zu § 275 BGB

Keine Anwendung findet § 275 bei **Geldschulden** (Gattungsschulden der Gesetzgeber geht vom Grundsatz: »Geld hat man zu haben« aus) **und bei Gattungsschulden.** Selbst wenn ein Schuldner mehr Leistungen übernimmt, als er liefern, herstellen, beschaffen kann, liegt keine Unmöglichkeit i. S. d. § 275 vor, solange solche Gattungsleistungen noch am Markt lieferbar sind. Der Schuldner einer Gattungsschuld kann die Schuld durch Konkretisierung auf eine bestimmte Sache beschränken.

4.2.4 Teilweise Unmöglichkeit

Die bisher gemachten Aussagen gelten auch für eine **teilweise Unmöglichkeit** (vgl. § 275 Abs. 1, 2: »soweit«).

BEISPIELE

Der Schuldner hat einen Esstisch mit acht Stühlen zu liefern. Nur vier Stühle sind davon noch verfügbar: § 275 Abs. 1.

Sie gelten auch für eine zeitweilige Unmöglichkeit.

BEISPIELE

a) Der Liefergegenstand aus einem Nachbarland wird an der Grenze blockiert (§ 275 Abs. 19).
b) Ein Arbeitnehmer ist vorübergehend durch Krankheit verhindert. Er muss die verstrichene Zeit nicht nacharbeiten.

4.3 Rechte des Gläubigers

Zu fragen ist nach der Stellung des Anspruchsberechtigten (Gläubigers).

Dabei wird unterschieden, ob und welche Sekundärleistungspflichten den Schuldner treffen bzw. ob dem Gläubiger statt des erloschenen Primärleistungsanspruchs jetzt ein (oder mehrere) Sekundärleistungsansprüche (z. B. Schadenersatzansprüche) zustehen.

Nach § 283 Satz 1 kann der Gläubiger im Falle einer nachträglichen Unmöglichkeit unter den Voraussetzungen des § 280 Abs. 1 Schadenersatz verlangen, wenn der Schuldner aufgrund der Regelungen der § 275 Abs. 1 bis 3 nicht mehr zu leisten braucht. Die Regelung des § 280 Abs. 1 Satz 2 stellt klar, dass ein solcher Schadenersatzanspruch nur besteht, wenn der Schuldner die Pflichtverletzung (hier die Unmöglichkeit) zu vertreten hat. Was der Schuldner zu vertreten hat regelt die Vorschrift des § 276 BGB.

Lag die Unmöglichkeit bei Abschluss des Vertrages bereits vor (anfängliche Unmöglichkeit), bestimmt sich der Schadenersatzanspruch nach § 311a Abs. 2. Kannte der Schuldner das Leistungshindernis bzw. kannte er es nicht, hatte aber seine Unkenntnis zu vertreten, steht ihm nach seiner Wahl ein Schadenersatzanspruch oder Ersatz seiner Aufwendungen gem. § 284 zu. Der Ersatz von Aufwendungen, die der Gläubiger im Vertrauen auf den Vertragsabschluss gemacht hat, steht dem Schuldner alternativ zu einem Schadenersatzanspruch immer zu (§ 284). Dies können Vertragskosten oder Beratungskosten sein.

4.4 Auswirkungen bei gegenseitigen Verträgen

Gegenseitige Verträge sind Verträge, in denen beide Vertragspartner Ansprüche gegeneinander erwerben und die jeweiligen Leistungen in einem Gegenseitigkeitsverhältnis einander gleichwertig gegenüberstehen. Vgl. dazu B2 und B4.

BEISPIELE

a) Kaufvertrag (§§ 433 ff.): Ware (Anspruch auf Übereignung) gegen Geld (Anspruch auf Bezahlung). Der Kaufvertrag ist aus der Sicht des BGB »der vollkommene Vertrag«: gegenseitiger Vertrag.
b) Mietvertrag (§§ 535 ff.). Nutzungsüberlassung gegen Miete: gegenseitiger Vertrag.
c) Bürgschaftsvertrag (§§ 765 ff.): Der Verpflichtung des Bürgen steht kein Recht des Bürgen gegenüber: einseitig verpflichtender Vertrag.
d) Auftragsvertrag (§§ 662 ff.): Der Verpflichtung des Auftragnehmers (vgl. § 662) steht kein gleichwertiges Recht des Auftragnehmers gegenüber (vgl. z. B. § 670): unvollkommen zweiseitig verpflichtender Vertrag. Anders dagegen der entgeltliche Geschäftsbesorgungsvertrag des § 675.

I. R. d. Unmöglichkeit stellt sich bei gegenseitigen Verträgen immer folgende Frage: **Was geschieht mit dem Primäranspruch des Vertragspartners?** Muss der Vertragspartner leisten, obwohl er seine Leistung unter Umständen nicht erhalten hat?

Bisher wurde lediglich geklärt, ob der Schuldner eines Anspruchs seine Primärleistung erbringen muss (§ 275) und welche Rechte der Gläubiger der Primärleistung hat, wenn Pflichtverletzungen des Schuldners vorliegen (§§ 280 ff.).

Dies regelt § 326. In seinem Abs. 1 stellt er den Grundsatz auf, dass der Gläubiger seinen Anspruch auf die Gegenleistung verliert, wenn der Schuldner gem. § 275 Abs. 1 bis 3 von seiner Leistungspflicht befreit wird. § 275 Abs. 4 enthält eine Verweisung auf § 326. Hat der Gläubiger die Gegenleistung bereits erbracht (z. B. den Kaufpreis bereits bezahlt), kann er diese gem. § 326 Abs. 4 i. V. m. § 346 ff. zurückfordern.

Ausnahmen zu diesem Grundsatz finden sich in § 326 Abs. 2. Wenn der Gläubiger den Eintritt der Unmöglichkeit zu verantworten hat oder sich im Verzug der Annahme befindet (§ 293 ff.) und der Schuldner die Unmöglichkeit nicht zu vertreten hat, behält der Gläubiger den Anspruch auf die Gegenleistung.

BEISPIELE

a) A sollte am 05.04.2012 sein bereits gekauftes gebrauchtes Fahrrad im Laden des V abholen. Er vergisst den Abholtermin und das Fahrrad wird kurz darauf aus dem Laden des V gestohlen.
b) Das verkaufte Bild wird kurz vor der Übereignung durch die vom Käufer K weggeworfene Zigarette durch Brand zerstört.

Weitere Ausnahmen ergeben sich aus den abweichenden Gefahrtragungsregeln der §§ 446 und 447. Wird die Sache vom Verkäufer bereits an den Käufer nach Vertragsabschluss übergeben (ohne sie zu übereignen, wie z. B. beim Eigentumsvorbehalt), geht die Gefahr des zufälligen Untergangs auf den Käufer über. Das wird mit der nun bestehenden Sachherrschaft des Käufers über die Kaufsache begründet.

Ein abweichender Gefahrübergang gilt nach § 447 auch beim Versendungskauf. Wird die Sache auf Wunsch des Käufers an diesen übersendet und übergibt der Verkäufer die Sache dem Transportunternehmen, geht die Gefahr, die Gegenleistung erbringen zu müssen, obwohl die Leistungspflicht untergeht, auf den Käufer über.

BEISPIEL

Das von B gekaufte Bild des Künstlers H wird auf Wunsch des B an diesen versendet. Mit Übergabe an die Spedition geht die Gefahr des zufälligen Untergangs auf den B über. Wird das Bild auf dem Transportweg ohne Verschulden zerstört, muss B die Gegenleistung erbringen, ohne dass er Ersatzansprüche gegen den Verkäufer oder die Spedition geltend machen kann.

Des Weiteren ist darauf hinzuweisen, dass der Gläubiger in diesem Fall ein Rücktrittsrecht gem. § 326 Abs. 5 i. V. m. § 323 hat, ohne dass es einer besonderen Fristsetzung bedarf. Ein Bedürfnis für einen Rücktritt wird es im Regelfall jedoch nicht geben, wenn die Gegenleistung bereits nach § 326 Abs. 1 entfällt. Er bleibt den Fällen vorbehalten, in denen ungeklärt ist, ob Unmöglichkeit vorliegt und der Schuldner der Ungewissheit ein Ende setzen will.

Erlangt der Schuldner, der nicht leisten kann, ein Surrogat für den zerstörten Gegenstand, d. h. einen Ersatz oder Ersatzanspruch, kann der Gläubiger Abtretung des Anspruchs oder Herausgabe des Ersatzes verlangen.

BEISPIEL

Die durch Brand zerstörte Sache war versichert.

4.5 Schadenersatz wegen Verzögerung der Leistung (§§ 280 Abs. 2, 286 ff. BGB)

4.5.1 Verzögerung der Leistung durch den Schuldner

Besteht die Pflichtverletzung darin, dass die geschuldete Leistung nicht (oder teilweise nicht) zum Leistungszeitpunkt (besser: bis Ende des Leistungszeitraums = Fälligkeit, § 271 Abs. 1) erbracht wird, hat der Schuldner einen etwaigen Schaden **nur unter den Voraussetzungen des § 286** zu ersetzen (§ 280 Abs. 2 verweist auf diese Vorschrift).

Grundsätzlich: Die bloße Verzögerung über die Fälligkeit hinaus hat noch keine wesentlichen Rechtsnachteile zur Folge. Im Gegensatz zum Schadenersatz gem. § 281 Abs. 1 ist der Gläubiger noch an der Leistung interessiert. Deswegen verlangt § 286 das Vorliegen weiterer Voraussetzungen, um einen Schadenersatzanspruch zu begründen:

1. **Fälligkeit** eingetreten (vgl. § 271 und 1.2),
2. **Mahnung** des Gläubigers (nach Fälligkeit!), die i. d. R. mit Fristsetzung – obwohl nicht erforderlich – verbunden sein dürfte,
3. (weiterhin) **Nichtleistung** des Schuldners,
4. **Vertretenmüssen** des Schuldners (§ 286 Abs. 4 i. V. m. § 276 ff.).

Rechtsfolge: »Schuldnerverzug«.

Unter Schuldnerverzug ist zu vertretende Nichtleistung trotz Fälligkeit und Mahnung zu verstehen.

Statt Mahnung kann auch Klage erhoben (vgl. §§ 253 ff. ZPO) oder ein Mahnbescheid (vgl. §§ 688 ff. ZPO) zugestellt werden, § 286 Abs. 1 Satz 2.

Die Mahnung ist entbehrlich, wenn

- die **Leistungszeit »nach dem Kalender«** bestimmt ist (§ 286 Abs. 2 Nr. 1).

BEISPIEL

Lieferung »am 06.12.01«

- der **Leistung ein Ereignis vorauszugehen** hat und eine angemessene Zeit für die Leistung bestimmt ist, dass sich die Leistung von diesem Ereignis aus nach dem Kalender berechnen lässt (§ 286 Abs. 2 Nr. 2).

BEISPIEL

»Kündigung eines Darlehens« am 15.03. mit Rückzahlung »bis ultimo« des der Kündigung folgenden Monats (= 30.04.).

- der Schuldner die **Leistung ernsthaft und endgültig verweigert** (§ 286 Abs. 2 Nr. 3; Mahnung wäre sinnlos).
- **aus besonderen Gründen** der sofortige Eintritt des Verzugs gerechtfertigt ist (§ 286 Abs. 2 Nr. 4).

BEISPIEL

Schuldner entzieht sich der Mahnung oder bei besonders eiligen Pflichten, z. B. Wasserrohrbruch (BGH vom 04.07.1963 NJW 1963, 1823).

4.5.2 Sonderfall bei Entgeltsforderungen (§ 286 Abs. 3 BGB)

Einen **Sonderfall** stellt § 286 Abs. 3 dar: Bei Entgeltsforderungen kann der Schuldner i. d. R. schon aus der Rechnung ersehen, wann er wie viel zahlen muss. Daher hat er (nur) eine – angemessene – Frist, nach deren Ablauf Verzug eintritt. Der Schuldner einer Geld- oder sonstigen Entgeltsforderung kommt **spätestens** (!) in Verzug, wenn er nach Fälligkeit und Zugang einer Rechnung (oder gleichwertigen Zahlungsaufstellung) nicht innerhalb von 30 Tagen leistet.

Ist der Schuldner »Verbraucher« (vgl. § 13 und B 1.2.3.3) d. h. Privatschuldner, muss er auf diese Folge hingewiesen worden sein, für den »Unternehmer« (§ 14 und B 1.2.3.3) ist dies entbehrlich (§ 286 Abs. 3 Satz 1, 2. Halbsatz).

Ist der Schuldner Unternehmer, so gilt (falls Zugang der Rechnung etc. zweifelhaft war) ersatzweise eine Frist von 30 Tagen nach »Fälligkeit und Empfang der Gegenleistung« (§ 286 Abs. 3 Satz 2).

Zu beachten: Kürzere Fristen sind frei vereinbar!

Es gilt weiterhin das Mahnsystem, Abs. 3 ergänzt nur (»spätestens«). D. h. Verzug entweder bei (früherer) Mahnung oder spätestens nach 30 Tagen seit...

4.5.3 Folgen des Schuldnerverzugs

Folgen des Verzugs sind u. a.:

- **Erhöhte Haftung** (für jede Fahrlässigkeit, grundsätzlich auch für Zufall, es sei denn ..., § 287 Satz 1 und 2), z. B. zufällige nicht zu vertretende Beschädigung des Liefergegenstandes.
- **Verzugszinsen** (§ 288): Geldschulden sind zu verzinsen mit 5 % über dem Basiszinssatz (§ 247) für Verbraucher, für Unternehmer und Kaufleute i. S. d. HGB mit 8 % über dem Basiszinssatz. Höhere Zinsen sind möglich (§ 288 Abs. 3). Neu durch das Gesetz zur Bekämpfung von Zahlungsverzug im Geschäftsverkehr vom 22.07.2014 (BGBl I 2014, 1218) wurde eine Verzugspauschale im Verzugsfall in Höhe von 40 € eingeführt, die anfällt, wenn ein Unternehmer in Verzug gerät. Diese Pauschale ist allerdings auf einen etwaigen Schadenersatzanspruch anzurechnen. Sie soll die »Müheverwaltung« des Gläubigers und die Bearbeitungskosten der verzugsbegründenden Mahnung abdecken. Bei Ratenzahlung kann sie ggf. mehrfach anfallen.
- **Geltendmachung weiteren Schadens** ist nicht ausgeschlossen (§ 288 Abs. 4).
- **Prozesszinsen** (§ 291) (...; und weitere Folgen, vgl. §§ 289, 290, 292).

Hinweis: Eine vertragliche Vereinbarung über spätere Zahlungs-(Entgelts-)ziele verschiebt die Fälligkeit. Insoweit kann dann kein Verzug nach § 286 Abs. 3 eintreten.

4.6 Gläubigerverzug

Es gehört zu der Pflicht des Gläubigers, eine gekaufte Sache abzunehmen (§ 433 Abs. 2). Kommt er dieser Pflicht nicht nach, obwohl der Schuldner sie hätte erfüllen dürfen, liegt unter Umständen Gläubigerverzug, geregelt in den §§ 293 ff., vor.

Nach diesen Vorschriften kommt in Verzug, wer eine Leistung tatsächlich (§ 294) oder wörtlich (§ 295) dem Schuldner anbietet. Ist für die vom Gläubiger vorzunehmende Handlung eine Zeit nach dem Kalender bestimmt, kommt Gläubigerverzug bereits ohne weitere Handlung des Schuldners in Betracht (§ 296).

BEISPIEL

Der Kunde K kommt nicht zum vereinbarten Abholtermin der Ware zu der Spedition des Spediteurs.

Wenn der Anspruch erfüllbar, der Schuldner zur Leistung bereit und imstande ist und nun der Gläubiger die ihm angebotene Leistung nicht annimmt, ist der Annahmeverzug die dafür vorgesehene Rechtsfolge.

Er hat im Prinzip drei wesentliche Folgen:

- der Schuldner haftet nur für Vorsatz und grobe Fahrlässigkeit nach § 300 Abs. 1 bei Schäden,
- die Gegenleistungsgefahr geht auf den Gläubiger über (§ 326 Abs. 2 2. Alt.) und

- es kommt zur Konkretisierung bei Gattungsschulden gem. § 300 Abs. 2.

FALL 27

V möchte die von K bestellte individuelle Geburtstagstorte bei K absprachegemäß anliefern. K macht die Türe nicht auf, da er schläft. Auf dem Rückweg kommt es zu einem von V leicht fahrlässig verschuldeten Unfall. Die Torte wird zerstört.

4.7 Schadenersatz statt der Leistung (§ 280 Abs. 3 BGB)

Gemeint sind Fälle, in denen der Gläubiger an der Erbringung der Primärleistung kein Interesse mehr hat. Dies grenzt die folgenden Fallgruppen von den bisher besprochenen ab.

§ 280 Abs. 1 meint Erbringung der Leistung **und** Schadenersatz durch die Pflichtverletzung.

§§ 280 Abs. 2 und 286 meinen Erbringung der versprochenen Leistung **und** Ersatz des Verzugsschadens.

In §§ 281 ff. sind die Fälle geregelt, in denen die geschuldete Primärleistung nicht mehr erbracht werden kann und soll. Der Gläubiger will nur noch Schadenersatz (»Geld«), soweit (bei Teilleistungen) der Schuldner die Pflichtverletzung begangen hat. Daher formulieren §§ 281 ff. besondere Voraussetzungen.

4.7.1 Schadenersatz wegen nicht oder nicht wie geschuldet erbrachter Leistung (§ 281 BGB)

§ 281 Abs. 1 Satz 1 regelt nur zwei Fälle: »**Verzögerung der Leistung**« und »**Schlechterfüllung der Leistung**« (= nicht wie geschuldet erbracht). Es ist hierbei unerheblich, ob die Schlechterfüllung durch die Verletzung von Haupt- oder Nebenpflichten geschieht (ausgenommen sind die Pflichten des § 241 Abs. 2, hierfür ist § 282 lex specialis).

Die Formulierung »nicht … erbracht« würde nach ihrem Wortlaut zwar auch den Fall der Unmöglichkeit umfassen, § 283 (282) geht aber als lex specialis (Sonderfallregelung) vor. Im Übrigen hat § 281 nur Sinn (vgl. Fristsetzung), wenn es sich um behebbare Leistungsstörungen handelt. **Daher gilt § 281 nicht für Unmöglichkeit.**

Der Anspruch ergibt sich nicht unmittelbar aus § 281 Abs. 1, sondern nur aus der Verbindung mit § 280 Abs. 1.

§ 281 formuliert zusätzliche Tatbestandsmerkmale (vgl. Wortlaut Abs. 1 Satz 1). So müssen zunächst vorliegen:

1. **Pflichtverletzung** (§ 280 Abs. 1 Satz 1),
2. **Vertretenmüssen** (§ 280 Abs. 1 Satz 2 i. V. m. §§ 276–278),
3. **angemessene Frist** zur Leistung oder angemessene Frist zur Nacherfüllung (§ 281 Abs. 1 Satz 1). Die Frist muss derart bestimmt sein, dass der Schuldner die Leistung auch tatsächlich erbringen kann. Sie muss allerdings auch nicht so lang sein, dass er erst anfangen kann, die Leistung zu erbringen. Vom Schuldner wird erwartet, dass er entsprechend schnell und mit größerer Anstrengung leistet. Eine zu kurze Frist setzt die »angemessene« Frist in Lauf.
4. **keine Leistung/Nacherfüllung innerhalb der Frist** (d. h. Frist ist erfolglos abgelaufen).

Bei Schlechtleistung zusätzlich:

5. **Pflichtverletzung von gewisser »Erheblichkeit«** (nicht unerheblich, § 281 Abs. 1 Satz 3).

Rechtsfolge: Ersatzanspruch des Gläubigers für den hierdurch entstehenden Schaden (§§ 281 Abs. 1 Satz 1, **280 Abs. 1 Satz 1 und 2**).

Die bisherige »Androhung der Ablehnung« ist entfallen.

Eine Fristsetzung kann entfallen, wenn

- der Schuldner die Leistung **ernsthaft und endgültig verweigert** (§ 281 Abs. 2, vgl. § 286 Abs. 2 Nr. 3: »sinnlos«) oder
- bestimmte **Umstände** vorliegen, die die **sofortige Geltendmachung** des Schadenersatzanspruchs rechtfertigen (§ 281 Abs. 2).

BEISPIEL

Lieferkontrakte »just in time«. Der Gläubiger muss sofort die Möglichkeit der Ersatzbeschaffung zur Vermeidung größeren Schadens haben (vgl. auch Beispiel zu § 286).

Statt Fristsetzung kann auch eine »Abmahnung« in Betracht kommen (§ 281 Abs. 3, z. B. bei Arbeitsverhältnissen).

Hat der Gläubiger den Schadenersatzanspruch nach § 281 Abs. 1 geltend gemacht (z. B. durch ausdrückliche Erklärung, Klage auf Schadenersatz), so ist zugleich sein Anspruch auf die Primärleistung (Lieferung, Übereignung, sonstige Leistungen) ausgeschlossen (§ 281 Abs. 4).

Wie (im Kaufrecht) schon bisher, gibt es einen »großen Schadenersatzanspruch« (= Schadenersatz statt ganzer Leistung) und einen »kleinen Schadenersatzanspruch« (Schadenersatz wegen verzögertem, schlecht erfülltem Leistungsteil). Verlangt der Gläubiger Schadenersatz wegen der ganzen Leistung, so hat er das bereits Geleistete herauszugeben, der Schuldner ist zur Rückforderung nach §§ 346–348 berechtigt.

Nacherfüllung bedeutet, dass der unterbliebene »Leistungsrest« bei erbrachten Teilleistungen erfüllt wird (vgl. zum Verständnis § 439 »Nacherfüllung« für den Kaufvertrag).

Bei erbrachten Teilleistungen kommt Schadenersatz nur in Frage, wenn der Gläubiger an der Teilleistung kein Interesse hat (§ 281 Abs. 1 Satz 2). Ansonsten bleibt es beim Schadenersatz nach § 280 Abs. 1 (neben der Leistung).

BEISPIELE

a) Möbelhändler liefert statt der bestellten Couchgarnitur nur das Sofa.
LÖSUNG Es besteht Anspruch auf Schadenersatz gem. § 281 Abs. 1 Satz 2.

b) Der Verkäufer eines zehnbändigen Lexikons kann nur acht Bände liefern.
LÖSUNG Es besteht Anspruch auf Schadenersatz gem. § 281 Abs. 1 Satz 2.

c) Bestellt waren 100 Flaschen eines besonderen Weines. Geliefert wurden nur 90.
LÖSUNG Schadenersatz nur i. H. v. 10 Flaschen (§ 281 Abs. 1 Satz 1).

d) Ein bestelltes und geliefertes Segelboot hat einen Segelschaden.
LÖSUNG :Schadenersatz nur wegen des defekten Segels (§ 281 Abs. 1 Satz 1).

4.7.2 Schadenersatz statt der Leistung wegen Verletzung einer sonstigen Pflicht (§§ 280 Abs. 3, 282 BGB)

Schadenersatz statt der Leistung wird geschuldet bei Verletzung von Haupt- und Nebenpflichten (§ 281). Bei anderen Pflichten, insbesondere der des § 241 Abs. 2, gewähren §§ 280 Abs. 3, 282 einen Schadenersatzanspruch (aus § 280 Abs. 1).

Gemeint ist: Die Haupt- und Nebenpflichten werden erfüllt – also nicht der Fall des § 281 – aber Schutzrechte sind verletzt.

BEISPIEL

Ein Maler streicht ein Haus innen und außen. Bei der ansonsten ordnungsgemäßen Leistung beschädigt er das in der Wohnung stehende Mobiliar wiederholt mit seiner Leiter. Der Auftraggeber fragt sich, ob er die Beschädigung seiner Möbel hinnehmen muss?

LÖSUNG Die Verletzung einer Schutzpflicht nach § 241 Abs. 2 berechtigt zum Schadenersatz statt der Leistung (diese wird »abgebrochen«), wenn dem Gläubiger die Leistung durch den Schuldner nicht mehr zumutbar ist. Fristsetzung ist wiederum sinnlos. Daher kann es nur darauf ankommen, dass es sich um eine »wesentliche Pflichtverletzung« handelt und diese nach ihrem Gewicht, der Wiederholungsgefahr, der Größe der bisher eingetretenen Verletzungen es für den Gläubiger nach Treu und Glauben unzumutbar erscheinen lässt, am Vertrag festzuhalten.

4.7.3 Schadenersatz statt der Leistung bei Ausschluss der Leistungspflicht (§§ 280 Abs. 3, 283 BGB)

Es geht um die Fälle des § 275 Abs. 1 (Unmöglichkeit der Leistung) und § 275 Abs. 2 und 3.

Der Schuldner wird von der Leistung frei, der Gläubiger erhält statt des Leistungsanspruchs einen Schadenersatzanspruch nach §§ 283, 280 Abs. 3, 280 Abs. 1 (die »Pflichtverletzung« des § 280 Abs. 1 wird durch die Verweisung ersetzt), wenn der Schuldner sich nicht entlasten kann (§ 280 Abs. 1 Satz 2), d. h. auch hierbei kommt es auf das Verschulden i. S. d. §§ 276 ff. an.

Für Teilunmöglichkeit (ebenso Teilleistung und Schlechtleistung) verweist § 283 Satz 2 auf § 281 Abs. 1 Satz 2 und 3 und Abs. 5: keine sinnlose Fristsetzung.

4.7.4 Ersatz vergeblicher »frustrierter« Aufwendungen (§§ 280 Abs. 3, 284 BGB)

Statt (»anstelle«) des »Schadenersatzes statt der Leistung« §§ 281–283 kann der Gläubiger den Ersatz derjenigen Aufwendungen verlangen, die er im Vertrauen auf den Erhalt der Leistung gemacht hat und billigerweise (gerechterweise) auch machen durfte (§ 284).

Nicht geltend machen kann er Aufwendungen, die auch ohne die Pflichtverletzung des Schuldners zwecklos gewesen sind (2. Satzteil).

Auch bei § 284 gilt als Voraussetzung, dass – als Schadenersatz-Surrogat – Verschulden i. S. d. § 280 Abs. 1 Satz 2 vorliegen muss.

BEISPIELE

a) Der Gläubiger nimmt ein Darlehen auf, um den geplanten Hauserwerb zu finanzieren. Das Haus brennt aus Fahrlässigkeit des Verkäufers ab, noch bevor es zum Kaufvertrag kommt.

b) Der Sachverhalt entspricht Beispiel a, das Unglück geschieht nach dem Kaufvertrag, aber vor der Auflassung (vgl. § 925 Abs. 1).

LÖSUNG In beiden Fällen wird der Verkäufer frei (§ 275 Abs. 1). Der Gläubiger kann nach § 283 Schadenersatz oder nach § 284 Aufwendungsersatz verlangen.

4.7.5 Herausgabe des Ersatzes (§ 285 BGB)

Erlangt der Schuldner, der nach § 275 Abs. 1–3 nicht mehr zu leisten braucht, einen Ersatzgegenstand oder einen Ersatzanspruch, so kann der Gläubiger Herausgabe des Gegenstandes oder Abtretung des Ersatzanspruches an sich verlangen (§ 285 Abs. 1).

In den Fällen des § 281 ff. »Schadenersatz statt der Leistung« mindert sich der Schadenersatzanspruch des Gläubigers – **wenn** er den Ersatz herausverlangt – um dessen Wert (§ 285 Abs. 2).

BEISPIELE

a) Der Schuldner, dem der Kaufgegenstand gestohlen worden war, erlangt einen Anspruch gegen den Dieb (auf Herausgabe, auf Schadenersatz). Dieser ist auf Verlangen des Gläubigers an diesen abzutreten.

b) Der Schuldner hat Anspruch auf die Versicherungsleistung (wegen Diebstahl, Brand o. Ä.), § 285.

4.8 Rücktritt bei Leistungsstörungen

4.8.1 Rechte des Gläubigers bei Verzögerung/Schlechterfüllung (§ 323 BGB)

§ 323 regelt das Schicksal der Gegenleistung. Diese Vorschrift stellt gleichsam das »Gegenstück zur Vorschrift des § 281« dar.

Erbringt der Schuldner bei einem gegenseitigen Vertrag seine fällige Leistung nicht (zum Begriff vgl. § 281 Abs. 1) oder schlecht (»nicht vertragsgemäß«) und hat der Gläubiger erfolglos eine angemessene Frist zur Leistung oder Nacherfüllung gesetzt (oder kann diese Fristsetzung entfallen, vgl. Abs. 2 Nr. 1–3), so kann der Gläubiger vom Vertrag zurücktreten (Rücktritt, vgl. § 346 ff. und 4.10).

Die Sonderfälle der Abmahnung (§ 323 Abs. 3) und der Bewirkung einer Teilleistung (Abs. 5) entsprechen §§ 281 Abs. 3, 281 Abs. 1 Satz 2 und 3 (s. dort).

Ein Rücktritt ist nach § 323 Abs. 6 nicht möglich, wenn sich die »Pflichtverletzung« im Risikobereich des Gläubigers abspielt (»allein oder überwiegend verantwortlich«) oder wenn das Ereignis bei Gläubigerverzug stattfindet und vom Schuldner nicht zu vertreten ist.

Ausnahmsweise kann der Gläubiger bereits vor Fälligkeit zurücktreten, wenn offensichtlich ist, dass die Rücktrittsvoraussetzungen eintreten werden (Abs. 4).

Der Gläubiger ist allerdings nicht verpflichtet, (bei erfolglosem Fristablauf) zurückzutreten (einseitige empfangsbedürftige Willenserklärung), er kann auch weiterhin auf Erfüllung/ Nacherfüllung bestehen.

4.8.2 Rechte des Gläubigers bei Verletzung einer Pflicht nach § 241 Abs. 2 BGB (§ 324 BGB)

Wird die Leistung durch den Schuldner vollständig/ordnungsgemäß/fristgemäß und qualitativ ausreichend erbracht (also nicht »schlecht erfüllt«), verstößt der Schuldner aber gegen **sonstige Schutzpflichten des § 241 Abs. 2** (s. 4.1.2 und § 282), kann dies einen Schadenersatzanspruch neben der Leistung nach sich ziehen. Anspruchsgrundlage stellt die allgemeine Vorschrift des § 280 Abs. 1 dar, die mit der Vorschrift des § 241 Abs. 2 anwendet wird.

BEISPIEL

Beim Umzug des M, durchgeführt durch das Umzugsunternehmen H, wird der Eingangsbereich des Hauses durch einen Mitarbeiter A des Umzugsunternehmens des H leicht fahrlässig beschädigt.

LÖSUNG M hat Ansprüche gegen seinen Vertragspartner aufgrund der Verletzung der nebenvertraglichen Schutzpflicht, auf das Eigentum des Vertragspartners Rücksicht zu nehmen. Das Verschulden des Mitarbeiters A wird dem Inhaber des Umzugsunternehmens H gem. § 278 zugerechnet. Der Mitarbeiter ist Erfüllungsgehilfe und wird mit Wissen und Wollen des H in dessen Pflichtenkreis eingesetzt.

§ 324 korrespondiert daher mit § 282 und entspricht diesem inhaltlich mit der Ausnahme, dass es hier nicht um Schadenersatz geht, sondern um Rücktritt. Zur Zumutbarkeit vgl. § 282 und 4.7.2.

BEISPIEL

Im obigen Beispiel ermahnt M den Mitarbeiter A. Daraufhin beschimpft dieser den M aufs Übelste.

LÖSUNG M kann nun gem. § 324 vom Vertrag zurücktreten und ggf. Schadenersatz gem. § 282 (Schadenersatz statt der Leistung) verlangen. Dieser könnte darin bestehen, dass die Neubeauftragung eines anderen Umzugsunternehmens teurer ausfällt.

Diese Schutzpflichten bestehen auch bereits im vorvertraglichen Stadium, wie von § 311 umschrieben.

BEISPIEL

Der Kunde möchte im nächstgelegenen Kaufhaus Harris ein Hemd kaufen. Auf dem Weg durch die Gemüseabteilung rutscht er auf einem dort auf dem Fußboden liegenden Salatblatt aus.

LÖSUNG Der Kunde hat im Falle der Verletzung seiner Gesundheit gegen den Kaufhausinhaber einen Schadenersatzanspruch gem. § 280 Abs. 1 i. V. m. § 311 Abs. 2 Nr. 3. Der Kaufhausinhaber ist verpflichtet, seine Verkehrsflächen regelmäßig zu reinigen und zu kontrollieren.

4.9 Begriff des Schadens

Nach § 280 Abs. 1 Satz 1 erhält der Gläubiger grundsätzlich den gesamten Schaden ersetzt, der **durch** die Pflichtverletzung entstanden ist.

4.9.1 Naturalrestitution

Wer zu Schadenersatz verpflichtet ist, hat den Zustand wiederherzustellen, der ohne das den Schaden auslösende Ereignis bestanden hätte (Grundsatz gem. § 249 Abs. 1).

Schaden ist dabei jeder Nachteil, den jemand an seinem Vermögen oder an sonstigen geschützten Rechtsgütern erleidet. Dieser Nachteil wird grundsätzlich aus einem Vergleich (Differenz) zwischen zwei »Güterlagen« (Palandt, Vor § 249) ermittelt: der tatsächlichen Lage, die durch das Schadensereignis (Pflichtverletzung) geschaffen worden ist, und der hypothetischen ohne den Eintritt der Schädigung (»Differenzhypothese«). Dieser Begriff des Schadens ist in vielen Schritten durch die Rechtsprechung erweitert worden, ist aber zum Verständnis weiterhin hilfreich.

So ist u. a. auch Schaden einbezogen worden, der sich nicht als Vermögensminderung/-differenz darstellt, ebenso Nichtvermögensschäden, Gebrauchsvorteile/Nutzungsausfall (z. B. bei Pkw), ideelle Schäden (z. B. beeinträchtigte Urlaubsreise) etc.

Der zu ersetzende Schaden umfasst auch den entgangenen Gewinn (§ 252), d. h. bei einem selbständigen Unternehmer den Gewinn, den er in dem Zeitraum gemacht hätte, in dem er aufgrund der Schädigung nicht arbeiten konnte.

4.9.2 Schadenersatz in Geld

Bei Verletzung einer Person und bei Beschädigung von Sachen (§ 249 Abs. 2 Satz 1) nach erfolglosem Ablauf einer vom Gläubiger gesetzten Frist zur Naturalrestitution (§ 250), bei Unmöglichkeit (»soweit«) einer (Wieder-) Herstellung in natura oder bei nicht ausreichender Entschädigung durch Wiederherstellung (§ 251) kann der Gläubiger des Schadenersatzanspruchs (Geschädigter) statt Naturalrestitution zusätzlich Entschädigung in Geld verlangen.

Der Schaden muss grundsätzlich **konkret** nach den Umständen des Einzelfalles berechnet werden, er kann aber ausnahmsweise auch **abstrakt (fiktiv)** nach dem gewöhnlichen Lauf der Dinge ermittelt werden.

BEISPIELE

a) Die Verzugszinsen betragen nach § 288 grundsätzlich 5 % über dem Basiszinssatz (bzw. 8 %, wenn ein Verbraucher gem. § 13 nicht beteiligt ist). Höhere Zinsen können jedoch aus einem anderen Rechtsgrund, z. B. vertraglich, geschuldet sein.

b) Der Geschädigte kann die Reparaturkosten aufgrund von Sachverständigengutachten nach Werkstattpreisen auch dann ersetzt verlangen, wenn die Reparatur von ihm selbst oder überhaupt nicht durchgeführt wird (Palandt, § 249 Rz.14).

Steuerlicher Hinweis:

Die fiktive Schadenberechnung wurde durch den Gesetzgeber bezüglich der Umsatzsteuer seit dem 01.08.2002 eingeschränkt. Die Umsatzsteuer ist nach § 249 Abs. 2 Satz 2 nur als Schaden ersatzfähig, »wenn und soweit sie tatsächlich angefallen ist«. Hat ein Unternehmer eine Vorsteuerabzugsberechtigung, kann sie nicht gegenüber dem Schädiger geltend gemacht werden.

4.9.3 Mitverschulden

In allen Fällen ist ein Mitverschulden des Geschädigten bei der Bemessung des Schadenersatzes mit einzubeziehen (§ 254).

4.9.4 Immaterieller Schaden

Schadenersatz für einen Schaden, der nicht Vermögensschaden ist (immaterieller Schaden), kann nur in gesetzlich geregelten Ausnahmefällen verlangt werden (§ 253 Abs. 1).

BEISPIEL

Wegen einer Verletzung des Körpers, der Gesundheit, der Freiheit oder der sexuellen Selbstbestimmung kann nach § 253 Abs. 2 (bisher § 847 Abs. 1) das so genannte »Schmerzensgeld« verlangt werden.

4.9.5 Rücktritt neben Schadenersatz (§ 325 BGB)

§ 325 stellt lediglich klar, dass ein Rücktritt von einem gegenseitigen Vertrag Schadenersatz nicht ausschließt.

4.10 Rücktritt (§§ 346 ff. BGB)

4.10.1 Allgemeines

Ziel des Rücktritts (Zurücktreten vom Vertrag) ist, die Rechtslage wiederherzustellen, die vor dem Vertragsschluss bestanden hat.

Ein Rücktrittsrecht (Gestaltungsrecht) kann sich **aus dem Vertrag** ergeben oder aus **gesetzlicher Regelung** (»gesetzliches Rücktrittsrecht«). Sie ziehen in allen Fällen die Rechtsfolgen aus § 346 ff.

BEISPIELE

a) Die Partner eines Vertrags vereinbaren ein Rücktrittsrecht für den Fall wesentlicher Verschlechterung der Wirtschaftslage.
b) Gesetzliche Regelungen finden sich z. B. in §§ 323, 324, 326, 326 Abs. 5, 437 Nr. 2 u. a.

Der Rücktritt wird – eine Rechtsgrundlage vorausgesetzt – ausgeübt **durch einseitige empfangsbedürftige Willenserklärung** (§ 349).

Folge der zugegangenen Rücktrittserklärung ist zum einen, dass die vertraglichen Primärleistungsansprüche erlöschen. Der/die Schuldner wird/werden von der Verpflichtung zur Leistung frei.

Zum anderen wird eine Verpflichtung beider begründet, die bereits empfangenen Leistungen »Zug um Zug« (§§ 348, 320, 322) zurückzugewähren und die bis zum Rücktritt gezogenen Nutzungen herauszugeben. Der Vertrag wird durch den erklärten Rücktritt nicht unwirksam. Er »verwandelt« sich aber in ein so genanntes Rückgewährschuldverhältnis. Dieses bildet jetzt die (Rechts)Grundlage für den Austausch der entsprechenden Leistungen (Rückgewährschuldverhältnis).

BEISPIEL

Der Käufer eines Pkw, der nach mehrmonatiger Nutzung wegen eines Sachmangels vom Vertrag zurücktritt (vgl. § 437 Nr. 2), hat nicht nur den Pkw, sondern auch die Gebrauchsvorteile (Benutzungsmöglichkeit) herauszugeben (§§ 346 Abs. 1, 100). Die allgemeine Wertminderung (»Gebrauchtwagen«) und andere wertmindernde Ereignisse (»Preisverfall«) sind nicht zu ersetzen.

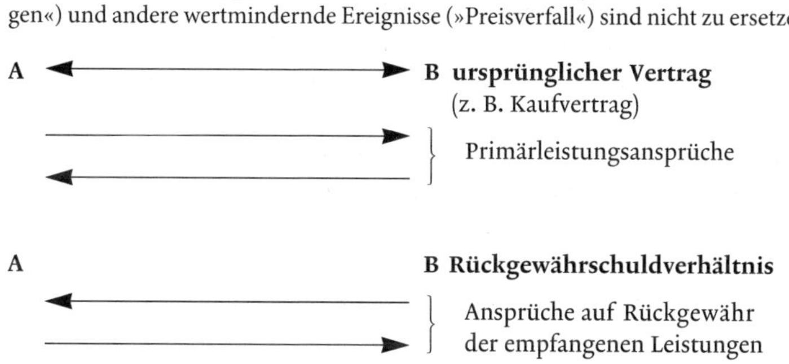

4.10.2 Wertersatz statt Rückgewähr

In einigen Fällen hat der (jeweilige) Schuldner statt der Herausgabe (Rückgewähr) Wertersatz zu leisten (Risikosphäre des Schuldners), und zwar:

- **soweit Rückgewähr/Herausgabe** nach der Natur des Erlangten **ausgeschlossen** ist (§ 346 Abs. 2 Nr. 1)

BEISPIEL

Bei Dienstleistung, Beratung, Verträgen zur Gebrauchsüberlassung ist eine Herausgabe nicht (mehr) möglich. Dies gilt auch bei allen Vertragstypen, bei denen die Nutzung der vertragliche Hauptzweck ist (Miete, Leihe etc.).

- soweit er den erhaltenen **Gegenstand verbraucht, veräußert, belastet, verarbeitet oder umgestaltet hat** (§ 346 Abs. 2 Nr. 2)

BEISPIEL

Der Erwerber eines Baustoffs im weitesten Sinne (Ziegel/Zement ...) hat das Material durch Einbau weiterverarbeitet (zu einem Gebäude, Beton ...).

- soweit der empfangene **Gegenstand** sich **verschlechtert** hat oder **untergegangen** ist (§ 346 Abs. 2 Nr. 3)

BEISPIELE

a) Das bestimmungsgemäße Benutzen eines Pkw mit allen Folgen (Wertminderung, Gebrauchsspuren ...) stellt keine Verschlechterung dar.
b) Der Pkw wird vor/nach der Rücktrittserklärung bei einem Unfall beschädigt oder zerstört (Totalschaden).

Die Höhe des Wertersatzes wird auf der Grundlage der vertraglichen Gegenleistung ermittelt (§ 346 Abs. 1 Satz 2).

4.10.3 Kein Wertersatz

Die Pflicht zum Wertersatz entfällt (mit Ausnahme verbleibender Bereicherung (§ 346 Abs. 3 Satz 2 i. V. m. § 812 ff. -- Rechtsfolgeverweisung –) in folgenden Fällen:

- Der Mangel hat sich erst bei Verarbeitung oder Umgestaltung herausgestellt (Abs. 3 Nr. 1, d. h. »eigentlich« liegt Pflichtverletzung des »Gläubigers« vor!).
- Der Gläubiger (!) des Rückgewähranspruchs/-schuldverhältnisses hat die Verschlechterung/Untergang verschuldet oder der Schaden wäre auch bei ihm eingetreten (Abs. 3 Nr. 2).
- wenn der Schaden (nur bei gesetzlichem Rücktrittsrecht) eingetreten ist, obwohl der Schuldner sorgfältig (diligentia quam in suis, vgl. 4.3.1.2) mit der Sache umgegangen ist (Abs. 3 Nr. 3), d. h. das Gefahrtragungsrisiko wird auf den Gläubiger verlagert (wie schon bei Nr. 1 und 2).

Für Pflichtverletzung der Ansprüche aus dem Rückgewährschuldverhältnis (durch den jeweiligen Schuldner) kann der Gläubiger seinerseits Schadenersatz nach §§ 280–283 verlangen.

4.10.4 Nutzungen/Verwendungen (§ 347 BGB)

Dass nicht nur der Leistungsgegenstand herauszugeben ist, stellt bereits § 346 Abs. 1 klar. § 347 erweitert die Haftung auf nicht gezogene, unterlassene Nutzungen »nach den Regeln einer ordnungsgemäßen Wirtschaft«. »Notwendige Verwendungen« (gewöhnlicher Erhaltungsaufwand für die Sache) sind zu ersetzen, andere nur, wenn der Gläubiger dadurch bereichert ist.

BEISPIEL

Der Schuldner hat eine größere Geldsumme für längere Zeit erhalten. Bei Rückgewähr schuldet er natürlich die Geldsumme, aber auch – als Mindestnutzungsentschädigung – den gesetzlichen Zinssatz. Bei kleineren Beträgen und kurzer Nutzungsdauer kommt dies aber – insbes. bei Privaten – nicht in Frage.

4.10.5 Fristbestimmung (§ 350 BGB)

Für die Ausübung des vertraglichen Rücktrittsrechts ist es – aus Gründen der Rechtssicherheit – sinnvoll und empfehlenswert, eine **(Ausschluss-)Frist vertraglich zu vereinbaren**.

BEISPIEL

Vertragsklausel: »Jeder Vertragspartner kann bis spätestens ... vom Vertrag zurücktreten (wenn ...)«.

Fehlt es an einer solchen Regelung, kann der Vertragspartner (einseitig) dem Rücktrittsberechtigten eine angemessene Frist setzen (»bestimmen«). Nach Ablauf der Frist ist die Ausübung des Rücktrittsrechts unzulässig, das Rücktrittsrecht erlischt.

5 Widerrufs- und Rückgaberecht bei Verbraucherverträgen (§§ 355 ff. BGB)

In zahlreichen Vorschriften des BGB bei Verbraucherverträgen wird auf §§ 355 ff. verwiesen, z. B. in § 312 g (für außerhalb von Geschäftsräumen geschlossene Verträge und Fernabsatzverträge), § 485 (Teilzeitwohnrechte), § 495 (Verbraucherdarlehen), § 593 (Teilzahlungsgeschäfte), § 505 (Ratenlieferungsverträge).

5.1 Widerrufsrecht

Ein Verbraucher kann – soweit ein Gesetz auf diese (= § 355) Vorschrift verweist – seine Willenserklärung widerrufen. Er ist dann an seine Willenserklärung (Angebot oder Annahme) nicht mehr gebunden.

Dies ist besonders erwähnenswert, weil im allgemeinen Teil des BGB die Grundsatzentscheidung getroffen ist (z. B. in §§ 130, 145), dass abgegebene Willenserklärungen bindend sind (vgl. u. a. § 130 Abs. 2), durch den Tod des Erklärenden nicht erlöschen und nur nachträglich beseitigbar sind, wenn ein (Ausnahme-)Fall der Anfechtbarkeit vorliegt (§§ 119 ff.).

Das Widerrufsrecht ist durch die EU-Verbraucherrechte-Richtlinie, umgesetzt vom deutschen Gesetzgeber mit Wirkung vom 13.06.2014 (BGBl I 2014, 3642), teilweise neu geregelt worden. Diese Änderungen sind im Folgenden berücksichtigt.

Voraussetzung für das einseitige Lösen vom Vertrag ist, dass ein **Widerruf fristgemäß** erfolgt.

Der Widerruf muss ausdrücklich gegenüber dem Unternehmer erklärt werden, einer Begründung bedarf es nicht (§ 355 Abs. 1). Er ist allerdings nicht mehr an die Textform gebunden und somit auch telefonisch möglich. Es wird ein amtliches Musterwiderrufsformular optional zur Verfügung gestellt. Die Rücksendung der Ware genügt nach neuer Rechtslage nicht mehr. Das Rückgaberecht entfällt ersatzlos.

Die **(Widerrufs-)Frist** beträgt **zwei Wochen**.

Die Frist beginnt i. d. R. mit Vertragsabschluss (§ 355 Abs. 2 BGB). Bei Warenlieferung beginnt die Frist jedoch nicht vor dem Erhalt (Tag des Eingangs beim Empfänger; § 355 Abs. 3). Erforderlich ist jedoch, dass der Verbraucher über sein Widerrufsrecht ordnungsgemäß belehrt wurde (vgl. § 356 Abs. 3).

Die Belehrung muss Namen/Anschrift des Widerrufsempfängers, einen Hinweis auf den Fristbeginn und die Regelung des § 355 Abs. 1 Satz 2 (also auf die Fristdauer und Arten des Widerrufs) enthalten.

Nach dem Gesetz erlischt das **Widerrufsrecht spätestens nach 12 Monaten** nach Ablauf der 14-tägigen Widerrufsfrist, wenn der Käufer nicht oder nicht ordnungsgemäß belehrt wurde (§ 356 Abs. 6). Eine Ausnahme besteht nur für Finanzdienstleistungen. Hier gilt das ewige Widerrufsrecht fort.

Die Frist wird durch rechtzeitige Absendung des Widerrufs gewahrt (§ 355 Abs. 1 letzter Satzteil).

5.2 Rechtsfolgen

§ 357 BGB regelt, dass die erhaltenen Leistungen spätestens nach 14 Tagen zurück zu gewähren sind.

5.2.1 Kosten und Gefahr der Rücksendung

Die **Verpflichtung zur Rücksendung** »durch Paket« trifft vernünftigerweise den Verbraucher. Neu ist die Regelung, dass der Verbraucher die Kosten der Rücksendung trägt, wenn nicht der Unternehmer die Kostentragung vorher vertraglich übernommen hat oder es unterlassen hat, den Verbraucher gemäß Art. 246a § 1 Abs. 2 Satz 1 Nr. 2 des Einführungsgesetzes zum BGB von dieser Pflicht zu unterrichten.

5.2.2 Wertersatz für Verschlechterung im Wege bestimmungsgemäßer Ingebrauchnahme

Der Verbraucher hat Wertersatz für einen Wertverlust der Ware zu leisten, wenn der Wertverlust auf einen Umgang mit den Waren zurückzuführen ist, der zur Prüfung der Beschaffenheit, der Eigenschaften und der Funktionsweise der Waren nicht notwendig war. Auch hier ist Voraussetzung, dass der Unternehmer den Verbraucher gem. Art. 246a § 1 Abs. 2 Satz 1 Nr. 2 des Einführungsgesetzes zum BGB von dieser Pflicht zu unterrichten hat.

Die **bloße Prüfung der Ware** wird allerdings **sanktionslos** zugelassen sein, Verschlechterung dadurch schließt Ersatz aus.

BEISPIELE

a) Die Ware wird beim sorgfältigen Auspacken beschädigt.
b) Beim ersten Einschalten eines neuen Elektrogeräts brennt die Sicherung durch.
c) Ein im Versandwege gekauftes Kleid zerreißt bei der ersten Anprobe.
d) Die Plastikhülle (Folieneinband) eines im Fernabsatz gekauften Buches darf selbstverständlich zur Prüfung des Buches entfernt werden.

5.2.3 Weitergehende Ansprüche

Weitergehende Ansprüche bestehen nicht (§ 357 Abs. 10 BGB). Dies betrifft Ansprüche gem. § 280, § 823 oder § 812.

5.3 Widerrufsrecht bei besonderen Vertriebsformen (§§ 312 ff. BGB)

5.3.1 Allgemeines

Soweit nicht ausdrücklich gesetzlich zugelassen, darf zu Lasten des Verbrauchers oder Kunden von diesen Sondervorschriften nicht abgewichen werden. Die Vorschriften stellen zwingendes, d. h. nicht vertraglich abdingbares Recht dar.

Entsprechend gelten diese Regelungen auch für Umgehungsgeschäfte (§ 312 f.).

5.3.2 Geschäfte außerhalb von Geschäftsräumen

5.3.2.1 Begriff und Problemstellung

Bestimmte Geschäftsabschlüsse, z. B. »an der Haustür« (z. B. durch mündliche Verhandlungen im Bereich der Privatwohnung), am Arbeitsplatz, anlässlich einer zumindest auch im Interesse des Unternehmers durchgeführten Freizeitveranstaltung (»Kaffeefahrt« o. Ä.) oder überraschendes Ansprechen »auf der Straße« (in Verkehrsmitteln, auf öffentlichen Verkehrsflächen, »Fußgängerzone« etc.) bergen für den Verbraucher ein ganz besonderes Überrumpelungsrisiko: Er ist nicht auf einen Kauf (allgemein: auf einen Vertragsabschluss) eingestellt. Anders wenn er aus eigenem Entschluss ein Geschäft betritt oder einen Verkäufer (»Vertreter«) zu sich nach Hause bestellt.

§ 312 g regelt, dass für außerhalb von Geschäftsräumen geschlossene Verträge (§ 312b), die eine entgeltliche Leistung zum Inhalt haben und zu deren Abschluss der Verbraucher in einer oben beschriebenen Situation gebracht worden ist, grundsätzlich ein Widerrufsrecht nach § 355 (s. 5.1) besteht.

5.3.2.2 Kein Widerrufsrecht (§ 312 Abs. 2 BGB)

Aufgrund gesetzlicher Regelung sind beispielsweise bei folgenden Verträgen die obigen Rechte ausgeschlossen:

- bei Versicherungsverträgen,
- wenn die mündlichen Verhandlungen **auf Bestellung des Verbrauchers** geführt werden,

- bei »Kleinbeträgen« (bis 40 €), bei denen die Leistung sofort erbracht **und** bezahlt wurde,
- wenn die Willenserklärung des Verbrauchers (!) von einem Notar beurkundet worden ist, soweit nicht andere Vorschriften dies erlauben.

5.3.3 Fernabsatzverträge (§§ 312c ff. BGB)

5.3.3.1 Definition »Fernabsatzvertrag«

Es handelt sich um Verträge über Warenlieferungen oder Dienstleistungen zwischen Verbraucher und Unternehmer, die **ausschließlich** durch die Verwendung von **»Fernkommunikationsmitteln«** abgeschlossen werden (Legaldefinition gem. § 312c).

Ausnahme: Der Vertragsabschluss findet nicht im Rahmen eines für den Fernabsatz organisierten Vertriebs- oder Dienstleistungssystems statt.

5.3.3.2 Definition »Fernkommunikationsmittel«

Solche Fernkommunikationsmittel sind alle Medien, die zu einer Vertragsanbahnung (vgl. zum Begriff § 311 Abs. 2 Nr. 3) oder zu einem Vertragsschluss führen können, ohne dass (gleichzeitige) körperliche Anwesenheit erforderlich ist.

BEISPIEL

Vertragsschluss durch Brief, Katalog, Fax, E-Mail, Rundfunk, Tele- und Mediendienste (Aufzählung in § 312c Abs. 2).

5.3.3.3 Unterrichtungspflichten des Unternehmers

Rechtzeitig **vor Abschluss** des Fernabsatzvertrags hat der Unternehmer den Verbraucher klar und vollständig zu informieren (vgl. dazu § 1 der »Verordnung über Informationspflichten nach Bürgerlichem Recht« – BGB-InfoVO), und zwar insbesondere über:

- **Vertragsinhalte** (wesentliche Leistungsmerkmale/Preis/Vertragslaufzeit/zusätzliche Kosten/Bestehen eines Widerrufs- oder Rückgaberechts),
- **Vertragszweck**,
- **über seine Identität**, d. h. Namen, Anschrift (bei telefonischer Anbahnung bereits zu Beginn des Gesprächs!).

Alsbald, spätestens aber bis zur vollständigen Erfüllung (bei Warenlieferung bis spätestens Lieferung an den Verbraucher), müssen diese Angaben **»in Textform«** mitgeteilt werden (§ 312 d Abs. 2).

Auch hier gibt es eine Ausnahme: Bei Dienstleistungen, die unmittelbar »in einem Mal« über das Medium erbracht und über den Medienbetreiber abgerechnet werden.

BEISPIEL

Kauf eines Handy-Klingeltons oder eines Handy-Logos über das Telefon, Börsenkurse durch einen telefonischen Börsendienst, Leistungen der Telefonauskunft usw., wenn diese Leistungen über den Telefonbetreiber, Internetprovider o. Ä. abgerechnet werden.

5.3.3.4 Widerrufsrecht nach § 355 BGB

Bei Fernabsatzverträgen und auch bei außerhalb von Geschäftsräumen geschlossenen Verträgen hat der Verbraucher ein Widerrufsrecht gem. § 312 g BGB. Es richtet sich nach § 355 BGB.

Zum Beginn, Erlöschen und zu den Ausnahmen vgl. § 312 Abs. 1–4.

6 Abtretung

6.1 Rechtsgeschäftliche Abtretung

6.1.1 Abtretungsvertrag

Eine Forderung ist grundsätzlich im Wege der Abtretung übertragbar (auch Zession, von lat. cessio). Der Gläubiger kann – soweit nicht ausnahmsweise gesetzliche oder vertragliche Hindernisse bestehen (vgl. §§ 399, 400 u. a.) – seine Forderung gegen den Schuldner an einen Dritten abtreten. Der bisherige Gläubiger wird auch Zedent (der, der abtritt), der neue Gläubiger Zessionar (der, an den abgetreten wird) genannt. Erforderlich ist dazu ein **Abtretungsvertrag** des Gläubigers mit dem Erwerber, dessen Folge der Übergang der Forderung auf dem Erwerber ist (§ 398 Satz 1). Nach erfolgter Abtretung (»mit dem Abschluss des Vertrags«, vgl. § 398 Satz 2) tritt der neue Gläubiger an die Stelle des bisherigen Gläubigers, die Rechtsänderung ist damit bereits vollzogen (also kein »verpflichtender Vertrag«!).

Der Schuldner der Forderung muss beim Abtretungsvertrag nicht mitwirken. Er ist weder Vertragspartner, noch muss er zustimmen, oder gar unterrichtet werden (Fall der so genannten **stillen Abtretung**).

Immer muss dem Abtretungsvertrag eine ausreichend **bestimmte**, zumindest eindeutig **bestimmbare Forderung** zugrunde liegen, die allerdings noch nicht entstanden sein muss: Auch zukünftige Forderungen können unter dieser Voraussetzung abgetreten werden.

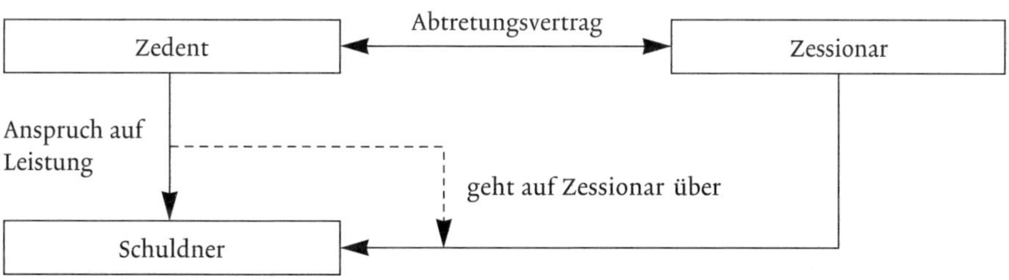

Beim so genannten Factoring, das in unterschiedlichen Formen (beispielsweise als echtes oder unechtes Factoring) vorkommen kann, ist das Erfüllungsgeschäft dieses »Factoring-Vertrages« auch sehr häufig die Abtretung nach § 398.

6.1.2 Abtretungsverbote

Neben den bereits angesprochenen Abtretungsverboten

- § 399, 1. Alt.: bei inhaltlicher Änderung,
- § 399, 2. Alt.: bei entgegenstehender Vereinbarung,
- § 400 BGB: bei unpfändbaren Forderungen

kennt das bürgerliche Recht noch zahlreiche weitere **Abtretungshindernisse**, die an verschiedenen Stellen des Gesetzes geregelt sind.

Daneben gibt es auch ohne ausdrückliche gesetzliche oder vertragliche Regelung höchstpersönliche Rechte, die aus der Natur des Rechts heraus nicht übertragbar sind, insbesondere solche des Familienrechts, z. B. Anspruch auf eheliche Lebensgemeinschaft (§ 1353 Abs. 1).

6.1.3 Sonderprobleme bei der Abtretung

Mit der Abtretung sind – insbesondere wenn eine stille Zession vorliegt – Probleme verbunden, die vor allem die Rolle des **Forderungsschuldners** berühren.

Der neue Gläubiger tritt an die Stelle des bisherigen (§ 398 Satz 2). Bereits hieraus ergibt sich, was § 404 nochmals klarstellt: Der Schuldner kann dem Zessionar alle **Einwendungen** entgegensetzen, die zur Zeit der Abtretung gegen den Zedenten begründet waren.

BEISPIEL

Der Schuldner hatte gegen den Gläubiger die Einrede der Verjährung (§ 222 Abs. 1). >Kann er diese Einrede auch gegenüber dem Zessionar geltend machen, wenn dieser Zahlung verlangt?

LÖSUNG Der Schuldner muss nicht leisten, wenn er sich auf Verjährung beruft.

Aufrechnung setzt (u. a.) Gegenseitigkeit voraus. Die Aufrechnungslage war zwischen A und B gegeben, aber es fehlte bislang an der Aufrechnungserklärung. Nachdem A wirksam an C abgetreten hatte, fehlt es nunmehr an der Aufrechnungslage (vgl. Skizze).

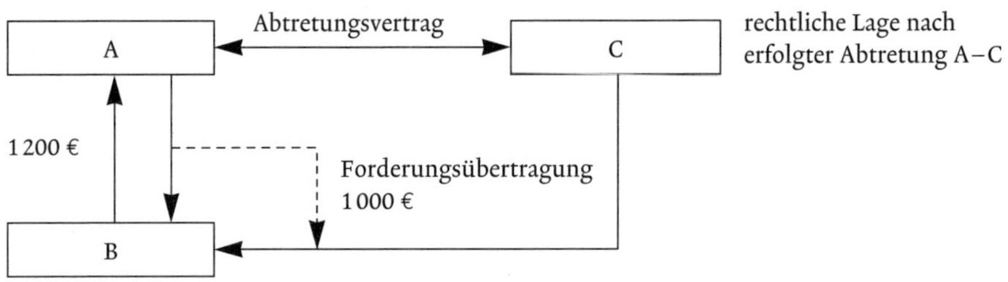

BEISPIEL

Der Gläubiger A hatte eine Forderung gegen den Schuldner B i. H. v. 1 000 €. B seinerseits hatte gegen A einen fälligen Anspruch auf 1 200 €, bisher aber mit der Aufrechnungserklärung gezögert.
A tritt die Forderung an C ab. B möchte nun gegenüber C aufrechnen. Kann er das?

LÖSUNG B kann also gegenüber C mit seiner Forderung i. H. v. 1 200 € aufrechnen. Die Forderung des C erlischt, die Forderung des B gegen A bleibt i. H. v. 200 € bestehen, im Übrigen erlischt sie ebenfalls durch Aufrechnung. Soweit C durch diese Aufrechnung geschädigt ist (er hat ja die Forderung i. H. v. 1 000 € verloren), muss er sich an A halten.

Um missbräuchliche Verhinderung der Aufrechnungsmöglichkeit zu unterbinden, erlaubt § 406 ausnahmsweise die **Aufrechnung** des Schuldners gegen eine Forderung des Zessionars C mit einer Forderung gegen den Zedenten A, obwohl die Aufrechnungslage zwischen Schuldner und Zessionar nicht gegeben ist (Ausnahmen: vgl. § 406, 2.HS).

Bei der stillen Zession wird der Schuldner vom Gläubigerwechsel nicht unterrichtet. Er wird deshalb häufig an den alten Gläubiger leisten, doch kann die Leistung gemäß § 362 keine

Erfüllungswirkung haben, da er die geschuldete Leistung an eine Person erbringt, die nicht mehr Gläubiger ist.

Zum Schutz des Schuldners greift § 407 ein. Leistungen an den alten Gläubiger nach der Abtretung muss der neue Gläubiger gegen sich gelten lassen, wenn der Schuldner das Vorhandensein der Abtretung nicht kannte (Regelfall der stillen Zession).

BEISPIEL

Der Gläubiger G hat eine Forderung gegen den Schuldner S still an den Zessionar Z abgetreten. Bei Fälligkeit zahlt S, der von der Abtretung nicht weiß, an seinen »Gläubiger« G, der das Geld freudig einsteckt. Z verlangt nunmehr von S Zahlung. Muss S nochmals zahlen?

LÖSUNG Die Zahlung des S an G hat gem. § 362 Abs. 1, § 407 Abs. 1 Erfüllungswirkung gegenüber Z. S ist befreit, der Anspruch des Z gegen S ist erloschen. Auch hier wird sich Z wegen des Schadens an G halten.

6.1.4 Abtretung von anderen Rechten

Nach dem Wortlaut der §§ 398 ff. können nur Forderungen (d. h.Ansprüche aus einem Schuldverhältnis) durch Abtretungsvertrag übertragen werden. Für andere Rechte, z. B. Namensrecht, Rechte aus Wertpapieren, dingliche Rechte, erbrechtliche Ansprüche, soweit sie überhaupt übertragbar sind, gilt § 398 nicht. § 413 BGB erweitert daher den Anwendungsbereich der Vorschriften über die Abtretung von Forderungen auf alle übertragbaren Rechte.

6.2 Gesetzlicher Forderungsübergang

Entsprechend den Vorschriften über die vertragliche Abtretung kennt das Zivilrecht Fälle, in denen eine Forderung nicht durch vertragliche Vereinbarung, sondern durch **gesetzliche Anordnung** (cessio legis) übergeht.

BEISPIELE

a) Bei Gesamtschuldnerschaft (vgl. §§ 421, 422) erwirbt der leistende Schuldner kraft Gesetzes den Anspruch des Gläubigers, soweit er von den übrigen Schuldnern Ausgleichung verlangen kann (§ 426 Abs. 2).

b) Soweit der Bürge (§ 765) den Gläubiger befriedigt, geht die Forderung des Gläubigers gegen den Hauptschuldner auf ihn über (§ 774 Abs. 1 Satz 1).

Für den gesetzlichen Forderungsübergang finden die Vorschriften der vertraglichen Abtretung teilweise (vgl. Wortlaut des § 412) entsprechende Anwendung.

6.3 Abtretung im Steuerrecht

Bestimmte Ansprüche aus dem Steuerschuldverhältnis (§ 37 AO) können ebenfalls im Wege der Abtretung übertragen werden; § 46 AO zählt Ansprüche auf Erstattung von Steuern, Haftungsbeträgen und steuerlichen Nebenleistungen sowie Steuervergütungsansprüche auf.

Zusätzlich zu den zivilrechtlichen Abtretungsvoraussetzungen verlangt § 46 Abs. 2 AO zur Wirksamkeit des Abtretungsvertrags eine **Anzeige** in bestimmter Form an die zuständige Finanzbehörde nach Entstehung des Anspruchs. Zu den Formbestimmungen s. im Einzelnen § 46 Abs. 3 AO und AEAO § 46 Nr. 5.

Die Rechtsnatur des Abtretungsvertrags ist streitig. Zum Teil wird ein Vertrag nach §§ 398 ff. angenommen, der allerdings erst wirksam ist, wenn die Anzeige nach § 46 Abs. 2 erfolgt ist, zum Teil wird der Abtretungsvertrag insgesamt dem öffentlichen Recht zugeordnet.

Die Abtretung bleibt jedenfalls bis zum Eingang der Anzeige (schwebend) unwirksam (vgl. auch AEAO § 46 Nr. 1). Die Anzeige auf amtlich vorgeschriebenem Vordruck (Abs. 3) darf erst nach Entstehung des Anspruchs erfolgen. Sie ist einseitige (amts-)empfangsbedürftige Willenserklärung des Zedenten (str.) und wirkt nicht auf den Zeitpunkt des Abtretungsvertrags zurück (AEAO § 46 Nr. 1).

Sinn dieser besonderen Regelung ist es, unseriöse Geschäfte mit steuerlichen Ansprüchen weitgehend zu unterbinden (vgl. auch § 46 Abs. 4 AO), die insbesondere mit den Erstattungsansprüchen aus Arbeitnehmerveranlagungen in der Vergangenheit häufig getätigt wurden.

Im Einkommensteuerrecht wirft die Abtretung von Forderungen die Frage auf, wer die Einkünfte aus der abgetretenen Forderung zu versteuern hat. Es gilt der Grundsatz, dass derjenige die Einkünfte versteuert, der den Tatbestand verwirklicht, an den das EStG die Entstehung der Steuer knüpft. Die bloße Einkommensverwendung ist steuerlich unbeachtlich.

Teil D Schuldrecht – Besonderer Teil

1 Allgemeines über die einzelnen Schuldverhältnisse

1.1 Überblick über vertragliche und gesetzliche Schuldverhältnisse

Das 2. Buch des BGB enthält nach den Bestimmungen, die im Wesentlichen für alle Arten von Schuldverhältnissen gelten (1.–7. Abschnitt §§ 241–432), Einzelvorschriften über einige typische Schuldverhältnisse (8. Abschnitt §§ 433–853).

Die meisten Schuldverhältnisse werden **durch Vertrag** begründet.

Auswahl vertraglicher Schuldverhältnisse (Vertragstypen) im Besonderen Schuldrecht

Vertragstypen

schuldrechtliche Verträge zur Übertragung von Gegenständen	schuldrechtliche Verträge zur Überlassung von Gegenständen auf Zeit	Tätigkeit für andere	BGB-Grundformen des Wertpapierrechts	sonstige Leistungsversprechen
• Kauf §§ 433 ff. • Tausch § 480 • Schenkung §§ 516 ff.	• Miete §§ 535 ff. • Pacht §§ 581 ff. • Leihe §§ 598 ff. • Sachdarlehen §§ 607 ff.	• Dienstvertrag §§ 611 ff. • Werkvertrag §§ 631 ff. • Werklieferungsvertrag § 651 • Auftrag §§ 662 ff. • Verwahrung §§ 688 ff.	• Anweisung §§ 783 ff. • Inhaberschuldverschreibung §§ 793 ff.	• Bürgschaft §§ 765 ff. • Vergleich § 779 • Schuldversprechen, Schuldanerkenntnis §§ 780 ff. • Leibrente §§ 759 ff.

Neben diesen durch Vertrag begründeten Schuldverhältnissen gibt es einige **gesetzliche Schuldverhältnisse**, so z. B.:

- ungerechtfertigte Bereicherung (§§ 812 ff.; vgl. 6; zu einem weiteren Anwendungsfall des § 812 s. B1.4.4 Beispiel a);
- unerlaubte Handlung (§§ 823 ff.; vgl. 7).

Weitere Schuldverhältnisse finden sich im 3.bis 5. Buch des BGB und in anderen Gesetzen (z. B. im Handelsrecht, Wertpapierrecht, Versicherungsrecht etc.).

1.2 Die Vertragsfreiheit und ihre Grenzen

1.2.1 Grundsätze der Vertragsfreiheit

Wir unterscheiden im Recht allgemein:

- **nachgiebige (dispositive) Vorschriften**, d. h., die Parteien eines Vertrags können ihre Rechtsbeziehungen anders regeln, als im Gesetz vorgesehen ist;

- **zwingende Vorschriften**, d. h., die Vertragsparteien können die gesetzliche Rechtslage aus Gründen des Schutzes des Schwächeren, der Kontrolle oder der Beweissicherung nicht durch Vereinbarung beseitigen oder abändern.

Während das öffentliche Recht (und damit auch das Steuerrecht) in aller Regel zwingender Natur ist, sind viele Vorschriften des Privatrechts dispositives Recht. Dies gilt vor allem für das Schuldrecht. Im Sachenrecht, im Familienrecht und im Erbrecht ist der Grundsatz der Vertragsfreiheit weniger stark ausgeprägt.

Die Vertragsparteien können ihre Rechtsverhältnisse nach einem der im BGB vorgesehenen Vertragstypen regeln. Sie können aber auch Teile dieser Vertragsbestimmungen für sich vertraglich anders regeln.

BEISPIELE

Die Pflicht des Vermieters zur Vornahme von Schönheitsreparaturen in den vermieteten Räumen nach § 538 wird regelmäßig durch den Mietvertrag auf den Mieter überwälzt. Wenn aber keine ausdrückliche Abrede getroffen worden ist, braucht der Mieter die vertragsmäßig bewohnte Wohnung beim Auszug nicht instand setzen zu lassen.

Die Vertragsparteien können ihren Bedürfnissen angemessene, vom BGB nicht vorgesehene (also **atypische)** Verträge erfinden.

BEISPIELE

a) Garantievertrag (eine Partei verspricht einer anderen, für einen bestimmten Erfolg einzustehen);
b) Sicherungsvertrag (Schuldverhältnis für die Vereinbarung von Sicherheiten, insbesondere bei der Sicherungsübereignung und der Sicherungszession);
c) Leasing-Vertrag, Factoring-Vertrag, Franchising-Vertrag, Know-how-Vertrag, Event-Marketing-Vertrag.

Die Parteien können auch einen Vertrag aus mehreren im BGB geregelten Vertragstypen zusammensetzen (**gemischter Vertrag**).

BEISPIELE

a) Typenkombinationsverträge sind der Eigenheimerwerbsvertrag (Kauf- und Werkvertrag) oder Hotelaufnahmevertrag (Miet-, Kauf-, Dienst- und Werkvertrag);
b) Austauschverträge mit anderstypischer Gegenleistung, z. B. der Hausmeistervertrag (Wohnungsüberlassung gegen Dienstleistung);
c) Typenverschmelzungsverträge, z. B. die gemischte Schenkung (einheitliche Sachleistung ist zum Teil unentgeltlich, also Schenkung, und zum Teil entgeltlich, also Kauf; s. C 1.1).
Diese Grundsätze sind Ausdruck des Grundsatzes der Vertragsfreiheit.

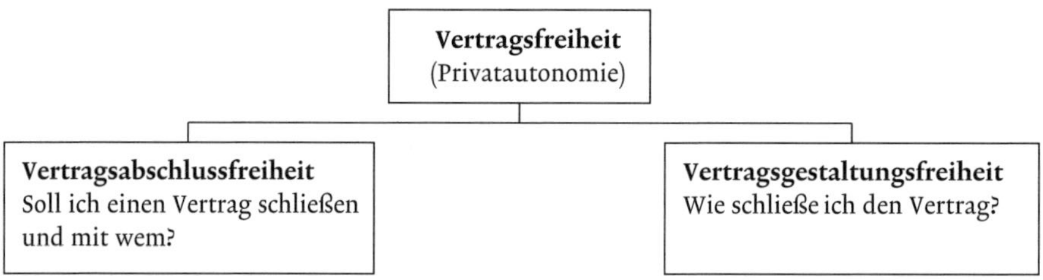

1.2.2 Grenzen der Vertragsfreiheit

Wo der Wettbewerb infolge der Überlegenheit einer Vertragspartei gestört ist, muss die Rechtsordnung die Vertragsfreiheit begrenzen.

1.2.2.1 Unzulässige Geschäfte

Sittenwidrige (§ 138) und gesetzlich verbotene (§ 134) Geschäfte dürfen nicht abgeschlossen werden. Auch wenn Verträge gefährlich (§ 310: Übertragung künftigen Vermögens) oder missbilligenswert sind (§ 312: Vertrag über den Nachlass eines noch lebenden Dritten), ordnet das Gesetz die Nichtigkeit an.

1.2.2.2 Zwingende inhaltliche Ausgestaltung von Verträgen

Bestimmte Vorschriften sollen den erfahrungsgemäß wirtschaftlich schwächeren Vertragspartner schützen und sind deshalb zwingendes Recht.

BEISPIELE

a) Formvorschriften (vgl. §§ 311b, 518, 766; Folge § 125);
b) Bestimmte Vorschriften der §§ 305 ff. (Allgemeine Geschäftsbedingungen);
c) Vorschriften des Verbraucherschutzes (besondere Vertriebsformen § 312 f., Verbrauchsgüterkauf § 475);
d) Wohnungsmiete (vgl. §§ 554a, 556a);
e) Arbeitsvertrag (vgl. §§ 611a, 612 Abs. 3, 612a, 613a, 617 ff.).

1.2.3 Allgemeine Geschäftsbedingungen

1.2.3.1 Ziel und Inhalt

Das Recht der Allgemeinen Geschäftsbedingungen schränkt die Vertragsgestaltungsfreiheit ein. Die Regelungen des AGBG wurden zum 01.01.2001 aufgehoben und als neuer Abschnitt 2 in das allgemeine Schuldrecht aufgenommen (§§ 305–310). Verfahrensrechtliche Vorschriften wurden im »Gesetz über Unterlassungsklagen bei Verbraucherrechts- und anderen Verstößen« zusammengefasst (Unterlassungsklagengesetz, BGBl I 2002, 3422).

MERKSATZ

Allgemeine Geschäftsbedingungen (AGB) sind alle für eine Vielzahl von Verträgen vorformulierten Vertragsbedingungen, die eine Vertragspartei (Verwender) der anderen Vertragspartei bei Abschluss eines Vertrages stellt (§ 305 Abs. 1 Satz 1).

Die Wirtschaft hat sich durch die Verwendung von AGB ihr eigenes Recht zu Lasten des Abnehmers geschaffen. Er muss sich beim Abschluss von Verträgen vom BGB abweichenden Liefer-, Zahlungs- und Gewährleistungsfristen und -ansprüchen, dem Ausschluss der Abtretbarkeit und Aufrechenbarkeit von Forderungen, einer schlechteren Beweislastverteilung usw. »unterwerfen«. Praktisch bei jedem Vertrag muss man heute »Kleingedrucktes« unterschreiben; z. B.

- Bau: Verdingungsordnung für das Baugewerbe (VOB),
- Bank: Allgemeine Geschäftsbedingungen für das Bankgewerbe,
- Versicherung: Allgemeine Versicherungsbedingungen.

In diesen Fällen nimmt ein Vertragsteil die Vertragsgestaltungsfreiheit für sich allein in Anspruch und drückt den anderen auf die bloße Vertragsabschlussfreiheit herab. Der »Kunde« hat häufig nur noch die Wahl, zuzustimmen oder vom Vertrag Abstand zu nehmen. Das BGB versucht, durch gesetzliche Normierung allzu einseitige Vertragsgestaltungen, wenn nicht zu verhindern, so doch wenigstens einzudämmen. Die AGB-Inhaltskontrolle ist vor allem in den Vorschriften über unwirksame Klauseln nach §§ 307–309 geregelt. Diese Vorschriften enthalten in § 307 eine Generalklausel, in § 308 einen Katalog unzulässiger Klauseln mit Wertungsspielraum und in § 309 einen Katalog unzulässiger Klauseln ohne Wertungsspielraum.

BEISPIEL

Die Klausel in AGB des Bankgewerbes, die bei Bareinzahlung eine »Wertstellung« (rechnerische Gutschrift) erst am nächsten Bankarbeitstag zulässt, wurde vom BGH als weder durchschaubar noch inhaltlich vertretbar angesehen. Es liege daher ein Verstoß gegen das BGB vor (BGH vom 17.01.1989 – XI ZR54/88).

1.2.3.2 Einbeziehung von AGB in den Vertrag

AGB werden nur dann Bestandteil eines Vertrags, wenn der Verwender »bei Vertragsabschluss« **ausdrücklich** oder durch deutlich sichtbaren Aushang am Vertragsort auf sie hinweist und der Vertragspartner

- die Möglichkeit der Kenntnisnahme hat,
- und mit der Geltung einverstanden ist (§ 305 Abs. 2).

BEISPIEL

Der Inhaber eines Supermarktes, der für Ladendiebstahl bestimmte Sanktionen androht (»Wir zeigen jeden Dieb an und verlangen € 100 Fangprämie!«), muss dies deutlich erkennbar am Ort des Vertragsschlusses erkennbar machen, z. B. durch besonders große Schilder im Markt, entweder bereits am Eingang, spätestens aber vor der Kasse (=Ort des Vertragsschlusses).

Zweifel bei der Auslegung von AGB gehen zu Lasten des Verwenders (§ 305c Abs. 2).

1.2.3.3 Überraschende und unangemessene Klauseln

Ungewöhnliche, überraschende Rechtseinschränkungen, mit denen der Vertragspartner nicht üblicherweise rechnen muss, werden nicht Vertragsbestandteil (§ 305c Abs. 1).

BEISPIELE

a) Eine wesentliche Rechtseinschränkung des Kunden darf nicht in Kleinstschrift auf der Vertragsrückseite stehen, während sonstige, übliche Vertragsbestandteile auf der Vorderseite in Normalschrift abgedruckt sind.

b) Die in AGB enthaltene Klausel »Änderungen des Umsatzsteuersatzes berechtigen beide Teile zur entsprechenden Preisanpassung« (man beachte die nur scheinbare Gleichbehandlung von Verwender und Abnehmer) verstößt gegen das Verbot kurzfristiger Preiserhöhungen nach § 309 Nr. 1 (so auch BGHZ 77, 82 und die herrschende Lehre).

c) Unwirksam ist auch die Klausel »Sämtliche Vereinbarungen sind schriftlich niederzulegen. Dies gilt auch für nachträgliche Vertragsänderungen« (BGH vom 27.09.2000 NJW 2001, 292).

Bestimmungen in AGB sind unwirksam, wenn sie den Vertragspartner des Verwenders entgegen den Geboten von Treu und Glauben unangemessen benachteiligen (Inhaltskontrolle nach § 307). Wenn eine Klausel unverständlich und geeignet ist, von der Geltendmachung berechtigter Ansprüche abzuhalten, verstößt die Klausel gegen das Transparenzgebot (§ 307 Abs. 1 Satz 2) und ist nichtig.

Die Rechtsfolgen unwirksamer AGB sind in § 306 abweichend von den allgemeinen Vorschriften geregelt. Nach § 139 führt die Nichtigkeit eines Teils eines Vertrages grundsätzlich zur Unwirksamkeit des ganzen Vertrages. Nach § 306 Abs. 1 bleibt der Vertrag dagegen im Übrigen wirksam, wenn AGB ganz oder teilweise nicht Vertragsbestandteil geworden oder unwirksam sind. An die Stelle der nichtigen AGB-Klauseln tritt das durch sie verdrängte Gesetzesrecht (§ 306 Abs. 2).

1.2.3.4 Vorrang der Individualabrede

Ein individuell abgeschlossener Vertrag geht den AGB vor (§ 305b). So kann der Kunde auch Streichungen vornehmen, eigene Vertragsformulierungen einbringen oder die AGB ausschließen (wenn der Verwender »mitmacht«).

1.2.3.5 Anwendungsbereich der Vorschriften über Allgemeine Geschäftsbedingungen

Die §§ 305–310 finden gemäß § 310 keine Anwendung auf Verträge des Arbeits-, Erb-, Familien- und Gesellschaftsrechts, die Vorschriften sind nur eingeschränkt anwendbar u. a. für Eisenbahntarifordnungen, für Leistungen aus der Telekommunikation, auf Strom- und Gaslieferungsverträge, auf Beförderungsverträge von Linienverkehrsunternehmen sowie auf Verträge »gegenüber einem Unternehmer« (vgl. § 14 BGB). Neben vielen anderen Einschränkungen (vgl. §§ 308, 309 – Verbote mit/ohne Wertungsmöglichkeit u. a.) sind also ganz wesentliche Lebensbereiche ausgeschlossen, was dem ursprünglichen Zweck des Gesetzes – Schutz des wirtschaftlich Schwächeren – zuwiderläuft.

1.2.3.6 Verfahrensrecht

Im Unterlassungsklagengesetz (UKlaG) wurde ein Verbandsklageverfahren eingeführt. Gegen einen Kaufmann, der in seinen AGB unzulässige Klauseln verwendet, kann ein Unterlassungsanspruch geltend gemacht werden. Ein Widerrufsanspruch kann gegen den gerichtet werden, der unzulässige AGB empfiehlt. Klagebefugt sind nur qualifizierte Einrichtungen und rechtsfähige Verbände (z. B. Verbraucherverband, IHK), nicht dagegen einzelne Vertragsparteien.

1.2.4 Allgemeines Gleichbehandlungsgesetz

Das **Allgemeine Gleichbehandlungsgesetz (AGG)** – auch **Antidiskriminierungsgesetz** genannt – soll »Benachteiligungen aus Gründen der Rasse oder wegen der ethnischen Herkunft, des Geschlechts, der Religion oder Weltanschauung, einer Behinderung, des Alters oder der sexuellen Identität verhindern und beseitigen«. Zur Verwirklichung dieses Ziels erhalten die durch das Gesetz geschützten Personen Rechtsansprüche gegen Arbeitgeber und Private, wenn diese ihnen gegenüber gegen die gesetzlichen Diskriminierungsverbote verstoßen. Das AGG greift als Schutzgesetz in den Privatrechtsverkehr ein und schränkt damit die Privatautonomie ein. Im Zivilrechtsverkehr, d. h. bei der Begründung, Durchführung und Aufhebung von Verträgen, sind Diskriminierungen aus einem der im Gesetz genannten Merkmale grundsätzlich unzulässig (§§ 19 bis § 21 AGG).

2 Schuldrechtliche Verträge zur Übertragung von Gegenständen

2.1 Kaufvertrag

2.1.1 Rechte und Pflichten im Kaufvertrag

Der Kaufvertrag ist ein gegenseitiger Vertrag, der auf die Übertragung von Gegenständen gegen Geld gerichtet ist. Objekt eines Kaufvertrages kann jeder vermögenswerte Gegenstand sein, also

- bewegliche Sachen,
- unbewegliche Sachen (Grund und Boden, Gebäude),
- Forderungen (zum Factoring vgl. 2.1.5.6),
- sonstige Rechte, z. B. Patente, Lizenzen, zum Rechtskauf vgl. § 453.

Das **Zustandekommen** des Kaufvertrags richtet sich nach den Vorschriften über das Zustandekommen von Rechtsgeschäften (BGB Allgemeiner Teil, vgl. B 2 und B 3). Eine besondere **Form** ist vom Gesetz nur in einigen Fällen vorgeschrieben, z. B. § 311b für Grundstücke (vgl. B 2.5). Häufig wird die Schriftform vertraglich vereinbart (§ 127).

Der Kaufvertrag als schuldrechtliches (obligatorisches) Rechtsgeschäft lässt lediglich die Ansprüche und Verpflichtungen der Vertragsparteien entstehen (Verpflichtungsgeschäft, s. B 4.1.1).

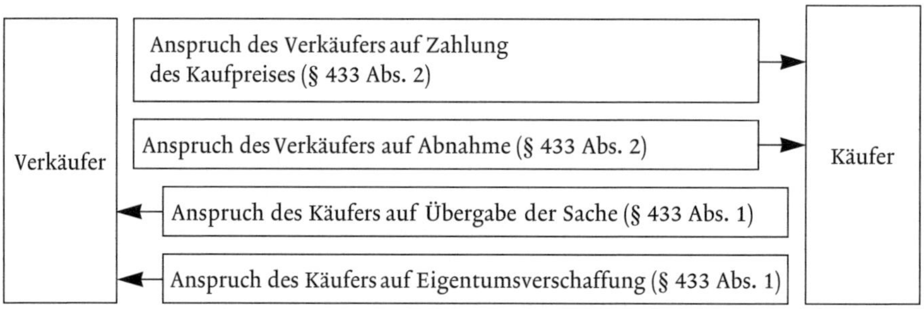

Zu den vertraglichen Hauptpflichten des Verkäufers gehört die Verschaffung der Sache frei von Sach- oder Rechtsmängeln (§ 433 Abs. 1 Satz 2). Daneben können den Verkäufer vertragliche Nebenpflichten treffen (§§ 241 Abs. 2, 242).

Das BGB behandelt das schuldrechtliche Grundgeschäft streng getrennt vom dinglichen Verfügungsgeschäft (Erfüllungsgeschäft, zum Abstraktionsprinzip s. B 4.2): Mit der Entstehung der schuldrechtlichen Ansprüche und Verpflichtungen nach § 433 ist nicht automatisch die Übertragung des Eigentums verbunden. Hierfür sieht das BGB besondere Übertragungsgeschäfte vor:

- bei beweglichen Sachen, §§ 929 ff. (vgl. E 3 ff.),
- bei unbeweglichen Sachen §§ 873, 925 (vgl. E 5),
- bei Forderungen und Rechten § 398 ff. (vgl. C 5).

Wenn der Verkäufer seinen Pflichten aus dem Kaufvertrag nicht oder nicht rechtzeitig nachkommt, hat der Käufer die sich aus dem Allgemeinen Schuldrecht ergebenden Rechte bei Leistungsstörungen (vgl. C 4):

a) Wenn der Verkäufer die Kaufsache nicht übereignen kann, weil die Leistung unmöglich ist oder unmöglich geworden ist, hat der Käufer die Rechte aus §§ 275 ff., 320 ff. Der Käufer hat bei vom Verkäufer zu vertretender Unmöglichkeit vor allem ein Recht zum Rücktritt vom Kaufvertrag (§ 323) und/oder einen Anspruch auf Schadenersatz wegen Nichterfüllung (§§ 325, 326).
b) Wenn der Verkäufer schuldhaft zu spät leistet, kann der Käufer unter den Voraussetzungen der §§ 286, 326 wegen Schuldnerverzug vom Vertrag zurücktreten (§ 323) oder Schadenersatz statt der Leistung verlangen (§ 281).

Sachkauf und Rechtskauf (§ 453) stehen gleich. In beiden Fällen kann der Vertragspartner Schadenersatz verlangen, wenn eine zu vertretende Pflichtverletzung vorliegt (§ 280 Abs. 1). Eine weiter gehende Haftung des Schuldners auch ohne Verschulden kann sich insbesondere aus der Übernahme einer Garantie oder eines Beschaffungsrisikos ergeben (§ 276). Soweit das Kaufrecht Sonderregeln enthält, gehen diese dem Allgemeinen Schuldrecht vor.

2.1.2 Sachmängel (§ 434 BGB)

2.1.2.1 Begriff des Sachmangels

Der Verkäufer hat dem Käufer die Sache frei von Sach- und Rechtsmängeln zu verschaffen (§§ 433 Abs. 1 Satz 2). Damit gehört die Mängelfreiheit der Kaufsache zu den vertraglichen Hauptpflichten des Verkäufers. Wenn der Kaufgegenstand übergeben ist, aber einen Qualitätsmangel aufweist, ist der Kaufvertrag noch nicht erfüllt.

Ein Sachmangel liegt vor, wenn die Sache bei Gefahrübergang nicht die vereinbarte Beschaffenheit hat (§ 434 Abs. 1 Satz 1) oder wenn sich die Sache nicht für die nach dem Vertrag vorausgesetzte Verwendung eignet (§ 434 Abs. 1 Satz 2 Nr. 1). Das Gesetz geht grundsätzlich von den vertraglichen Vereinbarungen aus (so genannter **subjektiver Fehlerbegriff**). Der **objektive Fehlerbegriff** ist nur hilfsweise heranzuziehen, wenn die Beschaffenheitsvereinbarung fehlt und wenn eine nicht unerhebliche Abweichung von der Normalbeschaffenheit vorliegt, z. B. wenn die Sache sich nicht für die gewöhnliche Verwendung eignet oder nicht die Beschaffenheit aufweist, die bei Sachen in der gleichen Art üblich ist und die der Käufer nach der Art der Sache erwarten kann (§ 434 Abs. 1 Satz 2 Nr. 2). Ein Sachmangel ist außerdem gegeben,

- wenn die vereinbarte Montage durch den Verkäufer unsachgemäß durchgeführt worden ist (**Montagefehler**, § 434 Abs. 2 Satz 1),
- bei Montage durch den Käufer, wenn die Montageanleitung fehlerhaft ist, es sei denn, die Sache ist fehlerfrei montiert worden (§ 434 Abs. 2 Satz 2),
- wenn der Verkäufer eine andere Sache liefert (**Aliud-Lieferung**, § 434 Abs. 3, 1. Alt.),
- wenn der Verkäufer eine zu geringe Menge liefert (**Mengenfehler**, § 434 Abs. 3, 2. Alt.).

BEISPIELE

a) Fehler bei Grundstücken können sein: Qualitätsmängel wie z. B. Hausschwamm, schadhaftes Dach (allerdings dann nicht, wenn zum Abbruch gekauft) oder Umstandsmängel wie z. B. durch öffentlich-rechtliche Vorschriften beschränkte Bebaubarkeit,

b) Fehler bei Kfz können z. B. sein: technische Mängel, die die Zulassung hindern, anderes Baujahr, erheblich höhere km-Leistung als nach dem Tacho, schadhafter Motor, hoher Treibstoffverbrauch.

Die Lieferung einer anderen Sache als der geschuldeten (Aliud-Lieferung) oder die Lieferung einer zu geringen Menge gilt als Sachmangel (§ 434 Abs. 3). Eine Abgrenzung zwischen Schlechtleistung und Anderslieferung wie nach der früheren Rechtslage ist damit nicht mehr erforderlich.

BEISPIEL

K schließt mit V einen Kaufvertrag über einen genau bezeichneten, gebrauchten Pkw. Anschließend überlegt V es sich anders und liefert einen anderen Pkw.
LÖSUNG Die Lieferung des anderen Pkw ist ein Sachmangel (§ 434). Die Lieferung einer anderen als der geschuldeten Leistung ist auch eine Pflichtverletzung, die V zu vertreten hat (§ 280 Abs. 1). K kann daher die Ansprüche aus der Sachmängelgewährleistung geltend machen (vgl. 2.1.2.2).

Der Verkäufer oder ein Dritter kann gem. § 443 eine Garantie für die Beschaffenheit der Sache (Beschaffenheitsgarantie) oder dafür übernehmen, dass die Sache für eine bestimmte Dauer eine bestimmte Beschaffenheit behält (Haltbarkeitsgarantie). Für eine solche Garantie haftet der Verkäufer unabhängig von Verschulden.

Es kommt auf die Fehlerfreiheit im Zeitpunkt des Gefahrübergangs an (§§ 446, 447). Die Preisgefahr geht auf den Käufer mit der Übergabe der verkauften Sache bzw. bei Annahmeverzug des Käufers über. Beim Versendungskauf geht die Preisgefahr bei Übergabe an die Transportperson auf den Käufer über.

2.1.2.2 Ansprüche aus der Sachmängelgewährleistung

Wurden Sachmängel gefunden, kann der Käufer

- nach § 437 i. V. m. § 439 Nacherfüllung verlangen,
- nach den §§ 440, 323 und 326 Abs. 5 von dem Vertrag zurücktreten,
- nach § 441 den Kaufpreis mindern oder
- nach den §§ 440, 280, 281 und 311a Schadenersatz oder nach § 284 Ersatz vergeblicher Aufwendungen verlangen.

Als **Nacherfüllung** kann der Käufer nach seiner Wahl die Beseitigung des Mangels oder die Lieferung einer mangelfreien Sache verlangen (§ 439). Der Verkäufer hat dabei auch die erforderlichen Aufwendungen zu tragen (z. B. Transport-, Wege-, Arbeits- und Materialkosten). Der Anspruch auf Nacherfüllung ist beschränkt oder ausgeschlossen, wenn diese nur mit unverhältnismäßigen Kosten möglich ist.

Den **Rücktritt vom Vertrag** kann der Käufer grundsätzlich nur dann erklären, wenn er dem Verkäufer erfolglos eine angemessene Frist zur Nacherfüllung gesetzt hat (§ 323). Die Fristsetzung ist nur unter besonderen Umständen entbehrlich (§ 323 Abs. 2).

Stattdessen kann der Käufer auch die **Minderung des Kaufpreises** verlangen (§§ 437 Nr. 2, 441). Die **Minderung** führt zu einer Herabsetzung des Kaufpreises in dem Verhältnis, in dem der Wert der mangelfreien Sache zu dem Wert der mangelhaften Sache steht. Es gilt die Verhältnisrechnung:

geminderter Preis (x) : vereinbarter Preis (p) = Wert der mangelhaften Sache (a) : Wert der mangelfreien Sache (b)

oder

$$x = \frac{p \times a}{b}$$

Die Minderung des Kaufpreises beträgt p ./. x.

BEISPIEL

a) K hat von V ein fehlerhaftes Auto für 10 000 € gekauft, das wegen des Fehlers nur 8 000 € wert ist, und will deshalb den Kaufpreis mindern. V verlangt von K 8 000 €. K will weniger bezahlen, weil das Auto ohne den Fehler 12 000 € wert sei.

b) V hat an K im vorigen Fall das mangelhafte Auto (Wert fehlerfrei 12 000 €, mangelhaft 8 000 €) für 15 000 € verkauft.

LÖSUNG:

a) K, für den der Kauf an sich vorteilhaft war, hat zu zahlen:

Geminderter Kaufpreis=

$$\frac{\text{Wert mit Mangel 8 000 € x vereinbarter Kaufpreis 10 000 €}}{\text{Wert ohne Mangel 12 000 €}} = 6.666\ €$$

Die Minderung des Kaufpreises beträgt 10 000 € ./. 6 666 € = **3 334 €**

b) In diesem Fall ist das Geschäft für V vorteilhaft gewesen. K hat zu zahlen:

Geminderter Kaufpreis =

$$\frac{\text{Wert mit Mangel 8 000 € x vereinbarter Kaufpreis 15 000 €}}{\text{Wert ohne Mangel 12 000 €}} = 10\ 000\ €$$

Die Minderung des Kaufpreises beträgt 15 000 € ./. 10 000 € = **5 000 €**

Schadenersatz statt der Leistung kann der Käufer verlangen, wenn der Verkäufer den Mangel zu vertreten hat (§§ 437 Nr. 3, 440, 280, 281, 283 und 311a). Die Geltendmachung des Schadenersatzanspruchs selbst setzt grundsätzlich voraus, dass der Käufer dem Verkäufer erfolglos eine angemessene Frist zur Nacherfüllung gesetzt hat. Durch den Schadenersatz muss der Käufer so gestellt werden, wie er stünde, wenn der Kaufvertrag ordnungsgemäß erfüllt worden wäre (positives Interesse). Der Käufer kann verlangen, so gestellt zu werden, wie wenn die Sache fehlerfrei gewesen wäre. Der Schadenersatzanspruch ist immer auf einen Geldbetrag gerichtet. Er umfasst alle Nachteile, die dem Käufer aus der Mangelhaftigkeit der Kaufsache selbst erwachsen (**sog. Mangelschaden**). Auch die an den anderen Rechtsgütern des Käufers (z. B. Gesundheit, Eigentum, Vermögen), nicht an der Kaufsache selbst entstehenden Schäden (**sog. Mangelfolgeschäden**) sind zu ersetzen, wenn der Verkäufer eine entsprechende Pflicht aus dem Kaufvertrag verletzt und dies zu vertreten hat (§ 280 Abs. 1).

BEISPIEL

V verkauft dem K einen Pkw mit schadhafter Achse. Infolgedessen hat K bei seiner ersten Fahrt einen Unfall und verletzt sich. V hat den Mangel fahrlässig übersehen. Kann K seinen Körperschaden ersetzt verlangen?

LÖSUNG Der Anspruch des K auf Schadenersatz des Mangelfolgeschadens ergibt sich aus §§ 280 Abs. 1, 437 Nr. 3. V fällt mit der Lieferung des mangelhaften Wagens eine Pflichtverletzung zur Last. Der Wagen war nach § 434 Abs. 1 Satz 2 Nr. 2 mangelhaft, weil er sich nicht für die gewöhnliche Verwendung eignete. V hat auch fahrlässig gehandelt. K kann daher zusätzlich zu den Rechten aus dem Sachmangel den Anspruch auf Ersatz seines Körperschadens geltend machen. Da K nicht Schadenersatz **statt** der Leistung, sondern Schadenersatz **neben** der Leistung verlangt, kommt es auf die Voraussetzungen des § 280 Abs. 3, 281–283 nicht an.

Der Käufer kann den Schadenersatz nach seiner Wahl auf zwei Arten berechnen:

a) Er kann die mangelhafte Sache behalten und einen Ausgleich verlangen, z. B. Ersatz des Minderwerts, Ersatz des Aufwands für die Mängelbeseitigung, Ersatz eines entgangenen Gewinns (§ 252) beim Weiterverkauf (**sog. »kleiner« Schadenersatzanspruch**).

b) Er kann aber grundsätzlich auch die mangelhafte Sache zurückgeben und den durch die Nichterfüllung entstehenden Schaden ersetzt verlangen, z. B. Rückzahlung des Kaufpreises, Ersatz der Vertragskosten und des entgangenen Gewinns, Ersatz der Mehrkosten für eine Ersatzbeschaffung **(sog. »großer« Schadenersatzanspruch)**.

BEISPIEL

K schließt mit V einen Kaufvertrag über einen genau bezeichneten gebrauchten Pkw (Wert 50 000 €) und bezahlt den Kaufpreis. Anschließend überlegt V es sich anders und liefert einen anderen Pkw (Wert 48 000 €). Kann K Schadenersatz verlangen?

LÖSUNG Unter den Voraussetzungen der §§ 280 Abs. 1 und Abs. 3, 281 kann K Schadenersatz statt der Leistung verlangen. Hierzu muss K dem V eine angemessene Nachfrist zur Leistung setzen (§ 281 Abs. 1). Ist die Frist erfolglos verstrichen, kann K wahlweise die Wertdifferenz von 2 000 € verlangen und den gelieferten Pkw behalten (»kleiner« Schadenersatz). K kann aber auch den Kaufpreis von 50 000 € zurückverlangen und den gelieferten Pkw zurückgeben (»großer« Schadenersatz«).

Anstelle des Schadenersatzes statt der Leistung kann der Verkäufer auch Ersatz seiner vergeblichen Aufwendungen verlangen (§ 284).

FALL 28

Der Verkäufer V eines Gebrauchtwagens lässt den Käufer K im Glauben, der Pkw befinde sich in einem üblichen Zustand, obwohl er weiß, dass dieser über einen bloßen Blechschaden hinaus erheblich bei einem Unfall beschädigt worden war. Welche Rechte hat der Käufer?

2.1.2.3 Grenzen der Ansprüche aus der Sachmängelgewährleistung

Die Gewährleistungsrechte können durch individuelle Vereinbarungen oder durch AGB beschränkt, ausgeschlossen oder anderweitig abgeändert werden. Wenn der Mangel dem Käufer bei Vertragsschluss bekannt oder infolge grober Fahrlässigkeit unbekannt ist, ist die Sachmängelhaftung ausgeschlossen (§ 442). Der Verkäufer haftet für eine Beschaffenheits- und Haltbarkeitsgarantie (§ 443). Eine grob fahrlässige Unkenntnis des Käufers ist unschädlich, wenn der Verkäufer den Mangel arglistig verschwiegen oder eine Beschaffenheitsgarantie übernommen hat. Auf einen Haftungsausschluss kann sich der Verkäufer nicht berufen, wenn er den Mangel arglistig verschwiegen oder eine Beschaffenheitsgarantie übernommen hat (§ 444). Grenzen des Gewährleistungsausschlusses durch AGB ergeben sich aus § 309 Nr. 8.

Die Ansprüche auf Nacherfüllung, Schadenersatz und Ersatz vergeblicher Aufwendungen **verjähren** (§ 438).

- in 30 Jahren, wenn der Mangel in einem dinglichen Recht eines Dritten, aufgrund dessen Herausgabe der Kaufsache verlangt werden kann, oder in einem sonstigen im Grundbuch eingetragenen Recht besteht;
- in fünf Jahren bei einem Bauwerk;
- im Übrigen in zwei Jahren;
- wenn der Verkäufer den Mangel arglistig verschwiegen hat. Dann verjähren die Ansprüche in der regelmäßigen Verjährungsfrist von drei Jahren (§ 438 Abs. 3).

Die Verjährungsfristen können durch Rechtsgeschäft erleichtert werden, außer es liegt eine Haftung wegen Vorsatz vor (§ 202). AGB können kürzere als die gesetzlichen Verjährungsfristen vorsehen, jedoch nicht bei Bauwerken (Ausnahme Teil B der VOB). In den sonstigen Fällen darf die Verjährungsfrist nicht weniger als ein Jahr betragen (§ 309 Nr. 8b Buchst. ff). Beim Verbrauchsgüterkauf kann die Verjährung bei gebrauchten Sachen bis auf ein Jahr abgekürzt werden (§ 475 Abs. 2).

2.1.3 Rechtsmängel (§ 435 BGB)

Der Kaufgegenstand muss, sofern nichts anderes vereinbart ist, frei von Rechten Dritter geliefert werden. In den Rechtsfolgen steht der Rechtsmangel dem Sachmangel gleich.

BEISPIEL

Der Verkäufer eines Grundstücks muss vor der Übertragung etwaige Belastungen (z. B. Hypotheken, Grundschulden) beseitigen, sofern der Käufer sie nicht unter Anrechnung auf den Kaufpreis übernimmt. Sonst kann der Käufer gem. §§ 437–441 Nacherfüllung, Minderung oder Schadenersatz verlangen oder den Rücktritt vom Vertrag erklären.

2.1.4 Produkthaftung

2.1.4.1 Problemstellung

Das »Gesetz über die Haftung für fehlerhafte Produkte« – ProdHaftG – vom 15. 12. 1989 (BGBl I 1989, 2198) stellt den Versuch dar, ein lange umstrittenes – da gesetzlich nicht ausdrücklich geregeltes – Rechtsgebiet zu erfassen: Wer muss eintreten (haften), wenn ein Hersteller ein fehlerhaftes Erzeugnis auf den Markt bringt? Bis dahin konnte mangels einer i. d. R. **nicht bestehenden vertraglichen Rechtsbeziehung Hersteller – Endverbraucher** eine Haftung nur aus §§ 823 ff. BGB (s. D7) – Verletzung der Verkehrssicherungspflicht – hergeleitet werden. § 823 verlangt **beweisbares Verschulden**, was eine Rechtsverfolgung für den Verbraucher mangels Nachweises häufig unmöglich machte, setzt dieses doch eine Beweispflicht auch für Tatsachen voraus, die z. B. im Produktions- und Organisationsbereich des Herstellers liegen. Daher hatte das BGH bereits seit 1968 (»Hühnerpestfall«) eine Umkehr der Beweislast unter bestimmten Voraussetzungen angenommen.

2.1.4.2 Der Haftungstatbestand

Gem. § 1 ProdHaftG haftet der Hersteller eines Produkts **verschuldensunabhängig** für Fehler des Produkts, die den Tod, Körper- oder Gesundheitsverletzung oder Sachbeschädigung zur Folge haben, wenn u. a.

- er das Produkt in den Verkehr gebracht hat (§ 1 Abs. 2 Nr. 1);
- Fehler nach dem Stand von Wissenschaft und Technik erkennbar waren (»Entwicklungsfehler«; Nr. 5);
- der Fehler darauf beruht, dass das Produkt nicht zwingenden Rechtsvorschriften entsprochen hat (Nr. 4).

Der Verbraucher ist im Vergleich zu § 823 BGB lediglich beweispflichtig für den Fehler, den Schaden und den ursächlichen Zusammenhang zwischen Fehler und Schaden (§ 1 Abs. 2), also für Tatsachen, die von »außen« zugänglich sind und nicht ein Eindringen in den eigentlichen Produktionsbereich erfordern. Zugleich eröffnet aber § 1 Abs. 2 eine Entlastungsmöglichkeit für den Hersteller.

2.1.4.3 Der Produktbegriff

Nach § 2 ProdHaftG ist Produkt jede bewegliche Sache, auch als Teil einer anderen – beweglichen oder unbeweglichen – Sache. Ausgenommen sind Grundstücke und deren wesentliche Bestandteile, reine Dienstleistungen, soweit sie nicht Produkte hervorbringen, sowie landwirtschaftliche Naturprodukte und Jagderzeugnisse.

BEISPIELE

a) Produkte sind Kfz, Maschinen, Geräte, chemische Erzeugnisse (Arzneien!, vgl. aber 2.1.4.6), Druckwerke, Elektrizität (vgl. zum Sachbegriff bei Strom E1.2.1), aber auch Blutplasma (Ansteckungsgefahr!) etc.

b) Der Bauunternehmer haftet nach dem ProdHaftG nicht für Fehler des Bauwerks.

c) Der Gastwirt serviert im Rahmen seiner Gesamtdienstleistung Speisen und Getränke (Produkte).

d) Der Inhaber einer Hühnerfarm haftet nach diesem Gesetz nicht für verseuchte Eier (§ 2 Satz 2), wohl aber der Nudelfabrikant bei deren Verwendung (Landscheidt, Das neue Produkthaftungsgesetz, NWB Fach 19, 1605 ff.).

2.1.4.4 Der Fehlerbegriff

Ein Produkt hat nicht allein deshalb einen Fehler, weil später ein verbessertes Produkt in den Verkehr gebracht wurde (§ 3 Abs. 2 ProdHaftG).

Nach dem ProdHaftG (§ 3) ist ein Fehler gegeben, wenn das Produkt nicht die übliche und allgemein erwartete **Sicherheit** aufweist. Dieser Maßstab wird insbesondere geprägt durch

- **Darbietung** (z. B. besondere Werbeanpreisungen),
- **Gebrauch,** mit dem billigerweise (noch) gerechnet werden kann,
- **Zeitpunkt, zu dem das Produkt in den Verkehr gebracht wurde** (z. B. derzeit geltende technische »Standards«).

BEISPIELE

a) Ein allradangetriebener Pkw, der in der Fernsehwerbung eine verschneite Skisprungschanze hochfährt, muss sich auch im Alltag als überdurchschnittlich wintertauglich erweisen.

b) Speziell für Kinder entwickelte farbige Holzbausteine müssen ungiftig sein, obwohl der bestimmungsgemäße Gebrauch dies nicht erfordert.

c) Ein Antiblockiersystem (ABS) für Autos gehört heute noch nicht zum üblichen Sicherheitsstandard. Falls dies in 10 Jahren zutreffen sollte, werden heutige Modelle dadurch nicht (nachträglich) fehlerhaft.

d) Die seit Ende 1982 verwendeten Warnhinweise auf – gesüßten – Baby- und Kindertee sind ausreichend und geeignet, einen erwachsenen Verwender auf die möglichen Gesundheitsgefahren aufmerksam zu machen. Mit dieser Begründung hat das BVerfG (Urt. vom 16. 10. 1996) Verfassungsbeschwerden gegen die Abweisung einer zivilrechtlichen Schadensersatzklage nicht zur Entscheidung angenommen.

2.1.4.5 Der Hersteller

Hersteller ist, wer das Endprodukt, den Grundstoff oder Teilprodukt(e) hergestellt hat oder sich durch seinen Namen, sein Warenzeichen oder durch andere unterscheidungskräftige Kennzeichen als Hersteller ausgibt (§ 4 Abs. 1), z. B. vertreibt eine Warenhauskette japanische Geräte unter ihrer Eigenmarke »Royal« (Beispiel frei erfunden).

Als Hersteller gilt nach § 4 Abs. 2, 3 hilfsweise auch der Einführer (zum Zwecke des Vertriebs) von Produkten in den EU-Bereich und – falls ein Hersteller nicht festgestellt werden kann – jeder Lieferant, allerdings mit einer Exkulpationsmöglichkeit: Er muss dem Geschädigten innerhalb eines Monats nach Aufforderung den eigentlichen Hersteller oder seinen Produktlieferanten benennen.

Mehrere Hersteller haften als Gesamtschuldner (§ 5).

2.1.4.6 Umfang der Haftung

Die Haftung umfasst bei Tod eines Menschen die – fehlgeschlagenen – Heilungskosten, bestimmte Vermögensnachteile (§ 7) sowie dessen Unterhaltsverpflichtungen (§ 7 Abs. 2), bei Körperverletzung Heilungskosten und Erwerbsminderungsschaden sowie eventuelle zusätzliche Bedürfnisse infolge der Verletzung.

Der Haftungshöchstbetrag beträgt 160 Mio. € (§ 10), bei Sachbeschädigung allerdings mit einer »Selbstbeteiligung« von 1 125 € (§ 11).

Der Haftungsanspruch nach § 1 ProdHaftG verjährt in drei Jahren vom Zeitpunkt der Kenntnis von Schaden, Fehler und Ersatzverpflichtung (§ 12); er erlischt grundsätzlich zehn Jahre nach dem Zeitpunkt des Inverkehrbringens (§ 13).

Die Ersatzpflicht des Herstellers ist im Voraus weder ausschließbar noch beschränkbar, entgegenstehende Vereinbarungen sind nichtig (§ 14). Für Arzneimittelhaftung bei Menschen sind die Vorschriften des ProdHaftG nicht anwendbar (§ 15).

2.1.5 Besondere Arten des Kaufs

2.1.5.1 Kauf unter Eigentumsvorbehalt (§ 449 BGB)

Die Kaufsache wird aufgrund des unbedingt abgeschlossenen Kaufvertrages übergeben, die dingliche Einigung steht aber unter der aufschiebenden Bedingung der vollständigen Zahlung des Kaufpreises. Der Verkäufer kann die Sache nur herausverlangen, wenn er vom Vertrag zurückgetreten ist. Weitere Einzelheiten s. E 7 ff.

2.1.5.2 Kauf auf Probe (§ 454 f. BGB)

Der **Kauf auf Probe** ist ein Vertrag i. S. d. § 433 BGB, dessen Wirksamkeit durch die in das Belieben des Käufers gestellte Billigung des Kaufgegenstandes aufschiebend oder auflösend bedingt ist (Beispiel: Bestellung im Versandhandel mit Rückgaberecht).

Der **Kauf zur Probe** ist ein Kaufvertrag, bei dem der Käufer unverbindlich einen weiteren Kauf in Aussicht stellt, wenn er mit der Probe zufrieden ist.

Der **Kauf mit Umtauschvorbehalt** wird als unbedingter Kaufvertrag abgeschlossen, berechtigt jedoch den Käufer, anstelle der gekauften Sache eine etwa gleichwertige zu verlangen.

2.1.5.3 Wiederkauf (§§ 456 ff. BGB)

Wiederkauf ist der vorbehaltene Rückkauf des verkauften Gegenstandes durch den Verkäufer. Der Wiederkauf kommt durch die rechtzeitige Ausübung des wirksam vereinbarten Wiederkaufsrechts zustande.

2.1.5.4 Schuldrechtlicher Vorkauf (§§ 463 ff. BGB), dingliches Vorkaufsrecht (§§ 1094 ff. BGB)

Das Vorkaufsrecht ist ein schuldrechtliches oder dingliches Gestaltungsrecht des Käufers, eine Sache zu einem späteren Zeitpunkt zu erwerben. Besonderheit: Bei dem späteren Kauf sollen die Vereinbarungen gelten, die der Verkäufer mit einem dritten Kaufinteressenten ausgehandelt hat (§ 464 Abs. 2). Der Vertrag zwischen dem Käufer (Vorkaufsberechtigter) und dem Verkäufer (Vorkaufsverpflichteter) kommt unter einer zweifachen Bedingung zustande:

- dass der Vorkaufsverpflichtete die Sache an den Dritten verkauft (§ 463) und
- dass der Vorkaufsberechtigte sein Vorkaufsrecht ausübt (§ 464 Abs. 1).

Das Vorkaufsrecht kann auf Gesetz (z. B. §§ 24 ff. BBauG) oder auf Vertrag zwischen Berechtigtem und Verpflichtetem beruhen. Das vertragliche Vorkaufsrecht kann bei Grundstücken durch grundbuchmäßige Eintragung abgesichert werden (§§ 1094 ff.).

Bilanzsteuerrechtlich muss ein Vorkaufsrecht, das entgeltlich erworben worden ist, nach § 5 Abs. 2 EStG als immaterielles Wirtschaftsgut aktiviert werden. Es ist bis zum Zustandekommen eines Kaufvertrages nicht abschreibungsfähig.

BEISPIELE

a) A räumt dem B, der einmal seinen Betrieb erweitern will, an einem an das Betriebsgrundstück des B angrenzenden Grundstück für 10 000 € ein Vorkaufsrecht ein.
B bucht: Immaterielles Anlagegut an Geldkonto 10 000 €.

b) A schließt darauf mit C einen Kaufvertrag über das Grundstück zum Preis von 100 000 € ab. B übt sein Vorkaufsrecht aus.
B bucht: Grundstück 110 000 € an Geldkonto 100 000 € und immaterielles Anlagegut 10 000 €.

c) B verzichtet auf die Ausübung seines Vorkaufrechts, weil ihm die zwischen A und C ausgehandelten Vertragsbedingungen als zu ungünstig erscheinen.
B bucht: Außerordentlicher Aufwand an immaterielles Anlagegut 10 000 €.

2.1.5.5 Verbrauchsgüterkauf (§§ 474–479 BGB)

2.1.5.5.1 Anwendungsbereich

Die Regeln über den Verbrauchsgüterkauf dienen der Umsetzung der Verbrauchsgüterkauf-Richtlinie (RL 2011/83/EU, ABl EU 2011 L 304, 64). Änderungen des bisherigen Rechts wurden mit Wirkung ab 13.06.2014 durch das Gesetz zur Umsetzung der Verbraucherrechterichtlinie (VRRLUmsG, BGBl I 2013, 3642) in das BGB aufgenommen. Die Vorgaben der Richtlinie sind vor allem im allgemeinen Kaufrecht verwirklicht worden (§§ 312 ff., §§ 357 ff., vgl. dazu C 5; 7.4). Die Vorschriften der §§ 474–479 enthalten ergänzende Sonderregelungen gegenüber den §§ 433 bis 453. Der Verbraucher steht unter besonderem Schutz (Wendehorst, NJW 2014, 577, Bülow/Artz, Verbraucherprivatrecht, 4. Aufl., 2014).

Vereinbarungen, die zum Nachteil des Verbrauchers von den §§ 433 bis 435, 437, 439 bis 443 sowie von den Sondervorschriften für den Verbrauchsgüterkauf abweichen, sind unwirksam (§ 475). Diese Vorschriften können auch nicht durch anderweitige Gestaltungen umgangen werden. Betroffen sind Vereinbarungen, die vor Mitteilung eines Mangels an den Unternehmer getroffen wurden. Schadenersatzansprüche werden nicht erfasst.

Ein Verbrauchsgüterkauf liegt vor, wenn ein Verbraucher (§ 13) von einem Unternehmer (§ 14) eine bewegliche Sache kauft (§ 474). Der Vertrag kann auch neben dem Verkauf einer beweglichen Sache die Erbringung einer Dienstleistung durch den Unternehmer zum Gegenstand haben. Nicht darunter fallen Kaufverträge

- von Unternehmern untereinander oder von Verbrauchern untereinander,
- von Verbrauchern als Verkäufer,
- über Grundstücke,
- über gebrauchte Sachen, die in einer öffentlichen Versteigerung verkauft werden (§ 474 Abs. 2 Satz 2).

2.1.5.5.2 Sonderregeln des Verbrauchsgüterkaufs

Wenn eine Zeit für die zu erbringenden Leistungen nicht vereinbart und auch nicht aus den Umständen zu entnehmen ist, kann der Gläubiger diese Leistungen nur unverzüglich verlangen. Der Unternehmer muss die Sache in diesem Fall spätestens 30 Tage nach Vertragsschluss übergeben (§ 474 Abs. 3). Die Vorschriften über den Versendungskauf (§ 447, vgl. C 1.4) finden auf den Verbrauchsgüterkauf nur mit besonderen Maßgaben Anwendung (§ 474 Abs. 4). Der Gefahrübergang setzt auch bei der Versendung erst mit der Übergabe der Sache an den Käufer oder mit dem Annahmeverzug des Käufers ein.

BEISPIEL

Der Kaufgegenstand wird auf dem Transport beschädigt und dadurch mangelhaft.

LÖSUNG Der Verkäufer muss dem Käufer gegenüber nach § 437 für den Mangel einstehen, kann aber gegen die von ihm beauftragte Transportperson aus dem Transportvertrag Schadenersatzansprüche geltend machen (§ 280).

§ 475 schützt die Mindestverjährung der in § 434 bezeichneten Ansprüche des Käufers vor nachteiligen Vereinbarungen, wenn dies zu einer Verjährungsfrist von weniger als zwei Jahren bei neuen und von einem Jahr bei gebrauchten Waren führen würde.

Wenn sich innerhalb von sechs Monaten seit Gefahrübergang ein Sachmangel zeigt, wird vermutet, dass die Sache bereits bei Gefahrübergang mangelhaft war (Beweislastumkehr zugunsten des Verbrauchers, § 476). Dies gilt nur dann nicht, wenn die Vermutung mit der Art der Sache oder des Mangels unvereinbar ist, wie z. B. bei gebrauchten oder verderblichen Waren.

Garantieerklärungen müssen – über die allgemeinen Vorschriften über Garantien (§ 443) hinaus – einfach und verständlich abgefasst sein und bestimmte Mindestinhalte enthalten (§ 477). Der Verbraucher kann die Garantie in Textform verlangen.

2.1.5.5.3 Rückgriff des Verkäufers

§ 478 regelt den Fall, dass der Unternehmer eine verkaufte, neu hergestellte Sache als Folge ihrer Mangelhaftigkeit vom Verbraucher zurücknehmen muss oder dass der Verbraucher den Kaufpreis gemindert hat. Die Vorschrift birgt keine eigene Anspruchsgrundlage, sondern lediglich eine Erleichterung für die Geltendmachung der Rechte aus § 437 (nach Lieferung, Rücktritt, Minderung oder Schadenersatz). Wenn der Unternehmer gegen seinen Lieferanten Regress nehmen will, ist er nicht gezwungen, zur Geltendmachung eine Frist zur Nacherfüllung zu setzen (§ 478 Abs. 1). Die Regelung soll verhindern, dass die Folgen der Ausweitung des Verbraucherschutzes allein den Letztverkäufer in der Lieferkette treffen. Dem Unternehmer steht nach § 478 Abs. 2 ein verschuldensunabhängiger Aufwendungsersatzanspruch zu, den er gegen seinen Lieferanten unabhängig von § 280 Abs. 1 geltend machen kann. § 478 Abs. 5 dehnt die Regelung auf die gesamte Liefererkette bis zum Hersteller aus, auch wenn die Beteiligten Unternehmer sind.

2.1.5.6 Factoring

Das **Factoring** ist ein i. d. R. langfristiges Vertragsverhältnis zwischen einem Factor (Factoring-Bank oder -Gesellschaft) und einem Factor-Kunden (Gewerbetreibender, Freiberufler), dem ein Verkauf von Forderungen aus Warenlieferungen oder Dienstleistungen zugrunde liegt (§§ 398, 433). Aufgrund eines Rahmenvertrages erklärt sich der Factor bereit, die von dem Kunden angebotenen Forderungen zu erwerben, der Kunde verpflichtet sich, alle seine Forderungen dem Factor zum Kauf anzubieten. Der Factor kann den Kauf nur in bestimmten Fällen ablehnen. Zugleich werden dem Factor alle Forderungen unbedingt oder bedingt durch den späteren Ankauf im Voraus abgetreten (zum Abtretungsvertrag s. C 5, zum Factoring auch Bette, Das Factoringgeschäft in Deutschland, 1999).

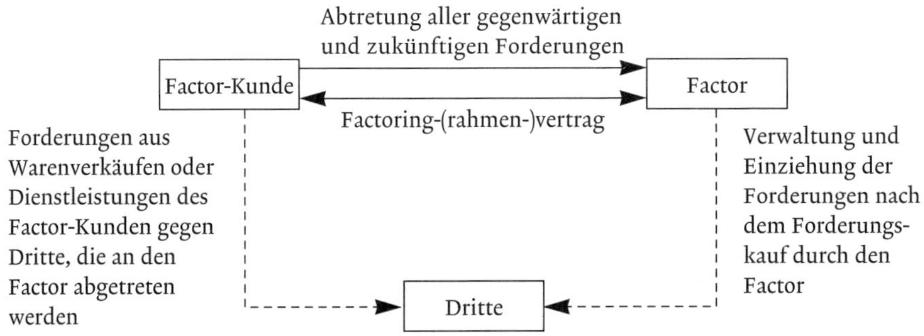

Das Factoring soll den Factor-Kunden von der Verwaltung und Einziehung seiner Forderungen entlasten **(Dienstleistungsfunktion**, z. B. Honorar-Factoring der freien Berufe). Außerdem werden dem Factor-Kunden vor der Fälligkeit oder Einziehung der Forderungen liquide Mittel verschafft, da der Factor sofort beim Forderungsverkauf dem Kunden den Forderungsbetrag (abzüglich eines Sicherungsbetrages und der vereinbarten Gegenleistung) gutschreibt **(Finanzierungsfunktion)**. Beim **echten Factoring** garantiert der Factor darüber hinaus die Einbringlichkeit der Forderungen, beim **unechten Factoring** ist die Übernahme des Delkredererisikos dagegen nicht Gegenstand des Factoring-Vertrages (zum Delkredere s. Band 3, Fanck/Guschl, Buchführungstechnik und Bilanzsteuerrecht, E 1.3.5.2 ff.).

Was die Buchführung anbetrifft, so hat der Factor die Debitorenbuchhaltung des Factor-Kunden zu übernehmen, wozu der Factor-Kunde lediglich die Rechnungsbelege zur Verfügung stellt. In der Buchführung des Factor-Kunden schlägt sich der Forderungsverkauf als Aktivtausch nieder (Buchungssatz: Geldkonto an Forderungen). Der Factor-Kunde aktiviert somit grundsätzlich nur die Forderungen, die der Factor nicht angekauft hat.

2.1.5.7 Franchising

»Franchise« kennzeichnete ursprünglich ein Sonderrecht innerhalb einer hierarchisch-feudalen Gesellschaftsordnung (vom franz. affranchir=befreien). Die ersten Franchisesysteme als Absatzmittlungsverhältnisse zwischen kooperierenden Unternehmen stammen aus den USA der Jahrhundertwende des 19./20. Jahrhunderts (Coca-Cola, General Motors). Heute existieren in Deutschland ca. 1 000 Franchise-Systeme, insbesondere im Gaststättenbereich, Fast Food-, Hotellerie- und Bekleidungssektor. Auch die meisten Autohändler der großen Marken arbeiten als Franchise-System. Franchising expandiert wegen der damit verbundenen Finanzierungs-, Markterschließungs- und Rationalisierungsmöglichkeiten. Der Franchisevertrag verbindet zwei selbständige Unternehmer verschiedener Wirtschaftsstufen. Der Franchisegeber (FG) verfügt über Produkt, Firmenkonzept, gewerbliche Schutzrechte und Erfahrungswissen. Der Franchisenehmer (FN) erwirbt mit der Franchise entgeltlich ein Nutzungsrecht über dieses Franchisepaket, wobei er die Produkte des FG unter Gebrauch des Systemkonzepts, aber im eigenen Namen und auf eigene Rechnung vertreibt. Der Franchisevertrag regelt also ein vertikal und kooperativ organisiertes Dienstleistungs-, Produktions- oder Vertriebssystem. Der FN wird i. d. R. vom FG geschult und unterliegt dem Weisungs- und Kontrollrecht des FG. Der FN setzt ausschließlich oder überwiegend die Waren/Dienstleistungen des FG (Franchisesortiment) ab und ordnet seinen Namen dem des FG unter. Der FG verpflichtet sich zur Weiterentwicklung seiner Geschäftskonzeption. Es handelt sich um einen auf Dauer angelegten eigenständigen Vertragstypus, der Elemente des Kaufs, der Miete, der Pacht, des Know-how- und des Lizenzvertrages sowie des Dienstvertrages enthält (vgl. Bellone/Matla, Praxisbuch Franchising, 3. Aufl., 2013).

2.1.6 Teilzeit-Wohnrechteverträge, Verträge über langfristige Urlaubsprodukte, Vermittlungsverträge und Tauschsystemverträge

2.1.6.1 Besondere Verträge

Die Vorschriften der §§ 481–481b enthalten infolge der Umsetzung der Richtlinie 2008/122/EG (ABl EU 2009 Nr. L 33, 10) besondere Vorschriften für einzelne Arten von Verbraucherverträgen:

Ein **Teilzeit-Wohnrechtsvertrag** ist ein für mehr als ein Jahr geschlossener Vertrag zwischen einem Verbraucher (§ 13) und einem Unternehmer (§ 14) gegen Zahlung eines Gesamtpreises über die Nutzung eines Wohngebäudes oder eines Teils desselben oder einer beweglichen Sache zu Übernachtungszwecken für einen bestimmten oder zu bestimmenden Zeitraum (§ 481 Abs. 1, 3). Die Übertragung des dinglichen, mitgliedschaftlichen oder gesellschaftsrechtlichen Wohnrechts gegen Entgelt ist ein Rechtskauf i. S. d. § 453.

Ein **Vertrag über langfristige Urlaubsprodukte** ist ein für mehr als ein Jahr geschlossener Vertrag zwischen einem Verbraucher und einem Unternehmer gegen Zahlung eines Gesamtpreises über das Recht, Preisnachlässe oder sonstige Vergünstigungen in Bezug auf eine Unterkunft zu erwerben (§ 481a).

Ein **Vermittlungsvertrag** ist ein entgeltlicher Vertrag eines Unternehmers mit einem Verbraucher über den Nachweis oder die Vermittlung eines Teilzeit-Wohnrechtsvertrags oder eines Vertrags über langfristige Urlaubsprodukte (§ 481b Abs. 1).

Ein **Tauschsystemvertrag** ist ein Vertrag, durch den einzelne Rechte aus den genannten Verträgen getauscht oder auf andere Weise erworben oder veräußert werden sollen (§ 481b Abs. 2).

2.1.6.2 Gemeinsame Regeln zum Schutz des Verbrauchers

Für die vorgenannten besonderen Verträge enthalten §§ 482–487 gemeinsame Vorschriften, von denen nicht zum Nachteil des Verbrauchers abgewichen werden darf (§ 487):

- vorvertragliche Informationen (§ 482 Abs. 1),
- Widerrufsbelehrung (§ 482a),
- Amtssprache (§ 483),
- Schriftform (§ 484 Abs. 1),

- Widerrufsrecht innerhalb einer Frist von 14 Tagen (§ 485 i. V. m. § 355),
- Anzahlungsverbot vor Ablauf der Widerrufsfrist (§ 486).

2.1.7 Verbraucherschutz

2.1.7.1 Überblick

Seit der Schuldrechtsreform 2001 wird zwischen Gelddarlehen (§§ 488 ff.) und Sachdarlehen (§§ 607 ff.) unterschieden. Vertragsgegenstände sind entweder Geldbeträge (§ 488 Abs. 1) oder andere vertretbare Sachen (§ 607 Abs. 1), die dem Vertragspartner übereignet werden. Dieser hat am Ende der Vertragszeit Sachen gleicher Art, Güte und Menge zurückzugeben. Die allgemeinen Vorschriften über Gelddarlehen (§§ 488–490) werden durch besondere Regelungen für bestimmte Finanzierungshilfen und Ratenlieferungsgeschäfte zwischen einem Unternehmer und einem Verbraucher ergänzt.

Vertragstypen bei Darlehens- und Kreditverträgen		
Gelddarlehen, allgemeine Vorschriften (§§ 488–490) Verbraucherdarlehensvertrag (§§ 491–498) Verbraucherfinanzierungshilfen (§ 499) Finanzierungsleasingvertrag (§ 506 Abs. 2) Teilzahlungsgeschäft (§ 506–508) Ratenlieferungsvertrag (§ 510)	Sachdarlehen (§§ 607–609)	Darlehensver- mittlungsvertrag (§§ 655a-655e)

2.1.7.2 Gelddarlehen (§§ 488–490 BGB)

Mit dem Begriff »Darlehen« meint der Gesetzgeber nur das Geld-, nicht das Sachdarlehen. Beim Gelddarlehen geht es um die Verschaffung oder Belastung einer Geldsumme durch Überweisung oder Einräumung eines Kreditrahmens. Geregelt wird die geschäftsmäßige Kreditvergabe durch den Bankensektor. Erfasst wird aber auch die unentgeltliche Darlehenshingabe. § 488 Abs. 1 stellt klar, dass der Gelddarlehensvertrag ein zweiseitig verpflichtender Vertrag ist, der schon durch die Einigung der Parteien zustande kommt (Konsensualvertrag). Dadurch ist der frühere Streit darüber, ob der Darlehensvertrag erst mit der Hingabe des Darlehens entsteht (Realvertrag) und zuvor nur als Vorvertrag existiert, überholt. Ein Formzwang besteht für den Darlehensvertrag nach § 488 nicht. Lediglich der Verbraucherdarlehensvertrag unterliegt der Schriftform (§ 492).

Die Regelungen zur Zinszahlung (§ 488 Abs. 2) und zur Fälligkeit und Rückzahlung des Darlehens (§ 488 Abs. 3) sind dispositives Recht. Die ordentliche Kündigungsfrist beträgt für alle Darlehensverträge ohne Rücksicht auf die Darlehenssumme und die Zinshöhe grundsätzlich drei Monate. Hingegen kann das Kündigungsrecht des Darlehensnehmers in bestimmten Fällen nicht zu seinem Nachteil abgeändert werden (§ 489 Abs. 4). Der Darlehensgeber hat bei wesentlicher Vermögensverschlechterung des Darlehensnehmers ein außerordentliches Kündigungsrecht (§ 490 Abs. 1). Der Darlehensnehmer hat ein außerordentliches Kündigungsrecht bei einem durch Grundpfandrecht gesicherten Darlehen, bei dem für einen bestimmten Zeitraum ein fester Zinssatz vereinbart ist. Der Darlehensnehmer muss ein berechtigtes Interesse, z. B. ein Bedürfnis nach einer anderweitigen Verwertung des Sicherungsobjekts, vorweisen können (§ 490 Abs. 2). Der Darlehensnehmer ist in diesem Fall verpflichtet, dem Darlehensgeber den aus der vorzeitigen Vertragsbeendigung entstehenden Schaden zu ersetzen (Vorfälligkeitsentschädigung, § 490 Abs. 2 Satz 3).

Ein Ratenkreditvertrag ist sittenwidrig (§ 138 BGB), wenn zwischen den Leistungen des Darlehensgebers und den Gegenleistungen des Darlehensnehmers ein objektiv auffälliges Missverhältnis besteht und der Darlehensgeber die schwache wirtschaftliche Lage des Darlehensnehmers bei der Festlegung der Vertragsbedingungen bewusst oder leichtfertig zu dessen Nachteil ausnutzt (BGHZ 128, 257).

2.1.7.3 Verbraucherdarlehen (§§ 491–498 BGB)

2.1.7.3.1 Schutzzweck

Der umfassende Begriff des Kredits wurde durch das Schuldrechtsmodernisierungsgesetz 2002 aufgegeben und durch Regelungen zum Verbraucherdarlehensvertrag, zu verschiedenen Formen der Finanzierungshilfen und zum Ratenlieferungsvertrag ersetzt. Die Vorschriften der §§ 491–510 ergänzen die allgemeinen Regelungen der §§ 488–490 und können gem. § 511 nicht zum Nachteil des Verbrauchers abbedungen werden. Dadurch wird der Schutz des Verbrauchers sichergestellt

- bei Vertragsschluss vor Übereilung, Fehlkalkulation und vor Umgehungsrisiken,
- nach Vertragsschluss vor besonders nachteiligen Verzugsfolgen und
- außerdem durch flankierende Maßnahmen in Bezug auf die Kreditvermittlung und das Mahnverfahren.

Durch Kapitelüberschriften wird zum Ausdruck gebracht, dass das allgemeine Darlehensvertragsrecht in §§ 488–490 und das Verbraucherdarlehensvertragsrecht in §§ 491–505 geregelt ist (Bülow, NJW 2010, 1713; Metz, NJW 2012, 1990; Duchstein, NJW 2015, 1409).

2.1.7.3.2 Persönlicher Anwendungsbereich

Die Sonderregeln gelten grundsätzlich für alle entgeltlichen Darlehensverträge, die zwischen einem Unternehmer als Darlehensgeber und einem Verbraucher als Darlehensnehmer geschlossen werden (§ 491 Abs. 1).

- Verbraucher i. S. d. Gesetzes sind nur die natürlichen Personen, nicht juristische Personen oder nichtrechtsfähige Gemeinschaften. Erforderlich ist, dass die natürliche Person ein Rechtsgeschäft zu einem Zweck abschließt, der weder ihrer gewerblichen noch ihrer selbständigen beruflichen Tätigkeit zugerechnet werden kann (§ 13).
- Unternehmer ist eine natürliche oder juristische Person oder eine nichtrechtsfähige Personengesellschaft, die bei Abschluss eines Rechtsgeschäfts in Ausübung ihrer gewerblichen oder selbständigen beruflichen Tätigkeit handelt (§ 14).
- Existenzgründungsdarlehen für die Aufnahme einer gewerblichen oder selbständigen beruflichen Tätigkeit sind mitumfasst (bis zur Höhe von 75 000 €, § 512).

2.1.7.3.3 Sachlicher Anwendungsbereich

Verbraucherdarlehensverträge unterfallen gänzlich nicht den §§ 492 ff., wenn ein Ausnahmetatbestand nach § 491 Abs. 2 oder Abs. 3 gegeben ist:

- wenn der ausgezahlte Darlehensbetrag netto nach Abzug der Darlehenskosten 200 € nicht übersteigt (Bagatelldarlehen, Abs. 2 Nr. 1),
- wenn ein Arbeitgeberdarlehen oder ein Wohnungsbauförderungsdarlehen unter den marktüblichen Zinssätzen gewährt wird (Abs. 2 Nr. 4, 5).

Einzelne Vorschriften der §§ 492 ff. sind in den in § 491 Abs. 3 geregelten Fällen nicht anwendbar, insbesondere bei gerichtlich protokolliertem Vergleich.

2.1.7.3.4 Schriftform (§ 492 BGB)

Verbraucherdarlehensverträge müssen grundsätzlich schriftlich abgeschlossen werden und einen bestimmten Mindestinhalt aufweisen (§ 492 Abs. 1). Getrennte schriftliche Erklärungen von Antrag und Annahme sind ausreichend (§ 492 Abs. 1 Satz 2). Der Darlehensnehmer muss eine Abschrift der Vertragserklärung erhalten (§ 492 Abs. 3). Vorher beginnt die Widerrufsfrist gem. § 355 nicht zu laufen. Für Überziehungskredite gelten Sonderregeln (§ 493). Die Schriftform kann auch durch die elektronische Form (§ 126a) ersetzt werden (§ 126 Abs. 3).

Verstöße gegen die Schriftform oder fehlende Pflichtangaben machen den Vertrag grundsätzlich nichtig (§ 494 Abs. 1 i. V. m. § 125). Ausnahmen von der Rechtsfolge der Nichtigkeit enthält § 494 Abs. 2, wonach der Verbraucherdarlehensvertrag gültig wird, soweit der Darlehensnehmer das Darlehen empfängt oder in Anspruch nimmt. § 494 Abs. 3 bestimmt für den Fall, dass bei einem Geld- oder Sachkredit der effektive Jahreszins zu niedrig angegeben ist, dass sich der zugrunde gelegte Sollzinssatz entsprechend vermindert. Zum Schutz des Verbrauchers ändert sich der Vertragsinhalt gemäß § 494 Abs. 2–6. Unrichtige Angaben führen ansonsten nicht zur Nichtigkeit, können aber ein Anfechtungsrecht nach §§ 119 ff. begründen.

2.1.7.3.5 Widerrufsrecht (§ 495 BGB)

Der Verbraucher kann jede Art von Kreditvertrag widerrufen. Form, Frist und Rechtsfolgen des Widerrufs ergeben sich aus §§ 355, 357, 346. Das Widerrufsrecht lässt das Recht zur ordentlichen Kündigung (§ 488 Abs. 3) unberührt. Die Frist beginnt erst, wenn der Verbraucher über sein Widerrufsrecht belehrt worden ist. Für Überziehungskredite gilt kein Widerrufsrecht (§§ 504, 505).

2.1.7.3.6 Informationspflichten des Darlehensgebers

Durch das Gesetz zur Umsetzung der Verbraucherrichtlinie wurden zum 11.06.2010 die vorvertraglichen Informationspflichten des Darlehensgebers verstärkt. Einzelheiten sind für alle Verbraucherdarlehensverträge, entgeltlichen Finanzierungshilfen und Darlehensvermittlungsverträge in Art. 247 §§ 1–17 EGBGB geregelt. Der Darlehensgeber hat den Darlehensnehmer über die sich daraus ergebenden Einzelheiten in der dort vorgesehenen Form zu unterrichten und ihm vor Abschluss eines Verbraucherdarlehensvertrags angemessene Erläuterungen zu geben (§ 491a). Weitere Informationspflichten des Darlehensgebers bestehen während des Vertragsverhältnisses (§ 493).

2.1.7.3.7 Verbundene Verträge (§ 358 BGB)

Ein verbundenes Geschäft liegt vor, wenn der Kredit der Finanzierung eines Kaufvertrages dient und wenn beide Verträge eine wirtschaftliche Einheit bilden. Eine wirtschaftliche Einheit beider Verträge liegt vor, wenn beide Verträge einander derart bedingen, dass kein Vertrag ohne den anderen abgeschlossen worden wäre. Dies ist vor allem dann der Fall, wenn sich der Kreditgeber bei der Vorbereitung oder bei dem Abschluss des Kreditvertrages der Mitwirkung des Verkäufers bedient. Das Gesetz löst das Problem des drittfinanzierten Abzahlungsgeschäfts: § 359 gewährt bei verbundenen Geschäften einen Einwendungsdurchgriff. Der Käufer und Darlehensnehmer kann die Rückzahlung des Kredits verweigern, soweit ihn Einwendungen aus dem verbundenen Vertrag gegenüber dem Verkäufer oder dem sonstigen Leistungserbringer zur Verweigerung seiner Leistung berechtigten. Der Käufer kann also dem Kreditgeber insbesondere die Nichtigkeit oder Anfechtbarkeit des Kaufvertrages sowie die Rechte aus Rücktritt, Minderung oder Schadenersatz bei Lieferung einer mangelhaften Sache entgegensetzen. Ein Widerruf des Darlehensvertrages gem. § 495 Abs. 1 wirkt auch in Bezug auf das fremdfinanzierte Kaufgeschäft (§ 358 Abs. 2 Satz 1). Der Verbraucher ist auch nicht mehr an den Darlehensvertrag gebunden, wenn er das finanzierte Kaufgeschäft wirksam widerruft (§ 358 Abs. 1).

BEISPIELE

a) V verkauft an K unter Eigentumsvorbehalt einen Pkw. Die Bezahlung erfolgt durch ein Darlehen des K bei der B-Bank, das dem K durch V vermittelt wird. K weist die B-Bank an, den Kredit an V zur Begleichung des Kaufpreises auszuzahlen. K soll nach dem Kaufvertrag Eigentum erhalten, wenn er das Darlehen zurückgezahlt hat. Das vorbehaltene Eigentum überträgt V nach § 931 auf die B-Bank. Nachdem V den Kaufpreis von der B-Bank erhalten hat, stellt sich heraus, dass der Pkw wegen schwerer Mängel unbrauchbar und nicht mehr in Stand zu setzen ist. Muss K den Darlehensvertrag mit der B-Bank erfüllen und Zins und Tilgung zahlen?

LÖSUNG Es handelt sich um ein so genanntes »B-Geschäft«, bei dem die Bank dem Käufer ein Darlehen für einen bestimmten Kaufgegenstand unter Einschaltung bzw. durch Vermittlung des Verkäufers gibt. Die Rechte des K aus der Sachmängelgewährleistung betreffen eigentlich nur den Kaufvertrag. K steht aber der Einwendungsdurchgriff zu: Nach § 359 Satz 1 VerbrKrG kann K sofort und nicht erst nach erfolgloser Inanspruchnahme des V dem Darlehensgeber gegenüber seine Leistungsverweigerungsrechte aus dem Kaufvertrag entgegen halten. Die sofortige Geltendmachung ist bei Mängeln nach § 359 Satz 3 VerbrKrG eingeschränkt: Das Leistungsverweigerungsrecht des K greift erst durch, wenn die Nachbesserung oder die Ersatzlieferung nicht gelungen ist. Nach dem gelungenen Einwendungsdurchgriff kann K die Tilgung des Darlehens verweigern. Der Kaufvertrag wird rückabgewickelt und K hat seine Ansprüche gegen V an die B-Bank abzutreten. Die B-Bank hat danach Ansprüche gegen V aus abgetretenem Recht bzw. aus einem mit dem V bestehenden Rahmenvertrag.

b) Ändert sich das Ergebnis, wenn V den K über die Beschaffenheit des Pkw arglistig getäuscht hat?

LÖSUNG K kann im Ergebnis ebenfalls die Tilgung des Darlehens verweigern. Die Lösung ergibt sich hier nicht aus § 359, sondern aus den Anfechtungsvorschriften des BGB. K kann nämlich neben dem Kaufvertrag wegen der arglistigen Täuschung auch den Darlehensvertrag anfechten. Es fragt sich zwar, ob die Anfechtung nach § 123 Abs. 2 ausgeschlossen ist; dies wäre der Fall, wenn V im Verhältnis zu K und der B-Bank »Dritter« wäre. Nach der Rspr. können sich aber Personen (hier die B-Bank), die den Täuschenden (hier den Verkäufer) als Abschlussgehilfen eingeschaltet haben, nicht darauf berufen, dass dieser »Dritter« i. S. d. § 123 Abs. 2 ist (BGH vom 08. 12. 1989 NJW 1990, 1662).

2.1.7.3.8 »Schuldturm-Problematik«

Verbraucher laufen insbesondere in Fällen des Verzugs oder bei Umschuldungen häufig Gefahr, immer tiefer in wirtschaftliche Not zu geraten, durch die sie sich aus eigener Kraft nicht mehr befreien können. Das Gesetz löst einzelne Problembereiche:

- Verzugsschadenberechnung (§ 497 Abs. 1, 2),
- Tilgungsverrechnung bei Teilleistungen (§ 497 Abs. 3),
- Voraussetzungen der Kündigung (§ 498).

Einziger Kündigungsgrund ist der Zahlungsverzug des Verbrauchers (§ 498 Abs. 1). Gekündigt werden kann nur, wenn:

- der Verbraucher mit mindestens zwei aufeinanderfolgenden Teilzahlungen ganz oder teilweise in Verzug ist und
- der Rückstand mindestens 10 % (bei einer Laufzeit von mehr als drei Jahren: 5 %) des Nennbetrags des Kredits oder Teilzahlungspreises beträgt und
- eine Frist von zwei Wochen zur Zahlung des rückständigen Betrages fruchtlos verstrichen ist.

2.1.7.4 Finanzierungshilfen (§ 506 BGB)

Die Vorschriften über Verbraucherdarlehensverträge sind auch auf Verträge anwendbar, durch die ein Unternehmer einem Verbraucher einen entgeltlichen Zahlungsaufschub von mehr als drei Monaten oder eine sonstige entgeltliche Finanzierungshilfe gewährt (§ 506 Abs. 1). Für Finanzierungsleasingverträge (§ 506 Abs. 2) und für Teilzahlungsgeschäfte (§ 507) gelten Besonderheiten. Bei Teilzahlungsgeschäften sind über § 492 hinaus weitere Angaben in der vom Verbraucher zu unterzeichnenden Vertragserklärung erforderlich. Außerdem kann bei Teilzahlungsgeschäften das Widerrufsrecht nach § 495 Abs. 1 durch ein Rückgaberecht ersetzt werden (§ 508 Abs. 1).

Bei Zahlungsverzug des Verbrauchers kann der Unternehmer unter den Voraussetzungen des § 498 den Verbraucherdarlehensvertrag kündigen (§ 508 Abs. 2). Der Teilzahlungsvertrag wird dadurch in ein Rückabwicklungsverhältnis umgewandelt (§§ 346 ff.). Besonders wichtig ist die **Rücktrittsfiktion** des § 508 Abs. 2 Satz 5: Die Rücknahme der Sache gilt als Rücktritt. Der Verbraucher soll keine Raten mehr zahlen müssen, wenn er die Sache nicht mehr hat. Entsprechendes gilt bei einem verbundenen Geschäft, wenn der Kreditgeber die Sache an sich nimmt (§ 508 Abs. 2 Satz 6).

2.1.7.5 Ratenlieferungsvertrag (§ 510 BGB)

Durch die Vorschriften über den Ratenlieferungsvertrag soll der Verbraucher vor übereilten Vertragsschlüssen und daraus folgenden langfristigen Zahlungsverpflichtungen geschützt werden (Billing/Milsch, NJW 2015, 2369). Ein Ratenlieferungsvertrag kann nach der abschließenden Aufzählung in § 510 Abs. 1 in drei alternativen Vertragsinhalten zustande kommen:

- Verpflichtung zur Lieferung einer Sachgesamtheit, die in Teilleistungen erfolgt und in Teilleistungen bezahlt wird (Abs. 1 Nr. 1), z. B. Erwerb eines mehrbändigen Lexikons,
- regelmäßige Lieferung von Sachen gleicher Art (Sukzessivlieferungsvertrag, Abs. 1 Nr. 2), z. B. Abonnement von Zeitungen oder Zeitschriften,
- Verpflichtung zum wiederkehrenden Erwerb oder Bezug von Sachen (Abs. 1 Nr. 3).

Das Widerrufsrecht des Verbrauchers ergibt sich aus § 510 Abs. 2 i. V. m. § 355. Der Ratenlieferungsvertrag bedarf der schriftlichen Form, es sei denn der Verbraucher kann die Vertragsbestimmungen einschließlich der AGB bei Vertragsschluss abrufen und in wiedergabefähiger Form speichern (§ 510 Abs. 1 Satz 2). Der Vertragsinhalt muss dem Verbraucher in Textform mitgeteilt werden. Die Regeln über die verbundenen Verträge sind anwendbar (§§ 358, 359).

2.1.8 Der Kaufvertrag im Steuerrecht

Das Steuerrecht knüpft in seinen Rechtsfolgen zum Teil an das schuldrechtliche Verpflichtungsgeschäft, i. d. R. aber an das dingliche Erfüllungsgeschäft an:

a) Im Bilanzsteuerrecht ist der Abschluss des Verpflichtungsgeschäfts für die Buchführung noch ohne Bedeutung, solange noch keine der Vertragsparteien erfüllt hat (schwebendes Geschäft, zum Abstraktionsprinzip s. B 4.1 bis 4.3).

b) Bei der betrieblichen Veräußerung eines einzelnen Wirtschaftsguts des Betriebsvermögens oder bei der Veräußerung eines ganzen Betriebs, Teilbetriebs oder Mitunternehmeranteils ist der maßgebliche Zeitpunkt für die Realisierung des Veräußerungsgewinns der Zeitpunkt, zu dem das wirtschaftliche Eigentum auf den Erwerber übergeht, also nicht das Verpflichtungsgeschäft, sondern i. d. R. das Verfügungsgeschäft.

c) Für die Berechnung der Spekulationsfrist (§ 23 Abs. 1 Nr. 1 und Nr. 2 EStG) bei der Veräußerung eines privaten Wirtschaftsgutes dagegen kommt es auf die Frist zwischen den obligatorischen Geschäften (Ankauf, Verkauf) an, es sei denn, das Verfügungsgeschäft ist ausnahmsweise vor dem Verpflichtungsgeschäft abgeschlossen worden.

Die Systematik der Veräußerungsgeschäfte im Einkommensteuerrecht

Vermögensart / Veräußerung	Privatvermögen	Betriebsvermögen
eines einzelnen Wirtschaftsgutes	nicht steuerbare private Vermögensumschichtung Ausnahme: • Privates Veräußerungsgeschäft, § 23 EStG, • Veräußerung einer wesentlichen Beteiligung des Privatvermögens, § 17 EStG	in Höhe der aufgedeckten stillen Reserven (Veräußerungspreis minus Buchwert) laufender Gewinn der jeweiligen Einkunftsart (ohne Tarifbegünstigung)
eines Betriebs, Teilbetriebs oder Mitunternehmeranteils		in Höhe der aufgedeckten stillen Reserven tarifbegünstigter (§ 34 EStG) Veräußerungsgewinn (§§ 14, 16, 18 Abs. 3 EStG)

d) Im **Umsatzsteuerrecht** entsteht die Ausgangsumsatzsteuer bei der Sollbesteuerung grundsätzlich mit Ablauf des Voranmeldungszeitraums, in dem die Leistung – also i. d. R. das Verfügungsgeschäft – ausgeführt worden ist (§ 13 Abs. 1 Nr. 1a UStG); bei der Istbesteuerung mit Ablauf des Voranmeldungszeitraums, in dem das Entgelt vereinnahmt worden (zugeflossen) ist (§ 13 Abs. 1 Nr. 1b UStG). Die Ist-Besteuerung stellt umsatzsteuerlich eine Ausnahme dar.

e) Im **Grunderwerbsteuerrecht** ist der Besteuerungsgegenstand das Rechtsgeschäft, das einen Anspruch auf Übereignung eines inländischen Grundstücks begründet (§ 1 Abs. 1 Nr. 1 GrEStG), also das Verpflichtungsgeschäft.

2.2 Tausch (§ 480 BGB)

Der Tausch ist ein Veräußerungsgeschäft (gegenseitiger Vertrag), bei dem nicht Gegenstand gegen Geld, sondern Gegenstand gegen Gegenstand geleistet wird. Die Vorschriften über den Kaufvertrag sind auf die einzelnen Leistungen entsprechend anwendbar (§ 480).

Im **Bilanzsteuerrecht** führt der Tausch grundsätzlich zu einer Gewinnrealisierung, wenn der gemeine Wert (Einzelveräußerungspreis, vgl. § 9 BewG) des hingegebenen Wirtschaftsguts höher ist als dessen Buchwert. Das erworbene Wirtschaftsgut wird mit dem gemeinen Wert des hingegebenen Wirtschaftsguts als Anschaffungskosten aktiviert (§ 6 Abs. 6 EStG). Die Gewinnrealisierung tritt im Zeitpunkt der Übertragung des wirtschaftlichen Eigentums am hingegebenen Wirtschaftsgut ein.

BEISPIEL

Unternehmer A ist Eigentümer eines Grundstücks (Buchwert 40 000 €, gemeiner Wert 100 000 €). Er tauscht dafür von dem Unternehmer B dessen Aktienpaket (Buchwert 80 000 €, Kurswert 100 000 €) ein.

LÖSUNG

A bucht:		
Wertpapiere	100 000 €	
an Grundstück		40 000 €
an außerordentliche Erträge		60 000 €
B bucht:		
Grundstück	100 000 €	
an Wertpapiere		80 000 €
an außerordentliche Erträge		20 000 €

Im Ertragsteuerrecht wird durch § 6 Abs. 6 EStG uneingeschränkt die Gewinnwirksamkeit des Tausches angeordnet. Im Handelsrecht dagegen nimmt die h. M. grundsätzlich ein Wahlrecht des Unternehmers zur Gewinnrealisierung an.

Im **Umsatzsteuerrecht** ist – falls die ausgetauschten Leistungen steuerbar und steuerpflichtig sind – die Bemessungsgrundlage für den Tausch (Definition in § 3 Nr. 12 UStG) bzw. für den tauschähnlichen Umsatz festzustellen. Nach § 10 Abs. 2 Satz 2 UStG ist Bemessungsgrundlage der gemeine Wert der empfangenen Leistung abzüglich der im gemeinen Wert (Bruttobetrag) enthaltenen USt (vgl. zum Tausch Band 4, Meissner/Neeser, Umsatzsteuer, O 1).

2.3 Schenkungsvertrag (§§ 516 ff. BGB)

2.3.1 Begriff der Schenkung

Die Schenkung ist ein einseitig verpflichtender Vertrag über die unentgeltliche Vermögenszuwendung von Werten jeder Art (Sachen, Rechte, Forderungen, andere vermögenswerte Rechtspositionen), durch die jemand aus seinem Vermögen einen anderen bereichert. Für das Zustandekommen des **Vertrages** gelten die allgemeinen Regeln, d. h. der Beschenkte muss das Schenkungsangebot des Schenkers annehmen. Niemand braucht sich gegen seinen Willen etwas schenken zu lassen.

Eine **Zuwendung** muss den Schenker entreichern und den Beschenkten bereichern (objektives Element). Eine Zuwendung ist in den Fällen des § 517 oder bei der lediglich treuhänderischen Übertragung von Vermögenswerten nicht gegeben (vgl. dazu § 39 AO, vgl. A 3.5 und B 2.8.2).

Es muss vereinbart sein, dass die Zuwendung unentgeltlich ist. **Unentgeltlichkeit** liegt vor, wenn der Zuwendung keine Gegenleistung gegenübersteht. Dies richtet sich nicht nach objektiven Gesichtspunkten, sondern allein nach dem Willen der Parteien (subjektives Element).

2.3.2 Form der Schenkung

Eine Schenkung kann auf zwei Arten erfolgen: Bei der **Real- oder Handschenkung** wird der Gegenstand unmittelbar übertragen, wobei sich die Parteien über die Unentgeltlichkeit einig sind. Hier ist keine besondere Form zu beachten.

BEISPIEL

A sagt zu B: »Ich schenke Dir meine Uhr« und übergibt sie zugleich dem dankbaren B.

LÖSUNG Es liegt eine wirksame Handschenkung vor. A und B haben einen schuldrechtlichen Schenkungsvertrag und einen dinglichen Übereignungsvertrag geschlossen und durch die Besitzübergabe auch sofort vollzogen.

Bei einem **Schenkungsversprechen** – bei dem die Zuwendung dem Begünstigten erst versprochen, aber noch nicht bewirkt wird – ist dagegen nach § 518 Abs. 1 die notarielle Beurkundung erforderlich.

BEISPIEL

Vater V verspricht dem Sohn S mündlich oder privatschriftlich: »Zu deinem 18.Geburtstag werde ich dir ein Auto schenken.«

LÖSUNG S hat an seinem 18. Geburtstag keinen Rechtsanspruch auf den Pkw, da das Schenkungsversprechen des V mangels notarieller Beurkundung formnichtig ist (§ 518 Abs. 1 i. V. m. § 125 Satz 1).

Bei einem formnichtigen Schenkungsversprechen kann aber der Formmangel durch den Vollzug der Schenkung geheilt werden; der Schenkungsvertrag ist wirksam und erfüllt, wenn der Schenker die versprochene Leistung freiwillig bewirkt (§ 518 Abs. 2).

BEISPIEL

V überträgt dem S an dessen 18.Geburtstag tatsächlich den Pkw.

LÖSUNG Das Schenkungsgeschäft wird wirksam, und S wird Eigentümer des Pkw.

Allerdings ist zu beachten, dass nach § 518 Abs. 2 lediglich ein Mangel der Form, aber nicht andere Mängel des Schenkungsversprechens geheilt werden.

BEISPIEL

Vater V verspricht schenkweise seinem durch beide Elternteile vertretenen beschränkt geschäftsfähigen Kind K einen Geldbetrag. K verpflichtet sich zugleich, dem V den Geldbetrag darlehensweise wieder zur Verfügung zu stellen (vgl. BFH vom 23.06.1976 BStBl II 1977, 78).

LÖSUNG Ein Formmangel des Schenkungsversprechens wäre zwar durch die Hingabe des Geldes an K geheilt (§ 518 Abs. 2). Dies ändert aber nichts daran, dass V durch § 181 und die Mutter durch § 1629 Abs. 2 i. V. m. § 1795 Abs. 1 Nr. 1 an der Vertretung des Kindes gehindert sind. Die extensive Interpretation der §§ 181, 1795 bei lediglich rechtlich vorteilhaftem Geschäft kann hier nicht eingreifen, da K zugleich zur Darlehensgewährung verpflichtet werden soll. Die Schenkung ist also mangels Pflegerbestellung nichtig. (Zur schenkweisen Einräumung eines Gesellschaftsanteils wäre sogar zusätzlich vormundschaftsgerichtliche Genehmigung erforderlich, § 1822 Nr. 3.) Zur steuerlichen Beurteilung bei zivilrechtlicher Wirksamkeit s. D 2.3.4.

2.3.3 Besonderheiten des Schenkungsrechts

Bei der **Schenkung unter Auflage** ist der Beschenkte verpflichtet, besondere Wünsche des Schenkers zu beachten (§ 525 Abs. 1), sonst muss er das Geschenk herausgeben (§ 527). Muss der Beschenkte eine Geldleistung erbringen, liegt eine Schenkung nur dann vor, wenn nach dem Willen der Parteien diese Leistung des Beschenkten aus dem Wert des zugewendeten Gegenstandes, nicht als Gegenwert für die Zuwendung erfolgen soll. Die Rechtsprechung nimmt nur dann die Unentgeltlichkeit der Zuwendung an, wenn sie unabhängig von einer Gegenleistung erfolgt (BGH vom 07.04.1989 NJW 1989, 2122). Die Zuwendung des Schenkers und die Auflageverpflichtung des Beschenkten dürfen nicht in einem Gegenseitigkeitsverhältnis stehen. Die Auflage darf nach dem Willen der Beteiligten lediglich eine Einschränkung der

Leistung darstellen. Die Auflage kann im Interesse des Schenkers, des Beschenkten oder eines Dritten liegen. Gegenstand der Auflage kann z. B. sein:

- die Übernahme von Verbindlichkeiten des Schenkers,
- die Zahlung von Versorgungsleistungen an den Schenker oder an dessen Angehörige, wenn die Leistungen nach deren Bedürfnissen und nicht nach dem Wert des übertragenen Vermögens bemessen werden,
- die Einräumung von Nutzungsrechten an dem übertragenen Vermögen zugunsten des Schenkers oder eines Dritten,
- die Zahlung von Gleichstellungsgeldern an künftige Miterben bei einer vorweggenommenen Erbfolge.

BEISPIELE

a) Vater V schenkt seiner Tochter T einen Geldbetrag i. H. v. 50 000 €. Nach dem Schenkungsvertrag ist T verpflichtet, eine Schuld des V i. H. v. 10 000 € zu tilgen.

LÖSUNG Es liegt eine Schenkung unter Auflage vor, da die Auflage aus dem Wert des zugewendeten Betrages erfüllt werden kann.

b) Vater V überträgt noch zu Lebzeiten seinen Betrieb (Buchwert 20 000 €, realer Wert 100 000 €) auf seinen Sohn S. S ist verpflichtet, seinem Vater eine lebenslängliche Leibrente zu zahlen. Der versicherungsmathematische Barwert der Leibrente beträgt:

aa) 150 000 €,
bb) 250 000 €,
cc) 100 000 €.

LÖSUNG In den Fällen aa) und bb) ist ertragsteuerlich von einem voll unentgeltlichen Erwerb auszugehen. Besteht die Auflage in der Übernahme einer Leibrente oder einer dauernden Last, stellen die vom Vermögensübernehmer zugesagten Versorgungsleistungen weder Veräußerungsentgelt noch Anschaffungskosten dar. Nach der Rechtsprechung des BFH besteht bei Vermögensübertragungen auf Abkömmlinge eine nur in Ausnahmefällen zu widerlegende Vermutung dafür, dass die Übertragung aus familiären Gründen, nicht aber im Wege eines Veräußerungsgeschäfts unter kaufmännischer Abwägung von Leistung und Gegenleistung erfolgt (Bestätigung durch BFH vom 05.07.1990 BStBl II 1990, 847) S erwirbt den Betrieb vom Vater unentgeltlich und hat daher die Buchwerte fortzuführen (»Fußstapfentheorie« nach § 6 Abs. 3 EStG).

aa) Da die Gegenleistung (=das übertragene Betriebsvermögen i. H. v. 100 000 €) mehr als die Hälfte der Zuwendung (=Wert der Rente 150 000 €) beträgt, liegt eine private Versorgungsrente vor. S kann den Ertragsanteil nach § 10 Abs. 1 Nr. 1a EStG als Sonderausgaben abziehen, V hat den Ertragsanteil nach § 22 Nr. 1 Satz 3 Buchst. a EStG zu versteuern.

bb) Da die Gegenleistung (=das übernommene Betriebsvermögen i. H. v. 100 000 €), weniger als die Hälfte des Werts der Zuwendung (Rentenbarwert 250 000 €) beträgt, liegt eine private Unterhaltsrente vor. Diese kann von S nicht abgezogen werden (§ 12 Nr. 2 EStG) und ist von V nicht zu versteuern (§ 22 Nr. 1 Satz 2 EStG).

cc) Hier liegt weder eine Schenkung unter Auflage noch eine gemischte Schenkung, sondern ein voll entgeltlicher Erwerb vor, da sich der Wert des Betriebs und der Wert der Versorgungszahlung entsprechen. V veräußert den Betrieb an S und versteuert den Veräußerungsgewinn i. H. v. 80 000 € (abzgl. Veräußerungsfreibetrag 51 200 €) nach §§ 16, 34 EStG (Sofortbesteuerung). V versteuert dann die Leibrente bei Zufluss nach § 22 Nr. 1 Satz 3 Buchst. a EStG. V kann stattdessen auch die stillen Reserven und die Zinsen nach §§ 15, 24 Nr. 2 EStG versteuern, sobald der Buchwert überschritten ist (laufende Besteuerung). S hat Anschaffungskosten i. H. v. 100 000 € und muss daher die Buchwerte i. H. v. 80 000 € aufstocken. S muss die betriebliche Veräußerungsrente passivieren und versicherungsmathematisch auflösen. Der Zinsanteil der Rente ist Aufwand.

Die **gemischte Schenkung** setzt sich aus einem entgeltlichen und einem unentgeltlichen Teil zusammen. Nur bei dem entgeltlichen Teil besteht ein Verhältnis von Leistung und Gegenleistung. Die Parteien sind sich einig, dass die Anschaffungskosten des Erwerbers unter dem wirklichen Wert des Gegenstandes liegen. Dies wird unter Fremden selten, unter nahe stehenden Personen (Verwandten, Gesellschaft-Gesellschafter) häufiger vorkommen. Die teilweise Unentgeltlichkeit muss zum Gegenstand des Rechtsgeschäfts gemacht werden, sonst liegt lediglich ein günstiger Kauf vor.

Die h. M. im Zivilrecht behandelt die gemischte Schenkung als einen **gemischten Vertrag,** auf den die Vorschriften der beiden Rechtsgeschäftstypen insoweit anzuwenden sind, als das mit Rücksicht auf das ganze Geschäft sinnvoll erscheint. Dennoch ist i. d. R. bei Nichtigkeit eines Teils des Geschäfts das ganze Geschäft nichtig (str., vgl. § 139).

Für die zivilrechtliche Abgrenzung von Schenkung unter Auflage und gemischter Schenkung ist wesentlich, ob der Vermögensübernehmer eine Leistung erbringt und ob diese Leistung um der Vermögensübertragung willen erfolgt. Im Zweifel muss der tatsächliche Parteiwille im Zeitpunkt des Vertragsschlusses anhand objektiver Kriterien ermittelt werden.

BEISPIEL

V verkauft an K ein Grundstück (Verkehrswert 200 000 €)

a) für 190 000 €, wobei die Beteiligten ohne genaue Wertermittlung davon ausgehen, dass der Kaufpreis dem Wert des Grundstücks entspricht,

b) für 150 000 €, wobei die Beteiligten sich einig sind, dass der Verkehrswert des Grundstücks deutlich über diesem Betrag liegt und der übersteigende Teil unentgeltlich zugewendet wird. Im Übrigen entspricht der Kaufvertrag den unter Fremden üblichen Vereinbarungen.

LÖSUNG

a) Es liegt ein voll entgeltlicher Erwerb vor, da die Beteiligten eine angemessene Gegenleistung für die Grundstücksübertragung vereinbaren. Ein voll entgeltliches Veräußerungsgeschäft ist anzunehmen, wenn die Werte der Leistung und der Gegenleistung wie unter Fremden nach kaufmännischen Gesichtspunkten gegeneinander abgewogen sind. Trotz objektiver Ungleichwertigkeit von Leistung und Gegenleistung kann ein Veräußerungs-/Erwerbsgeschäft vorliegen, wenn die Beteiligten subjektiv von der Gleichwertigkeit ausgegangen sind. Leistung und Gegenleistung fallen hier nicht so weit auseinander, dass die Differenz nicht durch eine bloße Fehleinschätzung des Grundstückswerts erklärt werden kann. Der Veräußerungspreis des V und die Anschaffungskosten des K betragen 190 000 €.

b) Es ist eine gemischte Schenkung anzunehmen. S hat das Grundstück zu 3/4 entgeltlich und zu 1/4 unentgeltlich erworben. Die Anschaffungskosten für den entgeltlichen Teil i. H. v. 150 000 € führen zu einer neuen Abschreibung des K. Beim unentgeltlichen Teil muss K die AfA des V fortführen (»Fußstapfentheorie« nach § 11d Abs. 1 EStDV).

Schenkungen bei gleichzeitiger Rückgewähr des geschenkten Betrages als Darlehen an den Schenker (vgl. letztes Beispiel in 2.3.2) sind zivilrechtlich möglich. Steuerlich werden jedoch an die Ernsthaftigkeit der Vereinbarungen und an deren tatsächliche Durchführung unter Familienangehörigen strenge Anforderungen gestellt. Der Darlehensvertrag und seine tatsächliche Durchführung müssen die Trennung der Vermögens- und Einkunftssphären der vertragschließenden Angehörigen (z. B. Eltern und Kinder) gewährleisten. Eine klare, deutliche und einwandfreie Abgrenzung von einer Unterhaltsgewährung oder einer verschleierten Schenkung der Darlehenszinsen muss in jedem Einzelfall und während der gesamten Vertragsdauer möglich sein.

BEISPIEL

Unternehmer U schenkt seinen minderjährigen Söhnen A und B je einen Betrag von 100 000 €. Gleichzeitig wird ein Darlehensvertrag unter Einschaltung eines Ergänzungspflegers für A und B vereinbart: U erhält die geschenkten Beträge als Darlehen zurück und hat sie mit 7 % zu verzinsen. Jeweils zum 31.12.zahlt U je 7 000 € Zinsen an A und B, die er als Betriebsausgaben verbucht.

LÖSUNG Schenkung und Darlehensvertrag sind im Ergebnis zivilrechtlich wirksam, können aber steuerlich nicht anerkannt werden.

a) Das Schenkungsversprechen ist zunächst zivilrechtlich nichtig, da es an der notariellen Beurkundung fehlt (§ 518 Abs. 1). Durch die Zahlung des Geldes an die Söhne wird der Formmangel der Schenkung jedoch geheilt (§ 518 Abs. 2). Die Pflegerbestellung für A und B ist notwendig, weil U wegen des Verbots des Selbstkontrahierens (§ 181) daran gehindert ist, gleichzeitig in eigener Person und als Vertreter der Söhne einen Vertrag zu schließen.

b) Wegen des Zusammenhangs von Schenkung und Darlehen ist jedoch das Schenkungsversprechen steuerlich als noch nicht tatsächlich durchgeführt zu betrachten. Wird die unentgeltliche Zuwendung eines Geldbetrages an einen Angehörigen davon abhängig gemacht, dass der Empfänger den Betrag als Darlehen wieder zurückgeben muss, ist ertragsteuerlich weder die vereinbarte Schenkung noch die Rückgabe als Darlehen anzuerkennen. Der Empfänger erhält nicht die alleinige und unbeschränkte Verfügungsmacht über die Geldmittel, da er sie nur zum Zwecke der Rückgabe an den Zuwendenden oder an eine Personengesellschaft, die der Zuwendende oder dessen Angehörige beherrschen, verwenden darf. Entsprechendes gilt im Verhältnis von Eltern und minderjährigen Kindern, wenn das Kindesvermögen nicht einwandfrei vom Elternvermögen getrennt wird. Da die Schenkung tatsächlich nicht vollzogen wurde, begründet die Rückgewähr der Geldbeträge kein mit ertragsteuerlicher Wirkung anzuerkennendes Darlehensverhältnis. Die Vereinbarungen zwischen den Angehörigen sind vielmehr ertragsteuerlich als eine modifizierte Schenkung zu beurteilen, die durch die als Darlehen bezeichneten Bedingungen gegenüber dem ursprünglichen Schenkungsversprechen in der Weise abgeändert sind, dass der Vollzug der Schenkung bis zur Rückzahlung des Darlehens aufgeschoben und der Umfang der Schenkung durch die Zahlung von Darlehenszinsen erweitert ist. Daher dürfen die als Darlehenszinsen geltend gemachten Aufwendungen nicht als Betriebsausgaben abgezogen werden, sondern sind nicht abzugsfähige Unterhaltszahlungen (§ 12 Nr. 2 EStG).

Die zivilrechtliche Wirksamkeit ist eine notwendige, aber nicht hinreichende Voraussetzung für die steuerliche Anerkennung. Die tatsächliche Durchführung der Vereinbarungen setzt deren zeitliche und wirtschaftliche Unabhängigkeit voneinander voraus. Eine Abhängigkeit von Schenkung und Darlehen ist nicht allein deshalb zu vermuten, weil die Vereinbarung von Schenkung und Darlehen zwar in mehreren Urkunden, aber innerhalb kurzer Zeit erfolgt ist. Die Beurteilung, ob eine gegenseitige Abhängigkeit der beiden Verträge vorliegt, ist anhand der gesamten Umstände des jeweiligen Einzelfalles zu beurteilen (BMF vom 30.05.2001 BStBl I 2001, 348). So kann auch bei einem längeren Abstand zwischen Schenkungs- und Darlehensvertrag eine auf einem Gesamtplan beruhende sachliche Verknüpfung bestehen (BFH vom 22.01.2002 BStBl II 2002, 685).

Die Vermutung der Abhängigkeit von Schenkung und Darlehen ist widerlegt, wenn sie sachlich und zeitlich unabhängig voneinander vorgenommen worden sind. Voraussetzung hierfür ist, dass die Schenkung zivilrechtlich wirksam vollzogen wurde. Der Schenkende muss endgültig tatsächlich und rechtlich entreichert und der Empfänger entsprechend bereichert sein; eine nur vorübergehende oder formale Vermögensverschiebung reicht nicht aus (BFH vom 12.02.1992 BStBl II 1992, 468).

Steuerlich gehört zur tatsächlichen Durchführung von Schenkung und Darlehen auch, dass die an minderjährige Kinder gezahlten Darlehenszinsen nicht für den Unterhalt verbraucht werden. Zwar dürfen Eltern zivilrechtlich gem. § 1649 die Erträge des Kindesvermögens zum

Unterhalt des Kindes, der Geschwister und für den eigenen Unterhalt verwenden. Das Abzugsverbot des § 12 Nr. 2 EStG hat jedoch Vorrang vor dem Zivilrecht.

BEISPIEL

A ist beherrschender Gesellschafter der X-KG. Er hat an die KG eine Darlehensforderung, die er schenkweise an seine minderjährige Tochter T abtritt. Die Darlehenszinsen werden von der KG auf ein Sparkonto der T überwiesen. A hebt die Darlehenszinsen in voller Höhe ab und verwendet sie für den Familienunterhalt.

LÖSUNG Die Regeln über die Anerkennung von Familienverträgen gelten auch, wenn eine Personengesellschaft mit dem Angehörigen des beherrschenden Gesellschafters einen Vertrag schließt. Die Darlehenszinsen sind nicht als Betriebsausgaben abzugsfähig. »Darlehenszinsen«, die mit Unterhaltsleistungen verrechnet werden, sind wirtschaftlich unter § 12 Nr. 2 EStG fallende Unterhaltszahlungen. Dasselbe gilt für zunächst gezahlte Darlehenszinsen, die vom Steuerpflichtigen anschließend für den Unterhalt des Kindes, der Geschwister oder die eigene Lebenshaltung verbraucht werden (BFH vom 10.08.1988 BStBl II 1989, 137, 140). Ein Darlehensvertrag zwischen Eltern und minderjährigen Kindern wird nur anerkannt, wenn die gezahlten Zinsen weder für den Unterhalt des Kindes noch für den Unterhalt der Eltern verwendet werden. In der Praxis genügt die Glaubhaftmachung anderweitiger Unterhaltsgewährung. Wenn das Kind volljährig ist und über die Darlehenszinsen frei verfügen kann, können die Zinszahlungen (für den Betriebsausgabenabzug unschädlich) für den Unterhalt verwendet werden.

2.3.4 Schenkung im Steuerrecht

Das Steuerrecht knüpft nicht an den Begriff der Schenkung, sondern an den Oberbegriff des **»unentgeltlichen Erwerbs«** an. Für die Besteuerung ist es unerheblich, ob der unentgeltliche Erwerb aufgrund von Einzelrechtsnachfolge (z. B. Schenkung) oder aufgrund von Gesamtrechtsnachfolge stattfindet:

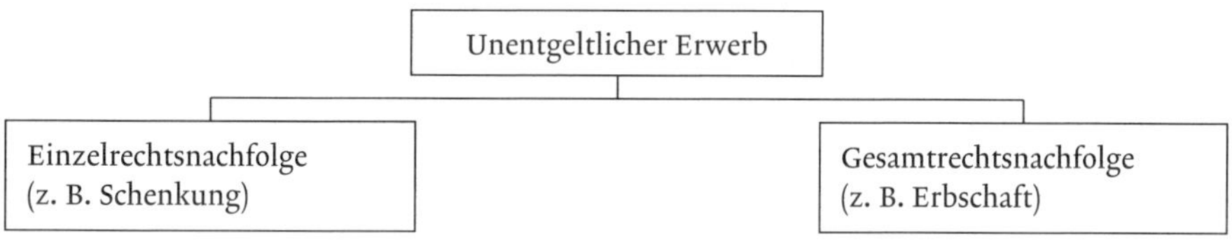

Im **Ertragssteuerrecht** wird unterschieden:

a) Die Schenkung ist ertragsteuerlich beim Beschenkten ein nicht steuerbarer einmaliger Vermögensanfall (vgl. Band 2, Hottmann/Beckers, Einkommensteuer, D 1.3).
b) Bei unentgeltlicher Übertragung der wesentlichen Grundlagen eines **Betriebs, Teilbetriebs oder Mitunternehmeranteils** in einem einheitlichen Vorgang mit allen funktionell wesentlichen Betriebsgrundlagen hat der Erwerber nach § 6 Abs. 3 EStG die Buchwerte fortzuführen (Fußstapfentheorie), der Übertragende realisiert keinen Gewinn.
c) Bei unentgeltlicher Übertragung **eines einzelnen WG aus betrieblichem Anlass** hat der Erwerber fiktive Anschaffungskosten i. H. d. gemeinen Werts (§ 6 Abs. 4 EStG).

BEISPIEL

Eine Brauerei B schenkt ihrem Hauptabnehmer H zu dessen 70.Geburtstag einen Pkw, um die Geschäftsbeziehungen zu festigen (Buchwert 10 000 €, gemeiner Wert 12 000 €). Vgl. BFH vom 21.11.1963 BStBl III 1964, 183.

LÖSUNG B hat nach § 4 Abs. 5 EStG nicht abzugsfähige Betriebsausgaben und bucht:

Privatentnahme	11 900 €	
an Pkw		10 000 €
an USt 19 %		1 900 € (§ 1 Abs. 1 Nr. 2c UStG).

H hat nach § 6 Abs. 4 EStG den Pkw mit dem gemeinen Wert zu aktivieren und in derselben Höhe einen Gewinn auszuweisen. H bucht: Pkw an außerordentliche Erträge 12 000 €.

d) Bei unentgeltlicher Übertragung eines einzelnen Wirtschaftsgutes vom Betriebsvermögen des Übertragenden in das Betriebsvermögen des Erwerbers **aus privatem Anlass** muss der Übertragende das Wirtschaftsgut mit dem Teilwert aus seinem Betriebsvermögen entnehmen und der Erwerber es mit demselben Teilwert in sein Betriebsvermögen einlegen.

BEISPIEL

Vater V schenkt seinem Sohn S einen Lkw (Buchwert 100 000 €, gemeiner Wert=Teilwert 120 000 €) aus seinem Betrieb, um den Betrieb des S zu unterstützen.

V bucht:

Privatentnahme	142 800 €	
an Fuhrpark		100 000 €
an außerordentliche Erträge		20 000 €
an USt 19 %		22 800 € (§ 1 Abs. 1 Nr. 2a UStG)

S bucht: Fuhrpark an Privateinlage 120 000 €.

e) Die unentgeltliche Übertragung von Gegenständen **vom Privatvermögen des Übertragenden in das des Empfängers** spielt einkommensteuerlich keine Rolle: Es handelt sich um einmalige, nicht steuerbare Vermögensanfälle (Fußstapfentheorie nach § 11d EStDV: Fortführung der AfA-Art und der AfA-Bemessungsgrundlage des Rechtsvorgängers).

f) Die unentgeltliche Übertragung **von Gegenständen des Betriebsvermögens des Schenkers in das Privatvermögen des Beschenkten** erfolgt durch Entnahme. Beim Beschenkten sind eine neue AfA-Bemessungsgrundlage und ein neues AfA-Volumen zu errechnen. Die weiteren AfA sind nach dem Teilwert (§ 6 Abs. 1 Nr. 4 EStG) oder gemeinen Wert (§ 16 Abs. 3 Satz 3 EStG) zu bemessen, mit dem das Gebäude bei der Überführung steuerlich erfasst worden ist. Dies bedeutet:

- Die Bemessungsgrundlage wird im Zeitpunkt der Überführung neu ermittelt.
- Das künftige AfA-Volumen stimmt mit der neuen Bemessungsgrundlage überein.
- Die Nutzungsdauer ist im Zeitpunkt der Überführung neu zu schätzen.

BEISPIEL

V überträgt ein Gebäude aus seinem Betriebsvermögen, das er acht Jahre lang genutzt und linear mit 4 % abgeschrieben hat, unentgeltlich auf seinen Sohn S, der es privat nutzt. Der Teilwert beträgt im Zeitpunkt der Übertragung 120 000 €, die Nutzungsdauer noch 20 Jahre.

Herstellungskosten	100 000 €
AfA 4 %×8 Jahre= 32 %	32 000 €
Buchwert bei Entnahme	68 000 €
Teilwert bei Entnahme	120 000 €
Entnahmegewinn des V	52 000 €

AfA-Bemessungsgrundlage und AfA-Volumen bei S betragen 120 000 €. Die lineare Jah-res-AfA des S beträgt, da der Abschreibungszeitraum noch 20 Jahre dauert, 5 % von 120 000 €= 6 000 €.

Nach dem **Erbschaftsteuer- und Schenkungsteuergesetz** unterliegen sowohl die Schenkung unter Lebenden als auch der Erwerb von Todes wegen der Steuerpflicht. Die zivilrechtliche Schenkung und die schenkungsteuerliche »freigebige Zuwendung« (§ 7Abs. 1 Nr. 1 ErbStG) decken sich nicht, was die subjektive Seite anbelangt: während sich bei dem Schenkungsvertrag des BGB beide Parteien über die Unentgeltlichkeit einig sein müssen, muss sich bei der »freigebigen Zuwendung« lediglich der Zuwendende über die Unentgeltlichkeit im Klaren sein. Schenkungsteuer fällt noch nicht bei einem bloßen Schenkungsversprechen, sondern erst bei Eintritt der Bereicherung beim Beschenkten an.

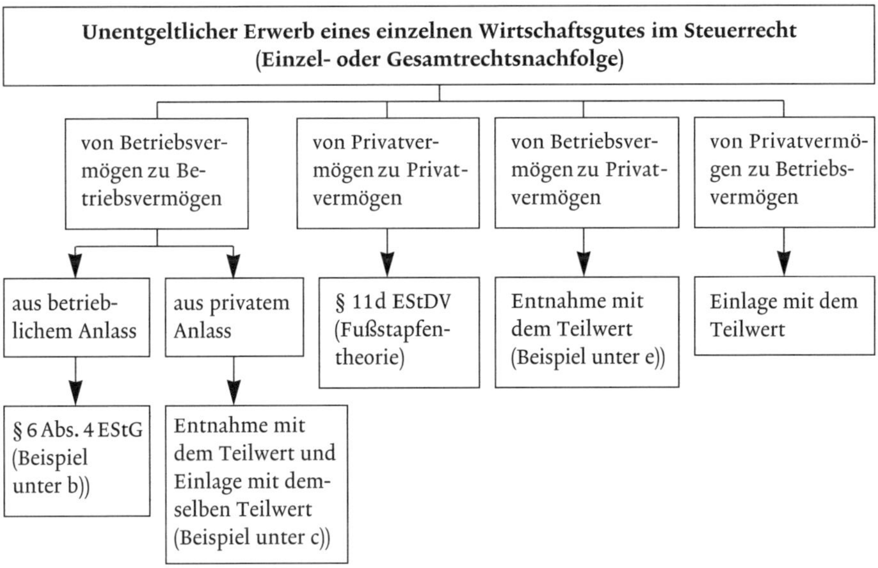

2.3.5 Schenkungen im Rahmen einer vorweggenommenen Erbfolge

2.3.5.1 Zivilrechtliche Behandlung

Unter vorweggenommener Erbfolge sind Vermögensübertragungen unter Lebenden mit Rücksicht auf die künftige Erbfolge zu verstehen. Der Übernehmer soll nach dem Willen der Beteiligten wenigstens teilweise eine unentgeltliche Zuwendung erhalten. Zivilrechtlich erfolgt die vorweggenommene Erbfolge i. d. R. im Wege der Schenkung. Der Vermögensübergang tritt nicht kraft Gesetzes, sondern aufgrund einzelvertraglicher Regelung ein. Wenn die Vermögensübertragung mit einer Verpflichtung des Übernehmenden verbunden ist, Leistungen an den das Vermögen Übertragenden oder an andere zukünftige Miterben zu erbringen, kann je nach Fallgestaltung eine Schenkung unter Auflage oder eine gemischte Schenkung vorliegen (s. 2.3.3). Zumeist ist eine Schenkung unter Auflage anzunehmen, da die Auflage im Regelfall aus dem Wert des zugewendeten Vermögens erfüllt werden kann.

2.3.5.2 Steuerliche Behandlung

Nach der früheren Rechtsprechung des BFH war für die ertragsteuerliche Behandlung der vorweggenommenen Erbfolge die zivilrechtliche Behandlung maßgebend. Es wurde grundsätzlich ein voll unentgeltlicher Erwerb angenommen, wenn bei der vorweggenommenen Erbfolge

Gegenleistungen des Empfängers (Versorgung des zukünftigen Erblassers, Gleichstellungsgelder an Geschwister) vereinbart wurden, ohne dass Leistung und Gegenleistung kaufmännisch gegeneinander abgewogen wurden (BFH vom 21.08.1962 BStBl III 1963, 178). Verpflichtungen aus der Auflage wurden als Privatschuld behandelt. Aufgrund des Urteils des GrS des BFH vom 05.07.1990 BStBl II 1990, 847 ist steuerlich nicht auf die zivilrechtliche Beurteilung abzustellen. Maßgebend ist allein die Frage, ob beim Vermögensempfänger AK entstehen, d. h. ob er eigene Aufwendungen tätigt, um das übertragene Vermögen zu erlangen. Danach kann die Übertragung von Vermögen in vorweggenommener Erbfolge unabhängig davon, ob der Übergabevertrag zivilrechtlich als gemischte Schenkung oder als Schenkung unter Auflage zu werten ist, steuerlich entweder eine voll unentgeltliche Übertragung oder eine teilentgeltliche Veräußerung durch den Übergeber und eine teilentgeltliche Anschaffung durch den Übernehmer sein. Die vom GrS aufgestellten Grundsätze zur vorweggenommenen Erbfolge im Privatvermögen gelten auch, wie der BFH ausdrücklich feststellt, für die Übertragung von Betriebsvermögen im Rahmen vorweggenommener Erbfolge. Eine detaillierte Darstellung der ertragsteuerlichen Behandlung der vorweggenommenen Erbfolge ist im BMF-Schreiben vom 13.01.1993 BStBl I 1993, 80 und vom 26.02.2007, BStBl II 2007, 269 zu finden:

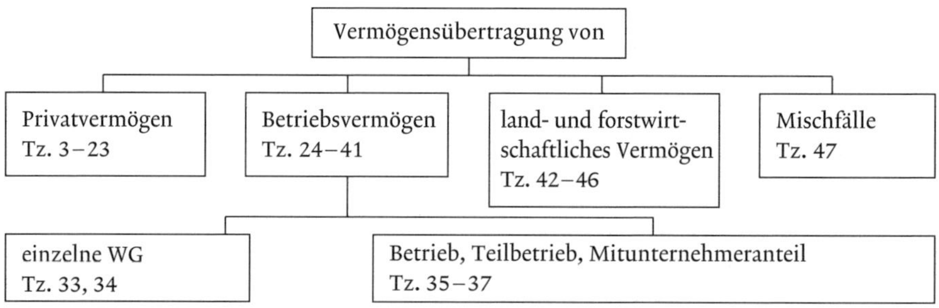

Je nach Art der anlässlich der Vermögensübertragung durch vorweggenommene Erbfolge vereinbarten Leistungen liegt eine voll unentgeltliche oder eine teilentgeltliche Vermögensübertragung vor. Es gibt aber im Gegensatz zur vorweggenommenen Erbfolge auch Vermögensübertragungen, die als voll entgeltliche Veräußerungsgeschäfte ausgestaltet sind, wenn die Werte der Leistung und der Gegenleistung wie unter Fremden nach kaufmännischen Gesichtspunkten abgewogen sind. Trotz objektiver Ungleichwertigkeit von Leistung und Gegenleistung kann ein Veräußerungs-/Erwerbsgeschäft vorliegen, wenn die Beteiligten subjektiv von der Gleichwertigkeit ausgegangen sind (BFH vom 29.01.1992 BStBl II 1992, 465, Rz. 2).

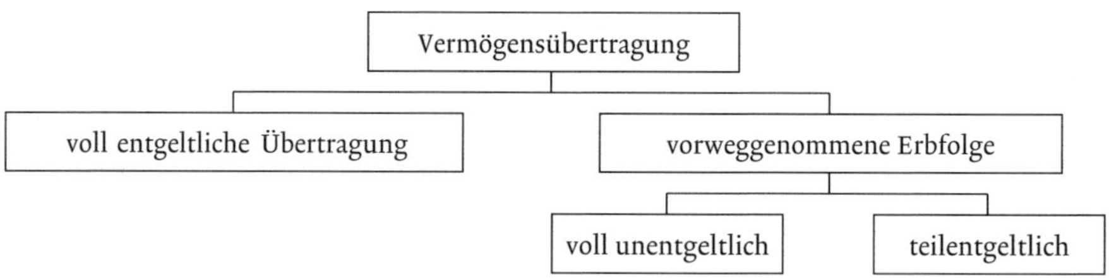

a) Voll entgeltliche Übertragung

Eine als Anschaffungskosten zu beurteilende Veräußerungsleistung ist anzunehmen, wenn die beiderseitigen Leistungen nach kaufmännischen Grundsätzen gegeneinander abgewogen sind. Es besteht eine nur in Ausnahmefällen zu widerlegende Vermutung dafür, dass dies bei Übertragungen aus familiären Gründen nicht gegeben ist.

b) Voll unentgeltliche Übertragung

Wenn ein WG ohne Gegenleistung verschenkt wird, liegt ein unentgeltlicher Erwerb vor (§§ 6 Abs. 3 EStG, 11d Abs. 1 EStDV). Daran ändert sich grundsätzlich nichts, wenn der Beschenkte an den Schenker oder einen Dritten Versorgungsleistungen erbringen muss. Renten oder dauernde Lasten, die nicht nach kaufmännischen Gesichtspunkten abgewogen sind und daher nicht zu einem voll entgeltlichen Geschäft führen, sind Versorgungs- oder Unterhaltsleistungen. Wiederkehrende Versorgungs- oder Unterhaltsleistungen (in Geld oder Sachwerten) stellen kein Entgelt dar (vgl. BFH vom 15.07.1991 BStBl II 1992, 78). Dasselbe gilt für den Vorbehalt von Nutzungsrechten an dem übertragenen Vermögen (Tz. 24 des BMF vom 11.03.2010, DStR 2010, 545). Grund: Das EStG ordnet die Vermögensübergabe gegen wiederkehrende Altenteilsleistungen ausschließlich den §§ 22, 10 EStG zu und grenzt sie aus dem Bereich der (teil)entgeltlichen Rechtsgeschäfte aus. Eine Verrechnung mit dem Wert des übertragenen Vermögens findet daher nicht statt.

Bei Betriebsübertragungen zwischen nahen Angehörigen gegen wiederkehrende Leistungen spricht, unabhängig vom Wert der übertragenen Vermögenswerte, eine widerlegbare Vermutung für eine private Versorgungsrente (BFH vom 09.10.1985 BStBl II 1986, 51 und vom 29.01.1992 BStBl II 1992, 465; ebenso Tz.26 des BMF vom 13.01.1993 [a. a. O.]). Das gilt auch, wenn der Übernehmer Versorgungsleistungen an Angehörige des Übergebers zusagt (BFH vom 05.07.1990 BStBl II 1990, 847). Betriebliche Versorgungsrenten sind nur in Ausnahmefällen anzunehmen (BFH vom 20.12.1988 BStBl II 1989, 585).

c) Teilweise entgeltliche und teilweise unentgeltliche Übertragung

Ein teilentgeltliches Veräußerungsgeschäft liegt aber vor, wenn und soweit:

- der Übernehmer zur Zahlung von Gleichstellungsgeldern an andere Angehörige des Übergebers oder an Dritte verpflichtet ist,
- der Übernehmer an den Übergeber eine einmalige Abstandszahlung zu leisten hat,
- der Übernehmer private Schulden des Übergebers übernimmt (Tz.9 des Erlasses vom 13.01.1993 [a. a. O.] bei Übertragung von Privatvermögen, Tz.27 bei Übertragung von Betriebsvermögen; anders Tz.29 bei Übertragung eines Betriebs, Teilbetriebe oder Mitunternehmeranteils).

Die Ausgleichs- oder Abstandszahlungen des Vermögensübernehmers an den Übergeber oder an Dritte sind stets Entgelt und führen zu Anschaffungskosten. **Im privaten Bereich** ist das Entgelt auf die übernommenen Wirtschaftsgüter aufzuteilen **(Trennungstheorie)**. Der entgeltlich und der unentgeltlich erworbene Teil des Wirtschaftsguts berechnet sich nach dem Verhältnis des Entgelts (ohne Anschaffungsnebenkosten) zu dem Verkehrswert des Wirtschaftsguts. Beim Übergeber führt die teilentgeltliche Veräußerung von Wirtschaftsgütern nur unter den Voraussetzungen der §§ 17, 23 EStG und der §§ 20, 21 UmwStG zu steuerpflichtigen Einkünften.

BEISPIEL

V überträgt zum 01.01.23 auf seinen Sohn S im Wege der vorweggenommenen Erbfolge ein schuldenfreies Mietwohngrundstück mit einem Verkehrswert von 2 Mio. € (Gebäude 1,6 Mio. €, Grund und Boden 400 000 €). V hatte das Mietwohngrundstück zum 01.01.01 erworben und die auf das

Gebäude entfallenden AK von 700 000 € mit jährlich 2 % abgeschrieben. S hat seiner Schwester T einen Betrag von 1 Mio. € zu zahlen.

LÖSUNG S hat AK i. H. v. 1 Mio. €. Nach dem Verhältnis der Verkehrswerte entfallen auf das Gebäude 800 000 € und auf den Grund und Boden 200 000 €. Eine Gegenüberstellung von AK und Verkehrswert ergibt, dass S das Gebäude zu 1/2 entgeltlich erworben hat. AfA-Bemessungsgrundlage und AfA-Volumen betragen ab dem Jahr 23 beim entgeltlichen Teil 800 000 €. Beim unentgeltlichen Teil beträgt die AfA-Bemessungsgrundlage 350 000 € (1/2 von 700 000 €), das AfA-Volumen 350 000 € abzgl. bereits von V in Anspruch genommene AfA 154 000 €= 196 000 € (vgl. Tz.16 des BMF vom 13.01.1993 [a. a. O.]).

Bei vorweggenommener Erbfolge im betrieblichen Bereich findet keine Aufteilung statt (Einheitstheorie). Die gemischte Schenkung eines Betriebs, Teilbetriebs oder Mitunternehmeranteils ist nicht in einen unentgeltlichen und einen entgeltlichen Teil zu zerlegen, sondern einheitlich zu beurteilen. Nur soweit das Entgelt den gesamten Buchwert (Kapitalkonto) übersteigt, entsteht ein begünstigter Gewinn des Übergebers; wenn das Entgelt niedriger ist, ist der Buchwert fortzuführen (§ 6 Abs. 3 EStG). Dies gilt – unabhängig von der zivilrechtlichen Wertung als Auflagenschenkung oder als gemischte Schenkung – auch für die teilentgeltliche Betriebsübertragung i. R. d. vorweggenommenen Erbfolge (Schmidt/Wacker, § 16 EStG Rz.58).

BEISPIELE

Übertragung Betrieb mit Gleichstellung

a) V überträgt einen Gewerbebetrieb auf S mit einem Verkehrswert von 2 Mio. € und einem Buchwert von 0,8 Mio. € (1,2 Mio. € Aktiva/0,4 Mio. € Passiva). S muss an T ein Gleichstellungsgeld von 1 Mio. € zahlen.

LÖSUNG Vom Veräußerungspreis von 1 Mio. € ist nach der Einheitstheorie der volle Nettobuchwert von 0,8 Mio. € abzuziehen. Der tarifbegünstigte Veräußerungsgewinn des V beträgt 0,2 Mio. €. S kann die Buchwerte der Aktiva um 0,2 Mio. € aufstocken.

Anmerkung: Nach der Trennungstheorie wäre der Vorgang nach dem Verhältnis von Gegenleistung (1 Mio. €) zum Verkehrswert des Betriebs (2 Mio. €) in einen entgeltlichen und einen unentgeltlichen Teil aufzuspalten. In diesem Fall betrüge der Veräußerungsgewinn des V (1 Mio. € ./. Hälfte des Nettobuchwerts 0,4 Mio. € =) 0,6 Mio. €, S könnte 0,6 Mio. € aufstocken.

b) Wie Beispiel a), das buchmäßige Eigenkapital beträgt aber 1,3 Mio. € (1,7 Mio. € Aktiva/0,4 Mio. € Passiva).

LÖSUNG Da der Veräußerungspreis niedriger ist als der Nettobuchwert, entsteht weder ein Veräußerungsgewinn noch ein Veräußerungsverlust. S muss die Buchwerte fortführen (§ 6 Abs. 3 EStG).

Anmerkung: Nach der Trennungstheorie würde V einen Veräußerungsgewinn i. H. v. 0,35 Mio. € erzielen (1 Mio. € ./. Hälfte des Buchwerts 0,65 Mio. €).

c) V überträgt im Wege der vorweggenommenen Erbfolge seinen Gewerbebetrieb mit einem Verkehrswert von 10 Mio. € einschließlich der betrieblichen Verbindlichkeiten auf seinen Sohn S. S verpflichtet sich, an seinen Vater eine Abstandszahlung von 500 000 € und an seine Schwester T einen Gleichstellungsbetrag von 2 Mio. € zu zahlen. Die Bilanz des Gewerbebetriebs zum Übertragungszeitpunkt stellt sich wie folgt dar:

A	Bilanz zum Übertragungszeitpunkt			P
	Buchwert	Teilwert		
Firmenwert	-	3 Mio. €	Kapital	1 Mio. €
Anlagevermögen	4 Mio. €	9 Mio. €	Verbindlichkeiten	7 Mio. €
Umlaufvermögen	5 Mio. €	6 Mio. €	Rückstellung	1 Mio. €
	9 Mio. €	18 Mio. €		9 Mio. €

LÖSUNG (vgl. dazu BMF vom 13.01.1993 [a. a. O.] Tz.35):
Zum Erwerb des Betriebs wendet S 2,5 Mio. € auf. Nicht zu den Anschaffungskosten gehören die übernommenen betrieblichen Verbindlichkeiten. V erzielt durch die entgeltliche Übertragung seines Betriebs einen nach §§ 16, 34 EStG begünstigten Veräußerungsgewinn i. H. v. 1,5 Mio. € (Veräußerungsentgelt 2,5 Mio. € ./. Betriebsvermögen 1 Mio. €).
S hat neben dem Kapitalkonto von 1 Mio. € auch Teile der bisher nicht aufgedeckten stillen Reserven bezahlt (BFH vom 10.07.1986 BStBl II 1986, 811). Für S ergeben sich folgende Wertansätze:
Im Anlage- und Umlaufvermögen sind 5 Mio. € + 1 Mio. €= 6 Mio. € enthalten. Diese stillen Reserven werden i. H. v. 1,5 Mio. € (= 25 %) aufgedeckt. Zu einer Aufdeckung der in dem von V selbst geschaffenen Geschäftswert enthaltenen stillen Reserven kommt es nicht.
S hat die Buchwerte um die anteilig aufgedeckten stillen Reserven wie folgt aufzustocken:

Anlagevermögen bisheriger Buchwert	4 000 000 €
+ anteilig aufgedeckte stille Reserve (25 % von 5 Mio. €)	1 250 000 €
	5 250 000 €
Umlaufvermögen bisheriger Buchwert	5 000 000 €
+ anteilig aufgedeckte stille Reserven (25 % von 1 Mio. €)	250 000 €
	5 250 000 €

A	Eröffnungsbilanz des S		P
Firmenwert	0 €	Kapital	2 500 000 €
Anlagevermögen	5 250 000 €	Verbindlichkeiten	7 000 000 €
Umlaufvermögen	5 250 000 €	Rückstellungen	1 000 000 €
	10 500 000 €		10 500 000 €

3 Schuldrechtliche Verträge zur Überlassung von Gegenständen auf Zeit

3.1 Abgrenzungsfragen

a) Die **Miete** (§§ 535 ff.) ist auf die zeitweilige Gewährung des Gebrauchs einer Sache gegen Entgelt (Mietzins) gerichtet.

b) Die **Pacht** (§§ 581 ff.) ist auf die zeitweilige Gewährung des Gebrauchs eines Gegenstandes (nicht nur einer Sache, zum Oberbegriff Gegenstand und zum Begriff Sache s. E1.3) und des Genusses der Früchte (vgl. §§ 99–101) gegen Entgelt (Pachtzins) gerichtet.

c) Die **Leihe** (§§ 598 ff.) ist auf die zeitweilige Gewährung des Gebrauchs einer Sache ohne Entgelt gerichtet. Nach Beendigung der Leihzeit muss der Entleiher die entliehene Sache (dieselbe!) zurückgeben.
Bei Miete, Pacht und Leihe wird aufgrund des schuldrechtlichen Vertrages lediglich auf Zeit der unmittelbare Besitz, nicht aber das Eigentum übertragen.

d) Das **Sachdarlehen** (§§ 607 ff.) zielt auf die unentgeltliche oder entgeltliche Überlassung von vertretbaren Sachen. Der Darlehensnehmer erhält nicht lediglich den Besitz, sondern auch das Eigentum an den Darlehenssachen. Nach Beendigung der Darlehenszeit muss er (andere) Sachen von gleicher Art, Güte und Menge zurückgeben (übereignen).

	Vertragsgegenstand	unentgeltlich oder entgeltlich	gewährt wird	bei Ende des Vertrags zurückzugeben
Miete	Sachen (nicht Rechte, Forderungen)	entgeltlich	unmittelbarer Besitz zum Gebrauch	Mietsache (§ 546)
Pacht	Gegenstände (Sachen, Rechte, Sach- und Rechtsgesamtheiten, z. B. ein Betrieb)	entgeltlich	unmittelbarer Besitz zum Gebrauch und Fruchtziehung	Pachtsache (§§ 581, 546)
Leihe	Sachen	unentgeltlich	unmittelbarer Besitz zum Gebrauch	Leihsache (§ 604)
Sach-darlehen	vertretbare Sachen	unentgeltlich oder entgeltlich (§ 609) gegen Darlehenszinsen	Eigentum an der Darlehenssache	Sachen gleicher Art, Güte und Menge (§ 607 Abs. 1)

FALL 29

Prüfen Sie, welcher schuldrechtliche Vertragstypus vorliegt!

a) Sie holen sich ein Buch aus einer gewerblichen »Leihbücherei«.

b) Unternehmer U nutzt für monatlich 100 € das angrenzende Grundstück des A als betrieblichen Lagerplatz.

c) A überlässt dem B gegen Entgelt ein privates Fischgewässer zur Nutzung.

d) Ein Bekannter überlässt Ihnen über das Wochenende kostenlos seinen Pkw.

e) Die Hausfrau H bittet ihre Nachbarin, ihr ein paar Eier zu »leihen«.

f) Sie kaufen eine Flasche Bier und zahlen neben dem Kaufpreis ein Pfand von 0,20 €.

3.2 Mietvertrag (§§ 535 ff. BGB)

3.2.1 Begründung und Inhalt des Mietverhältnisses

Miete als entgeltliche Gebrauchsüberlassung kann bewegliche Sachen (z. B. Autovermietung) und unbewegliche Sachen (Grundstücke, Geschäftsräume, Wohnungen, möblierte Zimmer) betreffen. Der Mietvertrag kann grundsätzlich formlos abgeschlossen werden. Nach § 550 bedürfen allerdings Mietverträge über Wohnraum für eine längere Dauer als ein Jahr der Schriftform. Sonst ist der Mietvertrag zwar wirksam, gilt aber als auf unbestimmte Zeit abgeschlossen; er ist also nicht nach § 125 Satz 1 nichtig. Daneben können die Parteien für den Vertragsschluss bzw. -abänderungen die Schriftform rechtsgeschäftlich festlegen; die Rechtsfolge eines Verstoßes gegen die rechtsgeschäftliche Schriftform ergibt sich aus § 125 Satz 2 (vgl. B 2.5). Die Rechtsprechung lässt zu, dass die rechtsgeschäftlich vereinbarte Schriftform für zunächst schriftlich abgeschlossene Verträge auch durch mündliche Parteiabrede aufgehoben werden kann. Dann sind auch mündliche Vertragsänderungen möglich.

Für Mietverhältnisse über **Wohnraum** enthält das BGB **Sondervorschriften** (§§ 549–577a). Der auch für die Miete geltende Grundsatz der Privatautonomie ist hier besonders problematisch. Wohnung ist keine Ware. Die Miete ist deshalb kein Umsatzgeschäft wie der Kauf, sondern ein Dauerschuldverhältnis mit Persönlichkeitsbezug. Kann der Käufer, wenn er schon die Gestalt des Kaufvertrages nicht beeinflussen kann, doch gelegentlich auf den Vertragsschluss verzichten, so ist der wohnungssuchende Mieter auf den Vertragsschluss zu den Bedingungen des Vermieters angewiesen. Dies gilt insbesondere da, wo Wohnungsmangel herrscht und sich sozial Schwächere menschenwürdige Wohnungen nicht leisten können.

Um die Vertragsgestaltung, Mieterhöhung und Kündigung des Wohnungsmietverhältnisses nicht beliebig den marktwirtschaftlichen Gesetzen von Angebot und Nachfrage zu überlassen, verschaffte der Gesetzgeber bei der Regelung des Wohnungsmietrechts auch sozialen Gesichtspunkten Geltung.

Zwar ist das Mietrecht weitgehend dispositiver Natur, aber eine Reihe von Vorschriften kann zum Schutze des Mieters nicht abbedungen werden. Auch das Allgemeine Gleichbehandlungsgesetz (AGG) schränkt die Vertragsfreiheit des Vermieters ein, indem es Diskriminierungen verbietet (vgl. D 1.2.4).

3.2.2 Rechte und Pflichten im Mietvertrag

Die Hauptpflichten des Vermieters und des Mieters ergeben sich aus § 535.

Der Vermieter hat während der Mietzeit den Gebrauch der Sache zu gewähren und die Mietsache in einem vertragsgemäßen Zustand zu erhalten. Diese Instandhaltungspflicht (§ 535 Abs. 1 Satz 2) ist hinsichtlich der wegen normaler Abnutzung erforderlichen Schönheitsreparaturen auf den Mieter abwälzbar. Eine unangemessene Benachteiligung des Mieters unterliegt der Inhaltskontrolle (§ 307).

Den Mieter treffen über die Mietzahlungspflicht (§ 535 Abs. 2) hinaus gewisse Nebenpflichten, z. B. der sorgfältige Umgang mit der Mietsache und die Pflicht, auftretende Mängel sofort dem Vermieter anzuzeigen. Instandsetzungs- und Modernisierungsarbeiten hat der Mieter unter den Voraussetzungen der §§ 555a–555f zu dulden. Zur Sicherung der Mietforderung hat der Vermieter ein Pfandrecht (§§ 562 ff.). Der Vermieter haftet dem Mieter für Sach- und Rechtsmängel (§§ 536, 536a).

BEISPIELE

a) Die Wohnung wird nur mangelhaft geheizt.
LÖSUNG Es liegt ein Sachmangel vor.

b) Die Wohnung ist schon an einen anderen vermietet, der sie rechtmäßig besitzt.
LÖSUNG Es liegt ein Rechtsmangel vor. Hier ist der Mieter auf den Schadenersatzanspruch nach § 536a und auf das Kündigungsrecht nach § 543 beschränkt.

Der Mieter kann in solchen Fällen

- zunächst unabhängig von den Gewährleistungsrechten nach §§ 536, 536a die Beseitigung des Mangels verlangen (§ 535 Abs. 1 Satz 2),
- die Zahlung des Mietzinses unter den Voraussetzungen des § 536 Abs. 1 ganz oder teilweise verweigern,
- unter den Voraussetzungen des § 543 fristlos kündigen,
- unter den Voraussetzungen des § 536a Abs. 1 Schadenersatz wegen Nichterfüllung verlangen,
- unter den Voraussetzungen des § 536a Abs. 2 den Mangel selbst beseitigen und anschließend vom Vermieter Ersatz der erforderlichen Aufwendungen verlangen.

BEISPIEL

M mietet von V eine Neubauwohnung (Erstbezug). Beim Öffnen eines Fensters löst sich dieses und verletzt M erheblich. Grund ist ein Materialfehler, der weder von V noch von M und auch nicht von dem Fensterbauer hätte erkannt werden können.

LÖSUNG Der Mangel lag bereits bei Vertragsschluss vor. Deshalb haftet V auch ohne Verschulden (Garantiehaftung). Seine Haftung erstreckt sich auf den Einbau eines neuen Fensters als Mangelschaden und auf den Ersatz des Körperschadens des M als Mangelfolgeschaden (§ 536a Abs. 1).

Schadenersatz für nach dem Vertragsschluss eingetretene Mängel steht dem Mieter nur bei Vertreten-Müssen des Vermieters zu (§ 536a Abs. 1 2. Alt. i. V. m. §§ 276, 278).

3.2.3 Beendigung des Mietverhältnisses

Ein Mietvertrag kann entweder aufgrund eines vertraglich festgelegten Termins oder durch Kündigung enden. Der Mieter genießt bei der Wohnungsmiete einen erhöhten Kündigungsschutz: Der Vermieter kann nur entweder fristlos aus den in den §§ 543, 569 genannten Gründen oder befristet aus berechtigtem Interesse (vgl. dazu § 573) kündigen. Nach § 573 Abs. 2 liegt dies insbesondere vor, wenn

- der Mieter eine nicht unerhebliche schuldhafte Vertragsverletzung begeht,
- der Vermieter Eigenbedarf an Wohnraum geltend machen kann,
- der Vermieter an einer angemessenen wirtschaftlichen Verwertung gehindert wird und dadurch erhebliche Nachteile erleiden würde.

Wenn eine Kündigung nach § 573 zulässig ist, ist der Mieter in Härtefällen zusätzlich durch die »Sozialklausel« des § 574 geschützt. In allen Fällen bedarf die Kündigung des Mietverhältnisses über Wohnraum der Schriftform (§ 568). Sonst ist sie unwirksam.

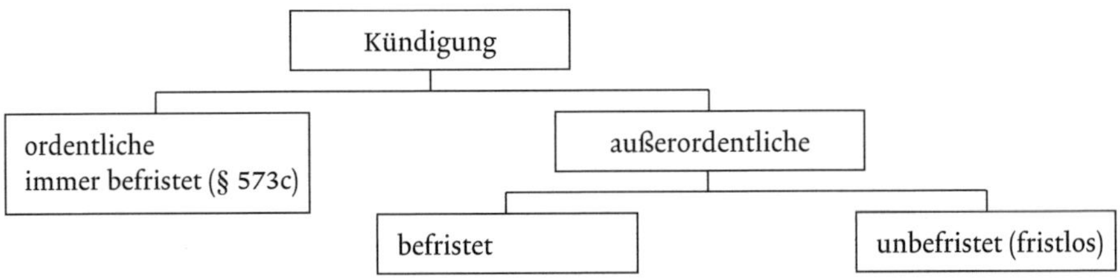

FALL 30

Stellen Sie fest, wie lange die Kündigungsfrist für einen Mieter ist, der die Wohnung länger als 10 Jahre in Besitz hat!

Der Charakter der Miete als Dauerschuldverhältnis macht Regelungen für den Fall notwendig, dass einer der Vertragspartner wegfällt.

- Wenn der Vermieter die Mietsache veräußert, tritt der Erwerber kraft Gesetzes an die Stelle des Vermieters (§ 566: »Kauf bricht nicht Miete«).
- Wenn der Vermieter stirbt, tritt nach dem Grundsatz der Gesamtrechtsnachfolge sein Erbe an seine Stelle und setzt den Mietvertrag mit dem Mieter fort (§ 1922).
- Wenn dagegen der Mieter stirbt, gelten nach §§ 563–564 Sondervorschriften.

3.2.4 Änderungen des Mietrechts über Wohnraum

Zum 01.09.2001 trat das **Mietrechtsreformgesetz 2001** in Kraft (Gesetz zur Neugliederung, Vereinfachung und Reform des Mietrechts vom 19.06.2001 BGBl I 2001, 1149). Das private Mietrecht wurde mit dem Ziel der Vereinfachung i. S. v. Klarheit und Verständlichkeit völlig neu geregelt. Mieter und Vermieter sollen in die Lage versetzt werden, ihre Rechte und Pflichten auch ohne fachliche Hilfe so weit wie möglich erkennen zu können. Nach alter Rechtslage war die Miete über Wohnraum nicht in einem eigenen Titel des BGB und überdies zum Teil in Nebengesetzen geregelt. Die Reform fasste das private Wohnraummietrecht im BGB zusammen. Die Mietrechtsvorschriften sind wie folgt gegliedert:

I) Allgemeine Vorschriften für Mietverhältnisse (§§ 535–548),
II) Mietverhältnisse über Wohnraum (§§ 549–577a),
III) Mietverhältnisse über andere Sachen (§§ 578–580a),
IV) Pachtvertrag (§§ 581–584b),
V) Landpachtvertrag (§§ 585–597).

Die wichtigsten Änderungen der Wohnraummiete betreffen folgende Punkte:

- Mieterhöhungen sind nach § 558 bis zur ortsüblichen Vergleichsmiete zulässig. Das Vergleichsmietenverfahren wird durch Einführung eines qualifizierten Mietspiegels verbessert (§ 558d). Stattdessen können sich die Gemeinden auch für eine Mietdatenbank entscheiden (§ 558e). Die prozentuale Grenze für Mieterhöhungen (Kappungsgrenze) wird von 30 % auf 20 % gesenkt (§ 558 Abs. 3).
- Hinsichtlich der Betriebskostenabrechnungen wird eine Abrechnungs- und Ausschlussfrist von einem Jahr sowie eine Frist zur Geltendmachung von Einwendungen durch den Mieter eingeführt (§ 556). Bei fehlender Vereinbarung richtet sich der Abrechnungsschlüssel nach der Wohnfläche (§ 556a).
- In die Umlage der Modernisierungskosten auf den Mieter i. H. v. 11 % (Modernisierungsumlage, § 559) können alle Maßnahmen zur Einsparung von Energie einbezogen werden.
- Die Vereinbarung von Index- und Staffelmieten ist zeitlich unbeschränkt möglich. Der Mieterschutz wird bei der Staffelmiete durch ein Sonderkündigungsrecht des Mieters (§ 557a) und bei der Indexmiete durch die Beschränkung auf einen zulässigen Preisindex beschränkt (§ 557b).
- Der einfache, nicht mit Befristungsgründen versehene Zeitmietvertrag wird abgeschafft. Der qualifizierte, entsprechend begründete Zeitmietvertrag kann auch für einen Zeitraum von mehr als fünf Jahren abgeschlossen werden. Ein Fortsetzungsanspruch entfällt (§ 575).
- Die Kündigungsfristen werden für Mieter und Vermieter asymmetrisch geregelt. Die Kündigungsfrist für den Mieter wird unabhängig von der Mietdauer auf drei Monate verkürzt (§ 573c Abs. 1 Satz 1). Der Vermieter kann nur ordentlich kündigen, wenn er ein berechtigtes Interesse nachweist (§ 573, Ausnahme § 573a). Für den Vermieter gelten weiterhin Kündigungsfristen, die sich je nach der Dauer des Mietverhältnisses verlängern, jedoch maximal auf neun statt bisher zwölf Monate (§ 573c Abs. 1 Satz 2).
- Das Eintritts- und Fortsetzungsrecht beim Tod des Mieters wird auf Personen ausgedehnt, die mit dem Mieter in einem auf Dauer angelegten Haushalt leben (§ 563). Bei Kündigung gegenüber nicht in der Wohnung des gestorbenen Mieters lebenden Erben muss der Vermieter kein berechtigtes Interesse mehr nachweisen.
- Im Falle der Umwandlung von Mietwohnungen in Eigentumswohnungen gilt eine Kündigungssperrfrist von drei Jahren für Eigenbedarfs- und Verwertungskündigungen.

Das **Mietrechtsänderungsgesetz 2013** (BGBl I 2013, 434) brachte mit Wirkung ab 01.05.2013 Neuregelungen zu den folgenden Themen:

- **Neuregelung von Erhaltungs- und Modernisierungsmaßnahmen:**&n:; Die bisherige Vorschrift zur Duldung von Erhaltungs- und Modernisierungsmaßnahmen (§ 554) wurde durch §§ 555a–555f ersetzt. Der Mieter hat Erhaltungsmaßnahmen (§ 555a) und Modernisierungsmaßnahmen (§ 555b) zu dulden. Aufgrund von Modernisierungsmaßnahmen vorgenommene Mieterhöhungen stellen grds. keinen Härteeinwand dar. Die Härtefallprüfung wird in das Mieterhöhungsverfahren verlagert (§ 555d Abs. 2). Fehlende wirtschaftliche Leistungsfähigkeit beim Mieter ist ein Härtegrund. Zwar muss der Mieter die Modernisierung dulden, jedoch darf der Vermieter die Miete später nicht erhöhen. Dem Mieter steht auch ein Sonderkündigungsrecht zu (§ 555e).
- **Bekämpfung von Mietnomaden:** Räumungsklagen sind vorrangig von Gerichten zu bearbeiten (§ 272 Abs. 4 ZPO). Der Mieter kann vom Gericht mit einer Sicherungsanordnung verpflichtet werden, eine Sicherheit, beispielsweise in Form einer Bürgschaft oder Hinterlegung von Geld, zu leisten (§ 283a ZPO).
- **Kündigungsschutz bei der Umwandlung von Miet- in Eigentumswohnungen**: Der Schutz vor Eigenbedarfskündigungen nach Umwandlung in Wohneigentum kann gemäß § 577a BGB nicht mehr durch die Gründung einer Personengesellschaft (»Münchner Modell«) umgangen werden.
- **Senkung der Kappungsgrenze bei Mieterhöhungen in Ballungsräumen:** Die Bundesländer können für Gebiete mit angespannten Wohnungsmärkten durch Rechtsverordnung die Kappungsgrenze für Mieterhöhungen bis zur ortsüblichen Vergleichsmiete von 20 % auf 15 % absenken (§ 558 Abs. 3).
- Bei **Mietverhältnissen über nicht preisgebundenen Wohnraum** ist eine Mieterhöhung nur nach §§ 557 ff. zulässig. Durch das Mietrechtsnovellierungsgesetz zur Dämpfung des Mietanstiegs vom 01.06.2015 wurde geregelt, dass in Gebieten mit angespannten Wohnungsmärkten die zulässige Höchstmiete nur bis 10 % über das Niveau der ortsüblichen Vergleichsmiete steigen darf (§ 556d, sog. Mietpreisbremse).

3.2.5 Mietvertrag im Steuerrecht

Im **Bilanzsteuerrecht** werden Nutzungsverhältnisse wie Miete und Pacht (im Gegensatz zu den Anschaffungsgeschäften) nicht bilanziert. Die Mietzahlungen sind beim gewerblichen Mieter Aufwand, beim gewerblichen Vermieter Ertrag.

Im **Einkommensteuerrecht** sind private Mieteinkünfte aus Grundstücken, Sachinbegriffen und Rechten nach § 21 EStG und private Mieteinkünfte aus der gelegentlichen Überlassung beweglicher Gegenstände nach § 22 Nr. 3 EStG zu versteuern (zum Begriff der Vermietung s. 3.2.1, Band 2, Hottmann/Beckers, Einkommensteuer, L). Für vom Eigentümer zu Wohnzwecken selbst genutzte Wohnungen gilt seit 01.01.1987 die Konsumgutlösung, d. h. es sind weder Einnahmen (Nutzungswert) anzusetzen noch Werbungskosten abziehbar; lediglich die Kosten für die Inanspruchnahme haushaltsnaher Dienstleistungen und Handwerkerleistungen sind nach § 35a EStG abzugsfähig.

Wenn ein **Personengesellschafter** der Gesellschaft ein Grundstück mietweise zur Verfügung stellt, sind die Zahlungen der Gesellschaft bei ihm zivilrechtlich als Mietzahlungen, aber einkommensteuerlich als gewerbliche Einkünfte aus Mitunternehmerschaft (Sonderbetriebseinnahmen, § 15 Abs. 1 Nr. 2 EStG) zu behandeln.

Die **umsatzsteuerliche** Behandlung ist unterschiedlich, je nachdem ob eine bewegliche oder eine unbewegliche Sache vermietet wird: Die Vermietung **beweglicher Gegenstände** (sonstige Leistung i. S. d. § 3 Abs. 9 UStG) ist – wenn nach § 1 Abs. 1 Nr. 1 UStG steuerbar – auch steuerpflichtig. Der Ort bestimmt sich nach § 3a Abs. 4 Nr. 11 UStG, soweit es sich nicht um ein Beförderungsmittel handelt (Ort § 3a Abs. 1 UStG).

Die Vermietung von **Grundstücken und Grundstücksteilen** ist hingegen ebenso wie die Bestellung, Übertragung und Überlassung von dinglichen Nutzungsrechten an Grundstücken grundsätzlich steuerfrei (§ 4 Nr. 12a und c UStG), soweit es sich nicht um »zur kurzfristigen Beherbergung bereitgehaltene« Wohn- und Schlafräume im Beherbergungsgewerbe handelt (§ 4 Nr. 12 Satz 2 UStG). Ebenso: Abstellplätze, Campingplätze.

Steuerpflichtig sind Vermietungen von **Betriebsvorrichtungen**, da sie – wenn auch wesentliche Bestandteile des Grundstücks – steuerlich wie bewegliche Wirtschaftsgüter behandelt werden. Das umsatzsteuerliche Entgelt (§ 10 UStG) ist gegebenenfalls aufzuteilen (vgl. Band 4, Meissner/Neeser, Umsatzsteuer).

3.3 Leasing-Vertrag

3.3.1 Zivilrechtliche Problematik

Leasing (englisch: to lease = mieten, pachten) ist eine Sonderform der entgeltlichen Gebrauchsüberlassung von beweglichen oder unbeweglichen Wirtschaftsgütern – also im Grunde eine Art Miete (so die h. M., vgl. von Westphalen, Der Leasing-Vertrag, 7. Aufl., 2014; Tonner, Leasing im Steuerrecht, 6. Aufl., 2014; Harriehausen, NJW 2015, 1422).

Unter dem Oberbegriff Leasing werden viele verschiedenartige Vertragstypen zusammengefasst. Die wichtigsten zeigt die nachfolgende Übersicht (siehe nächste Seite).

Die Bedeutung des Leasing im Wirtschaftsleben – insbesondere des Finanzierungs-Leasing – erklärt sich aus gewissen Vorteilen im Vergleich zu anderen Rechtsgeschäften:

- Vergleicht man die Alternative Kauf und Leasing, ergibt sich ein Liquiditätsvorteil zugunsten des Leasing, da es kein Kapital bindet, 100 %ige Fremdfinanzierung ist möglich. Dennoch werden die Kreditmöglichkeiten des Leasing-Nehmers geschont, er bleibt in der Refinanzierung flexibler.
- Das Leasing bietet wegen der festen Mietraten während der unkündbaren Grundmietzeit eine klare Kalkulationsgrundlage.
- Leasing bietet durch entsprechende Vertragsdauer bei schnellem Generationswechsel des Leasing-Gutes (z. B. Computer) und bei hoher Wartungsintensität entscheidende Vorteile und verringert das Investitions- und Überalterungsrisiko (Werbeargument: »Mieten auf Zeit« sei besser als »Kauf auf ewig«).

Leasing hat aber auch Nachteile:

- Es ist teuer, da – wenigstens bei Vollamortisation – der LN während der Grundmietzeit mit den Leasing-Raten die Anschaffungskosten und sämtliche Kosten des LG einschließlich Gewinn zahlen muss (i. d. R. über 140 % der Anschaffungskosten des LG).
- Es kann auch gefährlich sein, weil der LN i. d. R. das gesamte Investitionsrisiko, nämlich die Gefahr des technischen oder wirtschaftlichen Veraltens und das Risiko des zufälligen Untergangs trägt.

Ein Leasing-Vertrag liegt zivilrechtlich vor, wenn der LG eine Sache oder Sachgesamtheit dem LN gegen ein in Raten gezahltes Entgelt zum Gebrauch überlässt, wobei Gefahr oder Haftung für Instandhaltung, Sachmängel, Untergang und Beschädigung der Sache allein den LN trifft.

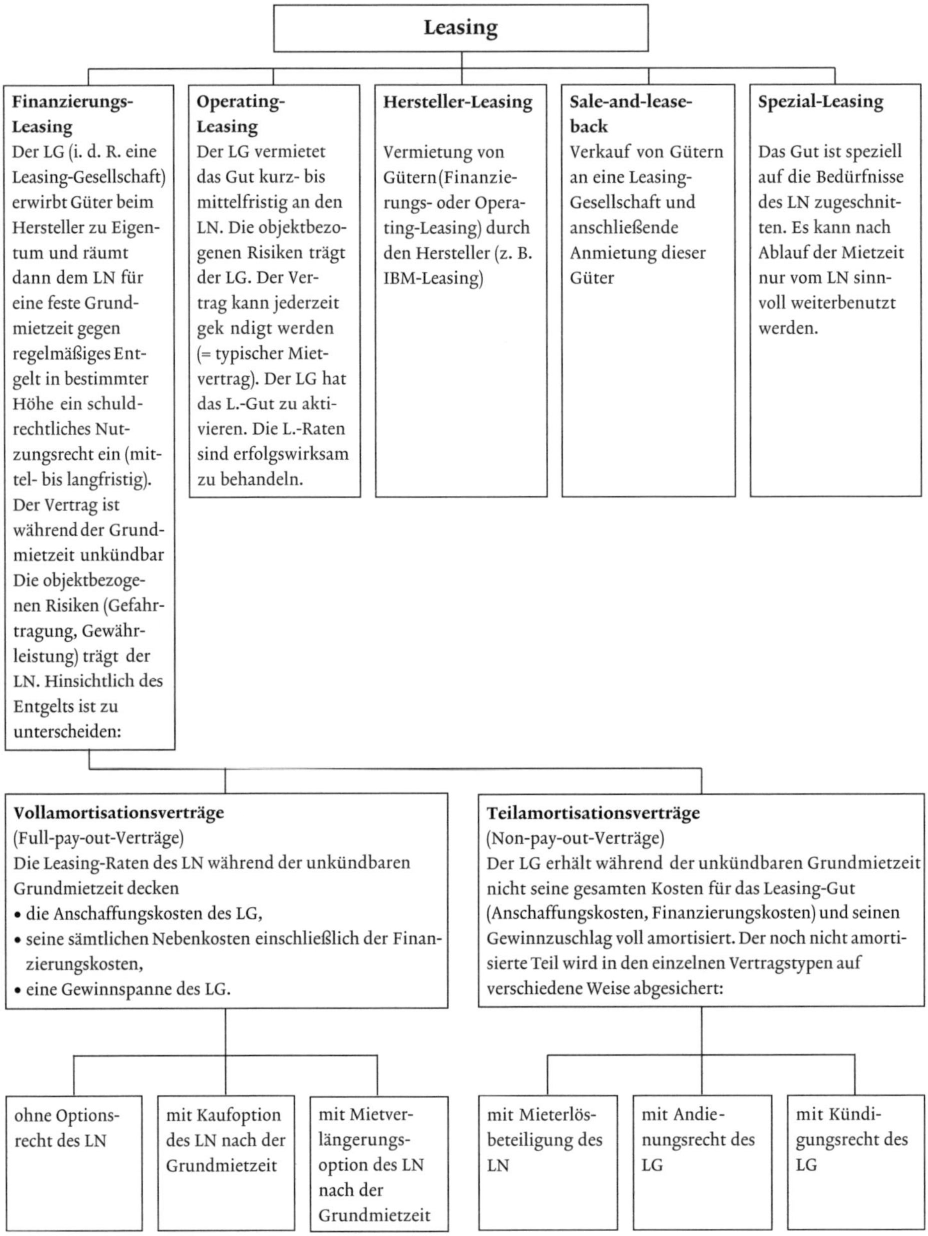

Nach st. Rspr. ist der Leasing-Vertrag ein atypischer Mietvertrag. Daher gilt grundsätzlich Mietrecht (Gebrauchsüberlassungspflicht, Mietzahlungspflicht) mit den vertraglich vereinbarten Besonderheiten. Während der festen Grundmietzeit (§ 564 Abs. 1) ist der Vertrag nur außerordentlich kündbar. Die Vertragspraxis arbeitet mit umfangreichen Allgemeinen Geschäftsbedingungen. Entgegen § 536 ist der LG nicht verpflichtet, die Sache während der Grundmietzeit in dem für den vertragsmäßigen Gebrauch geeigneten Zustand zu erhalten (Letzteres kann aber vereinbart werden, maintenance leasing). Üblicherweise schließt der LG im Leasing-Vertrag die mietrechtliche Sachmängelhaftung (§§ 536 ff.) auch für anfängliche Mängel des Leasing-Objekts aus und ersetzt sie dadurch, dass er dem LN die Ansprüche gegen den Lieferanten abtritt. Eine solche Abtretung oder Ermächtigung des LN, die Sachmängel geltend zu machen, ist Voraussetzung für die formularmäßige Freizeichnung des LG von der Sachmängelgewährleistung (vgl. § 309 Nr. 10).

Typisch für das Leasing (allerdings nicht zwingend) ist das Dreiecks-Verhältnis zwischen LG (Leasing-Gesellschaft), Lieferant (Hersteller) und LN. Jeder steht mit jedem in wirtschaftlicher Verbindung. Dies führt zu komplizierten Rechtsbeziehungen (vgl. eingehend v. Westphalen, Der Leasing-Vertrag; Tacke, Leasing).

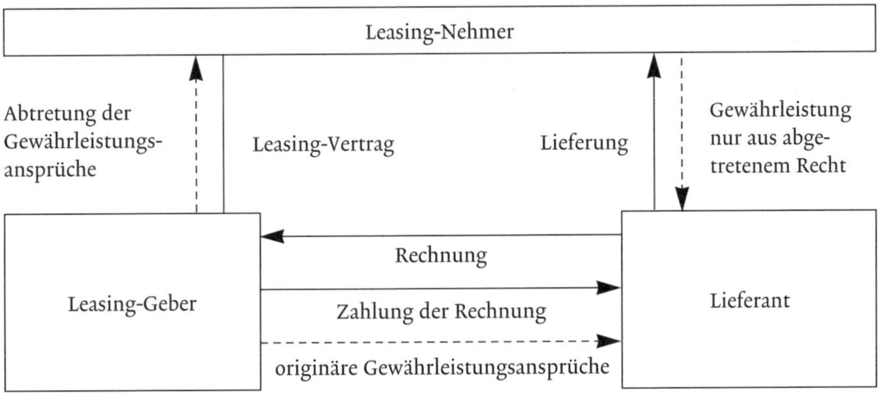

BEISPIEL

Die Leasing-Gesellschaft L schließt mit dem LN N einen Leasing-Vertrag über einen Computer. In dem Vertrag werden die Gewährleistungsrechte (§§ 536 ff.) des N gegen L ausgeschlossen. Stattdessen tritt L ihre kaufrechtlichen Ansprüche gegen den Hersteller H an N ab. H liefert direkt an N aus, aber der Computer ist mangelhaft. Als N gegen den Hersteller H die abgetretenen Sachmängelgewährleistungsrechte geltend machen will, ist H in Insolvenz gefallen und das Verfahren bereits mangels Masse eingestellt. Kann L trotz des Mangels die Zahlung der Leasing-Raten verlangen?

LÖSUNG Der BGH gibt N ein Leistungsverweigerungsrecht (BGH vom 20.06.1984 NJW 1985, 129; BGHZ 114, 68). Der LG L muss gegen sich gelten lassen, dass der LN N seine Sachmängelrechte nicht mehr durchsetzen kann. Die Abtretung der Gewährleistungsansprüche befreit L nicht von dem Risiko, dass ein begründetes Wandlungsbegehren wegen Vermögenslosigkeit des Lieferanten nicht durchsetzbar ist. Der LG ist für die Mängel grundsätzlich aufgrund seiner Eigentümer- und Vermieterposition verantwortlich. Es kann selbst die Zahlungsunfähigkeit des Herstellers überprüfen und trägt daher selbst das Risiko der Zahlungsunfähigkeit des Lieferanten. N braucht keine Leasingraten mehr zu bezahlen, weil durch die Rückgängigmachung des Kaufvertrages auch dem Leasingvertrag von Anfang an (ex tunc) die Grundlage entzogen worden ist (so genannter Einwendungsdurchgriff, vgl. dazu § 359).

Der Geltungsbereich des Verbraucherschutzes im BGB erfasst teilweise auch das Finanzierungs-Leasing. Anwendbar sind insbesondere

- verbundene Verträge, Einwendungsdurchgriff (§ 358, 359),
- gesetzliche Schriftform (§ 492 Satz 1),
- die für Verbraucherdarlehensverträge vorgeschriebenen Angaben (§ 492 Abs. 2 i. V. m. Art. 247 §§ 6–13 EGBGB),

- Widerrufsrecht des Verbrauchers (§ 495 Abs. 1),
- Einwendungsverzicht (§ 496),
- Gesamtfälligstellung bei Zahlungsverzug (§ 498).

3.3.2 Steuerliche Problematik

Bilanzsteuerrechtlich sind bei den Erscheinungsformen des Leasing zwei Problembereiche zu unterscheiden:

3.3.2.1 Bilanzierung und Abschreibung des Leasing-Gutes

Wem ist das Leasing-Gut als wirtschaftlichem Eigentümer zuzurechnen? Für diese Frage bieten die Erlasse der Finanzverwaltung mehr oder weniger exakt definierte Zurechnungsgrundlagen:

a) BMF vom 19.04.1971 (Mobilien-Leasing-Erlass) DB 1971, 795: Ertragsteuerliche Behandlung von Leasing-Verträgen über bewegliche Wirtschaftsgüter **(Vollamortisation bei Mobilien)**;
b) BMF vom 22.12.1975 DB 1976, 172: Ertragsteuerliche Behandlung von Finanzierungsleasing-Verträgen **(Teilamortisation bei Mobilien)**;
c) BMF vom 21.03.1972 DB 1972, 651: Ertragsteuerliche Behandlung von Finanzierungsleasing-Verträgen über unbewegliche Wirtschaftsgüter **(Vollamortisation bei Immobilien);**
d) BMF vom 23.12.1991 BStBl I 1992, 13; BB 1992, 1815: Ertragsteuerliche Behandlung von Finanzierungsleasing-Verträgen unbeweglicher Wirtschaftsgüter **(Teilamortisation bei Immobilien)**.

3.3.2.2 Behandlung der Leasing-Raten

Sind die Leasing-Raten wie bei einer gewöhnlichen Miete bei jeweiliger Fälligkeit in voller Höhe erfolgswirksam oder sind die Leasing-Raten (so bei Zurechnung des Leasing-Guts beim LN) in einen Tilgungsanteil und in einen Zins- und Kostenanteil aufzuteilen? Auch hier sind die Berechnungsgrundlagen in den Erlassen der Finanzverwaltung definiert, z. B. BMF vom 13.12.1973 DB 1973, 2485: Ertragsteuerliche Behandlung von Finanzierungsleasing-Verträgen: Aufteilung der Leasing-Raten in einen Zins- und Kostenanteil sowie in einen Tilgungsanteil.

Beim **Finanzierungsleasing** ist das Leasing-Gut im Regelfall dem LG zuzurechnen. In Einzelfällen kann der Leasing-Vertrag aber auch ausnahmsweise wirtschaftlich einem Ratenkauf entsprechen. Die Erlasse der Finanzverwaltung enthalten feste Kriterien, nach denen das Leasing-Gut dem LG oder dem LN zuzurechnen ist. Im Mobilien-Leasing-Erlass vom 19.04.1971 [a. a. O.] wird nach folgenden Kriterien abgegrenzt (s. nachfolgende Tabelle):

Grundmietzeit	ohne Option	mit Kaufoption		mit Mietverlängerungsoption	
>90 % betriebsgewöhnliche Nutzungsdauer[1]	Leasing-Nehmer	Leasing-Nehmer		Leasing-Nehmer	
<40 % betriebsgewöhnliche Nutzungsdauer[2]	Leasing-Nehmer	Leasing-Nehmer		Leasing-Nehmer	
40 % bis 90 %[3]	Leasing-Geber	Kaufpreis < Buchwert[4]		Anschlussmiete < Buchwert[4]	
		Ja: LN	Nein: LG	Ja: LN	Nein: LG
Spezial-Leasing i. d. R. Zurechnung beim Leasing-Nehmer					

Die Zurechnungsentscheidung hat folgende steuerliche Konsequenzen:

	Aktivierung des Leasing-Gutes und AfA beim	Kaufpreisforderung/-schuld im Zeitpunkt des Leasing-Beginns	Behandlung der Leasing-Zahlungen	
			beim leasing-Geber	beim Leasing-Nehmer
bei Zurechnung beim Leasing-Geber	Leasing-Geber	entfällt	voll Ertrag	voll Aufwand
bei Zurechnung beim Leasing-Nehmer	Leasing-Nehmer (AK/HK des Leasing-Gebers zuzüglich weiterer, nicht darin enthaltener AK, z. B. Montagekosten)	Leasing-Geber aktiviert Forderung i. H. d. der AK/HK; Leasing-Nehmer passiviert Schuld in derselben Höhe	Tilgungsanteil erfolgsneutral: Geldkonto an sonstige Forderungen; Zins- und Kostenanteil erfolgswirksam: Geldkonto an Zinsertrag	Tilgungsanteil erfolgsneutral: sonstige Verbindlichkeiten an Geldkonto; Zins- und kostenanteil erfolgswirksam: Zinsaufwand an Geldkonto

BEISPIEL

Unternehmer U mietet ab 01.01.01 bei einer Leasing-GmbH L für eine unkündbare Grundmietzeit von 6 Jahren eine Produktionsmaschine (betriebsgewöhnliche Nutzungsdauer 8 Jahre) für jährlich 24 000 € + USt. Der Preis der Maschine beim Hersteller beträgt 100 000 €. Der Mietvertrag gibt dem U das Recht, die Maschine nach Ablauf der Grundmietzeit zu erwerben für 25 000 € + USt.

---

1 Wenn die Grundmietzeit mehr als 90 % der betriebsgewöhnlichen Nutzungsdauer beträgt, kann der LN den LG für fast die gesamte Nutzungsdauer von der Einwirkung auf das Leasing-Gut ausschließen. Der LN ist daher in allen Fällen wirtschaftlicher Eigentümer (§ 39 AO).

2 Wenn die Grundmietzeit weniger als 40 % der betriebsgewöhnlichen Nutzungsdauer beträgt, bedeutet dies, dass der LN in der relativ kurzen Grundmietzeit bereit ist, die vollen AK/HK des LG und dessen Kosten- und Gewinnzuschläge zu zahlen, was wirtschaftlich einem (verdeckten) Ratenkauf gleichkommt.

3 Wenn die Grundmietzeit zwischen 40 % und 90 % der betriebsgewöhnlichen Nutzungsdauer beträgt (Normalfall), ist das Leasing-Gut grundsätzlich dem LG zuzurechnen. Eine Zurechnung beim LN kommt nur in Fällen der Kauf- oder Mietverlängerungsoption in Betracht, wenn der Kaufoptionspreis oder die Optionsmiete am Ende der Grundmietzeit nicht mehr den tatsächlichen Wertverhältnissen sondern lediglich noch einer Art »Anerkennungsgebühr« entspricht. In diesen Fällen ist bereits bei Abschluss des Leasing-Vertrages erkennbar, dass der LN sein Optionsrecht am Ende der Grundmietzeit auf jeden Fall ausüben wird. Da also von vornherein feststeht, dass der LN den LG auf Dauer von der Einwirkung auf das Leasing-Gut ausschließen wird, ist der LN von Beginn an wirtschaftlicher Eigentümer.

4 Der Buchwert, der zum Vergleich mit den tatsächlichen Wertverhältnissen in typisierter Form heranzuziehen ist, ist der unter Anwendung der linearen AfA nach der amtlichen AfA-Tabelle ermittelte Restbuchwert oder der niedrigere gemeine Wert im Zeitpunkt der Veräußerung oder Mietverlängerung.

LÖSUNG Es ist ein Finanzierungs-Leasing-Vertrag mit Kaufoption geschlossen:
- feste Grundmietzeit (6 Jahre= 75 % der betriebsgewöhnlichen Nutzungsdauer)
- während der Grundmietzeit werden sämtliche Anschaffungskosten des Leasing-Gebers und ein Aufschlag bezahlt (6 × 24 000 €= 144 000 €= 144 % der AK)

Da die Grundmietzeit zwischen 40 % und 90 % der betriebsgewöhnlichen Nutzungsdauer beträgt (6 Jahre sind 75 % von 8 Jahren), kommt es für die Zurechnung auf die Höhe des Optionspreises im Verhältnis zum Restbuchwert im Zeitpunkt der Option an (vgl. Mobilien-Leasing-Erlass [a. a. O.] Tz. III 2a):

Anschaffungskosten	100 000 €
./. lineare AfA 01–06: 75 % =	75 000 €
Restbuchwert im Zeitpunkt der Kaufoption 01.01.07	25 000 €

Wenn der Optionspreis gleich oder größer ist als der Restbuchwert, ist das Leasing-Gut dem Leasing-Geber zuzurechnen.
L bucht ab 01.01.01 jährlich (zur Vereinfachung Jahresraten):

Geldkonto	28 560 €	
an Mieterträge		24 000 €
an USt 19 %		4 560 €
U bucht ab 01.01.01 jährlich:		
Mietaufwand	24 000 €	
Vorsteuer 19 %	4 560 €	
an Geldkonto		28 560 €

Wenn U am 01.01.07 sein Optionsrecht ausübt, liegt zu diesem Zeitpunkt ein reguläres Kaufgeschäft vor.

Das **Operating-Leasing** ist wie ein normaler Mietvertrag zu behandeln: Zurechnung des Leasing-Gutes beim LG, Leasing-Zahlungen sind beim LG Mietertrag und beim LN Mietaufwand.

Beim **Spezial-Leasing** dagegen ist das Leasing-Gut regelmäßig dem LN ohne Rücksicht auf das Verhältnis von Grundmietzeit und Nutzungsdauer und auf Optionsklauseln zuzurechnen, da nur er mit dem Leasing-Gut etwas anfangen kann.

3.3.3 Mietkauf

Ein **echter Mietkaufvertrag** ist ein Vertrag, bei dem der Mieter das Recht hat, den gemieteten Gegenstand jederzeit (also nicht erst nach Ablauf der Grundmietzeit) unter Anrechnung der bisher gezahlten Miete auf den Kaufpreis zu erwerben. Es liegt also zunächst eine reguläre Miete und bei Ausübung des Optionsrechts durch den Mieter ein Kauf vor.

Das Eigentum geht zivilrechtlich und steuerlich erst mit Kaufabschluss über. Die bis zum Erwerb gezahlte Miete ist beim Mieter zunächst bei Zahlung Aufwand. Dieser wird bei Anrechnung der Mietraten auf den Kaufpreis rückgängig gemacht und muss – evtl. gekürzt um die während der Mietzeit verbrauchte AfA – als Ertrag ausgewiesen werden. Die AK beim Kauf setzen sich zusammen aus der vereinbarten Restzahlung plus der Differenz aus erstatteter Miete und AfA in der Zeit zwischen Ingebrauchnahme und Kauf.

BEISPIEL

V vermietet ab 01.01.01 für sechs Jahre fest eine Produktionsmaschine (acht Jahre betriebsgewöhnliche Nutzungsdauer) für jährlich 24 000 € (18 750 € Wertverzehr + 5 250 € Verzinsung und Risikozuschlag) an K.
K kann nach dem Mietvertrag die Maschine jederzeit für 150 000 € + USt unter voller Anrechnung der bisher gezahlten Miete auf den Kaufpreis erwerben. Am 01.01.03 kauft K die Maschine und zahlt vereinbarungsgemäß 102 000 € (150 000 €/224 000 €) + 19 % USt.
K bucht bei Mietzahlung in 01 und 02 jeweils:

Mietaufwand	24 000 €	
Vorsteuer 19 %	4 560 €	
an Geldkonto		28 560 €

Bei Erwerb der Maschine in 03 ist wie folgt vorzugehen:

angerechnete Miete 01–02	48 000 €
./. AfA 01–02 (2 × 12,5 % aus 150 000 €)	37 500 €
Mietüberzahlung=Ertrag 03	10 500 €
Restzahlung 03	102 000 €
+ Mietüberzahlung 01–02	10 500 €
Anschaffungskosten des K am 01.01.03	112 500 €

K bucht bei Anschaffung am 01.01.03:

Maschine	112 500 €	
Vorsteuer (19 % aus 102 000 €)	19 380 €	
an Geldkonto		121 380 €
an außerordentliche Erträge		10 500 €

Ein **unechter Mietkauf** ist anzunehmen, wenn hohe, im Verhältnis zum Neuwert unangemessene Mietzahlungen vereinbart worden sind. Dann haben die Parteien trotz der Bezeichnung als Miete in Wirklichkeit einen Ratenkauf geschlossen und die Ratenzahlungen als Mietzahlungen getarnt, um durch die Verbuchung der Mietraten als Aufwand in kurzer Zeit eine sonst nicht zu erzielende Abschreibung zu erreichen. Der »Mieter« ist in Wirklichkeit Käufer und hat den Gegenstand von Anfang an zu aktivieren und die Kaufpreisschuld zu passivieren. Die »Miet«-Zahlungen sind als Ratenzahlungen zu behandeln.

Bei der Abgrenzung zum echten Mietkauf spielen im Einzelfall neben der Höhe der Raten die Dauer des Mietvertrages, eine etwaige Probezeit und sonstige wirtschaftlichen Interessen eine Rolle (vgl. BFH vom 18.11.1970 BStBl II 1971, 133).

BEISPIEL

Unternehmer U »mietet« ab 01.07.01 eine Produktionsmaschine vom Hersteller H für monatlich 10 000 € + USt (betriebsgewöhnliche Nutzungsdauer 8 Jahre). Der Kaufpreis betrüge 100 000 € + USt. U und H vereinbaren, dass U die Maschine jederzeit unter Anrechnung der bisher gezahlten »Miet«-Raten kaufen kann. Am 01.04.02 »kauft« U die Maschine für 10 000 € + USt.
Aus der Höhe der »Miet«-Zahlungen im Verhältnis zum Neuwert und aus der Kürze der Vertragsdauer geht hervor, dass die Parteien von vornherein ein Abzahlungsgeschäft geschlossen haben. Die »Miet«-Zahlungen sind daher Ratenzahlungen. Bei einer Laufzeit des Ratengeschäfts unter 2 Jahren kann auf eine Abzinsung der Ratenverbindlichkeit verzichtet werden.
U bucht **am 01.07.01**:

Maschine	100 000 €	
Vorsteuer 19 %	19 000 €	
an sonstige Verbindlichkeiten		119 000 €

U bucht hinsichtlich der Zahlungen **in 01** insgesamt:

Sonstige Verbindlichkeiten
an Geldkonto 71 400 €
und **in 02** insgesamt:
Sonstige Verbindlichkeiten
an Geldkonto 47 600 €

3.4 Der Pachtvertrag (§§ 581 ff. BGB)

Von der Miete unterscheidet sich der Pachtvertrag dadurch, dass neben der Gebrauchsüberlassung auch die Fruchtziehung zu gewähren ist. Auf den Pachtvertrag finden mit einigen Abweichungen die Vorschriften über die Miete entsprechende Anwendung.

Pachtgegenstand kann anders als bei der Miete jeder vermögenswerte Gegenstand sein, also z. B. auch ein ganzes Unternehmen mit allen Sachen und Rechten. Im Fall der **Unternehmensverpachtung** sollte im Pachtvertrag u. a. festgelegt werden, welche Teile vom Pächter nur gepachtet und welche von ihm gekauft und zu Eigentum erworben werden. Bei langfristiger Pacht wird neben einer Absicherung der Pachtzahlungen häufig eine Wertsicherungsklausel vereinbart, um den Pachtzins an geänderte wirtschaftliche Umstände anpassen zu können. Auch die Instandhaltungs- und Erneuerungspflichten sowie der Zustand der Pachtsache bei der Rückgabe nach Beendigung der Pacht bedürfen der Regelung.

Eine **Betriebsverpachtung im steuerlichen Sinne** liegt nur vor, wenn

- der Betrieb im Ganzen, d. h. mit allen wesentlichen Betriebsgrundlagen verpachtet wird,
- an einen Pächter, der den Betrieb fortsetzt,
- keine Mitunternehmerschaft des Verpächters am Betrieb des Pächters und keine Betriebsaufspaltung zwischen Verpächter und Pächter besteht.

Bei Vorliegen dieser Voraussetzungen hat der Verpächter eines Betriebes ein Wahlrecht, ob er den Betriebsaufgabegewinn (§ 16 Abs. 3 EStG: gemeine Werte abzüglich Buchwerte) realisieren und anschließend die Pachtzahlungen privat nach § 21 EStG versteuern will oder ob er (zunächst) ohne Gewinnrealisierung die Pachtzahlungen als gewerbliche Einkünfte nach § 15 Abs. 1 Nr. 1 EStG versteuern will (vgl. R16 Abs. 5 EStR).

3.5 Sachdarlehen

Seit dem In-Kraft-Treten des Schuldrechtsmodernisierungsgesetzes am 01.01.2002 sind die Darlehensvorschriften völlig neu gestaltet. Es wird zwischen dem Gelddarlehensvertrag (§§ 488–498, dazu s. 2.1.7.2) und dem Sachdarlehensvertrag (§§ 607–610) unterschieden. Der schuldrechtliche Sachdarlehensvertrag zielt auf die unentgeltliche oder entgeltliche Überlassung von vertretbaren Sachen (§ 607 Abs. 1). Der Darlehensnehmer (Darlehensschuldner) erhält das Eigentum an den Darlehensgegenständen und muss nach Ablauf der vereinbarten Laufzeit Sachen gleicher Art, Güte und Menge an den Darlehensgeber (Darlehensgläubiger) zurückübereignen. In der Praxis hat das Sachdarlehen eine nur untergeordnete wirtschaftliche Bedeutung. Es kommt z. B. bei der Überlassung von Wertpapieren (Wertpapierleihe) oder je nach Vertragsgestaltung bei der Verwendung von Mehrwegleergut (Flaschen, Paletten, Container) vor; statt eines Sachdarlehens kann jedoch auch eine reine Leihe, eine Miete oder ein Rückkauf vereinbart sein.

3.6 Darlehensvertrag im Steuerrecht

Im **Ertragsteuerrecht** werden Darlehensverträge unter Familienangehörigen häufig zur Verlagerung der Einkünfte eingesetzt (s. 2.3.3). Auch wenn solche Vereinbarungen zivilrechtlich wirksam sind, werden sie steuerlich nur anerkannt, wenn sie tatsächlich durchgeführt werden und dem unter fremden Dritten Üblichen entsprechen (Möllmann/Tiedtke, DStR 2007, 1940). Nach der BFH-Rechtsprechung ist Vergleichsmaßstab die Vertragsgestaltung, die zwischen Darlehensnehmern und Kreditinstituten üblich ist (so genannter Fremdvergleich, BMF vom 23. 12. 2010, DStR 2011, 75). Das setzt grundsätzlich voraus, dass

- eine Vereinbarung über die Laufzeit und über Art und Zeit der Rückzahlung des Darlehens getroffen worden ist,
- die Zinsen zu den Fälligkeitszeitpunkten entrichtet werden und
- der Rückzahlungsanspruch ausreichend gesichert ist.

Dies gilt allerdings nur bei Verträgen mit Minderjährigen, die i. d. R. wirtschaftlich abhängig sind. Ein Darlehensvertrag zwischen **volljährigen, voneinander wirtschaftlich unabhängigen Angehörigen** kann ausnahmsweise steuerrechtlich bereits anerkannt werden, wenn er zwar nicht in allen Punkten dem zwischen Fremden Üblichen entspricht, aber die Darlehensmittel, die aus Anlass der Herstellung oder der Anschaffung von Vermögensgegenständen gewährt werden (z. B. Bau- oder Anschaffungsdarlehen), ansonsten bei einem fremden Dritten hätten aufgenommen werden müssen. Entscheidend ist, dass die getroffenen Vereinbarungen tatsächlich vollzogen werden, insbesondere die Darlehenszinsen regelmäßig gezahlt werden. Die Modalitäten der Darlehenstilgung und die Besicherung brauchen in diesen Fällen nicht geprüft zu werden.

BEISPIEL

Der volljährige A erwirbt ein Einfamilienhaus, das er teils zu Wohnzwecken, teils zu beruflichen Zwecken nutzt. Einen Teil des Kaufpreises i. H. v. 50 000 € finanziert A durch ein jährlich mit 5 % verzinsliches Darlehen von seinem Vater V. Eine dingliche Sicherheit bestellt A dem V aus Kostengründen nicht, überweist aber jeweils fristgerecht die Zinsen an V.

LÖSUNG Der BFH lässt den Betriebsausgabenabzug trotz fehlender Absicherung des Kredits zu, wenn Eltern ihren volljährigen Kindern ohne Zweckbindung Kapital schenken und diese die Mittel den Eltern einige Zeit später als Kredit für betriebliche Zwecke überlassen (BMF vom 23. 12. 2010 [a. a. O.] Tz. 8 m. w. N.). Bei nicht vereinbarter Sicherheit und fehlender Tilgungsabrede wird darauf abgestellt, ob die Darlehenszinsen tatsächlich bezahlt wurden. Bei Nachweis ist der Betriebsausgabenabzug möglich.

Im **Bilanzsteuerrecht** richtet sich die Zugehörigkeit einer Darlehensforderung oder -schuld zum Betriebsvermögen nach der betrieblichen Veranlassung. Diese kann sich beim Darlehensgeber und beim Darlehensnehmer unterschiedlich darstellen.

Darlehensforderungen können notwendiges, aber auch gewillkürtes Betriebsvermögen sein. Eine Darlehensforderung kann nur dann nicht zum gewillkürten Betriebsvermögen gezogen werden, wenn schon bei der Einlage zu befürchten ist, dass die Forderung wegen Wertlosigkeit abgeschrieben werden muss.

Darlehensverbindlichkeiten können dagegen nur entweder notwendiges Betriebsvermögen oder notwendiges Privatvermögen sein. Nach Auffassung des Großen Senats des BFH sind die Schulden und Schuldzinsen nach dem **Veranlassungsprinzip** der Erwerbs- oder Privatsphäre zuzuordnen (Beschluss des Großen Senats des BFH vom 04. 07. 1990 BStBl II 1990, 817). Schuldzinsen sind nur dann als Betriebsausgaben oder Werbungskosten anzuerkennen, wenn sie in wirtschaftlichem Zusammenhang mit einer Einkunftsart stehen. Maßgebend für den wirtschaftlichen Zusammenhang ist der tatsächliche Verwendungszweck des Darlehens **(Maßgeblichkeit der Mittelverwendung).** Die steuerliche Zuordnung verdrängt gem. § 4 Abs. 1 und 4 i. V. m. § 5 Abs. 1 und 6 EStG einen darüber hinausgreifenden Bilanzansatz **(Verbot der gewillkürten Zuordnung von Verbindlichkeiten zum Betriebsvermögen)**. Wenn Darlehensmittel nur teilweise für betriebliche Zwecke, im Übrigen aber für Kosten der Lebensführung oder für durch andere Einkunftsarten veranlasste Zwecke verwendet werden, so kann die Verbindlichkeit nur in dem der Verwendung des Darlehens für betriebliche Zwecke entsprechenden Umfang bilanziert werden. Dies hat zur Folge, dass die für den Kredit zu entrichtenden Zinsen nur anteilig als BA abzugsfähig sind **(Gebot der Aufteilung)**. Unbeachtlich ist, ob der Steuerpflichtige mit Darlehen finanzierte Aufwendungen auch durch eigene Mittel hätte bestreiten können. Hierauf aufbauend sind auch dann Betriebsschulden anzunehmen, wenn der Unternehmer zunächst Barmittel dem Betrieb entnimmt und im Anschluss hieran betriebliche Aufwendungen durch Darlehen finanziert **(Unbeachtlichkeit alternativer Finanzierungsmöglichkeiten)**. Unbeachtlich ist auch, ob der Betrieb über aktives Betriebsvermögen oder stille Reserven verfügt, die zur Deckung der Betriebsschulden herangezogen werden können **(Unbeachtlichkeit der Überschuldung)**.

Diese Rechtsgrundsätze sind auch für **Kontokorrentschulden** zu beachten. Eine gemischte Kontokorrentschuld kann nicht deshalb insgesamt als Betriebsschuld angesehen werden, weil das Konto überwiegend der Abwicklung des betrieblichen Geschäftsverkehrs dient. Hieraus kann **keine Vermutung für den betrieblichen Anlass der Kreditaufnahme oder -erweiterung** abgeleitet werden. Ein gemischtes Kontokorrentkonto ist grundsätzlich nach der Zinszahlenstaffelmethode in ein betriebliches und ein privates Unterkonto aufzuteilen.

Die komplizierte Aufteilung konnte bis 1998 dadurch vermieden werden, dass von vornherein zwei oder mehr Kontokorrentkonten eingerichtet wurden, über die die betrieblichen und privaten Zahlungen getrennt abgewickelt wurden (so genannte Zwei- oder Mehrkontenmodelle). Diesen Modellen wurde durch § 4 Abs. 4a EStG ab 1999 die Grundlage entzogen. Nach dieser Vorschrift sind Schuldzinsen nicht als Betriebsausgaben abzugsfähig, wenn Überentnahmen getätigt worden sind. Überentnahmen liegen vor, wenn die Entnahmen die Summe des Gewinns und der Einlagen des Wirtschaftsjahrs übersteigen.

Darlehensgeber und Darlehensnehmer haben die Darlehenssumme grundsätzlich mit dem Nennbetrag zu bilanzieren. Der Darlehensgeber kann Ausfallrisiken durch Einzel- oder Pauschalwertberichtigung erfassen. Beim Darlehensnehmer sind Darlehensschulden, bei denen der zugeflossene Ausgabebetrag niedriger ist als der Rückzahlungsbetrag, mit dem Rückzahlungsbetrag anzusetzen; der Unterschiedsbetrag (Agio, Disagio, Damnum, Abschluss-, Bearbeitungs- oder Verwaltungsgebühren) ist als Rechnungsabgrenzungsposten auf die Laufzeit des Darlehens zu verteilen.

Ein Darlehen, das eine **Personengesellschaft** (GdbR, OHG, KG und gleichgestellte Gemeinschaft) von einem ihrer Gesellschafter erhält, bildet steuerlich Eigenkapital des Gesellschafters und ist in der Sonderbilanz des Gesellschafters als Forderung zu aktivieren. Das Darlehen wird steuerlich in eine Gewinnverteilungsabrede umqualifiziert. Die von der Gesellschaft gezahlten Darlehenszinsen sind Sondervergütungen des Gesellschafters (§ 15 Abs. 1 Satz 1 Nr. 2 EStG). Der umgekehrte Fall – nämlich die Gewährung eines Darlehens der Gesellschaft an den Gesellschafter – fällt dagegen nicht unter § 15 Abs. 1 Satz 1 Nr. 2 EStG: Der Leistungsaustausch wird grundsätzlich auch steuerlich anerkannt.

Darlehen zwischen **Kapitalgesellschaft** und Gesellschaftern werden, sofern sie zu wie unter Fremden üblichen Bedingungen vereinbart sind, auch steuerlich anerkannt. Fälle unangemessener Bedingungen können zu verdeckten Gewinnausschüttungen bzw. verdeckten Einlagen führen.

Gewerbesteuerlich sind die Zinsen für Dauerschulden dem Gewerbeertrag jeweils in beschränktem Umfang hinzuzurechnen (§ 8 Nr. 1 GewStG).

4 Schuldrechtliche Verträge zur Tätigkeit für andere

4.1 Abgrenzungsfragen

a) Der **Dienstvertrag** (§§ 611 ff.) ist auf die entgeltliche Leistung von Diensten gerichtet.
b) Der **Werkvertrag** (§§ 631 ff.) ist auf die Herstellung oder die Veränderung einer Sache oder auf andere Leistungserfolge gegen Entgelt gerichtet.
c) Im **Werklieferungsvertrag** (§ 651) verpflichtet sich der Werkunternehmer wie beim Werkvertrag zu einem Leistungserfolg, darüber hinaus aber zur Beschaffung der Hauptstoffe für die Herstellung der Sache.
d) Der **Auftrag** (§§ 662 ff.) verpflichtet zu einer unentgeltlichen Geschäftsbesorgung für den Auftraggeber. Der Begriff der Geschäftsbesorgung umfasst hier jede selbständige oder nichtselbständige, wirtschaftliche oder nichtwirtschaftliche Tätigkeit im fremden Interesse.
e) Der **Geschäftsbesorgungsvertrag** (§ 675) ist ein Dienst- oder Werkvertrag, der eine Geschäftsbesorgung zum Gegenstand hat. Geschäftsbesorgung ist hier eine selbständige Tätigkeit wirtschaftlicher Art, die nicht in einer bloßen Leistung an einen anderen, sondern in der Wahrnehmung seiner Vermögensinteressen besteht.

	Vertragsgegenstand	**unentgeltlich/ entgeltlich**	**nicht persönlich/ persönlich**
Dienstvertrag	Leistung von Diensten	gegen Vergütung	im Zweifel persönlich (§ 613)
Werkvertrag	Herstellung eines körperlichen, geistigen oder sonstigen Werks	gegen Vergütung	i.d. R. nicht persönlich
Werklieferungsvertrag	Lieferung herzustellender beweglicher Sachen	gegen Vergütung	i.d. R. nicht perönlich
Auftrag	jede Tätigkeit im fremden Interesse	unentgeltlich	im Zweifel persönlich (§ 664)
Geschäftsbesorgungsvertrag	selbständige Tätigkeit zur Wahrnehmung fremder Vermögensinteressen	unentgeltlich	im Zweifel persönlich (h. M.)

4.2 Der Dienstvertrag (§§ 611 ff. BGB)

4.2.1 Dienstvertrag im Privatrecht

Gegenstand des Dienstvertrages können **Dienste jeder Art** sein (§ 611 Abs. 2):
- Dienste eines selbständig und eigenverantwortlich Handelnden, z. B. freiberuflicher Arzt, Rechtanwalt, Steuerberater, Kommissionär, Spediteur;
- Dienste eines unselbständig, in sozial abhängiger Stellung Tätigen, z. B. Arbeitnehmer (Arbeiter, Angestellter);
- besondere Regelungen enthalten die durch das Patientenrechtegesetz eingeführten Vorschriften der §§ 630a–630h über den Behandlungsvertrag zwischen dem Behandelnden und dem Patienten.

Ob die Dienste aufgrund eines selbständigen Dienstvertrages als eigenverantwortlicher Dienstverpflichteter oder aufgrund eines unselbständigen Dienstvertrages (Arbeitsvertrages) als Arbeitnehmer geleistet werden, hat weit reichende Bedeutung. Nur für die Arbeitnehmer gelten die Schutzvorschriften des Arbeitsrechts, die zum großen Teil außerhalb des BGB geregelt sind. Das Arbeitsrecht ist zum überwiegenden Teil Privatrecht, zum andern Teil öffentliches Recht, insbesondere im Arbeitsschutzrecht (Gefahrenschutz, Arbeitszeitschutz, Mutterschutz, Jugendarbeitsschutz, Schwerbehindertenschutz). Auch die privatrechtlichen Vorschriften des Arbeitsrechts sind oft zwingender Natur (z. B. Kündigungsschutzgesetz). Das Arbeitsrecht ist das »Recht der abhängigen Arbeit«. Es regelt die Leistung fremdbestimmter Dienste für einen andern auf der Grundlage eines privatrechtlichen Vertrages:
- Beziehungen zwischen Arbeitgeber und Arbeitnehmer aufgrund eines Individualarbeitsvertrages,
- Beziehungen zwischen Arbeitgeber und Betriebsrat/Personalrat (Betriebsverfassung/Personalvertretung/Mitbestimmung),
- Beziehungen zwischen Arbeitgeberverbänden und Gewerkschaften (Tarifvertragsrecht/Arbeitskampf- und Schlichtungsrecht).
- Eine besondere Ausprägung des Diskriminierungsschutzes findet sich im Allgemeinen Gleichbehandlungsgesetz (AGG) vom 14.08.2006 (BGBl I 2006, 1897). Es verbietet eine Benachteiligung wegen der ethnischen Herkunft, der Rasse, des Geschlechts, einer Behinderung, des Alters, der Religion, der Weltanschauung und der sexuellen Ausrichtung. Hauptanwendungsgebiet ist zwar das Arbeitsrecht. Es gilt aber auch im übrigen Zivilrecht.

Zivilrechtlich ist **Arbeitnehmer** der in einem Arbeitsverhältnis zur Arbeitsleistung Verpflichtete, d. h. derjenige, welcher aufgrund eines privatrechtlichen Vertrages im Dienste eines anderen zur Leistung weisungsgebundener, fremdbestimmter Arbeit in persönlicher Abhängigkeit verpflichtet ist (§ 611a). Diese am 01.04.2017 in Kraft getretene Bestimmung wiederholt die wesentlichen Merkmale aus der Rechtsprechung des BAG und hat den Zweck, missbräuchlichen Gestaltungen bei der Arbeitnehmerüberlassung entgegenzuwirken. Das Weisungsrecht kann Inhalt, Durchführung, Zeit, Dauer und Ort der Tätigkeit betreffen. Die Abgrenzung zur selbständigen Tätigkeit wird aufgrund folgender Indizien vorgenommen (Gesamtschau).

Kriterien für Dienste eines Arbeitnehmers	Kriterien für Dienste eines Selbständigen
• fachliche Weisungsgebundenheit • feste Arbeitszeit und fester Arbeitsort • Eingliederung in den Betrieb: Angewiesensein auf fremde Organisation • ganze Arbeitskraft geschuldet • kein Unternehmerrisiko, keine Kosten der Arbeitsausführung • regelmäßige Berichterstattung, bei Krankheit Pflicht zur Entschuldigung • Entlohnung durch festes Gehalt • Abführung von Lohnsteuer und Sozialversicherung • Lohnfortzahlung im Urlaub oder bei Krankheit	• fehlende/geringe Fachaufsicht • zeitliche/örtliche Unabhängigkeit • Dienstleistung ohne fremde oder mit eigenen Mitteln und Werkzeugen • Tätigkeit für mehrere Dienstberechtigte • Unternehmerrisiko, eigene Kostentragung • selbstverantwortliche Gestaltung der Dienste • Bezahlung nach Stunden oder Tätigkeitserfolgen • Rechnungserteilung unter Ausweis von Mehrwertsteuer • Entlohnung ausschließlich für geleistete Dienste (Unternehmerrisiko)

Hauptpflicht des Dienstherrn ist die Zahlung einer Vergütung. Auch bei fehlender Vergütungsvereinbarung gilt i. d. R. ein Entgelt als zugesagt (§ 612).

Hauptpflicht des Dienstverpflichteten ist die – im Zweifel persönlich zu erbringende (§ 613) – Leistung der Dienste.

Der Dienstvertrag kann u. a. durch Zeitablauf (§ 620 Abs. 1), durch Zweckerreichung (§ 620 Abs. 2), durch den Tod des Dienstverpflichteten (§ 613), durch Aufhebungsvertrag oder durch Kündigung enden.

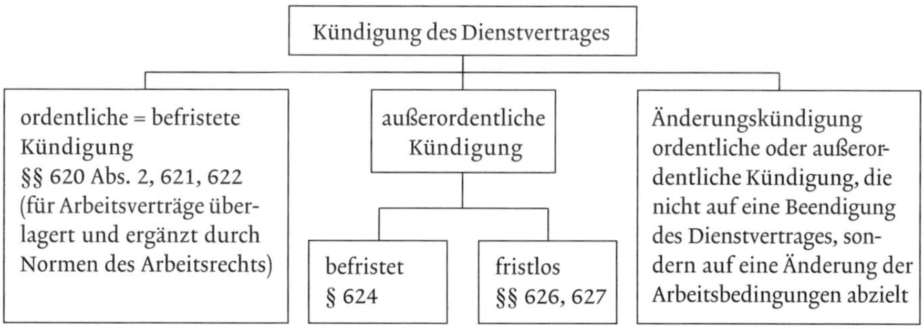

4.2.2 Dienstverhältnis im Steuerrecht

Ertragsteuerlich können sich aus einem Dienstvertrag unterschiedliche Konsequenzen ergeben:

- Ein selbständig oder freiberuflich tätiger Dienstverpflichteter hat unter den Voraussetzungen des § 18 EStG (vgl. die Katalogberufe in § 18 Abs. 1 EStG) Einkünfte aus selbständiger Arbeit.
- Ein abhängig tätiger Dienstverpflichteter (Arbeitnehmer) hat dem Lohnsteuerabzug unterliegende Einkünfte aus nichtselbständiger Arbeit (§§ 19, 38 ff. EStG).
- Ein in der zivilrechtlichen Form eines »Dienstverhältnisses« begründetes Rechtsverhältnis kann einkommensteuerlich als (faktische) Mitunternehmerschaft zu werten sein, wenn der »Arbeitnehmer« in der Personengesellschaft Mitunternehmerrisiko und Mitunterneh-

merinitiative entfaltet (H15.8 Abs. 1 »Verdeckte Mitunternehmerschaft« EStH). Der »Arbeitnehmer« hat dann Einkünfte nach § 15 Abs. 1 Nr. 2 EStG.

- Arbeitsverhältnisse unter Familienangehörigen werden steuerlich nur anerkannt, wenn sie wirksam vereinbart, tatsächlich durchgeführt sind und der Arbeitslohn angemessen ist, s. A3.8.

Die steuerlichen Begriffe »Arbeitnehmer« (§ 1 Abs. 1 LStDV) und »Dienstverhältnis« (§ 1 Abs. 2 LStDV) entsprechen nicht den zivilrechtlichen Begriffen (vgl. A 3.4 und Band 7, Grobshäuser/Sauter, Lohnsteuer, B 2). Es ist daher möglich, dass steuerrechtlich ein Dienstverhältnis, arbeitsrechtlich dagegen kein Arbeitsverhältnis vorliegt und umgekehrt. Innerhalb des Steuerrechts (Einkommensteuer/Lohnsteuer, USt, GewSt) gelten die Begriffe dagegen einheitlich.

4.3 Werkvertrag und Werklieferungsvertrag (§§ 631 ff., 651 BGB)

4.3.1 Werkvertrag

4.3.1.1 Abgrenzung zum Dienstvertrag

Der **Werkvertrag** ist auf die Herstellung eines Werkes gegen eine Vergütung gerichtet (§ 631 Abs. 1). Als »Werk« kommt nach § 631 Abs. 2 in Betracht

- die Herstellung einer Sache, z. B. Hausbau,
- die Veränderung einer Sache, z. B. Autoreparatur,
- ein durch Arbeit oder Dienstleistung herbeizuführender Erfolg, z. B. Gutachtenerstellung.

Werden die Leistungen von einem selbständig und eigenverantwortlich Handelnden erbracht, muss eine **Abgrenzung zum Dienstvertrag** erfolgen. Der Unterschied liegt in der Zielsetzung der zugesagten Leistung: Beim Dienstvertrag wird nicht das Arbeitsergebnis als solches, sondern die Tätigkeit geschuldet. Der Dienstverpflichtete wird i. d. R. für die Zeitdauer seiner Tätigkeit entlohnt, der Werkunternehmer erhält sein Entgelt ausschließlich für den herbeigeführten Erfolg.

Der Dienstvertrag ist also zeitbestimmt, der Werkvertrag erfolgsbestimmt.

BEISPIELE

a) Der Architektenvertrag ist i. d. R. Werkvertrag. Werk i. S. d. § 631 ist der Bauplan. Ein Dienstvertrag ist anzunehmen, wenn dem Architekten nicht die Planung, sondern nur die Bauleitung übertragen ist.

b) Der Arztvertrag ist i. d. R. Dienstvertrag. Geschuldet ist nicht die Heilung, sondern nur die sachgerechte Behandlung. Dagegen kann ein Werkvertrag bei gewissen Operationen anzunehmen sein (z. B. Blinddarmoperation).

FALL 31

Wie beurteilen Sie den Vertrag zwischen Steuerberater und Mandanten, in dem sich der Steuerberater

a) zur Wahrnehmung aller steuerlichen Interessen des Mandaten (Beratung, Bilanzerstellung, Vertretung vor den Steuerbehörden),

b) lediglich zur Erstellung eines Umwandlungsgutachtens verpflichtet?

4.3.1.2 Vertragspflichten

Der Werkunternehmer hat das Werk rechtzeitig und mangelfrei herzustellen, der Besteller muss es abnehmen (§ 640) und die vereinbarte Vergütung zahlen (§ 632). Liegt keine ausdrückliche Vereinbarung über die Vergütung vor, gilt die taxmäßige, ersatzweise die übliche Vergütung als stillschweigend vereinbart.

BEISPIEL

Der Steuerberater kann für die Anfertigung der Steuererklärung das nach der Steuerberatergebührenverordnung zu zahlende Honorar verlangen.

Ein Kostenanschlag ist im Zweifel nicht zu vergüten (§ 632 Abs. 7); der Kostenanschlag ist unentgeltlich, es sei denn, der Unternehmer weist eine Einigung mit dem Besteller über eine Vergütungspflicht nach. Für in sich abgeschlossene Teile des Werkes kann der Unternehmer von dem Besteller Abschlagszahlungen verlangen (§ 632a).

Abnahme i. S. d. § 640 bedeutet körperliche Inbesitznahme und Billigung des Werkes. Die Abnahme kommt grundsätzlich durch ein Zusammenwirken von Besteller und Werkunternehmer zustande. Durch das Gesetz zur Beschleunigung fälliger Zahlungen (BGBl I 2000, 330) wurde in § 640 Abs. 1 Satz 2 bestimmt, dass die Abnahme wegen unwesentlicher Mängel nicht verweigert werden kann. Der Abnahme steht es gleich, wenn der Besteller das Werk nicht innerhalb einer ihm vom Unternehmer bestimmten angemessenen Frist abnimmt, obwohl er dazu verpflichtet ist. Gem. § 641a kann die Abnahme durch die Bescheinigung eines Gutachters ersetzt werden. Der Gutachter hat die Fertigstellung und die Mängelfreiheit zu bescheinigen. Mit der Abnahme wird der Werklohnanspruch fällig (§ 641 Abs. 1), und die Gefahr des zufälligen Untergangs geht auf den Besteller über (§ 644 Abs. 1).

4.3.1.3 Gewährleistungsrecht (§§ 633–639 BGB)

Durch das Schuldrechtmodernisierungsgesetz wurde ab 01.01.2002 das Gewährleistungsrecht im Kauf- und Werkvertrag angeglichen und im Leistungsstörungsrecht des allgemeinen Schuldrechts verankert. Wenn der Unternehmer ein Werk mangelhaft herstellt, begeht er eine Pflichtverletzung, welche die Folgen des allgemeinen Leistungsstörungsrechts auslösen kann. Der Unternehmer ist verpflichtet, dem Besteller das Werk frei von Sach- und Rechtsmängeln zu verschaffen (§ 633 Abs. 1). Der Mängelbegriff des Werkvertragsrechts (§ 633 Abs. 2, 3) ist den kaufrechtlichen Regelungen entlehnt (§§ 434, 435). Maßgeblich für einen **Sachmangel** ist primär die nach dem Vertrag vorausgesetzte Verwendung. Hilfsweise ist zu fragen, ob sich das Werk für die gewöhnliche Verwendung eignet und eine Beschaffenheit aufweist, die bei Werken der gleichen Art üblich ist und die der Besteller nach der Art des Werks erwarten kann. Frei von **Rechtsmängeln** ist das Werk, wenn Dritte keine oder nur die im Vertrag übernommenen Rechte gegen den Besteller geltend machen können. In §§ 635–638 sind zusätzliche werkvertragliche Vorschriften enthalten. Bei Vorliegen eines Mangels kann der Besteller ähnlich wie im Kaufrecht nach dem Katalog des § 634 grundsätzlich

- Nacherfüllung verlangen (§ 635),
- den Mangel selbst beseitigen und Ersatz der erforderlichen Aufwendungen verlangen (§ 637),
- von dem Vertrag zurücktreten (§§ 636, 323, 326 Abs. 5),
- die Vergütung mindern (§ 638),

- Schadenersatz fordern (§§ 636, 280, 281, 283, 311a) oder Ersatz vergeblicher Aufwendungen verlangen (§ 284).

Nimmt der Besteller ein mangelhaftes Werk ab, obwohl er den Mangel kennt, stehen ihm die genannten Rechte (mit Ausnahme des Schadenersatz- und Aufwendungsersatzanspruches) nicht zu, es sei denn, er hat sich seine Rechte wegen des Mangels bei der Abnahme vorbehalten (§ 640 Abs. 2).

Jede verschuldete Pflichtverletzung kann wie im Kaufrecht zum Schadenersatz berechtigen. Die Unterscheidung zwischen Mangelschäden und Mangelfolgeschäden wird dadurch entbehrlich.

§ 634a sieht drei verschiedene **Verjährungsfristen** für die in § 634 genannten Ansprüche auf Nacherfüllung, Selbstvornahme und Schadenersatz vor. Die Verjährungsfrist beträgt:

- zwei Jahre bei einem Werk, dessen Erfolg in der Herstellung, Wartung oder Veränderung einer Sache oder in der Erbringung von Planungs- oder Überwachungsleistungen hierfür besteht (Abs. 1 Nr. 1),
- fünf Jahre bei einem Bauwerk und einem Werk, dessen Erfolg in der Erbringung von Planungs- oder Überwachungsleistungen hierfür besteht (Abs. 1 Nr. 2),
- drei Jahre (regelmäßige Verjährungsfrist) im Übrigen, d. h. für nicht körperliche Werkleistungen, soweit sie nicht als Planungs- oder Überwachungsleistungen unter Nr. 1 oder Nr. 2 fallen (Abs. 1 Nr. 3).

4.3.2 Werklieferungsvertrag

Die Angleichung des Kauf- und des Werkvertragsrechts durch das Schuldrechtsmodernisierungsgesetz veränderte auch die Regelung des Werklieferungsvertrages (§ 651). Kaufrecht ist auf alle Verträge anwendbar, die auf die Lieferung herzustellender oder zu erzeugender beweglicher Sachen gerichtet sind. Anders als nach bisherigem Recht ist es für die Lieferpflicht unerheblich, ob es sich um eine Stückschuld oder um eine Gattungsschuld handelt. Der Verkäufer muss die Sache vor dem Verkauf selbst hergestellt oder erzeugt haben. Es kommt nicht darauf an, ob der Verkäufer die Sache neu herstellt oder ob er dem Besteller eine von ihm bereits hergestellte Sache liefert. Ebenso unerheblich ist es, ob sich die Lieferpflicht des Verkäufers auf eine vertretbare oder auf eine nicht vertretbare Sache bezieht. Der Verkäufer kann die Sache auch nach den individuellen Wünschen des Bestellers herstellen. Der Anwendungsbereich des Kaufrechts ist auf bewegliche Sachen beschränkt, auf unbewegliche Sachen ist reines Werkvertragsrechts anwendbar. § 651 betrifft nicht die Herstellung von Bauwerken oder unkörperlichen Werken und auch nicht Reparaturen an Vermögensgegenständen des Bestellers.

Die Grundregel des § 651 Satz 1 wird in zweifacher Hinsicht ergänzt. Der Ausschlussgrund des § 442 Abs. 1 Satz 1 (Kenntnis des Mangels bei Vertragsschluss) ist auch anwendbar, wenn der Mangel auf den vom Besteller gelieferten Stoff zurückzuführen ist (§ 651 Satz 2). Soweit es sich bei den herzustellenden oder zu erzeugenden beweglichen Sachen um nicht vertretbare Sachen handelt, kommt gem. § 651 Satz 3 ergänzend Werkvertragsrecht zur Anwendung (§§ 642, 643, 645, 649, 650). In diesem Fall tritt allerdings an die Stelle der Abnahme der Zeitpunkt des Gefahrübergangs nach §§ 446, 447.

4.3.3 Werkvertrag und Werklieferungsvertrag im Steuerrecht

Beim Werk- bzw. Werklieferungsvertrag sind die bilanzsteuerlichen Grundsätze des schwebenden Geschäfts, die auf dem zivilrechtlichen Abstraktionsprinzip aufbauen, ebenfalls zu beachten (vgl. B 4.2). Erst bei Abnahme des Werkes bucht der Werkunternehmer den Abgang von Wirtschaftsgütern aus, aktiviert seine Werklohnforderung und realisiert seinen Gewinn.

Bei nur teilweiser Erfüllung kann der Unternehmer nicht den vollen Werklohnanspruch, sondern nur einen Posten in der Höhe einbuchen, in der ihm Aufwendungen entstanden sind (ohne Gewinnrealisierung auf dem Konto »Halbfertige Arbeiten«, wichtig im Baugewerbe). Eine teilweise Gewinnrealisierung kommt nur bei selbständig abgrenzbaren und abrechenbaren Teilleistungen in Betracht.

Im Bewertungsrecht handelt es sich bei der Bewertung »halbfertiger Bauten« bei Bauunternehmen um einen Sondertatbestand der Forderungsbewertung. Die Bewertung erfolgt bei Bauten auf dem eigenen Grundstück des Bauunternehmers als Halbfertigerzeugnisse, bei Bauten auf fremdem Grund und Boden, die mit der Fertigstellung sukzessive in das Eigentum des Grundstückseigentümers übergehen (§§ 93, 94, 946), als echte Geldforderungen (vgl. dazu § 109 Abs. 4 BewG).

Das Umsatzsteuerrecht unterscheidet zwischen

- Werklieferungen (§ 3 Abs. 4 UStG): Liefergegenstand ganz oder zum Teil aus Material (Hauptstoffe) des Werkunternehmers,
- Werkleistungen: der Besteller stellt das zur Herstellung bzw. Be- oder Verarbeitung erforderliche Material (Hauptstoffe) dem Werkunternehmer vollständig zur Verfügung.

Diese Unterscheidung hat u. a. Bedeutung für die Bestimmung des Ortes der Werklieferung/-leistung (vgl. dazu Band4, Meissner/Neeser, Umsatzsteuer).

4.3.4 Auslobung

Die **Auslobung** (Versprechen einer Belohnung für die Vornahme einer Handlung oder die Herbeiführung eines Erfolgs) des § 657 ist eine öffentlich bekannt gemachte einseitige Willenserklärung. Der Auslober ist verpflichtet, demjenigen die Belohnung zu gewähren, welcher – auch ohne Kenntnis der Auslobung – die Handlung vorgenommen hat. Dabei gilt das Prioritätsprinzip: Der erste (von mehreren) gewinnt, § 659 Abs. 1; notfalls entscheidet das Los (Abs. 2 Satz 1).

Ein Preisausschreiben ist eine Auslobung mit Bewerbungsfrist (§ 661).

BEISPIEL

Einsendeschluss ist der …, maßgebend ist das Datum des Poststempels. Bei mehreren richtigen Einsendungen entscheidet das Los. Der Rechtsweg ist ausgeschlossen.

Eine Reaktion des Gesetzgebers auf – bisweilen unseriöse – »Gewinnmitteilungen« zu Werbezwecken stellt § 661a dar. Häufig wurden Verbraucher mit echten oder zumindest echt aussehenden **Gewinnzusagen** zu Bestellungen verleitet. Die Bestellung war »echt« (wirksam), die Gewinnmitteilung nicht oder führte zu Minimalgewinnen, die in keinem Verhältnis zum Bestellwert standen.

BEISPIEL

Sie haben den ersten Preis unserer 100 000 €-Verlosung gewonnen …

§ 661a verpflichtet den Unternehmer (vgl. § 14), der beim Verbraucher (§ 13) durch Gewinnzusagen oder vergleichbare Mitteilungen den Eindruck erweckt, dass dieser einen Preis gewonnen habe, dem Verbraucher diesen Preis auch zu leisten, selbstverständlich unabhängig von einer Bestellung oder dem Abschluss eines Vertrags.

5 Sonstige Leistungsversprechen

5.1 Abgrenzungsfragen

Die hier dargestellten Vertragstypen dienen der Schuldfeststellung und Schuldsicherung.

a) Die **Bürgschaft** (§§ 765 ff.) dient der Sicherung einer fremden Verbindlichkeit. Die Bürgschaft ist ein einseitig verpflichtender Vertrag, durch den sich der Bürge gegenüber dem Gläubiger eines Dritten verpflichtet, für die Erfüllung der Verbindlichkeit des Dritten einzustehen.

b) Der **Schuldbeitritt** bewirkt, dass derjenige, der einer fremden Schuld beitritt, dadurch eine eigene Verbindlichkeit begründet, also neben dem bisherigen Schuldner als Gesamtschuldner verpflichtet wird (§ 425, deshalb auch als »kumulative Schuldübernahme« bezeichnet).

c) Der **selbständige Garantievertrag** ist ein einseitig verpflichtender Vertrag, durch den sich der Garant verpflichtet, den Gläubiger (Garantienehmer) im Garantiefall so zu stellen, als ob der erwartete Erfolg eingetreten oder der Schaden nicht entstanden wäre. Der Garant geht eine völlig unabhängige neue Verpflichtung ein.

d) Der **Vergleich** (§ 779) soll Ansprüche und Verpflichtungen außer Streit stellen. Er dient der Neuregelung eines streitigen Rechtsverhältnisses im Wege des gegenseitigen Nachgebens.

e) **Schuldversprechen** (§ 780) und **Schuldanerkenntnis** (§ 781) sollen Ansprüche bzw. Verpflichtungen begründen oder klarstellen.

5.2 Bürgschaftsvertrag

5.2.1 Schuldrechtliche Beziehungen bei der Bürgschaft

Nach dem Wortlaut des § 765 Abs. 1 sind an der Bürgschaft drei Personen beteiligt. Daher sind drei schuldrechtliche Beziehungen zu unterscheiden:

- **Zwischen Bürge und Gläubiger** kommt der **Bürgschaftsvertrag** zustande.
- Der Bürgschaftsvertrag setzt ein Schuldverhältnis **zwischen Gläubiger und Hauptschuldner (Hauptschuld,** z. B. Darlehensforderung) voraus.
- Die Übernahme der Bürgschaft gründet sich im Verhältnis **zwischen Bürge und Hauptschuldner** im Falle der Unentgeltlichkeit auf einen **Auftrag,** im Falle der Entgeltlichkeit auf einen **Geschäftsbesorgungsvertrag.**

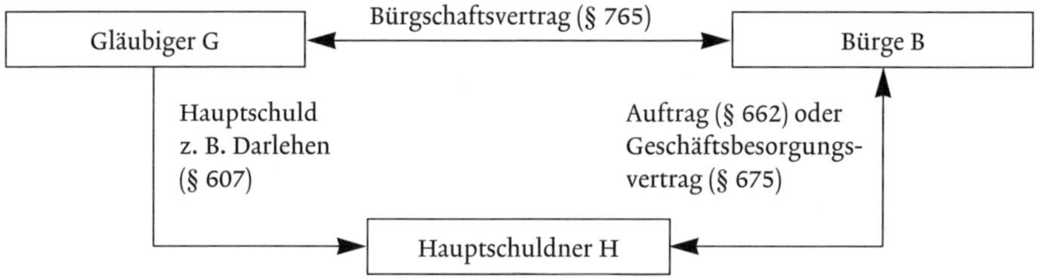

5.2.2 Voraussetzungen des Bürgschaftsvertrages

Der Bürgschaftsvertrag kommt unter drei Voraussetzungen zustande:

1. Der Bürge muss sich mit dem Gläubiger über die Verpflichtungen des Bürgen einigen, für die Erfüllung der Verbindlichkeit des Hauptschuldners einzustehen (§ 765).
2. Die Bürgschaftserklärung des Bürgen (nur diese!) muss schriftlich erfolgen (§ 766, 126; anders bei Vollkaufleuten §§ 350, 351 HGB). Heilung durch Erfüllung ist möglich (§ 766 Satz 2).
3. Die Schuld des Hauptschuldners gegenüber dem Gläubiger (Hauptschuld) muss tatsächlich bestehen. Die Bürgschaftsschuld ist in Entstehung und Höhe von der Hauptschuld abhängig (akzessorisch, vgl. § 767 Abs. 1: ohne gültige Hauptschuld keine Bürgenschuld).

5.2.3 Inanspruchnahme des Bürgen

Der Gläubiger kann den Bürgen auf Erfüllung der Hauptforderung in Anspruch nehmen, wenn der Hauptschuldner nicht zahlt. Der Bürge kann sich gegen die Inanspruchnahme durch die Erhebung von Einwendungen und Einreden zur Wehr setzen. Diese Gegenrechte können aus dem Bürgschaftsvertrag mit dem Gläubiger, aus Gründen der Akzessorietät aber auch aus dem Hauptschuldverhältnis zwischen Gläubiger und Hauptschuldner folgen.

- Der Bürge kann einwenden, der Bürgschaftsvertrag sei fehlerhaft (nichtig oder anfechtbar), oder er kann dem Gläubiger gegenüber eigene Gestaltungsrechte geltend machen.

BEISPIELE

Der Bürge B hat sich für eine Darlehensforderung i. H. v. 10 000 € des Gläubigers G gegen den Hauptschuldner H verbürgt. B kann dem G entgegenhalten,
a) der Bürgschaftsvertrag mit G sei nicht schriftlich vereinbart und daher formnichtig (§ 766, 125),
b) B habe seinerseits gegen G eine Kaufpreisforderung i. H. v. 10 000 €, mit der er gegen die Bürgschaftsforderung aufrechne.

- Der Bürge kann die dem Hauptschuldner gegen den Gläubiger zustehenden Einreden geltend machen (§ 768) sowie einwenden, dass der Schuldner gegen den Gläubiger Gestaltungsrechte hat (§ 770).

BEISPIELE

Im obigen Beispiel kann B dem G entgegenhalten,
a) die Darlehensforderung des G gegen H sei wegen Nichtigkeit des Darlehensvertrages nicht existent oder sie sei verjährt (§ 768 Abs. 1 Satz 1 i. V. m. § 222),
b) die Darlehensforderung des G gegen H sei zwar existent, H könne sie aber wegen Irrtums anfechten (§ 770 Abs. 1 i. V. m. § 119, 142).

- Der Bürge kann die Zahlung an den Gläubiger verweigern, solange der Gläubiger nicht gegen den Hauptschuldner einen erfolglosen Vollstreckungsversuch unternommen hat; der Bürge hat die »**Einrede der Vorausklage**« (§ 771). Die Bürgenhaftung ist gegenüber der Inanspruchnahme des Hauptschuldners grundsätzlich subsidiär. In der Praxis wird diese Einrede aber regelmäßig im Bürgschaftsvertrag abbedungen (so genannte **selbstschuldnerische Bürgschaft**).

5.2.4 Rückgriffsansprüche des Bürgen gegen den Hauptschuldner

Das Auftrags- oder Geschäftsbesorgungsverhältnis zwischen Bürgen und Hauptschuldner begründet einen Aufwendungsersatzanspruch des Bürgen gegen den Hauptschuldner, wenn der Bürge an den Gläubiger zahlt (§§ 662, 670). Außerdem geht die Forderung des Gläubigers gegen den Hauptschuldner auf den Bürgen über (gesetzlicher Forderungsübergang nach § 774).

6 Ungerechtfertigte Bereicherung

6.1 Übersicht

Die Vorschriften über die **ungerechtfertigte Bereicherung** (lat. **Kondiktion**, §§ 812–822) begründen gesetzliche Schuldverhältnisse auf Rückgängigmachung eines Rechtserwerbs, der zwar gültig vollzogen, aber nach der Rechtsordnung nicht als endgültiger Erwerb gerechtfertigt ist. Der Bereicherte, der den Vermögensvorteil letztlich »ohne rechtlichen Grund« erlangt hat, muss diesen Vorteil an denjenigen herausgeben, der ihn verloren hat. Ein einheitlicher Begriff der Bereicherung existiert nicht. Das Gesetz unterscheidet mehrere Arten von Bereicherungsansprüchen. Einen Hauptfall bildet der Anspruch auf Rückgängigmachung eines dinglichen Rechtserwerbs bei ungültigem Verpflichtungsgeschäft. Aufgrund des Abstraktionsprinzips kann das schuldrechtliche Verpflichtungsgeschäft unwirksam, das sachenrechtliche Verfügungsgeschäft aber wirksam sein; z. B. kann trotz Nichtigkeit des Kaufvertrages der Käufer wirksam Eigentum an der Kaufsache erlangt haben. Der Verkäufer kann in diesem Fall das ohne rechtlichen Grund (ohne wirksamen Kaufvertrag) »geleistete« Eigentum vom Käufer herausverlangen (so genannte **Leistungskondiktion).** Daneben sind im Gesetz Ansprüche aus einer Bereicherung »in sonstiger Weise« und aus der Verfügung eines Nichtberechtigten geregelt (so genannte **Nichtleistungskondiktionen**).

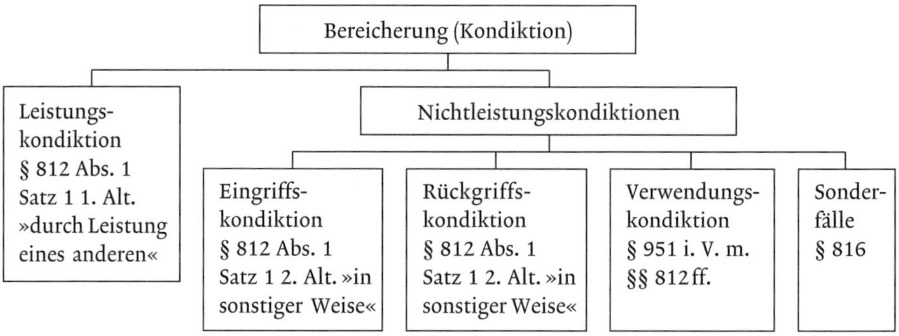

6.2 Leistungskondiktion

Wer durch die Leistung eines anderen auf dessen Kosten etwas ohne rechtlichen Grund erlangt, ist ihm zur Herausgabe verpflichtet (§ 812 Abs. 1 Satz 1, 1. Alt.). Leistung ist die bewusste und zweckgerichtete Mehrung fremden Vermögens. Wird der Zweck der Leistung verfehlt, ist die Leistung rechtsgrundlos, so z. B. wenn die Verbindlichkeit, die erfüllt werden soll, nicht (mehr) besteht. Der Leistende kann vom rechtsgrundlos Bereicherten (»Empfänger«) den Vermögensvorteil (§ 818 Abs. 1) oder, soweit dies nicht möglich ist, dessen Wert (§ 818 Abs. 2) herausverlangen. Der Anspruch erlischt, soweit beim Empfänger die Bereicherung, also der Vermögensvorteil oder dessen Wert, nicht mehr vorhanden ist (§ 818 Abs. 3). Dies gilt allerdings nur dann, wenn der Empfänger den Mangel des rechtlichen Grundes nicht gekannt hat (§ 818 Abs. 4, § 819).

BEISPIELE

a) S zahlt an G 1 000 €, weil er glaubt, er müsse noch eine alte Darlehensschuld zurückzahlen. Später stellt sich heraus, dass diese Schuld längst beglichen ist.

LÖSUNG G hat die 1 000 € durch Leistung des S ohne rechtlichen Grund erlangt und muss sie nach § 812 Abs. 1 Satz 1, 1. Alt. herausgeben.

b) Vgl. B 1.4.4 Beispiel a) (Minderjähriger M, dem aufgrund eines unwirksamen Kaufvertrages wirksam eine Uhr übereignet worden ist, die nunmehr vom Verkäufer V herausverlangt wird).

LÖSUNG Wenn ein Dritter die Uhr bei M zerstört und dem M Schadensersatz i. H. v. 100 € geleistet hat, muss M dem V statt der Uhr diesen Ersatz herausgeben (§ 818 Abs. 1).

Wenn M selbst die Uhr zerstört oder verloren hat, erlischt der Bereicherungsanspruch des V, da M nicht mehr bereichert ist (§ 818 Abs. 3), und zwar unabhängig davon, ob den M eine Schuld am Verlust der Uhr trifft. M kann hingegen, vertreten durch seine Eltern, von V den gezahlten Kaufpreis in voller Höhe kondizieren: Als voll Geschäftsfähiger hätte er zwar nur noch einen Anspruch auf den Teil des Kaufpreises, der dem Wert der beschädigten Uhr entspräche (Saldotheorie). Als beschränkt Geschäftsfähigem ist ihm jedoch die Wertminderung oder der Verlust der Uhr nicht zuzurechnen (Zwei-Kondiktionen-Theorie).

6.3 Eingriffskondiktion

Statt durch rechtsgrundlose Leistung kann ein Bereicherungsanspruch auch »in sonstiger Weise«, d. h. durch einen Eingriff in eine geschützte Rechtsposition des Anspruchstellers entstehen. Unter einem Eingriff ist jede unbefugte Nutzung von Gebrauchs-, Nutzungs- und Verwertungsmöglichkeiten zu verstehen, die nicht auf einer zweckgerichteten Zuwendung beruht. Leistung und Eingriff schließen sich aus; die Leistungskondiktion ist vorrangig.

BEISPIEL

Gewerbetreibender G projiziert an die Hauswand seines Nachbarn N ohne dessen Einwilligung Werbebilder.

LÖSUNG N, der als Eigentümer die Wand hätte vermieten können, kann wegen des Eingriffs des N in sein Eigentum Ersatz der Nutzungsvorteile in Geld verlangen (§ 812 Abs. 1 Satz 1, 2. Alt.; vgl. BGHZ 20, 270; 22, 395; 99, 244).

6.4 Rückgriffskondiktion

Die Rückgriffskondiktion verschafft demjenigen, der einem andern eine Zuwendung macht, die einem Dritten zugute kommt, einen Regressanspruch gegen den Dritten, sofern keine gesetzlichen Sonderregelungen vorhanden sind.

BEISPIEL

K hat von V eine Maschine unter Eigentumsvorbehalt gekauft. Der Gläubiger G des K lässt die Maschine pfänden und zahlt die letzte Rate an V, um sein Pfandrecht unbehindert verwerten zu können.

LÖSUNG G hat gegen K einen Rückgriffsanspruch i. H. d. gezahlten Rate (§§ 684, 812). G hat gegen den Willen und das Interesse des K dessen Geschäfte geführt und den K von der Ratenverbindlichkeit befreit, wofür K Wertersatz leisten muss. Ein Ersatzanspruch des G nach §§ 683, 670 scheidet aus, da G die Geschäfte des K nicht als berechtigter Geschäftsführer geführt hat.

6.5 Verwendungskondiktion

Die Verwendungskondiktion greift vor allem bei Arbeitsleistungen, die fremde Sachen ohne Rechtsgrund verbessern. Der Sonderfall der §§ 951, 812 gewährt einen Ersatzanspruch für Rechtsverluste im Falle der Verbindung, Vermischung und Verarbeitung.

BEISPIEL

Der Mieter M baut auf dem gemieteten Grundstück des Eigentümers E mit von M selbst gestellten Materialien ein Haus.
LÖSUNG M hat das Eigentum an den Materialien durch den Einbau in das Grundstück verloren, da das Haus wesentlicher Bestandteil des Grundstücks geworden ist (§ 946 i. V. m.§ 93, 94). M kann nach § 951 von E Ersatz der Bauaufwendungen verlangen (zur steuerlichen Behandlung s. E9.5.3.4).

6.6 Sonderfälle bei Nichtberechtigten (§ 816 BGB)

Bereicherungsansprüche können infolge der wirksamen Verfügung eines Nichtberechtigten (§ 816 Abs. 1) oder durch wirksame Leistungsannahme durch einen Nichtberechtigten (§ 816 Abs. 2) entstehen.

BEISPIELE

a) E leiht dem L ein Buch. L verkauft und übereignet das Buch an den K, der den L für den Eigentümer hält, für 100 €.
LÖSUNG K hat nach §§ 929, 932 gutgläubig das Eigentum an dem Buch erworben. E kann sich nur an den Nichtberechtigten L halten und von diesem die 100 € herausverlangen (§ 816 Abs. 1 Satz 1).

b) Wenn im Beispiel a) L das Buch dem K nicht verkauft, sondern schenkweise übereignet hat, muss K das Buch dem E herausgeben (§ 816 Abs. 1 Satz 2).

c) Der Gläubiger G hat eine Forderung gegen den Schuldner S still an den Zessionar Z abgetreten. S, der von der Abtretung nichts weiß, zahlt an G.
LÖSUNG Die Zahlung des S an G hat gem. § 362 Abs. 1, § 407 Erfüllungswirkung gegenüber Z. Der Anspruch des Z gegenüber S ist erloschen. Z kann das Geld nach § 816 Abs. 2 von G herausverlangen.

7 Unerlaubte Handlung

7.1 Übersicht

Die Vorschriften über die unerlaubte (deliktische) Handlung schützen den einzelnen gegen rechtswidrige Eingriffe in seine absoluten Rechte und Rechtsgüter. Der **Grundtatbestand des § 823 Abs. 1** gewährt demjenigen, der rechtswidrig und schuldhaft in einem absoluten Recht verletzt wird, einen gesetzlichen Schadensersatzanspruch gegen den Schädiger. Daneben enthält das Gesetz **Einzeltatbestände,** die vor bestimmten Verhaltensweisen schützen sollen

(z. B. Verstoß gegen Schutzgesetze nach § 823 Abs. 2, Kreditschädigung nach § 824, Verletzung von Aufsichts- und Auswahlpflichten nach §§ 831 ff., Verletzung von Amtspflichten nach § 839). Die **Generalklausel des § 826** schützt vor jeder Art von vorsätzlich sittenwidriger Schädigung.

Ansprüche aus Vertrag und aus unerlaubter Handlung (Delikt) können nebeneinander bestehen und sind grundsätzlich selbständig zu beurteilen. Beide Arten von Ansprüchen haben unterschiedliche Voraussetzungen und Rechtsfolgen.

BEISPIEL

Ein Arzt, der seinen Patienten schuldhaft falsch behandelt und dadurch schädigt, haftet sowohl aus Vertrag als auch aus Delikt auf Schadenersatz. Die Anspruchskonkurrenz ist wichtig bei der Haftung für Hilfspersonen (§ 278 beim Vertrag, § 831 beim Delikt, vgl. 7.5), beim Schmerzensgeld (nur bei Delikt, § 847) und bei der Verjährung von Ansprüchen (bei Delikt nach 3 Jahren, § 852).

7.2 Grundtatbestand der unerlaubten Handlung (§ 823 Abs. 1 BGB)

Die haftungsbegründenden Voraussetzungen des § 823 Abs. 1 folgen einem klassischen Aufbau, wie er ähnlich auch im Strafrecht verwendet wird:

- Tatbestand (geschützte Rechtsgüter, Verletzungshandlung, haftungsbegründende Kausalität),
- Rechtswidrigkeit (oder Vorliegen von Rechtfertigungsgründen),
- Schuld (Vorsatz, Fahrlässigkeit),
- haftungsausfüllende Kausalität,
- Schaden.

7.2.1 Tatbestand des § 823 Abs. 1 BGB

Nach § 823 Abs. 1 ist die Verletzung bestimmter **geschützter Rechtsgüter** schadensersatzpflichtig: Leben, Gesundheit, körperliche Bewegungsfreiheit, Eigentum oder »sonstige Rechte« eines andern. Diese Rechtsgüter sind absolute Rechte, wirken also für und gegen jedermann (s. B 1.1.2). Der Eigentumsschutz erfasst die Substanz und die Funktion (Gebrauchsfähigkeit) des Eigentums, nicht aber das bloße Vermögen. Zu den »sonstigen Rechten« i. S. d. § 823 Abs. 1 gehören die übrigen absoluten Rechte wie z. B. die dinglichen Rechte (s. E2), aber auch der Besitz, das Namensrecht, Immaterialgüterrechte (Urheber- und Patentrecht), das allgemeine Persönlichkeitsrecht (Ehre, Intimsphäre) und das Recht am eingerichteten und ausgeübten Gewerbebetrieb, wobei der Eingriff unmittelbar betriebsbezogen sein muss (Beispiele s. A4.3.1).

Die **Verletzungshandlung** kann durch ein positives Tun oder durch ein Unterlassen geschehen. Das Unterlassen steht dem positiven Tun aber nur dann gleich, wenn den Unterlassenden eine Rechtspflicht (Garantenpflicht) zur Abwendung der Rechtsgutsverletzung trifft. Eine Garantenstellung kann aus Gesetz, Vertrag, enger Lebensbeziehung oder vorausgegangenem gefährdendem Tun (Schaffung einer Gefahrenquelle) folgen. Einen Sonderfall bildet die Verletzung einer Verkehrssicherungspflicht; wer eine objektive Gefahrenlage schafft oder unterhält, muss entsprechende Sicherungsmaßnahmen treffen. Wer z. B. den Zugang zu privaten oder öffentlichen Gebäuden, Wegen, Straßen usw. gestattet, muss für die Sicherheit der Benutzer sorgen.

Die Verletzungshandlung muss ursächlich (kausal) für Rechtsgutsverletzung und Schaden sein. Die **haftungsbegründende Kausalität** verknüpft die Handlung des Schädigers mit der Rechtsgutverletzung, fragt also z. B., ob der Schlag ins Gesicht die Verletzung des Opfers hervorgerufen hat. Die für das Schadensrecht maßgebende **haftungsausfüllende Kausalität** beschreibt den Ursachenzusammenhang zwischen der Rechtsgutsverletzung und dem Schaden. Nach der Äquivalenztheorie sind alle Bedingungen gleichwertig; kausal ist jedes Ereignis, das nicht hinweggedacht werden kann, ohne dass der Erfolg entfiele (Conditio-sine-qua-non-Formel). Die Äquivalenztheorie würde jedoch zu einer uferlosen Ausdehnung der Schadenersatzpflicht führen. Um dies zu vermeiden, werden im Zivilrecht mit Hilfe der **Adäquanztheorie** gänzlich unwahrscheinliche Kausalverläufe ausgeschieden: Die Möglichkeit des Schadenseintritts darf nicht außerhalb aller Wahrscheinlichkeit oder Vorhersehbarkeit liegen.

BEISPIEL

Ein verbaler Streit, in dessen Verlauf einer der Kontrahenten einen nicht vorhersehbaren Herzinfarkt erleidet, liegt nicht im Rahmen der haftungsbegründenden Kausalität und verpflichtet daher nicht zum Schadenersatz wegen Gesundheitsbeschädigung (KG, VersR87, 105).

7.2.2 Rechtswidrigkeit

Rechtswidrig ist grundsätzlich jede Verletzung eines der Rechtsgüter des § 823 Abs. 1, es sei denn, es liegt ein Rechtfertigungsgrund vor. Man sagt auch: Der Tatbestand des § 823 Abs. 1 »indiziert« die Rechtswidrigkeit. Als Rechtfertigungsgründe kommen in Betracht:

- Notwehr (§ 227), Notstand (§§ 228, 904), Selbsthilfe (§ 229),
- Einwilligung des Verletzten.

7.2.3 Schuld

Der Schädiger muss schuldfähig (deliktsfähig) sein. Außerdem muss er schuldhaft, d. h. vorsätzlich oder wenigstens fahrlässig gehandelt haben. Vorsatz bedeutet Wissen und Wollen. Der Vorsatz muss sich jedoch nur auf den Haftungstatbestand (Rechtsgutsverletzung), nicht auch auf den eingetretenen Schaden beziehen (anders nur bei § 826). Fahrlässigkeit liegt vor, wenn der Schädiger die im Verkehr erforderliche Sorgfalt außer Acht gelassen hat (§ 276 Abs. 2).

Besondere Schuldausschließungsgründe kennt das BGB nicht. Es ist jedoch zwischen verschuldensfähigen, beschränkt verschuldensfähigen und verschuldensunfähigen Personen zu unterscheiden. Die Deliktsfähigkeit kann durch besondere Umstände ausgeschlossen oder gemindert sein (§ 827). Minderjährige unter sieben Jahren sind überhaupt nicht deliktsfähig (§ 828 Abs. 1). Auch ein Mitverschulden des Kindes scheidet in diesen Fällen aus. Darüber hinaus sind Minderjährige zwischen sieben und zehn Jahren im Straßen- und Bahnverkehr nur bei vorsätzlichem Handeln verantwortlich (§ 828 Abs.2). Im Übrigen sind Minderjährige bis zum 18. Lebensjahr nur dann deliktsfähig, wenn sie die notwendige Einsichtsfähigkeit besitzen (§ 828 Abs. 3). Nach § 829 kann ein Verschuldensunfähiger aus Billigkeitsgründen für rechtswidrige Handlungen haftbar gemacht werden, wenn die Verhältnisse der Beteiligten dies erfordern, wenn dem Minderjährigen nicht zum Unterhalt notwendige Mittel entzogen werden und wenn der Schaden nicht von einem Aufsichtspflichtigen erlangt werden kann (vgl. dazu § 832).

Eine Gefährdungshaftung, also eine Haftung für Schäden auch ohne Verschulden, ist nach § 823 Abs. 1 nicht möglich. Sie tritt nur ein, wenn sie durch eine besondere gesetzliche Vorschrift angeordnet ist (vgl. z. B. § 833 BGB, § 7 StVG, §§ 1, 2 HPflG, § 22 WHG, § 14 BImSchG, § 1 UHG).

7.3 Verletzung eines Schutzgesetzes (§ 823 Abs. 2 BGB)

Schadenersatz ist von demjenigen zu leisten, der rechtswidrig und schuldhaft ein Schutzgesetz verletzt und dadurch einen (adäquat) zurechenbaren Schaden verursacht. Schutzgesetz ist jede Rechtsnorm, die ein Ge- oder Verbot enthält und die gerade die bestimmten Interessen des Verletzten schützt. Keine Schutzgesetze sind solche Normen, die lediglich im Interesse der Allgemeinheit erlassen sind. Schutzgesetze können sich aus dem BGB (z. B. Schikaneverbot § 226, verbotene Eigenmacht § 858), aus dem StGB (z. B. vorsätzliche oder fahrlässige Körperverletzung §§ 223, 230, vorsätzliche oder fahrlässige Tötung §§ 211, 212, 222) oder aus anderen Gesetzen ergeben (u. U. §§ 1 ff. StVO, vgl. Palandt, § 823 Anm.9 f.).

§ 823 Abs. 2 schützt nicht nur absolute Rechte wie § 823 Abs. 1, sondern jede Art von in Schutzgesetzen geschützten Interessen (z. B. auch das Vermögen, § 263 StGB). § 823 Abs. 2 ist aber auch enger als § 823 Abs. 1, weil Tatbestand, Rechtswidrigkeit und Verschulden durch das Schutzgesetz näher bestimmt werden und dadurch zusätzlichen Voraussetzungen unterliegen.

BEISPIELE

a) S beschädigt fahrlässig eine Sache des E.
LÖSUNG Hier haftet S dem E nur aus § 823 Abs. 1 BGB wegen Verletzung des Eigentums auf Schadenersatz. Ein Anspruch aus § 823 Abs. 2 BGB i. V. m. § 303 StGB (Sachbeschädigung) scheidet aus, weil § 303 StGB nur die Vorsatztat unter Strafe stellt.

b) Der 12-jährige M beschädigt vorsätzlich die Sache des E, wobei M die Einsichtsfähigkeit in das Verbotensein seines Tuns hat.
LÖSUNG Hier haftet M dem E aus § 823 Abs. 1, § 828 Abs. 2 BGB, weil dort auf die individuelle Einsichtsfähigkeit abgestellt wird. Eine Haftung nach § 823 Abs. 2 i. V. m. § 303 StGB scheidet aus, weil die strafrechtliche Verantwortlichkeit erst mit dem 14.Lebensjahr beginnt (§ 19 StGB).

7.4 Vorsätzliche sittenwidrige Schädigung (§ 826 BGB)

§ 826 ist eine Generalklausel zum Schutz allgemeiner Interessen materieller oder ideeller Art vor vorsätzlicher sittenwidriger Schädigung. Als sittenwidrig gilt, was »gegen das Anstandsgefühl aller billig und gerecht Denkenden« verstößt. Die Sittenwidrigkeit kann sich aus dem Zweck (z. B. durch arglistige Täuschung, durch Missbrauch einer Macht- oder Vertrauensstellung), aus dem Mittel (z. B. zur wirtschaftlichen Knebelung durch Kreditvertrag) oder aus der Mittel-Zweck-Relation ergeben. Dem Schädiger fällt Vorsatz zur Last, wenn er in dem Bewusstsein handelt, dass sein Verhalten zu einem Schaden führt, und wenn er dies will oder billigend in Kauf nimmt.

7.5 Haftung für Verrichtungsgehilfen (§ 831 BGB)

Bei § 831 sind drei Personen beteiligt, der Geschäftsherr, sein Verrichtungsgehilfe und »der andere«, der durch eine unerlaubte Handlung des Verrichtungsgehilfen einen Schaden erleidet. § 831 eröffnet einen Anspruch des andern gegen den Geschäftsherrn, weil den Geschäftsherrn ein vermutetes, widerlegbares Verschulden bei der Auswahl oder Überwachung des Verrichtungsgehilfen trifft. Als **Verrichtungsgehilfe** ist nur der anzusehen, der vom Geschäftsherrn sozial abhängig und weisungsgebunden ist (z. B. Arbeiter, Angestellte, nicht dagegen selbständige Handwerker). § 831 setzt eine **tatbestandmäßige und rechtswidrige (nicht schuldhafte) unerlaubte Handlung** des Verrichtungsgehilfen gegen den andern voraus.

Die Handlung muss **in Ausübung der Verrichtung,** also noch im Leistungsbereich und nicht lediglich bei Gelegenheiten der Verrichtung (also z. B. nicht bei Diebstahl durch den Gehilfen), erfolgen. Wichtig ist die **Exkulpationsmöglichkeit des § 831 Abs. 1 Satz 2**: Der Geschäftsherr haftet nicht, wenn er beweisen kann, dass er bei der Auswahl und bei der Überwachung des Verrichtungsgehilfen die im Verkehr erforderliche Sorgfalt beachtet hat, oder wenn er nachweist, dass der Schaden auch bei gehöriger Sorgfalt eingetreten wäre. Diesen Entlastungsbeweis gibt es bei der vertraglichen Haftung für Erfüllungsgehilfen nach § 278 nicht. Die Haftung für das (fremde) Verschulden des Erfüllungsgehilfen (§ 278) im Rahmen von Vertragsbeziehungen und die Haftung für das (eigene) Auswahl- oder Überwachungsverschulden des Geschäftsherrn bei Delikten des Verrichtungsgehilfen (§ 831) kann miteinander konkurrieren, wenn eine Handlung zugleich Vertragsverletzung und unerlaubte Handlung ist.

BEISPIEL

Eigentümer E beauftragt den Handwerker H mit der Reparatur seines Hauses. H schickt seinen Gesellen G, der bisher immer zuverlässig gearbeitet hat. G lässt bei der Reparatur aus Versehen ein Werkzeug fallen, das den E erheblich verletzt.

LÖSUNG E hat gegen H wegen der Gesundheitsbeschädigung Schadenersatzansprüche sowohl aus positiver Vertragsverletzung des Werkvertrags (§ 631 i. V. m. § 278: Erfüllungsgehilfe) als auch aus Delikt (§ 831: Verrichtungsgehilfe). Wegen des deliktischen Anspruchs nach § 831 kann H den Entlastungsbeweis führen und sich so von der Haftung befreien. Bei der vertraglichen Haftung für das Verschulden des G (§ 278) ist dies dem H nicht möglich.

E hat außerdem einen Schadenersatzanspruch gegen G aus § 823 Abs. 1 (nicht aus Vertrag, da G mit E keinen Vertrag hat).

Im Außenverhältnis zu E haften H und G dem E als Gesamtschuldner, im Innenverhältnis zwischen H und G haftet – vom Fall der gefahrengeneigten Arbeit abgesehen – G allein (§ 426 Abs. 1 Satz 1 »soweit ein anderes bestimmt ist«: § 840 Abs. 2), d. h. H kann gegen G Regress nehmen.

7.6 Umfang des Ersatzanspruchs

7.6.1 Allgemeine Vorschriften (§§ 249 ff. BGB)

Die **haftungsbegründenden Tatbestände der §§ 823 ff.** bestimmen die Voraussetzungen von Schadenersatzansprüchen. Der Umfang des Schadenersatzes wird (abgesehen von Spezialvorschriften, unten 7.6.2) nicht durch das Deliktsrecht, sondern durch das allgemeine Schuldrecht (§§ 249 ff.) festgelegt. Die **haftungsausfüllenden Tatbestände der §§ 249 ff.** haben Hilfsfunktion für das gesamte Privatrecht; sie gelten für vertragliche und für deliktische Ansprüche.

Der Geschädigte kann in erster Linie verlangen, dass der Schädiger den Schaden beseitigt **(Grundsatz der Naturalrestitution, § 249 Satz 1)**. Der Geschädigte kann die Sache aber auch selbst in die Hand nehmen und vom Schädiger den zur (Wieder-)Herstellung erforderlichen Geldbetrag verlangen (§ 249 Satz 2).

BEISPIELE

a) S hat bei einem Verkehrsunfall schuldhaft den Pkw des Taxifahrers E beschädigt.

LÖSUNG E kann nach § 823 i. V. m. § 249 Satz 1 fordern, dass S den Pkw in Reparatur gibt (Naturalrestitution). E kann aber nach freier Wahl auch selbst den Pkw reparieren lassen und von S Ersatz der Reparaturkosten verlangen (§ 249 Satz 2).

b) Der Anspruch des E beschränkt sich auf Geldersatz, wenn die Reparatur des Pkws nicht möglich ist (§ 251 Abs. 1, z. B. bei Totalschaden) oder wenn die Kosten der Reparatur ganz erheblich (etwa 30 %) über dem Wiederbeschaffungswert liegen (§ 251 Abs. 2).

c) E kann auch den während der Reparatur entgangenen Gewinn ersetzt verlangen (§ 252).

d) Wenn E den Verkehrsunfall schuldhaft mitverursacht hat, mindert sich sein Schadenersatzanspruch entsprechend (Mitverschulden, § 254).

7.6.2 Sondervorschriften bei Verletzung einer Person oder bestimmter Persönlichkeitsgüter (§§ 842 ff. BGB)

§§ 842 ff. ergänzen und konkretisieren die allgemeinen Vorschriften der §§ 249 ff. Wenn wegen einer Körper- oder Gesundheitsbeschädigung die Erwerbsfähigkeit des Verletzten beeinträchtigt oder eine Vermehrung seiner Bedürfnisse eingetreten ist, ist dem Verletzten durch Entrichtung einer Geldrente Schadenersatz zu leisten (**§ 843 Abs. 1**). Bei Vorliegen eines wichtigen Grundes in der Person des Verletzten oder des Schädigers kann stattdessen eine Kapitalabfindung verlangt werden (**§ 843 Abs. 3**).

§ 843 regelt Ansprüche des Geschädigten selbst. Aus **§ 844** folgen hingegen Ansprüche eines Dritten gegen den Ersatzpflichtigen, wenn der Geschädigte getötet wurde und dem Dritten gesetzlich unterhaltspflichtig war. Der Ersatzpflichtige hat dem Dritten durch Zahlung einer Geldrente insoweit Schadenersatz zu leisten, als der Getötete während der mutmaßlichen Dauer seines Lebens dem Dritten unterhaltsverpflichtet gewesen wäre.

Der verschuldensabhängige Schmerzensgeldanspruch nach § 847 wurde durch das SchadRÄndG mit Wirkung ab 01.08.2002 beseitigt und durch einen Anspruch auf Schmerzensgeld im Bereich des allgemeinen Schuldrechts nach § 253 Abs. 2 ersetzt. Damit wurde ein einheitlicher Anspruch auf Schmerzensgeld bei Verletzung von Körper, Gesundheit, Freiheit und sexueller Selbstbestimmung sowie Persönlichkeitsrechtsverletzung geschaffen. Der Anspruch gilt gleichermaßen für die Vertragshaftung wie für die deliktische Haftung und die Gefährdungshaftung. Die Höhe des Schmerzensgeldes bestimmt sich nach den Umständen des Einzelfalles (vgl. Hacks/Ring/Böhm, Schmerzensgeldbeträge).

Steuerlich sind Leistungen, die als Schadenersatz für Krankheitskosten, Vermehrung der Bedürfnisse, Schmerzensgeld usw. gezahlt werden, als einmalige Vermögensanfälle nicht steuerpflichtig. Dies gilt allerdings nur, wenn es sich um Einmalbeträge handelt. Schadenersatzrenten an Hinterbliebene nach § 844 sind mangels Stammrechts keine Leibrenten, da jede einzelne Zahlung für sich Schadensersatz darstellt. Schadenersatzrenten sind nur dann nach § 22 EStG steuerbar und im Privatbereich nach § 10 Abs. 1 Nr. 1a EStG als Sonderausgaben abziehbar, wenn Ersatz für andere steuerbare Einkünfte geleistet wird. Nach BFH vom 25.10.1994 BStBl II 1995, 121 ist die Steuerbarkeit von Schadenersatzrenten zum Ausgleich vermehrter Bedürfnisse (Mehrbedarfsrenten) grundsätzlich zu verneinen.

FALL 32

F, die mit M verheiratet ist, versorgt den Haushalt und ist im Geschäft des M tätig.
a) Dieser Tätigkeit kann F einen Monat lang nicht nachgehen, weil sie von dem Autofahrer A beim Überqueren des Zebrastreifens angefahren und erheblich verletzt worden ist. Welche Ansprüche haben F und M gegen A?
b) Welche Ansprüche hat M gegen A, wenn F getötet worden ist?

Teil E Sachenrecht

1 Überblick über das Sachenrecht

Das dritte der fünf Bücher des BGB »**Sachenrecht**« (§§ 854–1296) behandelt die rechtlichen Beziehungen der Rechtssubjekte zu Sachen.

Während im Schuldrecht vorwiegend Rechtsbeziehungen zwischen Personen geregelt sind (Begründung von Ansprüchen und Verpflichtungen), regelt das Sachenrecht nunmehr insbesondere die Frage, wem eine Sache (als Eigentümer, als Besitzer etc.) zusteht und wer welche Rechte an einer Sache ausüben kann.

1.1 Grundprinzipien des Sachenrechts

1.1.1 Absolutheitsgrundsatz

Rechte an einer Sache werden **dingliche Rechte** genannt. Sie verschaffen die Möglichkeit, mit der Sache je nach Ausdehnung des Rechts nach Belieben umzugehen.

Diese Erlaubnis, Herrschaft über eine Sache auszuüben, kann sich von der denkbar weitesten Möglichkeit (Eigentum) bis hin zu ganz eng umgrenzten Erlaubnissen erstrecken, die Sache nur in einer einzelnen Beziehung zu nutzen.

Gemeinsam ist allen diesen **Herrschaftsrechten**, dass diese Rechte **gegenüber jedermann** gelten und von jedermann zu beachten sind. Sie können gegen jeden Störer zwangsweise durchgesetzt werden und werden deshalb auch »**absolute Rechte**« genannt.

Ansprüche (»relative Rechte«) sind lediglich das Recht, von einem anderen ein Tun oder Unterlassen zu verlangen (vgl. Legaldefinition § 194 Abs. 1 und B 1.1.1). Sie wirken nur in der Beziehung der daran beteiligten Personen und werden nicht zuletzt deshalb auch **relative Rechte** genannt.

1.1.2 Typenzwang

Wegen dieser umfassenden dinglichen Wirkung findet sich im Sachenrecht eine weitere Besonderheit gegenüber den anderen Rechtsgebieten, insbesondere gegenüber dem Schuld-(Vertrags-)Recht: Das Sachenrecht bietet eine Reihe von genau definierten dinglichen Rechtsbeziehungen an. Diese Rechtsbeziehungen sind **bindend**, sie dürfen nicht ergänzt, reduziert oder in ihrer Anzahl erweitert werden. Der Rechtsanwender ist gezwungen, diese vom Gesetz vorgegebenen Typen zu verwenden, er darf keine neuen dinglichen Rechtsbeziehungen »erfinden« oder vereinbaren (**Typenzwang**).

Im Schuldrecht herrscht das Prinzip der Vertragsfreiheit vor, also die Erlaubnis, nicht nur über die Person des Vertragspartners zu entscheiden, sondern auch den Inhalt der Vereinbarungen nach Zweckmäßigkeit oder Parteiwillen frei gegenüber den Typen des Schuldrechts abzuändern. Diese Möglichkeit besteht im Sachenrecht nicht. Der **Katalog** der dinglichen Rechte ist **abschließend bestimmt**, man spricht daher auch von »numerus clausus der dinglichen Rechte«.

BEISPIEL

§§ 1204, 1205 regeln Teile des Pfandrechts an beweglichen Sachen, das u. a. durch Übergabe der Sache begründet wird. Ein Pfandrecht ohne Übergabe kann nicht begründet werden, auch wenn dies für die Beteiligten viel zweckmäßiger wäre (vgl. dazu auch unten »Sicherungsübereignung«).

1.2 Grundbegriffe

1.2.1 Sachen als körperliche Gegenstände

Sachen i. S. d. BGB sind nur **körperliche Gegenstände** (§ 90). Als Sache scheiden damit bereits alle nicht-körperlichen Gegenstände aus, insbesondere alle Rechte. Aus dieser gesetzlichen Definition ergibt sich neben der Teilabgrenzung zum Begriff der Sache noch eine weitere Entdeckung: Als **Gegenstand** bezeichnet das BGB körperliche Sachen und Rechte (unkörperliche Sachen). Gegenstand ist also nicht nur der – auch umgangssprachlich verwendete – Begriff der körperlichen Sache, er dient auch zur Bezeichnung aller Rechte und der Rechtsgüter, die keine Sache i. S. d. Gesetzes sind, z. B. elektrische Kraft, immaterielle Güter wie das Urheberrecht, aber auch Sachinbegriffe, wie das »Geschäft«, »Kundenkreis«, »good will«, »Know-how« etc.

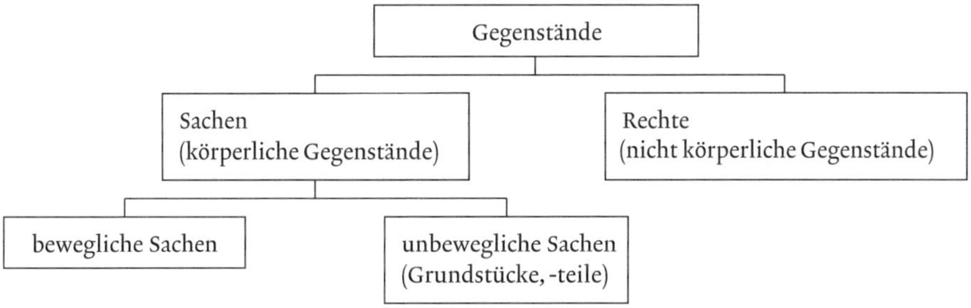

Aus der Anwendung des Begriffs »Sache« im Gesetz ergeben sich noch weitere Kriterien: Sache ist ein nach natürlicher Anschauung für sich bestehender, im Verkehrsleben besonders bezeichneter und bewerteter körperlicher Gegenstand.

Es kommt nicht auf den **Aggregatzustand** der Sache an, sie kann also fest, flüssig oder gasförmig sein, muss jedoch räumlich **abgrenzbar** sein. Abgrenzbar ist eine Sache, wenn sie durch eigene körperliche Begrenzung oder durch künstliche Mittel von anderen Sachen unterscheidbar, trennbar ist.

Sachgesamtheiten sind keine (einheitliche) Sache, sondern bestehen aus mehreren einzelnen Sachen.

FALL 33

Stellen die folgenden Begriffe Sachen i. S. d. § 90 BGB dar?

a) Buch des Studenten S
b) Warenlager eines Kaufmannes
c) Briefmarkensammlung
d) fließender Bach
e) Luftraum über einem Grundstück
f) der Lieblingshund namens Bello
g) menschlicher Körper
h) mit einem Einfamilienhaus bebautes Grundstück

1.2.2 Bewegliche und unbewegliche Sachen

Eine weitere Differenzierung des Gesetzes ergibt sich aus den Vorschriften über den Eigentumserwerb:

- **Grundstücke (unbewegliche Sachen)** sind abgegrenzte Teile der Erdoberfläche (katastermäßig vermessene Teile), die im Grundbuch als selbständig eingetragen sind. Zu den Grundstücken werden auch bestimmte Sachen gerechnet, die untrennbar mit dem Grundstück verbunden sind, sogenannte wesentliche Bestandteile (zum Begriff s. 1.3).
- **Bewegliche Sachen** sind alle körperlichen Gegenstände, die weder Grundstücke noch Grundstücksbestandteile sind.

Bereits nach dieser Definition kann eine Sache nur entweder Grundstück oder beweglich sein. Zugehörigkeit zum einen Begriff schließt den anderen aus. Dies gilt insbesondere für die später zu erörternde Frage des Eigentumserwerbs.

Nach § 90a sind Tiere keine Sachen. Sie werden durch besondere Gesetze geschützt (z. B. durch das Tierschutzgesetz in der Fassung der Bekanntmachung vom 18.05.2006, BGBl I 2006, 1206, 1313, das zuletzt durch Art. 20 des Gesetzes vom 09.12.2010, BGBl I 2006, 1934 geändert wurde). Auf Tiere finden allerdings die Vorschriften für Sachen grundsätzliche Anwendung.

Weitere Einteilungskriterien sind in § 91 **(vertretbare Sachen)** und § 92 **(verbrauchbare Sachen)** aufgeführt.

1.3 Bestandteile

Wesentliche Bestandteile einer Sache sind Sachteile, die so miteinander verbunden sind, dass sie voneinander nicht mehr getrennt werden können, ohne zerstört oder »in ihrem Wesen« verändert zu werden.

Bestandteil ist jeder Teil einer einheitlichen Sache oder die zunächst selbständigen, dann aber zusammengefügten Teile einer neuen Sache.

Das BGB geht von dem volkswirtschaftlichen Grundsatz aus, dass eine einheitliche Sache nicht aus Rechtsgründen zerstört werden soll. Die Sache soll daher ein **einheitliches Rechtsschicksal** haben.

Für solche Bestandteile, deren Trennung die Vernichtung erheblicher Werte zur Folge haben würden (Zerstörung oder Wesensveränderung, s. oben), also für wesentliche Bestandteile, wird angeordnet, dass die einzelnen Teile nicht Gegenstand besonderer Rechte sein können (§ 93).

Es ist also in jedem Einzelfall zunächst zu untersuchen, ob Bestandteile einer Sache vorliegen und nicht etwa mehrere einzelne Sachen. Sind die mehreren Bestandteile wesentlich i. S. d. § 93, dann kann nur ein einheitliches Recht an der Sache, nicht aber Rechte an den Bestandteilen begründet werden.

Es kommt dabei nicht darauf an, ob bei der tatsächlich möglichen Trennung nur der eine Teil oder der (die) andere(n) zerstört oder wesensverändert werden (vgl. Wortlaut § 93).

Der Begriff »wesentlich« ist ein Rechtsbegriff. **Wesentlicher Bestandteil** einer Sache kann also auch ein Sachteil sein, der seiner Bedeutung nach für die Sache nicht besonders wichtig ist.

Die praktische Bedeutung des § 93 zeigt sich insbesondere dort, wo mehrere Sachen (die rechtlich verschiedenen Personen zuzurechnen sind) zu einer einheitlichen Sache zusammengefügt und deren wesentliche Bestandteile werden. Die Rechte an den Einzelteilen erlöschen; es muss nun nach einer Regelung gesucht werden, um die neu entstandene Sache einer oder mehreren Personen rechtlich zuzuordnen (Hinweis auf §§ 947 ff.).

Der Begriff des wesentlichen Bestandteils ist auf bewegliche Sachen und auf Grundstücke anwendbar. Maßgebend ist zunächst die Definition des § 93.§ 94 erweitert für den Bereich der Grundstücke den Bestandteilsbegriff: Andere Sachen, insbesondere **Gebäude** und mit dem Boden zusammenhängende **Bodenerzeugnisse** (Abs. 1 Satz 1), sind wesentliche Bestandteile des Grundstücks, eingefügte Sachen zur Herstellung des Gebäudes (Abs. 2) sind wesentliche Bestandteile der Gebäude.

Erforderlich ist, dass zwischen Gebäude, Erzeugnissen und Grundstück eine **feste Verbindung** besteht.

BEISPIELE

a) Gebäude mit in die Erde eingelassenem Fundament ist i. d. R. wesentlicher Bestandteil des Grundstücks.
b) Auf den Boden aufgesetzte Wellblechbaracke ist kein wesentlicher Bestandteil des Grundstücks.
c) Fertighäuser sind wesentliche Bestandteile des Grundstücks mit der Errichtung.

Folge ist, dass diese Sachen (insbesondere Gebäude) nicht mehr Gegenstand besonderer Rechte sein können (§ 93).

FALL 34

Nehmen Sie in folgenden Beispielen zur Frage Stellung, ob ein wesentlicher Bestandteil vorliegt (Beispiele aus der Rechtsprechung):

	wesentlicher Bestandteil	**nicht wesentlicher Bestandteil**
a) Motor eines Kfz (eingebaut)		
b) Seiten eines Buches		
c) Klinge eines Messers		
d) Kegelbahn in einer Gaststätte		
e) Heizungsanlage in Wohnhaus		
f) Einbauküche		

Der Grundstückseigentümer ist **zivilrechtlich** daher immer Eigentümer auch der Gebäude, soweit diese wesentliche Bestandteile sind (aber abweichende Betrachtung im Steuerrecht).

Keine wesentlichen Bestandteile des Grundstücks sind solche Sachen (entsprechend für Gebäude Abs. 1 Satz 2), die nur zu einem **vorübergehenden Zweck** mit Grund und Boden, § 95 Abs. 1 oder mit dem Gebäude (§ 95 Abs. 2) verbunden sind **(Scheinbestandteile)**.

Ein vorübergehender Zweck liegt vor, wenn die spätere Trennung nach dem Willen des Einfügenden von Anfang an beabsichtigt oder mit Sicherheit erwartet wird. Auf die Dauer der Zusammenfügung kommt es nicht an.

BEISPIELE

a) Aufbau einer Tribüne für einen Umzug (Scheinbestandteil).
b) Pflanzen einer Baumschule, die für den Verkauf bestimmt sind.
c) Errichtung eines Gebäudes aufgrund mehrjährigen Mietvertrags.
d) Errichtung eines Gebäudes aufgrund eines Erbbaurechts (vgl. 9.5.1).

1.4 Zubehör (§ 97 BGB)

Der Zubehörbegriff erfasst nur bewegliche Sachen; **Zubehör** sind solche Sachen, die dem **wirtschaftlichen Zweck** einer anderen Sache (**Hauptsache**) dienen sollen und deswegen eine bestimmte räumliche Verbindung mit der Hauptsache haben. Maßgebend ist die Verkehrsauffassung (§ 97 Abs. 1 Satz 2).

Zubehörsachen dürfen keine wesentlichen Bestandteile i. S d. §§ 93, 94 sein und müssen längerfristig die genannten Verbindungen zur Hauptsache aufweisen (§ 97 Abs. 2 Satz 1).

BEISPIELE

a) Maschinen auf einem Fabrikgrundstück dienen dem wirtschaftlichen Zweck des Fabrikgrundstücks (Zubehör).
b) Der Omnibus eines Hotels zur Abholung der Gäste ist Zubehör des Hotelgrundstücks.
c) Ein Mieter hat in der Wohnung Beleuchtungskörper angebracht (i. d. R. Zubehör; selten (!) wesentlicher Bestandteil).

Durch den Zubehörbegriff des § 97 Abs. 1 soll klargestellt werden, dass der Hauptsache dienende Sachen, obwohl sie rechtlich selbständig sind, kein anderes rechtliches Schicksal als die Hauptsache nehmen sollen.

Das Gesetz erstreckt daher häufig (»im Zweifel«) Rechtsfolgen der Hauptsache auch auf das Zubehör.

BEISPIELE

a) Die Verpflichtung zur Veräußerung oder Belastung einer Sache erstreckt sich im Zweifel auch auf das Zubehör (§ 311c).
b) Die Hypothek an einem Grundstück erstreckt sich i. d. R. auch auf das Zubehör (§ 1120).

Zum Begriff des gewerblichen und landwirtschaftlichen Inventars vgl. § 98.

1.5 Steuerlicher Sachbegriff

1.5.1 Allgemeines

Die bürgerlich-rechtliche »Sache« ist dem Steuerrecht weitgehend fremd. Es findet sich in den Steuergesetzen vielmehr ein anderer Begriff, der jedoch nicht erläutert wird: **das Wirtschaftsgut** (vgl. z. B. § 6 Abs. 1 Satz 1 EStG, § 1 Abs. 1 Satz 2 BewG, anders § 1 Abs. 1 Nr. 2, § 3 Abs. 1 UStG: **Gegenstand**).

Zur Anwendung kann grundsätzlich auf den Sachbegriff des BGB zurückgegriffen werden, der jedoch jeweils nur einen Teil der Definition des Wirtschaftsguts abdeckt.

Die dem steuerrechtlichen Begriff Wirtschaftsgut entsprechende Parallele im Zivilrecht findet sich in § 240 HGB, der von **Vermögensgegenstand** spricht (str.).

Bei der Entscheidung über den Ansatz in der Bilanz sind regelmäßig drei Stufen zu untersuchen:

- Liegt ein Wirtschaftsgut (WG) vor?
- Ist das WG bilanzierungsfähig (oder gibt es Bilanzierungsverbote)?
- Wie wird das WG bewertet?

WG i. S. d. Steuerrechts sind nicht nur **Gegenstände i. S.** d. bürgerlichen Rechts (bewegliche Sachen, § 90, Grundstücke und Rechte), sondern auch **tatsächliche Zustände, konkrete Möglichkeiten** oder **Vorteile** für den Betrieb. Der Begriff des WG ist weit zu fassen (vgl. BFH vom 03.02.1969 BStBl II 1969, 291, 294) und umfasst alle im wirtschaftlichen Verkehr selbständig bewertbaren Güter, die dem Betrieb in irgendeiner Form dienen. Maßgebend dafür ist nicht das bürgerliche Recht, sondern die wirtschaftliche Betrachtung. So können abweichend vom BGB Wirtschaftsgüter sein: (wesentliche) Bestandteile, Zubehör, Geschäfts- oder Firmenwert, Betriebsgeheimnisse, Rezepte und Geheimverfahren etc.

1.5.2 Sachbegriff im Einkommensteuerrecht

Eine wesentliche Unterscheidung zum zivilrechtlichen Sachbegriff trifft das Einkommensteuerrecht bei **Grundstücken**. Grundstücke und darauf errichtete **Gebäude** sind **verschiedene WG**, die dementsprechend verschiedenen Berechtigten zustehen können. »Der (estl.) Begriff Grund und Boden umfasst nur den nackten Grund und Boden. Dazu rechnen nicht Gebäude, Bodenschätze, grundstücksgleiche Rechte, … Obstanlagen … sowie das Feldinventar« (vgl. H6b.1 »Grund und Boden« EStH). Für den Begriff des Gebäudes sind die Abgrenzungsmerkmale des Bewertungsrechts maßgebend.

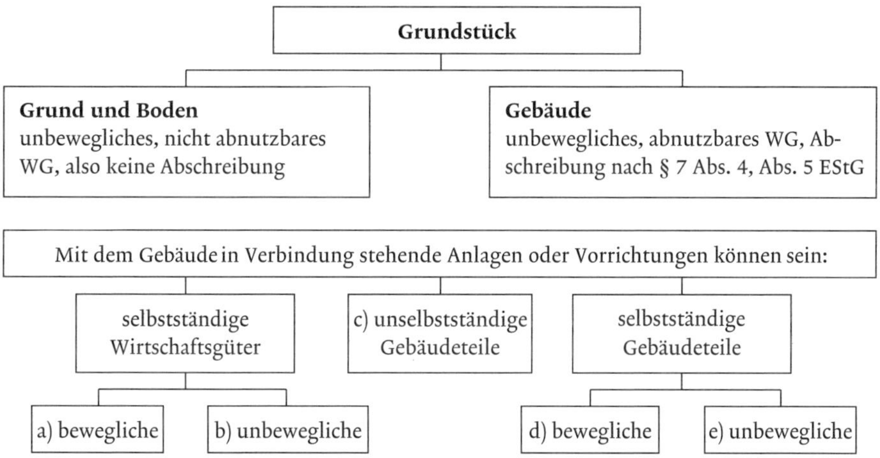

a) **Selbständige bewegliche WG, d. h. Scheinbestandteile** (AfA nach § 7 Abs. 1, Abs. 2 EStG), z. B. Wellblechgaragen, die auf lose verlegte Betonsockel aufgeschraubt sind.
b) **Selbständige unbewegliche WG**, also **Außenanlagen** (AfA nur nach § 7 Abs. 1 EStG), z. B. Grünanlagen, Kinderspielplätze, im Freien liegende Schwimmbecken, Hofbefestigungen.
c) **Unselbständige Gebäudeteile** (AfA zusammen mit dem Gebäude, R7 EStR).

BEISPIEL

Fahrstuhl-, Heizungsanlagen, Herde und Öfen, Küchenspülen, sanitäre Anlagen, Einfriedungen bei Wohngebäuden, wenn sie in einem einheitlichen Nutzungs- und Funktionszusammenhang mit dem Gebäude stehen, Teppichböden, Einbaumöbel, sofern sie wesentliche Gebäudebestandteile sind usw.

d) **Selbständige bewegliche Gebäudeteile** (AfA nach § 7 Abs. 1, Abs. 2 EStG).

aa) **Betriebsvorrichtungen i. S. d.** § 68 Abs. 2 Nr. 2 BewG, die nicht der Benutzung des Gebäudes als solchem dienen, sondern die Ausübung des Gewerbes erleichtern sollen (zur Abgrenzung von c) vgl. R7.1 Abs. 2 EStR und den Abgrenzungserlass).

bb) die **Scheinbestandteile i. S. d. § 95 Abs. 2 BGB**, die nur zu einem vorübergehenden Zweck in das Gebäude eingefügt worden sind.

e) **Selbständige unbewegliche Gebäudeteile** (§ 7 Abs. 5a EStG: AfA nach § 7 Abs. 4, Abs. 5 EStG, jedoch unabhängig von der AfA für das Gebäude, dessen Bestandteile sie sind). Es handelt sich um Einrichtungen, die einerseits so eng zum Gebäude gehören, dass sie Bestandteile des Gebäudes sind, die aber andererseits besonderen Zwecken dienen und damit in einem von der sonstigen Gebäudenutzung verschiedenen Nutzungs- und Funktionszusammenhang stehen:

- Ladeneinbauten, Schaufensteranlagen, Gaststätteneinbauten u. Ä.
- Unterschiedlich genutzte Gebäudeteile können zu bis zu vier verschiedenen selbständigen unbeweglichen Gebäudeteilen führen.
- Mietereinbauten können neben Scheinbestandteilen oder Betriebsvorrichtungen unter Umständen auch selbständige unbewegliche Gebäudeteile sein.

1.5.3 Sachbegriff im Umsatzsteuerrecht

Das UStG, das u. a. zwischen Lieferungen und sonstigen Leistungen unterscheidet, versteht unter Lieferung die **Verschaffung der Verfügungsmacht** an einem Gegenstand. Gegenstand ist jedoch, anders als im Zivilrecht, nur der körperliche Gegenstand (vgl. § 3 Abs. 1 UStG).

Der umsatzsteuerliche Gegenstandsbegriff entspricht damit dem zivilrechtlichem Sachbegriff des § 90 BGB, enthält aber eine Ausnahme: Bei Sachgesamtheiten liegt grundsätzlich nur ein Gegenstand i. S. d. UStG vor.

Eine umsatzsteuerliche **Sachgesamtheit** liegt dann vor, wenn mehrere Einzelsachen durch einen gemeinsamen Zweck derart verbunden sind, dass die Sachgesamtheit in Wert und Qualität mehr bedeutet als die Summe der Einzelgegenstände (vgl. Band 4, Meissner/Neeser, Umsatzsteuer, C3).

1.5.4 Sachbegriff in weiteren Steuerrechtsgebieten

Gemäß § 2 **BewG** ist Bewertungsgegenstand die **wirtschaftliche Einheit**, die aus einem oder mehreren Wirtschaftsgütern bestehen kann. Eine gesetzliche Regelung des Begriffs fehlt, die Rechtsprechung hat den Begriff aber ausgelegt. WG sind demnach die körperlichen Wirtschaftsgüter (bewegliche und unbewegliche Sachen i. S. d. Zivilrechts), aber auch unkörperliche WG wie Rechte oder sonstige immaterielle Werte wie z. B. Firmenwert, Know-how, einheitliche Verwendung im Steuerrecht (BFH vom 07. 08. 1970 BStBl II 1970, 842).

Besonderheiten finden sich auch im GrEStG, das keine Differenzierung von wesentlichen und unwesentlichen Bestandteilen kennt und Zubehör nicht dem gleichen rechtlichen Schicksal wie die Hauptsache unterwirft. Zubehör unterliegt nicht der GrESt, der auf sie entfallende Kaufpreisanteil ist aus der Bemessungsgrundlage auszuscheiden.

2 Dingliche Rechte im Einzelnen

Unter dinglichen Rechten versteht man vor allem die Begriffe Eigentum und Besitz. Nur das Eigentum gewährt ein weitgehend **unbeschränktes Recht** an einer Sache. Daneben sind zahlreiche inhaltlich oder persönlich beschränkte Rechte an Sachen möglich, die dem Rechtsinhaber lediglich einen Teilausschnitt des »Vollrechts« einräumen. Man unterscheidet dabei vor allem den Besitz und die in der Gruppe der »beschränkt dinglichen Rechte« zusammengefassten Typen von Sachenrechten, z. B.

- **Nutzungsrechte** wie Erbbaurecht, Dienstbarkeit, Nießbrauch, dingliches Wohnrecht;
- **Verwertungsrechte** wie Grundpfandrechte (Hypothek, Grundschuld) und Pfandrechte;
- **Erwerbsrechte** wie dingliches Vorkaufsrecht, Aneignungsrechte.

2.1 Eigentum

Das Eigentum ist eines der **zentralen Institute** des geltenden Verfassungs- und Zivilrechts. Art.14 GG gewährt einen Freiheitsraum im Vermögensbereich mit dem subjektiven Recht, Eigentümer zu sein. Die Eigentumsgarantie stellt damit einen »Eckpfeiler der Wirtschafts- und Gesellschaftsverfassung« der BRD dar.

Eigentum ist nach § 903 die **umfassende Beziehung einer Person zu einer Sache**. Der Eigentümer kann mit der Sache »nach Belieben verfahren und andere von der Einwirkung ausschließen«, soweit nicht Einschränkungen durch Gesetz oder Rechte Dritter dies verbieten.

Eigentum kann mithin als die rechtliche Erlaubnis, mit einer Sache nach Belieben zu verfahren bezeichnet werden. Dieses Recht kann durch Gesetz, Sozialstaatsprinzip oder Rechte Dritter eingeschränkt sein.

Eine das Eigentum als isoliertes subjektives Recht begreifende Sicht vermag jedoch seine tatsächliche Bedeutung innerhalb der Gesellschaft nicht zu erfassen. Das Eigentum hat nicht lediglich Abwehrfunktion gegenüber Dritten. In Zusammenhang mit den ergänzenden Instituten Vertragsfreiheit, Erbrecht und unternehmerische Betätigungsfreiheit gesehen, muss ihm eine nach Art.14 Abs. 2 GG **erweiterte Bedeutung** zukommen; ansonsten würde die soziale Funktion des Eigentums in einem marktwirtschaftlichen System ausgeklammert und die grundgesetzliche Eigentumsordnung in ein Mittel zur Absicherung des Status quo verwandelt.

2.1.1 Einschränkung durch das Gesetz

Die Befugnis des Eigentümers, eine Sache zu verwerten, zerstören, veräußern, Dritte abzuwehren oder ihnen (Teil-)Rechte einzuräumen, unterliegt zwei **Beschränkungen**: Die wichtigste – wegen ihres hohen Stellenwerts im GG erfasste – Beschränkung des Eigentums stellt die **Sozialbindung des Art. 14 Abs. 2 GG** dar. Das Wohl der Allgemeinheit geht unter Umständen dem Recht des Einzelnen vor (Abwägung). Unter Sozialbindung versteht man alle von der Absicht des GG umfassten, in einem demokratischen und sozialen Rechtsstaat herkömmlichen und zumutbaren Einschränkungen.

BEISPIEL

Bebauungsordnungen (BBauG, LBO): Keine allgemeine Freiheit, Grundstücke zu bebauen.

Daneben greifen zahlreiche öffentlich-rechtliche Einzelgesetze in bestimmte Befugnisse des Eigentümers ein.

BEISPIELE

a) Umweltschutzgesetze, wie WasserG, AbfallbeseitigungsG, ChemikalienG etc.
b) Straßenverkehrsgesetz als Regelung, wer auf öffentlichen Wegen ein Kraftfahrzeug benutzen darf.

2.1.2 Einschränkung durch Rechte Dritter

Im Rahmen seiner umfassenden Beziehung zur Sache kann der Eigentümer Teilrechte weiterveräußern, Dritten Rechte einräumen, die sein Eigentum in einzelnen Beziehungen beschränken.

BEISPIELE

a) Der Eigentümer vermietet eine Wohnung seines Zweifamilienhauses an den Mieter A. Er verliert insoweit Besitz und Zugang zu den Mieträumen.
b) Der Eigentümer eines Grundstücks räumt seinem Nachbarn ein Überfahrtsrecht ein.

2.1.3 Eigentumsformen

Die Beziehung Eigentümer – Sache ist in drei Arten möglich.

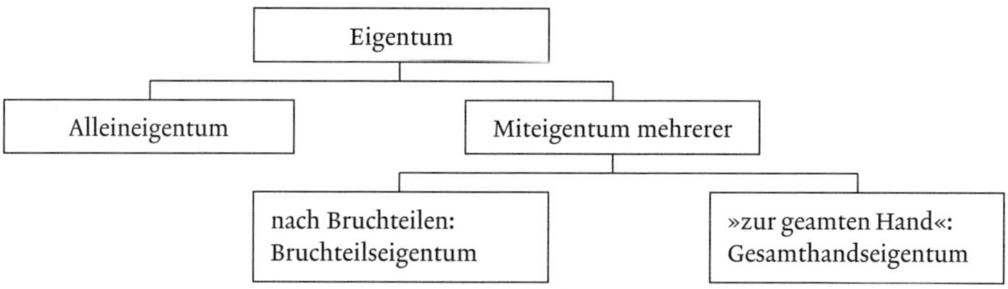

a) **Alleineigentum** ist die Rechtsbeziehung **eines** Eigentümers zur Sache.

BEISPIEL

A ist Eigentümer eines Autos.

b) Das so genannte **Bruchteilseigentum** ist die Rechtsbeziehung mehrerer Eigentümer mit gleichen oder unterschiedlichen Anteilen zu einer Sache (vgl. §§ 1008 ff., 741 ff.). Dem einzelnen Miteigentümer steht an der Sache **kein konkreter,** sondern lediglich ein **ideeller Anteil** zu (»im Zweifel« gleiche Anteile, § 742), über den er ungehindert verfügen kann (vgl. § 747) nach § 743 Abs. 2, kann er den gemeinschaftlichen »Gegenstand« (Sache) jedoch nur insoweit benutzen, als nicht der Mitgebrauch der übrigen Teilhaber beeinträchtigt wird. Möchte ein Teilhaber seinen ideellen Anteil realisieren, so bedarf es der Aufhebung der Gemeinschaft durch Teilung des Gegenstandes oder, wenn nicht möglich, durch Verkauf und Teilung des Erlöses (§§ 752, 753).

BEISPIEL

Die Eheleute A und B sind zu je 1/2 als Eigentümer eines Grundstücks im Grundbuch eingetragen.

LÖSUNG Jeder darf das ganze Grundstück nutzen, ist jedoch nur i. H. v. 1/2 Eigentümer des Grundstücks. Bei Scheidung etc. könnte das Grundstück grundbuchrechtlich geteilt werden, so dass dann jeder Ehegatte Alleineigentümer einer Grundstückshälfte ist.

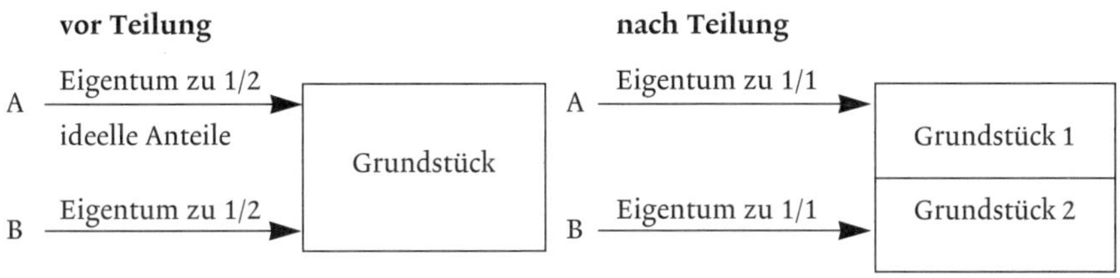

c) **Gesamthandseigentum** liegt vor, wenn mehrere derart an einer Sache als Eigentümer beteiligt sind, dass jeder auf das Ganze berechtigt ist, aber weder über seinen **Anteil an der Sache** noch über den (ideellen) **Anteil am Gesamthandseigentum** verfügen kann.

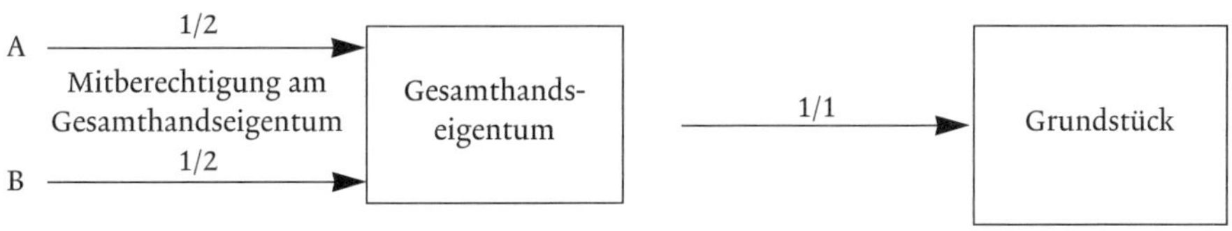

Das Gesamthandseigentum wird als »nichtrechtsfähiges Sondervermögen« (str.) quasi zwischen Eigentümer und Gegenstand geschaltet. Nicht mehr der Einzelwille, sondern nur der Gesamtwille aller »Gesamthänder« soll maßgebend sein. Rechnerische Beteiligungsquoten des einzelnen an der Sache sind nicht feststellbar, so dass immer nur alle Gesamthänder gemeinsam verfügen können.

BEISPIEL

Die Bezeichnung, A sei »Miterbe zu 1/2«, benennt daher nur einen Anteil des A am Gesamtnachlass, also eine wertmäßige Beteiligung, nicht dagegen einen Anteil des A an den einzelnen Nachlassgegenständen.

Gesamthandseigentum ist im Zivilrecht eher selten. Es findet sich jeweils als Rechtsfolge bestimmter rechtlicher Gestaltungen:

- **Gesellschaft des bürgerlichen Rechts** (GbR), §§ 705 ff.,719 (ebenso: OHG, KG, nichtrechtsfähiger Verein);
- **Gütergemeinschaft** als vereinbarter Güterstand zwischen Ehegatten (§§ 1415 ff., 1419);
- **Miterbengemeinschaft** (vor Auseinandersetzung) (§§ 2032 ff., 2033).

Die Berechtigung zur gesamten Hand ist, abhängig vom Zweck der Personenmehrheit, jedoch unterschiedlich geregelt.

Der Gesellschafter einer GbR kann ebenso wenig wie der in Gütergemeinschaft lebende Ehegatte über seinen Anteil am Gesamtvermögen und Anteile an den einzelnen Gegenständen verfügen. Dies gründet sich auf die gesellschaftliche (bzw. eheliche) **Bindung des Eigentums**. Da bei der (ungeteilten) Miterbengemeinschaft kein grundsätzliches gemeinsames Vermögensinteresse besteht, erlaubt § 2033 immerhin eine Verfügung des Miterben über seinen Anteil am

Nachlass, Abs. 1, räumt aber den übrigen Erben ein Vorkaufsrecht ein, § 2034 Abs. 1.Eine Verfügung über den Anteil an den einzelnen Nachlassgegenständen bleibt dem Erben jedoch verwehrt (§ 2033 Abs. 2).

2.1.4 Steuerliche Behandlung

Steuerlich wird das Miteigentum nach Bruchteilen und das Gesamthandseigentum grundsätzlich gleich behandelt; auch die Zurechnung eines Gesamthandvermögens hat in erster Linie nach dem Anteil des einzelnen Beteiligten zu erfolgen (§ 39 Abs. 2 Nr. 2 AO).

Ein besonderes Problem stellt die **steuerliche Zurechnung von Einnahmen und Ausgaben bei Grundstücksgemeinschaften** dar, und zwar gleichermaßen bei Miteigentum nach Bruchteilen und bei Gesamthandseigentum. Einnahmen und Ausgaben sind den Beteiligten grundsätzlich nach ihren bürgerlich-rechtlichen Miteigentumsanteilen zuzurechnen, und zwar unabhängig davon, welche Einnahmen ihnen tatsächlich zugeflossen sind und welche Kosten sie tatsächlich getragen haben. Denn jedem Beteiligten steht ein seinem Anteil entsprechender Teil der Früchte zu (§ 743), und jeder Beteiligte ist verpflichtet, die Lasten des gemeinschaftlichen Gegenstandes sowie die Kosten der Erhaltung, der Verwaltung und einer gemeinschaftlichen Benutzung nach dem Verhältnis seines Anteils zu tragen (§ 748). Nur **ausnahmsweise** richtet sich die steuerliche Zurechnung nach einer zwischen den Miteigentümern getroffenen **rechtswirksamen Vereinbarung**, die die Einnahmen oder Ausgaben abweichend von den Miteigentumsverhältnissen aufteilt. Eine solche Vereinbarung wird steuerlich anerkannt, wenn wirtschaftlich vernünftige Gründe vorliegen, die grundstücksbezogen sind (BFH vom 07.10.1986 BStBl II 1987, 322).

BEISPIELE

In folgenden Fällen wird eine von den Miteigentumsverhältnissen abweichende Aufteilung von Einnahmen und Ausgaben anerkannt:

a) Ein Miteigentümer hat bei der Verwaltung des gemeinsamen Grundbesitzes höheren Arbeitsaufwand als die übrigen Miteigentümer.

b) Die Miteigentümer haben nach § 745 Abs. 2 eine anderweitige Verwaltung und Nutzung des gemeinsamen Grundstücks vereinbart, die dem Interesse der Miteigentümer entspricht (anders, wenn unter den Miteigentümern Streit über die Aufteilung besteht).

c) Ein Miteigentümer nutzt das gemeinsame Grundstück teilweise für eigene berufliche Zwecke.

d) Die Verteilung der Einnahmen und die Übernahme der Kosten wurden im Zusammenhang mit einer unentgeltlichen Vermögensübertragung an dem Grundbesitz vereinbart.

2.2 Besitz

Besitz (vgl. §§ 854 ff.) ist die **tatsächliche Zuordnung** einer Sache zu einer Person, so dass die Person ungehindert Sachherrschaft ausüben kann. Auf die rechtliche Erlaubnis dazu kommt es für den Besitzbegriff nicht an.

BEISPIELE

a) Der Mieter eines Autos übt tatsächliche Sachherrschaft aus. Er ist Besitzer.

b) Der Dieb einer Sache kann ungehindert von anderen Sachherrschaft ausüben. Er ist ebenfalls Besitzer.

c) Ein 4-jähriges Kind fährt mit seinem Dreirad. Da bereits das Kind einen natürlichen Besitzwillen hat, ist es Besitzer obwohl es nicht geschäftsfähig (vgl. § 104 Nr. 1) ist.

Neben der tatsächlichen Sachherrschaft muss noch ein natürlicher Besitzwillen bestehen. Wer also eine Sache nicht besitzen will, ist auch kein Besitzer, selbst dann nicht, wenn er in der Lage wäre, tatsächliche Sachherrschaft auszuüben. Der Besitzwille ist aber kein rechtsgeschäftlicher Wille, so dass auch Geschäftsunfähige einen solchen Willen entwickeln können (vgl. oben Beispiel c)).

2.2.1 Mittelbarer und unmittelbarer Besitz

Aus § 868 ergibt sich eine begriffliche Unterteilung. Besitzer ist nicht nur, wer unmittelbar (Regelfall) die tatsächliche Sachherrschaft ausübt **(unmittelbarer Besitzer)**, sondern auch, wer Besitz »durch Vermittlung eines anderen« ausüben kann.

BEISPIEL

Der Mieter einer Sache hat durch tatsächliche unmittelbare Innehabung der Sache den Besitz. Auch der Vermieter hat jedoch Besitz, denn er kann in bestimmtem Rahmen auf die Sache durchgreifen.

Voraussetzung dieser nur indirekten Sachherrschaft **(mittelbarer Besitz)** sind

- ein **Rechtsverhältnis** der in § 868 bezeichneten Art zwischen unmittelbarem Besitzer (Mieter, Nießbraucher etc.) und mittelbarem Besitzer;
- **zeitliche Begrenzung** dieses Rechtsverhältnisses (durch Dauer des Nießbrauchs, Ablauf der Mietzeit);
- Bestehen eines **Herausgabeanspruchs** des mittelbaren Besitzers gegen den unmittelbaren Besitzer (z. B. Rückgabeanspruch nach Ablauf der Mietzeit).

Zwischen mittelbarem und unmittelbarem Besitzer muss ein so genanntes **Besitzmittlungsverhältnis** bestehen. Der unmittelbare Besitzer muss gewissermaßen auch für den mittelbaren Besitzer seinen Besitz ausüben.

Unmittelbarer Besitzer ist folglich, wer tatsächliche Sachherrschaft ausüben kann und will. Mittelbarer Besitzer ist hingegen, wer durch ein konkretes Besitzmittlungsverhältnis über einen anderen (so genannter Besitzmittler) Besitz ausüben kann.

Dieses Besitzmittlungsverhältnis kann sich **über mehrere Stufen** erstrecken, § 871.

2.2.2 Eigenbesitz oder Fremdbesitz

Wer eine Sache als ihm gehörig besitzt, ist **Eigenbesitzer,** § 872, gleich, ob dieser Besitz mittelbar oder unmittelbar ist. Umgekehrt kann jemand, der eine Sache als fremd, d. h. für einen anderen besitzt, ebenfalls mittelbarer oder unmittelbarer Besitzer sein **(Fremdbesitzer)**. Dem Eigenbesitzer sind i. d. R. die Wirtschaftsgüter steuerlich zuzurechnen (§ 39 Abs. 2 Nr. 1 AO).

2.2.3 Besitzdiener

Eine besondere Form des Besitzwillens findet sich beim **Besitzdiener,** § 855. Besitzdiener ist, wer

- für einen anderen Besitz ausübt,
- dessen Weisungen er Folge zu leisten hat
- aufgrund eines sozialen Abhängigkeitsverhältnisses.

Besitzdienerschaft liegt i. d. R. vor bei Arbeitnehmern bezüglich der ihnen überlassenen Werkzeuge, Arbeitsgeräte etc. § 855 stellt klar, dass der Besitzdiener nicht Besitzer ist, obwohl er die tatsächliche Sachherrschaft über die Sache hat. Nur der »Besitzherr« ist Besitzer, und zwar unmittelbarer Besitzer.

FALL 35

Unterscheiden Sie nach mittelbarem/unmittelbarem und Eigen-/Fremdbesitz:

a) Ein Dieb verleiht ein gestohlenes Werkzeug an seinen Freund F.	Dieb:		Freund F:
b) Ein Handelsvertreter (angestellt) erhält vom Arbeitgeber ein Musterkoffer.	Handelsvertreter:		Arbeitgeber:
c) Ein Student hat sich aus der Universitätsbibliothek ein Buch geliehen.	Bibliothek:		Student
d) A schenkt seinem 6-jährigen neffen zu Weihnachten einen Ball.	A:		Neffe:
e) Der Mieter einer Wohnung vermietet ein Zimmer an einen Studenten S, obwohl Untervermietung lt. Mietvertrag ausdrücklich verboten ist.	Eigentümer:	Mieter:	Student:

2.3 Besitzerwerb und Besitzverlust

Erwerb der tatsächlichen Sachherrschaft ist auf zwei Arten möglich:

1. Durch **Erlangung der tatsächlichen Gewalt** über die Sache, § 854 Abs. 1.Es bedarf hierzu keines rechtsgeschäftlichen Willens, sondern nur eines natürlichen Besitzergreifungswillens. Die Besitzerlangung erfolgt einseitig allein durch tatsächliche Erlangung **(originärer Besitzerwerb)**.

BEISPIELE

a) Der Dieb stiehlt dem Eigentümer E einen Ring.
LÖSUNG D ist originärer Besitzer. E hat keinen Besitz mehr.

b) Ein Passant findet auf der Straße eine verlorene Brieftasche.
LÖSUNG Er wird Besitzer, wenn er die Sache an sich nimmt.

2. Durch **Einigung** mit dem bisherigen Besitzer über den Besitzerwerb (abgeleiteter – **derivativer – Besitzerwerb**, § 854 Abs. 2). Die Einigung ist Rechtsgeschäft, unterliegt also den Regeln über Willenserklärungen. Erforderlich ist, dass zusätzlich der Besitzerwerber in der Lage ist, tatsächliche Sachherrschaft auszuüben.

BEISPIELE

a) Der Wohnungseigentümer übergibt dem Nachbarn die Wohnungsschlüssel, damit dieser während des Urlaubs die Wohnung beaufsichtigt (unmittelbarer Besitz).
b) Der Autoverkäufer übergibt dem Käufer die Wagenschlüssel, der Wagen steht fahrbereit vor dem Haus (unmittelbarer Besitz).

Ein **Sonderfall** des Besitzerwerbs ist in § 857 geregelt. Der **Erbe** tritt in die Besitzstellung ein, die der Erblasser innehatte, auch wenn er tatsächlich (noch) keine Sachherrschaft erlangt hat.

Der Besitz wird **beendet** durch willentliche **Aufgabe** oder sonstigen **Verlust** der tatsächlichen Sachherrschaft auf Dauer (§ 856 Abs. 1).

Eine nur vorübergehende Verhinderung bei der Besitzausübung beendet den Besitz allerdings nicht (§ 856 Abs. 2).

3 Eigentumserwerb an beweglichen Sachen

Das Eigentum an beweglichen Sachen kann auf verschiedene Weise erlangt werden.

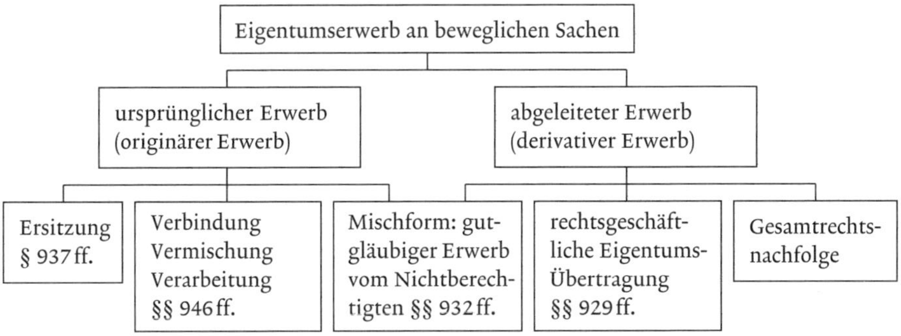

Im Folgenden werden davon nur der rechtsgeschäftliche Eigentumserwerb und der gutgläubige Erwerb vom Nichtberechtigten besprochen.

3.1 Rechtsgeschäftlicher Eigentumserwerb

Das Bestehen eines verpflichtenden Vertrags bringt noch **keine dingliche Rechtsänderung** mit sich. Der Vertrag erzeugt nur (unter Umständen gegenseitige) Ansprüche und Verpflichtungen der Vertragspartner, die unmittelbar danach oder zu einem späteren Zeitpunkt zu erfüllen sind.

Diese Verpflichtungen können z. B. darin bestehen, Eigentum zu übertragen.

BEISPIEL

Ein Kaufvertrag erzeugt die Verpflichtung des Verkäufers, das Eigentum an der Sache zu übertragen, er verpflichtet den Käufer, das Eigentum am Geld auf den Verkäufer zu übertragen (§§ 433 Abs. 1, 433 Abs. 2); vgl. D 2.1, B 4.

Das Eigentum an beweglichen Sachen ist nach den Regelungen der §§ 929 ff. zu übertragen. Im Folgenden werden die vier Möglichkeiten des rechtsgeschäftlichen Eigentumserwerbs dargestellt.

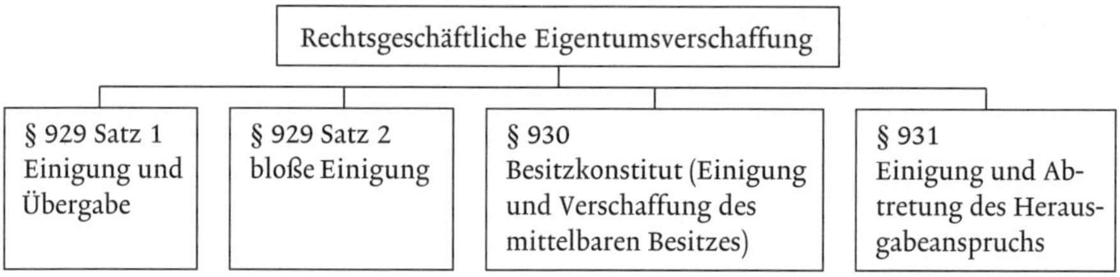

3.2 Erwerb des Eigentums durch Einigung und Übergabe (§ 929 Satz 1 BGB)

Nach § 929 Satz 1 ist für die Übertragung des Eigentums an einer beweglichen Sache erforderlich, dass der Eigentümer die Sache dem Erwerber übergibt (**Übergabe**) und beide darüber einig sind, dass das Eigentum übergehen soll (**Einigung**). Zunächst ist also erforderlich, dass die am Erwerbsvorgang beteiligten Personen Eigentum übertragen wollen. Sie geben dies durch **Willenserklärung** bekannt. Der bisherige Eigentümer bringt zum Ausdruck, dass er Eigentum an einer Sache auf einen anderen übertragen wolle, der andere Teil erklärt, dass er dieses Eigentum erwerben wolle **(dingliche Einigung)**.

Die übereinstimmenden Willenserklärungen in Richtung auf den Eigentumsübergang unterscheiden sich also ihrer Art nach nicht von den Willenserklärungen, die das Verpflichtungsgeschäft zustande gebracht haben.

Es ist deshalb nur konsequent, auf diese Willenserklärungen auch die **allgemeinen Regeln über Willenserklärungen** für anwendbar zu erklären. Auf die Einigung finden daher die Grundsätze zur Geschäftsfähigkeit (§§ 104 ff.) ebenso Anwendung wie die Vorschriften über den Vertragsschluss (§§ 145 ff.), Bedingung und Befristung (§§ 158 ff.), Vertretung und Vollmacht (§§ 164 ff.) usw.

BEISPIELE

a) Ein 6-jähriges Kind kann sich nicht wirksam über den Erwerb des Eigentums einigen (§ 104 Nr. 1).

b) Ein 17-Jähriger kann nur unter den Voraussetzungen der §§ 106 ff. Eigentum erwerben, wenn er also die Einwilligung der gesetzlichen Vertreter hat, wenn er einen lediglich rechtlichen Vorteil erlangt usw. (vgl. §§ 107, 110, 112, 113) Gem. § 107 kann ein beschränkt Geschäftsfähiger immer wegen des lediglich rechtlichen Vorteils Eigentum erlangen.

c) Die Einigungserklärung des Veräußerers kann durch einen Vertreter abgegeben werden oder von einem Vertreter des Erwerbers entgegengenommen werden (§ 164).

Die Einigung i. S. d. § 929 Satz 1 wird auch dingliches Rechtsgeschäft oder dinglicher Vertrag genannt.

Durch die Einigung allein vollzieht sich der Eigentumsübergang noch nicht. Um das Rechtsgeschäft wegen der dinglichen Wirkung (vgl. 1.1) für alle sichtbar zu machen, verlangt § 929 Satz 1 zusätzlich die **Übergabe** der Sache **(Besitzverschaffung)**. Es wird also in diesem »Normalfall« vorausgesetzt, dass der Veräußerer im unmittelbaren Besitz der Sache ist und den Besitz dem Erwerber einräumt (§ 854 Abs. 1 oder 2), so dass der Erwerber in der Lage ist, **Sachherrschaft** auszuüben.

Unter Übergabe ist die Verschaffung der Sachherrschaft zu verstehen. Sie kann als das für den Rechtsverkehr sichtbare Merkmal des Eigentumswechsels angesehen werden.

Nach § 929 Satz 1 BGB kann nur der Eigentümer die Sache bzw. genauso genommen das Eigentum an der Sache auf den Erwerber übertragen. Die Vorschrift stellt zunächst klar, dass das **Eigentum** regelmäßig nur **der übertragen kann, der selbst Eigentümer ist**. (Zur Möglichkeit des gutgläubigen Erwerbs unter bestimmten Voraussetzungen vgl. E 4.)

Von dem Grundsatz gibt es allerdings Ausnahmen:

a) In einigen Fällen wird dem Eigentümer einer Sache das sonst im »Eigentum« enthaltene Recht entzogen, über das Eigentum zu verfügen. Der Eigentümer verliert also nicht das Eigentum, aber die Möglichkeit, mit der Sache nach Belieben zu verfahren.

BEISPIEL

Über das Vermögen des A ist das Insolvenzverfahren eröffnet (vgl. §§ 16 ff. InsO).

LÖSUNG Damit verliert A die Befugnis, sein zur Insolvenzmasse gehörendes Vermögen zu verwalten und darüber zu verfügen. Dieses Recht steht nunmehr ausschließlich dem Insolvenzverwalter zu (§ 80 InsO).

b) Der Eigentümer kann das Recht, über Sachen zu verfügen, auf andere **übertragen**. Er verliert weder Eigentum noch die Möglichkeit, selbst Verfügungen zu treffen (vgl. § 137), aber der andere kann durch die Erlaubnis nun ebenfalls als Berechtigter über das Eigentum verfügen (§ 185 Abs. 1).

BEISPIEL

A erlaubt B, während As Urlaub dessen Auto zu verkaufen und zu übereignen.

In diesen Fällen können also Personen, die **nicht Eigentümer** sind, dennoch **wirksam Eigentum** übertragen. Maßgebend ist also nicht ausschließlich das Eigentum, vielmehr die Erlaubnis, wie ein Eigentümer zu verfügen (**Verfügungsbefugnis**). Verfügungsbefugnis ist die Fähigkeit, als Berechtigter über eine Sache verfügen zu können. Damit sind alle Tatbestandsmerkmale genannt, die Rechtsfolge kann eintreten: Eigentumsübergang auf den Erwerber.

Zur Übertragung des Eigentums i. S. d. § 929 Satz 1 sind Einigung, Übergabe und Verfügungsbefugnis des Veräußerers erforderlich.

FALL 36

Der Student S will sich ein Motorrad kaufen. Nach kurzer Verhandlung mit dem Verkäufer V der Fa. Interauto kommt es zum Vertragsschluss. V übergibt dem S die Fahrzeugpapiere und die Schlüssel. S setzt sich auf die bereitstehende Maschine und fährt davon. Ist S Eigentümer geworden?

3.3 Eigentumserwerb nach § 929 Satz 2 BGB

In bestimmten Fällen verlangt der Gesetzgeber ausnahmsweise nicht das Vorliegen aller Tatbestandsmerkmale des § 929 Satz 1.Er trägt damit anderen, vor allem wirtschaftlichen Überlegungen Rechnung, um nicht durch zu strenge (formalistische) Voraussetzungen den Eigentumserwerb unnötig zu erschweren.

Für den Fall, dass der zukünftige **Erwerber** des Eigentums **bereits im Besitz der Sache** ist, reicht es nach § 929 Satz 2 aus, dass der Verfügungsberechtigte und der Erwerber sich über den Eigentumsübergang einigen. Die Übergabe hat – wenn auch unter Umständen aus anderem Rechtsgrund – bereits stattgefunden, und es ist unnötig, zunächst den Besitz auf den Eigentümer zurückzuübertragen, um dann erneut dem Erwerber Besitz zu verschaffen (so genannte **Übergabe kurzer Hand**).

Ist der Erwerber also bereits im Besitz der Sache, wird er durch bloße Einigung mit dem verfügungsbefugten Veräußerer neuer Eigentümer (§ 929 Satz 2).

BEISPIELE

a) A hat dem B ein Kraftfahrzeug vermietet (und übergeben, vgl. § 535). Während der Mietzeit entschließen sich beide, auch das Eigentum zu übertragen.

LÖSUNG Die Einigung des Eigentümers A und des Erwerbers B reicht aus, um gem. § 929 Satz 2 wirksam Eigentum auf B zu übertragen.

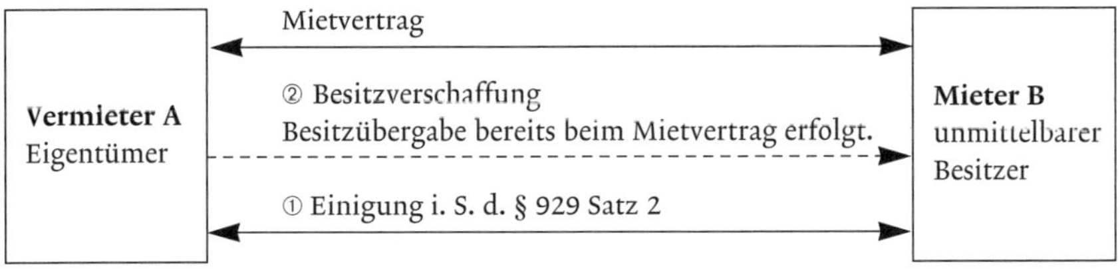

b) X hat auf der Straße einen Ring gefunden. Als X den Y als Eigentümer ermittelt hat und den Ring zurückgeben will, schenkt ihm Y aus Dankbarkeit den Ring.

LÖSUNG X wird Eigentümer nur durch Einigung zwischen X und Y über den Eigentumserwerb am Ring (§ 929 Satz 2).

3.4 Eigentumserwerb durch Besitzkonstitut (§ 930 BGB)

§ 930 enthält einen weiteren Sondertatbestand der Eigentumsübertragung. Veräußerer und Erwerber möchten Eigentum übertragen, der Veräußerer möchte aber den Gegenstand noch behalten und (z. B. als Mieter, Entleiher usw.) nutzen.

Der Eigentumsübergang könnte natürlich gem. § 929 Satz 1 bewerkstelligt werden. Der (neue) Eigentümer könnte dann, wie beabsichtigt, dem Veräußerer die Sache vermieten, leihen etc. und zu diesem Zweck den Besitz (zurück-)übertragen.

Auch hier hat sich der Gesetzgeber für den einfacheren und wirtschaftlichen Weg entschieden. Es ist nicht erforderlich, den unmittelbaren Besitz der Sache zu übertragen, ausreichend ist im Falle des § 930 die **Begründung des mittelbaren Besitzes** des neuen Eigentümers durch ein konkretes Besitzmittlungsverhältnis i. S. d. § 868 (s. 2.2.1).

Der bisherige Eigentümer bleibt im (unmittelbaren) Besitz der Sache, begründet aber mittelbaren Besitz des neuen Eigentümers und einigt sich mit ihm über den Eigentumsübergang. Rechtsfolge ist: Der Erwerber wird Eigentümer. Die Übergabe der Sache (Verschaffung der tatsächlichen Sachherrschaft durch körperliche Übergabe) wird also ersetzt (»surrogiert«) durch die Begründung eines **Besitzmittlungsverhältnisses**. Man nennt dies **Besitzkonstitut**.

Zum Eigentumserwerb nach § 930 bedarf es mithin der Einigung zwischen Eigentümer und Erwerber und der Vereinbarung eines so genannten Besitzkonstituts nach § 868.

BEISPIEL

Der Student S braucht dringend Geld. Er verkauft und übereignet deshalb seine Bücher an K, vereinbart aber, sie noch bis zum Examen unentgeltlich behalten zu dürfen.

LÖSUNG K wird Eigentümer durch Einigung und Vereinbarung eines Besitzkonstituts. Zwischen S und K wird zusätzlich ein Leihvertrag abgeschlossen, wonach S die Bücher bis zum Examen behalten darf, dann aber zur Herausgabe verpflichtet ist. K ist mittelbarer Eigenbesitzer, S ist unmittelbarer Fremdbesitzer (vgl. die folgende Skizze).

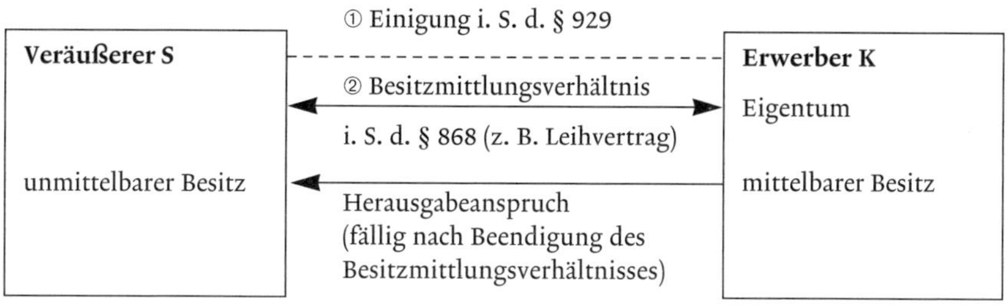

HINWEIS:
Aus § 930 BGB ergibt sich im Umkehrschluss, dass »Besitz« i. S. d. § 929 Sätze 1 und 2 nur der unmittelbare Besitz sein kann.

3.5 Eigentumserwerb nach § 931 BGB

Auch § 931 bewirkt Eigentumsübergang durch Vereinbarung eines Übergabesurrogats. Ein Dritter ist im (unmittelbaren) Besitz der Sache. Der Veräußerer/Eigentümer kann daher die Sache nicht körperlich übergeben. Die Übergabe kann in § 931 dadurch ersetzt werden, dass der Veräußerer den (bestehenden) **Anspruch auf Herausgabe** gegen den unmittelbaren Besitzer **abtritt**.

Es sind daher zwei Fallgestaltungen möglich:

1. Der Veräußerer hatte **mittelbaren Besitz**, weil er mit einem Dritten ein Besitzmittlungsverhältnis begründet hat.

BEISPIEL
Veräußerer V hatte die Sache an D verliehen.
LÖSUNG D ist unmittelbarer Besitzer, V ist mittelbarer Besitzer und Eigentümer.

2. Der Veräußerer hat keinen mittelbaren Besitz, weil der Dritte die Sache ohne Erlaubnis an sich genommen hat.

BEISPIEL
D hatte die Sache dem V gestohlen.
LÖSUNG D ist unmittelbarer Besitzer, V hat keinen Besitz, ist aber Eigentümer geblieben.

In beiden Fällen hat der Veräußerer einen Rückgabe- oder Herausgabeanspruch gegen den unmittelbaren Besitzer (z. B. aus §§ 604, 985, 823 Abs. 1, § 823 Abs. 2 i. V. m. § 242 StGB).

Dieser Anspruch muss **zusätzlich** zu der Einigung zwischen Veräußerer und Erwerber abgetreten werden, um den Übertragungsvorgang zu beenden. Dies geschieht durch i. d. R. **formlosen Abtretungsvertrag** (vgl. §§ 398 ff., C6), der den Herausgabeanspruch gegen den Dritten auf den Erwerber übergehen lässt. Zu beachten ist, dass jedoch der Anspruch aus § 985 direkt aus der Eigentümerstellung folgt und aus diesem Grund nicht abtretbar ist (Palandt, § 985, Rn. 1).

Der Eigentumserwerb gem. § 931 setzt neben der Einigung zwischen Veräußerer und Erwerber die Abtretung eines bestehenden Herausgabeanspruchs gegen den unmittelbaren Besitzer voraus.

BEISPIEL

Die Hochschule in L will einige ältere Bücher aussondern und an den Antiquar A verkaufen. Einige der Bücher sind noch an den Studenten S verliehen.

LÖSUNG Es liegt ein Eigentumserwerb des A durch Einigung und Abtretung des Herausgabeanspruchs gegen den Studenten S (§§ 931, 398 ff.) vor, vgl. die folgende Skizze.

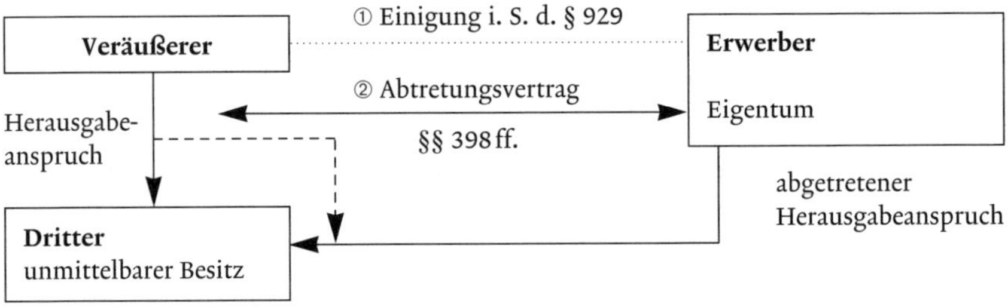

FALL 37

Z möchte der X eine Kette schenken. Kurz vor dem Geburtstag der X wird die Kette von dem Landstreicher L gestohlen. Kann Z Eigentum übertragen?

3.6 Rechtsfolgen des Eigentumserwerbs

Liegt einer der Tatbestände §§ 929 Satz 1, 929 Satz 2, 930 oder 931 vor, so hat damit der **Veräußerer** das **Eigentum verloren**, der **Erwerber** ist **Eigentümer geworden** und kann nunmehr die aus dem Eigentum herrührenden Rechte geltend machen.

4 Gutgläubiger Eigentumserwerb vom Nichtberechtigten

4.1 Überblick

Niemand kann mehr Rechte übertragen, als er selbst besitzt. Dieser aus dem römischen Recht stammende Grundsatz scheint auf den ersten Blick einleuchtend, berücksichtigt aber nicht das rechtspolitische Problem, wie der **Interessenkonflikt zwischen Eigentumserhaltung** (des bisherigen Eigentümers) **und dem Vertrauensschutz des Dritterwerbers** bzw. der Funktionsfähigkeit des Rechtsverkehrs zu lösen ist.

BEISPIEL

A verkauft und übereignet an B ein Buch, das er aus der Stadtbücherei entliehen hatte. B hält den A für den Eigentümer.

Nach römischem Recht hätte B in obigem Beispiel niemals Eigentümer werden können, obwohl er alles Erforderliche getan hatte, um Eigentümer zu werden, insbesondere Besitz erlangt und sich mit A geeinigt hatte.

Ausgehend von der **Publizitätsfunktion** des Besitzers (vgl. 3.2), ermöglicht das BGB unter bestimmten Voraussetzungen Eigentumserwerb auch von einem Nichteigentümer.

Gem. § 1006 Abs. 1 Satz 1 gilt derjenige, der eine bewegliche Sache besitzt, als Eigentümer der Sache (**widerlegbare Vermutung**). Es ist daher nur konsequent, dass der vermutete Eigentümer auch dieses Eigentum übertragen kann, selbst wenn er es tatsächlich nicht hat. Einzige zusätzliche Voraussetzung ist, dass der Erwerber von der Richtigkeit der Eigentumsvermutung ausgeht (ausgehen darf), dass er also in Bezug auf das Eigentum des Veräußerers gutgläubig ist. Den Vorschriften über den rechtsgeschäftlichen Eigentumserwerb entsprechen die **Vorschriften über den gutgläubigen Eigentumserwerb**:

Rechtsgeschäftlicher Eigentumserwerb	**Gutgläubiger Eigentumserwerb**
§ 929 Sätze 1 und 2	§ 932 Abs. 1
§ 930	§ 933
§ 931	§ 934

4.2 Gutgläubiger Eigentumserwerb nach § 932 Abs. 1 BGB

a) Die Vorschrift setzt zunächst einen »normalen« Veräußerungsvorgang nach § 929 Sätze 1 oder 2 voraus. Erforderlich sind also Einigung und körperliche Übergabe (§ 929 Satz 1) oder lediglich Einigung (§ 929 Satz 2). Die besondere Regelung für den Veräußerungsvorgang gem. § 929 Satz 2 bedeutet, dass der unmittelbare Besitz des Erwerbers auf den Veräußerer zurückgehen muss.
Nach dem Wortlaut des § 932 Abs. 1 wird nicht verlangt, dass der Veräußerer Eigentümer ist. Das Vorliegen der Voraussetzungen führt demnach zum Eigentum des Erwerbers, es sei denn, er ist »**nicht in gutem Glauben**«. Maßgeblicher Zeitraum für den guten Glauben ist i. d. R. der Zeitraum von Einigung bis zur Übergabe, bis zur Vollendung des Rechtserwerbs.

b) Das Gesetz enthält keine Definition des »**guten Glaubens**«. **Vielmehr wird in § 932 Abs. 2 (für den gesamten Bereich gutgläubigen Erwerbs) negativ definiert, dass nicht gutgläubig (also »bösgläubig«) ist, wem bekannt oder infolge grober Fahrlässigkeit unbekannt sei, dass die veräußerte Sache nicht dem Erwerber gehört.**

c) Das positiv bestimmte Merkmal »bekannt« bedarf keiner weiteren Erläuterung: Wer weiß, dass ein anderer Nicht-Eigentümer ist, ist bösgläubig.

Der Begriff der (einfachen) Fahrlässigkeit ist in § 276 Abs. 2 erläutert.

Fahrlässig handelt, wer die im Verkehr erforderliche Sorgfalt außer Acht lässt. Auszugehen ist dabei von den objektiven Erfordernissen, die der Personengruppe entsprechen, zu der der Erwerber gehört.

Anders als z. B. im Strafrecht gilt im BGB kein individueller, personenbezogener, sondern ein abstrakt gültiger Sorgfaltsmaßstab. Erforderlich ist das Maß an Umsicht und Sorgfalt, das nach dem Urteil besonnener und gewissenhafter Angehöriger der betreffenden Personengruppe bei dem Handelnden zu erwarten ist (so – gekürzt – BGH vom 15. 11. 1971 NJW 1972, 151). Die Anforderungen sind daher je nach Art der Handlung und Personengruppe verschieden.

Die in § 932 Abs. 2 geforderte **grobe Fahrlässigkeit** ist eine Verschärfung der Voraussetzungen, sie stellt eine **Verletzung der Sorgfaltspflichten »in ungewöhnlich grobem Maße«** dar. Es muss dasjenige »unbeachtet geblieben sein, was im gegebenen Fall jedem einleuchten müsste« (BGH vom 10. 05. 1994 NJW 94, 2093). D. h., für ihn muss bei nur durchschnittlichem

Merk- und Erkenntnisvermögen ohne besondere Aufmerksamkeit und besonders gründlichen Überlegungen aufgrund der Geschäftsumstände erkennbar gewesen sein, dass der Veräußer nicht der Eigentümer war (BGH vom 05.07.1978 WM 78, 1208).

BEISPIELE

a) Erwerb eines Kfz ohne Kfz-Brief ist ein Indiz für Bösgläubigkeit (BGHZ 119, 92). Dies gilt nicht für den Erwerb eines Neufahrzeugs bei Kfz-Händlern (BGH vom 09.02.2005 NJW 2005, 1365).
b) Erwerb eines Kfz, wenn der Brief auf fremden Namen lautet, dürfte i. d. R. mindestens grob fahrlässig sein.
c) Erwerb von Waren eines bekannt zahlungsschwachen Verkäufers erfordert besondere Nachprüfung, da Eigentumsvorbehalt Dritter bestehen könnte.
d) Ankauf von Waren zum Schleuderpreis oder unter ungewöhnlichen Umständen verpflichtet den Käufer zu besonderer Vorsicht, macht ihn aber nicht allein deshalb zum bösgläubigen Erwerber.

Es lässt sich – vereinfacht – folgende Formel bestimmen:

Bösgläubig ist, wer weiß, wissen musste oder wissen konnte, dass der Veräußerer nicht Eigentümer ist.

Ob dies vorliegt, kann nur im konkreten Einzelfall entschieden werden.

d) Zum Schutz des (wahren) Eigentümers und zu Lasten der Einfachheit des Rechtsverkehrs regelt die Vorschrift des § 935 Abs. 1, dass der Erwerb des Eigentums Kraft guten Glaubens ausgeschlossen ist, wenn die beweglichen Sachen dem Eigentümer gestohlen worden, verlorengegangen oder sonst **abhandengekommen** waren. Eine Sache ist dem Eigentümer immer dann abhandengekommen i. S. d. § 935 Abs. 1, wenn er den Besitz gegen oder ohne seinen Willen verloren hat. Nach § 935 Abs. 2 gilt dies nicht bei Geld, Inhaberpapieren und bei im Rahmen von öffentlichen Versteigerungen veräußerten Sachen.

Auch diese Regelung hat neben rechtshistorischen Motiven vor allem die Begründung, dass der Rechtsschein des § 1006 Abs. 1 in den Fällen des Abhandenkommens nicht vom Eigentümer veranlasst wurde. Die **Abwägung** geht daher **zugunsten des bisherigen Eigentümers** aus. Die Einschränkung des § 935 gilt auch für die im Folgenden zu besprechenden Erwerbstatbestände.

FÄLLE 38–39

FALL 38 A ist 17 Jahre alt. Er hat dem G Geld gestohlen und kauft bei C ein Moped. Kann C Eigentümer des Geldes werden?

FALL 39 X hat von Y eine Uhr geliehen bekommen. Die Uhr ist 5 000 € wert. X bietet dem Uhrenfachmann Z die Uhr zum Preis von 1 500 € an. Z beschließt, nicht weiter nach der Herkunft der Uhr zu fragen, um das gute Geschäft nicht zu verderben. Wird Z Eigentümer?

4.3 Gutgläubiger Eigentumserwerb gem. § 933 BGB

Die Vorschrift entspricht dem Übereignungstatbestand des § 930.Neben der Einigung wird zwischen Veräußerer (hier: Nichteigentümer) und Erwerber ein Besitzkonstitut vereinbart, das dem Erwerber zunächst mittelbaren Besitz an der Sache einräumt, während der Veräußerer unmittelbarer Besitzer bleibt (§ 868).

Der Erwerber wird – sofern er gutgläubig ist (§ 932 Abs. 2) – nicht bereits mit Einigung und Besitzkonstitut Eigentümer, sondern erst dann, wenn er (i. d. R. später) Besitzer wird. Regelfall dürfte unmittelbarer Besitzerwerb bei Beendigung des Besitzmittlungsverhältnisses sein, ausreichend ist jedoch auch der Erwerb lediglich mittelbaren Besitzes, wenn nämlich der

Veräußerer die Sache einem Dritten herausgibt. Maßgebend ist jedenfalls der völlige **Besitzverlust des Veräußerers** (mittelbar oder unmittelbar) und derivativer Besitzerwerb vom Veräußerer (also vom Veräußerer abgeleiteter Besitzerwerb: RG 137, 24; Palandt § 933 Anm.1; Erman § 932 Rn. 2).

Maßgebender Zeitpunkt für die Gutgläubigkeit ist die Übergabe, d. h., der Erwerber muss auch noch bei der Übergabe gutgläubig sein.

FALL 40

A ist Mieter einer Schreibmaschine, die X gehört. Er verkauft und übereignet die Maschine am 02.10.15 an B, vereinbart aber gleichzeitig, die Maschine noch bis zum 31.10.15 behalten zu dürfen, um sie beruflich zu benutzen. Wird B Eigentümer? Wann?

4.4 Gutgläubiger Eigentumserwerb gem. § 934 BGB

§ 934 baut auf dem Übereignungstatbestand des § 931 auf. Im Rahmen des § 931 wird durch Einigung und – als Übergabesurrogat – Abtretung des Herausgabeanspruchs das Eigentum übertragen. Während jedoch § 931 nicht auf die rechtliche Qualität des Herausgabeanspruchs abstellt – von Bedeutung ist lediglich, dass ein Herausgabeanspruch überhaupt besteht – unterscheidet § 934 zwischen zwei Fallgestaltungen:

a) Der **Veräußerer** (Nichteigentümer) ist **mittelbarer Besitzer** und hat einen Herausgabeanspruch aufgrund Besitzmittlungsverhältnisses. In diesem Fall geht mit dem Abtretungsvertrag die Besitzposition des Veräußerers auf den Erwerber über. Der Erwerber des mittelbaren Besitzes wird, wenn er gutgläubig ist, mit der Abtretung Eigentümer (§ 934, 1.Alt.). Die Gutgläubigkeit muss bis zur Abtretung bestehen, spätere Kenntnis der wahren Sachlage ist unschädlich.

BEISPIEL

Der Mieter einer Sache hat diese weitervermietet (Untervermietung). Während der Untermietdauer übereignet er die Sache an einen gutgläubigen Dritten und tritt den Herausgabeanspruch gegen den Untermieter ab.

LÖSUNG Der Dritte wird mit der Abtretung mittelbarer Besitzer und Eigentümer.

b) Fehlt dem **Veräußerer nicht** nur das Eigentum, sondern auch die Position des **mittelbaren Besitzers**, so reicht die Abtretung eines Herausgabeanspruchs für den gutgläubigen Eigentumserwerb nicht aus. Der Erwerber kann erst dann Eigentümer werden, wenn er **zusätzlich** den **Besitz der Sache** von dem Dritten erlangt. Der Besitz muss dabei aufgrund des Veräußerungsgeschäfts erlangt sein (§ 934, 2.Alt.). Der gute Glaube muss in diesem Fall noch bis zum Besitzerwerb bestehen.

BEISPIEL

Der Grundstücksnachbar hat sich – ohne zu fragen – von X einen Rasenmäher »ausgeliehen«, den X selbst auf Abzahlung gekauft hatte. Der Verkäufer hatte sich das Eigentum vorbehalten, die Kaufpreiszahlung war noch nicht vollständig erbracht.

X veräußert den Rasenmäher an den gutgläubigen G, indem er G den Herausgabeanspruch gegen seinen Nachbarn abtritt und verständigt diesen.

LÖSUNG G wird durch Einigung und Abtretung vom Nichteigentümer X noch nicht neuer Eigentümer. X hatte zwar einen Herausgabeanspruch (z. B. §§ 861, 1007), war aber gegenüber dem Nachbarn nicht mittelbarer Besitzer. G wird erst mit der Aushändigung durch den Nachbarn Eigentümer, wenn er zu dieser Zeit noch in gutem Glauben an das Eigentum des X ist.

4.5 Zusammenfassung

Eigentum an beweglichen Sachen kann erworben werden **vom Berechtigten** aufgrund der Vorschriften §§ 929 bis 931.Fehlt dem Veräußerer das Eigentum, so kann ein **gutgläubiger Erwerber** dennoch Eigentümer nach Maßgabe der Vorschriften §§ 932–934 werden, wenn die Sache nicht gegen oder ohne Willen des wahren Eigentümers diesem abhandengekommen ist.

Liegen die Eigentumserwerbsvoraussetzungen vor, so wird der Erwerber neuer Eigentümer, der **bisherige Eigentümer verliert sein Recht** an der Sache. Das gutgläubig erworbene Eigentum ist rechtlich vollwertig (str.). Der bisherige Eigentümer kann vom neuen Eigentümer **weder Herausgabe noch Ersatz** verlangen. Er ist wegen seines Verlustes auf die Rechtsbeziehungen zum Verfügenden (Nichtberechtigten) zu verweisen (Ausnahme § 816 Abs. 1 Satz 2 bei unentgeltlicher Verfügung).

5 Rechtsgeschäftlicher Eigentumserwerb an Grundstücken

Zur Übertragung des Eigentums an einem Grundstück, zur Belastung des Grundstücks mit einem Recht sowie zur Übertragung oder Belastung eines solchen Rechts bedarf es der rechtsgeschäftlichen Vereinbarung über die Rechtsänderung **(Einigung)** und der **Eintragung** der Rechtsänderung **in das Grundbuch** (§ 873 Abs. 1).

Der Eigentumserwerb an Grundstücken besteht wie der Eigentumserwerb an beweglichen Sachen aus einem Willenselement (Einigung) und einem tatsächlichen, nach außen sichtbaren Vollzugselement (Eintragung ins Grundbuch). Das Grundstück kann ja schließlich nicht übergeben werden.

5.1 Einigung

Einigung ist das durch korrespondierende Willenserklärungen der Beteiligten zuwege gebrachte Rechtsgeschäft zwischen Erwerber und Veräußerer über den Eigentumsübergang.

Wegen des im Grundstück verkörperten Wertes und der i. d. R. einschneidenden Vermögensänderung bei Grundstücksveräußerungen hat der Gesetzgeber nicht nur das schuldrechtliche Geschäft (also z. B. den Kaufvertrag) unter besondere Formvorschriften gestellt (vgl. § 311b). Auch für die (dingliche) Einigung reichen formlose Einigungserklärungen nicht aus.

Die Einigung über den Eigentumsübergang an einem Grundstück **(Auflassung)** ist

- bei **gleichzeitiger Anwesenheit** beider Teile
- vor einer **zuständigen Stelle**
- **unbedingt** und **unbefristet**

zu erklären (§ 925 Abs. 1 und 2).

Diese Einigung steht somit unter dem schärfsten Formzwang, den das BGB kennt (s. B2.5, Form der Willenserklärung).

Im Gegensatz zu § 128 reicht die sukzessive Abgabe der erforderlichen Willenserklärungen nicht aus, Veräußerer und Erwerber müssen gleichzeitig anwesend sein.

BEISPIEL

A und B haben sich mittags um 14.00 Uhr für den Notar verabredet. Um 14.00 Uhr erscheint jedoch nur A und gibt seine Willenserklärung vor dem Notar ab. Um 15.00 Uhr erscheint B und nimmt das Angebot an.

LÖSUNG Eine wirksame Einigung ist beim Grundstücksgeschäft nicht erklärt worden

Zuständige Stelle in § 925 ist vor allem der Notar (Abs. 1 Satz 2), aber auch weitere Amtsstellen sind zur Entgegennahme der Auflassung befugt (z. B. jedes Gericht beim Prozessvergleich, deutsche Berufskonsuln u. a.).

Für Gang und Inhalt der Beurkundung ist das Beurkundungsgesetz maßgebend (BeurkG vom 28. 08. 1969 BGBl I 1969, 1513).

Bedingungen und Befristungen der Auflassungserklärungen sind nicht statthaft (§ 925 Abs. 2), sie führen zur Unwirksamkeit (Nichtigkeit § 125 Satz 1; anders bei der Übereignung beweglicher Sachen, vgl. z. B. Eigentumsvorbehalt).

Die Einigung muss die gewollte Rechtsänderung mit allen Einzelheiten erkennen lassen, insbesondere das Grundstück und das gewollte (Teil-)Recht nach Art und Umfang eindeutig und zweifelsfrei bezeichnen.

BEISPIEL

Der Verkäufer X erklärt dem Notar: Ich verkaufe und übertrage an Y das mit einer Hypothek zugunsten des Z belastete Grundstück in Ludwigsburg, Ludwigsgasse 9, Flurstücks-Nr. 47011 zu Eigentum. Der Käufer Y erklärt: Ich will das bezeichnete Grundstück als Eigentümer erwerben.

LÖSUNG Die Auflassung (soweit die anderen Voraussetzungen gegeben sind) ist wirksam.

In der **Praxis** wird vor dem Notar lediglich der obligatorische Kaufvertrag (§§ 433, 311b) geschlossen; die Auflassung wird durch Bevollmächtigte (i. d. R. Notariatsangestellte) unter Befreiung vom Verbot des § 181 erteilt.

5.2 Grundbucheintragung

5.2.1 Das Grundbuch

Das Grundbuch ist ein **staatliches Register** für Grundstücke und Rechte an Grundstücken. Für die Führung des Grundbuchs sind die Amtsgerichte (§ 1 Grundbuchordnung – GBO –), in Baden-Württemberg die Grundbuchämter zuständig (§ 1 Abs. 3 des Landesgesetzes über die freiwillige Gerichtsbarkeit vom 12. 05. 1975 GBl 1975, 116 ff. – LFGG).

Grundbuchämter bestehen i. d. R. in jeder Gemeinde.

Die Grundbücher werden in Baden-Württemberg vom Notar und seinen Hilfsbeamten geführt (§§ 17 Abs. 1 und 29 Abs. 1 LFGG). Notar ist im badischen Landesteil der Amtsnotar (Beamter des höheren Dienstes, § 17 Abs. 2 LFGG), in Württemberg der Bezirksnotar (Beamter des gehobenen Dienstes).

Aufgabe der Grundbuchämter ist es zunächst, die Grundstücke des Amtsbezirks in einem Register zu erfassen und das Register bei Rechtsänderungen, Veräußerungen, Übertragungen oder Belastungen fortzuschreiben.

In der Regel wird für jedes Grundstück ein besonderes Grundbuchblatt geführt (Realfolium, § 3 Abs. 1 GBO), in dessen Abteilungen die erforderlichen Eintragungen gemacht werden, und zwar

- im **Bestandverzeichnis** Angaben über Gemarkung, Lage, Wirtschaftsart und Bestand der Grundstücke, Größe;
- in **Abteilung I** die Bezeichnung des Eigentümers und des Rechtsgrundes der Eintragung;
- in **Abteilung II** die sonstigen Lasten und Beschränkungen des Grundstücks, den jeweils Berechtigten sowie Veränderungen und Löschungen dieser Belastungen (z. B. Dienstbarkeiten, Nießbrauch etc.);

- in **Abteilung III** die Grundpfandrechte (Hypotheken, Grundschulden, Rentenschulden) mit den jeweils Berechtigten und Angaben über den Schuldgrund und die Bedingungen der Pfandrechte.

Die Eintragungen sind in der **Reihenfolge ihres Eingangs** vorzunehmen (§ 17 GBO), dazu ist jeweils das Datum der Eintragung zu vermerken (§ 44 GBO), um damit bei mehreren Rechten ein Rangverhältnis herzustellen (vgl. 9.2.8).

Zur Eintragung ist i. d. R. ein **Antrag** (Antragsgrundsatz, § 13 GBO) und die **Bewilligung** des Berechtigten (Bewilligungsgrundsatz, § 19 GBO) erforderlich, in den Fällen des § 873 BGB die Einigung der Parteien (Einigungsgrundsatz, § 20 GBO).

Eintragungsfähig sind alle dinglichen Rechte an Grundstücken und grundstücksgleichen Rechte (z. B. Eigentum, ErbbauR, Hypotheken, Grundschulden und sonstige Grundpfandrechte) sowie bestimmte weitere eintragungsfähige Tatsachen nach Maßgabe der GBO.

Da weder die Grundbuchordnung noch das bürgerliche Recht ausdrückliche Bestimmungen darüber enthalten, welche Rechtsverhältnisse eintragungsfähig sind oder nicht, ist vom Zweck des Grundbuchs her ein Rahmen abzustecken, so dass jedenfalls nicht eintragungsfähig sind alle persönlichen Verhältnisse der Beteiligten, schuldrechtliche Rechtsbeziehungen etc. (vgl. Aufzählung in Palandt-Degenhart, vor § 873 Anm.9–12).

5.2.2 Die Eintragung

Anstelle der bei Grundstücken naturgemäß nicht möglichen körperlichen Besitzübergabe wird als Anzeichen der Rechtsänderung nach außen die Eintragung der Rechtsänderung in das Grundbuch verlangt. Erst mit der Eintragung ist die Rechtsänderung perfekt, erst dann ist beispielsweise der Erwerber auch Eigentümer geworden. Das Grundbuch erfüllt also die Aufgabe (wie die Besitzübergabe bei beweglichen Sachen), Rechtsänderungen sichtbar zu machen **(Publizitätsprinzip des Grundbuchs)**: Jeder, der ein berechtigtes Interesse hat, kann in das Grundbuch Einsicht nehmen (§ 12 Abs. 1 GBO).

Auch beim Eigentumserwerb an einem Grundstück geht das Gesetz grundsätzlich davon aus, dass der Veräußerer Berechtigter, d. h. in der Regel Eigentümer, ist.

Der Eigentumserwerb an Grundstücken setzt nach § 873 Abs. 1 Einigung zwischen Veräußerer und Erwerber in der Form des § 925 BGB (diese wird Auflassung genannt) und Eintragung in das Grundbuch voraus.

5.3 Gutgläubiger Eigentumserwerb an Grundstücken

Nach §§ 932 ff. BGB ist an beweglichen Sachen ein Eigentumserwerb vom Nichtberechtigten kraft guten Glaubens möglich. Es drängt sich die Frage auf, ob ein gutgläubiger Erwerb an unbeweglichen Sachen ebenfalls möglich ist.

a) Ist im Grundbuch für jemand ein Recht (z. B. »das Eigentum«) eingetragen, so wird **vermutet,** dass ihm das Recht zustehe (§ 891 Abs. 1).

Diese dem § 1006 Abs. 1 für bewegliche Sachen vergleichbare Vermutung, eröffnet auch bei Grundstücken die Möglichkeit, dass ein Erwerber vom Nichteigentümer Eigentum erwerben kann.

b) Erforderlich ist – wie bisher – zunächst der »normale« Erwerbsvorgang, Einigung zwischen (nichtberechtigtem) Veräußerer und Erwerber sowie Eintragung des Erwerbsvorgangs in das Grundbuch.

Besonderheit ist, dass der gute Glaube an das Eigentum des Veräußerers nicht ausreicht, nicht ausreichen kann, denn auch der Veräußerer musste ja zunächst ins Grundbuch eingetragen worden sein, um Eigentümer des Grundstücks zu werden.

Der Veräußerer muss also »als Eigentümer« im Grundbuch eingetragen sein, diese Eintragung muss falsch sein und der Erwerber darf dies nicht wissen: Er muss gutgläubig in Bezug auf die Richtigkeit des Grundbuchs sein.

Die Eintragung einer Person als Eigentümer im Grundbuch (ebenso: als Inhaber eines sonstigen Rechts am Grundstück) bewirkt einen **Rechtsschein:** Zugunsten des Erwerbers gilt der Inhalt des Grundbuchs als richtig und vollständig, es sei denn, der Erwerber kennt die Unrichtigkeit oder aus dem Grundbuch selbst ergibt sich die Unrichtigkeit (§ 892 Abs. 1).Der wahre Eigentümer kann nämlich die Eintragung eines Widerspruchs im Grundbuch verlangen, wenn das Grundbuch falsch ist, d. h. nicht die Rechtslage wiedergibt (§ 899). Ein solcher Eintrag ist durch Bewilligung des durch den Widerspruch Betroffenen oder – falls dieser sich weigert – durch einstweilige Verfügung eines Zivilgerichts möglich (§ 899 Abs. 2).

Gutgläubig i. S. d. § 892 ist, wer weder weiß noch durch Eintragung eines Widerspruchs im Grundbuch erkennt, dass das Grundbuch einen falschen Eigentümer bezeichnet.

Nur die positive Kenntnis schadet (im Gegensatz zu § 932 Abs. 2): Die **Legitimations-**(Rechtsschein-)**wirkung des Grundbuchs** ist somit wesentlich **stärker** als die des Besitzes bei §§ 932 ff.

Der gute Glaube kann sich nur auf eingetragene oder auf gelöschte Rechte beziehen (vgl. § 891 Abs. 1 und 2), ein guter Glaube an nicht eingetragene oder nicht eintragungsfähige Rechte (s. oben) bewirkt also keine Rechtsfolge.

Maßgebender Zeitpunkt für die Gutgläubigkeit ist nach § 892 Abs. 2 die Stellung des Antrags auf Eintragung, es sei denn, die Einigung folgt dem Antrag auf Eintragung zeitlich nach.

Rechtsfolge der im Wege guten Glaubens erfolgten Eintragung ist der Eigentumserwerb am Grundstück. Der Eingetragene ist sofort Berechtigter und kann gegenüber Dritten (auch dem früheren Eigentümer) als Eigentümer auftreten.

c) Die Unrichtigkeit des Grundbuchs kann verschiedene Ursachen haben: Das Grundbuch kann aus Verschulden des Grundbuchbeamten nicht der tatsächlichen Rechtslage entsprechen. Aber auch ohne Verschulden ist ein unrichtiges Grundbuch vorstellbar. Im Gegensatz zum materiellen Recht, in dem eine Rechtsänderung in aller Regel eine Einigung zwischen den Beteiligten voraussetzt **(materielles Konsensprinzip)**, reicht im formellen Grundbuchrecht häufig die einseitige Bewilligung des Betroffenen (vgl. §§ 19, 29 GBO und s. 5.2), um eine Eintragung zu erreichen. Zwar ist das Grundbuchamt gehalten, richtige Eintragungen vorzunehmen, es hat aber nicht in jedem Falle eine Nachprüfungsverpflichtung bezüglich der materiellen Rechtslage **(formelles Konsensprinzip)**.

Schließlich sind Fallgestaltungen denkbar, in denen sich durch nachträgliche Änderung der Sachlage die Rechtslage verändert darstellt.

BEISPIEL

Der Testamentserbe wird als neuer Eigentümer im Grundbuch eingetragen. Später findet sich ein weiteres, zeitlich späteres Testament, das einen anderen Grundstückserben bestimmt.

LÖSUNG Das Grundbuch ist unrichtig.

Zwar hat der wahre Eigentümer oder der Berechtigte bei Rechten am Grundstück die Möglichkeit, das Grundbuch ändern zu lassen. Er kann zu diesem Zweck die Zustimmung des fehlerhaft Eingetragenen verlangen, § 894 BGB (sogenannter Grundbuchberichtigungsanspruch). Hat der wahre Eigentümer/Berechtigte jedoch nicht vorsorglich einen Widerspruch gemäß § 899 eintragen lassen, muss er Verfügungen des eingetragenen Nichteigentümers an gutgläubige Dritte gegen sich gelten lassen.

FALL 41

Im Grundbuch ist versehentlich der A als Eigentümer eines Grundstücks eingetragen. Das Grundstück gehört dem X. A verkauft und übereignet das Grundstück an B, der zwar bezüglich der Rechtslage einige Zweifel hat, aber keine weiteren Nachforschungen anstellen will. Wenige Wochen später verkauft und übereignet der inzwischen ins Grundbuch eingetragene B das Grundstück an C weiter, der während der gesamten Zeit die Unrichtigkeit des Grundbuchs kannte.
Werden B und C Eigentümer?

5.4 Zusammenfassung der wichtigsten Übertragungstatbestände

	Schuldrechtliches Geschäft	Verfügungsgeschäft (Erfüllungsgeschäft)	
Bewegliche Sachen	Kauf, Tausch, Schenkung, Darlehen	Dingliche Einigung a) § 929 Satz 1 b) § 929 Satz 2 (Übereignung kurzer Hand) c) § 930 d) § 931 e) Gutgläubiger Erwerb §§ 932–934	Vollzug der dinglichen Einigung: zu a): Übergabe zu b): Vollzugsakt entfällt (unnötig, da Erwerber schon unmittelbarer Besitzer) Übergabesurrogate: zu c): Verschaffung des mittelbaren Besitzes (Besitzkonstitut) zu d): Abtretung des Herausgabeanspruchs
Grundstücke	Kauf, Tausch oder Schenkung	Dingliche Einigung Auflassung (§ 925) oder gutgläubiger Erwerb (§ 892)	Eintragung ins Grundbuch (§ 873 i. V. m. Grundbuchordnung)
Forderungen, Rechte	Kauf, Tausch oder Schenkung	Einigung über den Forderungsübergang (§ 398)	Vollzugsakt entfällt i. d. R., vgl. aber § 402

6 Eigentumserwerb an beweglichen Sachen und Grundstücken im Umsatzsteuerrecht

Das UStG knüpft in § 1 die Steuerbarkeit an das Vorliegen von Umsätzen an. Umsätze sind u. a. die Lieferungen und sonstigen Leistungen eines Unternehmers (vgl. Band 4, Meissner/Neeser, Umsatzsteuer, P1). Diese betreffen stets das zivilrechtliche Erfüllungs-(Verfügungs-) geschäft. Der Abschluss eines verpflichtenden Vertrags hat noch keine umsatzsteuerlichen Konsequenzen (s. C4.3.1). Das Erfüllungsgeschäft besteht häufig in der Übereignung von Sachen.

BEISPIEL

Die Erfüllung des Kaufvertrags, Schenkungsvertrags, Darlehensvertrags besteht u. a. in der Eigentumsverschaffung.

Dieser Übereignungstatbestand des BGB deckt sich teilweise mit dem umsatzsteuerlichen Begriff »Verschaffung der Verfügungsmacht« in § 3 Abs. 1 UStG, der sich insoweit auf das BGB bezieht, allerdings mit dem wirtschaftlichen Eigentum des Steuerrechts (vgl. § 39 Abs. 2 AO) über den zivilrechtlichen Eigentumsbegriff hinausgeht.

Verschaffung der Verfügungsmacht als Definition des Begriffs der Lieferung ist daher i. d. R. gegeben, wenn zivilrechtlich das Eigentum übertragen wird.

Dies gilt sowohl für die Fälle des rechtsgeschäftlichen Eigentumserwerbs an beweglichen Sachen (§§ 929–931, 932–934) wie auch an Grundstücken (§§ 873, 925, vgl. Band 4, Meissner/Neeser, Umsatzsteuer, C 4.2 zu Grundstücken und C 4.1 zu beweglichen Sachen).

Darüber hinaus ist eine Lieferung nach dem UStG aber auch dann anzunehmen, wenn eine zivilrechtliche Übereignung (noch) nicht zustande gekommen ist, wirtschaftlich aber Verfügungsmacht dadurch bereits verschafft wurde, dass ein Leistungsgeber mit Leistungswillen an einen Leistungsempfänger (mit Leistungsempfangswillen) einen Gegenstand i. S. d. UStG übertragen hat (z. B. in Fällen der Geschäfte mit Minderjährigen, bei Hehlerei, bei Lieferung unter Eigentumsvorbehalt, bei Kommissionsgeschäften zwischen Kommittent und Kommissionär oder im Bereich der Grundstückslieferungen, bei Übergang von Nutzen und Lasten vor dem zivilrechtlichen Eigentumsübergang).

7 Eigentumsvorbehalt

Die so genannten »Verträge **unter Eigentumsvorbehalt**« (am häufigsten: Kauf unter Eigentumsvorbehalt) spielen im Wirtschaftsleben eine bedeutende Rolle. Sie gehen alle von folgender Grundsituation aus: Zwei Parteien schließen einen zweiseitig verpflichtenden Vertrag. Eine Partei hat ihre vertraglichen Leistungen bereits erbracht, die andere noch nicht. Es besteht daher ein **Sicherungsbedürfnis** der vorleistenden Partei.

BEISPIEL

A verkauft, übergibt und übereignet dem B ein Fernsehgerät. Als Kaufpreis (Gegenleistung) soll der Käufer B »demnächst« das Auto des A reparieren.

LÖSUNG A hat seine vertragliche Verpflichtungen bereits in vollem Umfang erbracht (vgl. § 433 Abs. 1 Satz 1, § 929 Satz 1). Er hat aber – außer seinem Vertrauen in B – keine rechtliche Sicherung für den Fall, dass B seine Verpflichtung nicht erfüllt.

Um diese unbefriedigende Situation zu bereinigen, wird der Vorleistende nach einer Möglichkeit suchen, wenn schon nicht die Übergabe, so doch wenigstens die Übereignung bis zur Erbringung der Gegenleistung hinauszuzögern. Derjenige, der vorzuleisten hat, behält sich das Eigentum bis zur Erbringung der Gegenleistung vor (**Eigentumsvorbehalt**, vgl. § 449 Abs. 1).

Nach § 158 Abs. 1 können Rechtsgeschäfte unter aufschiebender Bedingung abgeschlossen werden. Tritt die Bedingung ein, so tritt auch die von der Bedingung abhängig gemachte Rechtswirkung ein (s. B2.14).

Im Gegensatz zu der begrifflich falschen Bezeichnung (»Kauf unter Eigentumsvorbehalt«) wird jedoch nicht das Verpflichtungsgeschäft von der Bedingung abhängig gemacht, sondern der durch das Erfüllungsgeschäft eintretende Rechtserfolg.

BEISPIEL

A verkauft an B durch einen »normalen« Kaufvertrag. Seine Erfüllungsleistung besteht gem. § 929 S. 1 in der Übergabe und Übereignung. Das dingliche Rechtsgeschäft wird aufschiebend bedingt abgeschlossen, § 449 Abs. 1: A einigt sich mit B über den Eigentumsübergang unter der aufschiebenden Bedingung, dass dieser seinerseits die geschuldete Leistung erbringt (§ 158 Abs. 1).

Tritt die Bedingung ein, wird nunmehr auch die aufschiebend bedingte Erfüllung vollständig, tritt die Bedingung nicht ein, hat der Vorleistende zumindest seine rechtliche Position als Eigentümer behalten.

BEISPIEL

Repariert B das Auto des A, dann ist er damit »automatisch« ohne weitere Handlung des A zum Eigentümer geworden. Repariert B nicht, so bleibt A Eigentümer des Fernsehgeräts.

Damit ist der gewollte Sicherungszweck erreicht.

Dieses nach allgemeinen Gesichtspunkten gefundene Ergebnis wird durch eine gesetzliche Vorschrift bestätigt. Für einen Einzelfall (wenn auch den am häufigsten vorkommenden) findet sich im Gesetz eine Regelung: § 449.Dort ist für den Fall, dass

- das Verpflichtungsgeschäft ein Kaufvertrag über eine bewegliche Sache ist,
- die Bezahlung durch den Käufer nicht vollständig erbracht ist und
- die aufschiebende Bedingung vollständige Zahlung des Kaufvertrags sein soll (»im Zweifel«)

die Rechtsfolge niedergelegt, dass der Verkäufer zum Rücktritt berechtigt ist (§ 346), wenn der Käufer mit der Zahlung in Verzug kommt.

Jede andere Bedingung ist ebenso zulässig.

Ablaufschema eines Kaufs unter Eigentumsvorbehalt

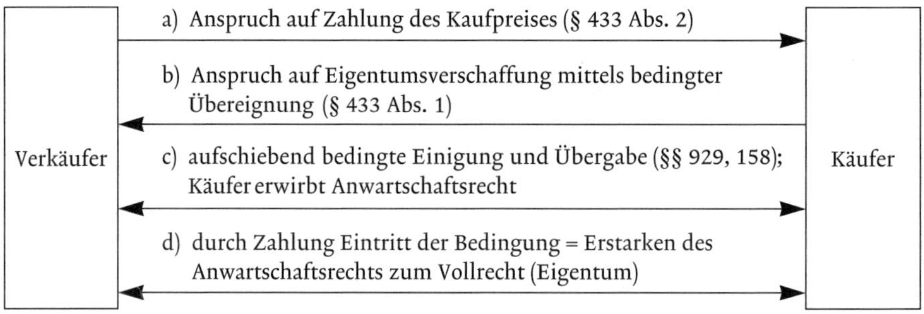

a) und b) = Verpflichtungsgeschäft (obligatorisches Geschäft)
c) und d) = Erfüllungsgeschäft (dingliches Geschäft)

7.1 Anwartschaftsrecht auf Eigentumserwerb

Während des **Schwebezustandes,** in dem die Bedingung noch nicht eingetreten ist, behält der aufschiebend Verfügende sein Recht. Der Verkäufer bleibt z. B. Eigentümer. Es ist daher nach der Rechtsposition des anderen Teils zu fragen.

BEISPIEL

B ist bereits unmittelbarer Besitzer des Fernsehgeräts (vgl. 7, erstes Beispiel), er hat aber seine Reparaturleistung noch nicht erbracht. Der Dieb D stiehlt dem B das Gerät. Welche Rechte hat B gegen D?

LÖSUNG B kann als Anwartschaftsberechtigter (noch) nicht gem. § 985 gegen den Dieb vorgehen, da er noch kein Eigentum hat. Er kann aber als Inhaber eines sonstigen Rechts gem. § 823 Abs. 1 Schadensersatz verlangen.

Um dem Erwerber gegenüber Dritten (aber auch gegenüber dem Veräußerer) eine durchsetzbare Rechtsstellung zu verschaffen, haben Rechtsprechung und Lehre dem Erwerber ein im Gesetz nicht verankertes **subjektiv dingliches Recht** zuerkannt, das so genannte **Anwartschaftsrecht** auf Erwerb des Eigentums (AWR). Ein AWR entsteht, wenn bei einem mehraktigen Entstehungstatbestand eines Rechts schon so viele Tatbestandsvoraussetzungen erfüllt sind, dass von einer gesicherten Rechtsposition des Erwerbers gesprochen werden kann, die der andere an der Entstehung des Rechts Beteiligte nicht mehr beseitigen kann (BGHZ 75, 221; 83, 395; 89, 41 (44)). Das AWR ist nach der Rechtsprechung bereits eine Vorstufe des zu erwerbenden Eigentums, ein »wesensgleiches Minus, das nach Wirkung und Bedeutung einem echten beschränkt dinglichen Recht nahekommt« (BGHZ 20, 88 (99)).

Diese Position ist auch gerechtfertigt, denn

- der Veräußerer hat bereits **alles zum Eigentumsübergang Erforderliche** getan,
- es braucht nur noch der **vom Veräußererwille unabhängige Bedingungseintritt** hinzukommen,
- der Veräußerer kann gegenüber dem Erwerber nicht mehr wirksam verfügen (§ 161 Abs. 1),
- der Veräußerer kann den Eigentumserwerb nicht verhindern (§ 162 Abs. 1).

Das AWR berechtigt den Erwerber bereits vor dem Eigentumserwerb Dritte abzuwehren (AWR ist ein sonstiges Recht i. S. d. § 823 Abs. 1). Der Erwerber kann **als Berechtigter** auch über das AWR verfügen, es z. B. nach §§ 929 ff. an Dritte übertragen.

Schließlich gibt das AWR dem Berechtigten auch im Insolvenzverfahren des Eigentümers und in der Einzelzwangsvollstreckung gegen den Eigentümer Vorzugsrechte (vgl. §§ 47 InsO, 771 ZPO).

7.2 Besonderheiten bei Verfügungen unter aufschiebender Bedingung

Vorbemerkung: Die im Folgenden angesprochenen Problembereiche finden sich bei allen Verfügungen unter aufschiebender Bedingung, werden jedoch wegen des auch in der zivilrechtlichen Praxis häufigen Zusammenhangs mit dem Eigentumsvorbehalt an dieser Stelle besprochen.

7.2.1 Verfügung des Vorbehaltseigentümers während der Schwebezeit

BEISPIEL

A hat eine Maschine an B unter Eigentumsvorbehalt verkauft. Die Bedingung ist noch nicht eingetreten. Bevor B seine letzte Rate bezahlt hat, möchte A an den besser bezahlenden C dieselbe Maschine verkaufen und übereignen. Kann er das? (Lösung s. unten).

Verpflichtungsgeschäfte kann jeder wirksam abschließen, wenn er die erforderlichen rechtsgeschäftlichen Voraussetzungen erbringt. Ob der Vertrag später erfüllt werden kann, ist für die Wirksamkeit des Verpflichtungsgeschäfts unmaßgeblich (§ 311a). Die Tatsache, dass jemand eine Sache bereits verkauft hat, hindert ihn nicht, über die gleiche Sache nochmals weitere Kaufverträge abzuschließen.

Eine andere Frage ist, ob der Vorbehaltsverkäufer auch zum Abschluss eines Verfügungsgeschäfts in der Lage ist. Da der Vorbehaltsverkäufer bis zum Eintritt der Bedingung Eigentümer bleibt und die Verfügungsbefugnis rechtlich nicht beschränkt ist (vgl. u. a. § 137), kann er als Berechtigter auch weiterhin Eigentum übertragen.

Allerdings ist die Vorschrift des § 161 Abs. 1 zu beachten. Danach ist die Verfügung im Fall des Eintritts der Bedingung insoweit unwirksam, als sie die von der Bedingung abhängige Wirkung vereiteln würde.

BEISPIEL

Die Fragestellung des obigen Sachverhalts lässt sich wie folgt beantworten.

LÖSUNG A kann daher die Maschine nochmals durch verpflichtenden Vertrag an C verkaufen (§ 433). A kann an C auch Eigentum übertragen, da er nach wie vor Eigentümer ist. Hat B seine letzte Rate bezahlt, so ist er Eigentümer geworden. Sein AWR erstarkt zu Eigentum, ohne dass A oder C dies verhindern könnten. Eine evtl. Eigentumsverschaffung von A an C ist B gegenüber nach § 161 unwirksam. Diese Unwirksamkeit besteht nur im Verhältnis zu C, aus diesem Grund wird hier von der so genannten relativen Unwirksamkeit gesprochen.

Anmerkung: C könnte zwar grds. gutgläubig erwerben, wenn er von der bedingten Übereignung an B nichts wusste und seine Unkenntnis auch nicht auf grober Fahrlässigkeit beruhte (§§ 934, 1. Alt., 161 Abs. 3). Nach § 936 Abs. 3 bleiben aber Rechte des unmittelbaren Besitzers an der Sache auch gegenüber dem gutgläubigen Erwerber bestehen, der nach §§ 929 Satz 1, 934 Eigentum erworben hat. C hat mit dem Anwartschaftsrecht belastetes Eigentum erworben, das durch die Restzahlung des B zu dessen Volleigentum wird (anders wäre die Lösung, wenn A den unmittelbaren Besitz behalten hätte: C hätte unbelastetes Eigentum erworben, und B hätte lediglich einen Schadensersatzanspruch aus § 160 Abs. 1 gegen A).

7.2.2 Verhinderung des Bedingungseintritts durch den Vorbehaltsverkäufer

BEISPIEL

Um im obigen Beispiel den Bedingungseintritt zu verhindern und dem C sein Eigentum zu erhalten, weigert sich A, die letzte Rate anzunehmen. Kann B dennoch Eigentümer werden?

LÖSUNG Auch ohne Zahlung der letzten Rate ist B Eigentümer geworden, wenn A gegen Treu und Glauben (§ 242) den Eintritt der Bedingung (Vollzahlung) verhindert (§ 162).

Der gleiche Gedanke, der bereits in § 161 zum Ausdruck kommt, findet seinen Niederschlag auch in § 162. Verhindert der Vorbehaltsverkäufer den Bedingungseintritt, so gilt die Bedingung als eingetreten.

7.3 Eigentumsvorbehalt im Geschäftsleben

Im Wirtschaftsleben wird der Eigentumsvorbehalt häufig branchentypischen Bedürfnissen angepasst (erweiterter EVB), da die Regelung in § 449 nur unvollkommen ist.

7.3.1 Der weitergeleitete Eigentumsvorbehalt

Der Vorbehaltskäufer (VB-Käufer) verpflichtet sich dem VB-Verkäufer gegenüber, die Kaufsache nur so weiterzuveräußern, dass das Eigentum des Verkäufers nicht beeinträchtigt wird. Dies kann dadurch erfolgen, dass

- der VB-Käufer **nur das Anwartschaftsrecht** veräußert (die Übertragung findet – wie beim Eigentum – nach § 929 statt),
- der VB-Käufer eine bedingte Übereignung an den Dritten mit Einwilligung des VB-Verkäufers (§§ 183, 185) vornehmen darf. Dazu müsste er allerdings dem Dritten offenlegen, dass er selbst VB-Käufer und damit noch nicht Eigentümer ist.

Der weitergeleitete EVB hat weniger praktische als systematische Bedeutung: Der VB-Käufer ist Anwartschaftsberechtigter. Er kann also ohne besondere »Erlaubnis« des Eigentümers (»als Berechtigter«) über das **AWR** verfügen. Dieses Recht kann nicht beschränkt werden (§ 137). Er könnte aber auch dem Dritten vorspiegeln, Eigentümer zu sein und damit gutgläubigen Erwerb des Dritten (Eigentumsverlust des VB-Verkäufers) ermöglichen (§ 932). Der VB-Verkäufer wäre dann auf Schadensersatzansprüche gegen den VB-Käufer zu verweisen, z. B. § 816.

7.3.2 Der verlängerte Eigentumsvorbehalt

Der »einfache« EVB ist immer dann hinderlich, wenn der VB-Käufer die Ware weiterveräußern möchte bzw. das Veräußern der Ware sein geschäftliches Betätigungsfeld entscheidend gestaltet.

BEISPIEL

Großhändler G liefert an den Einzelhändler E bis zur vollständigen Bezahlung unter EVB. E will die Ware jedoch an den Kunden K weiterveräußern, der naturgemäß Eigentum erwerben möchte.

Beim verlängerten EVB darf der VB-Käufer ausdrücklich Eigentum übertragen. Zu diesem Zweck vereinbaren VB-Verkäufer und VB-Käufer (im Beispiel also G und E) als Bestandteil des zwischen ihnen abgeschlossenen (Kauf-)Vertrags eine **Vorausabtretung** nach § 398 (vgl. C6).

Abgetreten wird der (Kaufpreis-)Anspruch, den der VB-Käufer durch Weiterveräußerung an einen Dritten erwirbt. Dass dieser Anspruch im Zeitpunkt des Erstgeschäfts noch gar nicht entstanden ist, hindert die Wirksamkeit der Abtretung nicht. Ausreichend ist, dass der abgetretene – künftig entstehende – Anspruch zumindest individualisierbar ist. Das bedeutet, der Anspruch muss weder genau bestimmt, nicht einmal bestimmbar sein, sondern lediglich von anderen Ansprüchen unterscheidbar (vgl. BGHZ 7, 365 u. a.).

Damit wird bei Entstehen der Kaufpreisforderung des VB-Käufers der VB-Verkäufer unmittelbar Gläubiger dieses Anspruchs. Um diese (stille) Zession nicht dem Erwerber gegenüber aufdecken zu müssen, wird i. d. R. **zusätzlich** eine **Einziehungsermächtigung** des VB-Käufers vereinbart.

BEISPIEL

G erlaubt E den geschäftsüblichen Weiterverkauf, d. h. die Übertragung des Eigentums an K, der damit Eigentümer wird. Gläubiger der Kaufpreisforderung aus dem Kaufvertrag E–K wird durch die vorherige Abtretung zwischen G und E der Großhändler, der dem E jedoch die Möglichkeit einräumt, den Kaufpreis von K einzuziehen, d. h. wie ein »normaler« Verkäufer aufzutreten. Selbstverständlich muss nun noch E »seinen« Kaufpreis an G herausgeben.

Die Vorausabtretung ist daher ein Fall der Sicherungsabtretung (s. C 6 – stille Zession – und E 8.4).

Ein dem Weiterverkauf vergleichbares Problem stellt sich bei der Weiterverarbeitung von Sachen, die unter EVB geliefert worden sind.

BEISPIELE

a) Schneider S näht aus Stoffen, die er unter EVB bezogen hat, Anzüge.
b) T ist Schreiner. Er baut Schränke unter Verwendung von einheimischem Edelholz, das ihm unter EVB geliefert worden ist.
c) Bauunternehmer B hat unter EVB geliefertes Material zur Erstellung eines Gebäudes auf dem Grundstück des G verwendet.
d) Mechaniker M baut ein Ersatzteil (EVB des Lieferanten) in eine Maschine des Auftraggebers A ein.

In §§ 946 ff. trifft das Gesetz grundsätzlich nicht vertraglich abdingbare Regelungen für die Fälle der Verbindung (§§ 946, 947), Vermischung (§ 948) und Verarbeitung (§ 950), denen eines gemeinsam ist: Der Eigentümer des Grundstücks (§ 946) oder der Hauptsache (§ 947 Abs. 2) bzw. der Hersteller der neuen beweglichen Sache (§ 950) werden Eigentümer. Die Sicherung des VB-Verkäufers geht verloren.

BEISPIELE

a) Der Schneider S (s. o.) wird grundsätzlich als »Hersteller« i. S. d. § 950 Eigentümer der Anzüge, der EVB erlischt.
b) Das Gleiche gilt für die Schränke (s. o.).
c) Der Grundstückseigentümer bzw. der Auftraggeber werden i. d. R. Eigentümer (§§ 946, 947).

Deswegen wird der VB-Verkäufer in solchen Fällen einen **verlängerten EVB mit Verarbeitungsklausel** vereinbaren. Das Eintreten der §§ 946 ff. kann der VB-Verkäufer hiermit zwar nicht verhindern. Er kann jedoch die Folgen abzumildern versuchen:

In den Fällen des § 950 kann eine Vereinbarung getroffen werden, wer als »Hersteller« gilt (h. M.). Dementsprechend regeln VB-Verkäufer und VB-Käufer, dass der VB-Verkäufer Hersteller sein soll, das Eigentum erstreckt sich daher auf die neu hergestellte Sache. In den Fällen der § 947 Abs. 1, § 948 Abs. 1 erstreckt sich der EVB auf den Miteigentumsanteil, bei § 947 Abs. 2 bleibt der EVB an der »Hauptsache« (und den Nebensachen) bestehen. Nur bei § 946 gelingt eine solche Verabredung nicht (h. M., str.). An die Stelle verlorengegangenen Eigentums tritt – wie auch in anderen Fällen – der Anspruch nach § 951.

7.3.3 Der nachgeschaltete Eigentumsvorbehalt

Auch hier darf der VB-Käufer weiterveräußern (§§ 183 ff.). Er verpflichtet sich dem VB-Verkäufer gegenüber jedoch vertraglich, an einen Dritten seinerseits nur unter EVB zu übertragen (allerdings ohne den EVB, dem er unterliegt, offenzulegen). Dies hat zur Folge, dass der VB-Verkäufer sein Eigentum behält, die jeweiligen VB-Käufer zunächst nur ein AWR erwerben.

BEISPIEL

Großhändler G (VB-Verkäufer) veräußert an Einzelhändler E (VB-Käufer) unter nachgeschaltetem EVB. E darf an den Kunden K nur unter EVB liefern.

LÖSUNG Eigentümer bleibt G, E und K sind Inhaber eines AWR auf Erwerb des Eigentums.

Erfüllt der Dritte vollständig, so wird er Eigentümer (u. U. gem. § 932); erfüllt vorher der VB-Käufer, so wird zunächst dieser Eigentümer. Es ist deutlich, dass der VB-Verkäufer hier ein Risiko eingeht. Zahlt der Dritte an seinen Lieferanten, den er mangels Offenlegung für den Eigentümer halten darf, so wird er Eigentümer, das Eigentum des VB-Verkäufers erlischt. Der VB-Verkäufer wird daher zur Verminderung des Risikos den nachgeschalteten EVB mit einer Vorausabtretung (vereinbart mit dem VB-Käufer) kombinieren.

7.3.4 Der Kontokorrentvorbehalt

Der EVB des Verkäufers erlischt nicht schon bei Vollzahlung des Kaufpreises. Als aufschiebende Bedingung wird vereinbart, dass alle (oder ein bestimmter Teil der) Forderungen des VB-Verkäufers aus der Geschäftsverbindung mit dem VB-Käufer erfüllt werden müssen.

7.3.5 Der Konzernvorbehalt

Aufschiebende Bedingung für den Eigentumsübergang ist die vollständige Bezahlung des Kaufpreises und weiterer Forderungen des Verkäufers sowie der zu seinem Konzern zugehörigen Unternehmen. Der Konzernvorbehalt stellt damit noch eine Erweiterung des Kontokorrentvorbehalts dar (selten). Vgl. dazu § 449 Abs. 3.

7.4 Steuerliche Auswirkungen beim Eigentumsvorbehalt

7.4.1 Einkommensteuerrecht

Aufgrund der starken Rechtsposition ist der Erwerber bereits, ohne zivilrechtlicher Eigentümer zu sein, **wirtschaftlicher Eigentümer** i. S. d. § 39 AO, ihm ist also das WG im Rahmen der Bilanzierung zuzurechnen.

7.4.2 Umsatzsteuerrecht

Auch umsatzsteuerlich hat der Erwerber i. d. R. bereits Verfügungsmacht, obwohl er das Eigentum noch nicht erworben hat. Der EVB-Verkäufer räumt i. d. R. dem EVB-Käufer mit der tatsächlichen Verfügungsmacht auch die Befugnis ein, über den Kaufgegenstand wie ein Eigentümer zu verfügen (§ 185). Deshalb liegt umsatzsteuerlich bereits mit Übergabe der Sache eine **Lieferung** vor, nicht erst mit Eigentumsübergang bei Bedingungseintritt.

7.4.3 Bewertungsrecht

Der EVB stellt zwar einen Fall **aufschiebend bedingten Erwerbs** dar, für den § 4 BewG eine Berücksichtigung beim Erwerber erst mit Eintritt der Bedingung vorsieht. § 39 Abs. 2 AO geht aber vor. Da wirtschaftliches Eigentum beim Erwerber besteht, wird das WG dem Erwerber entgegen § 4 BewG bereits zugerechnet (§ 4 BewG hat deshalb praktisch nur Bedeutung bei Forderungen und sonstigen Rechten).

FALL 42

A betreibt ein Elektrogeschäft. Am 01.03.13 vermietet er an B einen Kühlschrank zum Preis von 50 € monatlich mit der Möglichkeit, den Kühlschrank innerhalb von 6 Monaten unter Anrechnung der bisherigen Mietzinsleistungen kaufen zu können.
Am 31.05.teilt B dem A mit, er wolle den Kühlschrank kaufen. Der Kaufpreis von 450 € (Rest also noch 300 €) soll lt. Vereinbarung in monatlichen Raten zu je 50 € ab 01.06.13 bezahlt werden. A behält sich bis zur vollständigen Bezahlung das Eigentum vor.
Alt. a) B kommt mit der Oktoberrate in Verzug. A erklärt daraufhin den Rücktritt.
Alt. b) Am 15.10.13 verkauft A den Kühlschrank für 500 € an den Barzahler C, dem er sofort das Eigentum überträgt.

FRAGEN:

a) Wie ist die dingliche und schuldrechtliche Rechtslage am 30.05.?
b) Wie ist die dingliche und schuldrechtliche Rechtslage am 01.06.?
c) Wie ist die Rechtslage am 15.10.13 bei Person A?
d) Wie ist die dingliche Rechtslage am 15.10.13 bei Person B?

8 Sicherungsübereignung

Die Sicherungsübereignung (SÜ) stellt ein im BGB nicht geregeltes Institut zur **Sicherung von Ansprüchen** dar.

BEISPIEL

Der Bauunternehmer U benötigt dringend einen neuen Bagger, hat allerdings nicht genügend flüssige Mittel, den Kaufpreis von 100 000 € aufzubringen. Die Bank B ist bereit, einen Kredit in entsprechender Höhe zu gewähren, verlangt aber ausreichende Sicherung. Welche Möglichkeiten stehen zur Verfügung? (Gehen Sie von dem Bagger als einzigem Sicherungsgegenstand aus.)

8.1 Problemstellung und Abgrenzung

Das BGB stellt in der abschließenden Aufzählung dinglicher Sicherungsmöglichkeiten (s. 1.2) ein Sicherungsmittel zur Verfügung, das Pfandrecht an beweglichen Sachen, §§ 1204 ff. (Besitzpfandrecht).

Zur Bestellung des Pfandrechts ist allerdings **Übergabe** der Pfandsache erforderlich (§ 1205 Abs. 1), was den Interessen der Beteiligten häufig nicht entsprechen dürfte.

BEISPIEL

U hat nur Interesse an dem Bagger, wenn er ihn nutzen kann, also unmittelbaren Besitz hat. Die Bank ihrerseits wird kaum interessiert sein, einen Bagger zu verwahren, zumal U wohl erst durch den Bagger in der Lage sein wird, sein Darlehen an B möglichst schnell zurückzuzahlen.

Eine Veränderung des Rechts (z. B. in ein besitzloses Pfandrecht) ist wegen des **Typenzwangs** des Sachenrechts nicht möglich (s. 1.2).

8.2 Die Sicherungsübereignung als »besitzloses Pfandrecht«?

Rechtsprechung und Rechtslehre haben, um den wirtschaftlichen Interessen zu entsprechen, ein Institut geschaffen, das mit schuldrechtlichen Mitteln (zulässigerweise) den Sicherungszweck erfüllt, die Sicherungsübereignung:

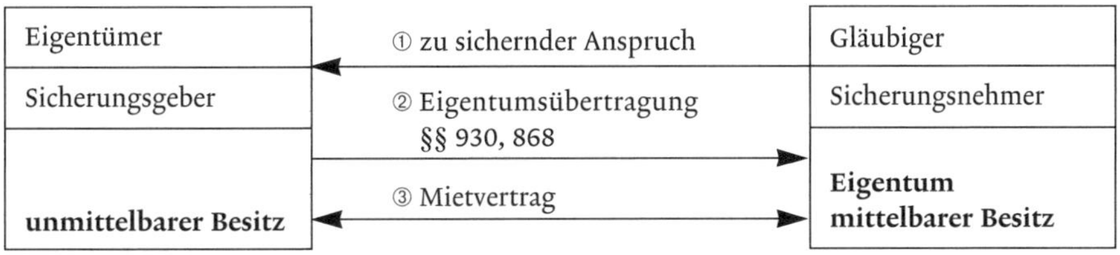

Der Eigentümer (Sicherungsgeber) überträgt an den Darlehensgeber (Sicherungsnehmer) sein Eigentum, allerdings mit der **schuldrechtlichen Verpflichtung**, das Eigentum auf den Sicherungsgeber zurück zu übertragen, wenn der Sicherungszweck erfüllt ist.

BEISPIEL

Fortsetzung des vorigen Beispiels
U überträgt, da er den Besitz der Sache weiterbehalten will, das Eigentum an B gem. §§ 930, 868; dazu wird ein konkretes Besitzmittlungsverhältnis (z. B. Mietvertrag), oder ein durch den Sicherungsvertrag bestimmtes vereinbart, aufgrund dessen U den Besitz behält. Die Bank ist damit Eigentümer und mittelbarer Besitzer, U ist unmittelbarer Besitzer und kann mit dem Bagger arbeiten.

Die Verpflichtung, das Eigentum auf den Sicherungsgeber zurück zu übertragen, dient der Abwicklung des Rechtsverhältnisses, wenn der Sicherungsgeber seine zugrunde liegende Verpflichtung erfüllt hat.

Es gibt zwei rechtliche Möglichkeiten, dies zu erreichen:

a) Sicherungsgeber und Sicherungsnehmer können in einem zusätzlichen **Sicherungsvertrag** vereinbaren, dass der Sicherungsnehmer (Sicherungseigentümer) verpflichtet sein soll, das Eigentum nach Erfüllung des Sicherungszwecks zurück zu übertragen. Die Skizze bedarf daher einer Ergänzung:

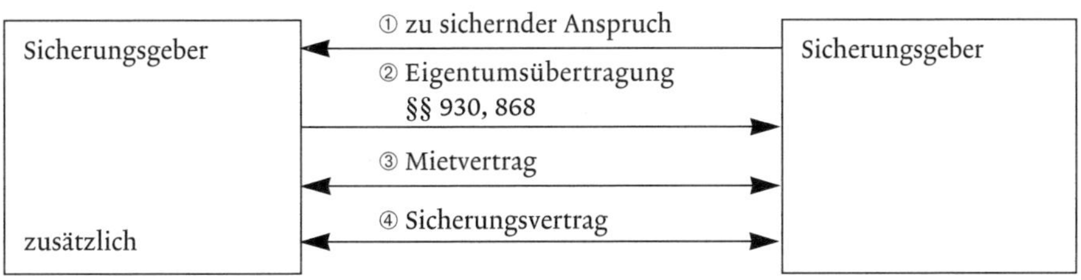

Inhalt des Sicherungsvertrags werden i. d. R. neben der Verpflichtung zur Rückübertragung weitere Abreden über Kosten, Erhaltungsaufwand etc. sein.

b) Das gleiche Ergebnis wird auch dadurch erreicht, dass statt des Sicherungsvertrags die Übertragung des (Sicherungs-)Eigentums unter der **auflösenden Bedingung** (§ 158 Abs. 2) »Erfüllung der zugrunde liegenden Verpflichtung« erfolgt.
Die Rückübertragung des Eigentums erfolgt bei der Erfüllung dann »automatisch«, ohne Zutun der Beteiligten.

BEISPIEL

U überträgt der B-Bank das Eigentum nach §§ 930, 868 entweder unter auflösender Bedingung oder zusammen mit dem Abschluss eines Sicherungsvertrags, durch den die Bank u. a. verpflichtet ist, das Eigentum auf U zurück zu übertragen.

Sicherungseigentum ist keine besondere Art des Eigentums (Typenzwang). Der Sicherungsnehmer ist Eigentümer, er kann dinglich wirksam über die Sache als Berechtigter verfügen, er ist lediglich schuldrechtlich verpflichtet, dies nicht zu tun.

BEISPIEL

Verfügt die B-Bank abredewidrig über das Eigentum und überträgt es auf den Interessenten I, so wird dieser Eigentümer (§ 931). Die Bank macht sich allerdings dem U gegenüber schadensersatzpflichtig (wegen Verletzung des Sicherungsvertrags).

Die teilweise als »besitzloses Pfandrecht« angesprochene Sicherungsübereignung ist daher kein eigenes dingliches Recht (was unzulässig wäre), sondern vertraglich gebundenes Eigentum i. S. d. § 903 (Einschränkung durch vertragliche Rechte Dritter).

8.3 Steuerliche Behandlung der Sicherungsübereignung

8.3.1 Einkommensteuerrecht

Das Sicherungseigentum ist entgegen der zivilrechtlichen Rechtslage dem »wirtschaftlichen Eigentümer«, also dem Sicherungsgeber zuzurechnen (§ 39 Abs. 2 Nr. 1 AO).

Nach Handelsrecht (vgl. § 242 Abs. 1 und § 246 Abs. 1 HGB) sind sämtliche Vermögensgegenstände zu bilanzieren, wobei der Herausgabeanspruch eines rechtlichen Eigentümers wirtschaftlich bedeutungslos ist und gegenüber der wirtschaftlichen Nutzbarkeit der Sache zurücktreten muss. Danach wird die sicherungsübereignete Sache nicht beim Eigentümer, der Sache, der sich das Eigentum behalten hat (also ggf. ein Kreditinstitut) bilanziert, sondern beim Kreditnehmer, weil er handelsrechtlich als wirtschaftlicher Eigentümer angesehen wird. Die wirtschaftliche Sichtweise hat bei der Bilanzierung Priorität vor Formfragen. Das Kreditinstitut bilanziert die durch das Sicherungsgut abgesicherte Forderung.

Auch im Steuerrecht wird das sicherungsübereignete Wirtschaftsgut nach § 39 Abs. 2 Nr. 1 AO nicht dem Kreditinstitut als rechtlichem Eigentümer, sondern dem Nutzer zugerechnet, da er im Gegensatz zum Eigentümer die tatsächliche Herrschaft über das Wirtschaftsgut in der Weise ausübt, dass er den Eigentümer (Kreditinstitut) im Regelfall für die gewöhnliche Nutzungsdauer von der Einwirkung auf das Wirtschaftsgut wirtschaftlich ausschließen kann (wirtschaftlicher Eigentümer).

Im Falle der Insolvenz des Sicherungsgebers hat der Sicherungsnehmer ein Absonderungsrecht nach § 51 Nr. 1 InsO.

8.3.2 Umsatzsteuerrecht

Zwar wird das zivilrechtliche Eigentum, nicht aber die tatsächliche Verfügungsmacht (schuldrechtliche Bindung) auf den Sicherungsnehmer übertragen. Es liegt daher umsatzsteuerlich keine Lieferung vor, weil der Lieferungswille des Sicherungsgebers fehlt: Er will lediglich Sicherungszweck erreichen, nicht aber Einräumung einer eigentümerähnlichen Stellung.

Im Falle der Verwertung (Sicherungsfall) liegen unter Umständen **zwei** umsatzsteuerlich erhebliche Verfügungen vor:

1. Lieferung SG an SN, der jetzt verfügungsbefugt ist,
2. bei Weiterveräußerung durch den SN an Dritte eine Lieferung an den Dritten.

Beide Lieferungen erfolgen erst **im Zeitpunkt des Verkaufs** durch den SN an den Dritten (h. M. vgl. BFH vom 01.06.1967 BStBl II 1968, 68).

8.3.3 Bewertungsrecht

§ 5 BewG für den Fall auflösend bedingter Übereignung wird überlagert von § 39 Abs. 2 AO. Erfassung und Zurechnung des WG also beim Sicherungsgeber.

8.4 Exkurs: Sicherungsabtretung

Wegen der nahen Verwandtschaft zur SÜ soll hier die Sicherungsabtretung kurz angesprochen werden, obwohl diese systematisch in den Teil »Schuldrecht« gehört.

Statt der Sicherungsübereignung von Sachen kann auch ein Anspruch zur Sicherung eines Gläubigers dienen.

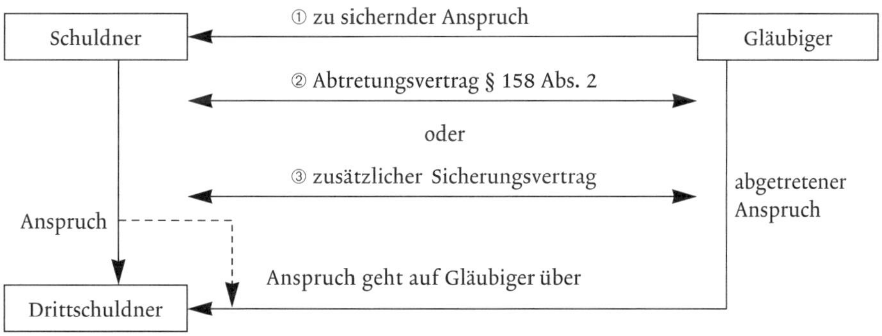

Technisches Mittel ist auch hier zunächst die **Übertragung des Rechts** (Anspruch Schuldner gegen Drittschuldner) durch Abtretungsvertrag (i. d. R. stille Zession; s. C 6.1.1).

Dem Sicherungszweck wird (wie bei der Sicherungsübereignung) dadurch Ausdruck gegeben, dass die Abtretung gem. § 158 Abs. 2 auflösend bedingt abgeschlossen wird oder ein zusätzlicher Sicherungsvertrag den Gläubiger schuldrechtlich an der Verfügung über den abgetretenen Anspruch hindert.

Um nach außen hin die stille Zession nicht aufdecken zu müssen, erhält der Schuldner häufig die Erlaubnis, für den Gläubiger den Anspruch gegen den Drittschuldner geltend zu machen **(Inkassoermächtigung)**.

9 Pfandrechte und beschränkt dingliche Rechte

Das Eigentum an einer Sache kann in vielerlei Beziehungen genutzt werden. Der Eigentümer kann es alleine nutzen, er kann Teile der Nutzung auf andere übertragen oder er kann das Eigentum als Sicherung für Gläubiger und deren Ansprüche zur Verfügung stellen. Es werden daher im Folgenden aus dem Typenkatalog des BGB die für Steuer- und Zivilrecht wichtigsten Pfandrechte und beschränkt dinglichen Rechte angesprochen.

Gemeinsam ist allen dinglichen Rechten, dass jeweils mindestens zwei Teilakte zu ihrer Entstehung gegeben sein müssen: ein rechtsgeschäftliches subjektives Element (Einigung der Beteiligten) und ein nach außen sichtbares objektives Element (i. d. R. Übergabe der Sache, Eintragung ins Grundbuch etc.).

9.1 Pfandrecht an Sachen

Beim Begriff des Pfandrechts ist zu unterscheiden zwischen:

- **gesetzlichem Pfandrecht** (z. B. des Vermieters, § 562; des Unternehmers beim Werkvertrag, § 647 u. a.);
- **rechtsgeschäftlichem/vertraglichen Pfandrecht** an beweglichen Sachen und Rechten (§§ 1204 ff.);
- **Pfändungspfandrecht** (§§ 803 ff. ZPO bei der Zwangsvollstreckung) und
- **Grundpfandrecht** (rechtsgeschäftlich begründetes Pfandrecht an Grundstücken, z. B. Hypothek §§ 1113 ff.).

Im Folgenden werden nur das rechtsgeschäftliche Pfandrecht an Sachen und Rechten sowie die Grundpfandrechte (vgl. 9.2 f.) dargestellt.

Die Gemeinsamkeit der Pfandrechte besteht darin, dass sie einem Gläubiger zur **Sicherung von Ansprüchen** dadurch dienen, dass dieser **neben** der ihm zustehenden Forderung zusätzlich ein Zugriffsrecht auf den Gegenstand des Pfandrechts erhält.

Das rechtsgeschäftlich begründete Pfandrecht an beweglichen Sachen (§§ 1204 ff.) entsteht durch Vereinbarung (Einigung) zwischen dem Gläubiger einer Forderung und dem Eigentümer einer Sache und durch die Übergabe der Sache.

Das rechtsgeschäftliche Pfandrecht kann als Recht des Gläubigers an einer Sache oder einem Recht zur Sicherung eines zugrunde liegenden Anspruchs (§ 1204) bezeichnet werden.

9.1.1 Akzessorietät

Erste Voraussetzung ist immer das Vorliegen einer Forderung (§ 1204 Abs. 1), wobei ein Pfandrecht auch für eine künftige oder bedingte Forderung bestellt werden kann (Abs. 2).

Ohne Forderung ist ein Pfandrecht nicht möglich. Die Forderung bestimmt auch den Umfang des Pfandrechts, das Pfand haftet für die Forderung in ihrem jeweiligen Bestand (§ 1210).

Man nennt diese enge Verbindung zwischen Pfandrecht und zugrunde liegender Forderung **Akzessorietät.**

Akzessorietät bedeutet jedoch nicht, dass der Schuldner der Forderung auch Eigentümer der Pfandsache sein muss. Das Pfand kann auch von einem Dritten zur Verfügung gestellt sein (vgl. Wortlaut § 1205 Abs. 1: »der Eigentümer«).

9.1.2 Entstehung des Pfandrechts

Das Pfandrecht entsteht durch **Einigung** zwischen Pfandschuldner und Pfandgläubiger darüber, dass ein Pfandrecht zur Sicherung einer Forderung begründet werden soll. Die Vorschriften über Willenserklärungen finden Anwendung. Weiter erforderlich ist die **körperliche Übergabe der Sache** an den Pfandgläubiger, dieser muss unmittelbarer Besitzer werden § 1205 Abs. 1 Satz 1.Auch hier ist bloße Einigung ausreichend, wenn der Pfandgläubiger bereits im Besitze der Sache ist (§ 1205 Abs. 1 Satz 2, vgl. § 929 Satz 2). Befindet sich der Eigentümer lediglich im mittelbaren Besitz der Sache, so reicht die Übertragung des mittelbaren Besitzes (durch Abtretung) auf den Pfandgläubiger aus, wenn der Eigentümer die Verpfändung dem unmittelbaren Besitzer (Besitzmittler) anzeigt (§ 1205 Abs. 2, vgl. § 931).

Eine **Verpfändung durch Besitzkonstitut** ist nicht möglich (vgl. § 930).

Gem. § 1206 reicht zur Übergabe auch die Einräumung des Mitbesitzes, allerdings nur in der Form des qualifizierten Mitbesitzes: Der Verpfänder darf allein keinen Zugang zur Sache haben, reines Nebeneinander-Besitzen erfüllt nicht das Tatbestandsmerkmal (»Mitverschluss«, § 1206).

9.1.3 Haftung des Pfands

Rechtsfolge ist das Entstehen eines Pfandrechts an der Sache für den Pfandgläubiger. Dies bedeutet aber nicht, dass der Verpfänder das Eigentum verloren hätte. Das Pfand **haftet** lediglich dem Pfandgläubiger für die Erfüllung der ihm zustehenden Forderung (und bestimmter Nebenleistungen), vgl. § 1210. Das Pfandrecht erstreckt sich auf die Pfandsache, auf getrennte Erzeugnisse der Pfandsache (§ 1212), auf Bestandteile und i. d. R. auch auf Zubehör (wenn es – getrennt – verpfändet worden ist). Es verpflichtet den Pfandgläubiger zunächst nur zur Aufbewahrung (§ 1215), u. U. berechtigt es auch zur Nutzungsziehung (§ 1213).

Erfüllt der Schuldner die Forderung, so ist das Pfand dem Verpfänder zurückzugeben. Ist der Verpfänder nicht der Schuldner der Forderung, so kann auch er die Forderung erfüllen (Einlösungsrecht) und das Pfand an sich herausverlangen § 1223), die Forderung geht insoweit auf ihn über (§ 1225 Satz 1, cessio legis, gesetzlicher Forderungsübergang).

Kann der Forderungsschuldner bei Fälligkeit (§ 1228 Abs. 2 Satz 1) die Forderung nicht erfüllen, so ist der Pfandgläubiger nach Androhung (§ 1234 Abs. 1) und Einhaltung einer Androhungsfrist (§ 1234 Abs. 2) berechtigt das Pfand zu verwerten. Die Verwertung kann durch Pfandverkauf (§ 1228 Abs. 1) im Wege öffentlicher Versteigerung (§ 1235 Abs. 1) oder bei marktgängigen Sachen (Börsen- oder Marktpreis) durch freihändigen Verkauf erfolgen (§ 1235 Abs. 2). Der Pfandgläubiger kann die Sache aber auch selbst behalten, wenn der Verpfänder nach Fälligkeit (und weiterer Voraussetzungen des § 1228 Abs. 2) zustimmt, Umkehrschluss aus § 1229, so genannte Verfallvereinbarung. Der Erlös aus der Verwertung dient dem Pfandgläubiger zu seiner Befriedigung, die Forderung geht insoweit unter, wenn der Schuldner auch Eigentümer der Sache war. War der Schuldner nicht Verpfänder, so geht die Forderung des Pfandgläubigers auf den Verpfänder über (§ 1225 Satz 1).

Übersteigt der Erlös die Forderung des Pfandgläubigers, hat er den Mehrerlös dem Verpfänder herauszugeben.

9.1.4 Übertragung des Pfandrechts

Das Pfandrecht ist **übertragbar,** allerdings nur **mit der zugrunde liegenden Forderung** zusammen, § 1250 Abs. 1 (Ausfluss aus dem Grundsatz der Akzessorietät). Wird also die Forderung des Pfandgläubigers durch Abtretungsvertrag (§§ 398 ff.) auf einen anderen übertragen, so geht kraft Gesetzes das Pfandrecht mit über, eine ausdrückliche Besitzübergabe ist zur Übertragung nicht erforderlich, vielmehr kann der neue Forderungs- und Pfandgläubiger Herausgabe des Besitzes an sich verlangen (§ 1251 Abs. 1).

9.1.5 Erlöschen des Pfandrechts

Das Pfandrecht **erlischt**

- durch **Rückgabe** der Pfandsache an den Verpfänder; anderslautende Vereinbarungen sind unwirksam (§ 1253 Abs. 1);

BEISPIEL

Der Pfandgläubiger A verleiht für drei Tage eine ihm als Pfand übergebene Bohrmaschine an den Verpfänder B, weil dieser die Maschine dringend braucht.

LÖSUNG Das Pfandrecht ist untergegangen, auf den entgegenstehenden Willen des A kommt es nicht an.

- durch Erlöschen der gesicherten Forderung (§ 1252);

BEISPIEL

A hat dem B für eine Forderung i. H. v. 5 000 € ein wirksames Pfandrecht an einem wertvollen Ring eingeräumt. Bei Vorliegen der Voraussetzungen rechnet A mit einer Gegenforderung i. H. v. 6 000 € auf.

LÖSUNG Die Forderung des B ist durch Aufrechnung erloschen (§ 389). Das Pfandrecht besteht nicht mehr. B muss den Ring an A herausgeben (§ 1223 Abs. 1).

- durch rechtsgeschäftliche **Aufhebung** des Pfandrechts (§ 1255);

BEISPIEL

A hat dem B zur Sicherung einer Forderung insgesamt drei Pfandgegenstände übergeben. B erklärt dem A einige Wochen später, er gebe das Pfand an der dritten Sache auf, da er durch die restlichen zwei Sachen ausreichend gesichert sei.

LÖSUNG Das Pfandrecht geht unter.

- i. d. R. durch Eigentumserwerb des Pfandgläubigers. Nur in Ausnahmefällen kann ein Pfandrecht an eigener Sache bestehen (vgl. § 1256 Abs. 1 und 2).

BEISPIEL

Der Gläubiger A hat dem Verpfänder rechtmäßig und wirksam erklärt, er werde das Pfand verwerten. Der Verpfänder B stimmt einem Eigentumserwerb des A nach Pfandreife (§ 1228) zu. A wird Eigentümer.

LÖSUNG Das Pfandrecht erlischt.

9.1.6 Pfandrecht an Rechten

Gegenstand des Pfandrechts kann auch ein Recht sein, soweit dieses Recht übertragbar ist (§§ 1273 Abs. 1, 1274 Abs. 2). Die für die Bestellung des Pfandrechts an beweglichen Sachen erörterten Vorschriften gelten sinngemäß, soweit in den §§ 1273 ff. keine besondere Regelung enthalten ist.

Zur Begründung des Pfandrechts bedarf es der Einigung und der Übertragung des Rechts (§ 1274 Abs. 1), sowie bei Forderungen einer Anzeige des Gläubigers an den Schuldner (§ 1280).

BEISPIEL

A ist Gläubiger eines Anspruchs aus Warenlieferung gegen B. Er verpfändet den Anspruch gegen B an einen Lieferanten C, der seinerseits noch Geld zu bekommen hat, tritt den Anspruch an C ab und teilt dies dem B mit.

9.1.7 Steuerliche Behandlung des Pfandrechts

Die Verpfändung bewirkt i. d. R. **keine Änderung** der Bilanzierung. Da der Pfandgläubiger weder wirtschaftliches noch rechtliches Eigentum erlangt, erscheinen die Pfandsachen nicht in seiner Bilanz, sondern sind vom Verpfänder bis zur Verwertung durch den Pfandgläubiger auszuweisen.

In der Vollstreckung nach der Abgabenordnung kann ein Pfandrecht durch den Vollzieher bei der Vollstreckung in das bewegliche Vermögen (§§ 285–308 und 312 AO) oder durch die Vollstreckung des Innendienstes in Forderungen und andere Vermögensrechte (§§ 309–321) begründet werden. Durch die Pfändung wird der gepfändete Gegenstand bzw. die gepfändete Forderung, das gepfändete Recht zugunsten des Finanzamtes beschlagnahmt. Die Verfügungsmacht über den Gegenstand der Pfändung wird dem Schuldner entzogen und geht auf das Finanzamt über. Das Finanzamt erwirbt aufgrund der Verstrickung das Recht, den Gegenstand der Pfändung zu verwerten. Das Pfandrecht ist öffentlich-rechtlicher Natur. Die Vorschriften zur Begründung und Verwertung sind vollumfänglich in der AO geregelt.

9.2 Hypothek (§§ 1113 ff. BGB)

9.2.1 Wesen der Hypothek

Die Hypothek ist ein **dingliches Recht an einem Grundstück;** sie sichert eine persönliche Geldforderung eines Gläubigers gegen den Grundstückseigentümer oder einen Dritten. Die Hypothek ist ein Pfandrecht am Grundstück **(Grundpfandrecht**; vgl. § 1113 Abs. 1).

Es sind zwei Formen der Hypothek zu unterscheiden:

- die **Briefhypothek** (§ 1116 Abs. 1): Über die Hypothek wird eine Urkunde (Hypothekenbrief) erteilt, der alle wesentlichen Angaben über Grundstück und abgesicherten Geldbetrag, über Hypothekeninhalt und Eigentumslage enthalten soll (vgl. z. B. §§ 56, 57 GBO – Regelfall). Der Hypothekenbrief hat insbesondere Bedeutung als Beweisurkunde und ist notwendig für Entstehung, Übertragung, Belastung, Pfändung und Geltendmachung der Hypothek;
- die **Buchhypothek** (§ 1116 Abs. 2): Die Erteilung eines Hypothekenbriefs ist ausgeschlossen, alle Angaben sind nur aus dem Grundbuch zu entnehmen (selten).

Die Hypothek ist folglich ein beschränkt dingliches Recht an einem Grundstück zur Sicherung einer Forderung. Die Hypothek gewährt dem Hypothekengläubiger im Sicherungsfalle Befriedigung aus dem Grundstück.

9.2.2 Entstehung der Hypothek

Die Hypothek ist als dingliches Sicherungsrecht für eine Geldforderung **vom Bestand der Forderung abhängig (§ 1113 Abs. 1) »wegen einer ihm zustehenden Forderung«**. Ohne Forderung kann eine Hypothek nicht entstehen, nach dem Untergang der Forderung kann die Hypothek nicht mehr bestehen (s. unten). Die Hypothek ist daher – ebenso wie das Pfandrecht – **akzessorisch**.

Grundstückseigentümer und Hypothekengläubiger müssen sich über die Entstehung des dinglichen Rechts einigen, wobei auch hier Schuldner der Forderung und Eigentümer des belasteten Grundstücks nicht identisch zu sein brauchen. Die Einigung muss sich auf die Merkmale des § 1113 beziehen.

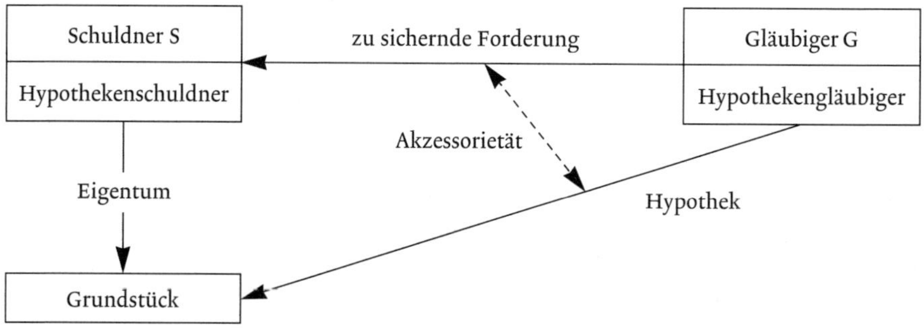

Grundstückseigentümer und Forderungsschuldner sind verschiedene Personen:

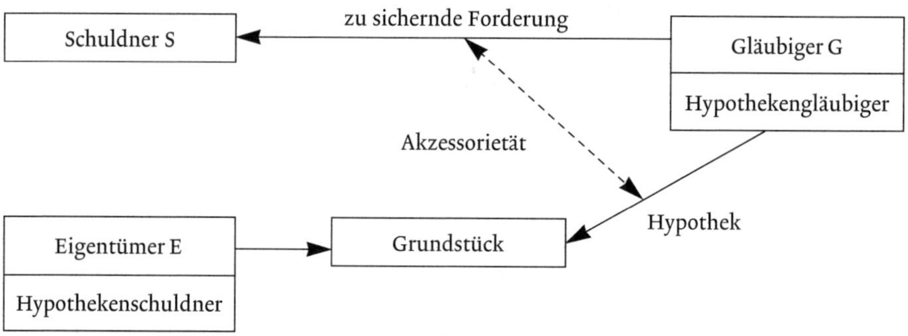

Die Hypothek muss als Belastung eines Grundstücks gemäß § 873 ins Grundbuch eingetragen werden; die Erfordernisse des § 1115 sind streng einzuhalten, insbesondere müssen Gläubiger (Hypothekengläubiger und Forderungsgläubiger sind identisch), Geldbetrag der Forderung und, bei verzinslichen Forderungen, der Zinssatz eingetragen werden.

Die Buchhypothek ist damit entstanden, bei der Briefhypothek sind weiter erforderlich Erteilung eines Hypothekenbriefs durch das Grundbuchamt und Übergabe des Briefs durch den Eigentümer (§ 1117).

Übergabe ist die körperliche Übergabe des § 929 Satz 1; auch hier finden Übergabesurrogate Anwendung (vgl. §§ 929 Satz 2, 930, 931), zusätzlich kann durch Vereinbarung der Gläubiger berechtigt sein, sich den Hypothekenbrief vom Grundbuchamt aushändigen zu lassen (§ 1117 Abs. 1 und 2).

Die Briefhypothek ist erst erworben, wenn die Übergabe stattgefunden hat.

9.2.3 Zweck der Hypothek

Die Hypothek **sichert** dinglich mit dem Bestand des Grundstücks die **Erfüllung der zugrundeliegenden Geldforderung** und eventueller Nebenforderungen (z. B. Zinsen, vgl. §§ 1118, 1119). Sie erstreckt sich auf das Grundstück sowie i. d. R. auf Erzeugnisse, Bestandteile und Zubehör des Grundstücks, soweit sie im Eigentum des Grundstückseigentümers stehen und nicht veräußert und entfernt worden sind (vgl. genauer §§ 1120 ff. Haftungsverband der Hypothek).

Wichtiges Recht des Hypothekengläubigers ist die Möglichkeit, bei Nichterfüllung der zugrundeliegenden Forderung **Befriedigung aus dem Grundstück** und den mithaftenden Gegenständen zu suchen. Der Gläubiger kann vom Eigentümer nach § 1147 die Duldung der Zwangsvollstreckung in das Grundstück verlangen.

Dieses Recht kann dem Gläubiger nicht genommen werden. Zwar bleibt der Grundstückseigentümer zur Verfügung über das Grundstück, insbesondere zur Veräußerung befugt (vgl. §§ 137, 1136), wegen der dinglichen Wirkung der Hypothek und der Eintragung des Rechts im Grundbuch muss jedoch auch ein neuer Eigentümer die Hypothek gegen sich gelten lassen.

BEISPIEL

A verkauft sein mit einer Hypothek zugunsten des H belastetes Grundstück an B. Wenn A auf die Forderung des Hypothekengläubigers H nicht leisten kann, kann H von B Bezahlung der Forderung oder Duldung der Zwangsvollstreckung in das Grundstück verlangen. B wird dieses Risiko im Kaufpreis berücksichtigen.

Der vom Schuldner der Forderung personenverschiedene Hypothekenschuldner (Grundstückseigentümer) kann jedoch zur Abwendung der Zwangsvollstreckung den Hypothekengläubiger befriedigen (§ 1142).

9.2.4 Befriedigung des Hypothekengläubigers

Es sind folgende Fälle denkbar (vereinfacht):

- Der **Forderungsschuldner ist Grundstückseigentümer**. Er bezahlt die der Hypothek zugrunde liegende Forderung. Die Forderung erlischt (§ 362 Abs. 1).
  Die Hypothek steht nunmehr dem Eigentümer zu (§ 1163 Abs. 1 Satz 2), und verwandelt sich in eine Eigentümergrundschuld (§ 1177 Abs. 1 Satz 1).
- Der **Forderungsschuldner ist nicht Grundstückseigentümer**. Er bezahlt die der Hypothek zugrunde liegende Forderung. Die Forderung erlischt (§ 362 Abs. 1).
  Die Hypothek steht nunmehr dem Eigentümer zu und wird Eigentümergrundschuld (§ 1163 Abs. 1 Satz 2, § 1177 Abs. 1 Satz 1), es sei denn, der leistende Forderungsschuldner hat Ersatzansprüche gegen den Grundstückseigentümer. In diesem Fall geht die Hypothek kraft Gesetzes i. H. d. Ersatzansprüche auf ihn über, für den Restteil wird sie Eigentümergrundschuld (§ 1164 Abs. 1 Satz 1).

- Der **Forderungsschuldner ist nicht Grundstückseigentümer**. Der Eigentümer bezahlt die Hypothekenforderung.
  Soweit der Eigentümer den Gläubiger befriedigt, geht die Forderung gegen den Schuldner auf ihn über (§ 1143 Abs. 1).Mit der Übertragung der Forderung geht die Hypothek auf den neuen Gläubiger über, also auf den Eigentümer, der nunmehr eine Hypothek am eigenen Grundstück hat (Eigentümerhypothek; § 1153).
- Wenn weder persönlicher Schuldner noch Grundstückseigentümer zahlen, verbleibt dem Hypothekengläubiger nur die Möglichkeit, das Grundstück zwangsversteigern zu lassen und sich aus dem Erlös zu befriedigen (§ 1147).

9.2.5 Übertragung der Hypothek

Die Hypothek ist nach § 1153 **übertragbar**. Allerdings wird nicht die Hypothek selbst übertragen, sondern die ihr zugrunde liegende Forderung, die Hypothek geht dann kraft Gesetzes mit über. Für die Übertragung der Forderung (und Hypothek) ist erforderlich:

- **Einigung** über die Übertragung;
- **Abtretung** der Forderung gem. §§ 398 ff. durch Vertrag;
- **Abtretungserklärung in schriftlicher Form** (§ 1154 Abs. 1),
  oder Eintragung der Abtretung ins Grundbuch (§ 1154 Abs. 2);
- Übergabe des Hypothekenbriefs gem. § 1117 bei Briefhypotheken, bei Buchhypotheken notwendige Eintragung der Abtretung ins Grundbuch (§ 1154 Abs. 3, § 873).

Damit ist die Hypothekenforderung auf den Erwerber übergegangen, die Hypothek folgt kraft Gesetzes (§ 1153) (»Mitlaufgebot als Ausfluss des Akzessorietätsgedankens«).

9.2.6 Sonderformen der Hypothek

Als **Verkehrshypothek** bezeichnet man die Brief- oder Buchhypothek, da sie grundsätzlich zum Umlauf geeignet oder bestimmt sind.

Die **Sicherungshypothek** (stets Buchhypothek, § 1185 Abs. 1) §§ 1184 ff. ist eine Sonderform, die nicht für den Verkehr bestimmt ist. Maßgebend für Bestand und Umfang der Hypothek ist allein die ihr zugrunde liegende persönliche Forderung. Der Gläubiger kann sich zum Beweis der Forderung nicht auf die Eintragung im Grundbuch berufen, gutgläubiger Erwerb ist daher – obwohl grundsätzlich möglich – stark eingeschränkt.

Die **Höchstbetragshypothek** ist eine Hypothek, bei der die gesicherte(n) Forderung(en) entgegen § 1115 Abs. 1 zunächst noch unbestimmt ist (sind). Im Grundbuch ist nur der Höchstbetrag eingetragen, für den das Grundstück haften soll (stets Sicherungshypothek) (§ 1190).

Die **Gesamthypothek** (§ 1132), ist eine Hypothek für eine Forderung an mehreren Grundstücken. Jedes Grundstück haftet nach Wahl des Gläubigers für die ganze Forderung, wobei der Gläubiger berechtigt ist, den Forderungsbetrag auf die einzelnen Grundstücke so zu verteilen, dass jedes Grundstück nur für den zugeteilten Betrag haftet.

Die **Zwangshypothek** ist eine Sicherungshypothek, die im Wege der Zwangsvollstreckung in das unbewegliche Vermögen eingetragen werden kann (§§ 864 ff. ZPO (867)).

9.2.7 Steuerliche Behandlung der Hypothek

Zinsen aus Hypotheken sind einkommensteuerlich Einkünfte aus Kapitalvermögen (§ 20 Abs. 1 Nr. 5 EStG) und für den Grundstückseigentümer (soweit identisch mit Hypothekenschuldner) können sie im Rahmen von Vermietungseinkünften nach § 21 EStG Werbungskosten darstellen.

Bilanzsteuerrechtlich sind Verpflichtungen aus Grundpfandrechten als sonstige Verbindlichkeiten zu passivieren.

Übernimmt der Käufer eines Grundstücks Grundpfandrechte in Anrechnung auf den Kaufpreis, so gehören diese zu den Anschaffungskosten und sind mit dem Teilwert anzusetzen.

9.2.8 Rangverhältnis der Rechte

Ein Grundstück (wie auch eine bewegliche Sache) kann mehrfach belastet werden.

Für die Reihenfolge (»**Rang**«) der Rechte kommt es auf den **Zeitpunkt des Rechtserwerbs**, bei Grundstücken auf den Zeitpunkt der Eintragung im Grundbuch an (s. 5.2.1).

Es gelten folgende Grundsätze: Die Reihenfolge der Eintragungen im GB bestimmt den Rang des Rechts bei Eintrag in derselben Abteilung des Grundbuchs. Sind Rechte in verschiedenen Abteilungen eingetragen, so hat das zeitlich frühere den Vorrang. Rechte, die unter Angabe desselben Tages eingetragen sind, haben gleichen Rang (§ 879 Abs. 1).

Durch Verzicht eines bevorrechtigten Gläubigers oder durch Vorbehalt des Eigentümers kann die Reihenfolge geändert werden (vgl. §§ 880, 881). Ebenso führt das Erlöschen einer früheren Belastung i. d. R. zum »Aufrücken« der folgenden Rechte.

9.3 Grundschuld (§§ 1191 ff. BGB)

Die Grundschuld – ebenfalls ein Grundpfandrecht – stellt die **Belastung eines Grundstücks** in der Weise dar, dass an den Berechtigten (Inhaber der Grundschuld) eine bestimmte Geldsumme sowie nach Vereinbarung bestimmte Nebenleistungen aus dem Grundstück zu zahlen sind (§ 1191 Abs. 1, 2).

Hauptunterschied zur Hypothek ist, dass bei der Grundschuld **keine zugrunde liegende Forderung** bestehen muss.

Auf die Grundschuld finden die Vorschriften über die Hypothek entsprechende Anwendung, soweit sich nicht aus dem anders gestalteten Typus (keine Akzessorietät) Änderungen ergeben (§ 1192).

Auch die Grundschuld kann daher als Brief- oder Buchgrundschuld erteilt werden; sie entsteht durch Einigung, Eintragung ins Grundbuch, §§ 873, 1115 (und bei der Briefgrundschuld: Briefübergabe, § 1117), sie wird **ohne Forderung** nach §§ 1192, 1154, 398 ff. übertragen (Schriftform wie bei Hypothek, § 1153, erforderlich).

Die Grundschuld kann auch für den Eigentümer bestellt werden (§ 1196). Sie berechtigt den Gläubiger zur Zwangsvollstreckung in das Grundstück (§ 1147), wenn nach Ablauf der Kündigungsfrist (§ 1193) der Anspruch nicht erfüllt wird.

9.4 Rentenschuld

Rentenschuld ist eine Sonderform der Grundschuld, bei der zu regelmäßig wiederkehrenden Terminen eine bestimmte Geldsumme aus dem Grundstück zu zahlen ist (§ 1199).Für die Rentenschuld sind zum Teil Vorschriften des Hypothekenrechts, zum Teil Vorschriften des Grundschuldrechts anwendbar (§ 1200); hervorzuheben ist eine Besonderheit der Rentenschuld: Bereits bei Bestellung des dinglichen Rechts muss ein Betrag bestimmt und im Grundbuch eingetragen werden, mit dem die Rentenschuld durch den Grundstückseigentümer (§ 1201) nach vorausgegangener Kündigung (§ 1202) abgelöst werden kann (§ 1199 Abs. 2).

9.5 Sonstige beschränkte dingliche Rechte an Grundstücken (Auswahl)

Neben den Grundpfandrechten kennt das Zivilrecht eine Anzahl weiterer Rechte, die unter Ausschluss des Grundstückseigentümers den Berechtigten erlauben, das Grundstück ganz oder in einzelnen Rechtsbeziehungen zu nutzen. Diese beschränkten dinglichen Rechte gehen während der Dauer der Berechtigung dem Recht des Eigentümers vor.

Beschränkte dingliche Rechte sind Belastungen der Sache. Sie gewähren die Erlaubnis, die Sache unter Ausschluss des Eigentümers ganz oder teilweise zu nutzen.

Beschränkte dingliche Rechte an Grundstücken im BGB sind u. a. Dienstbarkeit (§§ 1018 ff.), Nießbrauch an Sachen (§§ 1030 ff.), dingliches Vorkaufsrecht (§§ 1094 ff.), Reallasten (§§ 1105 ff.) und die bereits besprochenen Grundpfandrechte. Außerhalb des BGB sind insbesondere das Erbbaurecht (Erbbaurechtsverordnung vom 15. 01. 1919 – ErbbVO –) und das Wohnungseigentum (Gesetz über das Wohnungseigentum vom 15. 03. 1951 – WEG) zu erwähnen.

9.5.1 Erbbaurecht

Das Erbbaurecht ist die **dingliche Belastung** eines Grundstücks mit dem **Recht** eines anderen (i. d. R.), **das Grundstück zu bebauen** (vgl. § 1 ErbbVO). Der Erbbauberechtigte spart den Kaufpreis (rechtlich: den Eigentumserwerb am Grundstück), wird aber dennoch Eigentümer des Bauwerks (z. B. Haus, Stromleitungsmast, Tank- oder Gleisanlage u. a.). Der Grundstückseigentümer hat als wesentlichen Vorteil den Wertzuwachs am Grund und Boden, darüber hinaus behält er das Eigentum am Grundstück.

Der Erbbauberechtigte ist verpflichtet, nach Ablauf einer vereinbarten Zeitspanne (häufig: 99 Jahre) das Grundstück samt Bauwerken (§ 34 ErbbVO) dem Eigentümer gegen Entschädigung zurückzugeben (Beendigung durch Zeitablauf, § 27 ErbbVO). Das Erbbaurecht kann auch durch rechtsgeschäftliche Aufhebung (§§ 26, 11 ErbbVO, 875) oder durch Heimfall beendet werden. Heimfall ist die vereinbarte Verpflichtung des Erbbauberechtigten, beim Eintreten bestimmter Voraussetzungen das Erbbaurecht gegen angemessene Vergütung auf den Grundstückseigentümer zu übertragen (§§ 2 Nr. 4, 32 ErbbVO).

Besonderheit des Erbbaurechts ist, dass das Erbbaurecht nicht wesentlicher Bestandteil des Grundstücks ist (vgl. §§ 96, 93), sondern als Recht an einem Grundstück zugleich ein grundstücksgleiches Recht darstellt, das in vielen Beziehungen wie das Grundstück selbst behandelt wird. So ist z. B. das aufgrund des Erbbaurechts errichtete Bauwerk nicht wesentlicher Bestandteil des Grundstücks, sondern des Erbbaurechts, § 12 ErbbVO, solange dieses besteht (§ 12 Abs. 3 ErbbVO). Nur deshalb kann auch der Berechtigte Eigentümer des Bauwerks werden, nur deshalb kann auch das Erbbaurecht übertragen und vererbt werden, § 1 Abs. 1 ErbbVO.

Der Grundstückseigentümer bleibt während der Dauer des Erbbaurechts mittelbarer Besitzer des Grundstücks, am Bauwerk ist er nicht Besitzer.

Üblich ist die Vereinbarung eines Entgelts für die Nutzung des Grundstücks (Erbbauzins), § 9 ErbbVO, für das die Vorschriften des BGB über die Reallast (§§ 1105 ff.) entsprechende Anwendung finden.

Steuerliche Probleme können sich ergeben bei der:

- **Einkommensteuer**:
  Der Erbbauberechtigte ist i. d. R. zivilrechtlicher und wirtschaftlicher Eigentümer des Gebäudes (nicht dagegen des Grundstücks). Er hat bei Vermietung Einkünfte nach § 21 Abs. 1 Nr. 1 EStG bzw. bei Eigennutzung nach §§ 21 Abs. 2, 21a EStG und kann laufend

gezahlte Erbbauzinsen als Werbungskosten abziehen. Bei Erbbaurechten im Betriebsvermögen kann die Verpflichtung zur Zahlung der Erbbauzinsen nach den Grundsätzen über schwebende Geschäfte nicht passiviert werden. Die Zahlungen sind Betriebsausgaben. Bilanzrechtlich steht das Erbbaurecht der Miete oder der Pacht gleich (BFH vom 20.01.1983 BStBl II 1983, 413).
Beim Erbbaurechtsbesteller sind die Erbbauzinsen (auch Vorauszahlungen) und etwaige Nebenleistungen für die Nutzungsüberlassung Einnahmen aus Vermietung (BFH vom 04.07.1969 BStBl II 1969, 724). Die Belastung eines Betriebsgrundstücks mit einem Erbbaurecht stellt keine Entnahme des Grundstücks dar (BFH vom 26.02.1970 BStBl II 1970, 419). Streitig ist auch die Frage, ob die Belastung eines Grundstücks mit einem Erbbaurecht als eine zählende Veräußerung des Grundstücks für die Frage des gewerblichen Grundstückshandels zu werten ist.

- **Umsatzsteuer**:
  Die Bestellung eines Erbbaurechts ist – soweit steuerbar – gem. § 4 Nr. 9a UStG umsatzsteuerfrei.
- **Grunderwerbsteuer**:
  Die Bestellung eines Erbbaurechts unterliegt nach § 2 Abs. 2 Nr. 1 der Grunderwerbsteuer; das Gleiche gilt für den Übergang des Gebäudes bei der Beendigung des Erbbaurechts (BFH vom 05.12.1979 BStBl II 1980, 135 und 137).

9.5.2 Dienstbarkeit

Unter einer Dienstbarkeit ist das dingliche Recht auf unmittelbare, jedoch beschränkte Nutzung einer Sache zu verstehen. Die Dienstbarkeit taucht im BGB in mehreren Erscheinungsformen auf: Grunddienstbarkeit (§§ 1018 ff.), Nießbrauch (§§ 1030 ff., vgl. 9.5.3), beschränkte persönliche Dienstbarkeit (§§ 1090 ff.).

9.5.2.1 Grunddienstbarkeit

Besonderheit der Grunddienstbarkeit des §§ 1018 ff. ist, dass **Berechtigter** jeweils der **Eigentümer eines anderen Grundstücks** (des so genannten »herrschenden Grundstücks«) ist, der das mit der Grunddienstbarkeit belastete Grundstück (das so genannte »dienende Grundstück«) in einzelnen Beziehungen nutzen darf. Gegenstand der Dienstbarkeit kann jedoch auch die Belastung derart sein, dass der Eigentümer oder sonst Berechtigte des dienenden Grundstücks gewisse Handlungen oder Rechte, die ihm an sich zustünden, nicht ausüben darf (§ 1018). Die Belastung muss jedenfalls immer für das herrschende Grundstück von Vorteil sein (§ 1019), andernfalls ist sie nichtig (zwingendes Recht). Der Vorteil muss i. d. R. wirtschaftlicher Natur sein, ausreichend ist aber auch ein rechtlicher oder ästhetischer Vorteil.

BEISPIELE

a) Der Eigentümer des Grundstücks A vereinbart mit dem Eigentümer des Grundstücks B ein Überfahrtsrecht, um besseren Zugang zu seinem (As) Grundstück zu haben.
b) Der Bauherr X will erreichen, dass der Eigentümer des Nachbargrundstücks nicht höher als 7 Meter baut, um Xs Sicht nicht zu beeinträchtigen.

Die Begründung der Grunddienstbarkeit folgt den allgemeinen Grundsätzen über dingliche Rechte: durch rechtsgeschäftliche Einigung i. S. d. §§ 1018 ff., die formlos möglich ist, und Eintragung der Belastung in das Grundbuch (Eintragungsbewilligung des Eigentümers des dienenden Grundstücks ist ausreichend). Die Eintragung erfolgt auf dem Grundbuchblatt des dienenden Grundstücks unter Angabe der Wesensart der Grunddienstbarkeit (z. B. Weiderecht, Überfahrtsrecht etc.).

Eine Übertragung der Grunddienstbarkeit ist möglich, allerdings wegen der notwendigen Verknüpfung des Rechts mit dem herrschenden Grundstück nur durch Übertragung (Übereignung) des herrschenden Grundstücks gem. §§ 873, 925.Delegierbar – ohne Rechtsübertragung – ist allerdings die Ausübung des Rechts.

Erlöschenstatbestand ist, wie üblich, die rechtsgeschäftliche (einseitige ausreichende) Aufgabeerklärung gem. §§ 875 ff. und die Löschung im Grundbuch, ebenso ein eventuell vereinbarter Zeitablauf oder das Eintreten einer auflösenden Bedingung (§ 158 Abs. 2). Zusätzlich erledigt sich die Grunddienstbarkeit auch dadurch, dass ihre Ausübung dauernd unmöglich wird oder der Vorteil für das herrschende Grundstück auf Dauer und gänzlich entfällt.

9.5.2.2 Persönlich beschränkte Dienstbarkeit

Die persönlich beschränkte Dienstbarkeit der §§ 1090 ff. stellt ebenfalls ein beschränktes dingliches Recht an einem Grundstück dar. Sie steht jedoch, anders als in §§ 1018 ff., einer **bestimmten Person** zu, nach deren Bedürfnissen sie sich – im Zweifel – auch richtet, § 1091. Inhalt der persönlich beschränkten Dienstbarkeit kann wie bei § 1018 ein Nutzungsrecht in einzelnen Beziehungen oder der Ausschluss bestimmter Befugnisse des Grundstückseigentümers sein, jedenfalls aber nicht die Vollnutzung des Grundstücks. Der Zweck wird häufig wirtschaftlicher Art sein, erlaubt sind aber auch alle anderen zulässigen Interessen (auch gemeinnütziger Art), sofern sie sich aus dem Grundstück ergeben.

BEISPIELE

a) Das Recht, das Grundstück zu gewerblichen Zwecken zu nutzen, ist als persönlich beschränkte Dienstbarkeit möglich.
b) Die Pflicht zum ausschließlichen Ausschank von Bier der X-Brauerei kann nicht Gegenstand einer persönlich beschränkten Dienstbarkeit sein, da diese Pflicht nicht aus dem Grundstück herrührt.

Zur Begründung der persönlich beschränkten Dienstbarkeit s. 9.5.2.1.

Wegen der Verknüpfung mit einer bestimmten natürlichen oder juristischen Person ist die – persönlich und sachlich beschränkte – Dienstbarkeit grundsätzlich **weder übertragbar noch vererblich** (§ 1092 Abs. 1, § 1090 Abs. 2, § 1061).

Die Dienstbarkeit erlischt daher durch Tod des Berechtigten (§ 1090 Abs. 2, § 1061). Im Übrigen gelten die Erlöschensgründe s. 9.5.2.1.

9.5.2.3 Wohnungsrecht des § 1093 BGB

Das Wohnungsrecht des § 1093 ist ein Sonderfall einer persönlich beschränkten Dienstbarkeit. Es gewährt dem Berechtigten und weiteren Personen (Abs. 2) die **Nutzung eines Gebäudes** oder Gebäudeteils unter Ausschluss des Eigentümers **zu Wohnzwecken**. Im Gegensatz zur Miete (§§ 535 ff.) stellt das Wohnungsrecht keinen schuldrechtlichen Anspruch gegenüber einem bestimmten Eigentümer, sondern ein dingliches Recht gegenüber jedermann (und damit vor allem dem jeweiligen Eigentümer des Grundstücks) dar. Auch das Wohnungsrecht des § 1093 – das nicht zu verwechseln ist mit dem Wohnungsrecht des § 31 Wohnungseigentumsgesetz (WEG vom 15. 03. 1951 BGBl I 1951, 175) – ist in persönlicher und sachlicher Hinsicht beschränkt, steht also nur dem Berechtigten zu (anders § 31 WEG, vgl. § 33 WEG) und erlischt mit dem Tode des Berechtigten. Als im wesentlichen Nutzungsrecht erklärt § 1093 die Vorschriften über Nießbrauch für anwendbar (s. unten).

9.5.2.4 Steuerliche Hinweise

Aufwendungen für den Erwerb einer Grunddienstbarkeit sind nicht als Werbungskosten oder Betriebsausgaben abzugsfähig (BFH vom 07.10.1960 BStBl III 1960, 491). Die Grunddienstbarkeit ist Bestandteil des WG Grund und Boden und einkommensteuerlich diesem zuzurechnen. Sie unterliegt daher nicht der Abnutzung. Das Entgelt für die Einräumung einer Dienstbarkeit gehört bei dem Verpflichteten i. d. R. zu den Einnahmen aus Vermietung und Verpachtung bzw. – sofern das Grundstück zum Betriebsvermögen gehört – zu den Betriebseinnahmen § 21 Abs. 3 EStG, wobei eine passive Rechnungsabgrenzung vorzunehmen ist.

9.5.3 Nießbrauch

Nießbrauch ist die **Belastung einer Sache** (§§ 1030 ff.), **eines Rechts** (§§ 1068 ff.) oder **eines Vermögens** (§§ 1085 ff.) zugunsten eines anderen, so dass der andere berechtigt ist, sämtliche **Nutzungen** des belasteten Gegenstandes (§ 1030 Abs. 1) zu ziehen. Eine inhaltliche Beschränkung ist gem. § 1030 Abs. 2 möglich. Der Nießbrauch ist ein sogenanntes **höchstpersönliches Recht**, er steht (nur) einer bestimmten Person zu und ist weder vererblich noch übertragbar. Nur die Ausübung des Nießbrauchs kann auf einen anderen übertragen werden.

Nießbrauch	
an Einzelgegenständen • Nießbrauch an Sachen (§§ 1030–1067) • Nießbrauch an Rechten (§§ 1068–1084)	an Sachgesamtheiten • Vermögensnießbrauch (§§ 1085–1088) • Erbschaftsnießbrauch (§§ 1089) • Unternehmensnießbrauch (gesetzlich nicht geregelt, vgl. § 22 HGB)

9.5.3.1 Nießbrauch an Sachen (§§ 1030 ff. BGB)

Der Nießbrauch an beweglichen Sachen wird durch rechtsgeschäftliche Einigung über die Begründung des Nießbrauchs und Übergabe der Sache eingeräumt. Für die Übergabe und Einigung gelten die Vorschriften der §§ 929 ff. entsprechend (§ 1032). Für die Begründung eines Nießbrauchs an Grundstücken gelten die Vorschriften der §§ 873 ff.

Der Nießbraucher ist zunächst zum Besitze der Sache berechtigt, § 1036 Abs. 1.Inhalt des Nießbrauchs ist weiterhin die rechtliche und wirtschaftliche Nutzung der Sache (vgl. u. a. § 1036 Abs. 2, § 1037 Abs. 2, § 1038 für bestimmte Grundstücksnutzungen beispielsweise an Früchten, Bodenschätzen etc.). Der Umfang des Nießbrauchs bestimmt sich im Zweifel nach den Grundsätzen ordnungsgemäßer Wirtschaft (vgl. beispielhaft § 1036 Abs. 2, § 1039 Abs. 2, § 1048 Abs. 1). Der Nießbraucher ist verpflichtet, für die Erhaltung der Sache zu sorgen. Kraft Gesetzes hat der Nießbraucher von den laufenden Unterhaltskosten nur die gewöhnlichen zu tragen

(§ 1041), da er auch nur die gewöhnlichen Nutzungen ziehen darf (§ 1036 Abs. 2, § 1039). Außerdem hat der Nießbraucher die Versicherungsaufwendungen nach § 1045 und die öffentlichen und privaten Lasten (z. B. Schuldzinsen) i. S. d. § 1047 zu tragen. Es kann zivilrechtlich vereinbart werden, dass diese Pflichten den Nießbrauchsbesteller treffen, so dass dem Nießbraucher die Bruttoerträge verbleiben (so genannter Bruttonießbrauch, BFH vom 13.05.1980 BStBl II 1981, 299).

Der Nießbrauch erlischt als höchstpersönliches Recht mit dem Tod des Berechtigten bzw. mit dem Untergang der berechtigten juristischen Person (§ 1061). Er kann rechtsgeschäftlich durch bloße Erklärung des Berechtigten gegenüber dem Eigentümer und durch Rückgabe der Sache (bei Grundstücken: Erklärung und Löschung im Grundbuch) aufgehoben werden, § 1064, und geht schließlich i. d. R. unter, wenn Eigentum und Nießbrauch an der Sache in derselben Person zusammenfallen (Konfusion) (§ 1063), es sei denn, der Eigentümer hat ein rechtliches Interesse am Fortbestand (§ 1063 Abs. 2).

Bei der Bestellung des Nießbrauchs ist zu unterscheiden zwischen dem Grundgeschäft (Verpflichtung des Bestellers) und dem Erfüllungsgeschäft. **Grundgeschäft** kann ein Kaufvertrag über das Grundstück sein, aber auch die unentgeltliche Vermögensübertragung im Wege der vorweggenommenen Erbfolge, eine Schenkung (unentgeltliche Zuwendung des Nutzungsrechts) oder eine letztwillige Verfügung (Vermächtnisnießbrauch). Die rechtsgeschäftliche Bestellung des Nießbrauchs ist grds. formfrei. **Notarielle Beurkundung** ist jedoch erforderlich in Einheit mit der Veräußerung des zu belastenden Grundstücks (§ 311b Abs. 3), bei Schenkungsversprechen (§ 518 Abs. 1, aber Heilung § 518 Abs. 2) und bei einem Nießbrauch an Vermögen (§ 311b Abs. 3). Bei **Verträgen mit Minderjährigen** ist zu beachten: Die Eltern sind durch § 181 von der Vertretung ausgeschlossen. Der Nießbrauch ist nicht lediglich rechtlich vorteilhaft (§ 107). Daher ist ein Ergänzungspfleger erforderlich (§ 1909 Abs. 1). Die Belastung des Grundstücks eines Minderjährigen bedarf der familiengerichtlichen Genehmigung des Vertrages (§ 1643, § 1821 Abs. 1 Nr. 1). Zur Bestellung eines Vorbehaltsnießbrauchs durch das Kind bei Empfang des Grundstücks zu Eigentum ist dagegen die Genehmigung nicht erforderlich (BGHZ 24, 372). Zum **Erfüllungsgeschäft** ist die dingliche Einigung zwischen Besteller und Nutzungsberechtigten über die Belastung des Gegenstandes, bei Grundstücken die Eintragung in das Grundbuch (§ 873 Abs. 1) notwendig. Bei Sachgesamtheiten ist der Spezialitätsgrundsatz zu beachten.

9.5.3.2 Nießbrauch an Rechten (§§ 1068 ff. BGB)

Die Bestellung des Nießbrauchs an Rechten erfolgt grundsätzlich nach den Vorschriften über die Übertragung des Rechts (§ 1068 Abs. 2, § 1069). Der Nießbrauch teilt die Rechtsnatur des belasteten Rechts.

BEISPIEL

Nießbrauch an absoluten Rechten (Verlags-, Urheber-, Patentrechte), an beschränkt dinglichen Rechten (Grundschuld), an obligatorischen Rechten, soweit sie nutzungsfähig sind (z. B. aus Kauf oder Pacht), an Erbteilen und Mitgliedschaftsrechten. Zivilrechtlich ist der Nießbrauch an Kapitalvermögen zulässig (z. B. an festverzinslichen Wertpapieren, Aktien, GmbH-Anteilen, an einer Beteiligung als typischer stiller Gesellschafter, an Sparguthaben oder sonstigen Darlehensforderungen); steuerlich gelten Besonderheiten (s. unten).

Rechtsfolge der Nießbrauchsbestellung an Rechten ist, dass der Nießbraucher die Leistung aus dem Recht fordern kann (§ 1070 Abs. 1, vgl. auch §§ 1073, 1074). Leistet der Schuldner des

Rechts, so erwirbt der Gläubiger den Gegenstand, der Nießbraucher das Nutzungsrecht an dem Gegenstand, bei verbrauchbaren Sachen das Eigentum (§ 1075 Abs. 1 und 2, § 1067).

9.5.3.3 Nießbrauch an einem Vermögen (§§ 1085 ff. BGB)

Das Zivilrecht kennt den Begriff des Vermögens nicht als eigenen Rechtsbegriff, sondern nur als Summe aller Sachen und Rechte, die einer Person zustehen. Dementsprechend ist Nießbrauchsbestellung »an einem Vermögen« nichts anderes als die Nießbrauchsbestellung an den einzelnen, einer Person zustehenden »Gegenständen« (Sachen und Rechte). Es finden somit die für die Bestellung des Nießbrauchs an Sachen und Rechten geltenden Vorschriften Anwendung (§ 1085).Dies gilt auch für den Nießbrauch an einer Erbschaft im Ganzen (§ 1089, vgl. auch § 311b Abs. 2–5).

9.5.3.4 Nutzungsrechte im Steuerrecht

Der Nießbrauch ist wie oben dargestellt ein dingliches persönliches Nutzungsrecht (§§ 1030 ff. BGB). Der Nießbraucher ist berechtigt, die Nutzungen eines Gegenstands unmittelbar kraft eigenen Rechts zu ziehen, während das Substanzrecht beim Eigentümer verbleibt. Man unterscheidet somit im Wesentlichen zwischen

1. dem Zuwendungsnießbrauch (wird einem Dritten vom Eigentümer bestellt),
2. dem Vorbehaltsnießbrauch (wird dem bisherigen Eigentümer z. B. bei Übertragung eines Grundstücks eingeräumt; ein typischer Fall wäre hier, dass der Schenker ein Haus auf sein Kind überträgt und sich den Nießbrauch daran vorbehält) und
3. dem Vermächtnisnießbrauch (wird einem Dritten durch den Erben des Eigentümers aufgrund einer letztwilligen Verfügung eingeräumt).

Hat jemand den Nießbrauch (§§ 1030 ff. BGB) an einem Grundstück oder einer Wohnung, so erzielt er aus der Nutzung durch Vermietung Einkünfte aus VuV (§ 21 EStG), der Eigentümer insoweit nicht (§ 39 Abs. 2 Nr. 1 AO). Dies gilt allerdings grundsätzlich nur, wenn dem Nießbraucher die volle Besitz- und Verwaltungsbefugnis zusteht, er die Nutzungen tatsächlich zieht, das Grundstück in Besitz hat und es verwaltet.

Der Nießbraucher kann die von ihm getragenen Aufwendungen und AfA auf das Nießbrauchsrecht (bei entgeltlicher Bestellung) als Werbungskosten abziehen.

Der Eigentümer hat beim entgeltlichen Zuwendungsnießbrauch als WK die Gebäude-AfA und die von ihm getragenen Kosten, als Einnahmen das Entgelt für die Bestellung des Nießbrauchs zu erfassen. Insoweit erzielt er ebenfalls Einkünfte aus VuV. Im Falle des Vorbehaltsnießbrauchs hat er hingegen keine AfA-Berechtigung und darf keine Grundstücksaufwendungen abziehen. Gleiches gilt beim unentgeltlichen Zuwendungsnießbrauch.

Umfassend zu steuerlichen Fragen bei Vorbehalts-, Zuwendungs- und Vermächtnisnießbrauch nimmt die Finanzverwaltung im »Nießbrauchserlass« Stellung (BMF vom 30.09.2013 BStBl I 2013, 1184, s. auch BMF vom 24.07.1998 BStBl I 1998, 914, vgl. dazu auch BMF vom 09.02.2001 BStBl I 2001, 171).

Entsprechende Besonderheiten wie für Nießbrauchsverhältnisse gelten für dingliche Wohnrechte.

Teil F Familienrecht

1 Einführung

1.1 Schutzbereich des Familienrechts

Unter dem Begriff »Familie« wird im allgemeinen Sprachgebrauch sowohl die **Großfamilie** (Gruppe aus Verwandten und Verschwägerten in mehreren Generationen) als auch die **Kleinfamilie** (Eltern und Kinder) verstanden. Innerhalb der Klein- oder Kernfamilie wird zwischen der **vollständigen Familie** und der **Halbfamilie** unterschieden, in der nur ein Elternteil mit dem Kind oder den Kindern zusammenlebt. Soziologisch gesehen ist seit dem Beginn der Industrialisierung im 18.Jahrhundert die Bedeutung der Großfamilie und der Verwandtschaft stark zurückgegangen. Im Mittelpunkt steht heute die Kleinfamilie. Zugleich ist ein Zunehmen der Halbfamilien festzustellen.

Die Vorschriften des Familienrechts betreffen im Regelfall die Kleinfamilie, insbesondere im Eherecht (§§ 1297–1588) und im Verhältnis von Eltern und Kindern (§§ 1616–1698b). Die Großfamilie spricht das Gesetz nur in den Vorschriften über die Unterhaltspflicht unter Verwandten (§ 1601 ff.) an. Das Familienrecht verwendet keinen einheitlichen Begriff der Familie, sondern geht von der Ehe, der Eltern-Kind-Beziehung, der Verwandtschaft oder der Schwägerschaft aus. Mangels eines allgemein verbindlichen Familienbegriffs muss im Einzelfall bestimmt werden, welchen Personenkreis und welche Rechte und Pflichten das Gesetz meint. Ausdrücklich wird der Begriff »Familie« im Familienrecht bei den Pflichten gegenüber der Familie (§§ 1355, 1356 Abs. 2, 1357), beim Familienunterhalt (§§ 1360, 1360a) und bei der Übertragung der Familienpflege durch Pflegerbestellung (§ 1630) verwendet. Zusammenfassend ist festzustellen: Zur Familie im Rechtssinn gehören nach traditionellem Verständnis die Eltern und ihre Kinder (Kleinfamilie) sowie die Halbfamilie. Nach neuerem Verständnis umfasst der Begriff Familie nicht nur die eheliche Beziehung und die eingetragene Lebenspartnerschaft, sondern auch die De-facto-Beziehung außerhalb der Ehe (EGMR-Beschl. vom 21.07.2010, 1 BvR 420/09). Familienrechtlich sind alle Rechtsverhältnisse, die die Abstammung oder die Ehe regeln, und alle Rechtsverhältnisse, die Vorstufen, Nachwirkungen oder Ersatztatbestände für durch Abstammung oder Ehe begründete Beziehungen betreffen. Zum Familienrecht gehören auch die verfassungsrechtlichen, verfahrensrechtlichen, sozialrechtlichen und steuerrechtlichen Bestimmungen, die Bezug auf Familie und Familienstand nehmen und für Rechtsfragen in diesem Bereich Sonderregelungen enthalten. Diese Vorschriften werden durch europäische Verordnungen und internationale Abkommen ergänzt und teilweise sogar ersetzt (vgl. Gesetzessammlung Jayme/Hausmann, Internationales Privat- und Verfahrensrecht).

Der Begriff der **Angehörigen** ist weiter als der der Familie. Wer Angehöriger ist, ist in den einzelnen Gesetzen unterschiedlich definiert.

BEISPIELE

a) Das BGB verwendet den Begriff des (nahen) Angehörigen in §§ 530, 573a, 1579 Nr. 2, 1969.
b) Ein weiter Begriff des Angehörigen gilt im Abgabenrecht (vgl. § 15 AO).

1.2 Verfassungsrechtliche Grundlagen

Das Grundgesetz der Bundesrepublik Deutschland enthält vor allem in Art. 3 und Art. 6 GG verfassungsrechtliche Vorgaben für Ehe und Familie.

- Nach Art.3 Abs. 2 GG sind Frauen und Männer gleichberechtigt. Dementsprechend enthält das BGB kein bestimmtes Leitbild der Ehe. Mann und Frau können einvernehmlich über die Rollenverteilung in der Ehe bestimmen (§ 1356).
- Art.6 Abs. 1 GG stellt Ehe und Familie unter den besonderen Schutz der staatlichen Ordnung. Das Grundrecht enthält
  - ein klassisches Abwehrrecht gegen störende Eingriffe des Staates
  - eine Institutsgarantie, d. h. die Verbürgung einer privatrechtlichen Lebensordnung, deren Kernbereich durch den Gesetzgeber nicht angetastet werden darf,
  - eine wertentscheidende Grundsatznorm für das gesamte die Ehe und Familie betreffende Recht. Daraus folgt für den Staat nicht nur ein Schädigungsverbot, sondern auch ein Förderungsgebot.
- Art.6 Abs. 2, 3 GG garantieren das Elternrecht (und die Pflicht) zur Pflege und Erziehung der Kinder. Nur soweit die Eltern ihre Aufgabe nicht erfüllen, darf der Staat subsidiär in die Erziehung eingreifen.
- Art.6 Abs. 5 GG enthält einen verbindlichen Verfassungsauftrag an den Gesetzgeber, für die Gleichstellung der nichtehelichen Kinder zu sorgen. Mit dem Erbrechtsgleichstellungsgesetz vom 16. 12. 1997 (BGBl I 1997, 2968) wurde die rechtliche Gleichstellung der ehelichen und der nichtehelichen Kinder mit Wirkung ab 01. 07. 1998 gesetzlich geregelt (s. G 2.1.3).

1.3 Übersicht über die Rechtsgrundlagen

Das Familienrecht ist überwiegend im **4.Buch des BGB** geregelt. Es umfasst die Abschnitte Ehe, Verwandtschaft und Vormundschaft. Geregelt werden vor allem Rechtsbeziehungen zwischen Personen, aber auch sachenrechtliche Materien, da familienrechtliche Verhältnisse auch die Zuordnung des Vermögens der Familienangehörigen beeinflussen. Umgekehrt wie im übrigen Zivilrecht (aber ähnlich wie im Sachenrecht) enthalten die familienrechtlichen Vorschriften meist zwingendes Recht. Sie sind im Interesse der Klarheit und Rechtssicherheit familienrechtlicher Statusverhältnisse stark formalisiert (Typenzwang). Vertragsfreiheit herrscht nur dort, wo sie ausdrücklich anerkannt ist.

Außerdem gibt es **außerhalb des BGB** eine Reihe von Gesetzen mit Bedeutung für das Familienrecht, die zum Teil privatrechtlicher, zum Teil auch öffentlich-rechtlicher Natur sind.

BEISPIELE

- Das Eheschließungsrecht war ab 1900 im BGB geregelt. Durch das Ehegesetz vom 06.07.1938 wurden diese Vorschriften aus dem BGB herausgenommen. Das Ehegesetz wurde 1946 durch Kontrollratsgesetz mit entnazifiziertem Inhalt neu verkündet und blieb in der Bundesrepublik über 60 Jahre in Kraft. Durch das Eheschließungsrechtsgesetz vom 04.05.1998 (BGBl I 1998, 833) wurde die Materie neu geregelt und wieder in das BGB übernommen. Dabei ist die Gesamtheit des materiellen Familienrechts bis auf kleinere Ausnahmen (z. B. Hausratsverordnung) im BGB enthalten.
- Die Scheidungsvorschriften (§§ 1564 ff.) gehen auf das Erste Gesetz zur Reform des Ehe- und Familienrechts (1. EheRG vom 14.06.1976 BGBl I 1976, 1421) zurück. Sie lösten insoweit schon damals die Regelungen des Ehegesetzes ab.
- Das Personenstandsgesetz von 1957 regelt die Führung der Personenstandsbücher durch den Standesbeamten.
- Mit dem Sorgerechtsgesetz von 1979 wurde das Recht der elterlichen Gewalt in ein Recht der elterlichen Sorge umgewandelt und unter dem Aspekt des Kindeswohls modernisiert.
- Die rechtlichen Unterschiede der ehelichen und nichtehelichen Kinder wurden durch das Gesetz über die rechtliche Stellung der nichtehelichen Kinder (NEhelG, BGBl I 1969, 1243) und durch das Kindrechtsreformgesetz (KindRG, BGBl I 1997, 2942) beseitigt.
- Mit dem zweiten Eherechtsreformgesetz wurde das Eheschließungs- und Ehenichtigkeitsrecht im BGB modernisiert und das Ehegesetz aufgehoben.
- Das Adoptionsvermittlungsgesetz von 1976 (BGBl I 1976, 1762) regelt die Voraussetzungen für die Vermittlung von Adoptionen. Das materielle Adoptionsrecht ist in §§ 1741 ff. BGB enthalten.
- Das Kinder- und Jugendhilfegesetz vom 26.06.1990 (KJHG, BGBl I 1990, 1163) regelt vor allem die öffentliche Jugendhilfe durch die Jugendämter. Das KJHG ist als 8.Buch Bestandteil des Sozialgesetzbuches (SGB VIII).
- Durch das Betreuungsgesetz von 1992 wurden die Entmündigung, die Gebrechlichkeitspflegschaft und die Vormundschaft für Volljährige durch die Betreuung ersetzt.
- Nichteheliche Lebensgemeinschaften und gleichgeschlechtliche Partnerschaften (LPartG, BGBl I 2001, 266) sind rechtlich anerkannt.
- Verfahrensvorschriften für einzelne familienrechtliche Angelegenheiten finden sich in der Zivilprozessordnung (ZPO), im Gerichtsverfassungsgesetz (GVG) im Gesetz über die freiwillige Gerichtsbarkeit (FGG) sowie im Gesetz über das Verfahren in Familiensachen und in Angelegenheiten der freiwilligen Gerichtsbarkeit (FamFG, BGBl I 2008, 2586).
- Im Sozialrecht gibt es zahlreiche Gesetze, die sich mit Problemen von Ehe und Familie befassen (z. B. Leistungsansprüche aus der Sozialversicherung, Kindergeld, Erziehungsbeihilfe, Ausbildungsförderung, Mutterschaftsrecht, Hinterbliebenenversorgung, Sozialhilfe).
- Im BKGG ist nur noch das Rest-Kindergeld von in Deutschland nicht unbeschränkt steuerpflichtigen Berechtigten geregelt. Berechtigte, die unbeschränkt steuerpflichtig sind, erhalten Kindergeld nach einkommensteuerlichen Vorschriften. Nach § 31 EStG wird die steuerliche Freistellung des Existenzminimums alternativ durch das Kindergeld (§§ 62 ff. EStG) oder durch den Kinderfreibetrag (§ 32 Abs. 6 EStG) bewirkt.

1.4 Rechtsentwicklung

Kaum ein anderer Rechtsbereich unterliegt einem ähnlich starken Wandel wie das Familienrecht. Die konsequentere Verwirklichung der Gleichberechtigung der Geschlechter, der Wandel der Großfamilie zur Zwei-Generationen-Familie bei gleichzeitigem Trend zum Double- bzw. Single-Haushalt und die Übernahme subsidiärer Fürsorgeaufgaben durch den Sozialstaat sind Teilaspekte der Entwicklung. Neuerdings wird die Bedeutung der Familie angesichts leerer öffentlicher Kassen wieder aufgewertet. Beispielsweise erhält niemand Sozialhilfe, der die erforderliche Hilfe von seiner Familie erhält, ungeachtet ob ein zivilrechtlicher Anspruch gegen

Familienangehörige besteht (§ 2 BSHG). Unterhaltspflichtige Angehörige werden von den Behörden auf Ersatz von Sozialleistungen in Anspruch genommen (§§ 90 ff. BSHG, §§ 102 ff. SGB X). Den kulturellen, wirtschaftlichen und politischen Veränderungen wurde bis in die jüngste Zeit hinein durch Reformen auf verschiedenen Gebieten Rechnung getragen.

BEISPIEL

Gleichberechtigungsgesetz (1957), Gesetz über die Stellung der nichtehelichen Kinder (1969), Gesetz zur Neuregelung des Volljährigkeitsalters (1974), Erstes Gesetz zur Reform des Ehe- und Familienrechts (Neuregelung des Scheidungsrechts, Einführung des Versorgungsausgleichs, 1976), Adoptionsgesetz (1976), Gesetz zur Neuregelung des Rechts der elterlichen Sorge (1979), Änderungen des Versorgungsausgleichs (1983, 1986, 1991, grundlegende Neufassung 2009), Betreuungsgesetz (1992), Familiennamensrechtsgesetz (1993), Erbrechtsgleichstellungsgesetz (1997), Kindschaftsreformgesetz (1998), Kindesunterhaltsgesetz (1998, 2007), SGB VIII – Kinder- und Jugendhilfe (2006), Beistandschaftsgesetz (1998), Eheschließungsrechtsgesetz (1998), Betreuungsrechtsänderungsgesetze (1999, 2005, 2009), Lebenspartnerschaftsgesetz (2001, überarbeitet 2005), Gewaltschutzgesetz (2001), Kinderrechteverbesserungsgesetz (2002), Gesetz zur Änderung des Ehe- und Lebenspartnerschaftsnamensrechts (2005), Gesetz über das Verfahren in Familiensachen und in Angelegenheiten der freiwilligen Gerichtsbarkeit (2008), Gesetz zur Änderung des Zugewinnausgleichsrechts und Vormundschaftsrechts (2009), Drittes Gesetz zur Änderung des Betreuungsrechts (2009), Patientenverfügung § 1901a (2009), Gesetz zur Reform der elterlichen Sorge nicht miteinander verheirateter Eltern (2013), Gesetz zur Stärkung der Rechte des leiblichen, nicht rechtlichen Vaters § 1686a (2013), Gesetz zur Bereinigung des Rechts der Lebenspartner (2015), Gesetz zur Änderung des Unterhaltsrechts und des Unterhaltsverfahrensrechts (2015).

2 Das Ehe- und Ehegüterrecht

2.1 Eheschließung

Das deutsche Eherecht geht vom Prinzip der **obligatorischen Zivilehe** aus. Eine Ehe kommt nur zustande, wenn die Eheschließung vor einem Standesbeamten stattgefunden hat (§ 1310). Die kirchliche Trauung hat keine zivilrechtlichen Wirkungen (§ 1588). Die Eheleute können sich erst nach der standesamtlichen Trauung kirchlich trauen lassen. Die Ehe ist nach h. M. ein **Vertrag.** Sie kommt durch korrespondierende Willenserklärungen der beiden Ehepartner zustande. Das Ehegesetz setzt für eine zulässige Eheschließung voraus:

- die Ehefähigkeit der Partner (§§ 1303, 1304),
- das Fehlen von Eheverboten (§§ 1306–1308),
- die Einhaltung bestimmter Formvorschriften (§§ 1311, 1312).

Das Zustandekommen der Ehe kann fehlerhaft sein. Je nach Schwere des Fehlers unterscheidet das BGB zwischen der gültigen Ehe, der Nichtehe und der aufhebbaren Ehe:

- Eine **Nichtehe** ist gegeben, wenn die Eheschließung nicht vor einem Standesbeamten stattgefunden hat (§ 1310 Abs. 1). Eine Ehe existiert nicht. Einer ausdrücklichen Nichtigkeitserklärung bedarf es nicht.
- Eine durch Aufhebungsklage **aufhebbare Ehe** (§ 1314) liegt nach dem Eheschließungsrechtsgesetz vom 04. 05. 1998 vor, wenn:

– die grundlegenden Voraussetzungen für die Eheschließung fehlen (Geschäftsfähigkeit, Ehemündigkeit),
– gegen Eheverbote verstoßen wurde (Blutsverwandtschaft, Bigamie),
– grobe Formverstöße begangen wurden, bestimmte Willensmängel vorliegen (Irrtum, Drohung, arglistige Täuschung).

2.2 Ehewirkungen

2.2.1 Überblick

Mit der Eheschließung treten folgende Rechtswirkungen ein:

- Verpflichtung zur ehelichen Lebensgemeinschaft (§ 1353),
- Führung eines gemeinsamen Familiennamens (§ 1355, Sollvorschrift)
- gegenseitige Verpflichtungsbefugnis bei Geschäften zur Deckung des Lebensbedarfs der Familie (§ 1357),
- Verringerung des Haftungsmaßstabs auf die Sorgfalt in eigenen Angelegenheiten (§ 1359),
- gegenseitige Unterhaltspflicht (§§ 1360 ff.),
- Eigentumsvermutung zugunsten der Gläubiger (§ 1362),
- (ohne besonderen Güterrechtsvertrag) gesetzlicher Güterstand der Zugewinngemeinschaft (§ 1363 ff.),
- Zeugnisverweigerungsrecht (§ 383 Abs. 1 Nr. 2 ZPO, § 52 Abs. 1 Nr. 2 StPO).

2.2.2 Eheliche Lebensgemeinschaft

§ 1353 Abs. 1 enthält einen Programmsatz, der die Ehegatten zur Geschlechts- und Hausgemeinschaft und zu gegenseitigem Beistand verpflichtet. § 1353 ist zwingendes Recht, kann jedoch mit rechtlichen Mitteln nicht durchgesetzt werden. Bei Pflichtverletzungen kann ein Ehegatte gegen den andern zwar eine Klage auf Herstellung des ehelichen Lebens erheben (§ 606 ZPO). Das Urteil ist aber, da die Pflichten höchstpersönlicher Natur sind, nicht vollstreckbar (§ 888 ZPO). Der andere Ehegatte wird veranlasst, entweder die Ehe wieder aufzunehmen oder sich auf die Zerrüttung der Ehe zu berufen (§ 1353 Abs. 2).

2.2.3 Haushaltsführung und Erwerbstätigkeit

Der Gesetzgeber nahm mit der Neufassung der §§ 1356, 1357 vom Leitbild der Hausfrauenehe Abschied. Das Gesetz ist gegenüber jeder Gestaltungsform der Haushaltsführung offen. Die Ehe wird als partnerschaftliche arbeitsteilige Lebensgemeinschaft begriffen. Zur Erleichterung der Haushaltsführung und zum Schutz der Gläubiger haben die Ehegatten ein gesetzliches Vertretungsrecht (§ 1357, früher als »Schlüsselgewalt« bezeichnet). Aus Rechtsgeschäften, die ein Ehegatte zur angemessenen Deckung des Lebensbedarfs tätigt, werden beide Ehegatten als Gesamtschuldner (§ 421) verpflichtet und als Gesamtgläubiger (§ 428, str., nach a. A. § 432) berechtigt. Die Regelung unterscheidet sich vom Recht der Stellvertretung, wo eine Willenserklärung nur für oder gegen den Vertretenen wirkt (§ 164 Abs. 1); nach § 1357 wird dagegen neben dem Vertretenen auch der tätige Ehegatte berechtigt und verpflichtet. Dieselben Rechtswirkungen treten ein, wenn der tätige Ehegatte im eigenen Namen handelt. Es handelt sich dann um einen Fall der verdeckten Stellvertretung, aber mit von § 164 Abs. 2 abweichender Rechtsfolge. Wenn ein Ehegatte für Geschäfte des anderen Ehegatten zukünftig nicht mehr haften will, kann er die Berechtigung, Geschäfte mit Wirkung für ihn zu besorgen, beschränken oder ausschließen (§ 1357 Abs. 2). Dritten gegenüber wirkt die Beschränkung nur, wenn sie im Güterrechtsregister des zuständigen Amtsgerichts eingetragen wird oder dem Dritten bei Vornahme des Geschäfts bekannt ist (§ 1412).

FALL 43

Von den Eheleuten M und F führt F den Haushalt. F kauft auf Kredit Lebensmittel, Kleidung für den eigenen Bedarf sowie ein Ölbild (Kaufpreis 10 000 €) für die Ehewohnung, wobei sie bei den Händlern jeweils im eigenen Namen auftritt. M ist Durchschnittsverdiener, F selbst ist vermögenslos. Können die Händler von F oder M Zahlung verlangen?

2.2.4 Mitarbeit des Ehegatten

2.2.4.1 Familienrechtliche Mitarbeitspflicht

Die Mitarbeit im Geschäft des andern Ehegatten ist nicht mehr gesetzlich vorgeschrieben. Die eheliche Beistandspflicht (§ 1353 Abs. 1) und die Unterhaltspflicht (§ 1360, s. 2.2.5) begründen nur in besonderen Fällen eine Mitarbeitspflicht des eigenen Ehegatten im Geschäft des andern (Notsituationen, Aufbau des Geschäfts, Krankheiten, Personalmangel, fehlende Mittel für die Einstellung einer Hilfskraft). Aus der Üblichkeit der Mitarbeit folgt nicht ohne Weiteres deren Unentgeltlichkeit. Unentgeltlichkeit ist anzunehmen, soweit die Mitarbeit der Unterhaltspflicht dient und der Beitrag nur dazu ausreicht, dass die Familie ihr Auskommen hat. Mangels anderer Vereinbarungen ist für eine auf familien- oder unterhaltsrechtlicher Grundlage geleistete Mitarbeit, die über den Familienunterhalt hinaus Werte schafft, nach h. M. kein Entgelt zu zahlen, da der Ausgleich über den durch die Mitarbeit erhöhten Lebensstandard und den Zugewinnausgleich erfolgt. Wird ein Entgelt gezahlt, handelt es sich steuerlich um nichtabzugsfähige Unterhaltszahlungen.

FALL 44

Frau M hat seit 10 Jahren im Einzelhandelsgeschäft ihres Ehemannes ohne Entgelt mitgearbeitet. Kann sie jetzt nachträglich eine Vergütung i. H. v. 1 000 € monatlich verlangen?

2.2.4.2 Vertragliche Ehegattenmitarbeit

Streng von der familienrechtlichen Mitarbeit zu unterscheiden sind die weit häufigeren Fälle der Ehegattenmitarbeit auf arbeitsrechtlicher Grundlage. Ehegatten können die Mitarbeit des andern Ehegatten im Betrieb des Steuerpflichtigen als **Arbeitsverhältnis** regeln. Dies gilt auch bei vorübergehender oder bei Teilzeitbeschäftigung. Ein Ehegattenarbeitsverhältnis bringt erhebliche **steuerliche Vorteile**. Beim Arbeitgeber-Ehegatten ist der Lohn an den Arbeitnehmer-Ehegatten Betriebsausgabe bzw. rückstellbarer Aufwand (§ 6a EStG), mindert also auch die Gewerbesteuer. Der Arbeitnehmer-Ehegatte erhält

- Pausch- und Freibeträge nach §§ 9a, 19 EStG,
- Steuerfreie Zukunftssicherung (§ 3 Nr. 62, § 4b EStG),
- Pauschallohnversteuerung mit 25 % bzw. 20 % (§ 40a, 40b EStG),
- Steuerfreiheit bei Gewährung von Vermögensbeteiligung nach § 3 Nr. 39 EStG.

Steuerlich werden Verträge unter Angehörigen anerkannt, wenn sie zu Bedingungen wie unter fremden Dritten abgeschlossen und durchgeführt sind (Fremdvergleich).

Prüfungsstufe	Steuerliche Folge bei Fehler
1. Zivilrechtliche Wirksamkeit des Vertrages	Der Vertrag ist steuerlich nicht anzuerkennen. Die Zahlungen an den Arbeitnehmer-Ehegatten sind keine Betriebsausgaben. Es gilt das Abzugsverbot des § 12 Nr. 2 EStG.
1. Tatsächliche Durchführung des Vertrages	
1. Angemessenheit der Zahlungen	Steuerliche Anerkennung nur in Höhe des angemessenen Teils. Für den unangemessenen Teil gilt (§ 12 Nr. 2 EStG).

Von steuerlicher Bedeutung ist die Abgrenzung der arbeitsvertraglichen Ehegattenmitarbeit von der Mitarbeit i. R. eines Gesellschaftsverhältnisses zwischen den Ehegatten. Ein Arbeitsverhältnis wird steuerlich nicht anerkannt, sondern in eine Gewinnverteilungsabrede nach § 15 Abs. 1 Satz 1 Nr. 2 EStG umqualifiziert, wenn der Arbeitnehmer-Ehegatte im Betrieb eine Mitunternehmerstellung einnimmt. Dies ist der Fall

- bei Gesellschaften des bürgerlichen Rechts oder des Handelsrechts,
- bei Rechtsverhältnissen, die einer Gesellschaft gleichstehen
  - Betrieb im Gesamtgut der Gütergemeinschaft (Gutachten des BFH vom 18.02.1959 BStBl III 1959, 263; BFH vom 25.06.1984 BStBl II 1984, 751),
  - wirtschaftliche Zweckgemeinschaft (Nutzungsgemeinschaft) in der Land- und Forstwirtschaft (BFH vom 07.10.1982 BStBl II 1983, 73; vom 30.06.1983 BStBl II 1983, 636; BFH vom 02.02.1989 BStBl II 1989, 504).

Mitarbeit von Ehegatten

Behandlung der Zahlung	familienrechtlich	arbeitsvertraglich	gesellschaftsvertraglich
Zahlender	Zuwendung (§ 12 Nr. 2 EStG)	Betriebsausgaben (§ 4 Abs. 4 EStG)	steuerlich keine Betriebsausgaben
Empfangender	keine Einnahmen	Einnahmen nach § 19 EStG	Sonderbetriebseinnahmen nach § 15 Abs. 1 Satz 1 Nr. 2 EStG

2.2.4.2.1 Ernsthafter, zivilrechtlich wirksamer Arbeitsvertrag

Arbeitsverhältnisse werden steuerlich nur anerkannt, wenn die Ehegatten vor Beginn des Leistungsaustauschs klare und eindeutige Vereinbarungen getroffen haben, und wenn das Vereinbarte ernsthaft gewollt ist. Arbeitsrechtlich ist eine schriftliche Vereinbarung nicht notwendig. Da zwischen Angehörigen ein Interessenkonflikt weitgehend ausgeschaltet ist, wird zum Nachweis der Abmachungen steuerlich i. d. R. die Schriftform verlangt. Auch mündlich oder stillschweigend abgeschlossene Arbeitsverträge sind aber steuerlich gültig, sofern sich aus den Umständen des Falles klare, eindeutige Vereinbarungen ergeben. Der Vertrag hat die Hauptvertragspflichten zu bestimmen (Leistung der Dienste, Zahlung des Gehalts) und außerdem Bestimmungen zu enthalten über Arbeitszeit, Urlaubsanspruch, Kündigung, Überstundenvergütung, sonstige Nebenleistungen wie Weihnachts- und Urlaubsgeld und Art der Auszahlung. Auf tarifvertragliche Bestimmungen kann Bezug genommen werden. Wenn sich die Ehegatten einig sind, dass das Vertragsverhältnis nicht durchgeführt werden soll, liegt zivilrechtlich ein Scheingeschäft vor (§ 117), das für die Besteuerung unerheblich ist (§ 41 Abs. 2 AO).

FALL 45

F arbeitet als Bürokraft in der freiberuflichen Praxis ihres Ehemannes M. Ein schriftlicher Arbeitsvertrag liegt nicht vor. Abreden über Arbeitszeit, Urlaubsanspruch, Kündigung, Gehalt und Art der Auszahlung, Überstundenvergütung, Weihnachts- und Urlaubsgeld sind nicht getroffen.

2.2.4.2.2 Tatsächliche Durchführung des Arbeitsvertrages

Die Rechte und Pflichten aus dem Vertrag müssen tatsächlich wahrgenommen werden. Hierzu gehört die Erbringung der vereinbarten Arbeitsleistung, die Zahlung des Arbeitsentgelts wie unter Fremden sowie die Abführung von LSt und Sozialversicherungsbeiträgen.

a) Erbringung der Arbeitsleistung

Der Arbeitnehmer-Ehegatte muss regelmäßig und weisungsgebunden mitarbeiten und eine fremde Arbeitskraft ersetzen. Das Arbeitsverhältnis wird nicht anerkannt, wenn der andere Ehegatte die vereinbarten Arbeitsleistungen nicht erbringt oder zwar Arbeitsleistungen erbringt, aber nicht in dem vereinbarten Umfang oder sehr unregelmäßig. Bei unregelmäßiger Arbeitszeit ist eine detaillierte Aufzeichnung erforderlich.

Ehegatten-Unterarbeitsverhältnisse – also Arbeitsverhältnisse eines Arbeitnehmers mit seinem Ehegatten – werden grundsätzlich steuerlich nicht anerkannt (FG Münster vom 07.08.1990 EFG 1991, 246: Vertrag nichtig wegen Verstoß gegen die Höchstpersönlichkeit der Pflichtenerfüllung nach § 613, 134 BGB; FG Baden-Württemberg vom 27.11.1990 EFG 1991, 378: Unüblichkeit unter Fremden). Ausnahmsweise kann ein Unterarbeitsverhältnis anzuerkennen sein, wenn der Arbeitslohn teilweise erfolgsabhängig ist (z. B. Versicherungsvertreter).

Gelegentliche Hilfeleistungen unter Angehörigen können nicht Gegenstand eines Arbeitsverhältnisses sein, wenn sie unter fremden Personen nicht vereinbart worden wären (z. B. die Reinigung des häuslichen Arbeitszimmers eines Arbeitnehmers, BFH vom 27.10.1978 BStBl II 1979, 80).

FALL 46

a) Die Eheleute M und F sind Apotheker. Jeder führt eine eigene Apotheke. M ist bei F und F ist bei M als Apotheker angestellt.

b) Nur M besitzt Buchführungskenntnisse. Aufgrund vertraglicher Verpflichtung erledigt M daher in beiden Betrieben die Buchführungsarbeiten, während F zum Ausgleich im Betrieb des M tätig ist.

b) Zahlung des Arbeitsentgelts

Erforderlich ist eine klare Trennung der sich für die Ehegatten aus der Ehe ergebenden Einkommens- und Vermögensverhältnisse von den sich aus dem Arbeitsverhältnis ergebenden Rechtsbeziehungen. Das vereinbarte Gehalt muss zum vereinbarten Zeitpunkt auch tatsächlich in die Verfügungsgewalt des Arbeitnehmer-Ehegatten gelangen. Hierzu gehört grundsätzlich die regelmäßige Barauszahlung oder Überweisung auf ein Konto, das auf den Namen des Arbeitnehmers lautet. Das Gehalt gilt auch als ausgezahlt, wenn der Arbeitnehmer-Ehegatte Teile seines Gehalts im Unternehmen als Darlehen belässt. Der Arbeitnehmer-Ehegatte muss aber zunächst über das Gehalt verfügen können. Der Arbeitnehmer-Ehegatte muss das Darlehen aus freien Stücken ohne eine Rechtspflicht gewähren, nachdem das Arbeitsentgelt ausgezahlt oder zumindest im Fälligkeitszeitpunkt zur Auszahlung angeboten worden ist. Steuerlich schädlich ist es, wenn sich der Arbeitnehmer-Ehegatte bereits vor Fälligkeit seines jeweiligen Gehaltsanspruchs verpflichtet, das Gehalt dem Arbeitgeber-Ehegatten als Darlehen zu gewähren. Bloßes Belassen im Betrieb ist schädlich, da es am Zufluss fehlt. Der Rückfluss von Teilen des Arbeitslohns ist unschädlich, wenn der Arbeitslohn vom Arbeitnehmer-Ehegatten tatsächlich bezogen wurde (Verfügungsmacht), eindeutige Vereinbarungen bestehen und eine ordnungsgemäße Verbuchung und Bilanzierung erfolgt ist. Dies bedeutet:

- Das Darlehen selbst muss den Anforderungen der steuerlichen Anerkennung genügen.
- Erforderlich ist ein durchsetzbarer Darlehensrückzahlungsanspruch, entweder durch Kündigung oder vereinbarte Laufzeit.
- Keine Anerkennung von Arbeitsverhältnis und Darlehen, wenn die Kündigung ausgeschlossen oder eine überlange Laufzeit vereinbart wurde.
- Übliche Verzinsung wie unter Fremden und bei längerer Laufzeit dingliche Sicherheit erforderlich.

FALL 47

Entsprechende Abreden, die solchen wie unter Fremden entsprechen, sind zwischen den Ehegatten schriftlich vereinbart worden.
a) Das angemessene Gehalt wird nicht monatlich ausbezahlt, sondern erst am Jahresende in einem Betrag.

b) Das vereinbarte Gehalt wird überwiesen auf ein Bankkonto:
aa) des Arbeitgeber-Ehegatten mit Mitverfügungsrecht des Arbeitnehmer-Ehegatten
bb) des Arbeitnehmer-Ehegatten mit Mitverfügungsrecht des Arbeitgeber-Ehegatten
cc) über das beide Ehegatten ohne Mitwirken des andern Ehegatten verfügen können (»Oder-Konto«)

c) Frau A ist Arbeitnehmerin der A-OHG (Gesellschafter Herr A zu 60 %, B zu 40 %) und erhält ihr Gehalt auf ein Konto ausgezahlt, über das jeder Ehegatte ohne Mitwirken des andern Ehegatten verfügen kann.

d) Der Arbeitnehmer-Ehegatte verzichtet auf die Auszahlung des Gehalts und wendet es dem Arbeitgeber-Ehegatten als Darlehen zu, »bis dessen Finanzkraft eine Rückzahlung erlaubt«.

e) Der Arbeitslohn wird laufend auf ein Sparkonto des Arbeitnehmer-Ehegatten überwiesen. Dieser hebt – ohne zeitlichen Zusammenhang mit den Lohnzahlungen – größere Beträge ab und schenkt sie dem Arbeitgeber-Ehegatten.

2.2.4.2.3 Angemessenheit der Zahlungen

Wenn die Arbeitsleistung in keinem Verhältnis zur Höhe des Gehalts steht, wird die Gehaltszahlung steuerlich nur i. H. d. angemessenen Teils als Betriebsausgabe anerkannt. Wenn umgekehrt die dem Arbeitnehmer-Ehegatten gewährte Vergütung hinter einer angemessenen oder üblichen Vergütung zurückbleibt, steht dies der steuerlichen Anerkennung nicht entgegen (BFH vom 28.07.1983 BStBl II 1984, 60). Die Eheleute können nicht nur entscheiden, ob, sondern auch in welchem Umfang die Mitarbeit auf familienrechtlicher oder arbeitsvertraglicher Grundlage geleistet wird. Eine Ausnahme gilt nur dann, wenn der Arbeitslohn so niedrig bemessen ist, dass er nicht mehr als Gegenleistung angesehen werden kann und angenommen werden muss, dass die Ehegatten sich nicht rechtsgeschäftlich binden wollten.

In die Angemessenheitsprüfung sind auch **Nebenleistungen** im Arbeitsverhältnis einzubeziehen (z. B. Abfindungsleistungen, Tantiemenzahlungen, Weihnachtsgratifikationen). Hinsichtlich der **betrieblichen Altersversorgung bei Ehegatten** gilt Folgendes: Aufgrund von Pensionszusagen können Pensionsrückstellungen für Alters-, Invaliden- und Waisenrenten gebildet werden (BMF vom 24.07.2013 BStBl I 2013, 1022). Anstelle der Direktzusage nach § 6a

EStG kann auch eine Direktversicherung nach § 4b EStG zugunsten des Arbeitnehmer-Ehegatten abgeschlossen werden. Die steuerliche Anerkennung setzt voraus:

- Das Arbeitsverhältnis muss steuerlich anerkannt sein.
- Die Versorgungszusage muss ernstlich gewollt und tatsächlich durchgeführt sein.
- Familienfremde Arbeitnehmer mit vergleichbaren Tätigkeits- und Leistungsmerkmalen müssen unter vergleichbaren Bedingungen eine betriebliche Altersversorgung erhalten (betriebsinterner Fremdvergleich. Ein betriebsexterner Vergleich (Üblichkeitsprüfung) ist dagegen nicht vorzunehmen.
- Mit einer tatsächlichen Inanspruchnahme aus der Verpflichtung muss gerechnet werden können.
- Die Altersbezüge dürfen im Verhältnis zu den Aktivbezügen nicht unangemessen hoch sein. Die Gesamtheit der vereinbarten Arbeits- und Versorgungsbezüge muss angemessen sein.

FALL 48

M schließt zugunsten seiner aufgrund eines steuerlich anerkannten Arbeitsverhältnisses mitarbeitenden Ehefrau eine Direktversicherung ab. Auch familienfremden Arbeitnehmern mit vergleichbarer Tätigkeit ist eine solche betriebliche Altersversorgung angeboten. Jedoch übersteigt die Gesamtausstattung der F (Lohnzahlung, Lohnnebenleistungen und Zuwendungen zur Altersversorgung) die Zahlungen an vergleichbare Arbeitnehmer erheblich.

2.2.5 Unterhaltspflichten bei bestehender Ehe (§§ 1360, 1361 BGB)

In häuslicher Gemeinschaft lebende Ehegatten sind einander wechselseitig verpflichtet, durch ihre Arbeit und mit ihrem Vermögen die Familie angemessen zu unterhalten (§ 1360). Haushaltsführung und Erwerbstätigkeit werden als gleichwertig beurteilt. Form und Umfang des Unterhalts hängen von den Lebensumständen ab (§ 1360a). Der den gemeinsamen Haushalt führende Ehegatte ist grundsätzlich nicht verpflichtet, eine Erwerbstätigkeit auszuüben, und zwar auch dann nicht, wenn keine Kinder vorhanden sind. Eine Ausnahme gilt nur in den Fällen des Familiennotstandes, d. h. wenn die Arbeitskraft des andern Teils und die Einkünfte beider Ehegatten für den Familienunterhalt nicht ausreichen.

Leben die Ehegatten getrennt, kann ein Ehegatte von dem andern den nach den Lebensverhältnissen und den Erwerbs- und Vermögensverhältnissen der Ehegatten angemessenen Unterhalt verlangen. Der Anspruch auf Beitrag zum Familienunterhalt (§ 1360) wandelt sich in die persönlichen Unterhaltsansprüche der getrennt lebenden Ehegatten (§ 1361) und der Kinder (§§ 1601 ff.). Der Anspruch nach § 1361 setzt völliges Getrenntleben der Ehegatten i. S. d. § 1567, Leistungsfähigkeit des Verpflichteten und Bedürftigkeit des Ehegatten voraus, der den Unterhalt verlangt. Der Trennungsunterhalt umfasst wie der nacheheliche Unterhalt grundsätzlich den gesamten regelmäßigen Lebensbedarf des bedürftigen Ehegatten und ist durch Zahlung einer Geldrente monatlich im Voraus zu leisten. Der bei Trennung nicht erwerbstätige Ehegatte muss nur dann seinen Unterhalt durch Erwerbstätigkeit selbst verdienen, wenn ihm dies nach seinen persönlichen Verhältnissen zugemutet werden kann (§ 1361 Abs. 2).

2.2.6 Namensrecht

Die Entwicklung des Namensrechts ist ein Beispiel für die Verwirklichung des Gleichheitsgrundsatzes nach Art.3 Abs. 2 GG aufgrund der Rechtsprechung des Bundesverfassungsgerichts. Die heutige Fassung des § 1355 stellt den Endpunkt einer langen Rechtsentwicklung dar. Grundsätzlich sind folgende Namen zu unterscheiden:

a) der Geburtsname,
b) der Familienname, der als Ehename durch Erklärung gegenüber dem Standesbeamten entsteht,
c) der Begleitname des Ehegatten, der bei der Namenswahl zugunsten des Namens des Partners verzichtet.

Nach **alter Rechtslage** mussten Ehegatten immer einen gemeinsamen Ehenamen führen. § 1355 BGB i. d. F. von 1896 bestimmte, dass die Frau mit der Eheschließung den Namen des Mannes erhielt. Das Gleichberechtigungsgesetz von 1957 gab der Ehefrau das Recht, ihren Mädchennamen dem Namen des Mannes hintanzustellen (vgl. BVerfGE 3, 225). Da dadurch die Gleichberechtigung der Geschlechter noch nicht verwirklicht war, schuf das 1.EheRG mit Wirkung ab 01.07.1976 die Möglichkeit, entweder den Namen des Mannes oder den der Frau zum Ehenamen zu bestimmen. Zusätzlich hatte der Ehegatte, dessen Name nicht zum Familiennamen wurde, das Recht, seinen Namen als persönlichkeitsgebundenen Begleitnamen dem Ehenamen voranzustellen. Die Pflicht, einen gemeinsamen Ehenamen zu führen, war grundsätzlich verfassungsgemäß (BVerfG vom 08.03.1988 NJW 1988, 1577). Bestimmten die Ehegatten keinen Ehenamen, wurde nach § 1355 Abs. 2 Satz 2 a. F. der Geburtsname des Mannes Ehename. Diese Bestimmung war verfassungswidrig (BVerfG vom 05.03.1991 NJW 1991, 1602).

Nach **geltender Rechtslage** ist die Rechtspflicht zur Führung eines gemeinsamen Ehenamens entfallen. Gemäß § 1355 Abs. 1 Satz 1 **sollen** (nicht: müssen) die Ehegatten einen gemeinsamen Familiennamen als Ehenamen führen. Damit ist kein Ehegatte mehr gezwungen, seinen bisherigen Namen aufzugeben. Gemäß § 1355 Abs. 2 können die Ehegatten den Geburtsnamen eines Ehegatten oder den zur Zeit der Erklärung über die Bestimmung des Ehenamens geführten Namen eines der Partner als gemeinsamen Ehenamen bestimmen (vgl. BVerfG vom 18.02.2004 FamRZ 2004, 515). Bestimmen die Ehegatten keinen gemeinsamen Ehenamen, behalten sie jeweils ihren zur Zeit der Eheschließung geführten Namen. Ein Doppelname kann nicht als Ehename geführt werden. Die Ehegatten können nur den Mannes- oder den Frauennamen, aber nicht beide zusammen zum Ehenamen wählen. Wird der Geburtsname eines der Ehegatten als Ehename gewählt, kann jedoch der Ehegatte, dessen Geburtsname nicht zum Ehenamen wird, seinen Namen dem Ehenamen voranstellen oder hinzufügen (§ 1355 Abs. 4). Besteht der Name eines Ehegatten aus mehreren Namen, kann nur einer dieser Namen hinzugefügt werden. Verwitwete oder Geschiedene können den bisherigen Ehenamen beibehalten. Sie können aber auch ihren Geburtsnamen oder den Namen wieder annehmen, den sie bis zum Erwerb des Ehenamens geführt haben, oder unter Beibehaltung des Ehenamens den Geburtsnamen zum Begleitnamen bestimmen (§ 1355 Abs. 5).

Beim **Namenserwerb von Kindern** sind nach dem KindRG (BGBI I 1997, 2942) folgende drei Fallgruppen zu unterscheiden:

1. Ein Kind von Eltern, die einen Ehenamen führen (§ 1355 Abs. 1 Satz 1, 2), erhält diesen Namen als Geburtsnamen (Familiennamen gem. § 1616).
2. Bei einem Kind von Eltern, die keinen Ehenamen führen (§ 1355 Abs. 1 Satz 3), aber das Sorgerecht gemeinsam ausüben, bestimmen die Eltern grundsätzlich gemeinsam den Namen, den der Vater oder die Mutter führt, zum Kindesnamen (§ 1617). Die Bestim-

mung gilt auch für ihre weiteren Kinder. Das Familiengericht kann die Bestimmung des Namens einem Elternteil übertragen.

3. Ein Kind von Eltern ohne Ehenamen, von denen nur ein Elternteil das Sorgerecht ausübt, erhält dessen Namen (§ 1617a).

2.2.7 Ehewirkungen im Steuerrecht

Im ESt-Recht können die Ehegatten unter den Voraussetzungen des § 26 Abs. 1 Satz 1 EStG zwischen der Einzelveranlagung (§ 26a) und der Zusammenveranlagung (§ 26b) wählen, wenn

a) eine rechtsgültige Ehe besteht,
b) beide Ehegatten unbeschränkt steuerpflichtig sind
c) und nicht dauernd getrennt leben.
d) Die Voraussetzungen a) bis c) lagen irgendwann während des Veranlagungszeitraums vor.

Durch das Steuervereinfachungsgesetz 2011 (BGBl I 2011, 2131) wurden die steuerlichen Veranlagungsarten der getrennten Veranlagung von Ehegatten und der besonderen Veranlagung im Jahr der Eheschließung abgeschafft (vgl. Band 2, Hottmann/Beckers/Schustek, Einkommensteuer, C 3.3).

2.3 Eheliches Güterrecht

2.3.1 Überblick

Das Ehegüterrecht regelt die vermögensrechtlichen Verhältnisse während der Ehe. Seit dem 01.07.1958 gibt es drei Güterstände:

Eheliche Güterstände

Zugewinngemeinschaft §§ 1363–1390	Gütertrennung § 1414	Gütergemeinschaft §§ 1415–1518
gesetzlicher Güterstand, gilt falls kein vertraglicher Güterstand vereinbart ist, § 1363 Abs. 1	**vertragliche** Güterstände begründet durch notariell beurkundeten Ehevertrag (§§ 1408, 1410), der zu seiner Wirksamkeit einem Dritten gegenüber in das Güterrechtsregister eingetragen oder dem Dritten bekannt sein muss (§ 1412)	

Diese gesetzlichen Typen von Güterständen können durch die Eheleute nicht nur gewählt (§ 1408 ff.) oder abgewählt (§ 1414) werden, sondern können auch in Einzelheiten variiert werden.

Aufgrund eines völkerrechtlichen Abkommens zwischen Deutschland und Frankreich wurde durch Gesetz (BGBl II 2012, 178) als weiterer Wahlgüterstand die sog. Wahl-Zugewinngemeinschaft geschaffen (§ 1519). Das zwischenstaatliche Abkommen dient der Rechtsangleichung des europäischen Familienrechts und steht auch dem erwünschten Beitritt anderer EU-Mitgliedstaaten offen.

2.3.2 Zugewinngemeinschaft (Gütertrennung mit Zugewinnausgleich)

Der gesetzliche Güterstand der Zugewinngemeinschaft hat die folgenden Besonderheiten.

2.3.2.1 Gütertrennung

Das Vermögen jedes Ehegatten, das er mit in die Ehe bringt oder während der Ehe erwirbt, bleibt rechtlich getrennt (§ 1363 Abs. 2). Die Ehegatten werden also zunächst vermögensrechtlich wie Unverheiratete behandelt. Nur soweit sie durch Rechtsgeschäft gemeinschaftlich Vermögensgegenstände erwerben, entsteht gemeinschaftliches Eigentum (i. d. R. Bruchteilseigentum, §§ 741, 1008).

BEISPIELE

Nehmen Sie an, dass die Eheleute M und F im gesetzlichen Güterstand leben.
a) F hat ein Mietshaus und Aktien mit in die Ehe gebracht.
LÖSUNG Die Vermögen der Ehegatten bleiben getrennt. F ist auch während der Ehe Alleineigentümerin der eingebrachten Gegenstände.

b) M kauft während der Ehe im eigenen Namen ein Mietshaus.
LÖSUNG Auch Vermögenszuwachs während der Ehe ist grundsätzlich Eigentum des Ehegatten, der es erwirbt. Wenn F nicht als Miteigentümerin des Hauses im Grundbuch eingetragen wird, gehört M das Haus allein (selbst wenn der Kaufpreis aus dem unterhaltsrechtlich beiden Ehegatten zustehenden Lohn des M gezahlt wird, § 1360).

c) M kauft aus gemeinsamen Ersparnissen die Einrichtung für die Ehewohnung.
LÖSUNG Gegenstände des gemeinsamen Gebrauchs während der Ehe – besonders wenn sie aus gemeinsamem Geld angeschafft sind – werden Bruchteilseigentum. M handelt beim Eigentumserwerb zugleich als Vertreter der F oder ist zumindest aus § 1353 verpflichtet, ihr Bruchteilseigentum einzuräumen.

2.3.2.2 Selbständige Vermögensverwaltung, Verfügungsbeschränkungen

Jeder Ehegatte verwaltet sein Vermögen selbständig (§ 1364) und ist über einzelne ihm gehörige Gegenstände allein verfügungsberechtigt. Lediglich über sein Vermögen im ganzen oder über ihm gehörige Gegenstände des ehelichen Haushalts kann jeder Ehegatte nur mit Einwilligung des andern verfügen (§§ 1365, 1369). Diese Verfügungsbeschränkungen enthalten nicht nur ein lediglich zwischen den Ehegatten wirkendes (relatives), sondern ein jedem Dritten gegenüber wirkendes (absolutes) Veräußerungsverbot, das jedoch wegen § 41 AO ohne steuerliche Bedeutung ist.

Die grundsätzliche selbständige Vermögensverwaltung schließt die Befugnis ein, die Verwaltung des eigenen Vermögens im Wege der Auftragserteilung (§§ 662 ff.) dem anderen Ehegatten zu übertragen.

Schema für Rechtsgeschäfte, die der beauftragte Ehegatte abschließt

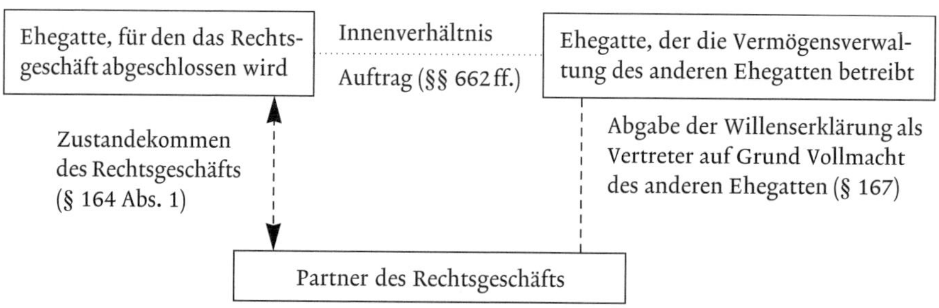

2.3.2.3 Zugewinnausgleich bei Beendigung des Güterstandes

Das eigentliche Charakteristikum des gesetzlichen Güterstandes besteht darin, dass ein während der Ehe erzielter Zugewinn bei Beendigung des Güterstandes auszugleichen ist.

Dabei ist zu unterscheiden, ob der Güterstand durch den Tod eines Ehegatten oder aus anderen Gründen (z. B. Scheidung) beendet wird. Der Zugewinn unter Lebenden gibt dem Ehegatten, der während der Ehe den geringeren Zugewinn erzielt hat, einen obligatorischen Anspruch auf die Hälfte des Überschusses (§ 1378 Abs. 1). Zugewinn ist der Betrag, um den das Endvermögen eines Ehegatten sein Anfangsvermögen übersteigt (§ 1373). Übersteigt der Zugewinn des einen Ehegatten den Zugewinn des anderen, hat der Ehegatte mit dem geringeren Zugewinn gegen den anderen einen Anspruch auf Zahlung in Höhe der Hälfte des Vorschusses (§ 1378 Abs. 1). Der Anspruch ist auf den Wert des zum Zeitpunkt der Beendigung des Güterstandes noch vorhandenen Vermögens beschränkt, das nach Abzug der Verbindlichkeiten vorhanden ist (§ 1378 Abs. 2). Die gegenseitigen Auskunftsrechte der Ehegatten nach § 1379 wurden durch das Gesetz zur Änderung des Zugewinnausgleichs- und Vormundschaftsrechts (BGBl I 2009, 1696) wesentlich verstärkt.

BEISPIEL

	Anfangsvermögen (§ 1374)	**Endvermögen** (§ 1375)
Ehemann M	200 000 €	400 000 €
Ehefrau F	100 000 €	120 000 €

Berechnung des Zugewinns (§ 1373):

	M	F
Endvermögen	400 000 €	120 000 €
Anfangsvermögen	200 000 €	100 000 €
Zugewinn	200 000 €	20 000 €
	20 000 € ←	
Überschuss M	180 000 €	
Ausgleichsanspruch F= 1/2 =	90 000 €	

Wenn die Zugewinngemeinschaft zu Lebzeiten beider Ehegatten beendet wird, wird der Zugewinn nach den Vorschriften der §§ 1373 bis 1390 ausgeglichen (so genannte güterrechtliche Lösung). Die Bewertung und Berechnung ist oft nicht einfach. Ein rechnerischer Ausgleich des Zugewinns findet grundsätzlich nur nach der Scheidung oder Aufhebung der Ehe, bei vorzeitigem Zugewinnausgleich (§ 1385) oder bei Aufhebung des gesetzlichen Güterstands durch Ehevertrag (§§ 1408, 1414) statt. Beim Tod eines Ehegatten kommt es im Regelfall auf einen tatsächlichen Zugewinn nicht an: Der gesetzliche Erbteil des Überlebenden Ehegatten wird einfach pauschal erhöht (§ 1371 Abs. 1, § 1931 Abs. 1, s. G).

FALL 49

M und F gehen ohne Anfangsvermögen in die Ehe, M hat sogar Schulden i. H. v. 10 000 €. Während der Ehe erbt M 50 000 €, während F 10 000 € im Lotto gewinnt. Das Endvermögen bei Scheidung der Ehe beträgt bei M 100 000 € und bei F 20 000 €. Zugewinnausgleich?

2.3.3 Gütertrennung

Die Gütertrennung entsteht i. d. R. durch Ehevertrag (§ 1414). Bei ihr gibt es keine Verfügungsbeschränkungen in der Verwaltung des eigenen Vermögens und keinen Zugewinnausgleich. Der nicht berufstätige Ehegatte kann also unter Umständen erhebliche Nachteile erleiden, was in solchen Fällen den Abschluss eines gemeinschaftlichen Testaments (§§ 2265 ff.) oder eines Erbvertrages (§§ 2274 ff.) ratsam erscheinen lässt.

2.3.4 Gütergemeinschaft

Die Gütergemeinschaft kann nur durch Ehevertrag entstehen (§ 1415). Sie wird selten vereinbart, weil sie aus komplizierten und schwerfälligen Regelungen besteht.

Es sind fünf Vermögensmassen zu unterscheiden:

- Das **Gesamtgut** umfasst grundsätzlich das gesamte bei Begründung des Güterstandes vorhandene oder später erworbene Vermögen (§ 1416) und ist gemeinschaftliches Vermögen beider Ehegatten (Gesamthandsgemeinschaft, § 1419).
- Das **Sondergut des Mannes** und das **Sondergut der Frau** besteht kraft Gesetzes aus den nicht durch Rechtsgeschäft übertragbaren Gegenständen (§ 1417, z. B. Nießbrauch, Gesellschaftsanteil).
- Das **Vorbehaltsgut des Mannes** und das **Vorbehaltsgut der Frau** besteht aus den durch Rechtsgeschäft zum Vorbehaltsgut erklärten Gegenständen (vgl. § 1418).

BEISPIEL

Die Eheleute M und F haben Gütergemeinschaft vereinbart. M ist bei Abschluss des formgültigen Ehevertrages Eigentümer eines Einfamilienhauses. F erwirbt während des Bestehens der Gütergemeinschaft eine Eigentumswohnung hinzu.

LÖSUNG Das Einfamilienhaus des M wird durch die Gütergemeinschaft ohne besonderen Übertragungsakt gemeinschaftliches Vermögen beider Ehegatten (Gesamtgut, § 1416 Abs. 1 Satz 1). Das Grundbuch wird durch den Rechtsübergang unrichtig (§ 1416 Abs. 2). Jeder Ehegatte kann von dem andern die Mitwirkung zur Grundbuchberichtigung verlangen (§ 1416 Abs. 3). Im Grundbuch wird nach § 47 GBO auch das Rechtsverhältnis (z. B. »in Gütergemeinschaft«) eingetragen. Dasselbe gilt für die während der Gütergemeinschaft erworbene Eigentumswohnung, die ebenfalls automatisch in das Gesamtgut fällt (§ 1416 Abs. 1 Satz 2).

Der Ehevertrag kann bestimmen, dass beide Ehegatten das Gesamtgut gemeinschaftlich verwalten (vgl. §§ 1421, 1450 ff.), aber auch die alleinige Verwaltung des Gesamtguts durch einen Ehegatten vorsehen. Dieser hat dann grundsätzlich ein freies Verwaltungs- und Verfügungsrecht (§ 1422, Ausnahmen in §§ 1423–1425). Der nichtverwaltungsberechtigte Ehegatte hat grundsätzlich kein Einwirkungsrecht auf das Gesamtgut (Ausnahme §§ 1429 ff.). Das Gesamtgut haftet grundsätzlich auch für alle Schulden beider Ehegatten (Ausnahmen in §§ 1438 ff., 1460 ff.).

Für die Gütergemeinschaft kann auch vereinbart werden, dass der überlebende Ehegatte sie mit den gemeinschaftlichen Abkömmlingen weiterführt (so genannte **fortgesetzte Gütergemeinschaft,** §§ 1483 ff., vgl. auch §§ 28 EStG, 26 Nr. 2 BewG).

	Zugewinngemeinschaft	Gütertrennung	Gütergemeinschaft
Bisheriges Vermögen	Beide Vermögen bleiben getrennt	Beide Vermögen bleiben getrennt	Grundsatz: Beide Vermögen vereinigen sich (Gesamtgut)
Erwerb von Vermögen während der Ehe	Beide Vermögen bleiben getrennt, aber: Verteilung des Zugewinns bei Beendigung der Ehe	Beide Vermögen bleiben getrennt	Einheitliches Vermögen, grds. automatisch Gesamtgut
Verwaltung des Vermögens	Jeder verwaltet sein Vermögen	Jeder verwaltet sein Vermögen	Ehegatten verwalten das Gesamtgut gemeinschaftlich
Verfügungsbeschränkung	Ja, bei • Verfügung über ganzes Vermögen (§ 1365 ff.) • Verfügung über Haushaltsgegenstände (§ 1369)	Nein	Grds. gemeinschaftliche Verfügungen (§ 1450). Anders, wenn Alleinverwaltung vereinbart

2.3.5 Bedeutung der Güterstände für das Steuerrecht

Güterrechtliche Vereinbarungen haben keine unmittelbaren Auswirkungen auf die ESt, es kommt vielmehr darauf an, ob die Eheleute im Einzelfall die gesetzlichen Voraussetzungen einer Einkunftsart erfüllen (§ 2 Abs. 1 i. V. m. §§ 13–24 EStG).

a) Bei **Zugewinngemeinschaft** und ebenso bei **Gütertrennung** versteuert jeder Ehegatte die Einkünfte aus den ihm zuzurechnenden Einkunftsquellen. Bei der Zusammenveranlagung werden erst nach der getrennten Ermittlung die Einkünfte zu einem gemeinsamen Gesamtbetrag der Einkünfte zusammengefasst.
b) Bei **Gütergemeinschaft** sind zunächst die Einkünfte aus dem Sondergut und aus dem Vorbehaltsgut bei dem Ehegatten zu erfassen, dem das betreffende Gut zuzurechnen ist.

Bei Einkunftsquellen, die in das Gesamtgut fallen, gilt Folgendes:

- Einkünfte aus Kapitalvermögen und aus Vermietung und Verpachtung sind grundsätzlich beiden Ehegatten je zur Hälfte zuzurechnen.
- Einkünfte, die aus der persönlichen Arbeitsleistung eines Ehegatten herrühren (aus selbständiger oder aus nichtselbständiger Arbeit, §§ 18, 19 EStG), sind diesem allein zuzurechnen.
- Bei den gewerblichen Einkünften (§ 15 EStG) können beide Ehegatten als Mitunternehmer eines ins Gesamtgut fallenden Betriebes anzusehen sein. Dafür ist zwar grundsätzlich erforderlich, dass die Ehegatten sich gemeinschaftlich selbständig, nachhaltig und mit Gewinnerzielungsabsicht am allgemeinen wirtschaftlichen Verkehr beteiligen (§ 15 Abs. 2 EStG) und beide Unternehmensrisiko und -initiative entfalten. Mitunternehmerschaft liegt nicht schon deshalb vor, weil die Einkünfte in das Gesamtgut fallen und dieses für die Schulden des Betriebs haftet. Eine bloß vermögensrechtliche Bindung eines Ehegatten an den Gewerbebetrieb des anderen würde für sich allein noch keine Mitunternehmerschaft begründen. Dennoch genügt es nach der Rechtsprechung (wie bei der atypischen stillen Gesellschaft), wenn nur einer der Ehegatten das Geschäft allein betreibt und nach außen auftritt. Die eigene Unternehmerinitiative des nicht tätigen Ehegatten folgt aus seinen Mitwirkungs- und Kontrollrechten über das Gesamtgut (§§ 1423 ff., 1429 ff.).

BEISPIEL

A lebt mit seiner Ehefrau F in Gütergemeinschaft und betreibt ein Installationsgeschäft. Er beantragt die steuerliche Anerkennung von Pensionsrückstellungen, Pachtzahlungen und Löhnen, die er an F zahlt, als Aufwand.

LÖSUNG F ist, wenn der Betrieb ins Gesamtgut fällt, neben A Mitunternehmerin des Betriebes und bezieht Einkünfte nach § 15 Abs. 1 Nr. 2 EStG. Die Zahlungen an F sind Privatentnahmen und dürfen den Gewinn nicht mindern. Es ist eine einheitliche und gesonderte Gewinnfeststellung vorzunehmen (§ 180 AO).

Je nach Art des Gewerbebetriebs kann aber die persönliche Arbeitsleistung des das Gewerbe allein betreibenden Ehegatten gegenüber dem beiden Eheleuten gehörenden Betriebskapital entscheidend in den Hintergrund treten.

BEISPIEL

Der selbständige Handelsvertreter B lebt mit seiner Ehefrau G, die er als Bürokraft beschäftigt, in Gütergemeinschaft. Die dem Betrieb dienenden Wirtschaftsgüter (Kfz, Büroeinrichtung, Forderungen und Schulden) fallen ins Gesamtgut.

LÖSUNG Hier können betrieblich bedingte Zahlungen an G gewinnmindernd berücksichtigt werden, sofern das Arbeitsverhältnis auch steuerlich anerkannt werden kann (BFH vom 07. 10. 1976 BStBl II 1977, 201).

2.4 Ehescheidung

Das Ehescheidungsrecht, das seit 1938 im EheG geregelt war, wurde durch das 1. EheRG mit Wirkung ab 01. 07. 1977 neu geordnet und wieder in das BGB aufgenommen.

2.4.1 Grundsatz: Zerrüttungsprinzip

Das bisherige Verschuldensprinzip wurde durch das Zerrüttungsprinzip ersetzt (§ 1565 Abs. 1). Das bedeutet, dass das Erfordernis der »schweren Eheverfehlung« für die Ehescheidung weggefallen ist. Stattdessen kann jetzt eine Ehe geschieden werden, wenn sie gescheitert ist (einziger Scheidungsgrund). Hierfür sind gewisse Fristen normiert worden (der Übergang vom Verschuldens- zum Zerrüttungsprinzip in der Form des 1.EheRG ist mit dem GG vereinbar, vgl. BVerfG vom 28. 02. 1980 NJW 1980, 689 ff.):

- Bei Getrenntleben von weniger als einem Jahr kann die Ehe nur dann geschieden werden, wenn ihre Fortsetzung für den antragstellenden Ehegatten eine unzumutbare Härte wäre (§ 1565 Abs. 2).
- Bei mehr als einjährigem Getrenntleben wird das Scheitern der Ehe vermutet, wenn beide Teile mit der Scheidung einverstanden sind (§ 1566 Abs. 1) und § 1568 nicht eingreift.
- Ohne das Einverständnis des andern Ehegatten mit der Scheidung tritt diese Vermutungswirkung erst nach dreijähriger Trennung ein, falls § 1568 nicht eingreift.
- Die Härteklausel des § 1568 Abs. 1 gebietet, dass eine Ehe trotz Scheiterns nicht geschieden wird, wenn das Kindesinteresse überwiegt oder wenn die Scheidung für den Antragsgegner aufgrund außergewöhnlicher Umstände eine schwere Härte bedeuten würde. Die absolute Scheidbarkeit jeder Ehe nach Ablauf von 5 Jahren (§ 1568 Abs. 2 a. F.) verstieß gegen Art.6 GG (BVerfGE 55, 134) und ist daher ersatzlos entfallen.

Für das Scheidungsverfahren ist ausschließlich das Familiengericht (Amtsgericht) zuständig. Es entscheidet in einem Verfahren über alle mit der Scheidung zusammenhängenden Fragen (z. B. elterliche Gewalt, Verkehrsrecht des nichtsorgeberechtigten Elternteils, Unterhaltspflicht, Versorgungsausgleich, Hausratsteilung, vgl. § 23b ff. GVG).

Besondere Bedeutung kommt der Feststellung des Familiengerichts zu, ob und ab wann die Ehegatten dauernd getrennt leben. Ein **dauerndes Getrenntleben** liegt vor, wenn objektiv zwischen den Ehegatten keine häusliche Gemeinschaft besteht und wenn subjektiv ein Ehegatte sie erkennbar nicht herstellen will, weil er die eheliche Lebensgemeinschaft ablehnt (§ 1567 Abs. 1 Satz 1). Auch wenn die Eheleute noch in derselben Wohnung leben (z. B. weil eine zweite zu teuer wäre), kann die häusliche Gemeinschaft aufgegeben sein, wenn die Gemeinsamkeiten in allen Lebensbereichen aufgehoben sind (§ 1567 Abs. 1 Satz 2).

Im **Besteuerungsverfahren** ist von Amts wegen die Feststellung zu treffen, ob die Ehegatten dauernd getrennt leben (§ 88 AO, § 76 FGO). Wenn die Ehegatten während des ganzen Kalenderjahres dauernd getrennt gelebt haben, kann keine Ehegattenveranlagung i. S. d. § 26 Abs. 1 Satz 1 EStG stattfinden, sondern nur eine Einzelveranlagung. Im Trennungsjahr selbst muss noch eine Ehegattenveranlagung vorgenommen werden. Steuerrechtlich wird bei der Frage des dauernden Getrenntlebens geprüft, ob die zum Wesen der Ehe gehörende Lebens- und Wirtschaftsgemeinschaft nach dem Gesamtbild der Verhältnisse auf die Dauer nicht mehr besteht. Die zivilrechtlichen und die steuerlichen Feststellungen decken sich nicht vollständig.

BEISPIEL

Die Ehegatten, die sich getrennt haben, leben anschließend nochmals über eine kürzere Zeit zusammen. Das Zusammenleben soll der Versöhnung dienen, was misslingt.

LÖSUNG Zivilrechtlich werden durch ein solches kürzeres Zusammenleben die in § 1566 bestimmten Fristen nicht unterbrochen (§ 1567 Abs. 2). Steuerlich unterbricht dagegen auch ein gescheiterter Versöhnungsversuch das »dauernde« Getrenntleben. Eine Ehegattenveranlagung hat stattzufinden, wenn die Ehegatten nur kurze Zeit im Kalenderjahr zusammengelebt haben. Dies ist im Regelfall steuerlich günstig, da die Ehegattenveranlagung das Wahlrecht zur Zusammenveranlagung und zum Splitting-Tarif eröffnet.

Die Angaben der Eheleute, sie lebten nicht dauernd getrennt, werden von den Finanzbehörden grundsätzlich anerkannt, es sei denn, dass die äußeren Umstände das Bestehen einer ehelichen Lebens- und Wirtschaftsgemeinschaft fraglich erscheinen lassen (BFH vom 05.10.1966 BStBl II 1967, 110). Eine rechtliche Bindung an die im Ehescheidungsverfahren abgegebenen Erklärungen besteht im Besteuerungsverfahren nicht. Die zivilrechtlichen Feststellungen gelten aber steuerlich als wichtiges Indiz.

BEISPIELE

a) Die Ehegatten haben vor dem Familiengericht wahrheitswidrig erklärt, dass sie bereits ein ganzes Jahr dauernd getrennt gelebt haben, um schneller geschieden zu werden.

LÖSUNG Sie können im Besteuerungsverfahren davon abweichend vortragen, nicht dauernd getrennt gelebt zu haben, müssen aber die Unrichtigkeit ihres Vortrags im Scheidungsverfahren belegen (z. B. durch Hinweis auf gemeinsames Wirtschaften, Urlaube usw.).

b) Die Ehe von M und F wird im Juli 02 geschieden.

LÖSUNG In diesem Fall wird im Anschluss an die (zivilrechtlich unwiderlegbare) Vermutung des Scheiterns der Ehe nach einjährigem dauernden Getrenntleben (§ 1566) im Besteuerungsverfahren vermutet, dass die Eheleute mindestens seit Juli 01 dauernd getrennt gelebt haben. Im Jahr 01 hat eine Ehegattenveranlagung stattzufinden. Im Jahr 02 können nur noch zwei Einzelveranlagungen vorgenommen werden. Auch in diesem Fall trifft die Ehegatten eine Darlegungslast hinsichtlich abweichender Sachverhaltsgestaltungen.

2.4.2 Unterhalt der geschiedenen Ehegatten und der gemeinsamen Kinder (§§ 1569 ff., 1601 ff. BGB)

Nach Wegfall des Verschuldensprinzips hat jetzt grundsätzlich jeder Ehegatte nach der Scheidung selbst für seinen Unterhalt zu sorgen (Grundsatz der Eigenverantwortung, § 1569). Nur in den im Gesetz aufgezählten besonderen Fällen (vgl. §§ 1570–1576) hat ein geschiedener Ehegatte einen Unterhaltsanspruch gegen den anderen, solange die durch die Ehe geschaffene wirtschaftliche Abhängigkeit andauert.

Gründe für die Unzumutbarkeit einer Erwerbstätigkeit können bilden:

a) die Pflege oder Erziehung eines gemeinschaftlichen Kindes (§ 1570); der Betreuungsunterhalt ist dreigeteilt:
- Für einen Zeitraum von drei Jahren, in dem keine Erwerbsobliegenheit besteht, wird ein Basisunterhalt gewährt (§ 1570 Abs. 1 Satz 1).
- eine kindbezogene Verlängerung wird gewährt, soweit und solange dies der Billigkeit entspricht (§ 1570 Abs. 1 Satz 2, 3).
- Eine weitere Verlängerungsmöglichkeit ist als Annexanspruch nach Billigkeit unter Berücksichtigung der Gestaltung von Kindesbetreuung und Erwerbstätigkeit in der Ehe sowie der Dauer der Ehe möglich (§ 1570 Abs. 2).

b) soweit wegen Alters, Krankheit, Gebrechen oder Schwäche eine Erwerbstätigkeit nicht mehr erwartet werden kann (§§ 1571, 1572);

c) grobe Unbilligkeit und sonstige schwerwiegende Gründe (Generalklausel des § 1576 Abs. 1);

d) bei Unvermögen, eine angemessene Erwerbstätigkeit zu finden (Auffangtatbestand des § 1573 Abs. 1, unter Umständen zeitlich beschränkt nach § 1573 Abs. 5, soweit ein unbegrenzter Unterhaltsanspruch unbillig wäre);

e) bei Unvermögen, aus der eigenen Erwerbstätigkeit selbst den vollen Unterhalt zu bestreiten (Ergänzungsunterhalt nach § 1573 Abs. 2);

f) bei Ausbildung, Fortbildung oder Umschulung aufgrund ehebedingter Nachteile (§ 1575).

Den geschiedenen Ehegatten obliegt es grundsätzlich, eine angemessene Erwerbstätigkeit auszuüben (§ 1574). Unterhalt kann der geschiedene Ehegatte nicht verlangen, solange und soweit er sich aus seinen Einkünften und seinem Vermögen selbst unterhalten kann (§ 1577). Für alle Unterhaltstatbestände besteht die Möglichkeit, den Unterhaltsanspruch des geschiedenen Ehegatten auf den angemessenen Lebensbedarf herabzusetzen, wenn eine an den ehelichen Lebensverhältnissen orientierte Bemessung des Unterhaltsanspruchs unbillig wäre. Die Unterhaltsbeschränkung ist der Höhe nach als auch als zeitliche Befristung möglich (§ 1578b). Die Belange eines vom Berechtigten betreuten gemeinschaftlichen Kindes sollen dabei gewahrt bleiben. Die Unterhaltsansprüche minderjähriger und volljähriger privilegierter Kinder haben absoluten Vorrang (§ 1603 Abs. 2 Satz 2).

Für das Verhältnis des Unterhaltsanspruches des geschiedenen Ehegatten zu den Unterhaltsansprüchen anderer Verwandter (insbesondere der gemeinsamen Kinder) gelten §§ 1601, 1609.

Hat der Unterhaltsverpflichtete nach der Scheidung wieder geheiratet und muss er sowohl dem geschiedenen als auch dem neuen Ehegatten Unterhalt leisten, bestimmt sich bei verminderter Leistungsfähigkeit das Rangverhältnis nach § 1582: Der Unterhaltsanspruch des geschiedenen Ehegatten geht grundsätzlich vor.

Vertragliche Unterhaltsregelungen für die Zeit nach der Scheidung sind möglich (§ 1585c, Grenze: § 138 Abs. 1). Im Gegensatz zu § 1360a Abs. 3, § 1361 Abs. 4, § 1614 ist auch der Verzicht auf künftigen Unterhalt möglich.

Einkommensteuerlich konnten bis zum VZ 1978 laufende Unterhaltszahlungen an den **geschiedenen Ehegatten** nur als außergewöhnliche Belastung nach § 33a EStG geltend gemacht werden. Seit dem VZ 1979 besteht ein Wahlrecht zwischen dem Abzug als Sonderausgaben unter den Voraussetzungen des § 10 Abs. 1 Nr. 1 EStG bis zur Höhe von 13 805 € (dann beim Empfänger sonstige Einkünfte nach § 22 Nr. 1a EStG) und dem Abzug nach § 33a Abs. 1 EStG (dann beim Empfänger nicht zu versteuern, § 22 Nr. 1 Satz 2 EStG), so genanntes **Realsplitting**. Zum Sonderausgabenabzug ist die Zustimmung des Unterhaltsempfängers erforderlich. Sie wirkt auch für Folgejahre bis zum Widerruf. Der unterhaltsverpflichtete Ehegatte kann die Zustimmung des andern zum begrenzten Realsplitting verlangen. Nach Treu und Glauben besteht dieser Anspruch aber nur Zug um Zug gegen eine bindende Erklärung, durch die der unterhaltsverpflichtete Ehegatte sich zur Freistellung des unterhaltsberechtigten Ehegatten von der entstehenden Steuerschuld verpflichtet (BGH vom 23.03.1983 NJW 1983, 1545; vom 26.09.1984 NJW 1985, 195). Auch ohne eine solche Verpflichtungserklärung ist der Unterhaltsschuldner verpflichtet, die dem Unterhaltsgläubiger aufgrund seiner Zustimmung erwachsenen steuerlichen Nachteile auszugleichen (BGH vom 09.10.1985 NJW 1986, 254). Die Zahlungen an unterhaltsberechtigte Kinder können nur nach § 33a EStG abgezogen werden; die Zahlungen sind vom Kind nicht zu versteuern, sofern der zahlende Elternteil unbeschränkt einkommensteuerpflichtig ist (§ 22 Nr. 1 Satz 2 EStG).

2.4.3 Der Versorgungsausgleich (§ 1587 BGB)

Der Versorgungsausgleich, der vor allem zur sozialen Sicherung der nichterwerbstätigen Frau geschaffen worden ist, sich also am Modell der Hausfrauenehe orientiert, ist einer der Kernpunkte der Eherechtsreform. Er beruht auf dem Gedanken, dass in der Ehe erworbene Versorgungsanwartschaftsrechte das Ergebnis einer partnerschaftlichen Lebensleistung der Eheleute sind. An dieser Alterssicherung sollen bei Auflösung der Ehe beide Teile gleichmäßig teilhaben. Der Versorgungsausgleich ist also praktisch die Fortführung des Zugewinnausgleichs auf das in den Rentenanwartschaftsrechten steckende »Versorgungsvermögen« (allerdings unabhängig vom Güterstand). Im früheren Recht wurde der Grundsatz der Halbteilung nur unzureichend verwirklicht. In der Praxis trug meist die ausgleichsberechtigte Frau den Hauptnachteil. Das Recht des Versorgungsausgleichs wurde ab 01.09.2009 deshalb grundlegend umgestaltet (Götsche/Rehbein/Breuers, VA-Recht, 2. Aufl., 2015; Ruland, VA, 4. Aufl., 2015).

§ 1587 verweist auf das Gesetz zur Strukturreform des Versorgungsausgleichs (VersAusglG, BGBl I 2009, 700), das die früheren Vorschriften der §§ 1587–1587p a. F. ersetzt und eine völlig geänderte Struktur aufweist. Nach Maßgabe dieses Gesetzes findet zwischen den geschiedenen Ehegatten der Ausgleich von im In- oder Ausland bestehenden Anrechten statt, insbesondere aus der gesetzlichen Rentenversicherung, aus anderen Regelsicherungssystemen (Beamtenversorgung, berufsständische Versorgung), aus der betrieblichen Altersversorgung oder aus der privaten Alters- und Invaliditätsvorsorge. Zweck der Neuregelung ist es, grundsätzlich jeden Ehegatten an den von dem anderen während der Ehezeit erworbenen Versorgungswerten hälftig zu beteiligen. Nach früherem Recht wurden die von beiden Ehegatten während der Ehezeit erworbenen Anwartschaften für jeden Ehegatten getrennt ermittelt. Der Ehegatte, der während der Ehe die werthöheren Versorgungsrechte erworben hatte, war dem anderen in Höhe der Hälfte des Wertunterschieds ausgleichspflichtig. Im Wege des »Splittings«

übertrug das Familiengericht die Hälfte der Differenz auf den ausgleichsberechtigten Ehegatten. Hierzu mussten dynamisierte und statische Anrechte, z. B. gesetzliche Rentenversicherung bzw. Beamtenversorgung und private Versicherungen, in komplizierten Verfahren umgerechnet werden. Nach neuem Recht ist dies nicht mehr notwendig. Die in der Ehezeit erworbenen Anteile von Anrechten sind jeweils zur Hälfte zwischen den geschiedenen Ehegatten real zu teilen (§ 1 VersAusglG).

Jede einzelne Anwartschaft jedes Ehegatten auf eine Versorgung wird grundsätzlich **intern** im jeweiligen Versorgungssystem des ausgleichspflichtigen Ehegatten geteilt (§§ 10–13 VersAusglG). Das Familiengericht überträgt auf die ausgleichsberechtigte Person zulasten des Anrechts der ausgleichspflichtigen Person ein Anrecht in Höhe des Ausgleichswerts bei dem Versorgungsträger, bei dem das Anrecht der ausgleichspflichtigen Person besteht.

Nur in bestimmten Fällen wird eine **externe** Teilung von Anrechten beibehalten (§§ 14 ff. VersAusglG). Hierbei begründet das Familiengericht für die ausgleichsberechtigte Person zulasten des Anrechts der ausgleichspflichtigen Person ein Anrecht in Höhe des Ausgleichswerts bei einem anderen Versorgungsträger als demjenigen, bei dem das Anrecht der ausgleichspflichtigen Person besteht; zugleich wird die Versorgung des Ausgleichspflichtigen bei seinem Versorgungsträger entsprechend gekürzt.

Wenn ein Anrecht weder intern noch extern ausgeglichen werden kann, findet auf Antrag ein schuldrechtlicher **Versorgungsausgleich nach der Scheidung** statt (§§ 20–22 VersAusglG). Wenn die ausgleichspflichtige Person eine laufende Versorgung aus einem noch nicht ausgeglichenen Anrecht bezieht, kann die ausgleichsberechtigte Person von ihr den Ausgleichswert als Rente verlangen. Dies hat den Nachteil, dass der Ausgleichsberechtigte zunächst keine Versorgungsansprüche hat, wenn der Berechtigte vor dem Verpflichteten das Rentenalter erreicht. Der Berechtigte kann dann zunächst nur Unterhaltsansprüche geltend machen (§§ 1571–1573). Der schuldrechtliche Ausgleich ist als unterhaltsähnlicher Zahlungsanspruch erst im beiderseitigen Rentenalter fällig (Bergmann, FuR 2013,429).

Die Ehegatten können über den Versorgungsausgleich Vereinbarungen treffen, ihn z. B. auch ausschließen (§ 6 VersAusglG). Das Verfahren über den Wertausgleich bei Scheidung wird vom Familiengericht (§ 23b Abs. 1 Satz 2 Nr. 7 GVG) von Amts wegen eingeleitet und im Scheidungsverbund durchgeführt.

2.4.4 Güterrechtliche Auseinandersetzung

Neben dem Versorgungsausgleich hat bei der Ehescheidung die **güterrechtliche Auseinandersetzung** stattzufinden (beim gesetzlichen Güterstand: Zugewinnausgleich); s. 2.3.2.3.

Erb- und Pflichtteilsrecht (§§ 1931 ff., § 2303 Abs. 2) entfallen.

Die Zahlung des Zugewinnausgleichs erfolgt **ertragsteuerlich** grundsätzlich in der Vermögenssphäre. Geldzahlungen sind beim Ausgleichsverpflichteten nicht abzugsfähig und beim Empfänger nicht steuerbare einmalige Vermögensanfälle. Wenn der Ausgleichsverpflichtete zur Finanzierung des Zugewinnausgleichs ein Darlehen aufnimmt, können die Darlehenszinsen unter bestimmten Voraussetzungen als Werbungskosten oder Betriebsausgaben abgezogen werden. Der Abzug kann erfolgen, wenn das Darlehen dazu dient, eine dem Zugewinnausgleich dienende Einkunftsquelle zu erhalten (BFH vom 24.01.1989 BStBl II 1989, 706). Steuerliche Folgen aus der Erfüllung des Zugewinnausgleichs ergeben sich auch, wenn die Zugewinnausgleichsforderung nicht durch einmalige Geldzahlung, sondern durch wiederkehrende Bezüge oder durch die Übereignung von Sachwerten erfüllt wird.

BEISPIELE

Die geschiedene Ehefrau F hat gegenüber dem früheren Ehemann M eine Zugewinnausgleichsforderung i. H. v. 500 000 €. Anstelle einer Barzahlung erhält F (alternativ):
a) ein privates Mietshaus übereignet (Verkehrswert 500 000 €).

b) ein Grundstück übereignet, das aus dem Gewerbebetrieb des M stammt (Teilwert 500 000 €, Buchwert 100 000 €).

c) lebenslängliche wiederkehrende Zahlungen (Barwert 500 000 €, wobei die Abänderbarkeit nach § 323 ZPO ausgeschlossen wurde (Leibrente),

d) lebenslänglich Ersatz ihrer Mietkosten und ihrer Krankenversicherungskosten im Wert von insgesamt 500 000 € (dauernde Last),

e) einen lebenslänglichen Nießbrauch (Barwert 500 000 €) an einem Mietwohngrundstück des M.

LÖSUNG

a) Der Verzicht auf den Zugewinnausgleichsanspruch stellt bei F Anschaffungskosten für das Grundstück dar. Bei F steht daher eine neue AfA-Bemessungsgrundlage i. H. v. 500 000 € zur Verfügung.

b) Wenn der übertragene Gegenstand zu einem Betriebsvermögen gehört, ist das Grundstück vom Übertragenden nach § 6 Abs. 1 Nr. 4 EStG mit dem Teilwert zu entnehmen. M hat die stillen Reserven i. H. v. 400 000 € als laufenden Gewinn aus Gewerbebetrieb zu versteuern. Eine § 6b-Rücklage ist bei Entnahme nicht möglich.

c) Wenn der Zugewinnausgleich oder sonstige vermögensrechtliche Ansprüche durch eine Rente abgefunden werden, handelt es sich steuerlich nicht um einen unentgeltlichen Vorgang. Eine Zuwendung nach § 12 Nr. 2 EStG ist daher nicht gegeben. Die Leibrentenzahlungen sind i. H. d. Ertragsanteils von der Berechtigten F zu versteuern (§ 22 Nr. 1 Satz 3a EStG) und beim Verpflichteten M als Sonderausgaben abzuziehen (§ 10 Abs. 1 Nr. 1a EStG).

d) Wenn die laufende Zahlung als dauernde Last ausgestaltet ist, enthält der Leistungsaustausch beim Verpflichteten M so lange nur eine Vermögensumschichtung, als der Wert der wiederkehrenden Leistungen noch nicht den Wert der Gegenleistung (Zugewinnausgleichsforderung) übersteigt. Die bloße Vermögensumschichtung bleibt beim Berechtigten und beim Verpflichteten steuerlich unberücksichtigt. Erst wenn die laufenden Zahlungen nach Verrechnung den Wert des Zugewinnausgleichs übersteigen, sind sie von F voll nach § 22 EStG zu versteuern und können von M voll als Sonderausgaben nach § 10 Abs. 1 Nr. 1a EStG abgezogen werden.

e) Es handelt sich um die Bestellung eines entgeltlichen Zuwendungsnießbrauchs. Das Entgelt für die Nießbrauchsbestellung liegt im Verzicht auf den Ausgleichsanspruch. Der Nießbrauchsbesteller M hat das Entgelt als Vermietungseinkünfte nach § 21 Abs. 1 Nr. 1 EStG grundsätzlich im Jahr des Zuflusses zu versteuern, kann aber die Besteuerung aus Billigkeitsgründen auf bis zu 10 Jahren verteilen (vgl. Nießbrauchs-Erlass, BStBl I 1998, 914). Die Nießbraucherin F hat die ihr zufließenden Mieteinnahmen zu versteuern. F kann die Werbungskosten abziehen, zu deren Tragung sie vertraglich oder gesetzlich verpflichtet ist (Nießbrauchs-Erlass [a. a. O.]). F hat i. H. d. Entgelts für den Nießbrauch (Verzicht auf den Zugewinnausgleich) Anschaffungskosten für ein immaterielles Wirtschaftsgut, das sie auf die Nutzungsdauer, hier auf ihre voraussichtliche Lebensdauer, nach § 7 Abs. 1 EStG abschreiben kann. Die AfA auf das Nießbrauchsrecht stellt Werbungskosten bei ihren Einnahmen aus Vermietung dar.
Nutzt F die nießbrauchsbelastete Wohnung zu eigenen Wohnzwecken, ergibt sich bei M keine Änderung. F hat keine Einnahmen und keine Werbungskosten. Auch die Eigenheimzulage scheidet aus.

2.4.5 Elterliches Sorgerecht

Die elterliche Sorge (s. unten F 4.2) für gemeinschaftliche Kinder wird durch Entscheidung des Familiengerichts einem oder beiden Ehegatten übertragen (§ 1671 Abs. 4: einem Elternteil allein, aber Korrektur durch die Rechtsprechung). Das Familiengericht trifft die Entscheidung, die dem Kindeswohl entspricht. Die Entscheidung ist für die steuerliche Zuordnung der Kinder nicht bindend (§ 32 Abs. 4 EStG).

2.4.6 Gerichtliches Verfahren

Das Verfahrensrecht für das Familienrecht weist folgende Besonderheiten auf:

- alleinige Zuständigkeit der Familiengerichte,
- Zusammenfassung von Scheidungsverfahren und damit in Zusammenhang stehender Verfahren im so genannten Verbundverfahren.

2.4.6.1 Familiengericht

Für alle Familiensachen (§§ 111–341 FamFG) ist das **Familiengericht** zuständig. Es handelt sich um eine besondere Abteilung des Amtsgerichts. Das Familiengericht ist mit dem Familienrichter als Einzelrichter besetzt (§§ 22, 23b GVG). Ihm ist ein abschließender Katalog von Aufgaben zugewiesen (§ 23b Abs. 1 Satz 2 Nr. 1–11 GVG). Die Verfahren betreffen grundsätzlich den Personenkreis der Ehegatten und ihrer ehelichen Kinder. Die **Familiensachen** werden unterteilt in die **Ehesachen** (§ 23b Abs. 1 Satz 2 Nr. 1 GVG) und in die Verfahren in **anderen Familiensachen** (§ 23b Abs. 1 Satz 2 Nr. 2–11 GVG). Die Verfahrensvorschriften sind seit dem 01.09.2009 in dem Gesetz über das Verfahren in Familiensachen und in den Angelegenheiten der freiwilligen Gerichtsbarkeit geregelt (FamFG, BGBl I 2008, 2586). § 113 FamFG bestimmt, inwieweit in Ehesachen (§ 121 FamFG) und Familienstreitverfahren (§ 112 FamG) die entsprechende Anwendung der Vorschriften der ZPO möglich ist.

Übersicht über die Aufgaben des Familiengerichts

- Ehesachen (§ 23b Abs. 1 Satz 2 Nr. 1 GVG, § 121 Nr.1 FamFG)
  - Scheidung (§§ 1564–1568 BGB),
  - Aufhebung der Ehe (§§ 28–39 EheG),
  - Nichtigerklärung der Ehe (§§ 17–26 EheG),
  - Feststellung des Bestehens oder Nichtbestehens der Ehe,
  - Verfahren auf Herstellung des ehelichen Lebens (§ 1353 BGB);
- Regelung der elterlichen Sorge für ein eheliches Kind (§ 23b Abs. 1 Satz 2 Nr. 2 GVG, § 1672 BGB);
- Regelung des Umgangs eines Elternteils mit dem ehelichen Kind (§ 23b Abs. 1 Satz 2 Nr. 3 GVG, § 1634 BGB);
- Verfahren über die Herausgabe des Kindes an den andern Elternteil (§ 23b Abs. 1 Satz 2 Nr. 4 GVG, § 1632 Abs. 3 BGB);
- Streitigkeiten über die gesetzliche Unterhaltspflicht gegenüber einem ehelichen Kind (§ 23b Abs. 1 Satz 2 Nr. 5 GVG, §§ 1601 ff. BGB);
- Verfahren über die durch Ehe begründete gesetzliche Unterhaltspflicht (§ 23b Abs. 1 Satz 2 Nr. 6 GVG);
- Verfahren über den Versorgungsausgleich (§ 23b Abs. 1 Satz 2 Nr. 7 GVG);

- Verfahren über die Regelung der Rechtsverhältnisse an der Ehewohnung und am Hausrat (§ 23b Abs. 1 Satz 2 Nr. 8 GVG);
- Verfahren über Ansprüche aus dem ehelichen Güterrecht (§ 23b Abs. 1 Satz 2 Nr. 9 GVG).

2.4.6.2 Scheidungssachen und andere Familiensachen (Verbundverfahren)

Einschlägige Gesetze sind das Gesetz über das Verfahren in Familiensachen und in den Angelegenheiten der freiwilligen Gerichtsbarkeit (FamFG), das Gesetz über die freiwillige Gerichtsbarkeit (FGG) und für die Zuständigkeit des Gerichts das Gerichtsverfassungsgesetz (GVG). Eine besondere Einrichtung ist der Verbund von Scheidungs- und Folgesachen. **Isolierte Familiensachen** liegen vor, wenn mit ihnen in jedem Fall und nicht lediglich dann, wenn es zur Scheidung kommt, eine Entscheidung verlangt wird. Es ist aber möglich, die anderen Familiensachen in das Scheidungsverfahren einzubeziehen. Die anderen Familiensachen werden dann im so genannten **Verbundverfahren** zu Folgesachen des Scheidungsverfahrens.

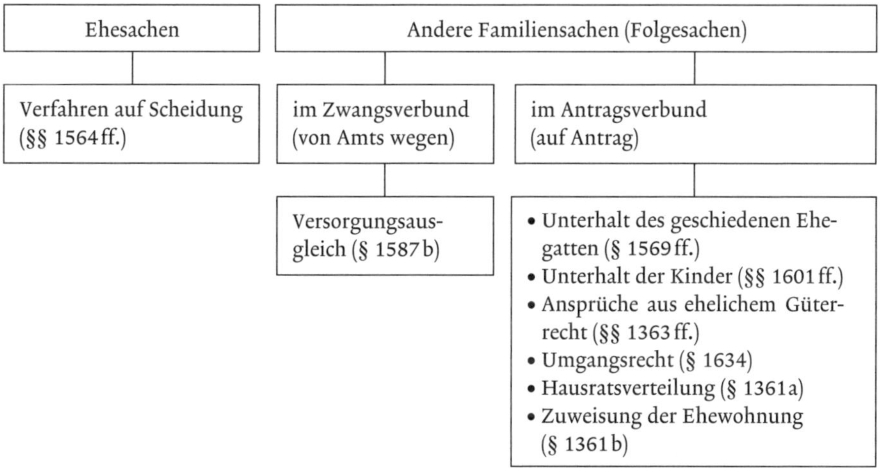

Eine Folgesache im Verbund ist anzunehmen, wenn in der anderen Familiensache eine Entscheidung nur für den Fall der Scheidung verlangt wird. Der Verbund kommt entweder auf Antrag oder von Amts wegen zustande. Dadurch wird das Scheidungsverfahren mit den anderen Familiensachen zur gleichzeitigen Verhandlung **(Verhandlungsverbund)** und zur gemeinsamen Entscheidung **(Entscheidungsverbund)** verknüpft. Grundsätzlich erfolgt eine einheitliche Entscheidung durch Urteil bei stattgebender Entscheidung über die Scheidung. Wird der Scheidungsantrag zurückgenommen oder zurückgewiesen, werden die Folgesachen im Verbund gegenstandslos. Die Folgesachen können jedoch auf Antrag als selbständige Familiensache fortgeführt werden. Der Verbund kann nur in der Zeit zwischen der Anhängigkeit der Ehesache und der Rechtskraft des Scheidungsurteils stattfinden. Vor der Rechtshängigkeit und nach Rechtskraft des Scheidungsverfahrens sind die anderen Familiensachen nur im isolierten Verfahren denkbar.

BEISPIELE

a) Mit dem Scheidungsverfahren wird, ohne dass es eines Antrags der Parteien bedarf, von Amts wegen die Regelung der elterlichen Sorge (§ 1671) und des Versorgungsausgleichs (§ 1587 ff.) verbunden.

b) Wenn ein Ehegatte nach der Scheidung vom anderen Ehegatten Unterhalt will, kann er den Unterhaltsanspruch (§§ 1569 ff.) auf Antrag als Folgesache im Verbundverfahren geltend machen. Er kann auch eine isolierte Unterhaltsklage erheben. Der Verbund ist aber ratsam, wenn der Unterhalt schon ab Rechtskraft der Scheidung beansprucht wird.

c) Als weitere Folgesachen im Scheidungsverbund auf Antrag einer Partei kommen in Betracht das Umgangsrecht (§ 1634 BGB), die Herausgabe des Kindes (§ 1632 BGB), der Unterhalt gegenüber einem ehelichen minderjährigen Kind (§§ 1601 ff. BGB), Ehewohnung und Hausrat (§§ 1568a und b) und Ansprüche aus dem ehelichen Güterrecht (§§ 1363 ff. BGB).

2.5 Nichteheliche Lebensgemeinschaft

Lebensgemeinschaften ohne förmliche Eheschließung oder Begründung einer Lebenspartnerschaft sind im Familienrecht nicht besonders geregelt. Kennzeichnend ist eine Verantwortungs- und Einstehensgemeinschaft (BVerfG 87, 234, 264), d. h. die persönliche Bindung der Partner, die diese von einer bloßen Wohngemeinschaft unterscheidet (vgl. § 20 SGB XII). Wenn Mann und Frau ohne Eheschließung zusammenleben, kann sich dieselbe Lebenswirklichkeit wie in einer Ehe ergeben. Auf nichteheliche Lebensgemeinschaften beliebigen Geschlechts wird aber nach h. M. das Eherecht nicht (auch nicht analog) angewendet. Aufgrund des Zusammenlebens gibt es keinen gesetzlichen Unterhaltsanspruch und auch kein Erbrecht der Partner. Die Gleichstellung von nichtehelichen und ehelichen Kindern hat aber auch Auswirkungen auf das Verhältnis unter den Eltern. Besondere Vorschriften für das Kind und seine nicht miteinander verheirateten Eltern enthalten §§ 1615a ff., insbesondere einen Unterhaltsanspruch wegen Kindesbetreuung (§ 1615 l, vgl. F 3.2.4). Unter den Voraussetzungen des § 1626a Abs. 1 steht nicht miteinander verheirateten Eltern die gemeinsame elterliche Sorge zu (s. F 4.2.1). Weitere Annäherungen finden sich nur in wenigen Fällen, und zwar sowohl zugunsten als auch zulasten der ohne Trauschein Zusammenlebenden.

BEISPIELE

a) Der Mieter hat das Recht, mit der Erlaubnis des Vermieters seinen nichtehelichen Partner in die Mietwohnung aufzunehmen (§ 553). Auf die Erlaubnis besteht in der Regel ein Rechtsanspruch.

b) Nach §§ 20, 39 SGB XII werden Sozialleistungen an den nichtehelichen Partner auf den eigenen Anspruch angerechnet. Partner einer nichtehelichen Lebensgemeinschaft sollen sozialrechtlich nicht besser gestellt sein als Ehegatten in gleicher Lage. Das Sozialrecht steht damit in einem kaum verständlichen Wertungswiderspruch zum Steuerrecht, das den Nichtverheirateten sämtliche Ehevergünstigungen versagt und sie damit gravierend schlechter stellt.

c) Die notwendige Abstimmung der sozialrechtlichen Vorschriften mit den Regeln der Familienbesteuerung ist bisher nur teilweise gelungen. Im Sozialhilferecht sind die Einkommen beider Partner zur Prüfung der Bedürftigkeit zusammenzurechnen. Trotzdem wurde im Ertragsteuerrecht bisher der Abzug der Unterhaltszahlung als außergewöhnliche Belastung grundsätzlich verweigert. Steuerlich abzugsfähig war der Unterhalt nur, wenn die Bedürftigkeit des Partners gemeinschaftsbedingt war und wenn besondere Umstände vorlagen, die die Unterhaltsgewährung als unausweichlich erschienen ließen (z. B. bei Betreuung eines gemeinsamen Kindes durch einen Partner, der dadurch nicht berufstätig sein konnte, BFH vom 27. 10. 1989 BStBl II 1990, 294). Der BFH hat jedoch klargestellt, dass Unterhaltsleistungen einem Partner aus sittlichen Gründen zwangsläufig entstehen, wenn dem hilfsbedürftigen Partner die Sozialhilfe im Hinblick auf das Zusammenleben nach § 122 BSHG verweigert wird (BFH vom 21. 09. 1993 BStBl II 1994, 236).

d) Steuerlich wird die nichteheliche Lebensgemeinschaft ignoriert. Einkommensteuerlich kommen nur Einzelveranlagungen nach dem Grundtarif in Betracht. Der Splittingtarif steht nach der Auffassung der finanzgerichtlichen Rspr. Partnern einer nichtehelichen Lebensgemeinschaft nicht zu, auch wenn sie mit ihren gemeinsamen Kindern eine häusliche Gemeinschaft bilden. Zwar spreche § 26 EStG von »Lebenspartnerschaften«; damit seien aber nur gleichgeschlechtliche eingetragene Lebenspartnerschaften gemeint. (BFH III B 100/16 BFH/NV 2017, 1105).

Die zivilrechtliche Beurteilung der nichtehelichen Lebensgemeinschaft ist umstritten. Sie wird überwiegend nur bei Vorliegen eindeutiger Vertragsvereinbarungen als eine Gesellschaft nach § 705 angesehen. Im Übrigen werden ihre Rechtsprobleme über das allgemeine Schuld- und Vertragsrecht gelöst. Beim Erwerb von Gegenständen kommt es darauf an, ob der Partner im eigenen oder im fremden Namen erwirbt. Sofern nicht (auch konkludent) in beider Namen erworben wird, sind schuldrechtliche Ausgleichsansprüche oder auch die rechtsgeschäftliche Einräumung von Miteigentum denkbar.

2.6 Eingetragene Lebenspartnerschaft

Im Lebenspartnerschaftsgesetz wird die eingetragene Lebenspartnerschaft als eigenständiges familienrechtliches Institut für gleichgeschlechtliche Paare geregelt. Ziel ist der Abbau von Diskriminierung (vgl. BVerfGE 105, 313 ff.). Die Lebenspartnerschaft ist wie die Ehe eine auf Lebenszeit angelegte Rechtsgemeinschaft (§ 1 Abs. 1 LPartG) und in ihrer Begründung, ihren Wirkungen und ihrer Aufhebung weitgehend der Ehe gleichgestellt. Das am 01.01.2005 in Kraft getretene Gesetz zur Überarbeitung des Lebenspartnerschaftsrechts vom 15.12.2004 führte zur nahezu vollständigen Angleichung im Recht des Güterstandes (§ 6 LPartG), im Unterhaltsrecht (§§ 5, 12,16 LPartG), in den Scheidungsvoraussetzungen (§ 15 LPartG), im Versorgungsausgleich (§ 20 LPartG) und im Erbrecht (§ 10 LPartG). Das Verbot der Annahme eines adoptierten Kindes des einen Lebenspartners durch den anderen Lebenspartner (Sukzessivadoption) wurde für verfassungswidrig erklärt (BVerfG vom 19.02.2013, I BvR 3247/09 FamRZ 2013, 521; vgl. Reimer/Jestaedt, JZ 2013, 468); § 9 Abs. 7 PartG wurde deshalb neu gefasst (BGBl I 2015, 2010).

Die Rspr. des BVerfG sorgte dafür, dass der Gesetzgeber die Gleichstellung mit der Ehe auch im Steuerrecht umsetzte (BVerfG vom 21.07.2010, 1 BvR 611/07 NJW 2010, 2783 hinsichtlich der ErbSt/SchenkSt; BVerfG vom 18.07.2012, 1 BvR 16/11, NJW 2012, 2719 hinsichtlich der GrESt; BVerfG vom 07.05.2013, 2 BvR 1981/06 und 2 BvR 288/07, NJW 2013, 2257 hinsichtlich des einkommensteuerlichen Splittingtarifs). In Umsetzung des BVerfG-Urteils vom 07.05.2013 bestimmt § 2 Abs. 8 EStG (BGBl I 2013, 2397), dass die Regelungen des EStG zu Ehegatten und Ehen auch auf Lebenspartner und Lebenspartnerschaften anwendbar sind (Sanders, NJW 2013, 2236; Christ, FamRB 2013, 257).

Sämtliche Regelungen des EStG zu Ehegatten und Ehen sind auch auf Lebenspartner und Lebenspartnerschaften anzuwenden (§ 2 Abs. 8 EStG). Auch erbrechtlich sind eingetragene Lebenspartner in ihrer erbrechtlichen Stellung den Ehegatten vollständig angeglichen (§ 10 LPartG).

3 Verwandtschaft und Unterhalt

Die Verwandtschaft kann durch Abstammung (Blutsverwandtschaft) oder durch Rechtsgeschäft (Annahme als Kind, §§ 1741 ff.) begründet werden. Sie begründet familien- und erbrechtliche Beziehungen, z. B.

- die Unterhaltspflicht (§§ 1601 ff.),
- die Rechtsverhältnisse zwischen Eltern und Kind (§§ 1616 ff.),
- das Recht auf den Familiennamen (§ 1616),
- das Eheverbot (§ 1307),
- das Erbrecht (§§ 1924 ff.).

3.1 Abstammung

Nach § 1589 sind Personen, bei denen eine von der anderen abstammt (z. B. Großvater–Vater–Sohn), in gerader Linie verwandt. Personen, die von derselben dritten Person abstammen, ohne in gerader Linie verwandt zu sein, sind in der Seitenlinie verwandt (z. B. Geschwister, Onkel und Neffe). Der Grad der Verwandtschaft bestimmt sich nach der Zahl der sie vermittelnden Geburten.

Schwägerschaft besteht zwischen einem Ehegatten und den Verwandten des anderen Ehegatten (§ 1590).

Schema

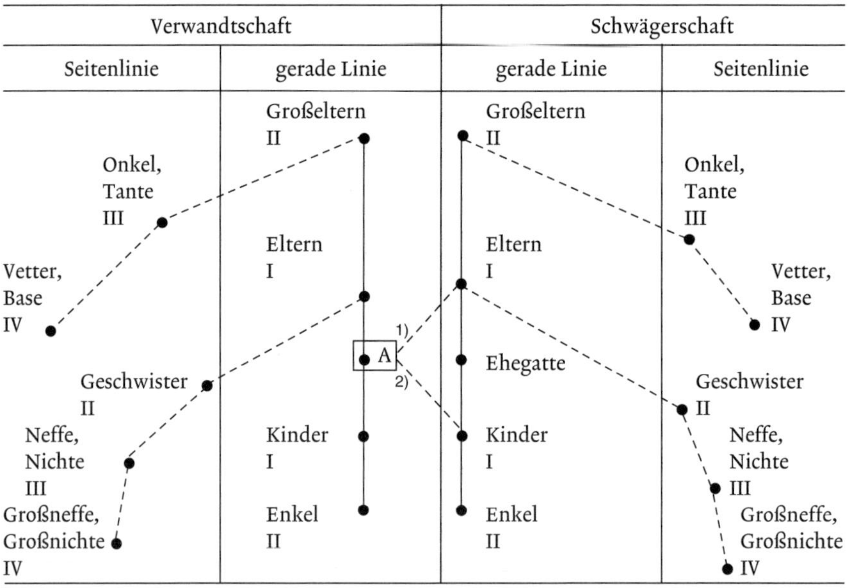

1) verschwägert aufsteigende Linie 2) verschwägert absteigende Linie

(Die römischen Ziffern bezeichnen den Grad der Verwandtschaft bzw. Schwägerschaft.)

Mutter eines Kindes ist die Frau, die es geboren hat (§ 1591). Dies gilt auch in den Fällen der sog. gespaltenen Mutterschaft, d. h. wenn die genetische Mutter, von der die Eizelle stammt, nicht mit der Frau identisch ist, die das Kind austrägt und zur Welt bringt (Ei- oder Embryonenspende, Leihmutterschaft). Von Ersatzmutterschaft wird gesprochen, wenn die genetische und gebärende Mutter das Kind nach der Geburt zum Zweck der Adoption an die Wunscheltern herausgibt (§ 13a AdVermiG). In Deutschland sind die Vermittlung von Leih- bzw. Ersatzmüttern (§ 13c und d AdVermiG) und die Übertragung einer fremden Eizelle oder eines Embryos (§ 1 Abs. 1 EmbryonenschutzG) verboten.

Vater eines Kindes ist der Mann, der zum Zeitpunkt der Geburt mit der Mutter verheiratet ist (§ 1592 Nr. 1). Vaterschaft kann auch kraft Anerkennung (§ 1592 Nr. 2) oder kraft gerichtlicher Feststellung (§ 1592 Nr. 3) eintreten. In solchen Fällen können die genetisch-biologische Herkunft und die rechtliche Zuordnung auseinanderfallen. Für die Ausübung der Elternrechte und -pflichten ist allein die rechtliche Zuordnung entscheidend. Die Regeln über die Abstammung sind zwingendes Recht.

Wer steuerlich zu den Angehörigen zählt, ergibt sich aus § 15 AO.

Der dortige Begriff ist wesentlich weiter als der Begriff der unterhaltsberechtigten Angehörigen, da er u. a. auch Verlobte, Verschwägerte in gerader Linie, Geschwister und deren Angehörige sowie Pflegeeltern und -kinder umfasst.

3.2 Unterhalt

3.2.1 Übersicht

Im Unterhaltsrecht kommt die Funktion der Familie als Sozialhilfeverband zum Ausdruck. Das BGB regelt die gesetzlichen Unterhaltspflichten für Ehegatten und Verwandte in verschiedener Weise. Gemeinsam ist den Ansprüchen im Regelfall, dass sie von der Bedürftigkeit des Verpflichteten, der Leistungsfähigkeit des Berechtigten und der Lebensstellung der Beteiligten abhängen.

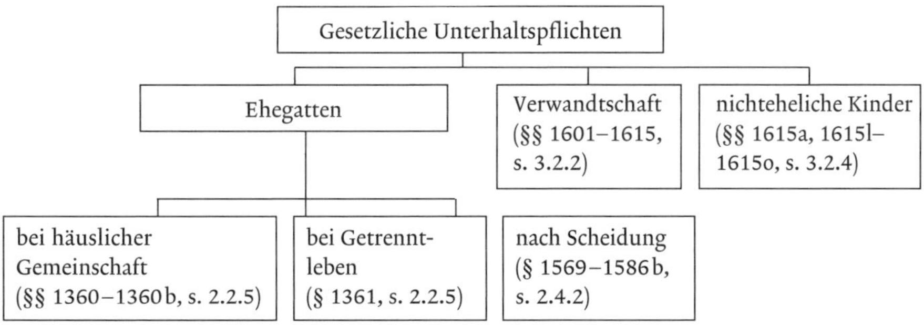

3.2.2 Unterhalt gegenüber Verwandten (§§ 1601 ff. BGB)

Ein Unterhaltsanspruch aufgrund Verwandtschaft setzt nach §§ 1601 ff. voraus:

- Verwandtschaft in gerader Linie,
- Bedürftigkeit des Anspruchsberechtigten (§ 1602),
- Leistungsfähigkeit des Verpflichteten (§ 1603)

3.2.2.1 Verwandtschaft in gerader Linie

Die Unterhaltspflicht setzt Verwandtschaft in gerader Linie voraus (§ 1601 i. V. m. § 1589 Satz 1). Die Unterhaltspflicht der Eltern gegenüber ihren Kindern hängt nicht von der Minderjährigkeit der Kinder ab. Eine Unterhaltspflicht kann auch in umgekehrter Richtung bestehen (z. B. Kinder gegenüber Eltern).

BEISPIELE

a) Unterhaltspflichtig sind:
- Eltern-Kinder,
- Großeltern-Enkel, sofern keine näheren Verwandten in gerader Linie vorhanden sind (§ 1606 Abs. 2).

b) Nicht unterhaltspflichtig sind:
- Geschwister oder Onkel-Neffe, da nur in der Seitenlinie verwandt (§ 1589 Satz 2),
- Verschwägerte (§ 1590).

3.2.2.2 Bedürftigkeit des Anspruchsberechtigten

Unterhaltsberechtigt ist nur, wer außerstande ist, sich selbst zu unterhalten (§ 1602 Abs. 1). Bedürftigkeit setzt grundsätzlich Vermögenslosigkeit, Einkommenslosigkeit und Erwerbsunfähigkeit voraus. Ein gesunder Volljähriger ist gehalten, auch berufsfremde und unter seiner gewohnten Lebensstellung liegende Tätigkeiten aufzunehmen. Ausnahmen gelten für minderjährige unverheiratete Kinder. Sie können Unterhalt von ihren Eltern auch dann verlangen, wenn sie Vermögen haben, vorausgesetzt, ihre Vermögens- und Erwerbseinkünfte reichen zum Unterhalt nicht aus (§ 1602 Abs. 2). Sie brauchen den Stamm ihres Vermögens nicht anzugreifen, es sei denn, die Eltern sind leistungsunfähig (§ 1603 Abs. 2 Satz 3).

3.2.2.3 Leistungsfähigkeit des Verpflichteten

Der Unterhaltsverpflichtete muss jede zumutbare Arbeits- oder Erwerbsmöglichkeit ausschöpfen. In Ermangelung sonstiger Mittel hat der Unterhaltsschuldner grundsätzlich auch den Stamm seines Vermögens zur Unterhaltszahlung zu verwerten. Schulden können dem Unterhaltsberechtigten nur entgegengehalten werden, wenn sie zwingend notwendig sind. Die Unterhaltspflicht entfällt oder mindert sich entsprechend, wenn die Gewährung des Unterhalts den eigenen Unterhalt gefährden würde (§ 1603 Abs. 1). Dem Unterhaltsverpflichteten verbleibt der notwendige Selbsterhalt. Die einschlägigen Unterhaltstabellen (z. B. Düsseldorfer Tabelle) sehen Richtsätze für den Selbstbehalt vor, wobei unterschiedliche Zahlen für Erwerbstätige genannt werden. Minderjährige unverheiratete Kinder genießen gegenüber ihren Eltern Vorrechte (§ 1603 Abs. 2). Die Möglichkeit einer Kreditaufnahme kann unter Umständen die Bedürftigkeit ausschließen oder mindern. Für die Leistungsfähigkeit kommt es auf das bereinigte Nettoeinkommen nach Abzug der nachgewiesenen Aufwendungen an. Bei selbständigen Unternehmern muss das Einkommen geschätzt werden, wobei das Durchschnittseinkommen der letzten drei Jahre zugrunde zu legen ist. Steuerrückzahlungen begründen eine entsprechend höhere Leistungsfähigkeit. Steuerliche Abschreibungen und steuerliche Wahlmöglichkeiten werden im Unterhaltsrecht nicht ohne Weiteres als die Leistungsfähigkeit mindernd anerkannt (BGH vom 16. 01. 1985 FamRZ 1985, 359).

BEISPIEL

Der von F geschiedene M, der für die gemeinsamen Kinder unterhaltspflichtig ist, hat die N geheiratet und erzielt durch Zusammenveranlagung mit der N gegenüber der Einzelveranlagung einen Splittingvorteil i. H. v. 15 000 €. M wählt in der Absicht der Minderung seines Nettoeinkommens für seine Einkünfte aus nichtselbständiger Arbeit die ungünstige Lohnsteuerklasse V und ermöglicht dadurch seiner neuen Ehegattin N die günstige Lohnsteuerklasse III.

LÖSUNG Grundsätzlich ist für die Berechnung der Leistungsfähigkeit von der effektiven Steuerschuld auszugehen. Der bei Wiederverheiratung des Unterhaltsschuldners eintretende Splittingvorteil beschränkt sich nicht auf die bestehende Ehe zwischen M und N, sondern kommt allen Unterhaltsgläubigern zugute, also auch den gemeinsamen Kindern von M und F (BGH vom 25.06.1980 NJW 1980, 2251). M ist außerdem nicht berechtigt, durch die Inanspruchnahme steuerlicher Wahlmöglichkeiten sein Nettoeinkommen und damit seine Leistungsfähigkeit zu mindern. Die vom Arbeitslohn des M einbehaltene Lohnsteuer ist um einen Abschlag zu korrigieren (BGH vom 25.06.1980 FamRZ 1980, 984; OLG Düsseldorf vom 05.11.1985 FamRZ 1986, 66).

3.2.2.4 Reihenfolge bei Mehrheit von Unterhaltsverpflichtungen

Die Rangfolge der Unterhaltsverpflichteten bestimmt sich nach §§ 1606–1608.Die Eltern haften für die Unterhaltsansprüche ihrer Abkömmlinge (Kinder, Enkel) vor allen anderen Verwandten und grundsätzlich anteilig nach ihren Erwerbs- und Vermögensverhältnissen. Nähere Verwandte haften vor den entfernteren Verwandten; gleich nahe Verwandte haften nach ihren persönlichen finanziellen Verhältnissen.

Kindesbetreuung und Barleistungen sind gleichwertig. Wer ein Kind pflegt und erzieht, braucht regelmäßig keinen Barunterhalt zu leisten. Die Barunterhaltsverpflichtung trifft dann allein den anderen Elternteil (§ 1606 Abs. 3). Wenn beide Eltern nicht leistungsfähig sind, müssen die Großeltern Unterhalt zahlen (Ersatzhaftung nach § 1607). Der Ehegatte des Bedürftigen haftet vor dessen Verwandten. Ist das Kind verheiratet, haften die Eltern nur nachrangig nach dem Ehegatten. Dies gilt für minderjährige und volljährige Kinder (§ 1608). Durch Leistungen der Sozialhilfe wird der Unterhaltsschuldner nicht befreit (§ 2 Abs. 2 BSHG). Die Bedürftigkeit des Unterhaltsgläubigers bleibt bestehen. Die Unterhaltsansprüche gehen kraft Gesetzes auf den Träger der Sozialhilfe über (§ 90 BSHG).

3.2.2.5 Reihenfolge bei Mehrheit von Unterhaltsberechtigten

Wenn mehrere bedürftige Unterhaltsberechtigte vorhanden sind, für die das Einkommen des Unterhaltsschuldners nicht ausreicht (so genannter Mangelfall), regelt das Gesetz die Rangfolge in §§ 1609, 1581, 1582. Im Unterhaltsrechtsänderungsgesetz vom 31.12.2007 (BGBl I 2007, 3189) wurde die Rangfolge der Unterhaltsberechtigten geändert, um die Wahrscheinlichkeit zu erhöhen, dass die Unterhaltsansprüche der Kinder erfüllt werden. Die Unterhaltsberechtigten stehen in folgender Rangfolge (§ 1609 Nr. 1–7):

- minderjährige unverheiratete Kinder und Schüler bis zum 21. Lebensjahr,
- Kinder betreuende Eltern und Ehegatten mit langer Ehedauer,
- sonstige Ehegatten,
- volljährige Kinder,
- Enkelkinder und weitere Abkömmlinge,
- Eltern,
- weitere Verwandte der aufsteigenden Linie.

In § 1609 wird den Kindern der Vorrang vor allen anderen Unterhaltsberechtigten eingeräumt, sofern sie noch minderjährig und unverheiratet sind oder zu der Gruppe der nach § 1603 Abs. 2 privilegierten Kinder gehören. Vorrang heißt, dass das Kind Anspruch auf angemessenen Unterhalt hat und dass andere Verwandte erst zum Zug kommen, wenn dieser Anspruch in vollem Umfang gesichert ist. Die Eltern können den Unterhaltsanspruch der Kinder für die Zukunft nicht ausschließen (§§ 1614 Abs. 1 i. V. m. 134). Sie können lediglich untereinander vereinbaren, den andern Elternteil von Unterhaltsansprüchen des Kindes freizustellen.

3.2.2.6 Art und Umfang des Unterhalts

Der Unterhaltsverpflichtete ist zur Zahlung des angemessenen Unterhalts verpflichtet. Welcher Betrag angemessen ist, bestimmt sich nach den Umständen der Lebensstellung des Bedürftigen (§ 1610). Hierzu zählt in erster Linie das Einkommen; zu berücksichtigen sind außerdem Ausbildung, ausgeübter Beruf, berufliche Stellung und Vermögen.

3.2.2.6.1 Unterhaltsberechtigte Kinder

Bei minderjährigen ehelichen Kindern beziehen sich diese Merkmale auf die Eltern. Im Unterhaltsrechtsänderungsgesetz 2007 und mit nachfolgenden Änderungen wurden drei Instrumente geschaffen, um die Rechtsstellung der unterhaltsberechtigten Kinder zu verbessern:

1. Ein minderjähriges Kind kann den gesetzlichen Mindestunterhalt verlangen, der sich am steuerfrei zu stellenden sächlichen Existenzminimum des Kindes orientiert und daher alle zwei Jahre durch Rechtsverordnung des BMJV aktualisiert wird (§ 1612a, vgl. Többen, NJW 2016, 273).
2. Das Kindergeld wird unterhaltsrechtlich dem Kind zugewiesen. Die Kindergeldverrechnung mit dem Unterhaltsanspruch wird vereinfacht und vereinheitlicht (§ 1612b).
3. Das Unterhaltsbestimmungsrecht der Eltern ist insofern ergänzt, als auf die Belange des Kindes die gebotene Rücksicht zu nehmen ist. Eine Geldrente ist monatlich im Voraus zu zahlen (§ 1612 Abs. 2 und 3).

3.2.2.6.2 Unterhaltsberechtigte Ehegatten, dauernd getrennt Lebende und Geschiedene

Der Ehegattenunterhalt des Berechtigten ist der Höhe nach wie folgt zu bestimmen:

a) Wenn **keine unterhaltsberechtigten Kinder** vorhanden sind:
- Von dem **erwerbstätigen** Unterhaltspflichtigen kann beansprucht werden:
- – wenn der Berechtigte kein Einkommen hat, grds. 3/7 des anrechenbaren Erwerbseinkommens zzgl. 1/2 der anrechenbaren sonstigen Einkünfte des Unterhaltspflichtigen,
- – wenn der Berechtigte ebenfalls Einkommen hat, grds. 3/7 der Differenz zwischen den anrechenbaren Erwerbseinkommen der Ehegatten.
- Von dem **nicht erwerbstätigen** Unterhaltspflichtigen kann beansprucht werden:
- – wie oben, jedoch 1/2 statt 3/7 der Differenz zwischen den anrechenbaren Erwerbseinkommen der Ehegatten.

b) Wenn **unterhaltsberechtigte Kinder** vorhanden sind:
- wie oben, jedoch ist grds. der Kindesunterhalt vorab vom Nettoeinkommen abzuziehen.

c) Der Gebrauch von Unterhaltstabellen ist seit langem akzeptiert (Otto, FamRZ 2012, 837; Kleffmann, FuR 2013, 2, 65, 127; ders., FuR 2014, 2; Niepmann/Schwamb, NJW 2014, 672). In der Gerichtspraxis wird die Höhe des Unterhalts nach der sog. **Düsseldorfer**

Tabelle bestimmt (zur Berechnung vgl. http://www.unterhalt.duesseldorfer-tabelle-online.de). Die regelmäßige Anpassung der Düsseldorfer Tabelle berücksichtigt die SGB II-Sätze (Hartz IV).

d) Der **notwendige Selbstbehalt** für Unterhaltspflichtige beträgt gegenüber Kindern unter 21 Jahren für Erwerbstätige derzeit 1 000 € bzw. für nicht Erwerbstätige 800 €, gegenüber volljährigen Kindern 1 200 €, gegenüber Ehegatten 1 100 € und gegenüber Eltern 1 600 €.

Das BVerfG erklärte die sog. Dreiteilungsmethode bei Neuheirat des Unterhaltspflichtigen für verfassungswidrig (BVerfG vom 25.01.2011, 1 BvR 918/10 NJW 2011, 836). Die frühere Praxis ist deshalb nicht mehr zulässig, die Einkommen des unterhaltsberechtigten ehemaligen Ehegatten, des Unterhaltsverpflichteten und des neuen Ehepartners zu addieren, das Gesamteinkommen durch drei zu teilen und die Differenz zwischen diesem Drittel und dem Einkommen des ehemaligen Ehegatten als dessen Unterhaltsanspruch zu bestimmen. Der Unterhaltsanspruch ist nach den allgemeinen Grundsätzen zu ermitteln (BGH vom 07.12.2011 NJW 2012, 384).

3.2.2.7 Abänderungsklage nach § 323 ZPO

Bei Verurteilung zu künftig fällig werdenden wiederkehrenden Leistungen besteht die Gefahr, dass die noch ungewissen Verhältnisse falsch eingeschätzt werden, die in der Zukunft Bestand, Höhe und Dauer der Leistungen bestimmen. Mit Hilfe einer Abänderungsklage kann eine Fehlprognose korrigiert und die gerichtliche Entscheidung an veränderte Verhältnisse angepasst werden. Anwendbar ist § 323 ZPO auf Ansprüche aus einem rechtskräftigem Urteil, Schiedsspruch, Vergleich oder aus vollstreckbare Urkunden i. S. d. § 794 ZPO. Im Rahmen der Vertragsfreiheit kann § 323 ZPO ausdrücklich oder stillschweigend in Verträgen (z. B. Unterhaltsverträgen) vereinbart werden. Keine Anwendbarkeit besteht bei erbrechtlichen Verpflichtungen (z. B. aus Testamenten). **Steuerlich** entscheidet die Abänderbarkeit nach § 323 ZPO darüber, ob eine wiederkehrende Leistung als Rente oder als dauernde Last zu behandeln ist. Wenn eine Abänderung nach § 323 ZPO möglich ist, ist eine wiederkehrende Leistung grundsätzlich als dauernde Last voll nach § 22 EStG zu besteuern, da es an der Gleichmäßigkeit der einzelnen Leistungen fehlt. **Unterhaltsleistungen** werden unter dem (wenigstens stillschweigenden) Vorbehalt der Leistungsfähigkeit des Gebers und der Unterstützungsbedürftigkeit des Empfängers gewährt. Dies bedeutet: Wenn in einem Vertrag über Unterhaltszahlungen § 323 ZPO nicht ausdrücklich ausgeschlossen ist, liegt eine dauernde Last vor. Nur wenn auf die Abänderungsmöglichkeit des § 323 ZPO ausdrücklich verzichtet wurde, ist die lebenslange wiederkehrende Leistung eine Leibrente. In beiden Fällen ist das Abzugsverbot nach § 12 Nr. 2 EStG zu beachten. Bei **Veräußerungsleistungen** besteht keine Rechtsgrundlage für eine Anpassung an geänderte Verhältnisse, es sei denn, dies wird ausdrücklich vereinbart. Es besteht daher kein Anlass, von einer stillschweigenden Vereinbarung des § 323 ZPO auszugehen. Daher kann eine dauernde Last nur angenommen werden, wenn § 323 ZPOim Vertrag ausdrücklich vereinbart ist. **Versorgungsleistungen** sind als dauernde Lasten abziehbar, wenn sich ihre Abänderbarkeit entweder aus einer ausdrücklichen Bezugnahme auf § 323 ZPO oder in anderer Weise aus dem Vertrag ergibt. Fehlt eine Bezugnahme auf § 323 ZPO, kann sich eine gleichwertige Änderungsmöglichkeit aufgrund eines Vertragsinhalts ergeben, der eine Anpassung nach den Bedürfnissen des Vermögensübergebers oder der Leistungsfähigkeit des Vermögensübernehmers erlaubt (BFH vom 15.07.1991 BStBl II 1992, 78).

Regeln zur Behandlung von Verträgen über lebenslange wiederkehrende Zahlungen

Die Abänderbarkeit der Leistungen nach § 323 ZPO ist:	Unterhaltsleistungen aufgrund Familienrecht	Versorgungs-leistungen	Veräußerungs-leistungen
ausdrücklich ausgeschlossen	Leibrente	Leibrente	Leibrente
ausdrücklich vereinbart	dauernde Last	dauernde Last	dauernde Last
nicht ausdrücklich erwähnt	dauernde Last	Vertragsinhalt entscheidet	Leibrente

3.2.3 Unterhalt der Eltern gegenüber Kindern

Eltern trifft gegenüber ihren Kindern eine gesteigerte Unterhaltspflicht. Das minderjährige unverheiratete Kind wird in mehrfacher Hinsicht bevorzugt. Es kann, auch wenn es Vermögen hat, von seinen Eltern Unterhalt insoweit verlangen, als die Einkünfte seines Vermögens und der Ertrag seiner Arbeit zum Unterhalt nicht ausreichen. Es braucht also grundsätzlich seinen eigenen Vermögensstamm nicht anzugreifen. Nur wenn die Eltern nicht leistungsfähig sind, muss das minderjährige Kind sein eigenes Vermögen einsetzen (§ 1602 Abs. 2). Wenn weder Kindesvermögen noch leistungsfähige Verwandte vorhanden sind, müssen die Eltern mit ihren minderjährigen unverheirateten Kindern alle verfügbaren Mittel teilen, auch wenn sie ihren eigenen angemessenen Unterhalt damit gefährden (§ 1603 Abs. 2). § 1603 Abs. 2 Satz 2 stellt den minderjährigen unverheirateten Kindern die volljährigen unverheirateten Kinder bis zur Vollendung des 21.Lebensjahres gleich, solange sie im Haushalt der Eltern oder eines Elternteils leben und sich in der allgemeinen Schulausbildung befinden.

Das Gesetz sieht keinen Anspruch aller minderjährigen Kinder auf einen gesetzlich bestimmten Mindestunterhalt vor. Vielmehr wird gem. §§ 1601 ff. Individualunterhalt gewährt. Das Maß des zu gewährenden Unterhalts bestimmt sich nach der Lebensstellung des Bedürftigen und dem Lebensstandard der Familie (§ 1610 Abs. 1). Der Unterhalt umfasst auch die Kosten einer angemessenen Berufsausbildung, wobei keine Abhängigkeit vom Volljährigkeitsalter besteht (§ 1610 Abs. 2). Für alle minderjährigen und gleichgestellten Kinder, die im Haushalt nur eines Elternteils leben, werden Regelungen zum Mindestunterhalt getroffen (§§ 1612a–1612c).

3.2.4 Unterhalt von nichtehelichen Kindern (§ 1615a BGB)

Die Rechtsbeziehungen zwischen Eltern und Kindern waren früher unterschiedlich geregelt, wenn die Eltern nicht verheiratet waren. Für den Unterhalt des nichtehelichen Kindes galten Sondervorschriften (vgl. Vorauflage). Durch das am 01.07.1998 in Kraft getretene Gesetz zur Reform des Kindschaftsrechts (KindRG vom 16.12.1997 BGBl I 1997, 2942) wurde die eheliche und die nichteheliche Abstammung einheitlich geregelt und die unterhaltsrechtliche Sonderregelung weitgehend aufgehoben. Für die Bemessung des Unterhalts gilt nunmehr für alle Kinder § 1602. Allerdings wurden »besondere Vorschriften für das Kind und seine nicht miteinander verheirateten Eltern« eingeführt (§§ 1615a ff.). Nach der Rspr. des BVerfG verstößt es gegen Art. 6 Abs. 5 GG, wenn das Gesetz die Dauer des Unterhaltsanspruchs wegen Kindesbetreuung für eheliche und nichteheliche Kinder unterschiedlich bestimmt (BVerfGE 118,45). Der Unterhaltsanspruch wurde deshalb in § 1615 l neu geregelt. Der Anspruch besteht in den ersten drei Jahren ohne weiteres und über drei Jahre hinaus, wenn dies der Billigkeit entspricht (§ 1615 l Abs. 2).

3.2.5 Unterhaltszahlungen im Steuerrecht

3.2.5.1 Abzugsverbot für Zuwendungen

Das derzeit geltende Ertragsteuerrecht geht – anders als in den meisten Ländern Europas und den USA – vom Grundsatz der Nichtabzugsfähigkeit privater Aufwendungen aus. Das Einkommensteuerrecht stellt lediglich als Ausnahme bestimmte private Ausgaben (vor allem in den Vorschriften über den Grundfreibetrag, die Kinderfreibeträge, die Sonderausgaben und außergewöhnlichen Belastungen) von der Besteuerung frei. Das Abzugsverbot nach § 12 Nr. 2 EStG gilt für Zuwendungen (=unentgeltliche geldwerte Leistungen), »soweit in § 10 Abs. 1 Nr. 1, 2 bis 7, § 10b und §§ 33 bis 33c nichts anderes bestimmt ist«. Dies bedeutet, dass nur Unterhaltszahlungen an den geschiedenen oder dauernd getrennt lebenden Ehegatten als Sonderausgaben abzugsfähig sind (§ 10 Abs. 1 Nr. 1, vgl. 2.4.2). Leistungen, die an sonstige Personen aufgrund einer Unterhaltsverpflichtung oder freiwillig oder aufgrund freiwillig begründeter Rechtspflicht erbracht werden, dürfen die Steuerbemessungsgrundlage nicht mindern. Die Anwendung des § 12 Nr. 2 EStG setzt nicht das Bestehen eines konkreten Unterhaltsanspruchs voraus; es genügt, wenn der Empfänger der Zuwendung gegenüber dem Zuwendenden grundsätzlich unterhaltsberechtigt ist. Soweit der Abzug beim Verpflichteten ausgeschlossen ist, sind die Zuwendungen beim Empfänger nach dem so genannten Korrespondenzprinzip nicht zu versteuern (§ 22 Nr. 1 Satz 2 EStG).

Wenn einem Steuerpflichtigen Aufwendungen in Geld oder Sachwerten für den Unterhalt einer gesetzlich unterhaltsberechtigten oder gleichgestellten Person erwachsen, kann auf Antrag die ESt dadurch ermäßigt werden, dass die Aufwendungen bis zu einem gesetzlichen Höchstbetrag vom Gesamtbetrag der Einkünfte abgezogen werden (§ 33a Abs. 1 EStG). Allerdings darf der Steuerpflichtige oder eine andere Person keinen Anspruch auf einen Kinderfreibetrag und den Freibetrag für den Betreuungs-, Erziehungs- oder Ausbildungsbedarf (§ 32 Abs. 6 EStG) oder auf Kindergeld haben, und die unterhaltene Person darf kein oder nur geringes Vermögen besitzen.

Nach der Rechtsprechung des Bundesverfassungsgerichts sind zwangsläufige Privataufwendungen realitätsgerecht zum Abzug zu bringen. Zwangsläufig sind solche Aufwendungen, denen sich der Steuerpflichtige – wie z. B. aufgrund der gesetzlichen Unterhaltspflicht – nicht entziehen kann. Nach der Lehre vom privaten Nettoprinzip sind die zwangsläufigen Aufwendungen »in der tatsächlich entstandenen Höhe steuerlich als Minderung des Einkommens zu berücksichtigen« (BVerfGE 61, 319, 355 Alleinerziehende; BVerfGE 66, 214 – Angehörige; 67, 290 – geschiedener Ehegatte; 82, 60 – Kindergeld; 82, 198 – Kinderfreibetrag). Der Staat muss dem Steuerpflichtigen sein Einkommen insoweit steuerfrei belassen, als es zur Schaffung der Mindestvoraussetzungen für ein menschenwürdiges Dasein, d. h. zur Sicherung des Existenzminimums für die eigene Person und für die Familie, benötigt wird (BVerfGE 87, 153 Grundfreibetrag; vgl. dazu Maier, Staats- und Europarecht, 5. Aufl., 2017, Tz. 5.4.4.1). Die Verfassung (Art. 3 Abs. 1 i. V. m. Art. 6 Abs. 1 GG) stellt den Gesetzgeber vor die Aufgabe, die Regeln fundamental neu zu gestalten, die den für die Steuerzahlung nicht verfügbaren Teil des Einkommens (das so genannte indisponible Einkommen) aus der Besteuerung ausnehmen. Die Grundentscheidung über die prinzipielle Nichtabzugsfähigkeit weicht von den verfassungsrechtlichen Elementarwertungen ab. Es ist nicht einzusehen, weshalb Ausgaben, die der Einkommenserzielung dienen (Werbungskosten, Betriebsausgaben), in voller Höhe, Unterhaltszahlungen aufgrund der gesetzlichen Unterhaltspflicht nach § 12 Nr. 2 EStG dagegen nicht abzugsfähig sind. Der Gesetzgeber trug diesen Bedenken durch eine Erhöhung des steuerfreien Existenzminimums in der Form eines tariflichen Grundfreibetrags (§ 32a Abs. 1 Nr. 1 EStG) teilweise Rechnung.

3.2.5.2 Wiederkehrende Zahlungen im Zusammenhang mit einer Gegenleistung

Das Abzugsverbot des § 12 Nr. 2 EStG ist nur anzuwenden, wenn der Zuwendung des Leistenden keine (ausreichende) Gegenleistung des Leistungsempfängers gegenübersteht. Eine Gegenleistung kann dazu führen, dass statt einer nicht abzugsfähigen Unterhaltsleistung eine Versorgungs- oder eine Veräußerungsleistung vorliegt. Wenn Kinder den Eltern wiederkehrende Leistungen erbringen und die Eltern sich verpflichten, als Gegenleistung auf die Kinder Vermögen zu übertragen, hängt die steuerliche Behandlung der wiederkehrenden Leistungen von mehreren Faktoren ab. Das Wertverhältnis zwischen der Vermögensübertragung und dem Barwert der wiederkehrenden Leistungen entscheidet zunächst darüber, ob die Vermögensübertragung ein entgeltlicher Vorgang (Veräußerung) oder ein unentgeltlicher Vorgang (Versorgung, Unterhalt) ist. Die Abzugsfähigkeit von Versorgungszahlungen dem Grunde nach hängt nach der neueren Rechtsprechung außerdem davon ab, ob es sich um einen typischen Vermögensübergabevertrag handelt. Die Abzugsfähigkeit der Versorgungszahlungen der Höhe nach richtet sich danach, ob es sich um gleichmäßige Zahlungen bis an das Lebensende (Leibrenten) oder um abänderbare Zahlungen (dauernde Lasten) handelt.

Abgrenzung bei Gegenleistung des Leistungsempfängers

	Wert des übertragenen Vermögens (Gegenleistung) ist im Verhältnis zum Barwert der wiederkehrenden Leistungen:		
	kleiner als 50 % (Zuwendung)	zwischen 50 % und ca.95 % (wenn typischer Vermögensübergabevertrag)	ca.100 % (wenn subjektiv gleichwertiges Entgelt)
Art der wiederkehrenden Leistung	Unterhaltsleistung	Versorgungsleistung	Veräußerungsleistung
Vermögensübergang	unentgeltlich	unentgeltlich	entgeltlich
Verpflichteter	kein Abzug (§ 12 Nr. 2)	Abzug als Sonderausgaben (i. d. R. dauernde Last nach § 10 Abs. 1 Nr. 1a EStG)	Abzug als BA/WK, wenn WG zur Erzielung von Einkünften eingesetzt
Berechtigter	keine Versteuerung	Versteuerung (§ 22 EStG)	Versteuerung (§ 22 EStG)

Der **Vermögensübergabevertrag unter Vorbehalt von Versorgungsleistungen** ist zivilrechtlich ein selbständiger Vertragstypus und unterscheidet sich grundlegend von einer Unterhalts- oder Veräußerungsleistung. Bisher lag nach h. M. ein Versorgungsvertrag schon bei einer Gegenleistung von wenigstens der Hälfte des Kapitalwerts der Rentenleistungen ohne Gleichwertigkeit vor. Die neuere Rechtsprechung stellt für den Abzug als Versorgungsleistung nach § 10 Abs. 1 Nr. 1a EStG nicht mehr allein auf das Wertverhältnis von Leistung und Gegenleistung ab, sondern fordert folgende zusätzlichen Merkmale für einen typischen Versorgungsvertrag:

- Übergabe einer ertragbringenden Wirtschaftseinheit (z. B. Hof, Betrieb, Mietwohngrundstück, Unternehmensbeteiligung; nicht ausreichend Bargeld, Sparbuch, Aktien, Sammlungen),

- zur Vorwegnahme einer künftigen Erbregelung (Generationenverbund),
- bei Erhaltung der übertragenen Wirtschaftseinheit,
- zum Zweck der Sicherung des Übergebers in Form von lebenslangen wiederkehrenden Leistungen (Existenzsicherung),
- als vorbehaltende Erträge des übergebenen Vermögens, die vom Übernehmer zu erwirtschaften und dem Übergeber auszukehren sind.

Durch diese zusätzlichen Anforderungen an den Versorgungscharakter will die Rechtsprechung den Widerspruch auflösen, dass Versorgungszahlungen einerseits unentgeltlicher Natur sind und andererseits zur steuerlichen Abzugsfähigkeit führen. Die steuerliche Zurechnung der Versorgungsleistungen zu den Sonderausgaben und wiederkehrenden Bezügen beruht darauf, dass der Vermögensübergeber sich die Erträge vorbehält, die der Übernehmer erwirtschaftet. Hierin liegt der Unterschied zur Zuwendung i. S. d. § 12 Nr. 2 EStG. Die Versorgungslast ist keine gleichwertige Gegenleistung und daher sofort voll abzugsfähig und voll zu versteuern. Die Rechtsprechung nimmt alle wiederkehrenden Lasten und Bezüge im Austausch mit Gegenleistungen, die keine Vermögensübergabe gegen Versorgungsleistungen sind, unabhängig vom Wertverhältnis und vom Werteverrechnungszeitpunkt aus dem Abzugsbereich des § 10 Abs. 1 Nr. 1a EStG und dem Besteuerungsbereich des § 22 Nr. 1 EStG heraus.

BEISPIELE

a) S erwirbt von seinem Vater V ein privat genutztes Mietwohngrundstück gegen rechtsverbindliche Zusicherung einer lebenslänglichen Leibrente. Die Höhe der Rente wird nach wirtschaftlichen Grundsätzen bemessen, so dass Leistung und Gegenleistung sich nach Meinung von S und V gleichwertig gegenüberstehen.

LÖSUNG Es handelt sich um eine Veräußerungsrente, die nicht in Erfüllung der gesetzlichen Unterhaltspflicht, sondern als Kaufpreis für das Grundstück gezahlt wird. S hat Anschaffungskosten in Höhe des Rentenbarwerts. S kann den Ertragsanteil der Rente als Werbungskosten von den Einnahmen aus Vermietung abziehen. V muss den Ertragsanteil der Leibrente nach § 22 Nr. 1 Satz 3 Buchst. a EStG versteuern.

b) Im Beispiel a) beträgt der Zeitwert des Grundstücks weniger als die Hälfte des Werts der Rentenverpflichtung.

LÖSUNG Es handelt sich um eine Unterhaltsrente. Das Mietwohngrundstück geht unentgeltlich auf S über (§ 11d EStDV). S kann die Rente nicht abziehen, V hat nichts zu versteuern.

c) Im Beispiel a) beträgt der Zeitwert des Grundstücks mehr als die Hälfte des Werts der Rentenverpflichtung, ohne dass die beiderseitigen Leistungen gleichwertig sind. V und S vereinbaren, dass die Vermögensübertragung zum Zweck der vorweggenommenen Erbfolge erfolgt und dass die Leistungen an V von S aus den Erträgen des übertragenen Vermögens erbracht werden.

LÖSUNG Es handelt sich um einen Vermögensübergabevertrag unter Vorbehalt von Versorgungsleistungen. Das Mietwohngrundstück geht unentgeltlich auf S über (§ 11d EStDV). Eine Versorgungsleibrente liegt nur vor, wenn die wiederkehrenden Leistungen gleichmäßig sind und die Abänderung nach § 323 ZPO ausgeschlossen ist. Eine Versorgungslast ist gegeben, wenn der Rechtsnatur des typischen Versorgungsvertrages entsprechend die Leistungen abänderbar sind (BFH vom 11.03.1992 BStBl II 1992, 499; BFH vom 16.12.1993 FR1994, 257). In diesem Fall sind die Zahlungen von S voll als Sonderausgaben abzuziehen (§ 10 Abs. 1 Nr. 1a EStG) und von S voll zu versteuern (§ 22 Nr. 1 EStG).

d) V überträgt seinem Sohn S einen Betrag von 100 000 €. S verpflichtet sich, dem V lebenslange wiederkehrende Leistungen (monatlich 2 000 €, Barwert 180 000 €) als Beitrag zur Bestreitung des Lebensunterhalts zu zahlen. Die Abänderbarkeit der Verpflichtung nach § 323 ZPO wird vereinbart.

LÖSUNG Es handelt sich mangels Übertragung einer Wirtschaftseinheit nicht um einen typischen Vermögensübergabevertrag, sondern um einen kauf- oder darlehensähnlichen Vertrag (so genannter Unterhaltskauf). Das Mietwohngrundstück geht unentgeltlich auf S über (§ 11d EStDV). Nach früherer Auffassung waren die Zahlungen zunächst mit dem Betrag von 100 000 € zu verrechnen und nach Verbrauch des Verrechnungspotentials bei S abzugsfähige dauernde Lasten (§ 10 Abs. 1 Nr. 1a EStG) und bei V steuerbare wiederkehrende Bezüge (§ 22 Nr. 1 EStG). Nach Auffassung des BFH sind auch die überschießenden wiederkehrenden Leistungen nicht abzugsfähig und nicht zu versteuern (BFH vom 27.02.1992 BStBl II 1992, 609). Vielmehr sind die wiederkehrenden Leistungen in Kapitalrückzahlung und Zinsanteil aufzuteilen. Die Kapitalrückzahlung ist eine Zuwendung an eine unterhaltsberechtigte Person, die bei S nicht abzugsfähig (§ 12 Nr. 2 EStG) und bei V nicht zu versteuern ist (§ 22 Nr. 1 Satz 2 EStG). Der Zinsanteil kann von S nur dann als Werbungskosten abgezogen werden, wenn er den erhaltenen Geldbetrag im Rahmen einer Einkunftsart verwendet. V hat den Zinsanteil als Einnahmen aus Kapitalvermögen zu versteuern (§ 20 Abs. 1 Nr. 7 EStG).

e) V überträgt auf seinen Sohn S ein Mietwohngrundstück unter Vorbehalt des lebenslangen Nießbrauchs. S verpflichtet sich, dem V lebenslange wiederkehrende Leistungen (monatlich 2 000 €) als Beitrag zur Bestreitung des Lebensunterhalts zu zahlen. Die Abänderbarkeit der Verpflichtung nach § 323 ZPO wird vereinbart.

LÖSUNG Die Abzugsfähigkeit der dauernden Last setzt voraus, dass der Vermögensübernehmer Erträge erwirtschaftet und an den Übergeber weiterleitet. Dem typischen Vermögensübergabevertrag ist eine Vereinbarung dann nicht zuzuordnen, wenn sich der Übergeber den gesamten Ertrag des Vermögens vorbehält und ihm daher die Einkünfte aus der Vermögensnutzung originär und nicht erst kraft Weiterleitung zuzurechnen sind (BFH vom 25.03.1992 BStBl II 1992, 803; BFH vom 14.07.1993 BStBl II 1994, 19). Dem Abzug der Zahlungen bei S steht § 12 Nr. 2 EStG entgegen (BMF vom 26.08.2002 BStBl I 2002, 893).

4 Eltern-Kind-Verhältnis

4.1 Rechtsstellung des Kindes

Das Kind tritt mit der Geburt in eine Reihe von Rechtsbeziehungen seiner Eltern ein. Das Kind erhält die deutsche Staatsangehörigkeit, wenn ein Elternteil Deutscher ist (§ 4 RuStAG). Es erhält den Ehenamen seiner Eltern (§ 1616). Sein Vorname wird ihm regelmäßig von beiden Eltern gegeben (§ 1626). Es teilt grundsätzlich den Wohnsitz der Eltern, soweit sie berechtigt sind, für die Person des Kindes zu sorgen (§ 11). Im Wege der Personensorge kann auch ein abweichender Wohnsitz bestimmt werden. Beschränkt Geschäftsfähige können mit Zustimmung des gesetzlichen Vertreters einen Wohnsitz begründen. Nur der verheiratete Minderjährige kann seinen Wohnsitz selbst bestimmen (§ 8).

Abgabenrechtlich sind unterschiedliche Kindbegriffe festzustellen. So gibt es beispielsweise einen spezifisch einkommensteuerrechtlichen Kindbegriff, losgelöst vom Kindbegriff in der AO (§ 15, dort weiter gefasster Pflegekindbegriff, § 15 Abs. 1 Nr. 8 AO). Der Kindbegriff hat erhebliche Bedeutung im dualen System des Familienlastenausgleichs.

Einkommensteuerrechtlicher Kindbegriff (§ 32 EStG)

- Im ersten Grad mit dem Stpfl. verwandte Kinder (Nr. 1)
  - leibliche Kinder
    - eheliche (§§ 1591 ff. BGB),
    - für ehelich erklärte Kinder (§§ 1723, 1740 a BGB),
    - nichteheliche Kinder
  - Adoptivkinder (§ 1741 ff. BGB)
- Pflegekinder (Nr. 2)
  - familienähnliches Band,
  - Aufnahme in Haushalt der Pflegeeltern,
  - kein Obhuts- oder Pflegeverhältnis zu den leiblichen Eltern,
  - Unterhaltung des Pflegekindes durch die Pflegeeltern mind. zu nicht unwesentlichem Teil

4.2 Elterliche Sorge

4.2.1 Grundsätze

Der Begriff »elterliche Sorge« wurde mit Wirkung ab 01.01.1980 durch das Gesetz zur Neuregelung der elterlichen Sorge eingeführt und ersetzt den früher gebräuchlichen Begriff »elterliche Gewalt«. Die Möglichkeit der Mitbestimmung durch das Kind und des Eingriffs durch den Staat zugunsten gefährdeter Kinder wurden erweitert. Die mit dem Sorgerecht verbundene Gewalt ist den Eltern zum Wohl des Kindes auferlegt und darf nicht als Recht auf elterlichen Zwang gegenüber den Kindern missverstanden werden. Die elterliche Sorge ist ein dem Interesse des minderjährigen Kindes dienendes gesetzliches Schutzverhältnis. Die Pflege und Erziehung der Kinder wird als Rechts- und Pflichtenverhältnis der Eltern durch die Verfassung (Art.6 Abs. 2 und 3 GG) und als absolutes Recht durch § 823 Abs. 1 BGB geschützt. Die elterliche Sorge umfasst das Recht und die Pflicht der Eltern, für das minderjährige Kind zu sorgen (§ 1626 Abs. 1). Sie betrifft die Sorge für die Person des Kindes (Personensorge) und das Vermögen des Kindes (Vermögenssorge) sowie die gesetzliche Vertretung des Kindes.

Elterliche Sorge

- Personensorge §§ 1631–1633
- Vermögenssorge §§ 1638–1649
- gesetzliche Vertretung § 1629

Die elterliche Sorge steht grundsätzlich beiden Elternteilen zu (§ 1626 Abs. 1). Bei miteinander verheirateten Eltern gilt dies von selbst. In dem am 01.07.1998 in Kraft getretenen KindRG wurde die Möglichkeit geschaffen, dass auch nicht verheiratete Eltern die elterliche Sorge gemeinsam ausüben. Die Sorge steht nicht verheirateten Eltern nicht von selbst zu; sie können die Sorge aber nach der Neuregelung des § 1626a durch das SorgeRefG vom 16.04.2013 auf drei Arten erhalten: durch Abgabe von gemeinsamen Sorgeerklärungen (Nr. 1), durch Heirat (Nr. 2) oder durch Übertragung durch das Familiengericht (Nr. 3). Wird eine solche Erklärung nicht abgegeben, steht bei nicht verheirateten Eltern weiterhin das Sorgerecht der Mutter allein zu (§ 1626a Abs. 3).

Das BVerfG (Beschl. vom 21.07.2010, NJW 2010, 3008) hatte § 1626a Abs. 1 Nr. 1 a.F. und § 1672 a.F. als mit Art. 6 Abs. 2 GG unvereinbar erklärt, soweit der nichteheliche Vater generell von der Mittragung der elterlichen Sorge ausgeschlossen wird, wenn er keine Möglichkeit hat, die Verweigerung der Zustimmung durch die Mutter gerichtlich überprüfen zu lassen (vgl. auch EGMR vom 03.12.2009, FamRZ 2010, 103). Der Gesetzgeber schuf daraufhin ein neues »Leitbild der gesetzlichen Sorgegemeinsamkeit« von Mutter und Vater (BGBl I 2013, 795, 2176). § 1626a wurde um die Möglichkeit der gerichtlichen Übertragung der gemeinsamen Sorge ergänzt, wenn dies dem Kindeswohl nicht widerspricht und auch kein Elternteil widerspricht, und die Übertragung der Alleinsorge bei unverheirateten Eltern in § 1671 Abs. 2 neu geregelt. Bei Streitigkeiten über die elterliche Sorge ist das Familiengericht (statt des Vormundschaftsgerichts) zuständig (§ 151 FamFG, zum Verfahren § 155a FamFG). Es kann auf Antrag eines Elternteils die Entscheidung einem Elternteil, auch unter Beschränkungen oder Auflagen, übertragen (§ 1628). Leben Eltern, denen die elterliche Sorge gemeinsam zusteht, nicht nur vorübergehend getrennt, so kann jeder Elternteil beantragen, dass ihm das Familiengericht die elterliche Sorge allein überträgt (§ 1671 Abs. 1). Unter den Voraussetzungen des § 1671 Abs. 2 kann auch der Vater beantragen, dass ihm das Familiengericht die elterliche Sorge allein überträgt.

Daraus folgt, dass der **Erwerb** des elterlichen Sorgerechts auf drei verschiedene Arten erfolgen kann:

- Aus dem **Gesetz** folgt der Erwerb der elterlichen Sorge bei Eltern, die bei Geburt des Kindes miteinander verheiratet sind (§ 1626) oder die später heiraten (§ 1626a Abs. 1 Nr. 2), bei der alleinerziehenden Mutter (§ 1626a Abs. 2) oder nach dem Tod des andern Elternteils (§ 1680).
- Aus einer **Willenserklärung** folgt der Erwerb der elterlichen Sorge bei nicht miteinander verheirateten Eltern (§ 1626a Abs. 1 Nr. 1).
- Aus einer **Entscheidung des Familiengerichts** folgt die elterliche Sorge, wenn sich die Eltern trennen (§§ 1671, 1672).

4.2.2 Personensorge

Die Eltern haben das Grundrecht des Kindes auf freie Entfaltung seiner Persönlichkeit zu achten und zur Geltung zu bringen. Die Sorge für die Person des Kindes umfasst die Sorge für sein Wohl und Gedeihen, seine Unterbringung, Bekleidung, Verpflegung und Gesundheit. Die Eltern haben das Recht, die Erziehung des Kindes zu bestimmen, wobei sich die Bindungen mit der individuellen Reife des Kindes verändern. Die Eltern haben das Kind zu beaufsichtigen und können den Umgang und den Aufenthaltsort bestimmen (§ 1631). Dabei haben die Eltern die wachsende Fähigkeit des Kindes zu selbständigem verantwortungsbewusstem Handeln zu berücksichtigen und Einvernehmen anzustreben, soweit es nach dessen Entwicklungsstand angezeigt ist (§ 1626 Abs. 2). Die Eltern entscheiden auch über die Ausbildung und Berufswahl des Kindes; sie haben dabei auf die Eignung und Neigung des Kindes Rücksicht zu nehmen. Fehlt es an dieser Rücksicht, entscheidet das Vormundschaftsgericht (§ 1631a).

4.2.3 Vermögenssorge

Die Eltern haben das Recht und die Pflicht, das Vermögen des minderjährigen Kindes in Besitz zu nehmen, zu verwalten und in bestimmter Weise zu nutzen. Die Eltern können grundsätzlich frei über das Kindesvermögen verfügen, soweit sie nicht gesetzlich beschränkt sind. Die Einkünfte aus Kindesvermögen sind nach § 1649 in folgender Reihenfolge zu verwenden:

- zur ordnungsgemäßen Verwaltung des Kindesvermögens,
- zum Unterhalt des Kindes (zunächst sind die Vermögenserträge, subsidiär die Einkünfte aus Erwerbstätigkeit des Kindes zu seinem Unterhalt einzusetzen),
- zum Unterhalt der Eltern und der minderjährigen unverheirateten Geschwister, soweit dies der Billigkeit entspricht (z. B. um ein Gefälle des Lebensstandards unter den Familienmitgliedern zu mildern).

Die Verwaltung erfasst grundsätzlich das ganze Kindesvermögen. Der elterlichen Verwaltung ist geschenktes oder ererbtes Vermögen des Kindes entzogen, wenn der frühere Vermögensträger die elterliche Verwaltung ausgeschlossen hat (§ 1638); dann muss ein Pfleger bestellt werden. In den Fällen des § 1640 haben die Eltern über das ihrer Verwaltung unterliegende Kindesvermögen ein Vermögensverzeichnis anzufertigen (Inventarisierungspflicht) und beim Familiengericht einzureichen, sofern das Vermögen 15 000 € übersteigt. Dies gilt, wenn das Kind das Vermögen durch Erbschaft, Schenkung oder als Abfindung anstelle von Unterhalt (bei nichtehelichen Kindern) erhalten hat. Schenkungen aus dem Kindesvermögen sind mit Ausnahme von Anstandsschenkungen unzulässig (§ 1641). Geld haben die Eltern nach den Grundsätzen einer wirtschaftlichen Vermögensverwaltung anzulegen (§ 1642). Die Anlage soll sicher, gewinnbringend und getrennt vom Vermögen der Eltern erfolgen. Bestimmte (riskante) Rechtsgeschäfte sind genehmigungspflichtig (§ 1643). Die Beschränkung auf die so genannten »mündelsicheren« Anlageformen der §§ 1807, 1808 ist für Eltern seit dem Jahr 1980 entfallen. Bei Gefährdung des Kindesvermögens kann das Familiengericht alle erforderlichen Maßnahmen ergreifen, also z. B. die Eltern Rechenschaft ablegen und ein Vermögensverzeichnis anfertigen lassen, bestimmte Vermögensanlagen anordnen oder die Vermögenssorge den Eltern ganz oder teilweise entziehen (§ 1667). Die Eltern haften dem Kind mit der Sorgfalt in eigenen Angelegenheiten (§ 1664). Wenn Eltern bewegliche Sachen und übertragbare Rechte mit Mitteln des Kindes erwerben, werden diese unmittelbar Eigentum des Kindes (Surrogation gem. § 1646). Dabei ist unerheblich, ob die Eltern im Namen des Kindes oder im eigenen Namen auftreten, es sei denn, sie können glaubhaft machen, dass sie nicht für Rechnung des Kindes erwerben wollen.

BEISPIEL

Wenn Eltern mit Geld aus dem Kindesvermögen für sich ein Auto kaufen, wird das Kind Eigentümer des Autos, auch wenn die Eltern für sich erwerben wollten (Surrogation nach § 1646).

4.3 Gesetzliche Vertretung

Die elterliche Sorge berechtigt die Eltern auch, nach außen als gesetzliche Vertreter des Kindes zu handeln. Die Vertretung ist notwendig, weil beschränkt Geschäftsfähige nur im Rahmen der §§ 106 ff. selbständig handeln können. Die gesetzliche Vertretung umfasst den Abschluss von Rechtsgeschäften für das Kind sowie die Vertretung des Kindes vor Behörden und Gerichten. Das Kind wird von den Eltern grundsätzlich gemeinsam vertreten (**Gesamtvertretung** nach § 1629 Abs. 1). Das erforderliche Zusammenwirken kann durch Zustimmung des einen Elternteils zur Erklärung des andern nach § 182 ff. erfolgen. Die Zustimmung kann auch in allgemeiner Form oder konkludent erfolgen. Bei Gefahr im Verzug besteht Einzelvertretungsmacht. Wenn ein Elternteil tatsächlich (z. B. durch Ortsabwesenheit, Krankheit) oder rechtlich (z. B. wegen mangelnder Geschäftsfähigkeit) an der Ausübung der elterlichen Sorge gehindert ist, übt grundsätzlich der andere Elternteil die elterliche Sorge allein aus (§ 1678).

Die gesetzliche Vertretungsmacht der Eltern ist grundsätzlich unbeschränkt, aber dann ausgeschlossen, wenn auch ein Vormund von der Vertretung des Kindes ausgeschlossen wäre (§ 1629 Abs. 2 i. V. m. § 1795). Die elterliche Sorge und die gesetzliche Vertretungsmacht wirken auch dann, wenn der Minderjährige selbständig handeln könnte. Nur in den Fällen der partiellen Vollgeschäftsfähigkeit von Minderjährigen (§§ 112, 113) verlieren die Eltern ihre Vertretungsmacht.

FALL 50

a) Die Eltern M und F erlauben ihrem 17-jährigen Sohn S, ein Erwerbsgeschäft zu betreiben. S will Waren einkaufen und hierfür einen Bankkredit aufnehmen.

b) Die Eltern M und F erlauben ihrer 16-jährigen Tochter T eine Optikerlehre. T schließt einen Berufsausbildungsvertrag mit einem Optikermeister und schafft sich notwendige Arbeitsgeräte an.

c) Der 17-jährige S glaubt, der Vater eines Kindes zu sein, und erklärt die Anerkennung der Vaterschaft. Außerdem errichtet er ein eigenhändiges Testament.
Sind die Verträge bzw. Rechtsgeschäfte wirksam?

Die gesetzliche Vertretungsmacht der Eltern kann kraft Gesetzes oder durch gerichtliche Entscheidung ausgeschlossen sein. Fälle des gesetzlichen Ausschlusses ergeben sich aus § 1795:

- bei verbotenem Selbstkontrahieren (§ 1795 Abs. 2 i. V. m.§ 181),
- bei Rechtsgeschäften und Prozessen mit dem Ehegatten oder nahen Verwandten (§ 1629 Abs. 2 i. V. m.§ 1795 Nr. 1, 3).

Das Vormundschaftsgericht hat in diesen Fällen von Amts wegen für das konkrete Rechtsgeschäft eine Ergänzungspflegschaft anzuordnen (§ 1909 Abs. 1) und einen Pfleger zu bestellen (§§ 1789, 1915). Darüber hinaus kann das Vormundschaftsgericht dem gesetzlichen Vertreter durch Gerichtsbeschluss die Vertretung entziehen, wenn ein erheblicher Gegensatz zwischen dem Interesse des Kindes und dem der Eltern besteht (§ 1629 i. V. m.§ 1796). Ein Gerichtsbeschluss nach § 1796 kann die Vertretungsbefugnis nur für einzelne Angelegenheiten entziehen. Eine Entziehung der gesamten Vertretungsbefugnis kann nur aufgrund der §§ 1666, 1667 erfolgen.

4.4 Gerichtliche Genehmigung

Bei besonders schwer wiegenden Geschäften unterliegen die Handlungen der Eltern der **Genehmigung des Familiengerichts** (§ 1643). Dies gilt vor allem für die Fälle, in denen nach § 1821 und § 1822 Nr. 1, 3, 5, 8 bis 11 ein Vormund der Genehmigung bedarf, so z. B.

- zur Verfügung über ein Grundstück (Eigentumsübertragung, Belastung),
- zur Verfügung über Grundstücksrechte (Dienstbarkeit, Reallast, Nießbrauch, Vorkaufsrecht),
- zur Eingehung einer Verpflichtung über ein Grundstück oder ein Grundstücksrecht (z. B. Abschluss eines Kaufvertrages über ein Grundstück eines Kindes),
- zum entgeltlichen Erwerb eines Grundstücks oder Grundstücksrechts,
- zu Verpflichtungen über das Vermögen eines Kindes, eine ihm zugefallene Erbschaft oder über einen künftigen Erb- oder Pflichtteil sowie zu Verfügungen über einen Erbteil,

- zum entgeltlichen Erwerb oder zur entgeltlichen Veräußerung eines Erwerbsgeschäfts sowie zu einem darauf gerichteten Gesellschaftsvertrag.

FALL 51

Die Eltern M und F des 17-jährigen K
a) verkaufen ein Grundstück des K und erklären die Auflassung,

b) kaufen im Namen und für Rechnung des K für 100 000 € ein Grundstück (Wert 200 000 €) von der Tante T des K, einer Schwester des M,

c) nehmen im Namen des K ein Bankdarlehen auf und bestellen der Bank zur Sicherheit eine Grundschuld am Grundstück des K.
Sind die Rechtsgeschäfte wirksam?

Zur Haftungsbeschränkung der Minderjährigen aus Geschäften der Eltern für das Kind oder aufgrund von Zustimmungen i. S. d. §§ 107, 108, 111 BGB vgl. § 1629a (in der Neufassung des Minderjährigenhaftungsbeschränkungsgesetzes – MHbeG – BGBl I 1998, 2487) und B 1.4.5

4.5 Elterliche Sorge bei Getrenntlebenden und nach Scheidung

Die Scheidung berührt grundsätzlich nicht die gemeinsame Sorge von Vater und Mutter für das Kind. Nur auf Antrag eines Elternteils entscheidet das Familiengericht über die Zuweisung der Alleinsorge. Dem Antrag ist stattzugeben, wenn der andere Elternteil zustimmt, es sei denn, dass das Kind bereits 14 Jahre alt ist und der Übertragung widerspricht, oder wenn die Entscheidung dem Wohl des Kindes am besten entspricht (§ 1671). Angelegenheiten, die für das Kind von erheblicher Bedeutung sind, sind beim gemeinsamen Sorgerecht vom Einvernehmen beider Elternteile abhängig. Entscheidungen des täglichen Lebens obliegen dem Elternteil, bei dem sich das Kind rechtmäßig aufhält. Bei Gefahr im Verzug wird jeder Elternteil allein sorgeberechtigt (§ 1629 Abs. 1 Satz 4). Die Eltern haben einen Anspruch auf Trennungs- und Scheidungsberatung i. R. d. Jugendhilfe (§ 17 Abs. 2 SGB VIII).

4.6 Rechtsverhältnisse zwischen Eltern und Kindern

4.6.1 Arbeitsverhältnisse mit Kindern

Ein Kind muss, solange es zum elterlichen Haushalt gehört und von den Eltern erzogen und unterhalten wird, in einer seinen Kräften und seiner Lebensstellung entsprechenden Weise den Eltern in Hauswesen und Geschäft Dienste leisten (§ 1619). Diese familienrechtliche Mitarbeit ist von der Mitarbeit auf arbeitsvertraglicher Grundlage zu unterscheiden. Vertragsverhältnisse zwischen Eltern und Kindern sind der Besteuerung zugrunde zu legen, wenn sie rechtswirksam vereinbart worden sind, dem zwischen Fremden Üblichen entsprechen und auch tatsächlich durchgeführt sind. Gelegentliche Hilfeleistungen bei untergeordneten Tätigkeiten eignen sich nicht als Inhalt eines Arbeitsverhältnisses.

FALL 52

a) Handwerker A schließt mit seinem 16-jährigen Sohn S einen schriftlichen Arbeitsvertrag ab, wonach S in zeitlich bestimmtem Umfang bestimmte Aushilfsarbeiten zu verrichten hat und dafür regelmäßig ein angemessenes Gehalt i. H. v. 400 € monatlich erhält.

b) Lebensmitteleinzelhändler B schließt mit seiner volljährigen studierenden Tochter T einen Arbeitsvertrag ab, wonach diese regelmäßig freitags und samstags im elterlichen Betrieb als Verkaufshilfe tätig ist.

c) Arzt C vereinbart mit seinem studierenden Sohn S, dass dieser gegen ein monatliches Entgelt von 400 € an den Wochenenden und in den Semesterferien das Telefon überwacht und gelegentlich die Autopflege übernimmt sowie den C bei Hausbesuchen chauffiert.

4.6.2 Übertragung von Vermögen

Die Einkünfte aus von den Eltern auf die Kinder übertragenem Vermögen sind nur dann den Kindern anzurechnen, wenn es sich um einen endgültigen Übergang in das Vermögen der Kinder handelt und diese den Tatbestand der Einkunftserzielung verwirklichen.

FALL 53

Arzt A lässt durch die kassenärztliche Verrechnungsstelle jährliche Beträge in Höhe je 20 000 € auf ein Sparkonto bei der Apotheker- und Ärztebank überweisen. In dem Sparbuch ist seine minderjährige Tochter T als »Kontoinhaberin« angegeben. Im Antrag auf Eröffnung des Sparkontos ist A als »Gläubiger der Spareinlage« genannt.

Die Nutzung von Kindesvermögen durch die Eltern muss im Einkünftebereich und nicht im privaten Bereich wurzeln. Die Aufwendungen des Stpfl. müssen auf betrieblicher Veranlassung und nicht auf privaten Erwägungen beruhen.

FALL 54

Der selbständig tätige Steuerberater S kauft namens und im Auftrag seiner minderjährigen Tochter T eine für den Einsatz in seiner Kanzlei bestimmte EDV-Anlage zum Preis von 15 000 €. Der Kaufpreis wird vom Sparkonto der T und über ein Darlehen bezahlt, das die Großeltern ihrer Enkelin T, vertreten durch S, gewähren. Anschließend vermietet T, vertreten durch einen Pfleger, die Anlage an S auf unbestimmte Zeit.

Die für die steuerliche Anerkennung von Verträgen zwischen nahen Angehörigen geltenden Grundsätze gelten auch für Mietverträge zwischen Eltern und ihren **erwachsenen** Kindern. Ein Mietverhältnis hält einem Fremdvergleich nicht stand und kann der Besteuerung nicht zugrunde gelegt werden, wenn z. B. die tatsächliche Mietzinsentrichtung nicht der vertraglich vereinbarten entspricht (BFH vom 25. 05. 1993 IX R17/90, BB 1993, 1867).

5 Vormundschaft

Das Vormundschaftsrecht umfasst nach der Reform durch das Betreuungsgesetz drei Bereiche:

- Vormundschaft über Minderjährige (§§ 1773–1895),
- Betreuung psychisch kranker oder körperlich, geistig oder seelisch behinderter Erwachsener (§§ 1896–1908i),
- Pflegschaft (§§ 1909–1921).

Die Vormundschaft ist die allgemeine, die Pflegschaft die auf einen bestimmten Bereich begrenzte Fürsorge für Personen, die ganz oder teilweise außerstande sind, ihre Angelegenheiten selbst wahrzunehmen. Die Betreuung bezieht sich im Regelfall nur auf bestimmte Aufgabenbereiche und lässt als unterstützende Maßnahme die Rechtsposition des Betreuten so weit wie möglich unberührt. Das Vormundschaftsrecht ist die Grundregelung, auf die das Betreuungsrecht und das Pflegschaftsrecht verweisen (§§ 1908i, 1915, 1916).

5.1 Vormundschaft über Minderjährige

5.1.1 Voraussetzungen der Vormundschaft (§§ 1773, 1774 BGB)

Ein Minderjähriger erhält einen Vormund, wenn es sich um ein eheliches oder ihm gleich stehendes (angenommenes) Kind handelt, das nicht unter elterlicher Sorge steht oder wenn die Eltern zur Vertretung des Minderjährigen nicht in der Lage oder nicht berechtigt sind.

BEISPIELE

a) Beide Eltern sind tot.
b) Beiden Eltern ist die elterliche Sorge durch das Vormundschaftsgericht entzogen (§ 1666).
c) Die elterliche Sorge ruht, weil die Eltern in der Geschäftsfähigkeit beschränkt sind (§ 1673) oder auf längere Zeit die elterliche Sorge nicht ausüben können (§ 1674).
d) Nichteheliche Kinder erhalten einen Vormund, sofern die Mutter nicht die elterliche Sorge hat (andernfalls reicht ein Amtspfleger mit beschränktem Aufgabenbereich aus, § 1706).

Zum Vormund berufene Person ist in erster Linie eine von den Eltern benannte Person (Einzelvormundschaft). Hilfsweise hat das Vormundschaftsgericht nach Anhörung des Jugendamtes den Vormund auszuwählen (§§ 1776–1784). In jedem Fall wird der Vormund vom Vormundschaftsgericht bestellt (§ 1789). Das Verfahren richtet sich nach §§ 151 ff. FamFG. Zur Übernahme der Vormundschaft besteht eine Rechtspflicht, die nur aus den gesetzlich bestimmten Gründen abgelehnt werden kann (§ 1786). Gegenwärtig werden rund 4/5 aller Vormundschaften als bestellte Amtsvormundschaft geführt, d. h. als durch das Jugendamt ausgeübte Vormundschaft (§§ 1791b).

5.1.2 Führung der Vormundschaft (§§ 1793–1836a BGB)

Die Vormundschaft umfasst die Personensorge (§§ 1800, 1801) und die Vermögenssorge (§§ 1802–1842) sowie die Vertretung des Mündels auf diesen Gebieten (§ 1793). In der gesetzlichen Vertretung ist der Vormund grundsätzlich unbeschränkt. Der Mündel kann nur insoweit selbständig handeln, als er selbst unbeschränkt geschäftsfähig ist (§§ 113, 114). Soweit für bestimmte Angelegenheiten ein Pfleger bestellt ist, ist der Vormund zur Vertretung nicht befugt (§§ 1794–1796, 1801, 1909 Abs. 1). Die freie Verfügungsbefugnis des Vormunds kann auch dadurch eingeschränkt werden, dass er verpflichtet wird, einen Gegenvormund mit heranzuziehen (§§ 1810, 1812 ff.). Zu bestimmten wichtigen Geschäften bedarf der Vormund der Genehmigung des Vormundschaftsgerichts (§§ 1821 ff., 1828 ff.). Wenn die Genehmigung erst nachträglich erteilt wird, wird sie dem Vertragspartner des Minderjährigen gegenüber erst wirksam, wenn der Vormund sie dem Vertragspartner mitteilt (§ 1829 Abs. 1).

Hinsichtlich der Personensorge verweist das Gesetz auf die Vorschriften, die für die Eltern gelten (§ 1800 i. V. m. §§ 1631–1633). Bei der Vermögenssorge ist der Vormund verpflichtet, den Mündel vor Schaden zu bewahren. Es bestehen gesetzliche Pflichten, das Mündelvermögen

»mündelsicher« anzulegen (§§ 1806 ff.). Außer in den Fällen der Vermögensanlage ist bei vielen weittragenden Geschäften zur Sicherung des Mündelinteresses die Genehmigung des Familiengerichts vorgeschrieben (§§ 1821 ff.). Die Erteilung richtet sich nach §§ 1828 ff.

5.2 Betreuung

5.2.1 Voraussetzungen der Betreuung

Am 01.01.1992 ist das »Gesetz zur Reform des Rechts der Vormundschaft und Pflegschaft für Volljährige (Betreuungsgesetz – BtG)« in Kraft getreten. Das Gesetz, das als eines der wichtigsten Reformgesetze des Familien- und Personenrechts gilt, führte zu wesentlichen Änderungen des BGB und anderer Gesetze. Das Rechtsinstitut der Entmündigung wurde abgeschafft, und zwar sowohl die Entmündigung wegen Geisteskrankheit als auch wegen Geistesschwäche, Suchtkrankheit und Verschwendung. Die bisherige Vormundschaft über Volljährige und die Gebrechlichkeitspflegschaft wurden durch das Rechtsinstitut der Betreuung ersetzt (§§ 1896–1908i). Die Vormundschaft über Minderjährige (§§ 1773 ff., s. 5.1) und die Pflegschaft im Übrigen (§§ 1909 ff., s. 5.3) blieben erhalten. Das Betreuungsrecht wurde inzwischen mehrfach novelliert (BGBl I 1998, 1580; 2005, 1073). Die Patientenverfügung einwilligungsfähiger Volljähriger wurde in §§ 1901a–1901c geregelt (BGBl I 2009, 2286). Im Anschluss an die Rspr. des BVerfG (NJW 2011, 2113 und 3571) wurden in § 1906 die gesetzlichen Grundlagen für zwangsweise Unterbringung und ärztliche Zwangsmaßnahmen geschaffen (BGBl I 2013, 266). Das Verfahren in Betreuungssachen wurde durch §§ 271–311 FamFG (BGBl I 2008, 2586) grundlegend umgestaltet und liegt in der Hand der Betreuungsgerichte, die Abteilungen der Amtsgerichte sind (§ 23c Abs. 1 GVG). Das Betreuungsgericht hat den Betreuer zu bestellen und die Bestellung bei Wegfall der Voraussetzungen wieder aufzuheben (§ 1908d).

Unter Betreuung ist der staatliche Beistand in der Form von tatsächlicher und rechtlicher Fürsorge zu verstehen. Der Betreute wird nicht mehr wie früher der Entmündigte aus der Rechtsordnung ausgegrenzt, sondern nimmt – wo notwendig, mit Hilfe des Betreuers – am Rechtsleben teil. Voraussetzungen für die Bestellung eines Betreuers sind (§ 1896 Abs. 1, 2):

- Volljährigkeit des Betroffenen.
- Psychische Krankheit oder körperliche, geistige oder seelische Behinderung.
- Der Betroffene ist aufgrund der Behinderung ganz oder teilweise außerstande, seine Angelegenheiten selbst zu besorgen.
- Die Betreuung muss erforderlich und verhältnismäßig sein. Es muss subjektiv Betreuungsbedürftigkeit und objektiv Betreuungsbedarf bestehen. Eine Betreuung scheidet daher aus, wenn die Angelegenheiten des Betroffenen durch einen Bevollmächtigten oder durch andere Hilfen erledigt werden können (**Subsidiarität der Betreuung**). Das Betreuungsgericht muss vor der Bestellung des Betreuers auf die Möglichkeit einer Vorsorgevollmacht als milderes Mittel zur Betreuung hinweisen (§ 278 Abs. 2 FamFG).

Die Bestellung eines Betreuers erfolgt auf Antrag des Betroffenen oder von Amts wegen. Eine Betreuung wegen körperlicher Behinderungen ist nur auf Antrag des Betroffenen möglich (§ 1896 Abs. 1 Satz 3). Zahlreiche Vorschriften des Vormundschaftsrechts sind sinngemäß anzuwenden (§ 1908i). Die Aufsicht über den Betreuer für das Betreuungsgericht ((▪▪ Autor: bitte Satz prüfen)).

5.2.2 Rechtsstellung des Betreuten

Hauptmerkmal der Betreuung ist – im Gegensatz zur Anonymität des früheren Vormundschaftswesens – der persönliche Kontakt zwischen Betreutem und Betreuer. Das persönliche Selbstbestimmungsrecht des Betreuten bleibt während der Betreuung soweit wie möglich erhalten. Der Betreuer hat den Wünschen des Betreuten zu entsprechen, soweit dies dessen Wohl nicht zuwiderläuft und dem Betreuer zuzumuten ist (§ 1901 Abs. 3). Patientenverfügungen sind zu beachten (§ 1901a). Die Totalbetreuung in allen Angelegenheiten des Betreuten ist nach dem Erforderlichkeitsprinzip zu begründen. Sie ist unzulässig, sofern eine Teilbetreuung ausreicht (z. B. in Bezug auf die Vermögenssorge oder die Gesundheit des Betreuten). Bestimmte Vorschriften der Vormundschaft über Minderjährige sind nach § 1908i auf die Betreuung entsprechend anwendbar.

Die Betreuung hat grundsätzlich keine Auswirkungen auf die rechtliche Handlungsfähigkeit (Geschäftsfähigkeit) des Betroffenen. Ein Betreuter, der Inhalt und Tragweite seiner Erklärungen im Rechtsverkehr einsehen und danach handeln kann, kann selbständig einen Vertrag schließen. Der Betreute kann heiraten, ein Testament errichten und verliert sein politisches Wahlrecht nicht.

5.2.3 Rechtsstellung des Betreuers

Der Betreuer hat nach außen die Rechtsstellung eines gesetzlichen Vertreters, selbst wenn der Betreute geschäftsfähig ist. Ob der Betreuer für seine Rechtshandlungen die Genehmigung des Betreuungsgerichts braucht, hängt von der Art des jeweiligen Geschäfts ab. Die gesetzliche Vertretungsmacht des Betreuers ist für den übertragenen Aufgabenbereich nicht durch den Betreuten beschränkbar. Da sowohl der geschäftsfähige Betreute als auch der Betreuer wirksame Willenserklärungen abgeben kann, sind einander widersprechende Verfügungen möglich. In diesem Fall ist die zuerst getroffene Verfügung wirksam (Prioritätsgrundsatz). Der Betreuer hat die Wünsche des Betreuten so weit wie möglich zu beachten (§ 1901 Abs. 2). Bei Nichtbeachtung kommt eine Schadensersatzpflicht des Betreuers (§§ 1908i, 1833) und ein Einschreiten des Betreuungsgerichts in Betracht (§§ 1908b, 1908i, 1837).

Als Betreuer kann bestellt werden:

a) eine natürliche Person (Einzelbetreuung durch einen privaten ehrenamtlichen Betreuer, § 1897 Abs. 1),
b) ein Mitarbeiter eines Betreuungsvereins (Einzelbetreuung durch einen Vereinsbetreuer, § 1897 Abs. 2 Satz 1),
c) ein Mitarbeiter einer Betreuungsbehörde (§ 1897 Abs. 2 Satz 2),
d) hilfsweise ein Betreuungsverein (Vereinsbetreuung, § 1900 Abs. 1), der die Wahrnehmung der Betreuung einzelnen Personen überträgt,
e) hilfsweise die Betreuungsbehörde selbst (Amtsbetreuung, § 1900 Abs. 4).

Die private Einzelbetreuung (§ 1897 Abs. 1) soll den Vorrang vor der Einzelbetreuung durch Vereinsbetreuer oder Behördenbetreuer haben. Das Gericht kann auch mehrere Betreuer bestellen, wenn die Angelegenheiten des Betreuten hierdurch besser besorgt werden können (§ 1899).

5.2.4 Einwilligungsvorbehalt (§ 1903 BGB)

In Ausnahmefällen kann, soweit dies zur Abwendung einer erheblichen Gefahr für die Person oder das Vermögen des Betreuten erforderlich ist, das Betreuungsgericht anordnen, dass der Betreute zu einer Willenserklärung, die den Aufgabenkreis des Betreuers betrifft, dessen Einwilligung bedarf (Einwilligungsvorbehalt, § 1903 Abs. 1). Der Einwilligungsvorbehalt muss erforderlich sein, um den Betroffenen vor ihn selbst schädigenden Rechtsgeschäften zu schützen oder um zu verhindern, dass er ordnungsgemäße Willenserklärungen des Betreuers widerruft und sich dadurch schädigt. Der Einwilligungsvorbehalt darf nach dem Wortlaut des § 1903 Abs. 1 nur bei einer eigenen Gefährdung des Betreuten, nicht bei Gefährdung Dritter angeordnet werden. Da die Vorschriften der §§ 108–113, 131 Abs. 2 und 206 entsprechend gelten, steht der Betreute im Falle des Einwilligungsvorbehalts einem beschränkt geschäftsfähigen Minderjährigen gleich. Rechtlich vorteilhafte Willenserklärungen und solche Erklärungen, die eine geringfügige Angelegenheit des täglichen Lebens betreffen, darf der Betreute ohne Einwilligung seines Betreuers abgeben (§ 1903 Abs. 3). Im Übrigen darf sich der Einwilligungsvorbehalt nicht auf Willenserklärungen zur Eingehung einer Ehe oder auf Verfügungen von Todes wegen erstrecken.

In der Praxis spielt der Einwilligungsvorbehalt keine erhebliche Rolle. Wer an einer krankhaften Störung der Geistestätigkeit leidet, die die freie Willensbestimmung ausschließt, ist schon nach § 104 Nr. 2 geschäftsunfähig. Willenserklärungen des Geschäftsunfähigen sind nichtig (§ 105), ihm gegenüber abgegebene Willenserklärungen sind erst wirksam, wenn sie dem gesetzlichen Vertreter zugehen (§ 131).

5.3 Pflegschaft

Die Pflegschaft regelt die vormundschaftsähnliche Fürsorge für schutzbedürftige Personen (§§ 1909 ff., Personenpflegschaft). Auch eine Pflegschaft über ein Sammelvermögen kann angeordnet werden (§ 1914, Sachpflegschaft). Während der Vormund sich der vollen Sorge für Person und Vermögen seines Mündels widmet und im Wesentlichen die Stellung der Eltern einnimmt, sorgt der **Pfleger** nur für einzelne Angelegenheiten. Die Pflegschaft beschränkt nicht die vorhandene Geschäftsfähigkeit des Pfleglings. Der Pfleger hat nur innerhalb bestimmter ihm vom Betreuungsgericht (§ 1915 Abs. 1 Satz 3 Hs. 1) zugewiesener Grenzen die Stellung eines gesetzlichen Vertreters (§§ 1911 f., 1915, 1774). Das Familiengericht ist nur zuständig bei Pflegschaften für einen Minderjährigen und bei der Umgangspflegschaft (§§ 1684 Abs. 3, 1909 Abs. 2, § 1915 Abs. 1 Satz 3 Hs. 2).

Hauptfall ist die Ergänzungs- oder Ersatzpflegschaft für Minderjährige (§§ 1909, 1630). Sie wird bei Personen, die unter elterlicher Sorge oder unter Vormundschaft stehen, für solche Angelegenheiten bestellt, an deren Besorgung die Eltern oder der Vormund verhindert sind, sei es aus tatsächlichen oder aus rechtlichen Gründen.

BEISPIELE

a) A schenkt seinen beiden minderjährigen Söhnen B und C durch notariellen Vertrag ein Mietshaus, die ihm daran ein lebenslängliches dingliches Nießbrauchsrecht bestellen.

LÖSUNG

- Die Schenkung des Grundstücks könnte A entgegen § 181 in Vertretung seiner Söhne annehmen und vollziehen, da Schenkung und Übereignung lediglich einen rechtlichen Vorteil bringen.
- Bei der Nießbrauchsbestellung hingegen muss für B und C ein Ergänzungspfleger (Abschlusspfleger) handeln (§§ 1795 Abs. 2, 181; ein Pfleger für B und C genügt), und das Familiengericht muss dazu die Genehmigung erteilen (§§ 1643, 1821 Nr. 1, 4). Nießbrauch und Schenkung (vgl. § 139) sind sonst nichtig.
- Zur steuerlichen Behandlung s. E9.5.3.4.

b) A beteiligt seine beiden Söhne B und C schenkweise ohne notariellen Vertrag an seinem Betrieb durch Umbuchung von je 20 000 € Buchkapitel als Kommanditisten.

LÖSUNG

- Schenkungsvertrag und Gesellschaftsvertrag bilden eine Einheit. B und C bedürfen zum Abschluss des Vertrag je eines Ergänzungspflegers (§§ 1795 Abs. 2, 181; ein Pfleger für beide genügt nicht, da B und C den Gesellschaftsvertrag auch untereinander schließen) und der Genehmigung des Familiengerichts (§§ 1643, 1822 Nr. 3). Eine Heilung ist nicht möglich.
- Die fehlende notarielle Beurkundung des Schenkungsversprechens könnte dagegen durch die Umbuchung nach § 518 Abs. 2 geheilt werden. Die Umbuchung von Kapitalanteilen vom Kapitalkonto des Schenkers auf Kapitalkonten der Beschenkten ist als Bewirken der versprochenen Leistung anzusehen, denn die Gesellschafter werden dadurch gesamthänderisch am Gesellschaftsvermögen beteiligt (so bei der GdbR, OHG und KG, nicht dagegen bei der stillen Gesellschaft, die nur eine schuldrechtliche Beteiligung ist).

Aufnahme von Minderjährigen in eine Familienpersonengesellschaft nach vorausgegangener Kapitalschenkung

	Als Gesellschafter einer GdbR, OHG, oder KG	**als stiller Gesellschafter**
Heilung eines Formmangels der Schenkung?	Umbruch bewirkt Heilung des Formmangels nach § 518 Abs. 2	Umbuchung kann Formmangel nicht heilen; notarielle Beurkundung des Schenkungsversprechens notwendig (§ 518 Abs. 1)
Pflegerbestellung?	Ergänzungspfleger zum Vertragsschluss für jedes Kind notwendig (§§ 1909, 181)	ein einziger Pfleger kann alle Kinder vertreten
Genehmigung des Familiengerichts?	stets erforderlich (§§ 1643 Abs. 1, 1822 Nr. 3)	nicht erforderlich bei einmaliger Kapitalbeteiligung ohne Beteiligung am Verlust

Teil G Erbrecht

1 Einführung

1.1 Grundbegriffe des Erbrechts

Das Erbrecht schützt den Erhalt des privaten Vermögens. Das Grundgesetz gewährleistet in Art. 14 neben dem privaten Eigentum auch das Erbrecht. Die Weitergabe des Privateigentums nach dem Tod des Erblassers ist von Verfassung wegen geschützt (BVerfG NJW 1995, 2977; NJW 2005, 1561; FamRZ 2009, 1039).

Erbrecht im objektiven Sinne ist die Summe der Rechtsnormen, die die privatrechtlichen Folgen des Todes eines Menschen regeln. Solche Rechtsnormen finden sich vor allem im 5.Buch (§§ 1922 bis 2385), aber auch an anderen Stellen des BGB (§§ 563, 563a, 563b, 564, 673, 727, 847, 857, 1371, 1482 ff., 1586). Erbrechtliche Regelungen finden sich auch außerhalb des BGB, z. B. im LPartG, in §§ 22, 25, 27 HGB, § 15 GmbHG.

Erbrecht im subjektiven Sinne ist die Herrschaft des Erben über die Erbschaft, also die Summe der Rechte und Pflichten des Erben.

Das Gesetz bezeichnet in § 1922 Abs. 1 den Tod einer natürlichen Person als **Erbfall. Erblasser** ist die Person, deren Vermögen mit dem Tod auf eine oder mehrere andere Personen übergeht; letztere Personen sind die **Erben**. Fähig, Erbe zu sein (erbfähig), ist jede natürliche und juristische Person, die im Zeitpunkt des Erbfalls rechtsfähig ist. (Ausnahme für den erzeugten, aber noch nicht geborenen Menschen (nasciturus), der später lebend geboren wird, vgl. § 1923 Abs. 2).

FALL 55

Kann ein eingetragener Verein, eine GmbH oder eine Aktiengesellschaft
a) Erblasser sein,
b) Erbe sein?

Das Vermögen, das auf den oder die Erben übergeht, wird vom Gesetz als **Erbschaft**, oft auch als **Nachlass** bezeichnet. Die Erbschaft umfasst alle geldwerten Güter des Erblassers (Sachen, schuldrechtliche und dingliche Rechte, Besitz). Der Erbe erlangt nicht nur die Aktiva, sondern auch die Schulden (Passiva) des Erblassers (vgl. 5 Nachlassschulden). Nur wenige persönlichkeitsbezogene Rechte und Pflichten sind nicht vererbbar.

BEISPIELE

a) Mitgliedschaften in einem eingetragenen Verein, einer GdbR oder einer OHG sind personenbezogen und daher grundsätzlich nicht vererblich (§§ 38, 727 BGB, § 131 Nr. 4 HGB). Diese Vorschriften sind jedoch abdingbar.
b) Die Rechtsstellung eines Kommanditisten (§ 177 HGB), eines GmbH-Gesellschafters (§ 15 Abs. 1 GmbHG) oder eines Aktionärs ist vererblich.
c) Nicht vererblich sind höchstpersönliche Rechte wie z. B. Unterhaltsansprüche (§§ 1360a, 1586, 1615), Nießbrauch (§ 1061) und beschränkt persönliche Dienstbarkeit (§ 1090).

1.2 Grundregeln des Erbrechts

1.2.1 Gesamtrechtsnachfolge

Das Erbe erwirbt durch **Gesamtrechtsnachfolge (Universalsukzession)** das gesamte Vermögen des Erblassers (§ 1922 Abs. 1). Das Vermögen geht als Ganzes mit allen Aktiva und Passiva dinglich und in dem Zustand auf den Erben über, in dem es sich beim Erblasser befand. Eine Erbeinsetzung auf einzelne Nachlassgegenstände ist nicht möglich. Der Erbe muss für die Nachlassverbindlichkeiten einstehen (§ 1967), Miterben haften für diese als Gesamtschuldner (§ 2058). Aus einer Einsetzung als Vermächtnisnehmer folgt keine Gesamtrechtsnachfolge; das Vermächtnis gibt nur einen schuldrechtlichen Anspruch gegen den Erben und ist durch Übereignung der einzelnen zugewendeten Nachlassgegenstände zu erfüllen. Beeinträchtigungen der Erbschaft durch Dritte kann der Erbe kraft eigenen Rechts abwehren (§§ 861, 1004, 1007, 985, 812 ff., 823 ff.). Von der Universalsukzession gibt es gesetzliche und rechtsgeschäftliche Ausnahmen.

BEISPIELE

a) Gesetzliche Ausnahmen von der Universalsukzession:
- Sonderregeln bei Wohnraummietverhältnissen (§§ 569, 569a, 569b),
- Übergang sozialrechtlicher Ansprüche und Pflichten auf Angehörige (§§ 56 ff. SGB I).

b) Rechtsgeschäftliche Ausnahmen von der Universalsukzession:
- Verfügung unter Lebenden auf den Todesfall,
- Vertrag zugunsten Dritter auf den Todesfall (§§ 328 ff.),
- Fortgesetzte Gütergemeinschaft (§ 1483 Abs. 1),
- Gesellschaftsrechtliche Nachfolgeregelungen (Fortsetzungs-, Eintritts-, Nachfolgeklausel, s. 6.1.2 Sondererbfolge).

1.2.2 Anfallprinzip

Dem Erben fällt die Erbschaft ohne sein Wissen und ohne sein Zutun kraft Gesetzes an (Vonselbsterwerb, § 1942 Abs. 1). Der Erbe erlangt den Besitz ohne tatsächliche Inbesitznahme und ohne Kenntnis von der Erbschaft (§ 857). Eine Erklärung des Erben, er nehme die Erbschaft an, ist nicht notwendig.

BEISPIELE

a) Der Erbonkel O verstirbt am 01.10.01. Der Erbe erfährt vom Tode des O erst am 15.10.01.Am 20.10.01 beantragt E einen Erbschein. Wann ist E Erbe geworden?

LÖSUNG E ist am 01.10.01 Erbe geworden. Die Annahmeerklärung am 20.01.01 ist nur deklaratorisch und hat die Wirkung, dass E nicht mehr ausschlagen kann (§ 1943). Die Annahme kann ausdrücklich, aber auch konkludent erfolgen, z. B. durch Beantragung eines Erbscheins.

b) Der Erbonkel O hinterlässt dem E Aktive i. H. v. 10 000 € und Passiva i. H. v. 50 000 €. Folge?

LÖSUNG E kann nach freiem Belieben die Erbschaft ausschlagen.

c) Der Erblasser hinterlässt einen Sohn und einen Bruder. Ein Testament wurde nicht errichtet. Der Sohn schlägt die Erbschaft aus, weil er von B eine Zahlung erhält.

LÖSUNG Erbe wird der Bruder, und zwar Alleinerbe (§ 1953 Abs. 2, § 1925 Abs. 1). Die erbschaftsteuerliche Folge der Ausschlagung richtet sich nach § 3 Abs. 2 Nr. 4 ErbStG. Was als Abfindung für die Ausschlagung gewährt wird, gilt als vom Erblasser zugewendet und ist daher steuerbar. S wird so behandelt, als habe er die Zahlung vom Erblasser erhalten.

FALL 56

E hat A zum Alleinerben eingesetzt. Beim Tod des E befindet sich A auf Weltreise. Die Haushälterin H des E verkauft die Münzsammlung des E an den gutgläubigen D. Bei seiner Rückkehr erfährt E, dass er Erbe geworden ist und fordert die Münzsammlung von D heraus. Zu Recht?

Durch die Gesamtnachfolge tritt gegebenenfalls eine Vereinigung von Forderung und Schuld (**Konfusion**) und eine Vereinigung von Recht und Belastung (**Konsolidation**) ein.

BEISPIELE

a) Erblasser E hatte beim Alleinerben A ein Darlehen aufgenommen.
LÖSUNG Der Darlehensgläubiger A wird durch den Erbfall auch Darlehensschuldner. Die Darlehensforderung erlischt durch Konfusion.

b) Alleinerbe A hatte dem Erblasser E ein Pfandrecht an seiner Münzsammlung und eine Grundschuld an seinem Haus bestellt.
LÖSUNG Das Pfandrecht erlischt beim Erbfall durch Konsolidation. Die Grundschuld erlischt dagegen wegen des Interesses an der Rangerhaltung nicht (§ 889).

1.2.3 Annahme und Ausschlagung der Erbschaft

Der gesetzliche oder gewillkürte Erbe ist zunächst nur **einstweiliger Erbe**, weil er die Erbschaft ausschlagen kann. Der Nachlass bleibt bis zur Annahme der Erbschaft vom Eigenvermögen des einstweiligen Erben als Sondervermögen getrennt. Erst ab der Annahme der Erbschaft verbinden sich Eigenvermögen des Erben und Nachlass. Folglich können Nachlassforderungen nicht gegen Eigenforderungen des einstweiligen Erben aufgerechnet werden. Ebenso wenig können Eigengläubiger des einstweiligen Erben gegen Nachlassforderungen aufrechnen. Der einstweilige Erbe muss sich nicht um den Nachlass kümmern. Er handelt wie ein Geschäftsführer ohne Auftrag (§ 1959). Es ist grundsätzlich nicht verfügungsbefugt (Ausnahme »Notverfügungen«, § 1959 Abs. 2). Wenn der einstweilige Erbe nachträglich als Erbe durch Ausschlagung ausfällt, sind Rechtshandlungen der Nachlassgläubiger dem endgültigen Erben gegenüber gültig (§ 1959 Abs. 3).

Die **Ausschlagung** ist ein höchstpersönliches, bedingungsfeindliches (§ 1947), vererbliches (§ 1922 Abs. 1, § 1952 Abs. 1) Gestaltungsrecht. Es gelten strenge Formvorschriften. Die Ausschlagung kann zustande kommen:

- durch einseitige Erklärung,
- zur Niederschrift des Nachlassgerichts (§§ 72, 73 FGG, § 1945 BGB),
- in öffentlich beglaubigter Form (§§ 1945, 129).

Durch die Ausschlagung wird die Erbenstellung rückwirkend beseitigt (§ 1953 Abs. 1). Die Abkömmlinge des Ausschlaggebenden treten an seine Stelle (§§ 1953 Abs. 2, 1924 Abs. 3, 1935, 1069 f., 2094). Der Ausschlaggebende hat kein Pflichtteilsrecht (Ausnahme in § 1371 Abs. 3 für Ehegatten).

Zeitdauer der einstweiligen Erbschaft

Anfall der Erbschaft
(Erbfall § 1942 Abs. 1)

→ Frist: mit Ablauf von 6 Wochen (§ 1944) →

Annahme der Erbschaft
(§ 1943)

1.2.4 Privaterbrecht und Familienerbfolge

Nach dem Grundsatz des Privaterbrechts hat der Staat keinen erbrechtlichen Anteil an der Erbschaft. Es gibt nur dann ein staatliches Erbrecht, wenn kein privater Erbe vorhanden ist (§ 1936). Allerdings ergeben sich indirekte Beschränkungen des privaten Erbrechts durch die Erbschaftsteuer (vgl. Bd. 8, Haas/Heil, Erbrecht, Erbschaftsteuer, Schenkungsteuer).

Dem Grundsatz der Familienerbfolge entsprechend geht das Vermögen des Erblassers auf seinen Ehegatten und auf seine Verwandten über, sofern er nicht durch letztwillige Verfügung eine andere Erbfolge bestimmt.

1.2.5 Testierfreiheit

Der Grundsatz der Testierfreiheit berechtigt den Erblasser zu beliebigen Verfügungen über den Nachlass. Der Einzelne kann nach dem Grundsatz der Privatautonomie seine privaten Lebensverhältnisse innerhalb der Grenzen der Rechtsordnung frei gestalten. Die Testierfreiheit kann rechtsgeschäftlich nicht beschränkt werden (§ 2302). Jede schuldrechtliche Verpflichtung, eine Verfügung von Todes wegen zu errichten oder nicht zu errichten, aufzuheben oder nicht aufzuheben, ist nichtig. Der Erblasser ist jedoch an die gesetzlichen Formen des Testaments und des Erbvertrages gebunden. Außerdem wird die Testierfreiheit durch das Pflichtteilsrecht (§§ 2303 ff., s. 4.1.2) und durch das Verbot sittenwidriger Verfügungen (§ 138) beschränkt. Ein Minderjähriger kann ab dem 16.Lebensjahr testieren (§ 2229 Abs. 1), allerdings nicht durch Errichtung eines eigenhändigen Testaments (§ 2233 Abs. 1, § 2247 Abs. 4).

1.2.6 Gesetzliches Erbrecht des Staates

Das Erbrecht des Ehegatten und der Verwandten des Erblassers (Familienerbrecht) geht dem Erbrecht des Staates vor. Wenn zur Zeit des Erbfalls kein Verwandter, Ehegatte oder Lebenspartner des Erblassers vorhanden ist, erbt grundsätzlich das Bundesland, in dem der Erblasser zur Zeit des Erbfalls seinen letzten Wohnsitz oder gewöhnlichen Aufenthalt hatte. Damit sollen herrenlose Nachlässe vermieden und die ordnungsgemäße Abwicklung aller Nachlässe gewährleistet werden.

1.3 Erbrecht und Steuerrecht

1.3.1 Erbschaftsteuer

Das Erbrecht verlängert die ungleiche Verteilung der Chancen und ist ebenso wie das Eigentum ein wesentlicher Faktor gesellschaftlicher Schichtung. Dem sozialen Rechtsstaat fällt die Aufgabe zu, durch das Erbschaftsteuersystem die erhöhte steuerliche Leistungsfähigkeit des Erben zu berücksichtigen, und zwar so, dass Ungleichheiten spürbar gemildert werden. (Zu den Gegenargumenten vgl. Tipke/Lang, Steuerrecht, § 12 1.a.)

Das Erbschaft- und Schenkungsteuergesetz vom 27.02.1997 (BGBl I 1997, 378) unterwirft den Erwerb von Todes wegen und die Schenkung unter Lebenden der Besteuerung (§ 1 Abs. 1 Nr. 1 und 2 ErbStG). Als Erwerb von Todes wegen gilt nach § 3 ErbStG der Erwerb durch Erbanfall (§ 1922), aufgrund Erbersatzanspruches (§§ 1934a ff.), durch Vermächtnis (§§ 2147 ff.) und durch Pflichtteilsanspruch (§§ 2303 ff.), der Erwerb durch Schenkung auf den Todesfall (§ 2301) sowie sonstige Erwerbe, die nach Vermächtnisregeln zu behandeln sind (z. B. § 1932).

Steuerpflichtig sind u. a. natürliche Personen mit Wohnsitz oder gewöhnlichem Aufenthalt im Inland sowie Körperschaften, Personenvereinigungen und Vermögensmassen mit Geschäftsleitung oder Sitz im Inland (§ 2 ErbStG). Steuerpflichtiger Erwerb ist nach § 10 ErbStG die Bereicherung des Erwerbers, soweit sie nicht steuerfrei ist (§§ 5, 13, 16 bis 18 ErbStG). Die Bewertung des Nachlasses richtet sich grundsätzlich nach den Vorschriften des Bewertungsgesetzes (§ 12 ErbStG). Die Höhe der ErbSt bemisst sich nach dem Wert des steuerpflichtigen Erwerbs und nach der Steuerklasse (§§ 15, 19 ErbStG).

Die gleichheitswidrige Bevorzugung bei der Erbschafts- und Schenkungsbesteuerung des Grundbesitzes (vgl. BVerfG vom 22.06.1995 BVerfGE 93, 165) wurde durch die Abschaffung der Einheitsbewertung zwar abgeschwächt. Die Neuregelung durch das JStG 1997 war aber ebenfalls Gegenstand heftiger Kritik. Das BVerfG knüpfte in einer erneuten Entscheidung an die Grundsätze der Steuergerechtigkeit an und stellte fest, dass das derzeitige Erbschaft- und Schenkungsteuerrecht bis spätestens 31.12.2008 neu geregelt werden musste (BVerfG vom 07.11.2006 NJW 2007, 573). Eine gleichmäßige Belastung liegt nur vor, wenn die Bemessungsgrundlagen die Werte der einzelnen, zur Erbschaft gehörenden Wirtschaftsgüter realitätsgerecht abbilden. Die Begünstigung des Betriebsvermögens, des land- und forstwirtschaftlichen Vermögens und insbesondere des Grundvermögens tritt ungleichmäßig und willkürlich ein. Diesen Vorgaben wurde u. a. durch das Erbschaftssteuerreformgesetz vom 24.12.2008 (BGBl I 2008, 3018) Rechnung getragen:

- Die Neuregelung im Rahmen der Wertermittlung des Nachlasses stellt generell auf den gemeinen Wert ab.
- Die höhere Bewertung des Grundbesitzes wird beim selbst genutzten Einfamilienhaus im Falle der Ehegatten, Lebenspartner und Abkömmlinge durch Steuerbefreiung beseitigt (§ 13 Abs. 1 Nr. 4a–4c ErbStG), bei Abkömmlingen allerdings nur bis zu einer Wohnfläche von 200 qm.

Die Übertragung unternehmerischen Vermögens ist begünstigt (§§ 13a, 13b ErbStG). Das BVerfG betrachtete die Verschonungsregelungen für Betriebsvermögen nach §§ 13a, 13b ErbStG a. F. als zu weitgehend (BVerfGE 138, 136). Das Gesetz zur Anpassung des Erbschaftsteuer- und Schenkungsteuergesetzes regelte die Verschonungsvorschriften neu (BGBl I 2016, 2464; Ramb, SteuerStud 2017, 219).

Bei den zu Wohnzwecken vermieteten Wohnungen wird ein Bewertungsabschlag von 10 % vorgenommen (§ 13c Abs. 1 ErbStG).

Außerdem wurden die persönlichen Freibeträge (§§ 16, 17 ErbStG) und die sachlichen Freibeträge (§ 13 Abs. 1 ErbStG) sowie die Steuersätze (§ 19 ErbStG) geändert.

1.3.2 Ertragsteuerrecht

Die persönliche Steuerpflicht des Erblassers erlischt mit dem Tod. Ihm sind **die bis zum Todeszeitpunkt erzielten Einkünfte** zuzurechnen. Für die ESt haftet der Erbe nach § 45 AO als Rechtsnachfolger i. R. d. Vorschriften über die Erbenhaftung (s. 5). Die **Einkünfte nach dem Tod** sind dem oder den Erben zuzurechnen, und zwar grundsätzlich in derselben Einkunftsart wie beim Erblasser (anders nur bei höchstpersönlichen Besteuerungsmerkmalen wie z. B. der fachlichen Qualifikation bei freiberuflicher Tätigkeit).

Sofern nur ein **Alleinerbe** vorhanden ist, treten alle zivilrechtlichen und steuerlichen Folgen bereits mit dem Tod des Erblassers ein. Einer Erbauseinandersetzung bedarf es nicht. Mit dem Erbfall geht im Wege der Gesamtnachfolge das Vermögen auf den Alleinerben über. Dieser Vorgang ist ertragsteuerlich als ein unentgeltlicher, privater Erwerb zu werten, der als einmaliger Vermögensanfall nicht der ESt unterliegt. Die Vererbung eines Betriebes an einen Alleinerben hat eine unentgeltliche, außerbetriebliche Ursache und führt daher nicht zur Gewinnrealisierung (§ 6 Abs. 3 EStG). Der laufende Gewinn des Todesjahres ist auf Erblasser und Erbe aufzuteilen.

Bei der Vererbung eines Gebäudes im Privatvermögen hat der Erbe die Abschreibung des Erblassers fortzuführen (§ 11d EStDV). Der Alleinerbe hat durch den Erbfall keine Anschaffungskosten (zur Miterbengemeinschaft s. 6.4.2). Auch wenn Schulden des Erblassers auf den Alleinerben übergehen, entstehen keine Anschaffungskosten des Nachlasses.

BEISPIELE

Erblasser E stirbt am 31.12.01 und hinterlässt seinem Alleinerben A einen Betrieb, ein privates Wohnhaus und ein Aktienpaket, das E am 01.09.01 für 10 000 € gekauft hat. A verkauft die Wertpapiere am 31.05.03 für 15 000 €.

LÖSUNG Hinsichtlich des unentgeltlichen Erwerbs an dem Betrieb (§ 6 Abs. 3 EStG) und des Wohnhauses (§ 11d EStDV) gilt die so genannte »Fußstapfentheorie«, d. h. A hat die Buchwerte des Betriebes bzw. die Abschreibung des Wohnhauses fortzuführen. Hinsichtlich der Aktien gilt Folgendes:
a) Wenn die Aktien von E vor dem 01. 01. 2009 erworben worden sind, führt der Verkauf der Aktien bei A nicht zu einem Spekulationsgeschäft nach § 23 EStG, da die Besitzzeit des Rechtsvorgängers E dem unentgeltlichen Rechtsnachfolger A angerechnet wird und infolgedessen die zwölfmonatige Spekulationsfrist beim Verkauf am 31.05.03 bereits abgelaufen ist. Da das Erben ein unentgeltlicher Erwerb und kein Anschaffungsgeschäft ist, kommt es auf die Anschaffung durch den Erblasser E und nicht durch den Erben A an.

b) Wenn die Aktien von E nach dem 31. 12. 2008 erworben worden sind, sind Veräußerungsgewinne gemäß § 20 Abs. 2 Satz 1 Nr. 1 EStG unabhängig von der Haltedauer vom Verkäufer A zu versteuern.

Wenn **mehrere Erben** vorhanden sind, entsteht mit dem Erbfall eine Miterbengemeinschaft, deren Gesamthandsvermögen im Wege der Erbauseinandersetzung in das Vermögen der einzelnen Miterben überführt werden muss (vgl. 6).

2 Berufung zum Erben

Der erbrechtliche Erwerb kann auf gesetzlicher und auf rechtsgeschäftlicher (gewillkürter) Erbfolge beruhen, je nachdem, ob der Erblasser die Regelung des Erbfalles dem Gesetz überlassen oder durch eine Verfügung von Todes wegen selbst bestimmt hat.

Erbfolge

Gewillkürte Erbfolge	Gesetzliche Erbfolge
• Testament (§§ 2229 ff.) • Ehegattentestament (§§ 2265 ff.) • Erbvertrag (§§ 2274 ff.)	• Verwandte (§ 1589) • Ehegatten (§§ 1931, 1371) • Adoptivkinder (§§ 1741, 1767) • Staat (§ 1936)

Die gewillkürte Erbfolge geht grundsätzlich der gesetzlichen Erbfolge vor. Die gesetzliche Erbfolge tritt nur dann ein, wenn der Erblasser keine abweichende oder keine erschöpfende Verfügung von Todes wegen erlassen hat oder wenn eine solche letztwillige Verfügung unwirksam ist.

Keine Erben sind die folgenden Anspruchsberechtigten:

- Vermächtnisnehmer (3.3.2),
- Auflagenbegünstigte (3.3.3),
- Pflichtteilsberechtigte (4.1.2).

2.1 Gesetzliche Erbfolge (§§ 1924–1936 BGB)

Die Vorschriften über die gesetzliche Erbfolge gründen sich auf den Grundsatz der Familienerbfolge. Zur Familie gehören die Verwandten (§ 1589, §§ 1924–1930), der Ehegatte des Erblassers (§§ 1931, 1371) und subsidiär, falls keine Erben vorhanden sind, der Staat (§ 1940). Gesetzliche Erbfolge tritt ein, wenn der Erblasser:

a) keine Verfügung von Todes wegen über sein Vermögen getroffen hat (§ 1937),
b) eine unwirksame Verfügung von Todes wegen getroffen hat, z. B. bei Gesetzesverstoß (§ 134), Sittenwidrigkeit (§ 138), Formmangel (§ 125 Satz 1), Ausschlagung (§ 1953 Abs. 1), Widerruf (§ 2253 ff.), Erbunwürdigkeit (§ 2344), Erbverzicht (§ 2352),
c) einem Erben einen Bruchteil seines Vermögens gewillkürt zuwenden will (§ 2088). Folge: Neben der gewillkürten Erbfolge kann die gesetzliche Erbfolge zum Zuge kommen.

Gesetzliches Erbrecht			
Verwandte §§ 1924–1930	Ehegatte §§ 1931, 1371	Lebenspartner § 10 LPartG	Staat § 1936

2.1.1 Gesetzliches Verwandtenerbrecht

2.1.1.1 Grundregeln

Der Kreis der Verwandten wird durch § 1589 bestimmt (s. F3). Zu den Verwandten gehören die ehelichen und nichtehelichen Abkömmlinge sowie die Eltern und die Voreltern des Erblassers mit deren Abkömmlingen. Das BGB fasst die Verwandten gruppenweise zu so genannten Ordnungen oder Parentelen (vom Lat. parentes=Vorfahren) zusammen.

Ein Verwandter ist nicht zur Erbfolge berufen, solange ein Verwandter einer vorhergehenden Ordnung vorhanden ist (§ 1930). Verwandte einer mit dem Erblasser näher verwandten Ordnung schließen also Verwandte einer entfernteren Ordnung aus.

BEISPIEL

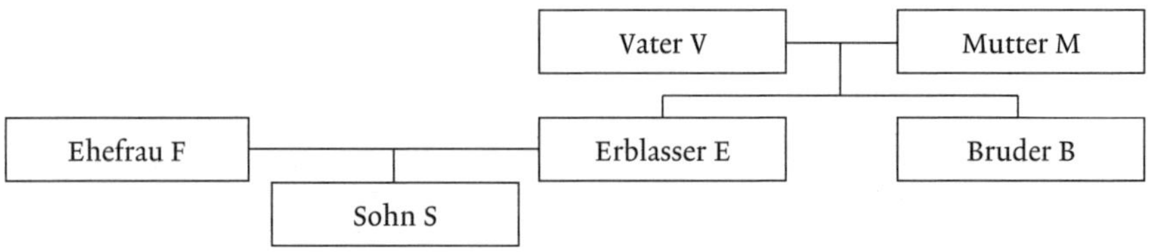

LÖSUNG Vorweg ist zu klären, ob und in welcher Höhe die Ehefrau F als Erbin berufen ist; hierfür gelten Sonderregeln (z. B. §§ 1931, 1371, s. 2.1.2). Ansonsten ist S gesetzlicher Erbe erster Ordnung, der V, M und B als Erben zweiter Ordnung von der Erbfolge ausschließt.

Das Gesetz sieht folgende Ordnungen von Erben vor:

Erste Ordnung § 1924	Abkömmlinge des Erblassers, also seine Kinder und Kindeskinder
Zweite Ordnung § 1925	Eltern und deren nicht schon zur ersten Ordnung gehörenden Abkömmlinge, also Geschwister, Neffen, Nichten des Erblassers
Dritte Ordnung § 1926	Großeltern und deren nicht schon zu den vorigen Ordnungen gehörende Abkömmlinge, also Onkel, Tante, Vetter, Cousine des Erblassers
Vierte Ordnung § 1928	Urgroßeltern und deren Abkömmlinge, also Großonkel, Großtanten und deren Abkömmlinge
Fernere Ordnung § 1929	Entferntere Voreltern und deren Abkömmlinge

Die Einteilung der Erben in Ordnungen **(Parentelsystem)** bevorzugt die Jüngeren (Abkömmlinge) vor den Älteren (Vorfahren). Innerhalb der ersten drei Ordnungen ist für die Berufung zum Erben nur die Zugehörigkeit zu einer vorrangigen Ordnung, nicht aber der Grad der Verwandtschaft maßgeblich.

BEISPIEL

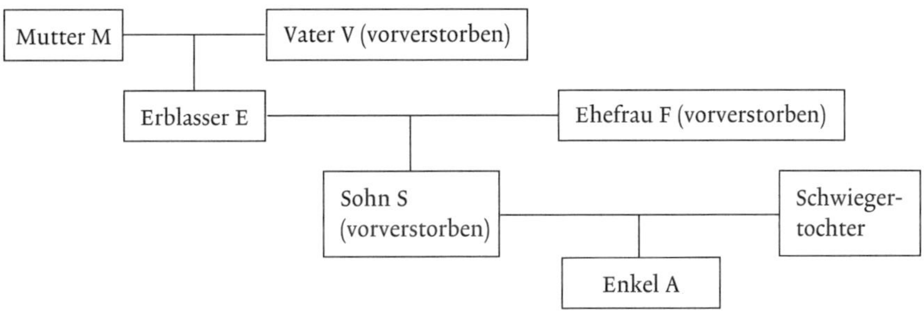

LÖSUNG A ist Alleinerbe. Er gehört zur ersten Ordnung und schließt die M (2.Ordnung) von der Erbfolge aus, obwohl M mit dem Erblasser E im 1.Grad, A aber nur im 2.Grad verwandt ist.

Erst ab der 4.Ordnung gilt das **Gradualsystem** (§ 1928 Abs. 3, § 1929 Abs. 2). Wenn beim Erbfall kein Urgroßelternteil mehr lebt, erhalten die nach Graden mit dem Erblasser am nächsten verwandten Abkömmlinge der Urgroßeltern den Nachlass. Der Grad der Verwandtschaft bestimmt sich nach der Zahl der Geburten, aus denen sich die Verwandtschaft zum Erblasser ergibt (§ 1589 Satz 3).

Wenn innerhalb einer Ordnung mehrere lebende Personen vorhanden sind, wird die Erbschaft nicht gleichmäßig nach Köpfen verteilt. Es gilt das **Repräsentationsprinzip** (§ 1924 Abs. 2, § 1925 Abs. 2, § 1926 Abs. 2, § 1928 Abs. 2, § 1929 Abs. 2), d. h. ein Erbe schließt die von ihm abstammenden Personen von der Erbfolge aus. Innerhalb einer Ordnung haben entferntere Verwandte ein **Eintrittsrecht**, wenn der mit dem Erblasser näher Verwandte nicht Erbe wird. Sind also die Eltern gestorben, so treten ihre Abkömmlinge an ihre Stelle. Beim Tod nur eines Elternteils geht sein Anteil an die Abkömmlinge (vgl. § 1924 Abs. 3, § 1925 Abs. 3, § 1926 Abs. 3). Nur in der 4.Ordnung ist das Eintrittsrecht eingeschränkt (§ 1928 Abs. 2 und 3).

Repräsentation und Eintrittsrecht werden durch das Prinzip der **Erbfolge nach Stämmen und Linien** ergänzt. Der Begriff »Stamm« betrifft die Erbfolge der Nachkommen: Jedes Kind des Erblassers bildet einen Stamm, jedes Enkelkind einen Unterstamm. Von »Linie« spricht man in Bezug auf die Vorfahren des Erblassers: Vater und Mutter des Erblassers bilden mit ihren Abkömmlingen je eine Linie.

BEISPIELE

a)

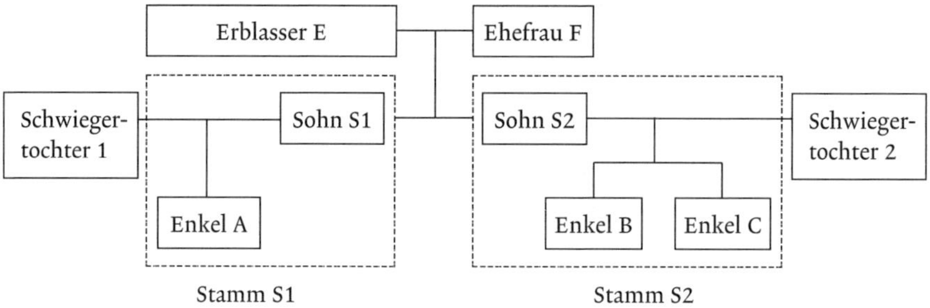

LÖSUNG In der ersten Ordnung bildet jeder Abkömmling des Erblassers mit seinen Abkömmlingen einen Stamm.

b)

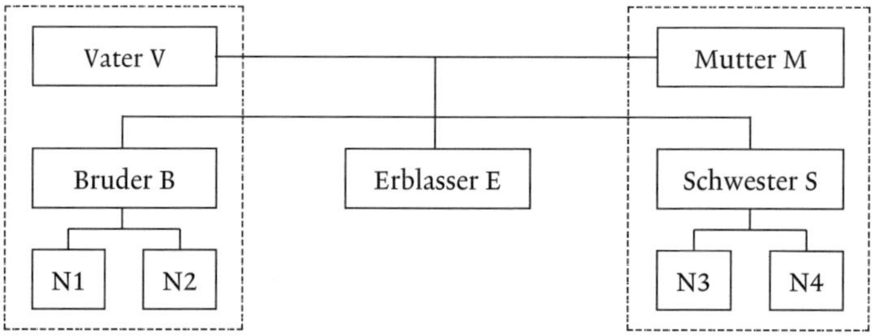

LÖSUNG In der 2. Ordnung bilden Vater und Mutter mit ihren Abkömmlingen je eine Linie.
Da B und S von V und M abstammen, sind B und S – wenn V und M vorverstorben sind – doppelt an der Erbschaft des E beteiligt (§ 1927), d. h. zur Linie nach V gehört auch S und zur Linie nach M auch B.

FALL 57

a) Wie ist die Erbfolge, wenn im obigen Beispiel b) Vater V vor dem Erblasser E gestorben (vorverstorben) ist?
b) Wie ist die Erbfolge, wenn V und M vorverstorben sind und V außerdem einen weiteren lebenden Sohn HB aus erster Ehe hat?

2.1.1.2 Erben der ersten Ordnung (§ 1924 BGB)

Zu den Erben der ersten Ordnung gehören die ehelichen Kinder (§ 1591), die legitimierten Kinder (§ 1719), die nichtehelichen Kinder (aber Sondervorschrift im Verhältnis zum nichtehelichen Vater § 1934a) und die als Minderjährige adoptierten Kinder (§ 1754, vgl. dagegen § 1770 für die Adoption Volljähriger). Eltern repräsentieren ihren Stamm, d. h. sie schließen zu ihren Lebzeiten ihre eigenen Abkömmlinge von der Erbfolge aus (§ 1924 Abs. 2). Wenn die Eltern gestorben sind, treten ihre Abkömmlinge an ihre Stelle (§ 1924 Abs. 3). Kinder erben zu gleichen Teilen (§ 1924 Abs. 4).

BEISPIELE

Erblasser E hat drei Söhne A, B und C.
a) A lebt und hat keine Abkömmlinge.
LÖSUNG Er erbt ein Drittel (§ 1924 Abs. 4).

b) B lebt und hat einen Sohn S.
LÖSUNG B erbt ein Drittel (§ 1924 Abs. 2). S wird durch B von der Erbfolge ausgeschlossen und erbt nicht.

c) C ist vor E gestorben und hat eine Tochter T.
LÖSUNG T tritt an die Stelle des C und erbt das restliche Drittel (§ 1924 Abs. 3).
An diesem Ergebnis würde sich nichts ändern, wenn C noch leben würde, aber infolge Ausschlagung (§ 1953), Enterbung (§ 1938), Erbunwürdigkeit (§ 2344) oder Erbverzicht (§ 2346, vgl. aber § 2349) nicht als Erbe in Betracht käme. Zum Pflichtteilsrecht vgl.4.1.2.

2.1.1.3 Erben der zweiten Ordnung (§ 1925 BGB)

Die Eltern des Erblassers und deren Abkömmlinge kommen nur als Erben zum Zuge, wenn Erben der ersten Ordnung nicht vorhanden oder nicht Erben geworden sind. Es gilt die Erbfolge nach Linien und innerhalb jeder Linie die Erbfolge nach Stämmen, das Repräsentationsprinzip und das Eintrittsrecht.

Leben zur Zeit des Erbfalls die Eltern des Erblassers, so erben sie allein und zu gleichen Teilen (§ 1925 Abs. 2). Noch lebende Eltern schließen also die Geschwister, Neffen und Nichten des Erblassers aus (Repräsentation).

Ist zur Zeit des Erbfalls der Vater oder die Mutter vorverstorben oder aus anderen Gründen nicht Erbe geworden, so rücken dessen bzw. deren Abkömmlinge auf (Eintrittsrecht nach § 1925 Abs. 3).

BEISPIEL

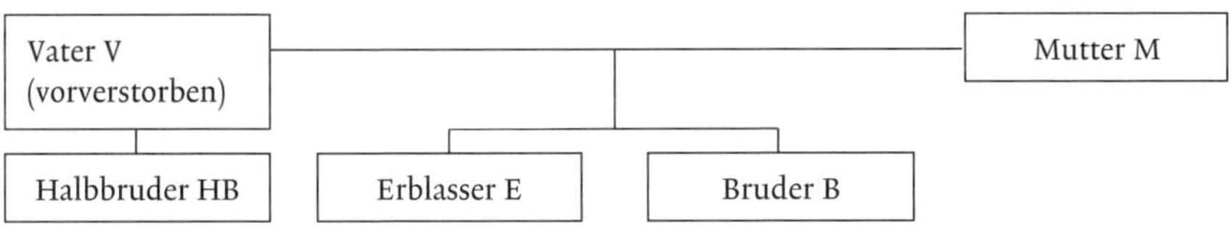

LÖSUNG Der Nachlass des E fällt mangels Nachkömmlingen des E je zur Hälfte in die Linie des V und in die Linie der M. M erbt die Hälfte, da sie B ausschließt. Die Hälfte des V geht je zur Hälfte an HB und B; sie erben also je ein Viertel.

2.1.1.4 Erben der dritten Ordnung (§ 1926 BGB)

Fehlen gesetzliche Erben der ersten und der zweiten Ordnung, sind die Großeltern des Erblassers und deren Abkömmlinge als Erben der dritten Ordnung berufen. Die beiden Großelternpaare des Erblassers und ihre Abkömmlinge bilden jeweils eine Linie (§ 1926 Abs. 2 bis 4). Auch hier gilt innerhalb der Linien die Erbfolge nach Stämmen. Außerdem sind die Grundsätze der Repräsentation, des Eintrittsrechts und der gleichen Erbberechtigung der Abkömmlinge anwendbar (§ 1926 Abs. 5).

BEISPIEL

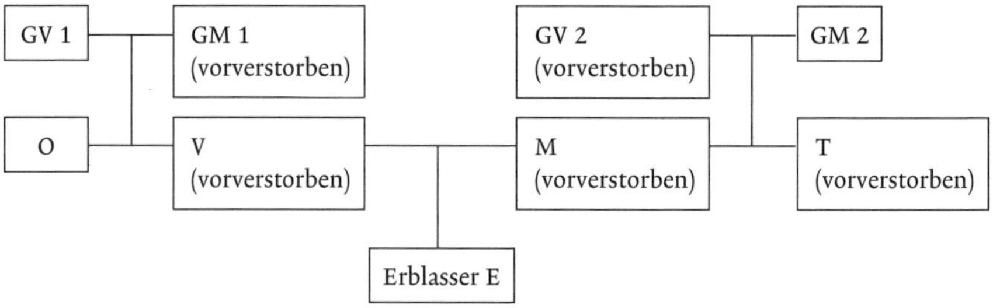

LÖSUNG Die eine Hälfte der Erbschaft fällt in die Linie V, die andere in die Linie M. Würden GV 1 und GM 1 beide noch leben, würden sie je ein Viertel erben. Da jedoch GM 1 vorverstorben ist, fällt ihr Viertel an O. GV 1 erhält ein Viertel. GM 2 erbt die andere Hälfte allein.

2.1.2 Gesetzliches Ehegattenerbrecht

2.1.2.1 Grundregeln des § 1931 BGB

Dem überlebenden Ehegatten steht ein besonderes Erbrecht zu, wenn die Ehe beim Tod des Erblassers bestand. Dies ist nicht der Fall, wenn die Ehe rechtskräftig geschieden (§ 1564) oder aufgehoben wurde (§ 1313). Bei zur Zeit des Todes rechtsgültiger Ehe ist der überlebende Ehegatte zunächst unabhängig vom Güterstand (s. 2.1.2.2) neben Verwandten der ersten Ordnung zu einem Viertel zum Erben berufen.

BEISPIELE

a)

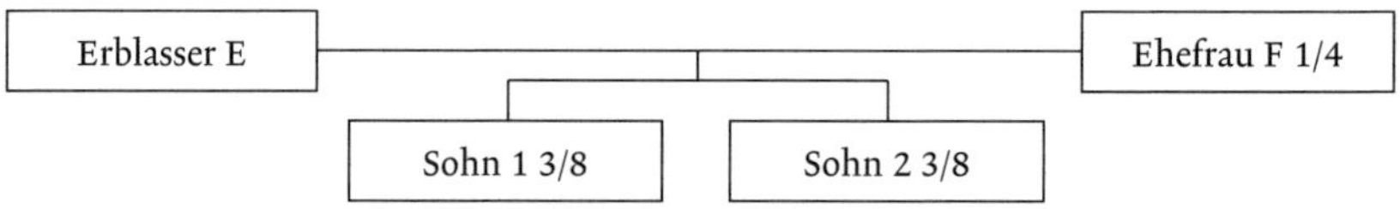

LÖSUNG Neben Verwandten der ersten Ordnung ist der Überlebende gem. § 1931 Abs. 1 zu einem Viertel Erbe (ohne Güterrecht).

b)

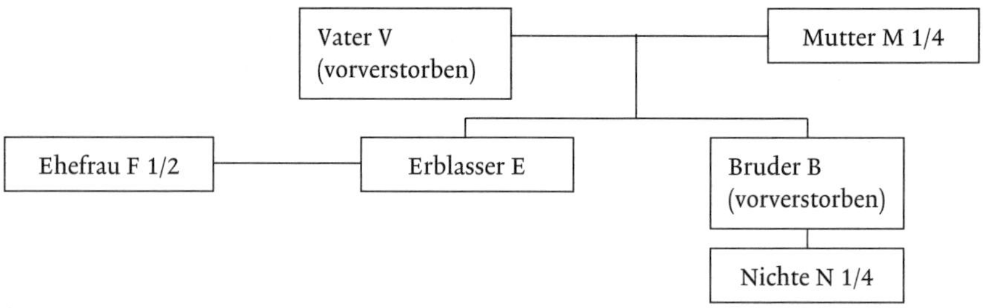

LÖSUNG Neben Verwandten der zweiten Ordnung ist der überlebende Ehegatte zur Hälfte Erbe.

Wenn der überlebende Ehegatte nur mit Großeltern zusammentrifft, erbt er ebenfalls die Hälfte. Neben dem Ehegatten erben nur die Großeltern, aber nicht deren Abkömmlinge (§ 1931 Abs. 1 Satz 2). Treffen mit Großeltern Abkömmlinge von Großeltern zusammen, erhält der Ehegatte neben seiner Hälfte auch von der anderen Hälfte den Anteil, der nach § 1926 den Abkömmlingen zufallen würde.

BEISPIEL

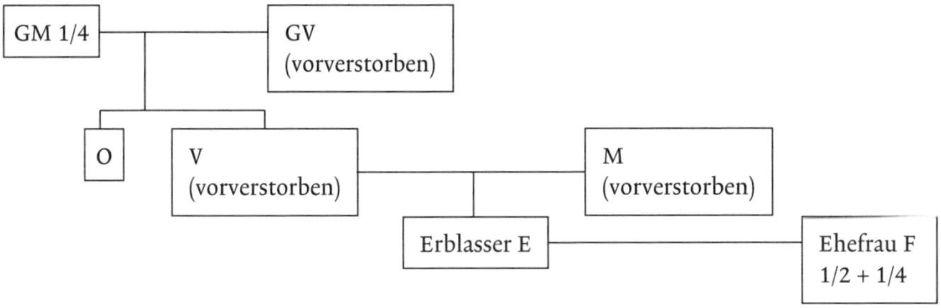

LÖSUNG Das Viertel des GV fällt nicht an O, sondern ebenfalls an F.

Wenn außer dem Ehegatten nur Verwandte der vierten oder einer ferneren Ordnung leben, erhält der überlebende Ehegatte die ganze Erbschaft (§ 1931 Abs. 2).

Die Regelungen über das gesetzliche Erbrecht des Ehegatten gelten auch für Lebenspartner (§ 10 LPartG).

2.1.2.2 Einfluss der Güterstände auf das Ehegattenerbrecht

Die Grundregeln des Ehegattenerbrechts werden durch das eheliche Güterrecht beeinflusst. Wie die Erbschaft endgültig zu verteilen ist, hängt davon ab, in welchem Güterstand (Zugewinngemeinschaft, Gütertrennung, Gütergemeinschaft, s. F2.3) der Erblasser und sein Ehegatte gelebt haben.

2.1.2.2.1 Zugewinngemeinschaft

Wenn der überlebende Ehegatte **gesetzlicher Erbe** wird, erhöht sich sein gesetzlicher Erbteil pauschal um ein Viertel der Erbschaft (so genannte **erbrechtliche Lösung**, § 1931 Abs. 3, § 1371 Abs. 1). Neben Verwandten der ersten Ordnung erbt der Ehegatte also insgesamt 1/2, neben Verwandten der 2.Ordnung und neben Großeltern insgesamt 3/4 der Erbschaft. Wenn der überlebende Ehegatte nach § 1931 Abs. 1 Satz 2 schon 3/4 erbt, wird er im Fall der Zugewinngemeinschaft Alleinerbe. Es ist gleichgültig, ob die Eheleute tatsächlich einen Zugewinn erzielt haben. Die Regelung geht bei geringem Zugewinn zu Lasten der Kinder.

BEISPIEL

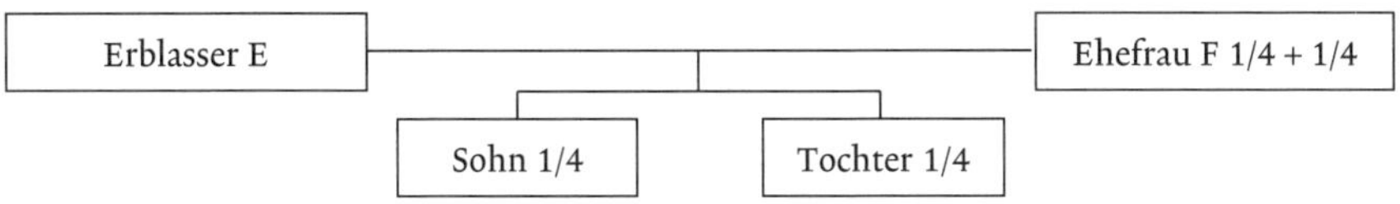

LÖSUNG Nach § 1931 Abs. 1 erbt F 1/4 der Erbschaft. Aufgrund des pauschalen Zugewinnausgleichs erhöht sich dieser gesetzliche Erbteil nach § 1931 Abs. 3 i. V. m. § 1371 Abs. 1 um ein weiteres Viertel.

Wenn der Nachlass ganz oder überwiegend aus Zugewinn besteht, kann es für den Ehegatten günstiger sein, die Erbschaft auszuschlagen. Er kann in diesem Fall statt des erbrechtlichen pauschalen Zugewinnausgleichs auch den güterrechtlichen, konkreten Zugewinnausgleich nach §§ 1373 ff. und zusätzlich seinen Pflichtteil verlangen (so genannte **güterrechtliche Lösung** nach § 1371 Abs. 3). Der Pflichtteil bemisst sich in diesem Fall nach dem normalen, hälftigen (nicht um 1/4 erhöhten) gesetzlichen Erbteil nach § 2303 Abs. 1 Satz 2 (so genannter **kleiner Pflichtteil**). Dasselbe gilt, wenn der Ehegatte aus anderen Gründen nicht Erbe wird (§ 1371 Abs. 2).

FALL 58

Erblasser E und Ehefrau F sind ohne Anfangsvermögen in die Ehe gegangen und haben im Güterstand der Zugewinngemeinschaft gelebt. E hinterlässt bei seinem Tod 100 000 €. Gesetzliche Erben sind F und Sohn S. Wie hoch ist der Erbteil der F
a) bei gesetzlicher Erbfolge,
b) bei Ausschlagung der Erbschaft durch F?

Wenn der Ehegatte durch Testament, gemeinschaftliches Testament oder Erbvertrag zum Erben oder Vermächtnisnehmer eingesetzt ist, ist ein Zugewinnausgleich grundsätzlich nicht vorzunehmen. Anders ist jedoch der Fall zu behandeln, in dem der Erblasser dem Erben im Wege der gewillkürten Erbfolge weniger als die Hälfte des gesetzlichen Erbteils zuwendet. Der Erbe kann dann die Erbschaft annehmen und zusätzlich zu seinem Erbteil einen Pflichtteilsrestanspruch geltend machen (§ 2305), d. h. insgesamt so viel verlangen, wie seinem Pflichtteil entspricht, der nach § 2303 Abs. 1 die Hälfte seines »gesetzlichen Erbteils« beträgt. In diesem Fall ist der »gesetzliche Erbteil« nicht der normale Erbteil nach § 1931 Abs. 1 (z. B. neben Verwandten der ersten Ordnung 1/4), sondern der nach § 1371 Abs. 1 pauschal erhöhte Erbteil (also neben Verwandten der ersten Ordnung insgesamt 1/2) zugrunde zu legen. Dies bedeutet, dass der gewillkürte Erbteil und der Pflichtteilsrestanspruch neben Verwandten der ersten Ordnung insgesamt 1/4 des Nachlasses betragen (so genannter **großer Pflichtteil**).

FALL 59

In Fall 58 hat E seinen Sohn S zu 90 % und seine Ehefrau F zu 10 % zu Erben berufen. Wie viel kann F beanspruchen?

Vermögensübergänge, die zum Ausgleich des Zugewinns erfolgen, werden als entgeltlicher Erwerb grundsätzlich nicht von der Schenkungsteuer erfasst (§ 5 Abs. 2 ErbStG). Wenn der Zugewinnausgleich jedoch nach § 1371 Abs. 1 durch pauschale Erhöhung des Erbteils des überlebenden Ehegatten erfolgt, bleibt nach § 5 Abs. 1 Satz 1 ErbStG – abweichend vom Zivilrecht – nur der Betrag bei der Ermittlung des steuerpflichtigen Erwerbs außer Betracht, den der überlebende Ehegatte bei güterrechtlicher Abwicklung der Zugewinngemeinschaft nach § 1371 Abs. 2 geltend machen könnte.

2.1.2.2.2 Gütertrennung

Bei Gütertrennung erbt der überlebende Ehegatte, wenn keine Kinder oder mehr als zwei Kinder vorhanden sind, nach § 1931 Abs. 1 und 2 je nachdem, zu welcher Ordnung die Verwandten des Erblassers gehören, zu 1/4, 1/2 oder voll. Wenn ein oder zwei Kinder gesetzliche Erben werden, gilt § 1931 Abs. 4 mit der Folge, dass der Ehegatte und jedes Kind zu gleichen Teilen erben. Der überlebende Ehegatte soll grundsätzlich nicht schlechter stehen als Abkömmlinge.

2.1.2.2.3 Gütergemeinschaft

Im Regelfall endet die Gütergemeinschaft beim Tod eines Ehegatten. Neben dem Sonder- und Vorbehaltsgut fällt auch der Anteil des verstorbenen Ehegatten am Gesamtgut in seinen Nachlass (§ 1482 Satz 1). Die Erbfolge bestimmt sich nach den allgemeinen Regeln. Über das

Gesamtgut findet eine Auseinandersetzung zwischen dem überlebenden Ehegatten und den Erben des verstorbenen Ehegatten statt (§ 1471 Abs. 1, § 1476 Abs. 1).

Durch Ehevertrag kann auch die **fortgesetzte Gütergemeinschaft** vereinbart werden (§ 1483 ff.). Die Gütergemeinschaft dauert dann nach dem Tod des Ehegatten zwischen dem überlebenden Ehegatten und den gemeinschaftlichen Abkömmlingen fort. Der Anteil des verstorbenen Ehegatten am Gesamtgut gehört nicht zum Nachlass. Diese Regelung soll das Familienvermögen dauerhafter zusammenhalten, bringt aber wegen der erschwerten Auflösung (§ 1495) für volljährige Abkömmlinge unter Umständen Nachteile.

2.1.2.2.4 Unterhaltsanspruch des geschiedenen Ehegatten

Der geschiedene Ehegatte gehört nicht zu den gesetzlichen Erben. Er kann einen Unterhaltsanspruch gegen die gesetzlichen Erben haben, sofern der Erblasser zu seinen Lebzeiten dem geschiedenen Ehegatten zum Unterhalt verpflichtet war. Mit dem Tod geht die Unterhaltspflicht auf den/die Erben als Nachlassverbindlichkeit über (§ 1586b). Der Unterhaltsanspruch ist der Höhe nach begrenzt. Der überlebende geschiedene Ehegatte kann nur Unterhalt in Höhe des Betrages verlangen, der seinem fiktiven Pflichtteil entspricht. Der Zugewinnausgleich ist nicht anzusetzen, da dieser schon bei der Scheidung erfolgt ist. Der fiktive Pflichtteil des geschiedenen Ehegatten beträgt daher 1/2 von 1/4 = 1/8 der Erbschaft.

BEISPIEL

Erblasser E hinterlässt seine geschiedene Ehefrau F und zwei Kinder S und T. F hat gegen E seit der Scheidung einen gerichtlich festgesetzten Unterhaltsanspruch i. H. v. 2 000 € monatlich. Der Wert des Nachlasses beträgt 320 000 €.

LÖSUNG Gesetzliche Erben des E sind S und T zu je 1/2. Neben Erben der ersten Ordnung würde F, wäre sie beim Erbfall noch verheiratet, 1/4 der Erbschaft erben. Da der Pflichtteil die Hälfte des gesetzlichen Erbteils umfasst, hätte F Anspruch auf 1/8 der Erbschaft= 40 000 €. S und T müssen an F 20 Monate lang 2 000 € zahlen. Weitere Zahlungsansprüche der F bestehen nicht.

2.1.3 Erbfolge bei nicht ehelicher Abstammung

Nichteheliche Kinder stehen in den seit 01. 04. 1998 eingetretenen Erbfällen den ehelichen Kindern gleich. Durch das **Erbrechtsgleichstellungsgesetz** vom 16. 12. 1997 (ErbGleichG, BGBl I 1997, 2968) wurden die Sonderregeln der §§ 1934a–e, 2338a ersatzlos gestrichen und dadurch die Benachteiligung nichtehelicher Kinder beseitigt. Das nichteheliche Kind galt zwar seit dem am 01. 07. 1970 in Kraft getretenen Nichtehelichengesetz auch als Abkömmling seines Vaters. Es erbte in den zwischen 01. 07. 1970 und 31. 03. 1998 eingetretenen Erbfällen aber uneingeschränkt nur im Verhältnis zur Mutter. Im Verhältnis zum Vater hatte das nichteheliche Kind nur dann die volle Rechtsstellung eines gesetzlichen Erben nach § 1924, wenn beim Tod des Vaters ein überlebender Ehegatte und Abkömmlinge nicht vorhanden waren. Neben ehelichen Abkömmlingen und neben dem überlebenden Ehegatten des Erblassers hatte das nichteheliche Kind nur einen schuldrechtlichen, auf Geldzahlung gerichteten Erbersatzanspruch in Höhe seines gesetzlichen Erbteils (§ 1934a a. F.). Nach heutigem Recht wird ein nichteheliches Kind uneingeschränkt gesetzlicher Erbe und Mitglied der Miterbengemeinschaft. Für solche nichtehelichen Kinder, die vor dem 01. 07. 1949 geboren sind, blieb es zunächst bei der bisherigen Rechtslage. Die unterschiedliche Behandlung war nach Auffassung des BVerfG verfassungsgemäß. Dagegen beurteilte der EuGH für Menschenrechte dies als Verstoß gegen das Diskriminierungsverbot des Art. 14 i. V. m. Art. 8 EMRK (EGMR vom 28. 05. 2009 NJW-RR 2009, 1603).

Deswegen beseitigte der Gesetzgeber durch das 2. ErbGleichG (BGBl I 2011, 615) die Ungleichbehandlung, aber für die vor dem 01. 07. 1949 Geborenen erst ab dem Datum der Entscheidung des EGMR. Diese zeitliche Einschränkung auf das Datum des EGMR-Urteils wurde vom BVerfG vom 18. 03. 2013 (NJW 2013, 2103) mit der Begründung gebilligt, dass aus Gründen des Vertrauensschutzes bereits angefallene Erbschaften nicht rückabgewickelt werden sollen.

2.2 Rechtsgeschäftliche Erbfolge

2.2.1 Überblick über die Verfügungen von Todes wegen

Die gesetzliche Erbfolge (s. 2.1) tritt nur ein, wenn der Erblasser nicht selbst zu Lebzeiten durch erbrechtliches Rechtsgeschäft eine anderweitige Verfügung von Todes wegen getroffen hat. Solche erbrechtlichen »Verfügungen« sind das **Testament** als einseitiges Rechtsgeschäft (auch »letztwillige Verfügung« genannt) und der **Erbvertrag** als zweiseitiges Rechtsgeschäft von Todes wegen.

Der Begriff »Verfügung« ist hier missverständlich, weil es sich nicht um Rechtsgeschäfte handelt, die eine unmittelbare Rechtswirkung erzeugen. Eine Verfügung von Todes wegen ist gültig, wenn sie von einem testierfähigen Erblasser in einer der vom BGB vorgesehenen Formen errichtet worden ist. Die Verfügung von Todes wegen ist aber erst wirksam, wenn der Verfügende stirbt und der Bedachte zu dieser Zeit noch lebt. Diese für alle letztwilligen Verfügungen geltenden Grundsätze sind für das Vermächtnis in §§ 2160, 2176 geregelt. Vor dem Tod des Erblassers hat der Bedachte keine Rechtsposition, also auch kein Anwartschaftsrecht. Die Klage auf Feststellung der Gültigkeit des Testaments eines noch Lebenden wäre also unzulässig. Ebenso beschränkt auch der Erblasser zu Lebzeiten durch eine letztwillige Verfügung nicht seine Befugnis zu anderweitigen Verfügungen unter Lebenden oder von Todes wegen. Uneingeschränkt gilt dies jedoch nur für das Testament. Beim gemeinschaftlichen Testament oder beim Erbvertrag können so genannte wechselbezügliche Verfügungen getroffen werden, die nicht ohne weiteres widerrufen werden können (§§ 2270, 2278).

Arten der Verfügung von Todes wegen

Letztwillige Verfügung (Testament)	Erbvertrag	Gemeinschaftliches Testament
Letztwillige Verfügung (Testament): jederzeitiger grundloser Widerruf möglich § 2253 Abs. 1	**Erbvertrag:** i. d. R. kein einseitiger Widerruf möglich §§ 2290 ff.	**Gemeinschaftliches Testament:** Zu Lebzeiten beider Ehegatten ist bei wechselbezüglichen Erbeinsetzungen, Vermächtnissen, Auflagen der grundlose Widerruf möglich. Nach Tod eines Ehegatten Widerruf ausgeschlossen, § 2271

2.2.2 Testament

Das Testament ist ein einseitiges, nicht empfangsbedürftiges Rechtsgeschäft. Im Interesse der Rechtsklarheit gelten strenge Formerfordernisse (§ 125).

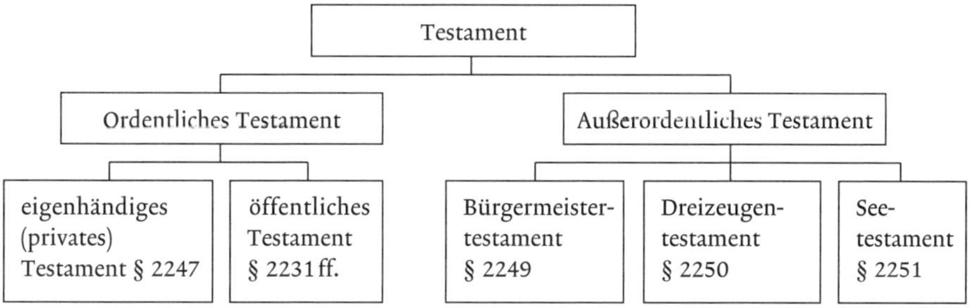

Das **eigenhändige (privatschriftliche) Testament** muss durch eigenhändig geschriebene und unterschriebene Erklärung errichtet werden (§ 2247 Abs. 1). Die Angabe von Ort und Zeit sowie die Art der Unterschrift regelt § 2247 durch Sollvorschrift. Die Unterschrift muss am Ende der Erklärung stehen, also das Vorherige räumlich abschließen. Da der Erblasser seinen Willen jederzeit ändern kann, ist nur das zuletzt Gewollte gültig. Das eigenhändige Testament kann amtlich verwahrt werden.

Das **öffentliche Testament** wird zu Niederschrift eines Notars in der Weise errichtet, dass der Erblasser dem Notar seinen letzten Willen mündlich erklärt oder dem Notar eine offene oder verschlossene Schrift mit der Erklärung übergibt, dass die Schrift seinen letzten Willen enthalte (§ 2232, vgl. auch §§ 27 bis 35 BeurkG).

In bestimmten Ausnahmefällen, etwa bei Todesgefahr, an einem abgesperrten Ort oder während einer Seereise an Bord eines deutschen Schiffes gelten nach §§ 2249 bis 2251 erleichterte Errichtungsformen (Bürgermeistertestament, Dreizeugentestament, Seetestament). Diese **Nottestamente** sind ungültig, wenn seit der Errichtung mehr als drei Monate verstrichen sind und der Erblasser noch lebt (§ 2252).

Wegen der Tragweite der letztwilligen Verfügungen kann der Erblasser ein Testament nur höchstpersönlich errichten (§§ 2064 f.). Das Testament eines Vertreters des Erblassers wäre unheilbar nichtig. Die **Testierfähigkeit**, also die Rechtsmacht, selbständig ein Testament zu errichten, zu ändern oder aufzuheben, steht Volljährigen uneingeschränkt zu. Minderjährige nach Vollendung des 16.Lebensjahres sind beschränkt testierfähig (§ 2229), d. h. sie können ein Testament nur durch mündliche Erklärung vor dem Notar oder durch Übergabe einer offenen Schrift errichten (§ 2233 Abs. 1), also nicht durch eigenhändiges Testament oder durch Übergabe einer verschlossenen Schrift. Testierunfähig ist der Minderjährige unter 16 Jahren und der Geistes- oder Bewusstseinsgestörte, der die Bedeutung einer Willenserklärung nicht absehen kann (§ 2229 Abs. 4). Bei Testierunfähigkeit tritt immer die gesetzliche Erbfolge ein.

Die Entmündigung und die daraus folgende Testierunfähigkeit wurden durch das Betreuungsgesetz mit Wirkung ab 01. 01. 1992 abgeschafft (vgl. F5.2). Der Betreute kann wirksam ein Testament errichten, es sei denn, er ist geschäftsunfähig (§§ 104 Nr. 2, 2229 Abs. 4). Eine Einwilligung des Betreuers ist überflüssig (§ 1903 Abs. 2). Ein Testament, das von einem nach altem Recht entmündigten Erblasser errichtet worden ist, bleibt unwirksam.

Der ganze oder teilweise **Widerruf eines Testaments** durch den Erblasser ist jederzeit möglich (§ 2253). Der Widerruf kann erfolgen durch

- neues Testament (§§ 2254, 2258),
- schlüssige Handlung (§ 2255), z. B. willentliche Vernichtung der Urkunde,
- Zurücknahme eines öffentlichen Testaments aus der amtlichen Verwahrung (§ 2256 Abs. 1).

Die Anfechtung letztwilliger Verfügungen richtet sich nach §§ 2078 ff. Die Anfechtungsgründe ergeben sich aus § 2078, 2079, die Anfechtungsberechtigung aus § 2080.Diese Bestimmungen gehen den allgemeinen Anfechtungsregeln der §§ 119 ff. vor. Eine Anfechtung letztwilliger Verfügungen ist erst nach dem Tod des Erblassers durch die Erbbeteiligten möglich. Der Erblasser braucht eine letztwillige Verfügung zu seinen Lebzeiten nicht anzufechten, sondern kann sie frei widerrufen. Die Anfechtung hat binnen Jahresfrist gegenüber dem Nachlassgericht zu erfolgen (§§ 2081, 2082).

2.2.3 Gemeinschaftliches Testament

Ehegatten können ein **gemeinschaftliches Testament** errichten (§ 2265), und zwar in den Formen des öffentlichen, des eigenhändigen (§ 2267) und des Nottestaments (§ 2266). Das gemeinschaftliche Testament hat den Sinn, eine gemeinsame Willensbildung der Ehegatten zu ermöglichen und zugleich gewissen Verfügungen eine bindende Wirkung zu geben. Diese so genannten wechselbezüglichen Verfügungen können zwar ebenso wie gewöhnliche letztwillige Verfügungen einseitig widerrufen werden; dies geschieht durch persönliche oder notariell beurkundete Erklärung gegenüber dem anderen Ehegatten. Der Widerruf einer wechselbezüglichen Verfügung hat aber die Unwirksamkeit der entsprechenden anderen Verfügung zur Folge (§ 2270 Abs. 1). Mit dem Tod des erstversterbenden Ehegatten erlischt das Recht zum Widerruf wechselseitiger Verfügungen (§ 2271 Abs. 2, aber abdingbar). Nach dem Tod eines Ehegatten verbietet also die Bindungswirkung dem überlebenden Teil letztwillige Verfügungen, die wechselbezügliche Zuwendungen schmälern, es sei denn, er ist von der Bindungswirkung freigestellt oder schlägt die Erbschaft aus dem gemeinschaftlichen Testament aus.

Eine besondere Form des gemeinschaftlichen Testaments ist das so genannte **Berliner Testament**. Darin setzen sich die Ehegatten gegenseitig zu Erben ein und bestimmen, dass nach dem Tod des Letztversterbenden ein Dritter (meist die Kinder) Erbe werden soll. Es kann zweifelhaft sein, ob

- der überlebende Ehegatte Vollerbe und der Dritte nur Erbe des überlebenden Ehegatten, aber nicht Erbe des zuerst Versterbenden sein soll (Einheitsgrundsatz),
- oder ob der überlebende Ehegatte nur Vorerbe (s. 3.2) und der Dritte Nacherbe des Erstverstorbenen sowie Vollerbe des später versterbenden Elternteils sein soll (Trennungsgrundsatz).

§ 2269 stellt für den Fall eines zweifelhaften Erblasserwillens eine Auslegungsregel zugunsten der ersten Möglichkeit auf.

FALL 60

Die Eheleute M und F schreiben im gemeinschaftlichen Testament: »Wir setzen uns gegenseitig zu Erben ein. Nach dem Tod des zuletzt Versterbenden soll unser Sohn S Erbe sein.« Nach dem Tod des M will F ein zum Nachlass des M gehöriges Grundstück verkaufen. Geht dies gegen den Willen des S?

2.2.4 Erbvertrag

Der Erbvertrag ist ein abstrakter erbrechtlicher Vertrag mit einem andern, in dem der Erblasser neben normalen letztwilligen Verfügungen auch bindende Anordnungen für den Fall seines Todes treffen kann. Der Erbvertrag muss in der Form des öffentlichen Testaments vom Erblasser höchstpersönlich abgeschlossen werden (§§ 2274, 2276). Der Erbvertrag kann einseitige letztwillige Verfügungen und vertragsmäßige Verfügungen enthalten. Die **einseitigen** letztwilligen Verfügungen (§ 2299, z. B. Enterbung, Einsetzung eines Testamentsvollstreckers) können vom Erblasser wie gewöhnliche testamentarische Verfügungen frei widerrufen werden. **Vertragsmäßige** Verfügungen (§ 2278 Abs. 2: nur Erbeinsetzungen, Vermächtnisse und Auflagen) entfalten eine Bindungswirkung für Rechtsgeschäfte auf den Todesfall (§ 2289) und können nur bei Vorliegen eines besonderen Grundes widerrufen werden, etwa durch einverständliche Aufhebung (§§ 2290 bis 2292), durch vertraglich vorbehaltenen Rücktritt, aufgrund gesetzlicher Rücktrittsgründe (§§ 2293 bis 2297) oder durch Anfechtung (§§ 2281 ff., 2078 ff.). Der Erblasser kann aber durch Rechtsgeschäft unter Lebenden frei verfügen (§ 2286).

3 Besondere Inhalte letztwilliger Verfügungen

3.1 Alleinerbe – Miterbe

Der Erblasser kann eine oder mehrere Personen zu Erben einsetzen (§§ 1937, 2087 ff.). Wenn der Erblasser sein Vermögen mehreren Personen als Erben (Miterben) zuwendet, kann er die Erbteile in den Grenzen des Pflichtteilsrechts beliebig festsetzen. Miterben sind immer quotenmäßig am gesamten Nachlass beteiligt (Gesamthandsgemeinschaft, s. 6), nicht an den einzelnen Gegenständen des Nachlasses.

3.2 Vor- und Nacherbschaft, Ersatzerbschaft

Der Erblasser kann einen Erben (Nacherben) in der Weise einsetzen, dass dieser erst Erbe wird, wenn zunächst ein anderer (Vorerbe) Erbe geworden ist (§ 2100). Vor- und Nacherbe sind zeitlich aufeinanderfolgende Gesamtrechtsnachfolger desselben Erblassers. Der **Nacherbe** ist also nicht Erbe des Vorerben; er erwirbt jedoch mit dem Tod des Erblassers ein unentziehbares, grundsätzlich vererbliches und übertragbares Anwartschaftsrecht.

Der Vorerbe kann über Nachlassgegenstände grundsätzlich frei verfügen (§ 2112). Nur bei Verfügungen über Grundstücke oder Grundstücksrechte sowie bei unentgeltlichen Verfügungen ist seine Verfügungsbefugnis eingeschränkt (§ 2113). Solche Geschäfte sind ohne die Zustimmung des Nacherben beim Nacherbfall absolut unwirksam.

Erbschaftsteuerlich gilt sowohl der Erbanfall beim Vorerben als auch der Erbanfall beim Nacherben als ein getrennter Erbfall (§ 6 ErbStG). Der Nacherbe kann aber die für sein Verhältnis zum Erblasser günstigere Steuerklasse wählen.

Der Erblasser kann für den Fall, dass eine zum Erben berufene Person vor oder nach Eintritt des Erbfalls wegfällt (z. B. durch Tod, Erbverzicht, Ausschlagung oder Anfechtung), einen anderen als Ersatzerben einsetzen (§ 2096). Ohne eine solche Bestimmung des Erblassers würde der Erbteil des weggefallenen Erben den übrigen Erben nach dem Verhältnis ihrer Erbteile anwachsen (§ 2094). Während der Nacherbe erst Erbe wird, nachdem zunächst ein anderer

Erbe geworden ist, wird der Ersatzerbe bei Wegfall des Haupterben unmittelbarer Rechtsnachfolger des Erblassers.

BEISPIEL

E setzt seinen Sohn S zum Erben ein. Um zu verhindern, dass dessen Kinder im Falle des Todes des S von der Erbschaft etwas erhalten, bestimmt E, dass sein Bruder Erbe wird, falls S als Erbe wegfällt.
LÖSUNG Dann wird S beim Tode des E voller Erbe ohne jede Beschränkung, B beim Tod des S Ersatzerbe.

3.3 Erbeinsetzung, Vermächtnis, Auflage, Teilungsanordnung

3.3.1 Erbeinsetzung

Eine Erbeinsetzung ist im Zweifel gegeben, wenn der Erblasser sein **gesamtes Vermögen** oder einen **Bruchteil davon** dem Bedachten zuwendet. Wenn der Erblasser dem Begünstigten dagegen nur **einzelne Gegenstände** zuwendet, ist der Bedachte im Zweifel nicht als Erbe zu behandeln (§ 2087).

BEISPIEL

E, der einen gesetzlichen Erben G hat, bestimmt: »A soll mein Haus erhalten.«
LÖSUNG Dann hat A im Zweifel einen Vermächtnisanspruch gegen G. Nur wenn das Haus praktisch der einzige Nachlassgegenstand wäre, wäre A Erbe des B und nicht lediglich Vermächtnisnehmer (BFH vom 22.03.1972 FamRZ 72, 561).

3.3.2 Vermächtnis (§§ 1939, 2147 ff. BGB)

Das Vermächtnis enthält keine Erbeinsetzung, sondern die Zuwendung eines einzelnen Vermögensvorteils. Der Begünstigte (Vermächtnisnehmer) erhält auch nicht unmittelbar den vermachten Gegenstand, sondern lediglich einen **schuldrechtlichen Anspruch** gegen den durch das Vermächtnis Beschwerten. Dieser Anspruch muss durch ein Rechtsgeschäft unter Lebenden erfüllt werden.

BEISPIEL

Im obigen Beispiel muss G zur Erfüllung des Vermächtnisses das Haus nach §§ 873, 925 auf A übertragen.

Das Vermächtnis wird grundsätzlich durch Verfügung von Todes wegen zugewendet (Testament, Erbvertrag). Kraft Gesetzes entsteht ein Vermächtnis nur ausnahmsweise in den Fällen des Voraus (§ 1932) und des Dreißigsten (§ 1969). Schulden des Erben aus Vermächtnissen sind Nachlassschulden (§ 1967 Abs. 2, vgl. 5).

3.3.3 Auflage (§§ 1940, 2192 ff. BGB)

Durch die Auflage wird der Erbe (oder auch der Vermächtnisnehmer) mit der Verpflichtung zu einer Leistung beschwert, die entweder keine bestimmte Person oder eine andere Person so begünstigt, dass diese gegen den Beschwerten **keinen Anspruch** auf die Leistung erwirbt. Deshalb kann der Auflagebegünstigte auch nicht wie der Vermächtnisnehmer auf Erfüllung oder Schadensersatz wegen Nichterfüllung klagen.

BEISPIELE

a) Der Erbe ist testamentarisch zur Grabpflege verpflichtet. Diese Auflage setzt keinen Begünstigten voraus.

b) Der Erblasser verpflichtet den Erben, einen Geldbetrag an das Deutsche Rote Kreuz oder an die »Armen« zu zahlen. Dadurch soll kein schuldrechtlicher Anspruch geschaffen werden.

Das Vermächtnis und die Auflage unterliegen als Erwerbe von Todes wegen der **ErbSt** (§ 3 Abs. 1 Nr. 1 und 2 ErbStG). Der Erbe kann den Vermächtnis-/Auflagewert vom Nachlasswert absetzen (§ 10 Abs. 5 ErbStG). **Ertragsteuerlich** stellt die Erfüllung von Nachlassverbindlichkeiten (Vermächtnisse, Pflichtteilsansprüche, Erbersatzansprüche) grundsätzlich kein Entgelt für den Erwerb des Nachlasses dar (BFH vom 17. 10. 1991 BStBl II 1992, 392). Beim Empfänger der Zahlung liegt ein einmaliger, nicht steuerbarer Vermögensanfall vor. Bei einem Sachvermächtnis hat der beschwerte Erbe das Vermächtnis durch Übereignung der Wirtschaftsgüter zu erfüllen. Der Erfüllung des Sachvermächtnisses geht zunächst ein unentgeltlicher Erwerb des Erben vom Erblasser voraus. Der Vermächtnisnehmer erwirbt vom Erben ebenfalls unentgeltlich. Stammt der vermachte Gegenstand aus dem Betriebsvermögen, führt die Überführung in das Privatvermögen des Vermächtnisnehmers zu einer steuerpflichtigen Entnahme des Erben. Dem Erben ist der Entnahmegewinn zuzurechnen (BFH vom 07. 12. 1990 BStBl II 1991, 350 gegen die frühere Rechtsprechung). Wenn der Erbe einem Miterben oder einem Dritten einen Betrieb herauszugeben hat, hat der Vermächtnisnehmer die Buchwerte nach § 7 Abs. 1 EStDV fortzuführen (BFH vom 07. 12. 1990 BStBl II 1991, 350; BFH vom 12. 03. 1992 BStBl II 1993, 36).

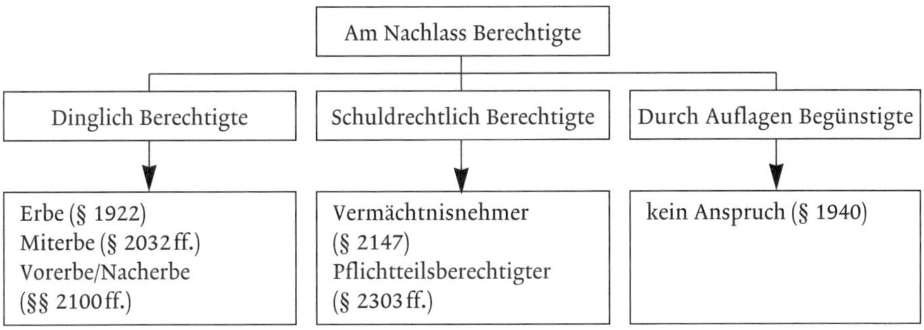

3.3.4 Teilungsanordnung (§ 2048 BGB)

Der Erblasser kann durch letztwillige Verfügung Anordnungen für die Auseinandersetzung unter Miterben treffen. Die **Teilungsanordnung** lässt die Rechtsstellung der Miterben vor der Auseinandersetzung unberührt und hat lediglich schuldrechtliche Wirkung. Die Miterben können einverständlich auch eine andere Art der Aufteilung wählen.

Ein **Vorausvermächtnis** und keine Teilungsanordnung liegt vor, wenn der Erblasser den übernahmeberechtigten Miterben begünstigen wollte. Soweit eine Anrechnung auf den Erbfall erfolgen soll, liegen bei Begünstigungsabsicht zugleich ein Vermächtnis und eine Teilungsanordnung vor.

3.3.5 Testamentsvollstreckung (§§ 2197 ff. BGB)

Der Testamentsvollstrecker ist als Treuhänder des Nachlasses Inhaber eines privaten Amtes, das ihm vom Erblasser übertragen ist. Der Erbe verliert dadurch seine Verwaltungs- und Verfügungsbefugnis an den Testamentsvollstrecker (§§ 2205, 2211). Der Testamentsvollstrecker ist nicht Vertreter des Nachlasses, der Erben oder der Nachlassgläubiger, sondern übt sein Amt kraft eigenen Rechts im Interesse der Erben aus. Auf die Geschäfte des Testamentsvollstreckers sind die Vorschriften über die Stellvertretung anwendbar (§§ 164 ff.). Er muss deshalb erkennbar als Amtstreuhänder auftreten; sonst wird er selbst verpflichtet (§ 164 Abs. 2). Er kann aus eigenem Recht klagen und verklagt werden.

Der Testamentsvollstrecker hat die letztwilligen Verfügungen des Erblassers auszuführen (§ 2203). Er hat die Auseinandersetzung unter den Miterben zu bewirken (**Auseinandersetzungs- oder Abwicklungsvollstreckung**, § 2204) oder den Nachlass zu verwalten (**Dauervollstreckung**, §§ 2205, 2209). Dazu gehört u. a. die Aufstellung eines Nachlassverzeichnisses, die Beitreibung von Nachlassverbindlichkeiten und die Verfügung über Nachlassgegenstände.

Der Testamentsvollstrecker hat auch die ErbSt-Erklärung abzugeben und die ErbSt für die Erben zu zahlen (BFH vom 22.01.1980 BStBl II 1980, 351). Dagegen hat er mit den Steuererklärungen der Erben nichts zu tun (BFH vom 16.04.1980 BStBl II 1980, 605).

4 Ausschluss von der Erbfolge

Der Ausschluss von der Erbfolge kann durch Enterbung, Erbverzicht oder Erbunwürdigkeit eintreten.

4.1 Enterbung und Pflichtteilsrecht

4.1.1 Enterbung

Der Erblasser kann einen Verwandten oder den Ehegatten von der gesetzlichen Erbfolge ausschließen (§ 1938). Dies kann durch negative Testamentsbestimmung oder dadurch erfolgen, dass der Erblasser andere Personen zugunsten des gesamten Nachlasses einsetzt.

4.1.2 Pflichtteilsrecht (§§ 2303 ff. BGB)

Das Pflichtteilsrecht beschränkt die Testierfreiheit des Erblassers und sichert den gesetzlichen Erben einen Mindestanteil am Erbvermögen, den der Erblasser nur unter erschwerten Voraussetzungen entziehen kann. Der Pflichtteilsberechtigte muss durch Verfügung von Todes wegen von der Erbfolge ausgeschlossen sein (Testament, Erbvertrag). Pflichtteilsberechtigt sind die **Abkömmlinge, der Ehegatte und die Eltern des Erblassers**. Eltern und weitere Abkömmlinge können den Regeln der gesetzlichen Erbfolge entsprechend durch Näherstehende vom Pflichtteilsrecht ausgeschlossen sein (§ 2309); jeder Stamm erhält nur einmal einen Pflichtteil.

Das Pflichtteilsrecht gibt nur einen **schuldrechtlichen Anspruch** auf Zahlung einer bestimmten Geldsumme gegen die Erben. Dieser Anspruch besteht in der **Hälfte des Werts des gesetzlichen Erbteils** (§ 2303 Abs. 1 Satz 2). Wenn der Erblasser den Pflichtteilsberechtigten als Erben oder Vermächtnisnehmer mit weniger als dem Pflichtteil eingesetzt hat, hat der Pflichtteilsberechtigte einen **Pflichtteilsrestanspruch** (§ 2305) bis zur Höhe seines Pflichtteils gegen den Erben bzw. die Miterben. Wenn der Erblasser das Pflichtteilsrecht durch Schenkung unter Lebenden in den letzten zehn Jahren verkürzt hat, hat der Pflichtteilsberechtigte einen **Pflichtteilsergänzungsanspruch** gegen den Erben und subsidiär gegen den Beschenkten (§§ 2325 bis 2331). Die Schenkung wird innerhalb des ersten Jahres vor dem Erbfall in vollem Umfang, innerhalb jedes weiteren Jahres vor dem Erbfall um jeweils 1/10 weniger berücksichtigt. Sind zehn Jahre seit der Leistung des verschenkten Gegenstands verstrichen, bleibt die Schenkung unberücksichtigt (§ 2325 Abs. 3). Alle Arten des Pflichtteilsanspruchs unterliegen einer kurzen

Verjährung von drei Jahren. Die Verjährung beginnt, nachdem der Pflichtteilsberechtigte vom Erbfall und der beeinträchtigenden Verfügung Kenntnis erlangt hat. Seit dem 01.01.2010 gilt grundsätzlich die Regelverjährung gem. § 195 (BGBl I 2009, 3142; Schindler/Walter, ZEV 2017, 7).

Die Erbschaftsteuerpflicht des Pflichtteilsberechtigten entsteht, wenn er den Anspruch geltend gemacht hat (§ 9 Abs. 1 Nr. 1b ErbStG). Die Verbindlichkeiten aus Pflichtteilsrechten sind beim Erben als Nachlassverbindlichkeiten abzugsfähig (§ 10 Abs. 5 Nr. 2 ErbStG). Ertragsteuerlich ist der Empfang von Geld aus Pflichtteilsansprüchen ein nicht steuerbarer einmaliger Vermögensanfall. Die Leistung von Wirtschaftsgütern des Privatvermögens an den Pflichtteilsberechtigten ist ein unentgeltlicher Erwerb. Wenn ein Pflichtteilsanspruch von dem Erben, der den Betrieb des Erblassers geerbt hat, durch die Zuwendung eines Wirtschaftsgutes aus dem Betriebsvermögen in das Privatvermögen des Pflichtteilsberechtigten erfüllt wird, gilt Folgendes:

- Wenn der Pflichtteilsberechtigte wertmäßig nur den Pflichtteil erhält: laufender, nicht nach §§ 16, 34 EStG begünstigter Entnahmegewinn beim verpflichteten Betriebsinhaber (Erben), BFH vom 23.07.1980 BStBl II 1981, 19.
- Wenn der Pflichtteilsberechtigte wie ein Erbe behandelt, also wertmäßig mit dem gesamten Wert seines gesetzlichen Erbteils abgefunden wird: laufender, nicht begünstigter Entnahmegewinn beim Pflichtteilsberechtigten (BFH vom 21.02.1973 BStBl II 1973, 317), es sei denn, die Erfüllung des Pflichteilsanspruches erfolgt nicht mehr im zeitlichen Zusammenhang mit dem Erbfall.

4.1.3 Erbverzichtsvertrag (§§ 2346 ff. BGB)

Der Erbverzicht ist ein erbrechtlicher notarieller Verfügungsvertrag mit dem Erblasser, in dem ein künftiger Erbe vor dem Erbfall auf seine künftige Erbenstellung verzichtet. Der Erbverzicht beseitigt das künftige gesetzliche Erbrecht und das Pflichtteilsrecht. Praktische Bedeutung hat der Erbverzicht vor allem in den Fällen der vorweggenommenen Erbfolge, d. h. wenn sich künftige Erben schon zu Lebzeiten des Erblassers ihren Erbanteil »auszahlen« lassen.

4.1.4 Erbunwürdigkeit (§§ 2339 ff. BGB)

Angriffe auf das Leben und auf die Testierfreiheit des Erblassers können die Erbunwürdigkeit des zum Erben oder Vermächtnisnehmer Berufenen oder des Pflichtteilsberechtigten zur Folge haben (§§ 2339, 2345). Die Erbunwürdigkeit muss nach dem Erbfall durch Anfechtungserklärung geltend gemacht werden (§ 2340). Anfechtungsberechtigt sind alle Personen, denen der Wegfall des Erbunwürdigen als Erbe zustatten kommt. Die Anfechtung ist durch die Verzeihung des Erblassers (§ 2343) oder durch die Versäumnis der einjährigen Ausschlussfrist ausgeschlossen (§ 2040 Abs. 3, § 2082).

5 Nachlassschulden

5.1 Grundregeln der Erbenhaftung

Der Anfall der Erbschaft ist zunächst vorläufig, weil der Erbe ein Ausschlagungsrecht hat. Die Vorläufigkeit besteht bis zur Annahme der Erbschaft oder bis zum Ablauf der Ausschlagungsfrist (§§ 1943, 1944). Der Erbe, der die Erbschaft ausdrücklich oder konkludent angenommen hat, **haftet für die Nachlassverbindlichkeiten grundsätzlich unbeschränkt mit dem**

Nachlass und mit seinem Eigenvermögen. Das Nachlassvermögen und das Eigenvermögen des Erben vereinigen sich. Der Erbe kann aber seine Haftung auf den Nachlass beschränken.

5.2 Beschränkung der Erbenhaftung

Die Beschränkung der Erbenhaftung auf den Nachlass hat zwei Folgen: Nachlassgläubiger können nicht auf das Privatvermögen des Erben zugreifen, Eigengläubiger des Erben können nichts aus dem Nachlass beanspruchen. Die Vereinigung von Nachlass- und Eigenvermögen wird also wieder aufgehoben.

a) Der Erbe kann die Nachlassgläubiger zur Anmeldung ihrer Forderungen in einem gerichtlichen Verfahren auffordern (so genanntes **Aufgebotsverfahren** nach §§ 1970 ff. ZPO). Damit wird die Haftung noch nicht generell beschränkt und keine Vermögenstrennung bewirkt. Der Erbe kann aber die Befriedigung **solcher Gläubiger**, die sich nicht gemeldet haben und durch Ausschlussurteil ausgeschlossen sind, insoweit verweigern, als der Nachlass durch die Gläubiger erschöpft ist, die am Aufgebotsverfahren teilnehmen. Gegenüber säumigen Gläubigern kann der Erbe die Zahlung aus seinem Privatvermögen auch ohne Aufgebotsverfahren verweigern, wenn die Forderung später als 5 Jahre nach dem Erbfall geltend gemacht wird (§ 1974).

b) Der Erbe kann seine Haftung **allen Nachlassgläubigern** gegenüber auf den Nachlass durch die **Nachlassverwaltung**, den **Nachlasskonkurs** (§§ 1975 ff.) oder den **Nachlassvergleich** (§§ 7, 113 VerglO) beschränken. Zugleich wird verhindert, dass die Eigengläubiger des Erben den Nachlass in Anspruch nehmen können.

c) Bei dürftigem Nachlass – d. h. wenn sich ein Nachlasskonkurs mangels Masse nicht lohnt – kann der Erbe im Prozess gegen Nachlassgläubiger die **Dürftigkeitseinrede** erheben (§§ 1990, 1992) und den Nachlass als Verwalter selbst abwickeln.

Nachlassgläubiger können beim Nachlassgericht den Antrag stellen, dass der Erbe ein **Nachlassinventar** errichtet (§ 2001). Wenn der Erbe die Frist zur Inventarerrichtung ungenutzt verstreichen lässt oder ein unvollständiges Inventar errichtet, haftet er allen Nachlassgläubigern unbeschränkbar mit dem Nachlass- und dem Eigenvermögen.

5.3 Arten der Schulden des Erben

Im Hinblick auf die Beschränkung der Erbenhaftung auf den Nachlass ist es wichtig festzustellen, welche Schulden zu den Nachlassschulden und welche Schulden zu den Eigenschulden des Erben gehören.

5.3.1 Nachlassschulden

Zu den Nachlassschulden gehören drei Gruppen von Verbindlichkeiten. Die **Erblasserschulden** sind die vom Erblasser herrührenden Schulden, die schon vor dem Erbfall entstanden sind.

BEISPIEL

Der Erblasser hat eine gekaufte Sache noch nicht bezahlt, die vor seinem Tod fällige Miete noch nicht entrichtet usw.

Die **Erbfallschulden** entstehen erst **mit** dem Erbfall, sind also noch nicht in der Person des Erblassers begründet gewesen.

BEISPIEL

Gesetzlich geregelte Erbfallschulden sind die Pflichtteilsschulden (§§ 2303 ff.), Vermächtnisse (§§ 2147 ff., 2174), Auflagen (§ 2192), der Zugewinnausgleich (§ 1371), die Ersatzverpflichtung (§ 1934a) und die Pflicht zur ErbSt-Zahlung (§ 9 ErbStG).

Die **Erbverwaltungs- oder Nachlasskostenschulden** sind solche Schulden, die erst **nach** dem Erbfall entstehen.

BEISPIEL

Beerdigungskosten, Kosten der Testamentseröffnung (§ 2260), der Erbauseinandersetzung, der Nachlasspflegschaft (§ 1961), der Nachlassverwaltung und des Nachlasskonkurses.

5.3.2 Eigen- oder Erbenschulden

Die Eigen- oder Erbenschulden sind keine Nachlassschulden. Es handelt sich um Schulden, die in der Person des Erben entweder vor dem Erbfall entstanden sind oder nach dem Erbfall entstehen, die ihn aber nicht in seiner Eigenschaft als Erbe treffen. Solche Schulden haben mit dem Nachlass nichts zu tun. Eigengläubiger des Erben können jedoch infolge der Verschmelzung von Nachlass und Eigenvermögen auf den Nachlass zugreifen, es sei denn, dies wird durch Herbeiführung der beschränkten Erbenhaftung verhindert.

5.3.3 Nachlasseigen- oder Nachlasserbenschulden

Es handelt sich um Schulden, die zugleich Nachlassschulden (s. 5.3.1) und Eigenschulden des Erben (s. 5.3.2) sind. Für sie haftet nach Wahl des Gläubigers der Nachlass oder das Eigenvermögen des Erben. Eine Beschränkung der Erbenhaftung auf den Nachlass scheidet hier aus.

BEISPIELE

a) Der Erbe geht Verbindlichkeiten zur ordnungsgemäßen Verwaltung des Nachlasses ein (z. B. Zahlung der Stromrechnung zum Betrieb des ererbten Geschäfts).
b) Der Erbe erkennt ausdrücklich an, dass er für eine Erblasser- oder Erbfallschuld auch mit seinem Eigenvermögen haftet, verzichtet also praktisch auf die Möglichkeit der Haftungsbeschränkung.

6 Miterbengemeinschaft (§§ 2032–2063 BGB)

6.1 Gesamt- und Sondererbfolge

6.1.1 Gesamterbfolge und Gesamthandsvermögen

Wie beim Alleinerben tritt auch dann, wenn mehrere Erben vorhanden sind, grundsätzlich Gesamterbfolge ein (§ 1922 Abs. 1, § 2032 Abs. 1, s. 1.2.1 und 1.3.2). Die Erbschaft steht der Miterbengemeinschaft zur gesamten Hand zu. Die Miterbengemeinschaft ist keine juristische Person wie etwa der eingetragene Verein und kann deshalb als solche keine Rechte und Pflichten erwerben. Träger der Rechte und Pflichten ist der einzelne Miterbe. Seine Berechtigung bemisst sich nicht nach bestimmten ideellen Bruchteilen wie bei der Bruchteilsgemeinschaft (§§ 741 ff.), sondern nach den Grundsätzen für Gesamthandsgemeinschaften: Der Miterbe ist am gesamten Nachlass beteiligt, aber beschränkt durch die Rechte der anderen Miterben. Das gemeinschaftliche Vermögen der Miterben ist vor der Erbauseinandersetzung von ihrem jeweiligen Privat- oder Eigenvermögen getrennt zu sehen. Zwischen der Miterbengemeinschaft und einzelnen Miterben sind daher neue Rechtsverhältnisse möglich, z. B. über die Vermietung eines ins Gesamthandsvermögen fallenden Hauses an einen Miterben. Da vor der Erbauseinandersetzung keine Vereinigung von Nachlassvermögen und Eigenvermögen des Miterben eintritt, kann infolge des bloßen Erbfalls vor der Auseinandersetzung keine Konfusion oder Konsolidation eintreten (zur Rechtslage beim Alleinerben s. 1.2.1).

BEISPIELE

a) Erblasser E hat zu Lebzeiten dem Miterben A ein Darlehen von 2 000 € gegeben und dem Miterben B ein Haus für 1 000 € monatlich vermietet.

LÖSUNG Nach dem Erbfall sind A und B als Miterben gemeinschaftlich

- Darlehensgläubiger des A über 2 000 € (nicht lediglich 1 000 €),
- Vermieter des B für weiterhin 1 000 € monatlich.

b) Miterbe A kann die Darlehensforderung der Miterbengemeinschaft nicht mit einer Gegenforderung aufrechnen, die er z. B. aus Kauf gegen den B hat. Im Hinblick auf Aufrechnungen werden Gesamthandsvermögen und Eigenvermögen ebenfalls als Vermögen verschiedener Rechtsträger behandelt (§ 2040 Abs. 2, § 1977).

Die Gesamthandsgemeinschaft der Miterben folgt im Wesentlichen **denselben** Grundsätzen wie die Gesellschaft (§§ 718 ff.) und die eheliche Gütergemeinschaft (§§ 1415 ff.):

a) Die Miterben können vor der Auseinandersetzung über einzelne Nachlassgegenstände nur gemeinsam verfügen (§ 2040 Abs. 1).
b) Ein Miterbe kann über »seinen Anteil an den einzelnen Nachlassgegenständen« nicht verfügen (§ 2033 Abs. 2). Da bei der Gesamthandsbeteiligung ein solcher gegenständlicher oder ideeller Anteil nicht existiert, könnte auch die Miterbengemeinschaft über einen solchen Anteil an einzelnen Gegenständen nicht verfügen.

In zwei Punkten **unterscheidet** sich die Rechtsstellung des Miterben von der Berechtigung anderer Gesamthänder:

1. Während der BGB-Gesellschafter über seinen Anteil an der Gesellschaft nur mit Zustimmung der übrigen Gesellschafter (§ 719 Abs. 1, § 182) und der Ehegatte über seinen Anteil am Gesamtgut überhaupt nicht verfügen kann (§ 1419), kann der Miterbe ohne Zustimmung der anderen Miterben über seinen **gesamten Anteil am Nachlass** verfügen (§ 2033 Abs. 1), z. B. durch Erbschaftsverkauf (§ 2371). Dieses Verfügungsrecht des Miterben kann weder durch den Erblasser noch durch Vereinbarung unter den Miterben beschränkt werden (§ 137). Den übrigen Miterben steht jedoch ein Vorkaufsrecht zu, um zu verhindern, dass ein Dritter gegen ihren Willen Mitglied der Miterbengemeinschaft wird (§§ 2034 bis 2037).
2. Anders als der Gesellschafter (§ 719 Abs. 1 Satz 2, § 723) und der Ehegatte bei der Gütergemeinschaft (§ 1419 Abs. 1 Satz 2) kann der Miterbe grundsätzlich jederzeit die Auseinandersetzung des Nachlasses verlangen (§ 2042 Abs. 1).

BEISPIEL

Erblasser E hat seinen Sohn S und seine Tochter T zu je 1/2 zu Miterben eingesetzt. Der Nachlass besteht aus einem Einzelhandelsgeschäft, einem privaten Wohnhaus und einem Sparguthaben von 10 000 €.

LÖSUNG Mit dem Tod des Erblassers E geht der gesamte Nachlass unentgeltlich im Wege der Gesamtrechtsnachfolge auf die Miterbengemeinschaft über. S und T werden durch den Erbfall Gesamthandseigentümer des Betriebs, des Wohnhauses und der Geldforderung. Die Erbengemeinschaft kann grundsätzlich ohne zeitliche Begrenzung fortgesetzt werden. Das Ergebnis ihrer Betätigung wird Bestandteil des gemeinschaftlichen Vermögens.

Hieraus ergeben sich Folgerungen für das Entstehen und die Zurechnung von steuerlichen Einkünften bei den Miterben. Steuerlich wird die Miterbengemeinschaft bis zu ihrer Auseinandersetzung (§ 2042) bei den Gewinneinkünften als Mitunternehmerschaft und bei den Überschusseinkünften wie eine Bruchteilsgemeinschaft behandelt. Die Einkünfte der ungeteilten Miterbengemeinschaft sind den Miterben ihren Erbanteilen entsprechend zu je 1/2 zuzurechnen und einheitlich und gesondert festzustellen (§§ 179, 180 AO).

Ein zum Nachlass gehörender Gewerbebetrieb geht als solcher mit dem Erbfall auf die Erbengemeinschaft über (§ 1922). Zivilrechtlich können die Miterben das Handelsgeschäft als Miterbengemeinschaft fortführen. Steuerlich sind nach § 6 Abs. 3 EStG die Buchwerte fortzuführen. Der Erbfall selbst ist keine Betriebsveräußerung nach §§ 16, 34 EStG, so dass keine stillen Reserven zu realisieren sind. Hinsichtlich der weiteren Behandlung hat sich die Finanzrechtsprechung gewandelt. Nach der früheren Rechtsprechung war Mitunternehmerschaft einzelner oder aller Miterben nur anzunehmen, wenn sie über die bloße Rechtsnachfolge hinaus den Betrieb kraft eigenen Willensentschlusses fortführten oder wenn die Erbauseinandersetzung nicht binnen angemessener Frist stattfand (BFH vom 19.01.1990 BStBl II 1990, 383). Aufgrund des Beschlusses des Großen Senats des BFH vom 05.07.1990 BStBl II 1990, 837 wird heute davon ausgegangen, dass sämtliche Miterben grundsätzlich mit dem Erbfall automatisch Mitunternehmer i. S. d. § 15 Abs. 1 Satz 1 Nr. 2 EStG werden. Aufgrund ihrer Stellung als Miterben tragen sie Mitunternehmerrisiko und können Mitunternehmerinitiativen entfalten.

BEISPIEL

S und T wollen sich nicht unternehmerisch betätigen und verkaufen den vom Erblasser E geerbten Betrieb kurze Zeit nach dem Erbfall an K.

LÖSUNG S und T sind mit dem Erbfall Mitunternehmer geworden. Diese Beurteilung hängt nicht von der Länge des Zeitraums ab, in dem die Miterbengemeinschaft das Unternehmen weiterführt. Auch wenn die Erben das Unternehmen alsbald nach dem Erbfall abwickeln und einstellen oder es auf einen andern übertragen, haben sie zunächst die Eigenschaft von Mitunternehmern erlangt und behalten diese bis zur Betriebsbeendigung oder Auseinandersetzung über den Betrieb. Als solche beziehen die Erben ihre Einkünfte nicht unter Gesichtspunkten der Rechtsnachfolge aus einer ehemaligen Tätigkeit des Erblassers, sondern kraft eigener Verwirklichung des Einkünftetatbestandes (vgl. BMF vom 14.03.2006, BStBl. I 2006, 253 Tz. 3). Der Verkauf des Betriebes führt bei S und T zu einem anteiligen Veräußerungsgewinn nach §§ 16, 34 EStG.

6.1.2 Sondererbfolge

Während die Gesamterbfolge den Nachlass als Ganzes umfasst und ihn den Miterben zur gesamten Hand zuweist, gilt die Sondererbfolge nur für einzelne Nachlassgegenstände besonderer Art. Der Sondererbe wird mit dem Erbfall unmittelbar Alleinberechtigter. Die Sondererbfolge ist – von §§ 569a, 569b (Mietverhältnis) abgesehen – nur im Erbrecht außerhalb des BGB anzutreffen. Hauptfall ist die Sondererbfolge in die Beteiligung des persönlich haftenden Gesellschafters einer GdbR, einer OHG oder einer KG. Wenn ein solcher Gesellschafter stirbt, fällt seine Gesellschaftsbeteiligung nicht ohne weiteres in das Gesamthandsvermögen der Miterben wie etwa eine GmbH-Beteiligung. Die Folgen richten sich nach den gesellschaftsrechtlichen Vereinbarungen, mangels solcher Vertragsbestimmungen nach dem Gesetz (vgl. BMF vom 14.03.2006 BStBl I 2006, 253 Tz. 69 ff.).

a) Das **Gesetz** sieht bei einer Personengesellschaft Folgendes vor:
- Wenn bei einer **GbR** der Gesellschaftsvertrag keine Regelung vorsieht, wird die Gesellschaft beim Tod des Gesellschafters aufgelöst (§ 727). Bei Auflösung der Gesellschaft geht die Mitgliedschaft in der entstandenen Liquidationsgesellschaft gem. § 1922 Abs. 1 auf den oder die Erben über, d. h. der Anteil an dem Liquidationsvermögen fällt in den Nachlass.
- Bei der **OHG** führt mangels abweichender Vertragsklausel seit dem 01.07.1998 der Tod eines Gesellschafters zu seinem Ausscheiden (§ 131 Abs. 2 Nr. 1 HGB i. d. F. des Handelsrechtsreformgesetzes vom 22.06.1998 BGBl I 1998, 1474).
- Eine **KG** wird beim Tod eines Kommanditisten mangels abweichender Vertragsbestimmung mit den Erben fortgesetzt (§ 177 HGB i. d. F. des Handelsrechtsreformgesetzes [a. a. O.]). §§ 131 und 177 HGB bleiben in der alten Fassung anwendbar, wenn ein Gesellschafter dies bis zum 31.12.2001 gegenüber der Gesellschaft schriftlich verlangt (Art. 41 EGHGB).
- Die **stille Gesellschaft** wird durch den Tod des stillen Gesellschafters nicht aufgelöst (§ 234 Abs. 2 HGB).
- In der **Partnerschaftsgesellschaft** führt mangels anderweitiger Vertragsbestimmung der Tod eines Partners zu seinem Ausscheiden (§ 9 Abs. 1 PartGG i. V. m. § 131 Abs. 2 Nr. 1 HGB).

b) Der Gesellschaftsvertrag kann vorsehen, dass die Personengesellschaft unter den verbliebenen Gesellschaftern ohne den Erblasser fortgesetzt wird (so genannte **einfache Fortsetzungsklausel**). Dann scheidet der Erblasser mit seinem Tod aus der Gesellschaft aus. Sein Anteil wächst den verbliebenen Gesellschaftern an (§ 105 Abs. 2 HGB, § 738 BGB). Der Erblasser erwirbt einen Abfindungsanspruch nach § 738 Abs. 1 Satz 2 BGB, den er auf seine Erben vererbt.
Ertragsteuerlich erzielt der Erblasser mit dem Tod einen Veräußerungsgewinn nach §§ 16, 34 EStG. Die Altgesellschafter haben in Höhe ihrer anteiligen Anschaffungskosten für den Anteil des Erblassers die Buchwerte aufzustocken. Der Erwerb des Abfindungsanspruches durch die Erben hat erbrechtliche, d. h. private Ursache und ist ertragsteuerlich ohne Bedeutung.

c) Wird die OHG oder KG aufgrund einer **Nachfolgeklausel** im Gesellschaftsvertrag mit allen oder mit einzelnen Miterben fortgesetzt, wird jeder Miterbe, der ein solches Nachfolgerecht hat, durch Sondererbfolge unter Durchbrechung des Grundsatzes der Gesamtnachfolge mit einem Kapitalanteil entsprechend der Größe seines Erbteils Gesellschafter. Im Fall der **einfachen Nachfolgeklausel** wird die Gesellschaft beim Tod eines Gesellschafters mit **allen** Erben dieses Gesellschafters fortgesetzt. Mitunternehmeranteile, die vom Erblasser gesondert auf die Miterben übergegangen sind, können bei einfacher Nachfolgeklausel in die Erbauseinandersetzung einbezogen und abweichend aufgeteilt werden. Ausgleichszahlungen an die weichenden Miterben führen auch in diesem Fall zu Anschaffungskosten (BFH vom 13.12.1990 BStBl II 1992, 510; BFH vom 29.10.1991 BStBl II 1992, 512). Diese Betrachtungsweise hat zur Folge, dass durch die Einbeziehung von Mitunternehmeranteilen in die Erbauseinandersetzung im Fall der einfachen Nachfolgeklausel eine gewinnneutrale Realteilung des Nachlasses erreicht werden kann (BMF vom 14.03.2006 BStBl I 2006, 253 Tz. 71).

In den Fällen der **qualifizierten Nachfolgeklausel** folgen nicht alle Miterben, sondern nur **einer oder einzelne** von mehreren Miterben des Erblassers in seine Gesellschafterstellung nach. Dies hat zur Folge, dass nur die qualifizierten Miterben, nicht dagegen die nicht qualifizierten Miterben als Mitunternehmer anzusehen sind (kein Durchgangserwerb). Wenn von den qualifizierten Miterben an die nicht qualifizierten Miterber Abfindungen geleistet werden, entstehen deshalb weder Veräußerungsgewinne noch Anschaffungskosten (BFH vom 29.10.1991 BStBl II 1992, 512).

d) Wenn im Gesellschaftsvertrag eine **Eintrittsklausel** zugunsten der Erben vereinbart ist, haben die Erben einen obligatorischen Anspruch auf Aufnahme in die Gesellschaft. Die Erben erben lediglich ein Eintrittsrecht. Da die Klausel keine dingliche Wirkung hat, wächst der Gesellschaftsanteil des Erblassers zunächst den verbleibenden Gesellschaftern zu. Wenn die Miterben ihr Eintrittsrecht nicht ausüben, verbleibt der Gesellschaftsanteil bei den Altgesellschaftern.

Hieraus folgt, dass bei Zahlung einer Abfindung im Fall des Nichteintritts – wie bei der Fortsetzungsklausel – der Erblasser einen tarifbegünstigten Veräußerungsgewinn erzielt. Wird allerdings das Eintrittsrecht innerhalb von sechs Monaten nach dem Erbfall ausgeübt, so gelten, wenn alle Miterben von ihrem Eintrittsrecht Gebrauch machen, die Ausführungen über die einfache Nachfolgeklausel, wenn nur einer oder einige Miterben von ihrem Eintrittsrecht Gebrauch machen, die Ausführungen über die qualifizierte Nachfolgeklausel entsprechend.

Anders als bei der Personengesellschaft ist die Erbfolge von **Anteilen an Kapitalgesellschaften** geregelt. Hier gilt nicht das Prinzip der Sondererbfolge, sondern die Gesamtrechtsnachfolge (§ 1922). Die Vererblichkeit eines GmbH-Anteils (§ 15 Abs. 1 GmbHG) kann nicht ausgeschlossen werden. Auch für Anteile an Aktiengesellschaften gelten keine Besonderheiten. Anteile an Kapitalgesellschaften gehen mit dem Tod des Gesellschafters auf den Erben über. Sind mehrere Erben vorhanden, fällt der Anteil an der Kapitalgesellschaft in das Gesamthandsvermögen der Miterbengemeinschaft. Die Satzung kann aber für den Todesfall bestimmen, dass der Anteil eingezogen wird oder abzutreten ist, nachdem er in den Nachlass gelangt ist (BFH vom 01.07.1999 BStBl II 1992, 912).

6.2 Verwaltung des Nachlasses

Das BGB regelt die gemeinschaftliche Verwaltung des Nachlasses (§ 2038), die Befugnis, Nachlassansprüche geltend zu machen (§ 2039) und die Verfügungsbefugnis über Nachlassgegenstände (§ 2040). Die notwendige klare Trennung von Geschäftsführung (Innenverhältnis unter den Miterben) und Vertretung (Außenverhältnis) ist dem Gesetz selbst – anders als im Gesellschaftsrecht (§§ 709, 714) – nicht zu entnehmen.

Im **Innenverhältnis** unter den Miterben stellt § 2038 Abs. 1 Satz 1 den Grundsatz der gemeinschaftlichen Verwaltung auf (Einstimmigkeitsprinzip). Dies gilt jedoch nur für die nicht ordnungsgemäße Verwaltung, also für die Verwaltung, die nicht dem Interesse aller Miterben entspricht. Über die ordnungsgemäße Verwaltung entscheidet die Miterbengemeinschaft mit Stimmenmehrheit (§ 2038 Abs. 2, § 745). Die notwendigen Erhaltungsmaßregeln können im Dringlichkeitsfall auch von jedem Miterben allein getroffen werden (§ 2038 Abs. 1 Satz 2). Gebrauch sowie Nutzen- und Lastentragung richten sich nach den Vorschriften über die Bruchteilsgemeinschaft (§ 2038 Abs. 2 i. V. m. §§ 743, 745, 748).

Verwaltungsgeschäfte im Rahmen des § 2038 wirken, obwohl das Gesetz schweigt, nicht nur im Innen-, sondern auch im **Außenverhältnis**. Einem nach § 2038 im Innenverhältnis wirksamen Mehrheitsbeschluss kommt auch Außenwirkung zu mit der Folge, dass die Mehrheit oder einzelne Miterben Vertretungsmacht haben, auch für die anderen zu handeln.

Nach § 2040 Abs. 1 können die Erben über Nachlassgegenstände auch nur gemeinschaftlich verfügen, also nur gemeinsam Rechte übertragen, inhaltlich ändern, aufheben oder belasten. Einzelne Miterben können in Stellvertretung (§ 164) der anderen handeln. Auch kann einzelnen Miterben die Einwilligung oder Genehmigung (§ 185) der nichthandelnden Miterben erteilt werden. Die Rechtsprechung gewährt der Mehrheit der Miterben (entsprechend der Rechtslage für die Verpflichtungsgeschäfte nach § 2038) auch bei den Verfügungsgeschäften die Vertretungsmacht, damit die Miterbengemeinschaft die im Innenverhältnis beschlossenen Maßnahmen auch vollziehen kann.

6.3 Auseinandersetzung und Nachlassteilung

Die Miterbengemeinschaft ist keine Dauergemeinschaft, sondern auf die Erbauseinandersetzung gerichtet. Jeder Miterbe kann jederzeit die Auseinandersetzung des Nachlasses verlangen (§ 2042), es sei denn, die Auseinandersetzung ist vom Erblasser durch letztwillige Verfügung (§ 2043) oder von den Miterben durch Vereinbarung aufgeschoben oder ausgeschlossen worden. Solche Einschränkungen wirken jedoch nur schuldrechtlich (§ 137); sind alle Miterben einig, können sie abweichend verfügen.

Die Auseinandersetzung erfolgt durch einen **obligatorischen Vertrag** unter den Miterben und durch die **dinglich wirkende Teilung** des Nachlasses zur Erfüllung dieses Vertrages. Zivilrechtlich gilt also auch hier das Abstraktionsprinzip. Der **Auseinandersetzungsvertrag** schafft den Verpflichtungsgrund für den Erwerb der einzelnen Nachlassgegenstände durch die Miterben. Die Miterbengemeinschaft verpflichtet sich zur Übertragung von Gegenständen des Gesamthandsvermögens in das Privatvermögen des Miterben. Dieser verpflichtet sich, bei den anderen Gegenständen, die die übrigen Miterben erhalten, auf seine Gesamthandsbeteiligung zu verzichten. Nur wenn vertragliche Abmachungen der Miterben und Anordnungen des Erblassers nicht gegeben sind, sind die gesetzlichen Auseinandersetzungsvorschriften anzuwenden (§ 2042 Abs. 2, §§ 2046 ff., 752 ff.). Danach ist nach Berichtigung der Nachlassverbindlichkeiten (§§ 2046, 755) ein verbleibender Überschuss nach dem Verhältnis der Erbteile auf die Miterben zu verteilen (§ 2047).

Der nur schuldrechtlich wirkende Auseinandersetzungsvertrag muss durch verfügende Einzelakte dinglich vollzogen werden. Bei der Übertragung aus dem Gesamthandsvermögen in das Eigenvermögen der Miterben sind die gesetzlichen Voraussetzungen einzuhalten.

BEISPIEL

Die Miterbengemeinschaft aus A, B und C überträgt auf den A ein Grundstück nach §§ 873, 925, auf den B eine Münzsammlung nach § 929 und auf den C eine Geldforderung nach § 398.

Die Erbauseinandersetzung kann auch dadurch erfolgen, dass die im Gesamthandsvermögen befindlichen Wirtschaftsgüter in Bruchteilseigentum nach § 1008 oder in ein anderes Gesamthandsvermögen überführt werden.

BEISPIELE

a) Die Miterbengemeinschaft aus A, B und C führt einen vom Erblasser ererbten Betrieb aufgrund einheitlichen Entschlusses nicht mehr aufgrund bloßer Rechtsnachfolgegesichtspunkte, sondern als Gesellschafter einer OHG fort. Dadurch entsteht gesellschaftsrechtliches Gesamthandsvermögen.

b) Die Miterbengemeinschaft aus A und B überführt ein Grundstück aus dem Nachlass aufgrund eines einheitlichen Entschlusses in Bruchteilseigentum.

Ein Anspruch auf Teilauseinandersetzung besteht grundsätzlich nicht. Die Miterben können aber einverständlich im Wege der Teilauseinandersetzung bewirken, dass einzelne Miterben aus der Miterbengemeinschaft ausscheiden oder einzelne Nachlassgegenstände vor der endgültigen Teilung in das Eigenvermögen von Miterben überführt werden.

Erst wenn alle dinglichen Verfügungsakte erfüllt und die Nachlassgegenstände bzw. ihr Erlös real unter die Miterben aufgeteilt sind, ist die Miterbengemeinschaft aufgelöst und die Erbauseinandersetzung vollzogen.

Erbschaftsteuerlich kann die Erbauseinandersetzung zu einer Verschiebung erbschaftsteuerlicher Begünstigungen führen, insbesondere nach §§ 13a, 13b, 19a ErbStG für Betriebsvermögen, nach § 13 Abs. 1 Nr. 4b und 4c ErbStG für das Familienheim und nach § 13d ErbStG für Wohnimmobilien (Wälzholz, ZEV 2017, 135).

6.4 Erbauseinandersetzung im Ertragsteuerrecht

6.4.1 Erbauseinandersetzung von Privatvermögen

6.4.1.1 Grundsätze

Die Erbengemeinschaft wird bis zu ihrer Auseinandersetzung (§ 2042 BGB) steuerlich bei den Überschusseinkünften wie eine Bruchteilsgemeinschaft (§ 39 Abs. 2 Nr. 2 AO) und bei den Gewinneinkünften als Mitunternehmerschaft behandelt. Bis zum Beschluss des Großen Senats des BFH vom 05.07.1990 BStBl 1990, 837 wurde die Auseinandersetzung einer Miterbengemeinschaft verschieden geregelt, je nachdem, ob Betriebsvermögen oder Privatvermögen auf die Miterben verteilt wurde. Bei der **Erbauseinandersetzung über Privatvermögen** folgt die Finanzrechtsprechung schon seit dem Jahr 1985 der zivilrechtlichen Beurteilung und trennt zwischen dem Erbfall und der späteren Erbauseinandersetzung (**Trennungstheorie**). Der Erbfall ist als ein unentgeltlicher Vorgang zu behandeln, der selbst noch keine ertragsteuerlichen Folgen hat, also weder zu einem Veräußerungsgewinn noch zu Anschaffungskosten führt. Erst die Erbauseinandersetzung hat unter bestimmten Voraussetzungen ertragsteuerliche Folgen. Wird der Nachlass real unter die Miterben ohne Ausgleichszahlungen aufgeteilt, führt dies ebenfalls zu einem voll unentgeltlichen Erwerb. Ein entgeltlicher Erwerb ist aber insoweit anzunehmen, als ein Miterbe für den Erwerb eines Nachlassgegenstandes von den übrigen Miterben Vermögenswerte außerhalb der Erbmasse einsetzen muss. Ausgleichszahlungen an die weichenden Miterben führen zu Anschaffungskosten des übernehmenden Miterben. Diese Behandlung ist im Regelfall steuerlich günstig, weil sich der Miterbe, der ein Gebäude gegen Ausgleichszahlungen übernimmt, hierdurch bei Gebäuden eine neue Abschreibungsbemessungsgrundlage verschafft und nur hinsichtlich seines eigenen Erbanteils die Abschreibung des Erblassers fortführt. Die Ausgleichszahlungen führen bei den weichenden Miterben zu ertragsteuerlich dann nicht zu erfassenden einmaligen Vermögensanfällen, wenn bei Anrechnung der Besitzzeit des Erblassers ein privates Veräußerungsgeschäft nach

§ 23 EStG nicht vorliegt. An dieser Behandlung hat sich durch den Beschluss des Großen Senats vom 05.07.1990 [a. a. O.] nichts geändert. Vgl. zur ertragsteuerlichen Behandlung der Erbengemeinschaft und ihrer Auseinandersetzung im Einzelnen BMF vom 14.03.2006 BStBl I 2006, 253).

6.4.1.2 Realteilung von Privatvermögen ohne Ausgleichszahlung

Soweit jeder der Miterben bestimmte Nachlassgegenstände zu Alleineigentum übertragen erhält (Realteilung), ohne dass einer der Miterben Ausgleichszahlungen leistet oder über seinen Erbanteil hinaus Nachlassschulden übernimmt, hat jeder der Miterben die ihm zugeteilten Gegenstände voll unentgeltlich erworben. Folge ist, dass der einzelne Miterbe die AfA des Erblassers fortsetzt (§ 11d EStDV). Eine Schuldübernahme führt auch insoweit nicht zu Anschaffungskosten, als sie die Erbquote übersteigt. Nachlassverbindlichkeiten können als Gestaltungsmittel eingesetzt werden, um bei der Realteilung einen wertmäßigen Ausgleich unter den Miterben und damit einen unentgeltlichen Rechtsvorgang zu ermöglichen. Es kommt nicht darauf an, ob die übernommenen Verbindlichkeiten in einem Finanzierungszusammenhang mit zugeteilten Nachlassgegenständen stehen.

BEISPIELE

a) A und B sind Erben zu je 1/2.Zum Nachlass gehört ein Grundstück (Wert 2 Mio. €), das mit einer noch valutierten Hypothek von 1 Mio. € belastet ist. Zum Nachlass gehören außerdem Wertpapiere (Wert 3 Mio. €). Die Erben setzen sich dahin auseinander, dass A das Grundstück und B die Wertpapiere erhält. B übernimmt außerdem die Verbindlichkeit in voller Höhe.

LÖSUNG Die Erbauseinandersetzung erfolgt im Wege der Realteilung ohne Ausgleichszahlung, also insgesamt als unentgeltlicher Vorgang. A erhält einen Wert von 2 Mio. € (Grundstück). B erhält ebenfalls einen Wert von 2 Mio. € (Wertpapiere im Wert von 3 Mio. € abzüglich der übernommenen Verpflichtung von 1 Mio. €).

b) A und B sind Erben zu je 1/2.Zum Nachlass gehören zwei Grundstücke im Wert von je 1 Mio. €, die mit Hypotheken von je 500 000 € belastet sind. A erhält Grundstück 1 und übernimmt auch die das Grundstück 2 betreffende Hypothek. B erhält das Grundstück 2 und zahlt an A 500 000 €.

LÖSUNG Die Übernahme von Verbindlichkeiten der Erbengemeinschaft durch einzelne Miterben über die Erbquote hinaus führt auch dann nicht zu Anschaffungskosten, wenn durch die Art der Verteilung von Verbindlichkeiten zusätzlich Abfindungsbedarf geschaffen wird. Es liegt eine Realteilung ohne Abfindungszahlung vor. B hat mit der Zahlung von 500 000 € an A die Freistellung von der das Grundstück 2 belastenden Schuld intern beglichen.

Die von der Rechtsprechung zur Wertangleichung zugelassene Möglichkeit der Übernahme von Verbindlichkeiten der Erbengemeinschaft über die Erbquote hinaus bezieht sich nur auf Nachlassverbindlichkeiten. Ein Gestaltungsmissbrauch (§ 42 AO) kann vorliegen, wenn die Erbengemeinschaft im engen zeitlichen Zusammenhang mit der Erbauseinandersetzung Verbindlichkeiten eingeht, um insoweit eine gewinnneutrale Realteilung zu ermöglichen.

6.4.1.3 Erbauseinandersetzung von Privatvermögen mit Ausgleichszahlung

Setzen sich die Miterben in der Weise auseinander, dass ein Miterbe ein Wirtschaftsgut gegen Zahlung einer Abfindung an weichende Miterben übernimmt, so liegt ein entgeltlicher Erwerb insoweit vor, als der übernehmende Miterbe hierfür Vermögenswerte über seinen Anteil am Nachlass hinaus einsetzt. In Höhe der Abfindungszahlung entstehen Anschaffungskosten. Wird ein Wirtschaftsgut gegen Abfindungszahlung erworben, berechnen sich der entgeltlich und der unentgeltlich erworbene Teil nach dem Verkehrswert.

- Der Erbe erwirbt entgeltlich im Verhältnis Ausgleichszahlung : gemeiner Wert der erworbenen Nachlassgegenstände. Soweit der Miterbe das Wirtschaftsgut entgeltlich erworben hat, sind der weiteren Abschreibung seine Anschaffungskosten zugrunde zu legen.
- Im Übrigen erwirbt der Miterbe unentgeltlich. Nach der Erbauseinandersetzung ist hinsichtlich der weiteren Abschreibung zwischen dem unentgeltlich erworbenen Teil des Wirtschaftsguts und dem entgeltlich erworbenen Teil zu unterscheiden. Beim unentgeltlichen Teil führt der Miterbe die von der Erbengemeinschaft vorgenommene Abschreibung anteilig fort (§ 11d EStDV).
- Wird der entgeltliche Teil für mehrere Wirtschaftsgüter gezahlt, ist die Ausgleichszahlung auf diese im Verhältnis der Verkehrswerte aufzuteilen.

BEISPIELE

a) A und B sind Miterben zu je 1/2.Der Nachlass besteht aus einem Gebäude auf einem Erbbaugrundstück (Verkehrswert 1 Mio. €) und Bargeld (500 000 €). A erhält das Gebäude und zahlt an B eine Abfindung i. H. v. 250 000 €. B erhält das Bargeld und die Abfindungszahlung.

LÖSUNG A hat Anschaffungskosten i. H. v. 250 000 €. Es ist unerheblich, aus welchem Vermögensbereich der die Abfindung Zahlende die Mittel für die Abfindungszahlung entnimmt. Vom Wert des Gebäudes (1 Mio. €) stehen dem A nach seiner Erbquote wertmäßig 750 000 € zu. A erwirbt mithin 1/4 des Gebäudes für 250 000 € entgeltlich und 3/4 des Gebäudes unentgeltlich.

b) Erben sind A und B je zur Hälfte. Zum Nachlass gehören Grundstück 1 (Verkehrswert 800 000 €) und Grundstück 2 (Verkehrswert 400 000 €). A übernimmt beide Grundstücke und zahlt an B 600 000 €.

LÖSUNG Die Abfindung ist nach dem Verhältnis der Verkehrswerte der Wirtschaftsgüter aufzuteilen. Die Abfindungszahlungen sind Anschaffungskosten, die mit 400 000 € dem Grundstück 1 und mit 200 000 € dem Grundstück 2 zuzuordnen sind.

6.4.2 Erbauseinandersetzung über Betriebsvermögen

6.4.2.1 Grundsätze

BFH vom 05.07.1990 GrS 2/89 BStBl II 1990, 837 änderte grundlegend seine (seit 1963 vertretene) Rechtsauffassung zur einkommensteuerlichen Behandlung der Erbauseinandersetzung, wenn zum Nachlass ein Einzelunternehmen oder ein Anteil an einer Personengesellschaft gehört. Nach der früheren Rechtsprechung wurden der Erbfall und die Erbauseinandersetzung – abweichend vom Zivilrecht – ertragsteuerlich als ein einheitlicher Vorgang gewertet, der sich zeitgleich vollzog (**Einheitstheorie**). Die betriebliche Erbauseinandersetzung innerhalb angemessener Frist war noch ein Vorgang des Erbens, also ein privater und unentgeltlicher Vorgang. Es wurde davon ausgegangen, dass der Miterbe, der den Betrieb übernahm und die übrigen Miterben auszahlte, die Gegenstände unmittelbar vom Erblasser unentgeltlich erworben habe. Der Betriebsübernehmer hatte die Buchwerte fortzuführen (§ 7 Abs. 1 EStDV). Die Mitunternehmerschaft im Betrieb wurde von den Miterben nicht durch den Erbanfall erworben, sondern nur durch eine eigene Willensentscheidung. Abfindungszahlungen des Betriebsübernehmers an die weichenden Miterben wären als einmalige Vermögensanfälle zu behandeln, die nicht der Ertragsteuer unterlagen. Die Erbauseinandersetzung führte also im Regelfall nicht zu einem steuerbaren Veräußerungsgewinn oder zu Anschaffungskosten. Im Fall der Zuteilung von Wirtschaftsgütern des Betriebsvermögens an weichende Miterben hatte der empfangende Miterbe den Entnahmegewinn zu versteuern.

Diese Grundsätze sind durch die Entscheidung des Großen Senats vom 05.07.1990 [a. a. O.] überholt. Danach ist im Einkommensteuerrecht ebenso wie im Zivilrecht grundsätzlich davon auszugehen, dass die Erbauseinandersetzung dem Erbfall als selbständiger Rechtsvorgang nachfolgt und mit diesem keine rechtliche Einheit bildet **(Trennungstheorie)**. Alle Miterben werden ohne Rücksicht auf Willensäußerungen mit dem Erbfall automatisch zu Mitunternehmern des Betriebs. Die Miterbengemeinschaft ist hinsichtlich der Erzielung der betrieblichen Einkünfte wie eine Personengesellschaft als Mitunternehmerschaft zu qualifizieren. Abfindungszahlungen eines Erben im Rahmen der Erbauseinandersetzung und Aufwendungen für den Erwerb des Erbteils eines Miterben führen beim Leistenden grundsätzlich zu Anschaffungskosten. In gleicher Höhe entsteht beim weichenden Miterben ein Veräußerungserlös. Hierauf hat keinen Einfluss, ob die Leistungen aus dem erlangten Nachlassvermögen erbracht werden.

	Alte Rechtslage	**Neue Rechtslage**
Einkünfte nach Erbfall bis Erbauseinandersetzung	zunächst aus Rechtsnachfolgegesichtspunkten	eigene Verwirklichung des jeweiligen Einkünftetatbestandes
Verhältnis Erbfall – Erbauseinandersetzung	einheitlicher Vorgang (rechtliche Einheit)	zwei getrennte Vorgänge
Erbauseinandersetzung	grds. keine Gewinnrealisierung, Erbe erbt direkt vom Erblasser	Veräußerungs- und Anschaffungsgeschäft wie bei Übertragung von Gesellschaftsanteilen
Weichende Erben	grds. mit Erbfall nicht Mitunternehmer: Ausnahme nur, wenn • entsprechende Erklärung oder • Zeitablauf	mit Erbfall Mitunternehmer ohne Rücksicht auf Zeitpunkt der Erbauseinandersetzung, Ausscheiden, d. h. Veräußerung Mitunternehmeranteil
Fortführende Erben	Buchwertfortführung (§ 6 Abs. 3 EStG) insgesamt Ausnahme: nur, wenn weichende Miterben Mitunternehmer waren	anteileiliges Anschaffungsgeschäft und anteilige Buchwertaufstockung

Die Finanzrechtsprechung geht bei der Erbauseinandersetzung von Privatvermögen und von Betriebsvermögen, also bei allen Einkunftsarten, von einheitlichen Grundsätzen aus. Es gilt der Grundsatz der **Maßgeblichkeit des Zivilrechts für das Steuerrecht**. Die (beschränkte) ertragsteuerliche Rechtsfähigkeit der Erbengemeinschaft wird anerkannt **(Abkehr von der Einheitstheorie)**.

6.4.2.2 Realteilung von Betriebsvermögen ohne Ausgleichszahlungen

Wenn zum Nachlass nur Betriebsvermögen gehört und wenn der Nachlass ohne Zahlung von Abfindungen real geteilt wird, so ist die Realteilung kein entgeltlicher Vorgang. In der Übereignung des Vermögens von der Miterbengemeinschaft auf den Miterben ist weder ein Tausch von Miteigentumsanteilen an den einzelnen Wirtschaftsgütern des Nachlasses noch ein Tausch eines Gesamthandsanteils gegen Alleineigentum an den zugeteilten Wirtschaftsgütern zu sehen, sondern die Erfüllung des durch die Auseinandersetzungsvereinbarung konkretisierten Auseinandersetzungsanspruchs. Durch die Realteilung ohne Ausgleichszahlung entstehen weder Veräußerungsgewinne noch Anschaffungskosten.

Wenn nach der Realteilung keiner der Miterben den Betrieb fortführt, liegt grundsätzlich eine Betriebsaufgabe vor, durch die ein tarifbegünstigter Aufgabegewinn entsteht (§§ 16, 34 EStG). Die Miterben haben jedoch nach § 16 Abs. 3 Satz 2 EStG die Buchwerte fortzuführen, wenn sie die bei der Realteilung erworbenen Wirtschaftsgüter in ein anderes Betriebsvermögen überführen.

BEISPIELE

a) A und B sind Miterben zu je 1/2.Zum Nachlass gehört ein Betriebsvermögen, das aus zwei Grundstücken besteht, die beide einen Buchwert von 200 000 € und einen Verkehrswert von 2 Mio. € haben. A und B setzen sich unter Aufgabe des Betriebs in der Weise auseinander, dass A das Grundstück 1 und B das Grundstück 2 erhält.

LÖSUNG Durch die Betriebsaufgabe entsteht ein Aufgabegewinn von 3,6 Mio. € in der Erbengemeinschaft, den A und B je zur Hälfte zu versteuern haben. A und B müssen für die künftige Gebäude-AfA jeweils von den Entnahmewerten ausgehen.

Wenn aber beispielsweise A sein Grundstück in das Betriebsvermögen eines anderen Betriebs zu Buchwerten überführt, muss insoweit auf die Besteuerung verzichtet werden, sofern die spätere Versteuerung der stillen Reserven in dem anderen Betrieb sichergestellt ist.

b) A und B sind Miterben zu je 1/2.Zum Nachlass gehören zwei Betriebe im Wert von je 1 Mio. €. A erhält den Betrieb 1, B den Betrieb 2.

LÖSUNG Eine Betriebsaufgabe liegt nicht vor. Jeder der beiden Betriebe bleibt auch nach der Realteilung der Erbengemeinschaft bestehen und wird in dieser unveränderten Form auf den jeweiligen Miterben übertragen. Jeder Miterbe hat die Buchwerte fortzuführen (§ 6 Abs. 3 EStG).

Eine Übernahme von Schulden über die Erbquote hinaus führt nicht zu Anschaffungskosten. Deshalb entsteht auch kein Veräußerungserlös, soweit ein Miterbe Verbindlichkeiten über die Erbquote hinaus übernimmt (zur Übernahme von Verbindlichkeiten vgl. BMF vom 14. 03. 2006 BStBl I 2006, 253 Tz. 18, 23 ff.).

6.4.2.3 Realteilung von Betriebsvermögen mit Ausgleichszahlungen

Wenn im Rahmen einer Erbauseinandersetzung ein Nachlass real geteilt wird und wenn ein Miterbe wertmäßig mehr erhält, als ihm nach seiner Erbquote zusteht, und wenn er dafür an seine Miterben eine Abfindung zahlt, so ist insofern ein Anschaffungs- und Veräußerungsgeschäft gegeben. I. H. d. Abfindung liegen Anschaffungskosten vor. Derjenige, der die Abfindung erhält, erzielt einen Veräußerungsgewinn. Es handelt sich um zwei rechtlich selbständige Vorgänge, von denen der eine unentgeltlich und der andere entgeltlich ist. Die Pflicht zur Abfindungszahlung ergibt sich im Regelfall aus einer gesonderten Vereinbarung unter den Beteiligten, kann aber auch auf einer Teilungsanordnung des Erblassers oder auf einer vom Erblasser angeordneten Testamentsvollstreckung beruhen.

BEISPIELE

a) Erblasser E stirbt am 01.07.01 und vererbt seinen Betrieb seinen beiden Söhnen A und B zu je 1/2.

A — Bilanz des Erblassers E zum 01.07.01 — P

	Buchwert	Teilwert		Buchwert	Teilwert
Grundstück 1	600 000 €	900 000 €	Kapital E	200 000 €	600 000 €
Grundstück 2	150 000 €	250 000 €	Verbindlichkeiten	600 000 €	600 000 €
Bank	50 000 €	1 200 000 €		800 000 €	1 200 000 €
	800 000 €	1 200 000 €		800 000 €	1 200 000 €

B führt das Unternehmen fort und zahlt dem weichenden Erben A eine Barabfindung von 300 000 €.

LÖSUNG Das Unternehmen geht mit dem Erbfall unentgeltlich auf A und B über (Buchwertfortführung § 6 Abs. 3 EStG). Der Erbfall ist kein Anschaffungsgeschäft. Der Gewinn des Jahres 01 ist, soweit er sich gleichmäßig über das Jahr verteilt, auf den Erblasser E (1/2) und auf A und B entsprechend ihrer Erbquote aufzuteilen. A und B erzielen als Mitunternehmer Einkünfte aus Gewerbebetrieb nach § 15 Abs. 1 Satz 1 Nr. 2 EStG.

A — Fortführungsbilanz der Erbengemeinschaft A und B zum 01.07.01 — P

	Buchwert	Teilwert		Buchwert	Teilwert
Grundstück 1	600 000 €	900 000 €	Kapital A	100 000 €	300 000 €
Grundstück 2	150 000 €	250 000 €	Kapital B	600 000 €	300 000 €
Bank	50 000 €	1 200 000 €	Verbindlichkeiten	600 000 €	600 000 €
	800 000 €	1 200 000 €		800 000 €	1 200 000 €

b) **Fallvariante**

Wenn A dem B für sein Ausscheiden zum 01.07.01 den realen Wert seines Erbanteils i. H. v. 300 000 € als Abfindung zahlt, hat A Anschaffungskosten i. H. d. Abfindungszahlung, die zu einer Buchwertaufstockung i. H. d. anteilig aufgedeckten stillen Reserven führt. Zugleich hat A eine Abfindungsschuld zu passivieren:

A — Fortführungsbilanz des A zum 01.07.01 — P

Grundstück 1	750 000 €	(+ 150 000 €)	Kapital A	100 000 €
Grundstück 2	200 000 €	(+ 50 000 €)	Abfindungsschuld	300 000 €
Bank	50 000 €		Verbindlichkeiten	600 000 €
	1 000 000 €			1 000 000 €

B erzielt einen tarifbegünstigten Veräußerungsgewinn (§§ 16, 34 EStG):

Veräußerungspreis	300 000 €
./. Kapitalkonto des B	./. 100 000 €
Veräußerungsgewinn des B (§§ 16, 34 EStG)	200 000 €

6.4.3 Schuldzinsenabzug bei Erbfallschulden

Nach der früheren BFH-Rechtsprechung durften die Aufwendungen für die Finanzierung von Erbfallschulden (z. B. Pflichtteils- und Erbersatzansprüche) in bestimmtem Umfang als Betriebsausgaben oder Werbungskosten abgezogen werden, obwohl die Begleichung dieser Schulden nicht zu Anschaffungskosten führt. Die Begründung hierfür lautete, es handele sich um eine bloße Sekundärfolge des Erbfalls. Diese Rechtsprechung ist durch neuere Urteile überholt.

BEISPIELE

a) Der VIII. Senat des BFH entschied, dass Verzugszinsen, die ein Erbe wegen der verspäteten Erfüllung einer Pflichtteilsverbindlichkeit an den Pflichtteilsberechtigten zu entrichten hat, auch dann keine Werbungskosten bei den Einkünften aus Kapitalvermögen sind, wenn der Nachlass im Wesentlichen aus einem GmbH-Anteil besteht (BFH vom 14.04.1992 BStBl II 1993, 275).

b) Der IX. Senat versagte einem Erben, der Grundbesitz geerbt hatte, bei den Einkünften aus Vermietung und Verpachtung den Schuldzinsenabzug für ein Darlehen, das er zur Erfüllung eines Vermächtnisses aufgenommen hatte (BFH vom 28.04.1993 BFH/NV 1993, 658).

c) Wiederum der VIII. Senat des BFH ließ bei verzinslicher Stundung des Pflichtteilsanspruchs aufgrund einer Vereinbarung zwischen dem Pflichtteilsberechtigten und dem Erben eines Betriebs den Schuldzinsenabzug mangels einer Betriebsschuld nicht zu (BFH vom 02.03.1993 FR1993, 510; DB 1993, 1938).

Eine Privatschuld kann durch Umschuldungsmaßnahmen in eine Betriebsschuld umgewandelt werden. Eine Betriebsschuld kann in der Weise begründet werden, dass die Pflichtteilsschuld zunächst durch Entnahme liquider Mittel aus dem Betriebsvermögen getilgt wird und anschließend betriebliche Aufwendungen mit Kreditmitteln bestritten werden. Es ist davon auszugehen, dass Erbfallschulden, insbesondere Vermächtnisse und Pflichtteilsschulden, private Verbindlichkeiten sind, weil der sie auslösende Erbfall ein außerbetrieblicher Vorgang ist. Die Erfüllung solcher Schulden ist kein entgeltliches Geschäft.

BEISPIELE

Erblasser E setzt seinen Sohn S zum Alleinerben ein. Der Nachlass besteht aus einem Betrieb (Verkehrswert 1 Mio. €).
a) S ist mit einem Geldvermächtnis zugunsten der Tochter T über 500 000 € belastet. S nimmt zur Finanzierung des Vermächtnisses eine Schuld in gleicher Höhe auf.

b) S hat seiner Schwester T den Pflichtteil i. H. v. 250 000 € auszuzahlen.
In beiden Fällen nimmt S ein Bankdarlehen auf, um die Erbfallschuld gegenüber der T zu tilgen.
LÖSUNG S erbt den Betrieb unentgeltlich und hat die Buchwerte fortzuführen (§ 6 Abs. 3 EStG). Die Bankschulden des S sind privat veranlasst. Die Schuldzinsen können in beiden Fällen nicht als Betriebsausgaben abgezogen werden.

Teil H Lösungshinweise zu den Fällen

Lösung zu Fall 1

A kann gegen G eine zivilrechtliche Unterlassungsklage erheben, wenn er einen Unterlassungsanspruch hat. Nach §§ 823, 826 ist es verboten, einen anderen sittenwidrig zu schädigen. A muss befürchten, beim Betreten des Lokals von G unter Berufung auf seine Ausländereigenschaft zurückgewiesen und damit zumindest immateriell in seiner persönlichen Ehre beeinträchtigt zu werden.

Privatpersonen steht es, sofern sie keine Monopolstellung haben, grundsätzlich im Rahmen der Vertragsfreiheit frei, mit wem sie Verträge schließen und mit wem nicht. Art. 3 Abs. 3 Grundgesetz verbietet aber die Benachteiligung wegen der Abstammung, Rasse, Sprache, Heimat und Herkunft. Grundrechte wirken primär im Verhältnis des Bürgers zum Staat. Hier geht es um die Rechtsbeziehungen zweier Privatpersonen. Es ist aber allgemein anerkannt, dass die **Grundrechte** als **Elemente objektiver Wertordnung** für alle Bereiche des Rechts gelten und deshalb auch die Rechtsbeziehungen der Privatpersonen untereinander beeinflussen. Grundrechte wirken nach h. M. zumindest **mittelbar** auf die Privatrechtsordnung ein (BVerfGE 7, 198 – Lüth, 25, 256 – Blinkfuer). Wo eine gesetzgeberische Konkretisierung im Zivilrecht fehlt, können Grundrechte zur Lückenfüllung oder als Auslegungsmaßstäbe herangezogen werden, insbesondere dann, wenn der Gesetzgeber unbestimmte Rechtsbegriffe oder Generalklauseln (»sittenwidrig« u. Ä.) verwendet.

Das Schild des G stellt eine nicht zu rechtfertigende, grundgesetzwidrige Diskriminierung von Ausländern dar und ist daher zugleich sittenwidrig. A wird mit seiner Unterlassungsklage Erfolg haben.

Als öffentlich-rechtliche, von Amts wegen vorzunehmende Maßnahme kommt außerdem der Entzug der Gaststättenerlaubnis des G durch das Landratsamt in Betracht.

Lösung zu Fall 2

Es ist § 985 zu prüfen. Tatbestandsmerkmale sind: Ein Eigentümer (1) einer Sache (2) muss vorhanden sein und ein personenverschiedener Besitzer (3), dem kein Recht zum Besitz zusteht. dass A Eigentümer der Sache Buch ist und B deren unrechtmäßiger Besitzer. Es kann also bereits die Rechtsfolge gezogen werden: Adam kann von Bertram gem. § 985 das Buch herausverlangen.

Lösung zu Fall 3

Auch hier beginnt die – eigentliche – Falllösung mit der Suche nach einer Anspruchsgrundlage. Da im Sachverhalt von einem Kaufvertrag die Rede ist, liegt es nahe, im Schuld(vertrags-)recht unter dem Stichwort »Kaufvertrag« nachzuschauen: § 433. In § 433 Abs. 1 Satz 1 ist eine Verpflichtung des Verkäufers (Anspruch des Käufers) enthalten. Tatbestandsmerkmal: Es muss ein wirksamer Kaufvertrag vorliegen. Da dies hier laut Sachverhalt der Fall ist (Subsumtion), ist der Verkäufer H der Maschine verpflichtet, dem Käufer K die Maschine zu übergeben und Eigentum daran zu verschaffen oder K kann von H die Maschine herausverlangen.

Lösung zu Fall 4

	Zivilrecht	Steuerrechtsgebiet	
Natürliche Person	+	Einkommensteuer +	Anm. 1)
		Körperschaftsteuer –	–
		Umsatzsteuer +	vgl. Anm. 2)
Gesellschaft des bürgerlichen Rechts, OHG, KG	– vgl. Anm. 6)	Einkommensteuer –	Anm. 3)
		Körperschaftsteuer –	–
		Umsatzsteuer +	vgl. Anm. 2)
Eingetragener Verein, Aktiengesellschaft, GmbH	+	Einkommensteuer –	Anm. 4)
		Körperschaftsteuer +	vgl. Anm. 5)
		Umsatzsteuer +	vgl. Anm. 2)

1) § 1 EStG.
2) Sofern die Unternehmereigenschaft gegeben ist, § 2 UStG.
3) ESt wird nur bei den einzelnen Gesellschaften erhoben.
4) ESt ist aber von den Anteilseignern auf die Ausschüttungen der juristischen Person zu zahlen (Kapitalertragsteuer, § 32d, §§ 44 ff. EStG).
5) § 1 KStG.
6) Als Außengesellschaft rechtsfähig, vgl. B 1.7.1.

Lösung zu Fall 5

K hat einen Anspruch auf Übergabe und Übereignung der Aktien nach §§ 433 Abs. 1 Satz 1, 453, wenn zwischen V und K ein Kaufvertrag zustande gekommen ist.

K ist beschränkt geschäftsfähig (§ 106) und bedarf grundsätzlich zu seiner Annahmeerklärung der Zustimmung des gesetzlichen Vertreters (§ 107), sofern er durch den Vertrag nicht nur einen lediglich rechtlichen Vorteil erlangt. K erwirbt nicht lediglich einen rechtlichen Vorteil, weil er sich zur Kaufpreiszahlung verpflichtet (§ 433 Abs. 2), mag der Kauf auch noch so vorteilhaft in tatsächlicher bzw. wirtschaftlicher Hinsicht sein.

Der Kaufvertrag ist somit schwebend unwirksam. Die Eltern können ihn allerdings durch Genehmigung wirksam werden lassen (§ 108). Wenn V bei Vertragsschluss die Minderjährigkeit des K gekannt hat, kann sich V während der schwebenden Unwirksamkeit nicht einseitig vom Vertrag lossagen (vgl. § 109 Abs. 2).

Lösung zu Fall 6

Die Ausbildung fällt nicht unter die Generalermächtigung des § 113. Die Geschäfte könnten allerdings durch eine generelle Einwilligung zu einem bestimmten Kreis von noch nicht individualisierten Geschäften wirksam sein. Dies ist grundsätzlich zulässig. Sie bedarf einer Konkretisierung und ist im Zweifel eng auszulegen. Die Erteilung einer Genehmigung zu einer Ausbildung und der damit verbundenen Geschäfte ist möglich (so genannter **beschränkter Generalkonsens**, vgl. BGH vom 12. 10. 1976 NJW 77, 622).

Die Einwilligung enthält nicht die Zustimmung zur Erteilung einer selbständigen Wohnung (LG Mannheim vom 30. 10. 1968 NJW 69, 239). Die Geschäfte »Bier trinken am Abend« und »Bestellung von Ausbildungsliteratur« sind wirksam. Indem die Eltern in die Ausbildung einwilligen, erteilen sie die generelle Einwilligung zu den Geschäften, die verkehrsüblich mit diesem Vorhaben verbunden sind. Der Kauf des Mopeds ist davon allerdings auch nicht gedeckt, da er nicht mit dem Vorhaben verknüpft wird. Der beschränkte Generalkonsens wird im Allgemeinen nicht dagegen auf Kaufverträge über entsprechend preislich höher einzustufende Gegenstände (stets einzelfallabhängig) oder längerfristige Abzahlungskäufe erstreckt.

Während bei § 110 der Vertrag erst wirksam wird, wenn der Minderjährige ihn erfüllt, wird er unter den Voraussetzungen des beschränkten Generalkonsens schon bei seinem Abschluss wirksam.

Lösung zu Fall 7

a) Vertragspartner des Kaufvertrages sind die Stadt als juristische Person des öffentlichen Rechts (Gebietskörperschaft) und der eingetragene Verein als juristische Person des privaten Rechts. Beide sind rechtsfähig.
b) Die juristischen Personen können nicht selbst, sondern nur durch ihre Organe handeln, müssen sich also beim Vertragsschluss vertreten lassen, die Stadt durch den Oberbürgermeister oder einen der vertretungsberechtigten Bürgermeister, der Verein durch den Vorstand bzw. einen der Vorstände (§ 26). Der Beschluss der Mitgliederversammlung des Vereins hat nur Wirkung im Innenverhältnis, kann also nicht unmittelbar zum Abschluss eines Vertrages mit der Stadt führen.
c) Das Handeln der Organe wird der juristischen Person zugerechnet. Die juristische Person selbst ist der Träger der Rechte und Pflichten aus dem Vertrag. Der Verein wird als Eigentümer ins Grundbuch eingetragen.

Lösung zu Fall 8

Der Antrag auf Arbeitnehmerveranlagung ist ebenso wie der Lohnsteuerabzug zwar dem Arbeitsverhältnis zuzuordnen und fällt damit unter die Ermächtigung des § 113. Aber die ESt-Erklärung umfasst immer auch weitere Angaben/Erklärungen, die nicht von § 113 erfasst werden. Damit ist die Handlungsfähigkeit gem. § 79 Abs. 1 Nr. 2 AO nicht gegeben. Allerdings wird sie in der Praxis als wirksam behandelt (AEAO zu § 122 Nr. 2.2.3).

Lösung zu Fall 9

a) Gegenseitiger Vertrag, da nach § 535 der Vermieter sich zur Gebrauchsüberlassung (»Vermietung«) verpflichtet, der Mieter hingegen den Mietzins bezahlen muss.
b) Gegenseitiger Vertrag wie a): Die Verpflichtung zur Dienstleistung wird (rechtlich gleichberechtigt) aufgewogen durch die Verpflichtung zur Zahlung der Vergütung.
c) Nur der Bürge verpflichtet sich, also einseitig verpflichtender Vertrag, § 765 Abs. 1 – Wortlaut.
d) Zwei Parteien (Veräußerer und Erwerber) vereinbaren den Eigentumswechsel. Mit Einigung und Übergabe ist das Eigentum übergegangen. Es entstehen nicht etwa bloß Verpflichtungen, vgl. dazu ebenfalls Wortlaut des § 929 Satz 1.
e) Einseitig verpflichtend. Der Auslober (z. B. der Veranstalter eines Preisausschreibens) verpflichtet sich, die Belohnung zu entrichten. Der Teilnehmer am Preisausschreiben hat sich nicht verpflichtet.

Lösung zu Fall 10

A hat fehlerfrei einen rechtsgeschäftlichen Willen gefasst (»Ich will eine Maschine kaufen«) und diesen Willen auch bereits erklärt. Der rechtsgeschäftliche Wille ist durch die Ausfüllung der Bestellkarte nach außen zutage getreten.

Dennoch liegt keine vollständige Willenserklärung vor, da es am willentlichen Entäußern der Erklärung (»Abgabe«) fehlt. Es kann daher noch kein Kaufvertrag zustande gekommen sein, auch wenn der Empfänger diesen Mangel nicht bemerken kann.

Anmerkung: Es dürfte wegen dieses Vertrauens des Empfängers allerdings notwendig sein, unverzüglich zu »widerrufen«, andernfalls wird sich A an der nach außen gelangten Erklärung festhalten lassen müssen und (so Erman, § 130 RdNr. 4) unter Umständen gemäß § 122 analog schadenersatzpflichtig sein (vgl. § 130 Abs. 1 Satz 2).

Lösung zu Fall 11

Das Testament (hier in Form des so genannten »eigenhändigen Testaments« § 2247) ist eine Willenserklärung. Es bedarf daher aller Elemente der Willenserklärung, um das Testament wirksam zu machen. Selbst wenn man davon ausgeht, dass E seinen letzten Willen bereits vollständig niedergeschrieben hat, fehlt es am willentlichen Entäußern, da die Überlegungen noch nicht abgeschlossen sind, das Testament also noch nicht »für den Verkehr« bestimmt war.

Lösung zu Fall 12

Das 14-jährige Kind ist gem. §§ 106, 108 nur beschränkt geschäftsfähig. Es kann daher wirksame Willenserklärungen nur mit Zustimmung der gesetzlichen Vertreter abgeben. Die erteilte Erlaubnis versetzt das Kind in die Lage, gem. § 107 wirksam das Fahrrad kaufen zu können, ein Widerruf wäre jedenfalls verspätet.

Lösung zu Fall 13

a) Formlos (vgl. Abs. 2).
b) Formlos.
c) Formlos möglich (vgl. § 550).
d) Schriftliche Erteilung der Bürgschaftserklärung bei Privatleuten (d. h. Nichtkaufleuten) ist erforderlich.

Lösung zu Fall 14

Ein Vertrag, durch den sich jemand verpflichtet, das Eigentum zu übertragen, bedarf gem. § 311b Abs. 1 der notariellen Beurkundung nach § 128. Rechtsfolge des formfehlerhaften Vertrags wäre Nichtigkeit nach § 125. A und B schließen jedoch einen Vertrag, das Grundstück nicht (bzw. nur mit Zustimmung des anderen) zu veräußern. Dieser Vertrag wird von § 311b nicht erfasst, da keine Verpflichtung zur Eigentumsübertragung entsteht. Der Vertrag ist damit in förmlicher Hinsicht wirksam.

Lösung zu Fall 15

Zwischen A und U ist bislang nur der Auftragsvertrag zustande gekommen. Die Vollmacht sollte laut ausdrücklicher Anordnung erst später erteilt werden. A konnte also zum Zeitpunkt des Kaufvertrags nicht mit Wirkung für und gegen U handeln, da die dazu erforderliche Vertretungsmacht (§ 164) fehlte. Dass A im Innenverhältnis bereits beauftragt war, spielt keine Rolle.

Lösung zu Fall 16

Vollmachtserteilung an Minderjährige ist möglich (§§ 164, 167, 165). Daneben wird ein Geschäftsbesorgungsvertrag (§ 675) abgeschlossen. Wegen der Minderjährigkeit des Sohnes (§§ 107, 108) ist **dieser** Vertrag nicht wirksam, da nicht »lediglich rechtlich vorteilhaft«. Aber in der »Auftragserteilung« dürfte auch die Erlaubnis i. S. d. § 107 (Einwilligung) zu sehen sein, so dass der Geschäftsbesorgungsvertrag zunächst wirksam ist (vgl. aber Fortsetzung in Fall 18).

Lösung zu Fall 17

A hat als Vertreter ohne Vertretungsmacht gehandelt (§ 177 Abs. 1).

a) Da U die Maschine dennoch für das Unternehmen erwerben möchte, wird er dem Vertragsschluss nachträglich zustimmen (Genehmigung § 184 Abs. 1). Damit ist A bereits zum Zeitpunkt der Handlung als Berechtigter aufgetreten (Wirkung ex tunc, d. h. rückwirkend). Er konnte wirksam den U aus dem Vertrag berechtigen und verpflichten (§ 164 Abs. 1).
b) Wenn U die Genehmigung verweigert (er weigert sich, die Maschine abzunehmen), so ist der bisher nur schwebend unwirksame Vertrag damit endgültig unwirksam (§ 177 Abs. 1).

Der Verkäufer kann danach wahlweise von A Erfüllung des Vertrags oder Schadenersatz verlangen (§ 179 Abs. 1).

Lösung zu Fall 18

An der wirksamen Vollmacht ändert sich nichts. Das Problem liegt im Geschäftsbesorgungsvertrag zwischen A (Auftraggeber) und S (Auftragnehmer). S benötigt die Zustimmung, die der Vater wohl gegeben hat (Einwilligung, §§ 183, 107, s. Fall 16). Es könnte aber § 181 entgegenstehen. Auf den ersten Blick scheint § 181 gegeben (»Verbot«). Es ist jedoch zu unterscheiden zwischen der Rolle des Vaters als **»Zustimmungsperson«** einerseits (Vertragspartner ist der Sohn!) und andererseits dem Vater **»als Vertragspartner«** für den Sohn.

a) V schließt mit S einen Vertrag, dem V zustimmt: Es ist kein Fall des § 181.
b) V schließt »mit sich« als Vertreter des Sohnes einen Vertrag. Obwohl scheinbar gleich, ist das »Gefährdungspotential« im Falle b) ungleich größer. Daher verbietet § 181 grundsätzlich diese Gestaltung

   Daher: Der Vater ist sowohl Auftraggeber als auch gesetzlicher Vertreter des Auftragnehmers. Es liegt aber kein Fall des § 181 vor, da V lediglich als Zustimmungsperson des S fungiert.

Lösung zu Fall 19

Das Angebot, Postkarten zu verkaufen, geht vom Versender aus. Es bedarf zwar einer Annahmeerklärung, aber keines Zugangs, da der Versender verzichtet hat (§ 151 Satz 1). Fraglich ist aber, ob H das Angebot überhaupt angenommen hat. Das Angebot lautete auf Kauf und »Bezahlung durch Überweisung«, also nicht auf Teilzahlung. H hat in Raten bezahlt, somit also nicht dieses (!) Angebot angenommen (§ 150 Abs. 2). Die Zahlung in Teilbeträgen stellt vielmehr ein neues Angebot dar, wobei man im vorliegenden Sachverhalt wohl davon ausgehen kann, dass dieses Angebot vom Versender angenommen werden wird. Im Ergebnis ist also ein Kaufvertrag (wenn auch anders als ursprünglich gewollt) zustande gekommen.

Lösung zu Fall 20

a) Der 17-jährige R ist im Zeitpunkt des Abschlusses des Kaufvertrages beschränkt geschäftsfähig gem. § 106. Seine Willenserklärung bedarf der Einwilligung seiner gesetzlichen Vertreter, da der Kaufvertrag für ihn nicht lediglich rechtlich vorteilig ist. Zunächst ist dieser schwebend unwirksam gem. § 108 Abs. 1. Nach Eintritt der Volljährigkeit/Geschäftsfähigkeit könnte R trotz des mangelhaften Kaufvertrags **wirksam übereignen** (§ 929 Satz 1). F wird Eigentümer.
b) Nach § 108 Abs. 3 kann der im September volljährige R sein (schwebend) unwirksames Rechtsgeschäft »Kaufvertrag« selbst genehmigen, so dass der Kaufvertrag wirksam wird.

Lösung zu Fall 21

Zunächst ist die Schenkung des Rings an M (§ 516) zu beurteilen. M ist als 16-jährige nur beschränkt geschäftsfähig (§ 106), kann aber wegen des damit verbundenen lediglich rechtlichen Vorteils wirksam den Schenkungsvertrag und die Übereignung annehmen (§ 107). Zwar ist die Form des § 518 Abs. 1 nicht eingehalten. Durch die Übergabe des Rings und die wirksame Einigung bzgl. des Eigentumsübergangs ist dieser Formmangel aber nach § 518 Abs. 2 geheilt. Eine eventuelle Zustimmung oder Ablehnung der Eltern, die im Sachverhalt insoweit nicht angesprochen ist, wäre bedeutungslos.

Der Abschluss eines Kaufvertrags mit dem Juwelier über den Ring ist für M ohne Zustimmung der Eltern nicht möglich, da sie durch den Kaufvertrag (vgl. § 433) die Verpflichtung zur Erbringung der Gegenleistung (also einen rechtlichen Nachteil) eingehen würde.

Unabhängig davon sind die einzelnen Erfüllungsgeschäfte zu untersuchen. Es ist eine Folge des Abstraktionsprinzips, dass trotz unwirksamen Verpflichtungsgeschäfts das Erfüllungsgeschäft wirksam sein kann.

Ring: Um die Übereignung des Rings zu erreichen, bedarf es gem. § 929 Satz 1 der Einigung über den Eigentumsübergang und der Übergabe des Rings an J. Der Verlust des Eigentums am Ring wäre für M ein rechtlicher Nachteil. Sie ist daher insoweit nicht in der Lage, eine wirksame (Einigungs-)Willenserklärung abzugeben (§ 107). Aufgrund ihres weiter bestehenden Eigentums kann M den Besitz gem. § 985 (und § 812 – auch der Besitz ist kondizierbar –) zurückverlangen.

Geld: Um Eigentum am Geld zu erwerben, bedarf es eines weiteren Rechtsgeschäfts nach § 929 Satz 1. Dieser Rechtserwerb stellt einen lediglich rechtlichen Vorteil dar. M ist also Eigentümerin des Geldes geworden (§§ 929, 107).

Anmerkung: Da M Eigentum am Ring behalten, am Geld zusätzlich erworben hat, obwohl das Verpflichtungsgeschäft (der Rechtsgrund) nicht wirksam war, ist sie bezüglich des Geldes ungerechtfertigt bereichert. J kann im Ergebnis das Geld von ihr zurückverlangen (§ 812 Abs. 1 Satz 1).

Lösung zu Fall 22

Infolge des Abstraktionsprinzips sind die einzelnen Rechtsgeschäfte getrennt auf ihre Wirksamkeit zu überprüfen:

a) **Kaufvertrag am 15.02.:** Paul ist minderjährig und beschränkt geschäftsfähig, § 106. Der Kaufvertrag ohne Zustimmung der Eltern ist damit schwebend unwirksam, §§ 107, 108 Abs. 1.
b) **Lieferung Motorrad Mitte März:** Paul ist volljährig geworden, § 2. Er kann jetzt wirksam den Übereignungsvertrag (1. Erfüllungsgeschäft) gem. § 929 Satz 1 schließen: P wird Eigentümer.
c) **Zahlung Kaufpreis Ende März:** Paul kann als Volljähriger wirksam Geld übereignen, § 929. Auf rechtliche Vor- und Nachteile kommt es nicht mehr an.

Anmerkung: Den unwirksamen Kaufvertrag kann P nachträglich selbst genehmigen, so dass auch der Kaufvertrag wirksam (geworden) ist, § 108 Abs. 3.

Lösung zu Fall 23

Nein, es fehlt an der Gegenseitigkeit. Obwohl Y eine Tochtergesellschaft ist, sind B-AG und Y-GmbH rechtlich selbständige Personen. B kann daher nicht mit einer fremden Forderung aufrechnen.

Lösung zu Fall 24

a) A kann aufrechnen, wenn seine Forderung fällig, die Forderung des B erfüllbar ist. An den Tatbestandsmerkmalen Gegenseitigkeit und Gleichartigkeit besteht hier kein Zweifel. Die Forderung des A i. H. v. 320 € ist laut Vereinbarung (§ 271) fällig am 03.01.02. Da beide Forderungen des B (1. Hälfte fällig 15.12., 2. Hälfte fällig 15.01.) zu diesem Zeitpunkt bereits entstanden und zumindest erfüllbar waren (§ 271 Abs. 2), kann A ab 03.01.02 Aufrechnung erklären. Folge: Die Gesamtforderung des A und die Forderung des B (i. H. v. 320 €) ist durch Aufrechnung am 03.01.02 erloschen. Die Restforderung des B i. H. v. 680 € bleibt bestehen.
b) B kann am 31.12.01 aufrechnen, da seine Forderung (1. Rate i. H. v. 500 €) bereits am 15.12.01 fällig und seine eigene Leistung erfüllbar war. Die am 31.12.01 erklärte Aufrechnung hat zwei Folgen: Die volle Forderung des A und die Forderung des B i. H. v. 320 € ist erloschen. Fällig per 15.12.01 bleiben weiterhin von A zu zahlende 180 €. Per 15.01.02 kommen fällige 500 € Verbindlichkeiten hinzu. Die Aufrechnung wirkt auf den Zeitpunkt zurück, zu dem sich die Forderungen »zur Aufrechnung geeignet« gegenüberstehen. Dies war der Fall am 15.12.01.

Lösung zu Fall 25

§ 812 begründet einen Anspruch auf Herausgabe, wenn etwas **ohne Rechtsgrund** erlangt wurde. Rechtsgrund war zunächst der Anspruch des K. Fraglich ist, ob dieser Rechtsgrund durch Verjährung weggefallen ist. Nach § 813 Abs. 1 Satz 2 und § 214 Abs. 1 und 2 gewährt die zivilrechtliche Verjährung lediglich ein Leistungs**verweigerungs**recht. Wird die Leistung – selbst bei Unkenntnis! – dennoch erbracht, darf der Gläubiger sie behalten. Verjährung ist kein Erlöschensgrund.

Lösung zu Fall 26

Im Steuerrecht stellt (Zahlungs-)Verjährung einen Erlöschensgrund dar, vgl. § 47 AO. Der Rechtsgrund des FA, das Geld zu behalten, ist also weggefallen. S könnte sein Geld herausverlangen. § 812 wird im öffentlichen Recht entsprechend angewendet (str.!).

Lösung zu Fall 27

Der Anspruch auf Lieferung der Torte K gegen V gem. § 433 Abs. 1 geht gem. § 275 Abs. 1 durch die nachträgliche subjektive Unmöglichkeit unter. Grundsätzlich entfällt gem. § 326 Abs. 1 der Anspruch auf die Gegenleistung V gegen K gem. § 433 Abs. 2. Die Ausnahme des § 326 Abs. 2 greift hier. K befand sich gem. § 293 ff. im Annahmeverzug. Die Unmöglichkeit beruhte zwar auf einer leichten Fahrlässigkeit des V, aber dies ist ihm gem. § 300 Abs. 1 im Annahmeverzug des K nicht vorwerfbar. Im Ergebnis muss K den Kaufpreis bezahlen.

Lösung zu Fall 28

a) Rechte vor Übergabe der Sache

Der Verkäufer hat dem Käufer die verkaufte Sache frei von Sachmängeln zu verschaffen (§ 437 Abs. 1 Satz 2). Ein Unfallschaden an einem Kfz, dessen Beseitigung über eine Blechausbesserung hinausgegangen ist, kann unter den Voraussetzungen des § 434 Abs. 1 ein Sachmangel sein. Die Lieferung einer mangelfreien Sache gehört zu den Hauptleistungspflichten des Verkäufers. Wenn er eine mangelhafte Sache liefert, hat er den Vertrag nicht ordnungsgemäß erfüllt. Der Käufer kann daher die Annahme der mangelhaften Sache verweigern. Außerdem kann der Käufer die Einrede des nicht erfüllten Vertrages erheben (§ 320) und die Bezahlung des Kaufpreises verweigern.

b) Rechte nach Übergabe der Sache

Nach Übergabe und Übereignung der Sache hat der Käufer grundsätzlich die Rechte aus §§ 437 ff. auf Nacherfüllung, Rücktritt, Minderung und Schaden- oder Aufwendungsersatz. Der Käufer einer mangelhaften Sache muss grundsätzlich zunächst seinen Nacherfüllungsanspruch geltend machen, und zwar in Form einer Nachbesserung oder einer Ersatzlieferung (§§ 437 Nr. 2, 439 Abs. 1). Die übrigen Rechte stehen dem Käufer in der Regel erst zu, wenn eine dem Verkäufer gesetzte Nacherfüllungsfrist ergebnislos verstrichen ist (§§ 323 Abs. 1, 441 Abs. 1, 281 Abs. 1).

Der Wagen ist nach § 434 Abs. 1 mangelhaft. Zwar haben V und K keine bestimmte Beschaffenheit des Gebrauchtwagens vereinbart, so dass ein Sachmangel nach § 434 Abs. 1 Satz 1 (subjektiver Fehlerbegriff) nicht vorliegt. Jedoch ist der objektive Fehlerbegriff erfüllt. Eine Vereinbarung über die Eignung für eine nach dem Vertrag vorausgesetzte Verwendung liegt nicht vor (§ 434 Abs. 1 Satz 2 Nr. 1). Die Sache ist aber auch dann mangelhaft, wenn sie sich nicht für die gewöhnliche Verwendung eignet oder nicht die übliche Beschaffenheit aufweist, die der Käufer erwarten darf (§ 434 Abs. 1 Satz 2 Nr. 2).

Der Nacherfüllungsanspruch ist nach § 275 Abs. 1 ausgeschlossen, soweit die Leistung unmöglich ist. Die Leistung bestünde nach der Wahl des Käufers in einer Ersatzlieferung oder einer Nachbesserung (§ 439 Abs. 1). Beides scheidet aus, da der Gebrauchtwagen eine nicht austauschbare Stückschuld ist und sich die Tatsache des früheren Unfallschadens nicht mehr beheben lässt. Dies gilt jedenfalls dann, wenn es dem Käufer auf die Individualisierung der Sache ankommt. Anders ist dies, wenn sein Leistungsinteresse auch durch Lieferung einer anderen gleichwertigen gebrauchten Sache befriedigt werden kann.

Wenn die Nacherfüllung ausgeschlossen ist, kann K sofort vom Kaufvertrag zurücktreten (§§ 326 Abs. 5, 437 Nr. 2). Ziel des Rücktritts ist die Rückabwicklung des Vertrags unter Rückgewähr der empfangenen Leistungen (§§ 346 ff.). Stattdessen kann er auch den Kaufpreis mindern (§§ 441 Abs. 1, 326 Abs. 5, 437 Nr. 2). Ziel der Minderung ist die Herabsetzung des Kaufpreises (§ 441 Abs. 3).

Die Irrtumsanfechtung (§ 119 Abs. 2) ist durch die Sachmängelgewährleistung ausgeschlossen. Der Käufer könnte aber den Kaufvertrag wegen arglistiger Täuschung nach § 123 anfechten (Rechtsfolge §§ 142, 812 ff.).

Lösung zu Fall 29

a) Gebrauchsüberlassung **gegen Entgelt**, also Miete (§ 535).
b) Miete (§ 535).
c) Entgeltliche Gebrauchsüberlassung und Fruchtziehung, also Pacht (§ 581). Vom Pächter gewonnene Erzeugnisse (hier die Fische) werden in Ausübung des Pachtrechts gezogen und sind deshalb Rechtsfrüchte (§ 99 Abs. 2), nicht Sachfrüchte (§ 99 Abs. 1).
d) Unentgeltliche Gebrauchsüberlassung mit der Verpflichtung, denselben Gegenstand zurückzugeben, also Leihe (§ 598).
e) Übereignung mit der Verpflichtung, Sachen gleicher Art, Güte und Menge zurückzugeben, also Darlehen (§ 607).
f) Lösung streitig! Bei Einheitsflaschen wird der Käufer von Flaschengetränken i. d. R. wohl auch Eigentümer der Flasche, der Verkäufer Eigentümer des Flaschenpfandes. Für den Käufer besteht die darlehensähnliche Verpflichtung, das erhaltene oder auch Leergut gleicher Art, Güte und Menge zurück zu verkaufen zu dem Betrag des Flaschenpfandes (vgl. BGH vom 05. 10. 1955 NJW 56, 298).

Lösung zu Fall 30

Bei Wohnraummietverhältnissen gelten für die ordentliche Kündigung des Vermieters weitgehende Einschränkungen (§ 573) und zwingende Mindestfristen (§ 573c). Zunächst ist die Kündigung spätestens am dritten Werktag eines Kalendermonats für den Ablauf des übernächsten Monats zulässig. Diese Dreimonatsfrist verlängert sich nach fünf und acht Jahren seit der Überlassung des Wohnraums um jeweils drei Monate. Beispiel: Wenn die Kündigung des mehr als achtjährigen Mietverhältnisses durch den Vermieter zum 31.12.01 wirksam werden soll, muss sie dem Mieter spätestens am 03.04.01 zugegangen sein. Eine zum Nachteil des Mieters abweichende Vereinbarung ist unwirksam (§ 573c Abs. 4).

Für die Kündigung durch den Mieter gilt nur eine Frist von drei Monaten. Zu seinen Gunsten können auch durch Vertrag kürzere Fristen vereinbart werden.

Bei möbliertem Wohnraum ist die Kündigung spätestens am 15. eines Monats zum Ablauf dieses Monats zulässig (§ 549 Abs. 2 Nr. 2, 573c Abs. 3). Hier gilt auch der Kündigungsschutz nicht.

Lösung zu Fall 31

a) Der Steuerberatungsvertrag ist i. d. R. Dienstvertrag. Geschuldet wird die sachkundige Beratung. Dass dazu Unterlagen erstellt und Erklärungen gefertigt werden müssen, steht dem nicht entgegen, sondern liegt in der Natur der Sache begründet (BGH vom 04. 06. 1970 NJW 70, 1596).
b) Wenn ein bestimmtes Gutachten gefertigt wird, liegt ein Werkvertrag vor.

Lösung zu Fall 32

a) F kann von A nach § 823 Abs. 1 bzw. nach § 823 Abs. 2 i. V. m. § 230 StGB Ersatz ihres Körper- und Sachschadens verlangen. A haftet der F außerdem als Fahrer (§ 7 StVG) und als Halter (§ 18 StVG). Wegen des Ausfalls der Haushaltsführung, die die F als Unterhaltsleistung der Familie erbringt (§ 1360), steht der F ein eigener Schadenersatzanspruch gemäß §§ 842, 843 zu. Ebenso hat F einen eigenen Schadenersatzanspruch wegen der ausgefallenen Mitarbeit im Geschäft des M. In beiden Fällen gilt der normative Schadensbegriff; F kann die Kosten für die Entlohnung einer Ersatzkraft unabhängig davon verlangen, ob eine solche eingestellt worden ist (BGHZ 50, 304). M hat dagegen keinen Anspruch aus § 845 gegen A, da die F ihm nicht ohne weiteres zur Leistung von Diensten im Haus oder Gewerbe verpflichtet war.
b) Auch bei Tötung der F hat M keine Ansprüche aus § 845. Der Ehegatte erfüllt weder durch die Haushaltsführung noch durch die Mitarbeit im Geschäft eine Dienstleistungspflicht i. S. d. § 845, sondern er erfüllt seine Unterhaltspflicht. Da F diese Tätigkeiten unterhaltsrechtlich schuldete, besteht aber ein Ersatzspruch des M nach § 844 Abs. 2 (und § 10 Abs. 2 StVG). A hat dem M durch Entrichtung einer Geldrente insoweit Schadenersatz zu leisten, als die getötete F während ihrer mutmaßlichen Lebensdauer zur Haushaltsführung und zur Mitarbeit im Geschäft verpflichtet gewesen wäre.

Lösung zu Fall 33

a) Ein Buch ist eine bewegliche Sache i. S. d. § 90.
b) Das Warenlager stellt eine Sachgesamtheit, damit keine (Einzel-)Sache i. S. d. § 90 dar. Sachgesamtheit ist eine Vielzahl von Einzelsachen, die durch gemeinsame Zwecke miteinander verbunden erscheinen und häufig im Verkehr mit einem einheitlichen Namen belegt werden. Die Einzelsachen des Warenlagers (ebenso: Münzsammlung, Tierherde etc.) stellen Sachen gem. § 90 dar (vgl. weiter: Palandt, Überblick vor § 90 Anm. 3e).
c) Die Briefmarkensammlung ist ebenfalls eine Sachgesamtheit (vgl. b).
d) Ein fließender Bach ist keine zivilrechtliche Sache, da er nicht abgrenzbar ist. Im Übrigen soll er als »Gemeingut« überhaupt nicht Gegenstand von Rechten sein können (vgl. Palandt, Überblick vor § 90 Anm. 4a und § 90 Anm. 1).

e) Der Luftraum über einem Grundstück ist eine Sache (vgl. § 905). Anders naturgemäß »die Luft«, die nicht abgrenzbar ist.
f) Tiere sind keine Sachen. Seit dem Gesetz zur Verbesserung der Rechtsstellung des Tieres vom 20.08.1990 BGBl I 1990, 762 und der Einführung des § 90a gelten die Vorschriften über »Sachen« nur noch hilfsweise (vgl. auch § 903 Satz 2 und § 251 Abs. 2 Satz 2).
g) Der lebende menschliche Körper ist Teil des Rechtssubjektes Mensch, daher keine Sache. Die Leiche wird überwiegend nicht als Sache betrachtet (str.), da sie »aus Gründen der Pietät dem Rechtsverkehr entzogen sei« (a. A. Palandt: herrenlose Sache, an der ein Aneignungsrecht unzulässig sei).
h) Das Hausgrundstück ist eine einzige unbewegliche Sache. Zivilrechtlich wird zwischen Grund und Boden und aufstehendem Gebäude kein Unterschied gemacht.

Lösung zu Fall 34

a) Der eingebaute Motor ist kein wesentlicher Bestandteil eines Pkw (BGHZ 18, 226).
b) und c) Die Seiten eines Buches sind ebenso wie die Messerklinge wesentliche Bestandteile, eine weitere Begründung dürfte sich erübrigen.
c) Die Kegelbahn einer Gaststätte soll nach BGH kein wesentlicher Bestandteil sein, da sie ohne Zerstörung vom Gebäude abtrennbar sei.
Anmerkung: Das Ergebnis ist sicher vom Einzelfall abhängig!
d) Die fest eingebaute Heizungsanlage ist mit dem Einbau wesentlicher Bestandteil (BGH vom 21.05.1953 NJW 1953, 1180).
e) Die Einbauküche ist i. d. R. kein wesentlicher Bestandteil, es sei denn, sie ist speziell angepasst, fest eingebaut und damit für andere Zwecke weitgehend wertlos. Der Einzelfall ist maßgebend (BGH vom 01.12.1970 DB 1971, 656).

Lösung zu Fall 35

a) Dieb: mittelbarer Eigenbesitz; F: unmittelbarer Fremdbesitz.
b) Handelsvertreter: Besitzdiener, kein Besitz; Arbeitgeber: unmittelbarer Eigenbesitzer.
c) Bibliothek: mittelbarer Eigenbesitz; Student: unmittelbarer Fremdbesitz.
d) A: hat keinen Besitz (mehr); Neffe: unmittelbarer Eigenbesitz (natürlicher Besitzwillen maßgebend!).
e) Eigentümer: mittelbarer Eigenbesitz; Mieter: mittelbarer Fremdbesitz 1. Stufe; Student: unmittelbarer Fremdbesitz 2. Stufe. Auf das rechtliche Dürfen kommt es nicht an.

Lösung zu Fall 36

S ist Eigentümer geworden, wenn er sich mit V über den Eigentumserwerb geeinigt hat und die Sache übergeben worden ist (§ 929 Satz 1). Einigung liegt vor (Kaufverhandlungen führen zum Vertragsschluss und zur Einigung über den Eigentumsübergang). Zwar war V nicht Eigentümer, als Verkäufer war es aber gerade seine Aufgabe, Eigentum zu übertragen, so dass eine Erlaubnis (Verfügungsbefugnis) des V anzunehmen ist (vgl. auch § 56 HGB). Die Übergabe erfolgt durch Einräumung des Besitzes (Übergabe von Schlüsseln und Fahrzeugpapieren). S ist Eigentümer geworden.

Lösung zu Fall 37

Da Z nicht im unmittelbaren Besitz der Sache ist, kann das dingliche Rechtsgeschäft »Übereignung der Kette« nicht nach § 929 Satz 1 im Grundfall erfolgen. Es muss ein Übergabesurrogat möglich sein, um die Übereignung herbeizuführen. Z hat gegen L Ansprüche auf Herausgabe (vgl. §§ 985, 823 Abs. 1 und Abs. 2 i. V. m. StGB). Z kann statt der Übergabe durch Übertragung des unmittelbaren Besitzes den Anspruch aus § 823 Abs. 1 und 2 an X abtreten (§§ 398 ff.). (Der Anspruch aus § 985 besteht zwar auch, ist aber nicht abtretbar.) X wird mit der Abtretung des Herausgabeanspruchs Eigentümerin des Rings (§ 931), vorausgesetzt, Z ist verfügungsbefugt. Davon ist beim Eigentümer grundsätzlich immer wegen § 903 auszugehen.

Lösung zu Fall 38

Die Übereignung könnte nach §§ 929 Satz 1, 932 stattfinden, da A nicht Eigentümer des Geldes, C aber gutgläubig ist (§ 932 Abs. 2). Einigung und Übergabe müssten erfolgen. An gestohlenen Sachen kann zwar grundsätzlich nicht gutgläubig Eigentum erworben werden (§ 935 Abs. 1), dies trifft aber auf Geld nicht zu (§ 935 Abs. 2).

A ist jedoch erst 17 Jahre alt. Er ist beschränkt geschäftsfähig. Ein Ausnahmetatbestand der §§ 107 ff. liegt nicht vor, insbesondere – wegen des Rechtsverlusts – kein lediglich rechtlicher Vorteil i. S. d. § 107. Dies ist i. R. v. § 929 Satz 1, der Einigung, zu berücksichtigen. A kann ohne Zustimmung der Eltern keine Willenserklärung gerichtet auf einen Eigentumsverlust abgeben. Der gute Glaube des C kann die fehlende Geschäftsfähigkeit des A nicht ersetzen. C wird nicht Eigentümer des Geldes.

Lösung zu Fall 39

Z kann durch Einigung und Übergabe gem. § 929 Satz 1 Eigentum an der Uhr erlangen. Beides ist laut Sachverhalt erfolgt. X ist allerdings Nichteigentümer und damit nicht verfügungsbefugt. Z kann also nur gutgläubig Eigentum erwerben (§ 932); § 935 liegt nicht vor (kein »Abhandenkommen«). Z ist jedoch als Uhrenfachmann wegen des niedrigen Preises und seiner durchaus zutreffenden Überlegungen nicht gutgläubig. Er wusste oder musste wissen, dass an dem Geschäft »etwas faul« war. Soweit er seiner diesbezüglichen Nachforschungspflicht nicht nachkommt, handelt er zumindest grob fahrlässig (§ 932 Abs. 2). Z wird nicht Eigentümer.

Lösung zu Fall 40

B wird Eigentümer, wenn er sich wirksam über den Eigentumsübergang geeinigt hat und ihm die Sache vom Veräußerer übergeben wird. M ist als Mieter jedoch nicht zur Eigentumsübertragung befugt. In Betracht kommt allerdings ein gutgläubiger Erwerb gem. § 933. Voraussetzung dafür ist die Gutgläubigkeit des B im Zeitpunkt der Übergabe an B. Mangels genauer Angaben im Sachverhalt ist er als gutgläubig anzusehen. Die Einigung über den Eigentumserwerb beim Besitzkonstitut nach § 933 reicht allein jedoch nicht aus, wenn der Veräußerer nicht Eigentümer ist. Hinzukommen muss in jedem Fall die Übertragung des unmittelbaren Besitzes an den Erwerber B. B wird damit erst Eigentümer, wenn (!) er unmittelbarer Besitzer wird. Dies ist am 31.10.15 der Fall, wenn B zu diesem Zeitpunkt noch in gutem Glauben ist.

Lösung zu Fall 41

a) **Übereignung A–B:** Die Übereignung erfolgt gem. §§ 873, 925 durch Einigung von A und B gem. §§ 873, 925 in Form der Auflassung und Eintragung des Eigentümerwechsels im Grundbuch. Problematisch ist die Verfügungsbefugnis des A. A ist nicht Eigentümer des Grundstücks. Nach der Vermutung des § 891 gilt er jedoch als Eigentümer, so dass ein gutgläubiger Erwerb gem. § 892 möglich ist. I. R. d. Gutgläubigkeit schadet B nur die positive Kenntnis von der fehlenden Eigentümerstellung (im Gegensatz zu § 932 Abs. 2!). Auf die Zweifel des B kommt es nicht an, da sie nur zu einer Fahrlässigkeit hinsichtlich seiner Unkenntnis führen könnten. B wird daher (§§ 873, 925, 892) gutgläubiger Eigentümer des Grundstücks und als solcher ins Grundbuch eingetragen.

b) **Übereignung B–C:** Das Grundbuch ist nunmehr richtig, da es den B als Eigentümer ausweist. Es handelt sich bei der Übereignung von B an C um einen Eigentumserwerb vom Berechtigten, so dass die Kenntnisse des C über die Vorgänge bezüglich des X nicht maßgebend sind. Der Eigentumserwerb des C ist wirksam gem. §§ 873, 925.

Lösung zu Fall 42

a) **Dingliche Lage 30.05.:** A ist Eigentümer und mittelbarer Besitzer, B ist unmittelbarer Fremdbesitzer (Mieter).
Schuldrechtliche Lage 30.05.: A als Vermieter hat einen Herausgabeanspruch nach Ablauf der Mietzeit (§ 546). B kann während der Mietzeit das Gerät nutzen, er ist verpflichtet, den Mietzins zu bezahlen (§§ 535 ff.).

b) **Dingliche Lage 01.06.:** Durch Ausübung der Kaufoption (Mitteilung am 31.05.) wird das Mietverhältnis in einen Kaufvertrag umgewandelt. A bleibt Eigentümer aufgrund seines Eigentumsvorbehalts bis zur vollständigen Bezahlung, B ist unmittelbarer Eigenbesitzer und erwirbt ein Anwartschaftsrecht auf den Erwerb des Eigentums.
Schuldrechtliche Lage 01.06.: A hat Anspruch auf vereinbarungsgemäße Bezahlung des Restkaufpreises (§ 433). B ist verpflichtet, den Restkaufpreis zu bezahlen.

c) **Rücktritt:** Durch die Ausübung des Rücktrittrechts gem. §§ 449, 346 ist der Besitzer B dem Eigentümer A zur Herausgabe verpflichtet (§ 985). A ist verpflichtet, den Kaufpreis zurückzuerstatten, soweit dieser geleistet worden ist, allerdings unter Abzug einer Nutzungsvergütung (vgl. § 346 Satz 2), die vermutlich den monatlich gezahlten 50 € Mietentschädigung des ersten Vertrages nahe kommen dürfte.

d) **Weiterverkauf:** A ist aufgrund Eigentumsvorbehalts (da die Bedingung noch nicht erfüllt ist) weiterhin Eigentümer. Er kann daher als dinglich Berechtigter weiterhin schuldrechtliche Verträge mit C sowie die Übereignung vereinbaren (vgl. auch §§ 311a Abs. 1, 137). Gem. § 161 wird aber seine zunächst wirksame Eigentumsübertragung (§ 931) unwirksam, wenn B seine letzte Rate zahlt und damit die dieser Eigentumsübertragung zugrunde liegende Bedingung erfüllt. B ist dann Eigentümer.
Anmerkung: C könnte unter Umständen dennoch gutgläubig Eigentümer geworden (geblieben) sein, vgl. § 161 Abs. 3, dafür gibt der Sachverhalt nichts her. Ansonsten hat C einen Schadenersatzanspruch gegen A wegen Vertragsverletzung, da A dem C im Ergebnis nicht das vereinbarte Eigentum verschaffen konnte.

Lösung zu Fall 43

Die Händler können von F aus Kaufvertrag Zahlung des Kaufpreises verlangen (§ 433 Abs. 2). Die Ansprüche sind jedoch gegen F nicht durchzusetzen, weil sie kein Vermögen hat. Von M kann nur dann Zahlung verlangt werden, wenn die Kaufverträge auch mit ihm zustande gekommen sind. Eine Vertretung des M durch F kommt nicht in Betracht, weil F allein in eigenem Namen aufgetreten ist (ein Geschäft für den, den es angeht, bei dem es für die Vertragsschließenden unerheblich ist, ob im eigenen oder im fremden Namen gehandelt wird, kommt nur bei Bargeschäften des täglichen Lebens in Betracht). Ansprüche gegen M können nur aufgrund des gesetzlichen Vertretungsrechts der Ehegatten nach § 1357 entstanden sein. Dabei kommt es nicht darauf an, ob der Geschäftspartner weiß, dass der Vertragspartner verheiratet ist. Es muss sich lediglich um ein Geschäft zur angemessenen Deckung des Lebensbedarfs handeln. Darunter fallen Geschäfte der laufenden Verwaltung (z. B. Beschaffung von Lebensmitteln oder Kleidungsstücken für die Familie und den haushaltsführenden Ehegatten selbst). Aus dem Rahmen fallende Geschäfte bedürfen jedoch grundsätzlich der Einigung beider Ehegatten. Die Beschaffung eines Bildes für die Ehewohnung kann zwar noch zum Lebensbedarf gehören. Aufgrund des Anschaffungspreises von 10 000 € liegt aber nach dem Zuschnitt der Lebensführung von M und F keine angemessene Bedarfsdeckung mehr vor. M muss daher die Lebensmittel und die Kleidung der F, aber nicht das Bild bezahlen.

Lösung zu Fall 44

Der Anspruch besteht nicht, da ein Arbeits- oder Gesellschaftsverhältnis mit dem Unternehmer-Ehegatten nicht nachträglich unterstellt werden kann (BGHZ 46, 385). M war im Rahmen der von den Eheleuten über ihre Lebensführung getroffenen Abreden zur Mitarbeit nach § 1353 familienrechtlich verpflichtet. Um zu einem stillschweigenden Vertragsschluss zu kommen, müsste aus dem äußeren Verhalten der Eheleute der Wille zu einer rechtsgeschäftlichen Regelung erkennbar sein. Mit Hilfe der Lehre vom faktischen Arbeitsverhältnis können zwar Wirksamkeitsmängel fehlerhafter Verträge beseitigt werden, aber nicht das Fehlen jeder Vertragserklärung.

Die Ehegatten könnten zwar **im Einvernehmen zivilrechtlich** wirksam auch rückwirkend ein Arbeits- oder Gesellschaftsverhältnis vereinbaren, wenn die Verpflichtung über die üblichen Unterhaltsleistungen hinausgeht. Steuerlich könnte ein solcher Vertrag aber rückwirkend nicht anerkannt werden.

Lösung zu Fall 45

Die Hauptpflichten des Arbeitsverhältnisses (Essentialia) müssen vereinbart sein. Fehlt es an einer Vereinbarung über die Höhe des Arbeitslohns, kann ein wirksamer Vertrag nicht angenommen werden.

Lösung zu Fall 46

a) Wechselseitige Arbeitsverhältnisse werden grundsätzlich steuerlich nicht anerkannt, ungeachtet, ob es sich um ein Vollzeit- oder Teilzeitarbeitsverhältnis handelt (BFH vom 26.02.1969 BStBl III 1969, 315). Wer ein eigenes Geschäft hat, wird sich nicht als Arbeitnehmer im Geschäft des Ehegatten verdingen, wenn er dadurch gezwungen wird, für sein eigenes Geschäft eine fremde Arbeitskraft (den andern Ehegatten) einzustellen. Es ist davon auszugehen, dass die Arbeitsverhältnisse nicht durchgeführt werden, sondern dass entgegen der Vereinbarung jeder Ehegatte in seinem eigenen Geschäft tätig wird.

b) Der BFH lehnt wechselseitige Teilzeitarbeitsverhältnisse von Ehegatten nicht mehr generell ab (BFH vom 12. 10. 1989 BStBl II 1989, 354). Ausnahmsweise kann ein wechselseitiges Teilzeitarbeitsverhältnis anerkannt werden, wenn es sich nicht um gleichwertige Leistungen der Ehegatten handelt und besondere wirtschaftliche Gründe vorliegen (so auch Fichtelmann, Beteiligung von Angehörigen, Rz. 1653).

Lösung zu Fall 47

a) Ein steuerlich anzuerkennendes Arbeitsverhältnis besteht nur dann, wenn der vereinbarte Arbeitslohn jeweils zum üblichen Zahlungszeitpunkt tatsächlich gezahlt wird.

b) Die steuerliche Anerkennung der Arbeitsverhältnisse ergibt sich bei:

aa) Keine steuerliche Anerkennung, da das Geld den Machtbereich des Arbeitgeber-Ehegatten nicht verlassen hat (BFH vom 15. 01. 1980 BStBl II 1980, 350).

bb) Das Arbeitsverhältnis wird steuerlich anerkannt (BFH vom 16. 01. 1974 BStBl II 1974, 294).

cc) Nach bisheriger Rechtsprechung war ein Ehegattenarbeitsverhältnis steuerlich nicht anzuerkennen, wenn das Gehalt auf ein Konto überwiesen wurde, über das beide Ehegatten ohne Mitwirken des andern Ehegatten verfügen können (sog. »Oder-Konto«; vgl. BFH vom 27. 11. 1989 BStBl II 1990, 160; BFH vom 16. 05. 1990 BStBl II 1990, 908). Das Bundesverfassungsgericht verwarf diese Auffassung wegen Verstoßes gegen den Gleichheitssatz als verfassungswidrig (BVerfG vom 07. 11. 1995 BStBl II 1996, 34). Ist ein Ehegattenarbeitsverhältnis ernstlich vereinbart, tatsächlich erfüllt und angemessen entgolten worden, bedarf es keiner weiteren Feststellungen und Beweise. Dann darf auch das aus dem Erfordernis der freien und uneingeschränkten Verfügbarkeit der Gehaltszahlung abgeleitete nachteilige Indiz eines Oder-Kontos nicht zu einem Tatbestandsmerkmal »Art der Kontoführung« verselbständigt werden, das schon für sich genommen das Bestehen eines Ehegattenarbeitsverhältnisses ausschließt.

c) Die Regeln über Ehegattenarbeitsverhältnisse sind auf das Arbeitsverhältnis mit der OHG entsprechend anwendbar, weil Herr A beherrschender Gesellschafter der OHG ist. Es liegt aber mit der Überweisung auf das gemeinschaftliche Konto ein Vermögenszugang bei Frau A vor. Die OHG kann über das Konto nicht verfügen.

d) Ein Ehegattenarbeitsverhältnis ist nicht wie unter Fremden steuerlich nicht anzuerkennen; durchsetzbarer Darlehensrückzahlungsanspruch erforderlich; entweder durch Kündigung oder vereinbarte Laufzeit (BFH vom 28. 02. 1990 BStBl II 1990, 548).
Mangels Darlehensvereinbarung wie unter Fremden steuerlich nicht anzuerkennen; durchsetzbarer Darlehensrückzahlungsanspruch erforderlich, entweder durch Kündigung oder vereinbarte Laufzeit (BFH vom 17. 07. 1984 BStBl II 1986, 48).

e) Steuerliche Anerkennung, wenn die Schenkung nicht im zeitlichen Zusammenhang mit der Lohnzahlung steht (BFH vom 04. 11. 1986 BStBl II 1987, 336; BFH vom 04. 11. 1986 BFH/NV 1987, 509).

Lösung zu Fall 48

Neben dem steuerlich anzuerkennenden Arbeitsverhältnis muss auch die Versorgungszusage ernstlich gewollt und tatsächlich durchgeführt sein. Die Direktversicherung (§ 4b EStG) muss betrieblich veranlasst sein. Es ist ein betriebsinterner Drittvergleich notwendig (nicht dagegen ein betriebsexterner Vergleich). Die Altersversorgung darf im Verhältnis zu den Aktivbezügen nicht zu hoch sein und zusammen mit anderen Altersbezügen (insbes. Sozialversicherung) nicht zu einer Überversorgung führen: Die zugesagten Altersbezüge dürfen zusammen mit der Sozialversicherungsrente nicht mehr als 75 % des letzten steuerlich maßgebenden Arbeitslohns übersteigen. Zur Vereinfachung kann auf die Ermittlung der Überversorgungsgrenze verzichtet werden, wenn die freiwilligen und vertraglichen Leistungen des Arbeitgebers und des Arbeitnehmers zusammen 30 % des steuerpflichtigen Jahresarbeitslohns des Arbeitnehmer-Ehegatten nicht übersteigen (BFH vom 08. 10. 1986 BStBl II 1987, 205; vom 05. 02. 1987 BStBl II 1987, 557).

Übersteigt die Gesamtvergütung die Angemessenheitsgrenze, ist fraglich, ob

- vorrangig die tatsächlich zugeflossene Vergütung (ausgezahlter Arbeitslohn)
- oder umgekehrt zuerst die Altersversorgung
- oder beide Positionen gleichmäßig
- oder jeweils die zuletzt getroffene Vereinbarung

gekürzt werden sollen. Nach Auffassung der FinVerw kommt es auf den Einzelfall an. Nach RFH vom 15. 03. 1932 RStBl 1932, 519 ist darauf abzustellen, ob der Wert der Altersversorgung anderen Arbeitnehmern auf das Gehalt angerechnet würde. Vgl. auch BFH vom 20. 03. 1980 BStBl II 1980, 450.

Lösung zu Fall 49

	M		F	
Anfangsvermögen	./. 10 000 €	(kann negativ sein, § 1374 Abs. 3)	0	(Lottogewinn bleibt beim Anfangsvermögen außer Betracht, rechnet aber zum Endvermögen und damit zum Zugewinn (BGHZ 68, 43))
+ Erbschaft	50 000 €	(erhöht das Anfangsvermögen, § 1374 Abs. 2)		
Endvermögen	100 000 €		20 000 €	
Zugewinn	60 000 €		20 000 €	

	Zugewinn M	60 000 €
	./. Zugewinn F	20 000 €
	= Überschuss M	40 000 €
Ausgleichsanspruch F 1/2		20 000 €

§ 1374 Abs. 3, wonach Verbindlichkeiten über die Höhe des Vermögens hinaus abzuziehen sind, wurde durch das Gesetz zur Änderung des Zugewinnausgleichsrechts eingeführt (BGBl I 2009, 1669). Der Vorteil durch Tilgung von Schulden im Anfangsvermögen soll nicht allein den Schulden der Ehegatten zugute kommen. Eine Verrechnung der Erbschaft mit den vorehelichen Schulden des M ist nicht vorzunehmen, da der Zugewinnausgleich nur aus ausgleichspflichtigem Erwerb gewährt wird und nach § 1374 der Ehegatte nicht am Erbe des andern beteiligt ist.

Lösung zu Fall 50

a) S kann durch die Ermächtigung der gesetzlichen Vertreter zum selbständigen Betrieb des Erwerbsgeschäfts die volle Geschäftsfähigkeit für Rechtsgeschäfte erlangen, die der Geschäftsbetrieb mit sich bringt. Die Ermächtigung bedarf aber nach § 112 der Genehmigung des Vormundschaftsgerichts. Liegt auch diese vor, kann K den **Kaufvertrag** wirksam abschließen. Die Wirksamkeit des **Darlehensvertrages** mit der Bank bedarf jedoch zusätzlich der Zustimmung der Eltern und der Genehmigung des Vormundschaftsgerichts (§§ 112 Abs. 1 Satz 2, § 1643 Abs. 1 i. V. m. § 1822 Nr. 8).

b) Die gesetzliche Vertretung der Eltern ist nicht nach § 113 entfallen. Ein Berufsausbildungsverhältnis ist kein »Dienst- oder Arbeitsverhältnis« i. S. d. § 113, da Hauptzweck die Ausbildung und nicht die Dienstleistung ist. Der Ausbildungsvertrag ist jedoch aufgrund der Erlaubnis der Eltern nach §§ 107, 108 Abs. 1 wirksam. Der Kauf der Arbeitsgeräte kann unter Umständen aufgrund eines beschränkten Generalkonsenses der Eltern mit allen Geschäften wirksam sein, die mit der Berufsausbildung zusammenhängen (Einzelfallprüfung).

c) Die Vaterschaftsanerkennung hat zur Folge, dass S als Vater mit allen Rechten und Pflichten gilt (z. B. Unterhalt, Erbrecht). Die Anerkennung ist ein höchstpersönliches Rechtsgeschäft. Sie ist aber nur mit Zustimmung des gesetzlichen Vertreters wirksam (§ 1600d).
Die Testierfähigkeit beginnt bereits mit 16 Jahren. Eine Zustimmung des gesetzlichen Vertreters ist nicht erforderlich. Die eigenhändige Testamentserrichtung eines Minderjährigen ist aber unwirksam. S kann das Testament nur in notarieller Form errichten (§§ 2229 Abs. 1, 2232, 2247 Abs. 4).

Lösung zu Fall 51

Da K beschränkt geschäftsfähig ist, kann er nicht selbst handeln, sondern muss sich von seinen Eltern gesetzlich vertreten lassen, soweit das Rechtsgeschäft nicht lediglich einen rechtlichen Vorteil bringt (§ 107).

a) Wenn Eltern ein in das Kindesvermögen fallendes Grundstück als gesetzliche <Vertreter des Kindes verkaufen wollen, bedürfen die Rechtsgeschäfte zusätzlich der vormundschaftsgerichtlichen Genehmigung, und zwar:
- der obligatorische **Kaufvertrag** (§§ 433, 311b) nach § 1643 Abs. 1 i. V. m. § 1821 Abs. 1 Nr. 4,
- die **Auflassung** (§§ 873, 925) nach § 1643 Abs. 1 i. V. m. § 1821 Abs. 1 Nr. 1, da es sich um eine »Verfügung« über ein Grundstück handelt.

In der Praxis ergeht ein einheitlicher Genehmigungsbeschluss.

b) Hinsichtlich der **gesetzlichen Vertretung** gilt Folgendes: Die Entgegennahme der **Auflassung** ist lediglich rechtlich vorteilhaft und könnte von M selbst vorgenommen werden. K kann sich aber hierbei auch vertreten lassen. Der obligatorische **Kaufvertrag** enthält Rechtspflichten für K (Kaufpreiszahlung) und kann daher nur durch Vertreter abgeschlossen werden. Nach § 1629 Abs. 2 Satz 1 i. V. m. § 1795 Abs. 1 Nr. 1 ist zwar eine Vertretung durch die Eltern bei einem Rechtsgeschäft zwischen dem Kind und den Verwandten in gerade Linie ausgeschlossen. Die Tante T ist jedoch aus der Sicht der Eltern M und F lediglich eine Verwandte (bzw. Verschwägerte) in der Seitenlinie. Ein erheblicher Interessengegensatz zwischen M, F, K und T, der die Entziehung der Vertretungsbefugnis rechtfertigen könnte, ist nicht ersichtlich (§ 1629 Abs. 2 Satz 3 i. V. m. § 1796). M und F sind also nicht von der gesetzlichen Vertretung beim Abschluss des Kaufvertrages und bei der Entgegennahme der Auffassung ausgeschlossen. Der Abschluss des notariellen **Kaufvertrages** bedarf der **vormundschaftsgerichtlichen Genehmigung** (§ 1643 Abs. 1 i. V. m. § 1821 Abs. 1 Nr. 5). Es handelt sich um einen »entgeltlichen Erwerb«, auch wenn der Kaufpreis den Wert des Grundstücks erheblich unterschreitet. Die Entgegennahme der von der T erklärten **Auflassung** im notariellen Vertrag (§ 925) ist dagegen genehmigungsfrei. Zwar scheint der Wortlaut des § 1821 Abs. 1 Nr. 2 1. Alt. erfüllt zu sein, da die Eltern mit der Entgegennahme der Auffassung über den Übereignungsanspruch des K verfügen. Nach Sinn und Zweck der Vorschrift ist aber die Annahme nicht genehmigungspflichtig, da der Minderjährige mit dem Eigentum am Grundstück (im Vergleich zum schuldrechtlichen Übereignungsanspruch) eine vorteilhaftere Rechtsstellung erlangt (MünchKomm, § 1821 RdNr. 33). Im Ergebnis bedarf also nur der Kaufvertrag, aber nicht die Entgegennahme der Auflassung der vormundschaftsgerichtlichen Genehmigung.

c) Die **Darlehensaufnahme** im Namen des minderjährigen K bedarf der vormundschaftsgerichtlichen Genehmigung nach § 1643 Abs. 1 i. V. m. § 1822 Nr. 8. Die **schuldrechtliche Sicherungsabrede** zur Bestellung der Grundschuld ist nach § 1643 Abs. 1 i. V. m. § 1821 Abs. 1 Nr. 4 genehmigungsbedürftig. Die dingliche Belastung des Grundstücks mit der **Grundschuld** ist nach § 1643 Abs. 1 i. V. m. § 1821 Abs. 1 Nr. 1 genehmigungspflichtig. Mit der Belastung des Grundstücks wird über das Grundstück selbst verfügt.

Lösung zu Fall 52

a) Die Zustimmung des A zum Abschluss eines Arbeitsvertrages nach § 113 liegt zumindest konkludent vor. Die Bestellung eines Ergänzungspflegers ist nicht erforderlich. Die Vorschriften der § 181, § 1629 Abs. 2, § 1795 Abs. 1 Nr. 1 spielen in diesem Fall keine Rolle, da S aufgrund der Ermächtigung durch A den Vertrag selbständig schließen kann.

b) Gem. § 1619 ist ein Kind, solange es dem elterlichen Haushalt angehört und von den Eltern unterhalten wird, verpflichtet, in einer seinen Kräften und seiner Lebensstellung entsprechenden Weise den Eltern Dienste zu leisten. Eine familienrechtlich geschuldete Mitarbeit kann aber auch auf arbeitsvertraglicher Grundlage erbracht werden, so dass insoweit ein Arbeitsvertrag das familienrechtliche Verhältnis ersetzt. Kinder können daher trotz einer bestehenden Verpflichtung zur Mitarbeit nach § 1619 mit ihren Eltern ein Arbeitsverhältnis eingehen, das steuerlich anzuerkennen ist, wenn es im Übrigen dem Fremdvergleich standhält.

c) Der Arbeitsvertrag ist nicht anzuerkennen, da S nicht wie ein fremder Arbeitnehmer in den Betrieb eingegliedert und nicht zur regelmäßigen Arbeitsleistung verpflichtet ist. Gelegentliche Hilfeleistungen bei untergeordneten Tätigkeiten, die üblicherweise auf familienrechtlicher Grundlage erbracht werden, eignen sich nicht als Inhalt eines Arbeitsverhältnisses (BFH vom 17.03.1988 BStBl II 1988, 632; BFH vom 25.01.1989 BStBl II 1989, 453).

Lösung zu Fall 53

Richten Eltern ein Sparkonto zugunsten eines minderjährigen Kindes ein, sind die Erträge dem Kind zuzurechnen, wenn die Eltern bei Abschluss des Vertrages über die Einrichtung des Sparkontos und bei der Einzahlung den Willen hatten, die Guthabenforderung dem Kind sofort zuzuwenden, und dieser Wille für die Bank erkennbar war (BFH vom 03.11.1976 BStBl II 1977,

205). Richten die Eltern zwar ein Sparkonto auf den Namen eines Kindes ein, verwalten dieses Vermögen aber nicht entsprechend den zivilrechtlichen Vorschriften über die elterliche Vermögenssorge, sondern wie eigenes Vermögen, sind die Zinsen den Eltern zuzurechnen (BFH vom 03.11.1976 BStBl II 1977, 206). Die Auslegung des Konteneröffnungsantrags ergibt den Willen des A, selbst Gläubiger der Spareinlage zu sein. Auslegungsschwierigkeiten werden vermieden, wenn bei Errichtung des Sparkontos klargestellt ist, dass eine Verfügungsbefugnis der Eltern nur auf dem elterlichen Sorgerecht – entsprechend den §§ 1626 ff. – beruht (BFH vom 24.04.1990 BStBl II 1990, 539).

Lösung zu Fall 54

Schaltet ein Steuerberater beim Erwerb einer für den Einsatz in seiner Kanzlei bestimmten EDV-Anlage mit Anwendersoftware ein minderjähriges, einkommens- und vermögensloses Kind als Käufer vor, von dem er die EDV-Anlage mietet, liegt eine rechtsmissbräuchliche Gestaltung i. S. d. § 42 AO, wenn verständige Parteien in Anbetracht des wirtschaftlichen Sachverhalts und der wirtschaftlichen Zielsetzung nicht in der gewählten Weise verfahren wären. Die Unangemessenheit einer Rechtsgestaltung tritt deutlich hervor, wenn sie überhaupt keinem wirtschaftlichen Zweck dient, also ein vernünftiger wirtschaftlicher Grund nicht zu entdecken ist. Ein vernünftiger wirtschaftlicher Grund für die Vorschaltung eines nahen Angehörigen in einen Beschaffungsvorgang ist nicht zu erkennen, wenn der Steuerpflichtige als nachgeschaltete Abnehmerseite (Kauf oder Miete) den vorgeschalteten Ankauf/Miete durch einen nahen Angehörigen personell, wirtschaftlich und/oder finanziell organisiert. Dies wird dadurch offen gelegt, dass der Steuerpflichtige die Ware und den Verkäufer selbst auswählt sowie den Preis aushandelt und, anstatt selbst zu kontrahieren, ein Familienmitglied als Vertragspartner bestimmt und ihn mit den nötigen Finanzmitteln ausstattet. Meistens tritt hinzu und liegt auch in der Logik dieser Konstruktion, dass auch der Preis für die Weitergabe der Ware vom vorgeschalteten nahen Angehörigen an den Steuerpflichtigen von diesem bereits festgelegt worden ist (BFH vom 17.01.1991 BStBl II 1991, 607).

Lösung zu Fall 55

a) Eingetragener Verein, GmbH und AG können als juristische Personen nicht Erblasser sein. Eine juristische Person stirbt nicht. Wenn sie durch Auflösung endet, wird sie liquidiert (vgl. §§ 45 ff., §§ 264 ff. AktG).
b) Dagegen sind juristische Personen ohne weiteres erbfähig.

Lösung zu Fall 56

A kann die Münzsammlung nach § 985 herausverlangen, wenn er Eigentümer und D unrechtmäßiger Besitzer ist. A ist nach § 1922 Abs. 1 Gesamtrechtsnachfolger des E und damit auch ohne sein Wissen (»Von-Selbst-Erwerb«) Eigentümer und unmittelbarer Besitzer geworden als E starb. Durch die Veräußerung von H an D ist die Sache dem A abhanden gekommen. Ein gutgläubiger Erwerb des D scheidet deshalb aus (§ 935). A kann als Eigentümer von D Herausgabe verlangen.

Lösung zu Fall 57

a) Die eine Hälfte der Erbschaft fällt in die Linie der M, die ihre Abkömmlinge von der Erbschaft ausschließt. Die andere Hälfte fällt an die Abkömmlinge des V, also je 1/4 an B und S.
b) Die Hälfte des V fällt an HB, B und S, die Hälfte der M an B und S. Also fallen je 5/12 (1/6 und 1/4) an B und an S und 1/6 an HB.

Lösung zu Fall 58

a) Bei gesetzlicher Erbfolge (§ 1931 Abs. 1, § 1371 Abs. 1) erbt der überlebende Ehegatte insgesamt 1/2 wegen der pauschalen Erhöhung des gesetzlichen Erbteils um 1/4. F erhält also 50 000 €.
b) Wenn F die Erbschaft ausschlägt, erhält sie 50 000 € schon aufgrund des familienrechtlichen Zugewinnausgleichs. F kann außerdem ihren Pflichtteil, also die Hälfte des gesetzlichen Erbteils, verlangen. Dieser beträgt 1/8 der um den Zugewinnausgleich verminderten 100 000 €, also 6 250 €. F kann insgesamt 56 250 € verlangen.

Lösung zu Fall 59

Wenn F zur Erbin berufen ist, findet grundsätzlich kein Zugewinnausgleich statt. F kann aber, da der Erbteil die Hälfte des gesetzlichen Erbteils nicht erreicht, den Pflichtteilsrest (§§ 2305, 2307 Abs. 1) beanspruchen. Der gesetzliche Erbteil ist in diesem Fall der nach § 1371 Abs. 1 pauschal erhöhte Erbteil, also 1/2 von 100 000 € = 50 000 €. Der »große Pflichtteil«, also die Hälfte dieses Erbteils, beträgt 1/2 = 25 000 €. Da F nur zu 10 % = 10 000 € als Erbin eingesetzt ist, kann sie zusätzlich noch 15 000 € beanspruchen.

Lösung zu Fall 60

F kann nicht als bloße Vorerbin (§ 2113 Abs. 1), wohl aber als Vollerbin über das Grundstück verfügen. Da der Wortlaut des Testaments nicht eindeutig ist, greift § 2269 als Auslegungsregel ein. Danach ist F Vollerbin und kann über das Grundstück frei verfügen.

Teil I Komplexe Übungsfälle

Übungsfall 1

Bearbeitungszeit: 90 Minuten
Hilfsmittel: Gesetzesausgabe BGB
Bitte lösen Sie die folgenden Fälle in Form eines Gutachtens.

Sachverhalt 1

Der Spielzeuglieferant Anton Schleif verkauft Stofftiere aller Art zu einem günstigen Preis zum Weiterverkauf an den Endverbraucher. Er versendet ein Fax als Werbeflyer an eine Vielzahl von potentiellen Kunden, in dem er Schafe aus Plüsch zur gewerblichen Weiterveräußerung zum Preis von 25 € pro Stück (Lieferung solange der Vorrat reicht) bewirbt. August Rumpel betreibt einen Spielzeugladen und möchte 300 Schafe für seinen Laden bestellen. Er schickt dem Schleif am 07.01.2014 um 10:00 Uhr ein Fax, in dem er 300 Schafe zu einem Preis von je 25 € inkl. USt bestellt. Schleif schreibt noch am selben Tag um 15:00 Uhr per Fax zurück, dass in dem Angebot über 25 € pro Stück die USt nicht enthalten sei, er aber aufgrund des Missverständnisses bereit sei, dem Rumpel die 300 Schafe für 23 € zzgl. USt zu liefern. Allerdings fühle er sich daran nur bis zum Ablauf des 09.01.2014 gebunden. Rumpel vergisst zunächst, auf das Fax des Schleif zu antworten. Am Abend des 09.01.2014 schickt Rumpel Schleif um 21:00 Uhr über das iPhone eine E-Mail, dass er das Angebot annehme. Diese E-Mail wird noch am selben Abend auf dem Server des Schleif gespeichert. Schleif liest sie jedoch erst am darauffolgenden Tag um 9:30 Uhr morgens im Büro. Da er nun eine weitere Bestellung über 5 000 Schafe zum Preis von 25 € zzgl. USt erhalten hat und er gerade nur 4 500 Tiere vorrätig hat, möchte er den Vertrag mit Rumpel nicht erfüllen. Rumpel ist jedoch der Ansicht, er habe einen Anspruch auf Lieferung erworben.

Wie ist die Rechtslage?

Sachverhalt 2

Egon Katz und Konrad Maus verhandeln über den Kauf des dem Katz gehörenden VW Golf aus dem Baujahr 2008. Katz möchte 4 500 € haben, Maus ist jedoch nur bereit, 4 200 € zu bezahlen.

Ein paar Tage nach den Verhandlungen schickt Maus seinen 18-jährigen Sohn Bodo zu Katz. Er weist seinen Sohn an, er solle dem Katz sagen, er sei nun bereit, 4 300 € zu bezahlen.

Bodo ist in Gedanken bei seiner neuen Freundin, so dass er die Anweisung nicht mehr genau im Kopf hat, und teilt dem Katz mit, sein Vater wolle das Fahrzeug nun für 4 500 € kaufen. Katz ist hocherfreut und nimmt Bodo gegenüber das Angebot sofort an.

Ist ein Vertrag zustande gekommen? Könnte sich Maus ggf. wieder davon lösen?

Sachverhalt 3

Die Eltern Alfred und Berta Müller möchten ihren gemeinsamen Grundbesitz im Wege der vorzeitigen Erbfolge an ihre minderjährigen Kinder Emil (5 Jahre) und Isa (16 Jahre) unentgeltlich übertragen. Sie beabsichtigen, der 16-jährigen Isa ein Grundstück in Ludwigsburg (Wert 150 000 €) zu übertragen, welches noch mit einer Hypothek i. H. v. 30 000 € belastet ist. Ihrem Sohn möchten sie ein unbelastetes Grundstück in Steinheim übertragen, welches einen Wert i. H. v. 130 000 € hat.

Welche Verträge müssen die Parteien dafür abschließen? Bedürfen die Verträge einer bestimmten Form?

Können die Kinder selbst handeln? Falls nicht, wer muss dann handeln?

Übungsfall 2

Bearbeitungszeit: 3 Stunden
Hilfsmittel: BGB
Bitte lösen Sie die folgenden Fälle in Form eines Gutachtens.

Sachverhalt 1

Alfred Ast (A) kaufte am 14. 09. 2013 einen gebrauchten VW-Transporter beim Autohaus Mangold (M) zum Preis vom 25 500 €. Die Übergabe wurde für den 15. 10. 2013 zwischen 7:30 Uhr und 9:00 Uhr vereinbart.

Nachdem A geschäftlich sehr eingespannt ist, vergisst er den vereinbarten Abholungstermin. Am 15. 10. 2013 um 10:00 Uhr wird der Wagen vom Betriebsgelände des M gestohlen. M hatte vergessen, den Wagen abzuschließen, nachdem er die Papiere und den Schlüssel zur Abholung in den Wagen gelegt hatte.

M verlangt von A Zahlung des Kaufpreises i. H. v. 25 500 €. A ist der Ansicht, dass der Diebstahl von M mitverschuldet sei, da er den Wagen nicht abgeschlossen habe und den Schlüssel im Auto gelassen hatte und er somit den Kaufpreis nicht bezahlen muss.

Hat M gegen A Anspruch auf Zahlung des Kaufpreises?

Sachverhalt 2

Der Wohnwagenhändler Bostig (B) bietet auf seinem Gelände gebrauchte Wohnwagen vieler Hersteller an. Aufmerksam gemacht durch eine Anzeige im Ludwigsburger Wochenblatt, macht sich der Finanzoberinspektor Farbig (F) auf den Weg zu (B). Er und seine Frau haben bereits seit Jahren den gemeinsamen Traum des Reisens mit Mobilitätsgarantie.

Auf dem Gelände befindet sich ein gebrauchter Wohnwagen der Marke Hobby. Da er gerade neu eingetroffen ist, ist eine genaue Beschreibung noch nicht aufgeklebt. F bittet B um eine Beschreibung des Wohnwagens und Nennung des Preises. B betont, dass es ein neuwertiger Wagen aus der aktuellen Serie des Herstellers sei, der bislang nur als Vorführfahrzeug genutzt worden sei. Leicht fahrlässig hat er übersehen, dass der Hersteller seit wenigen Wochen eine neue Modellserie aufgelegt hat. F sieht auch aufgrund des günstigen Preises (15 000 €) die Gelegenheit und freut sich bereits auf das freudige Gesicht seiner Ehefrau. Ohne konkret das Baujahr zu erwähnen, werden sich die Parteien handelseinig. Der Kaufvertrag wird sogleich handschriftlich entworfen und unterschrieben. Die Parteien sind sich darin einig, dass die Gewährleistungsrechte hinsichtlich des Fahrzeugs ausgeschlossen sein sollen, da es sich ja um ein gebrauchtes Fahrzeug handele.

B bittet F hinsichtlich der Papiere noch um Geduld, er werde sie übersenden, sobald sie bei ihm eingetroffen seien.

Eine Woche später bekommt F die Papiere und erkennt daran, dass der Wohnwagen bereits drei Jahre alt ist. Seine Recherchen ergaben zudem, dass er auch nicht aus der aktuellen Baureihe stammt, sondern aus der Vorgängerreihe. F ist erbost und möchte wissen, welche Rechte er hat. Er möchte den Wagen auf keinen Fall behalten. Er hat den Wohnwagen jedoch bereits an Freunde vermietet, die ihm 1 000 € für vier Wochen Gebrauchsüberlassung im Sommer dieses Jahres versprochen haben. Dafür will er Ersatz. Außerdem habe er bereits verbindlich einen Unterstellplatz für den Winter angemietet, den er erst zum Ende des ersten Jahres wieder kündigen kann. Die Kosten für die Unterstellung im ersten Jahr betragen 330 €. Die Zulassungskosten betrugen 200 €. Diese Schäden möchte er, auch im Fall der Rückgabe, alle von B ersetzt bekommen.

B ist der Ansicht, dass sie die Gewährleistung insgesamt wirksam individualvertraglich ausgeschlossen haben und aus diesem Grund alle Ansprüche ausgeschlossen seien. Nur für den Fall, dass jemand dies anders beurteile, habe er das Recht zur Nacherfüllung. Er könne dem F ein Fahrzeug anbieten, dass den Ansprüchen des F genüge, allerdings von einem anderen Hersteller sei. Aber das müsse ja kein Problem sein. Schließlich sei er schon zu nichts verpflichtet, da es ja an F lag, das Baujahr zu erfragen. F habe dies fahrlässig unterlassen, so dass keinerlei Ansprüche in Betracht kommen.

Hat F Ansprüche gegen B? Bitte nehmen Sie zu den Einwänden des B Stellung.

Sachverhalt 3

F hat vom Vermieter Vorsicht (V) eine schöne Mansardenwohnung in der Nähe des Salonwalds in Ludwigsburg seit dem 01.01.2013 für eine monatliche Kaltmiete i. H. v. 1 000 € zzgl. Nebenkosten gemietet. Die Wohnung ist neueren Baujahrs und hatte erst einen Vormieter Ehig (E). Bei der Besichtigung war dem F nicht aufgefallen, dass in der Ecke des Wohnzimmers Schimmel an der Wand vorhanden war, der, wie sich später herausstellte, von dem E nur mit Farbe überstrichen worden war. V hatte diesbezüglich keine Kenntnis. Die Schimmelbildung war durch das falsche Lüftungsverhalten des E verursacht. E trocknete zudem seine Wäsche immer im Wohnzimmer. F, der allergisch gegen Schimmelpilze ist, hat bereits seit dem Einzug Atembeschwerden und Luftnot. Die Behandlung beim Arzt war zunächst erfolglos, da die Ursache seiner Beschwerden nicht bekannt war. Erst eine teure Behandlung bei einem Homöopathen führte zum Erfolg (3 000 € Behandlungskosten). F ist der Ansicht, dass V für die Behandlungskosten aufkommen und den nun von F am 05.09.2013 entdeckten Schimmel beseitigen muss. Außerdem möchte er seit dem Einzug die monatliche Kaltmiete um je 100 €, also insgesamt 900 € (seit dem Einzug sind 9 Monate vergangen), rückwirkend mindern und die von ihm bereits gezahlten 900 € zurück.

V ist der Ansicht, dass sich F an E halten müsse. Schließlich sei er für alles verantwortlich.

Hat F Ansprüche gegen V aufgrund des Mietvertrages? (Etwaige gesetzliche Ansprüche bleiben außer Betracht.)

Sachverhalt 4

Abert (A) beauftragt den Handwerker Holprig (H), den Parkettboden in seinem Einfamilienhaus neu zu legen. Sie sind sich darüber einig, dass A das Material besorgt. H beschädigt durch Herunterfallen eines seiner Werkzeuge den angrenzenden Marmorboden. Der Parkettboden wurde jedoch ordnungsgemäß verlegt. Der Schaden am Marmorboden beträgt 2 000 €.

Hat A Ansprüche gegen H auf Schadenersatz?

Übungsfall 3

Bearbeitungszeit: 90 Minuten
Hilfsmittel: BGB

Sachverhalt 1

Der ortsansässige Elektrohändler Sultan (S) verkauft der Hausverwaltungs-GmbH (H) ein besonders für ihre Bedürfnisse entwickeltes Multifunktionsgerät (Farbkopiergerät und Faxgerät) für das Vorzimmer des Geschäftsführers. Der Geschäftsführer der GmbH vereinbarte mit dem Händler S Ratenzahlung. Es sollen 12 Raten i. H. v. je 500 € immer am 1. des Monats gezahlt werden. Im Gegenzug hat sich S im Kaufvertrag das Eigentum bis zur vollständigen Zahlung vorbehalten. Das Gerät wird von dem Angestellten Ergün (E) des S angeliefert. Die Vorzimmerdame ist hochbegeistert und lässt das Gerät im Vorraum aufstellen.

Die monatlichen Raten werden, wie vereinbart, zunächst fünfmal in Folge an den Elektrohändler S überwiesen. Die Zahlung der weiteren Raten unterblieb versehentlich, da der Geschäftsführer auf Grund der Einführung einer neuen EDV so beschäftigt war.

Nachdem auch die 7. Rate ausblieb und auch innerhalb einer von S gesetzten Frist von zwei Wochen keine weitere Zahlung einging, erklärt S den Rücktritt vom Vertrag. Als dem Geschäftsführer das betreffende Schreiben übergeben wird, überweist er postwendend die komplette noch ausstehende Restsumme.

S hat eine Woche nach dem Versenden des Rücktrittsschreibens an H das Gerät an den Copyshop Kosta (K) verkauft und übereignet.

Hat K einen Anspruch auf Herausgabe des Multifunktionsgerätes an H?

Könnte S auf Grund der verspäteten Zahlung Schadenersatzansprüche gegenüber H geltend machen? Eine genaue Bezifferung ist nicht erforderlich.

Sachverhalt 2

Die Ehegatten Heiderose und Eberhard Scholl sind seit Jahren verheiratet und leben in Zugewinngemeinschaft. Sie leben in einer gemieteten Wohnung in Stuttgart-Degerloch. Eberhard Scholl hat bereits vor der Ehe ein mit einem Einfamilienhaus bebautes Grundstück in Murrhardt von seiner Tante geerbt. Seine Frau Heiderose wollte bereits damals auf keinen Fall aus ihrem geliebten Stuttgart weg. Da beide allerdings das Grundstück als gute Wertanlage ansahen, beschloss man, es nicht zu verkaufen, sondern zu vermieten. Weiteres Vermögen besitzen beide nicht. Sie verleben ihr Einkommen, indem sie ausgiebig verreisen und die Kulturszene Stuttgarts regelmäßig nutzen. Eberhard Scholl kommt in Geldschwierigkeiten, da er ebenfalls gerne das Casino im SI-Centrum besucht, wovon seine Frau allerdings nichts weiß. Er beschließt daraufhin, das Grundstück in Murrhardt an die Mieter Herbert und Michaela Mayer zu verkaufen und zu übereignen. Diese sind über die finanzielle Situation der Familie Scholl aufgrund langjähriger Verbundenheit informiert. Die Parteien schließen einen notariellen Kaufvertrag und erklären die Auflassung nach Geldzufluss, wobei Frau Mayer in beiden Terminen von ihrem Ehemann vertreten wurde. Die Vollmacht wurde ordnungsgemäß nachgewiesen. Die Eheleute Mayer werden im Grundbuch zu je 50 % als Eigentümer eingetragen.

Im Rahmen der nächsten Einkommensteuerzusammenveranlagung erfährt Frau Scholl von den Vorgängen und ist erbost über das Verhalten ihres Ehemannes und verweigert jegliche Zustimmung zu dem Grundstücksgeschäft.

Sind die Ehegatten Mayer wirksam Eigentümer des Grundstücks geworden?

Fortführung:

Die Ehegatten Mayer beabsichtigen, das Grundstück an einen privaten Investor für einen sehr guten Preis zu verkaufen und an ihn aufzulassen. Frau Scholl erfährt von diesen Vorgängen. Herr Scholl beabsichtigt nicht, irgendetwas zu veranlassen.

Welche Gefahr besteht und was kann Frau Scholl tun?

Teil J Lösungshinweise zu den komplexen Übungsfällen

Lösung zu Übungsfall 1

Sachverhalt 1

Alle nicht näher bezeichneten §§ sind die des BGB.

Fraglich ist, ob Rumpel einen Anspruch auf Lieferung der 300 Schafe aus Plüsch gem. § 433 Abs. 1 erworben hat. Voraussetzung dafür sind zwei übereinstimmende Willenserklärungen mit den für einen Kaufvertrag wesentlichen Elementen (§ 145 ff.).

Angebot des Schleif per Fax

Das Angebot des Schleif per Fax gerichtet an Rumpel könnte ein wirksames Angebot über die Lieferung von Schafen zu einem Preis von jeweils 25 € inkl. USt pro Stück darstellen.

Ob dieses Angebot inkl. oder zzgl. USt zu verstehen ist, ist hier unerheblich, da Werbung lediglich eine invitatio ad offerendum, d. h. eine Aufforderung zur Abgabe von Angeboten ohne Rechtsbindungswillen darstellt. Es liegt hier Werbung vor, da er die Lieferung von Schafen anbietet, solange der Vorrat reicht.

Angebot des Rumpel per Fax

Das Fax des Rumpel vom 07.01.2014 könnte ein erstes wirksames Angebot, mit dem Inhalt der Bestellung von 300 Schafen zu einem Preis i. H. v. 25 € inkl. USt pro Stück, darstellen. Als empfangsbedürftige Willenserklärung musste es abgegeben und dem Schleif zugegangen sein, um Wirksamkeit zu entfalten (§ 130 Abs. 1). Die Abgabe liegt hier unproblematisch in der Initiierung der Faxübermittlung. Zugang einer Willenserklärung liegt grundsätzlich vor, wenn die Erklärung in den Herrschaftsbereich des Empfängers gelangt ist und dieser unter gewöhnlichen Umständen von deren Inhalt Kenntnis nehmen konnte. Das Fax ist lt. Sachverhalt dem Schleif zu gewöhnlichen Geschäftszeiten zugegangen.

Annahme durch Schleif per Fax

Mit Fax vom selben Tag könnte Schleif dieses Angebot wirksam angenommen haben. Schleif nahm es jedoch nicht zu den von Rumpel angegebenen Konditionen an, sondern bot die Lieferung zu einem Preis i. H. v. 23 € pro Stück zzgl. USt an. Da diese Erklärung nicht nur die Annahme des ersten Angebots ist, sondern einen neuen Inhalt hat, stellt sie ein neues Angebot unter Abwesenden dar (§ 150 Abs. 2). Dieses wurde abgegeben und ist dem Rumpel auch zugegangen.

Annahme des Angebots durch Rumpel per E-Mail

Das Angebot des Schleif wurde mit Fax vom 07.01.2014 abgegeben und durch Zugang bei Rumpel wirksam. Es gelangte in seinen Herrschaftsbereich und er konnte unter gewöhnlichen Umständen von dem Fax Kenntnis nehmen. Inhalt des Angebots war die Lieferung von 300 Schafen zu einem Preis von 23 € zzgl. USt. Schleif bestimmte allerdings eine Annahmefrist bis zum Ablauf des 09.01.2014. Bis zu diesem Termin wollte er sich an das Angebot gebunden fühlen. Dies ist gem. § 148 bei Angeboten unter Abwesenden zulässig. Eine Annahme durch Rumpel war demnach nur in der von Schleif bestimmten Frist, hier bis zum Ablauf des 09.01.2014, möglich. Rumpel versendete am 09.01.2014 um 21:00 Uhr eine Annahmeerklärung in Form einer E-Mail an Schleif, welche auch am selben Abend noch auf dem Server des Schleif gespeichert wurde. Er hat damit eine Annahmeerklärung abgegeben. Fraglich ist allerdings, ob das Speichern auf dem Server den für die Wirksamkeit einer empfangsbedürftigen Willenserklärung erforderlichen Zugang darstellt. Eine Willenserklärung ist zugegangen, wenn sie so in den Herrschaftsbereich gelangt ist, dass der Empfänger unter gewöhnlichen Umständen von der Erklärung Kenntnis nehmen konnte. Bei übermittelten Erklärungen auf elektronischem Weg stellt die Speicherung auf dem Server die abstrakte Abrufmöglichkeit dar. Allerdings wird auch in diesen Fällen erst dann ein Zugang bejaht, wenn der Empfänger zumutbar Kenntnis nehmen konnte. Dies ist erst am nächsten Morgen zu Geschäftszeiten zu erwarten, so dass ein Zugang nicht bereits am 09.01.2014 innerhalb der Annahmefrist, sondern erst am 10.01.2014 zu Geschäftszeiten erfolgte. Auf die tatsächliche Kenntnisnahme kommt es nicht an.

Ergebnis: Rumpel hat keinen Anspruch auf Lieferung der 300 Schafe zu einem Preis von 23 € inkl. USt gem. § 433 Abs. 1 erworben.

Sachverhalt 2

Fraglich ist, ob ein Kaufvertrag gem. § 433 zwischen Katz und Maus über den VW Golf des Katz zu einem Preis von 4 500 € zustande gekommen ist. Voraussetzung dafür sind zwei übereinstimmende Willenserklärungen von Katz und Maus mit dem Inhalt »Kauf bzw. Verkauf des VW Golf zu einem Preis von 4 500 €«.

Maus könnte ein Angebot gerichtet auf den Kauf des VW Golf abgegeben haben (§ 145). Maus hat keine Erklärung persönlich gegenüber Katz abgegeben. Er schickte seinen 18-jährigen Sohn Bodo. Fraglich ist, ob hier ein Fall der Stellvertretung oder eines Erklärungsboten vorliegt.

Die Abgrenzung zwischen einem Erklärungsboten und einem Stellvertreter erfolgt danach, ob der Handelnde eine eigene Willenserklärung abgibt und aufgrund eines eigenen Entscheidungsspielraums handelt oder nicht. Der Stellvertreter gibt eine eigene Willenserklärung innerhalb eines eigenen Handlungsspielraums ab, die dem Vertretenen zugerechnet wird, während der Bote nur eine Erklärung übermittelt.

Laut Sachverhalt hat Maus seinen Sohn genau angewiesen, die Erklärung »Kauf des Golfs zum Preis von 4 300 €« zu überbringen. Er hatte keinen Entscheidungsspielraum und war somit Erklärungsbote.

Fraglich ist, wie es sich auswirkt, dass er die Erklärung nicht richtig übermittelt hat. Das Risiko einer falschen Übermittlung trägt Maus, da er den Boten einsetzt. Maus hat somit ein wirksames Angebot gem. § 145 abgegeben. Dieses Angebot ist dem Katz auch gem. § 130 Abs. 1 zugegangen. Ein Angebot unter Anwesenden kann nur sofort angenommen werden (§ 147 Abs. 1). Katz hat das Angebot gegenüber Bodo angenommen. Da Bodo kein Stellvertreter des Maus ist, konnte er nur als Empfangsbote die Erklärung des Katz annehmen. Empfangsboten sind die Personen, die als geeignet und ermächtigt gelten, eine Willenserklärung für einen anderen im Empfang zu nehmen. Dies kann hier angenommen werden. Maus setzt ihn als Erklärungsbote ein, so dass er auch als ermächtigt gilt, das Angebot anzunehmen.

Ergebnis: Der Vertrag ist zwischen Katz und Maus über den Kauf des VW Golfs zu einem Preis von 4 500 € ist zustandegekommen.

Es kommt jedoch eine Anfechtung der durch den Boten falsch übermittelten Erklärung durch Maus gem. § 120 in Betracht, der sich auch auf unbewusste Übermittlungsfehler erstreckt. (An dieser Stelle reicht das Erkennen der richtigen Vorschrift für die Punkteverteilung aus.)

Sachverhalt 3

Die im Sachverhalt geschilderten Übertragungen erfordern pro Grundstück und Kind einen notariell beurkundeten Schenkungsvertrag als Verpflichtungsgeschäft gem. §§ 516, 518 und einen Übereignungsvertrag in Form der Auflassung gem. (§ 873 i. V. m.) § 925. Die Übereignung stellt das Verfügungsgeschäft dar.

Die Verträge müssen abgeschlossen werden mit den Vertragspartnern Alfred und Berta Müller als Miteigentümer der Grundstücke auf der einen Seite und jeweils den Kindern Emil und Isa auf der anderen Seite. Fraglich ist, ob die minderjährigen Kinder allein handeln können.

Übertragung an Isa

Isa ist gem. § 106 beschränkt geschäftsfähig. Sie kann gem. § 107 Willenserklärungen, die ihr nicht nur einen lediglich rechtlichen Vorteil bringen, nur mit der Einwilligung ihrer gesetzlichen Vertreter abschließen. Fraglich ist, ob der Schenkungsvertrag und der Übereignungsvertrag für Isa einen lediglich rechtlichen Vorteil darstellen. Die Schenkung ist ein Vertrag, bei dem der Minderjährige keine Gegenleistung erbringen muss. Fraglich ist, ob der Vorteil entfällt, weil das Grundstück mit einer Hypothek belastet ist. Dies ist nicht der Fall, hier mindert sich lediglich der Wert der Leistung wirtschaftlich, so dass weiterhin die Schenkung nur einen rechtlichen Vorteil darstellt. Die Eigentumsübertragung an den Minderjährigen stellt isoliert immer einen rechtlichen Vorteil dar, so dass Isa beide Verträge gem. § 107 selbst und ohne Mitwirkung ihrer Eltern abschließen darf.

Übertragung an Emil

Emil ist gem. § 104 Nr. 1 geschäftsunfähig. Er kann nicht selbst handeln, er wird durch seine Eltern (beide Elternteile) gem. §§ 1626, 1629 vertreten. Fraglich ist, ob die Eltern in diesem Fall handeln dürfen oder ob hier § 181 entgegensteht. § 181 gilt auch für die gesetzliche Vertretung durch die Eltern gem. § 1629 Abs. 2, § 1795 Abs. 2.

Die Eltern handeln im Fall der Vertretung des Emil auf der Seite des Emil und ihrer eigenen Seite. Es liegt ein Fall des grundsätzlich verbotenen In-Sich-Geschäfts vor. Nach h. A. wird § 181 jedoch in den Fällen teleologisch reduziert, in denen dem Vertretenen nur ein lediglich rechtlicher Vorteil vermittelt wird. Dies ist bei einer Schenkung zu bejahen. Die Eigentumsübertragung ist als Erfüllung einer Verbindlichkeit bereits kraft Gesetzes nicht von § 181 betroffen.

Im Ergebnis können hier die Eltern auf der Seite des Emil diesen wirksam bei beiden Verträgen gem. §§ 1626, 1629 vertreten.

Lösung zu Übungsfall 2

Sachverhalt 1

M könnte einen Anspruch auf Zahlung des Kaufpreises von 25 500 € gem. § 433 Abs. 2 haben.

M und A haben einen Kaufvertrag gem. § 433 Abs. 1 über die Lieferung eines gebrauchten Mercedes-Sprinters zu einem Preis von 25 500 € abgeschlossen.

Damit ist der Kaufpreisanspruch gem. § 433 Abs. 2 entstanden. Er könnte jedoch gem. § 326 Abs. 1 erloschen sein, weil die Leistungspflicht des M durch Unmöglichkeit nachträglich untergegangen ist (§ 275).

§ 326 Abs. 1 Satz 1 setzt einen gegenseitig verpflichtenden Vertrag voraus. Der Kaufvertrag ist ein gegenseitig verpflichtender Vertrag.

Fraglich ist, ob es zum Ausschluss der Leistungspflicht des M gekommen ist. Die Kaufsache wurde nach Kaufvertragsabschluss gestohlen, so dass es sich um einen Fall der nachträglichen subjektiven Unmöglichkeit aus tatsächlichen Gründen handelt. Dies führt zum Ausschluss der Leistungspflicht gem. § 275 Abs. 1.

Damit entfällt gem. § 326 Abs. 1 die Gegenleistung auch grundsätzlich. Es könnte hier jedoch die Ausnahme des § 326 Abs. 2 2. Alt. greifen, nach der die Gegenleistungspflicht entfällt, wenn sich der Gläubiger zum Zeitpunkt des Eintretens der Unmöglichkeit im Annahmeverzug befand und die Unmöglichkeit nicht zu vertreten hatte.

Der Gläubigerverzug richtet sich nach den §§ 293 ff. und setzt voraus, dass die Leistung des M erfüllbar war. Der Leistungszeitpunkt war eingetreten. Die Leistung des M war damit erfüllbar.

§ 293 verlangt ein tatsächliches Angebot. § 296 macht dies entbehrlich, wenn ein Zeitpunkt zur Vornahme der Handlung des Gläubigers kalendermäßig bestimmt ist. Als Leistungszeitpunkt war hier der 15. 10. 2013 von 7:30 Uhr bis 9:00 Uhr vereinbart. M war auch zur Leistung bereit und imstande. A war somit im Annahmeverzug, als die Unmöglichkeit eintrat. M hatte die Unmöglichkeit auch zu vertreten, da es ein Verschulden i. S. v. § 276 darstellt, einen Wagen nicht abzuschließen. Es liegt Fahrlässigkeit vor, deren Umfang über leichte Fahrlässigkeit hinausgeht. Demnach hilft dem M auch die Haftungserleichterung des § 300 Abs. 1 nicht, wonach er nur leichte Fahrlässigkeit im Annahmeverzug zu vertreten hat.

Ergebnis: M hat keinen Anspruch auf den Kaufpreis gem. § 433 Abs. 2 i. H. v. 25 500 €.

Sachverhalt 2

F könnte Ansprüche aus Sachmängelgewährleistungsrecht gem. § 437 Nr. 1 bis 3 haben. Voraussetzung dafür ist zunächst das Vorliegen eines Sachmangels bei Gefahrübergang. Ob ein Sachmangel vorliegt, bestimmt sich nach § 434. Dieser geht zunächst vom subjektiven Fehlerbegriff aus. § 434 Abs. 1 Satz 1 bestimmt, dass eine Sache frei von Sachmängeln ist, wenn sie die vereinbarte Beschaffenheit hat. Fraglich ist, ob die Parteien im vorliegenden Fall eine Beschaffenheit vereinbart haben. Das Baujahr des Wohnwagens wurde von beiden Parteien nicht thematisiert. Allerdings waren sich die Parteien über die Tatsache einig, dass es sich um ein neuwertiges Fahrzeug der aktuellen Baureihe handelt und es bislang nur als Vorführfahrzeug genutzt wurde. Fraglich ist, ob diese Vereinbarung der Eigenschaft »Vorführwagen« allein den Schluss zulässt, dass ein bestimmtes Alter des Wohnwagens, z. B. ein Jahr, bislang nicht überschritten wurde. Alleine diese Tatsache lässt diesen Schluss wohl nicht zu (BGH vom 15.09.2010 NJW 2010, 3710).

Hier wurde jedoch auch die Zugehörigkeit zur aktuellsten Baureihe vereinbart, welche nicht vorlag. Spätestens damit ist ein Sachmangel nach dem subjektiven Fehlerbegriff gegeben. Dieser lag auch bei Gefahrübergang, d. h. bei Übergabe der Sache gem. § 446 Satz 1, vor. Der Käufer verliert seine Gewährleistungsrechte, wenn er den Mangel bei Kaufvertragsabschluss kennt oder grob fahrlässig nicht kennt (§ 442). Die Tatsache, dass F nicht nach dem Baujahr gefragt hat, ist nicht als grobe Fahrlässigkeit und damit nicht als Kenntnis gem. § 442 zu werten. Die Aussagen des B deuteten auf ein Fahrzeug neueren Baujahres hin.

Die Rechte des Käufers bestimmen sich nach § 437 Nr. 1 bis 3, wenn sie nicht durch Parteivereinbarung wirksam ausgeschlossen wurden. Individuelle Parteivereinbarungen sind grundsätzlich zulässig. Lediglich § 443 schließt sie bei arglistigem Verschweigen durch den Verkäufer oder bei Übernahme einer Beschaffenheitsgarantie aus. Hier kann weder von Arglist noch von der Übernahme eine Beschaffenheitsgarantie ausgegangen werden. V handelte in gutem Glauben hinsichtlich der Baureihe, so dass nicht von Arglist ausgegangen werden kann. Eine Garantieübernahme setzt das Bewusstsein des Verkäufers darüber voraus, besonders für etwas einstehen zu wollen, was hier nicht angenommen werden kann.

Allerdings könnte sich eine Einschränkung aus §§ 474 ff. ergeben. Für den Verbrauchsgüterkauf sieht das Gesetz weitere Einschränkungen für einen Gewährleistungsausschluss in § 475 vor. Ein Verbrauchsgüterkauf ist gem. § 474 Abs. 1 gegeben, wenn ein Unternehmer gem. § 14 einem Verbraucher gem. § 13 eine bewegliche Sache verkauft. Dies kann hier angenommen werden. B handelt gewerblich und F in seiner Eigenschaft als Privatmann.

Gem. § 475 Abs. 1 ist ein vor Mitteilung des Mangels erfolgter Gewährleistungsausschluss unwirksam. Allerdings bestimmt § 475 Abs. 3, dass sich die Einschränkung für den Ausschluss nicht auf Schadenersatzansprüche bezieht. (Dies wird bei den einzelnen Rechten nochmals erwähnt.)

Anspruch auf Nacherfüllung gem. §§ 437 Nr. 1, 439

Der Anspruch auf Nacherfüllung gem. § 437 Nr. 1 i. V. m. § 439 ist vor allen anderen Rechten einschlägig. Die Nacherfüllung ist ein Recht des Käufers und nicht des Verkäufers. Er kann zwischen Beseitigung des Mangels oder Lieferung einer mangelfreien Sache wählen. Dies setzt allerdings voraus, dass diese überhaupt möglich ist. Die Tatsache, dass es sich nicht um einen Wohnwagen der aktuellsten Baureihe handelt und er bereits drei Jahre alt ist, ist ein nicht behebbarer Mangel. Eine Beseitigung kommt nicht in Frage. Auch eine Nachlieferung ist nicht möglich, da ein gebrauchter Wohnwagen keine vertretbare Sache (§ 91) ist.

Ergebnis: Nacherfüllung scheidet somit aus.

Anspruch auf Rücktritt gem. § 437 Nr. 2 i. V. m. § 440, § 323, § 326 Abs. 6, §§ 346 ff.

Ein Rücktritt kommt grds. gem. § 323 in Betracht, wenn ein gegenseitiger Vertrag vorliegt und eine fällige Leistung nicht oder nicht vertragsgemäß erbracht wurde und der Gläubiger dem Schuldner eine angemessene Frist zur Nacherfüllung bestimmt hat und diese fruchtlos verstrichen ist.

Der Kaufvertrag stellt einen gegenseitigen Vertrag dar. Der Mangel ist erheblich und gem. § 275 Abs. 1 nicht behebbar. Somit ist der Rücktritt gem. § 440, § 326 Abs. 5 sofort möglich.

Ergebnis: Der Rücktritt kann als Gestaltungsrecht sofort ausgeübt werden.

Anspruch auf Schadenersatz gem. § 437 Nr. 3, § 280 Abs. 1 und § 311a

Ein Schadenersatzanspruch wäre gem. § 437 Nr. 3, § 280 Abs. 1, Abs. 3, § 311a neben dem Rücktritt gegeben. Es liegt eine Pflichtverletzung in der Lieferung einer mangelbehafteten Sache vor. Die Mangelhaftigkeit ist nicht behebbar und bestand von Anfang an, so dass § 311a greift. Die Nachfristsetzung ist hier nicht Voraussetzung. Das Verschulden des B wird gem. § 280 Abs. 1 Satz 2 vermutet. Hier wurde leichte Fahrlässigkeit im Sachverhalt geschildert, so dass ein Verschulden bejaht werden kann. Die Miete i. H. v. 1 000 € stellt einen entgangenen Gewinn gem. § 252 dar.

Allerdings greift hier, wie oben erläutert, der individuelle Gewährleistungsausschluss.

Ergebnis: Ein Anspruch des F gegen B auf Schadenersatz ist nicht gegeben.

Anspruch auf Aufwendungsersatz gem. § 437 Nr. 3 i. V. m. § 284

Ein Aufwendungsersatzanspruch kann neben dem Rücktritt gegeben sein. Die Zulassungskosten und die Unterstellmiete stellen nutzlose Aufwendungen dar, die F im Vertrauen auf den Erhalt der Leistung gemacht hat und billigerweise machen durfte.

Der Aufwendungsersatzanspruch setzt allerdings voraus, dass ein Schadenersatzanspruch dem Grunde nach einschlägig ist. Dies ist hier zu bejahen. Allerdings wurde der Schadenersatzanspruch individualvertraglich vereinbart. Dies erstreckt sich auch auf den Aufwendungsersatzanspruch.

Endergebnis: F hat einen Anspruch auf Rücktritt vom Kaufvertrag, allerdings keinen Anspruch auf Ersatz der Schäden bzw. Aufwendungen.

Sachverhalt 3

Anspruch des F gegen V gem. § 812 Abs. 1 Satz 1 1. Alt auf Rückzahlung gesetzlich geminderter Miete gem. § 536a Abs. 1 i. H. v. 900 €

§ 812 Abs. 1 Satz 1 1. Alt. setzt voraus, das V etwas durch Leistung des F erlangt hat, ohne rechtlich dazu verpflichtet gewesen zu sein.

V hat die Miete (9 × 100 €) i. H. v. 900 € als Forderung gegen das Kreditinstitut durch Leistung des F erlangt. Fraglich ist, ob dazu keine rechtliche Verpflichtung bestand.

Die Miete könnte sich seit Einzug gem. § 536 kraft Gesetzes um monatlich 100 € gemindert haben. § 536 setzt voraus, dass ein Mietvertrag vorliegt, die Mietsache einen Mangel hat und dieser die Tauglichkeit zum vertragsgemäßen Gebrauch aufhebt oder mindert.

Zwischen F und V besteht ein Mietvertrag gem. § 535. V ist verpflichtet, eine mangelfreie Wohnung zum Gebrauch zur Verfügung zu stellen. Macht V dies nicht, ist F kraft Gesetzes von der Entrichtung der Miete befreit. Bei einer Tauglichkeitsminderung kann F einen angemessenen Teil der Miete einbehalten. Dies setzt nicht voraus, dass dem V ein Verschulden am Mangel vorgeworfen werden kann.

Im Schimmelbefall im Wohnzimmer liegt aufgrund der Gefahr der gesundheitlichen Beeinträchtigung ein Mangel vor. Er führt zur Minderung des vertragsgemäßen Gebrauchs. Unerheblich ist, dass der Mangel auf ein Verschulden des Vormieters E zurückzuführen ist. Da E das Wohnzimmer nur eingeschränkt nutzen kann, sind monatlich 100 € als Mietminderung auf jeden Fall angemessen. Insoweit bestand für die Zahlung des F kein Rechtsgrund.

Ergebnis: F hat Anspruch auf Zahlung von 900 € gem. § 812 Abs. 1 Satz 1, 1. Alt.

Anspruch F gegen V auf Beseitigung des Mangels gem. § 535

Bei Vorliegen eines wirksamen Mietvertrages ist V verpflichtet, dem Mieter eine mangelfreie Wohnung für die Dauer des Mietvertrages zur Verfügung zu stellen (§ 535 Abs. 1). Hierbei handelt es sich um die Hauptpflicht des Vermieters. Unerheblich ist, ob der Mangel auf ein Verschulden des V oder des Vormieters E zurückzuführen ist. F muss sich nicht an den Verursacher E halten, sondern kann sich an seinen Vertragspartner halten. F ist allerdings gem. § 536c verpflichtet, dem Vermieter den Mangel anzuzeigen.

Anspruch auf Schadenersatz des F gegen V gem. § 536a Abs. 1 wegen der Behandlungskosten

Voraussetzung für einen Schadenersatzanspruch gem. § 536a ist, dass ein Mangel der Mietsache bei Vertragsabschluss vorhanden war oder später, aufgrund Verschuldens des V, entstanden ist.

Hier lag der Mangel bereits von Anfang an vor. Für diese Mängel besteht eine Garantiehaftung des Vermieters. Unerheblich ist, ob der Mangel auch für den Vermieter nicht zu erkennen war, so wie in diesem Fall (Palandt, BGB, 76. Aufl., § 536a Rn. 9). F muss sich auch hier nicht an den Vormieter halten, sondern an seinen Vertragspartner.

Ergebnis: V haftet für die Behandlungskosten i. H. v. 3 000 € gem. § 536a Abs. 1.

Sachverhalt 4

Anspruch des A gegen H aus § 823 Abs. 1

A könnte einen Anspruch auf Schadenersatz aus unerlaubter Handlung gem. § 823 haben. Voraussetzung ist eine durch H kausal herbeigeführte Rechtsgutsverletzung i. S. v. § 823 Abs. 1, die schuldhaft verursacht wurde und zu einem Schaden geführt hat.

A hat das Rechtsgut Eigentum des H verletzt, indem er den Marmorboden durch Fallenlassen eines Werkzeuges beschädigt hat. Die Handlung war auch kausal für die Rechtsgutsverletzung. Das Verschulden bestimmt sich gem. § 276. Vorsatz und Fahrlässigkeit stellen ein Verschulden dar. Es ist hier dem H zumindest Fahrlässigkeit gem. § 276 vorzuwerfen. Der Schaden ist durch die Rechtsgutsverletzung kausal entstanden.

Ergebnis: A hat gegen H einen Anspruch auf Schadenersatz gem. § 823 Abs. 1

Anspruch A gegen H aus § 280 Abs. 1 i. V. m. § 241 Abs. 2

A könnte gegen H einen Anspruch auf Ersatz des Schadens gem. § 280 Abs. 1 i. V. m. § 241 Abs. 2 haben. Bei dem vorliegenden Schaden handelt es sich nicht um einen Mangelschaden, auch nicht um einen Mangelfolgeschaden, sondern um einen Schaden, der an anderen Rechtsgütern des H durch Verletzung einer vertraglichen Nebenpflicht entstanden ist. Ein solcher Schaden kann ersetzt werden, wenn die Voraussetzung des § 280 Abs. 1 vorliegen.

Zwischen A und H besteht ein Werkvertrag gem. § 631. Aufgrund dieses Vertrags bestehen auch nebenvertragliche Rücksichtnahmepflichten gem. § 241 Abs. 2. H hat gegen die Pflicht, Rücksicht auf die Rechtsgüter des A zu nehmen, verstoßen, indem er das Werkzeug auf den angrenzenden Marmorboden hat fallen lassen. Dies war auch zumindest leicht fahrlässig gem. § 276.

Der Schaden i. H. v. 2 000 € ist dem H zu ersetzen.

Ergebnis: Der Anspruch des A gegen H auf Schadenersatz ergibt sich auch aus § 280 Abs. 1.

Lösung zu Übungsfall 3

Sachverhalt 1

Anspruch des K gegenüber H gem. § 985

K könnte einen Anspruch aus § 985 auf Herausgabe des Multifunktionsgeräts haben. Voraussetzung dafür ist, dass K Eigentümer des Geräts ist, H Besitzer und dieser kein Recht zum Besitz hat (§ 986). Zunächst war S Eigentümer des Multifunktionsgerätes. Er könnte das Eigentum gem. § 929 Satz 1 an H übertragen haben. Voraussetzung dafür ist, dass sich die Parteien über den Eigentumswechsel einig waren, die Sache übergeben wurde und S zu diesem Zeitpunkt verfügungsbefugt war. Die Einigung stellt einen Vertrag dar, der aus den Willenserklärungen besteht, die auf Eigentumsübergang gerichtet sind. Diese Erklärungen kann man den kaufrechtlichen Willenserklärungen entnehmen. Diese liegen laut Sachverhalt vor. Allerdings wurde bei Kauf ein Eigentumsvorbehalt vereinbart, so dass gem. § 449 Abs. 1 die Übereignung nur unter der aufschiebenden Bedingung vollständiger Kaufpreiszahlung erfolgt. Dies bedeutet, dass dabei die Einigung unter der Bedingung der Zahlung der letzten Rate erfolgt (§ 158 Abs. 1) und zunächst einmal nicht wirksam wurde. Die Übergabe ist durch Übertragung des unmittelbaren Besitzes erfolgt. E war Besitzdiener des S gem. § 855, da er als Angestellter sozial abhängig und weisungsgebunden ist. In dieser Eigenschaft hat er den unmittelbaren Besitz des S an H übertragen. S müsste verfügungsbefugt gewesen sein. Dafür musste er Eigentümer oder gem. § 185 Abs. 1 vom Eigentümer dinglich ermächtigt worden sein. Laut Sachverhalt war S Eigentümer und somit verfügungsbefugt.

Zwischenergebnis: Zunächst war S noch auf Grund des Eigentumsvorbehalts Eigentümer. H hatte nur ein Anwartschaftsrecht erlangt.

Fraglich ist, ob das Anwartschaftsrecht durch Zahlung der Restsumme zum Vollrecht Eigentum erstarkt ist, d. h., ob die aufschiebende Bedingung gem. § 158 Abs. 1 zu diesem Zeitpunkt überhaupt noch eintreten konnte. Dies setzt voraus, dass der Kaufvertrag im Zeitpunkt der Zahlung noch wirksam war. Der Kaufvertrag könnte durch wirksamen Rücktritt des S beseitigt worden sein.

Ein Rücktritt setzt gem. § 323 voraus, dass es sich um einen gegenseitigen Vertrag handelt, ein Teil eine vertragsgemäße Leistung nicht oder nicht wie vereinbart erfüllt hat und eine angemessene Frist zur Erfüllung gesetzt wurde. Der Kaufvertrag (§ 433) über das Multifunktionsgerät ist ein gegenseitiger Vertrag. H hat seine vertraglichen Pflichten, 12 Raten i. H. v. 500 € am 1. eines jeden darauffolgenden Monats zu bezahlen, nicht erfüllt. S hat ihm schriftlich eine Frist zur Erfüllung von zwei Wochen gesetzt, in der H auch seinen Pflichten nicht nachgekommen ist. Der Rücktritt ist ein Gestaltungsrecht und muss vom Rücktrittsberechtigten erklärt werden (§ 349). Dies ist erfolgt. Die Erklärung ist dem Vertragspartner H auch zugegangen, so dass ein wirksamer Rücktritt vorliegt. Der Kaufvertrag ist nachträglich entfallen. Damit ist auch das Anwartschaftsrecht entfallen, da es zum Kaufvertrag akzessorisch ist. Die Bedingung konnte somit durch vollständige Kaufpreiszahlung nicht mehr erfüllt werden.

Zwischenergebnis: H ist nicht Eigentümer geworden. S ist Eigentümer geblieben.

Fraglich ist, ob K nun durch die Veräußerung des S an K gem. § 929 Satz 1 Eigentum erworben hat.

Die von § 929 Satz 1 geforderte Einigung von S als Veräußerer und K als Erwerber ist laut Sachverhalt erfolgt.

Die Übergabe erfolgt grundsätzlich durch die Übertragung des unmittelbaren Besitzes. Der befand sich zu diesem Zeitpunkt bei H. Die Übergabe kann jedoch ersetzt werden durch

Abtretung des Herausgabeanspruchs gem. § 931. Durch den ausgeübten Rücktritt ist ein Anspruch auf Rückgewähr der Sache gem. § 346 entstanden, welcher gem. § 398 abgetreten werden konnte. Vertretbar ist auch, einen Herausgabeanspruch aus einem Besitzmittlungsverhältnis herzuleiten, welches aufgrund des Eigentumsvorbehalts begründet wurde (z. B. § 604). Lediglich die Annahme der Abtretung des Anspruchs aus § 985 ist nicht vertretbar, da dieser an das Eigentum geknüpft ist und nicht abgetreten werden kann.

S müsste verfügungsbefugt gewesen sein. Zum Zeitpunkt der Veräußerung war er Eigentümer der Sache und auch nicht gem. § 161 in seiner Verfügungsbefugnis beschränkt, da er bereits den Rücktritt vom Kaufvertrag erklärt hatte und das Anwartschaftsrecht des H zum Erlöschen gebracht hat.

Ergebnis: K ist Eigentümer des Geräts geworden.

H müsste Besitzer sein. H hat hier den unmittelbaren Besitz von S i. R. d. Veräußerung vom Besitzdiener E (§ 855) erhalten (s. o.).

H darf kein Recht zum Besitz haben. Ein Recht zum Besitz könnte sich aus dem Kaufvertrag ergeben, bei dem der Eigentumsvorbehalt vereinbart wurde. Vertretbar ist auch die Argumentation, dass das Anwartschaftsrecht ein Recht zum Besitz vermittelt. Durch den Rücktritt sind jedoch Kaufvertrag und Anwartschaftsrecht entfallen. H hat kein Recht zum Besitz mehr.

Endergebnis: K hat einen Herausgabeanspruch gem. § 985 gegenüber H.

Anspruch des S gegen H gem. §§ 280 Abs. 2, 286 i. V. m. § 280 Abs. 1

In Betracht kommt ein Schadenersatzanspruch des S gegen H aus §§ 280 Abs. 2, 286 i. V. m. § 280 Abs. 1.

Ein Schuldnerverzug setzt gem. § 286 voraus, dass K eine Leistung trotz Fälligkeit und Mahnung verspätet erbracht hat. Die Raten waren jeweils am 1. des Monats fällig, laut Vereinbarung der Parteien, so dass die 5., 6. und 7. Rate nicht zum Fälligkeitstermin erbracht wurden. Eine Mahnung war gem. § 286 Abs. 2 Nr. 1 entbehrlich, da sie kalendermäßig bestimmt war. Ein Vertretenmüssen gem. § 286 Abs. 4 wird vermutet, H trägt zu seiner Entlastung keine beachtlichen Gründe vor.

§ 288 Abs. 1 sieht vor, dass bei Geldforderungen gesetzliche Verzugszinsen i. H. v. 5 Prozentpunkten über dem Basiszinssatz (§ 247) als Mindestverzugsschaden geltend gemacht werden können. Eine konkrete Berechnung ist aufgrund der Fragestellung nicht vorzunehmen.

Ein sonstiger Verzugsschaden wird im Sachverhalt nicht vorgetragen.

Sachverhalt 2

Wirksamkeit der Übereignung des Grundstücks durch den Ehemann Herrn Scholl an die Ehegatten Mayer

Die Übereignung von Grundstücken vollzieht sich nach §§ 873, 925. § 873 setzt voraus, dass die Parteien sich über den Eigentumsübergang einig waren und diese Einigung gem. § 925 vor einer zuständigen Stelle bei gleichzeitiger Anwesenheit erklärt haben. Laut Sachverhalt haben Herr Scholl und die Eheleute Mayer die Einigung vor dem Notar erklärt, wobei Frau Mayer von ihrem Ehemann vertreten wurde. Der Notar ist eine Stelle, an der die Einigung erklärt werden kann. Die Voraussetzung der gleichzeitigen Anwesenheit schließt die Stellvertretung gem. § 164 nicht aus. Der Nachweis der Vollmacht war laut Sachverhalt ordnungsgemäß erfolgt.

Weiterhin fordert § 873 die Eintragung des Eigentumswechsels im Grundbuch, die laut Sachverhalt stattgefunden hat.

Fraglich ist, ob Herr Scholl verfügungsbefugt war. Er hat das Grundstück vor der Ehe geerbt. Damit ist er gem. § 1922 Eigentümer geworden. Die Heirat hat an den Eigentumsverhältnissen nichts geändert, da die Ehegatten den Güterstand der Zugewinngemeinschaft gewählt haben. In diesem Güterstand bleibt jeder Eigentümer seiner mit in die Ehe gebrachten Vermögensgegenstände, nur der Zugewinn während der Ehe wird ausgeglichen.

Allerdings stellt § 1365 eine absolute Verfügungsbeschränkung dar, wenn bei bestehender Zugewinngemeinschaft ein Ehegatte über sein Vermögen im Ganzen, ohne Zustimmung des anderen Ehegatten, verfügt. Nach der Einzeltheorie reicht es aus, dass über einen Gegenstand verfügt wird, wenn dieser im Wesentlichen das Vermögen des Ehegatten im Ganzen darstellt. Allerdings muss nach der subjektiven Theorie der Vertragspartner hiervon Kenntnis haben.

Hier stellt das Grundstück im Wesentlichen das Vermögen des Herrn Scholl dar und die Ehegatten Mayer hatten Kenntnis von dieser Situation, so dass Herr Scholl ohne Zustimmung seiner Ehegattin, die auch lt. Sachverhalt nicht nachträglich erklärt wurde, nicht verkaufen und nicht verfügen konnte. Die Verfügungsbefugnis fehlte und dies wirkt absolut. Die Ehegatten Mayer sind nicht Eigentümer des Grundstücks geworden.

Veräußerung an privaten Investor

Sollten die Ehegatten Mayer das Grundstück an den privaten Investor übereignen, besteht die Gefahr eines gutgläubigen Erwerbs gem. § 892. Die Ehegatten Mayer sind nicht Eigentümer geworden, das Grundbuch ist unrichtig. Eine Veräußerung an einen Dritten kann allerdings wirksam erfolgen, wenn er von dem unrichtigen Grundbuch nichts weiß, d. h. gutgläubig ist.

Der gutgläubige Erwerb ist jedoch ausgeschlossen, wenn ein Widerspruch gegen die Unrichtigkeit des Grundbuchs im Grundbuch eingetragen ist. Frau Scholl muss erreichen, dass ein solcher Widerspruch ins Grundbuch eingetragen wird (§ 899).

Ein Widerspruch wird in den Fällen des § 894 eingetragen. § 894 setzt ein unrichtiges Grundbuch voraus. Es hat derjenige, dessen Recht nicht richtig wiedergegeben wird, einen Anspruch auf Erteilung der Zustimmung zur Grundbuchberichtigung gegen denjenigen, der derzeit im Grundbuch steht.

Anspruchsinhaber ist jedoch Herr Scholl allein, da er Eigentümer des Grundstücks geblieben ist. § 1368 sieht jedoch vor, dass im Falle einer Unwirksamkeit nach § 1365 der Ehegatte, der seine Zustimmung verweigert, im Rahmen einer gesetzlichen Prozessstandschaft die Rechte des anderen Ehegatten in eigenem Namen geltend machen kann.

Frau Scholl kann somit, auch gegen den Willen ihres Ehemannes, eine einstweilige Verfügung mit dem Inhalt erwirken, dass ein Widerspruch ins Grundbuch eingetragen werden muss (§ 899 Abs. 2).

Stichwortregister

F

W

Z